网页设计与开发殿堂之路

Home About Services Team Blog Contact

JSP+MySQL+Dreamweaver 动态网站建设全程揭秘

李晓斌 编著

清华大学出版社
北京

内容简介

本书以Dreamweaver为工具，结合Apache Tomcat服务器、JSP程序语言和MySQL数据库，全面系统地讲解了使用Dreamweaver开发JSP动态网站的方法和技巧，并通过多个网站实用系统功能的开发讲解，使读者能够快速掌握这些网站实用系统功能的实现方法。

本书内容简洁、通俗易懂，通过知识点与案例相结合的方式，让读者能够清晰明了地理解书中的相关技术内容，从而达到理想的学习效果。全书共分10章，包括配置JSP网站开发环境、JSP基础语法、进入JSP的世界、JDBC与MySQL数据库的操作、JSP网站开发基础操作、统计网站访客信息、网站用户登录和注册系统、网站留言板系统、新闻发布管理系统和网站图片管理系统等内容。

本书结构清晰、实例经典、技术实用，适合动态网页制作的初、中级读者，也可以作为高等院校动态网页制作课程的教材，还可以作为网页设计与制作爱好者的自学参考书。

图书在版编目(CIP)数据

JSP+MySQL+Dreamweaver动态网站建设全程揭秘 / 李晓斌 编著 .— 北京：清华大学出版社，2019
(网页设计与开发殿堂之路)
ISBN 978-7-302-52696-4

Ⅰ.①J… Ⅱ.①李… Ⅲ.①JAVA语言—网页制作工具 ②关系数据库—数据库管理系统—程序设计 ③网页制作工具 Ⅳ.①TP393.092 ②TP311.138

中国版本图书馆CIP数据核字(2019)第057420号

责任编辑：李 磊 焦昭君
封面设计：王 晨
版式设计：思创景点
责任校对：成凤进
责任印制：沈 露

出版发行：清华大学出版社
网 址：http://www.tup.com.cn，http://www.wqbook.com
地 址：北京清华大学学研大厦A座 邮 编：100084
社 总 机：010-62770175 邮 购：010-62786544
投稿与读者服务：010-62776969，c-service@tup.tsinghua.edu.cn
质 量 反 馈：010-62772015，zhiliang@tup.tsinghua.edu.cn
印 装 者：三河市金元印装有限公司
经 销：全国新华书店
开 本：185mm×260mm 印 张：19.75 字 数：571千字
版 次：2019年8月第1版 印 次：2019年8月第1次印刷
定 价：59.80元

产品编号：077884-01

前言

随着科技的不断进步，网络为人们的工作和生活提供了非常多的便利，几乎已经融入生活的方方面面，而网站是人们获取信息的重要途径，因此如何能快速有效地设计出易用、好管理、互动性强的网站，是网页设计师面临的重要挑战。

网站的建设不仅包括设计静态页面的 HTML、CSS 样式和 JavaScript 脚本代码，还包含很多动态技术，例如常见的 ASP、PHP、JSP 技术等。在各种动态网站开发技术中，Tomcat +MySQL+JSP 组合以其高效性和跨平台性而著称，被誉为“黄金组合”，并得到广泛应用。

本书以 Dreamweaver 作为网站开发工具，详细介绍基于 Apache Tomcat 服务器、MySQL 数据库和 JSP 程序语言的动态网站开发技术，全面讲解使用 Dreamweaver 开发基于 Tomcat +MySQL+JSP 组合的动态网站的方法和技巧。

本书由资深网页设计及教学专家倾力编著，针对 JSP 动态网站开发过程中遇到的各种疑难问题，从实用、便捷的角度出发，由浅入深地介绍 JSP 网站开发的流程，通过大量的实用案例介绍具体的处理方法和技巧，在实例中穿插提示和技巧，并提供解决实际问题的方案，旨在引导读者快速掌握 JSP 动态网站开发，达到学以致用的目的。全书共分 10 章，各章内容如下。

第 1 章　配置 JSP 网站开发环境，介绍动态网站开发技术、JSP 与 Java 的关系等相关内容，重点讲解 JDK 和 Tomcat 服务器的安装与配置，从而使读者能够在本地计算机中开发和测试 JSP 动态网页。

第 2 章　JSP 基础语法，介绍 JSP 的工作原理和 JSP 程序的基础语法，以及 Java 中的数据类型与变量、类、运算符与表达式、流程控制语句、数组、字符串等相关知识，使读者对 JSP 程序语言有更深入的了解。

第 3 章　进入 JSP 的世界，介绍 JSP 中的编译指令、动作指令以及各种内置对象和常用组件的使用方法，使读者能够进一步熟练地掌握 JSP 程序设计的方法和技巧。

第 4 章　JDBC 与 MySQL 数据库的操作，介绍 MySQL 数据库的安装和配置，以及如何通过 JDBC 来连接 MySQL 数据库，从而实现数据存取操作。

第 5 章　JSP 网站开发基础操作，介绍使用 Dreamweaver 开发 JSP 动态网站的相关面板和操作方法，包括创建 JSP 网站与 MySQL 数据库连接，查询数据库、向数据表中新增记录、更新记录、删除记录等操作。

第 6 章　统计网站访客信息，介绍如何使用 JSP 内置的 request 对象来获取网站访问者的相关信息，并将获取的访客信息写入数据库中，还介绍了使用 JSP 内置的 session 对象来判断是否为新的访客。

第 7 章　网站用户登录和注册系统，介绍网站登录和注册系统的规划以及 MySQL 数据库设计，重点讲解网站用户登录和注册系统中各种动态功能的实现方法。

第 8 章　网站留言板系统，介绍网站留言板系统的规划和 MySQL 数据库设计，重点讲解留言板系统中发表留言、留言回复和留言管理功能的实现方法。

第 9 章　新闻发布管理系统，介绍新闻发布和管理系统的规划及 MySQL 数据库设计，重点讲解新闻发布和管理系统中前台新闻显示、新闻搜索、后台添加和管理新闻功能的实现方法。

第 10 章　网站图片管理系统，介绍网站图片管理系统的规划和 MySQL 数据库设计，重点讲解图片管理系统中图片浏览、图片上传、图片显示和图片管理功能的实现方法。

本书由李晓斌编著，另外张晓景、高鹏、胡敏敏、张国勇、贾勇、林秋、胡卫东、姜玉声、周晓丽、郭慧等人也参与了部分编写工作。本书在写作过程中力求严谨，由于作者水平所限，书中难免有疏漏和不足之处，希望广大读者朋友批评、指正，欢迎与我们沟通和交流。QQ 群名称：网页设计与开发交流群；QQ 群号：705894157。

为了方便读者学习，本书为每个实例提供了教学视频，只要扫描一下书中实例名称旁边的二维码，即可直接打开视频进行观看，或者推送到自己的邮箱中下载后进行观看。本书配套的附赠资源中提供了书中所有实例的素材源文件、最终文件、教学视频和 PPT 课件，并附赠海量实用资源。读者在学习时可扫描下面的二维码，然后将内容推送到自己的邮箱中，即可下载获取相应的资源（注意：请将这几个二维码下的压缩文件全部下载完毕后，再进行解压，即可得到完整的文件内容）。

编　者

Search

目录

第 3 章 进入 JSP 的世界

第 4 章 JDBC 与 MySQL 数据库的操作

第 5 章 JSP 网站开发基础操作

第 8 章 网站留言板系统

第 9 章 新闻发布管理系统

第 10 章　网站图片管理系统

第1章 配置 JSP 网站开发环境

JSP 是一种在服务器端解释执行的动态网页开发技术，如果在本地计算机中进行 JSP 网站的开发及测试工作，则需要在本地计算机中搭建 JSP 网站的开发环境。配置 JSP 开发环境的方法很多，但主要工作就是安装和配置 Web 服务器和 JSP 引擎。在本章中将介绍动态网页开发与 JSP 网站开发环境的相关知识，使读者能够更深入地理解 JSP 动态网站开发，并能够在本地计算机中搭建出 JSP 网站开发环境，这也是 JSP 网站开发的第一步。

本章知识点：

- 理解动态网站开发技术
- 了解 JSP 语言的特点及 JSP 开发环境
- 掌握 JDK 的安装与配置
- 掌握 Tomcat 服务器的安装与配置
- 掌握在 Dreamweaver 中创建 JSP 测试服务器站点的方法
- 掌握在 JSP 页面出现中文乱码的解决方法

1.1 动态网站开发技术

静态网页只要在浏览器中打开即可看到网页执行的结果，但是，对于使用了各种服务器端语言(PHP、ASP 和 JSP 等)的动态网页，浏览器是无法直接解析这些程序代码的，需要经过 Web 服务器解析后才能在浏览器中看到执行的结果。在学习 PHP 动态网站开发之前，首先要了解动态网站开发的相关技术和原理。

1.1.1 Web 工作原理

互联网是一组彼此连接的计算机，也称为网络。全世界所有计算机通过传输控制协议(Transmission Control Protocol/Internet Protocol，TCP/IP 协议)绑定成为一个整体。人们通过互联网可以与千里之外的朋友交流，共同娱乐、共同完成工作，如图 1-1 所示。

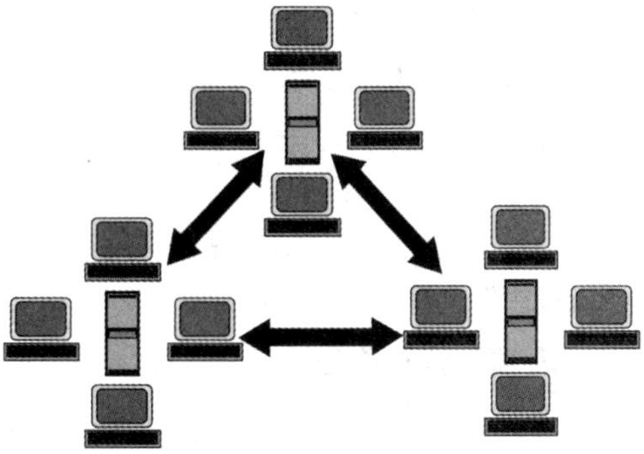

图 1-1

万维网，英文全称为 World Wide Web，简称 WWW，是互联网的一个子集，为全世界用户提供信息。万维网是 Internet 上基于客户端/服务器端体系结构的分布式多平台的超文本超媒体信息服务系统，它是 Internet 中最主要的信息服务，允许用户在一台计算机上通过 Internet 存取另一台计算机上的信息。

WWW 又称为 3W 或 Web，它作为 Internet 上的新一代用户界面，摒弃了以往纯文本方式的信息交互手段，采用超文本(Hypertext)方式工作。利用该技术可以为企业提供全球范围的多媒体信息服务，使企业获取信息的手段有了根本性的改善。

WWW 主要由服务器端(Server)和客户端(Client)两部分组成。服务器端是信息的提供者，就是存放网页供用户浏览的网站，也称为 Web 服务器。客户端是信息的接收者，通过网络浏览网页的用户或计算机的总称，浏览网页的程序称为浏览器。

WWW 中的网页浏览过程，是由客户端的浏览器向服务器端的 Web 服务器发送浏览网页的请求，Web服务器就会响应该请求并将相应网页传送到客户端的浏览器，然后由浏览器解析和显示网页。

1.1.2 静态网页

静态网页是指客户端的浏览器发送 URL 请求给 WWW 服务器，服务器查找需要的超文本文件，不加任何处理直接下载到客户端，运行在客户端的页面是已经事先做好并存放在服务器中的网页。其页面内容使用的仅仅是标准的 HTML 代码。静态网页通常由纯粹的 HTML 和 CSS 样式构成。

网站制作人员把内容设计成静态网页，访问者只能被动地浏览网站中提供的内容，静态网页的内容不会发生变化，除非设计者修改了网页的内容。静态网页不能实现和浏览网页的用户之间的交互，信息流向是单向的，即从服务器到浏览器，服务器不能根据用户的选择调整返回给用户的内容。

1.1.3 动态网页

网络技术的发展日新月异，许多网页文件的扩展名不再只是 .html，还有 .php、.asp、.jsp 等，这些都是采用动态网页技术制作的。动态网页其实就是建立在浏览器 / 服务器 (B/S) 架构上的服务器端脚本程序。在浏览器端显示的网页是服务器端程序运行处理后的结果。

静态网页与动态网页的区别在于 Web 服务器对它们的处理方式不同。当 Web 服务器接收到静态网页的请求时，服务器直接将该页面发送给客户端浏览器，不进行任何处理。如果接收到动态网页的请求，则从 Web 服务器中找到该文件，并将它传递给一个称为应用程序服务器的特殊软件扩展，由它负责解释和执行网页，将执行后的结果传递给客户端浏览器进行显示。

> **提示**
>
> 动态网页是与静态网页相对应的，静态网页的 URL 扩展名是以 .htm、.html、.shtml、.xml 等常见形式出现的。而动态网页的 URL 扩展名是以 .asp、.jsp、.php、.perl、.cgi 等形式出现的。

动态网页技术根据程序运行的区域不同，分为客户端动态技术与服务器端动态技术。

1. 客户端动态技术

常见的客户端动态技术包括 JavaScript、VBScript、DHTML、Flash、Java Applet 和 ActiveX 等。客户端动态技术不需要与服务器进行交互，实现动态功能的代码往往采用脚本语言形式直接嵌入网页中。服务器发送给浏览者后，网页在客户端浏览器上直接响应用户的动作，有些应用还需要浏览器安装组件支持。

2. 服务器端动态技术

服务器端动态技术需要与客户端共同参与，客户通过浏览器发出页面请求后，服务器根据 URL 携带的参数运行服务器端程序，产生的结果页面再返回客户端。一般涉及数据库操作的网页 (如登录、注册和搜索等) 都需要服务器端动态技术程序。动态网页比较注重交互性，即网页会根据用户的要求和选择而动态地改变和响应。将浏览器作为客户端界面，这将是今后 Web 发展的趋势。动态网站上主要是一些页面布局，网页的内容大都存储在数据库中，并可以利用一定的技术使动态网页内容生成静态网页内容，方便网站的优化。

典型的服务器端动态技术有 CGI、ASP/ASP.NET、PHP 和 JSP 等。

1) CGI

CGI 是一种编程标准，它规定了 Web 服务器用其他可执行程序的接口协议标准。CGI 程序通过读取使用者的输入请求，从而产生 HTML 网页。它可以用任何程序设计语言编写。

可以使用不同的程序语言编写适合的 CGI 程序，如 VB、Delphi 或 C/C++ 等。用户将编写好的程序放在 Web 服务器上运行，再将其运行结果通过 Web 服务器传输到客户端的浏览器上。事实上，这样的编制方式比较困难，而且效率低下，因为用户每一次修改程序都必须重新将 CGI 程序编译成可执行文件。

2) ASP/ASP.NET

ASP 是 Active Server Pages 的缩写，是 Microsoft 公司开发的 Web 服务器端脚本开发环境，利用它可以生成动态、高效的 Web 应用程序。

虽然人们习惯于将 ASP 称为 ASP 语言，但从严格意义上讲，ASP 只是为 VBScript 和 JavaScript 等脚本语言提供了一个运行的环境，使开发人员可以在 HTML 代码中使用脚本语言编写程序。当然，ASP 自身也提供了一些非常好用的命令和内置对象。

ASP 程序保存扩展名为 .asp 的文件，一个 ASP 文件相当于一个可执行文件，因此必须放在 Web 服务器上有可执行权限的目录下。当浏览器向 Web 服务器请求调用 ASP 文件时，就启动了 ASP。Web 服务器开始调用 ASP，将被请求的 .asp 文件从头读到底，执行每一个命令，然后动态生成一个 HTML 页面并送到浏览器。由于 ASP 在服务器端解释执行，开发者可以不必考虑浏览器是否支持 ASP，也不必担心程序会被从客户端下载。执行 ASP 文件的过程如图 1-2 所示。

图 1-2

如下代码为一个简单的 ASP 程序实例。

```
<!doctype html>
<html>
<head>
<meta charset="utf-8">
<title> 简单 ASP 演示程序 </title>
</head>
<body>
这是一个简单的 ASP 演示程序，刷新可以显示当前时间：<br><br>
当前时间为：<%response.write Now%>
</body>
</html>
```

<% 和 %> 是 ASP 的定界符，其中的语句可以是 ASP 命令，也可以是 VBScript 脚本程序。response 是 ASP 的内置对象，用于回复浏览器端的请求。response.write 的功能是在当前位置输出指定的数据。Now 是 VBScript 的函数，功能是返回当前的系统日期和时间。

提示

ASP 源文件必须插入 <%...%> 之间，Microsoft 公司针对 JavaScript 推出的 Script 语言即 VBScript，ASP 只能在 Windows 系列的服务器上使用，因此通常使用 VBScript 语言。

ASP.NET 是微软公司近年来开发的以 .NET Framework 为基础的动态网站技术。ASP.NET 是 ASP 的 .NET 版本，是一种编译式的动态技术，执行效率较高，同时支持使用通用语言建立动态网页。

3) PHP

PHP 英文全称为 Hypertext Preprocessor，是一种被广泛应用的开放源代码的多用途脚本语言，它可以嵌入 HTML 中，尤其适合网页开发。

PHP 主要用于服务器端的脚本程序，可以用 PHP 来完成任何其他的 CGI 程序能够完成的工作，例如，收集表单数据，生成动态网页或者发送 / 接收 Cookies。但 PHP 的功能远不局限于此，它是一种基于服务器端来创建动态网站的脚本语言，可以用 PHP 和 HTML 生成网站页面。当访问者浏览页面时，服务器端便执行 PHP 的命令并将执行结果发送至访问者的浏览器中，工作机制类似于 ASP 和 ColdFusion，PHP 和它们的不同之处在于，PHP 是开放源码且可跨平台，PHP 可以运行在 Windows 和多种版本的 UNIX 及其他操作系统中。

PHP 的脚本以 <?php 开始，以 ?> 结束，可以把 PHP 的脚本代码放置在文档中的任何位置。

如下代码为一个简单的 PHP 程序实例。

```
<!doctype html>
<html>
<head>
<meta charset="utf-8">
<title> 简单 PHP 演示程序 </title>
</head>
<body>
<?php
echo " 使用 PHP 输出文字 ";
?>
</body>
</html>
```

在代码中 <?php ...?> 部分即 PHP 编程相关的部分。PHP 中的每个代码行都必须以分号结束。分号是一种分隔符，用于把指令集区分开来。

4) JSP

JSP 是由 Sun 公司主导，许多公司一起参与建立的一种动态网页技术标准，英文全称为 Java Service Page。该技术为创建显示动态生成内容的网页页面提供了一个简捷而快速的方法。

JSP 技术的设计目的是使构造基于网页的应用程序更加容易和快捷，而这些应用程序能够与各种网站服务器、应用服务器、浏览器和开发工具共同工作。在传统的 HTML 页面中加入 Java 程序片段和 JSP 标记，就构成了 JSP 网页 (*.jsp)。网站服务器在遇到访问 JSP 网页的请求时，首先执行其中的程序片段，然后将执行结果以 HTML 形式返回给访问者。程序片段可以操作数据库、重新定向网页和发送 E-mail 等，这就是建立动态网站所需的功能。所有程序操作都在服务器端执行，网络上传送给客户端的仅是得到的结果，对访问者的浏览器要求比较低。

JSP 的脚本以 <% 开始，以 %> 结束，可以把 JSP 脚本块放在文档中的任何位置。

如下代码为一个简单的 JSP 程序实例。

```
<!doctype html>
<html>
<head>
<meta charset="utf-8">
<title> 简单 JSP 演示程序 </title>
</head>
<body>
<b> 今天是: </b>
<% = new java.util.Date() %>
```

```
<% = new java.util.Date() %>
</body>
</html>
```

提示

JSP 几乎可以运行在所有的服务器系统上，对客户端浏览器要求也很低。JSP 支持 85% 以上的操作系统，除了 Windows 外，它还支持 Linux 和 UNIX 等操作系统。

1.2 了解 JSP 网站开发

HTML 页面可以直接使用浏览器进行浏览，并不需要通过服务器解析。但是，浏览器只能看懂 HTML、VBScript、JavaScript 这些客户端语言，对于各种服务器端语言 (ASP、PHP、JSP 等) 的网页，浏览器无法解析这些程序代码。对于服务器端语言，则需要经过 Web 服务器解析成 HTML。

所以在开发 JSP 网站之前，需要在本地计算机中搭建能够对 JSP 程序进行编译的开发环境，这样才能在本地计算机中开发 JSP 网站页面。

1.2.1 了解 JSP

JSP 是原 Sun 公司推出的新一代网站开发语言，在 2010 年 Sun 公司被 Oracle 公司收购。JSP 技术类似 ASP 技术，它是在传统的网页 HTML 文件中插入 Java 脚本程序 (Scriptlet) 和 JSP 标记 (Tag)，从而形成 JSP 文件。使用 JSP 开发的 Web 应用程序是跨平台的，既能在 Windows 操作系统下运行，也能在其他的操作系统下运行，如 Linux、UNIX 等。

目前，JSP 已经是主流的服务器端动态网页技术，尤其是电子商务类的网站大多采用 JSP 程序语言进行开发。JSP 页面由 HTML 代码和嵌入其中的 Java 代码组成。服务器在页面被客户端请求以后对这些 Java 代码进行处理，然后才翻译成 HTML 页面返回给客户端的浏览器。JSP 具备了 Java 技术的简单易用，完全地面向对象，具有平台无关性且安全可靠等众多优势。

提示

Java Servlet 是 JSP 的技术基础，大型的 Web 应用程序开发需要 Java Servlet 和 JSP 配合才能完成。

1.2.2 JSP 与 Java 的关系

在介绍 JSP 之前，必须先介绍一下 Java 程序语言，因为 JSP 动态网页技术是 Java 家庭的一部分，JSP 又能去调用 JavaBean 和 Enterprise Java Beans(EJB)。

Java 程序语言是由 Sun 公司于 1991 年开发的，Java 语言是面向对象的语言，它的起源是 C++，所以 Java 语言沿用大部分 C++ 的语法。

基于网络应用的发展，现在的 Java 版本为 Java 2，按照使用平台的不同再分为 3 个层级：分别是企业级应用的 Java 2 Enterprise Edition(J2EE)、客户端程序所需要的开发环境 Java 2 Standard Edition(J2SE)，以及嵌入式系统应用的 Java 2 Micro Edition(J2ME)。J2EE、J2SE 和 J2ME 都是 Java 2 开发平台的工具，其中 J2EE 属于服务器端的开发工具，而 J2SE 属于一般客户端的开发环境，而 J2ME 则属于家电产品或 PDA 等支持 Java 语言的电子产品的开发工具。J2SE 包括 Java 2 SDK 标准版与 Java 2 Runtime 标准版，它着重于单机环境下 Java 程序的开发。如果要使用到网络环境，建议使用 J2EE。

JSP 可以说是 Java 在开发网页应用程序中的一种技术，并且其语法也是以 Java 的 Servlet 为基础。

1.2.3 JSP 的特点

JSP 作为一种服务器端的脚本语言，其特点主要表现在以下几个方面。

1. 跨平台运行

JSP 技术以 Java 为基础，可以沿用 Java 强大的 API 功能，并且无论是在何种平台下，只要服务器支持 JSP，就可以运行使用 JSP 开发的 Web 应用程序，体现了它的跨平台、跨服务器的特点。例如，如今流行的 Web 服务器 Apache 同样能够支持 JSP，而且 Apache 服务器支持多种平台，从而使 JSP 可以在更多的平台上运行。

在数据库操作中，因为 JDBC 同样是独立于平台的，所以在 JSP 中使用 Java API 中提供的 JDBC 来连接数据库，就不用担心平台变更时的代码移植问题。

2. 分离内容生成和显示

使用 JSP 技术，Web 页面开发人员可以使用 HTML 或 XML 标识来设计静态页面，使用 Java 脚本程序和 JSP 标记来生成页面中的动态内容，生成内容的逻辑被封装在标识和 JavaBean 组件中，并且捆绑在 Java 脚本程序中，所有的脚本在服务器端运行。如果核心逻辑被封装在标识和 JavaBean 中，那么其开发人员，例如 Web 管理人员和页面设计者，能够编辑和使用 JSP 页面，而不影响页面内容的生成。

3. 可重用的组件

绝大多数 JSP 页面依赖于可重用的、跨平台的组件 (JavaBean 或者企业级 JavaBean 组件) 来执行应用程序所要求的更为复杂的处理。开发人员能够共享和交换执行普通操作的组件，或者使这些组件为更多的使用者或者客户团体所使用。

4. 采用标识简化页面开发

JSP 技术封装了许多功能，这些功能是在易用的、与 JSP 相关的 XML 标识中进行动态内容生成所需要的。

标准的 JSP 标识能够访问和实例化 JavaBean 组件，通过开发定制化标识库，JSP 技术是可以扩展的。第三方开发人员和其他人员可以为常用功能创建自己的标识库，这使 Web 页面开发人员能够使用熟悉的工具来执行特殊的功能，从而更加轻松地完成任务。

5. 采用预编译提高访问速度

作为 Java 平台的一部分，JSP 拥有 Java 编程语言“一次编写，各处运行”的特点。JSP 页面在被服务器执行前，都是已经被编译好的，并且通常只进行一次编译，即在 JSP 页面被第一次请求时进行编译。在后续的请求中，如果 JSP 页面没有被修改过，则服务器只需要直接调用这些已经被编译好的代码，这样大大提高了页面的访问速度。

1.2.4 JSP 网站开发环境包含的内容

完整的 JSP 网站开发环境涉及操作系统、Java 开发工具包、Web 服务器和数据库。

本书所使用的开发环境为 Windows 7 + Dreamweaver CC(网页制作软件) + JDK(Java 开发工具包) + Tomcat(Web 服务器)+ MySQL(数据库)。

1. JDK

JDK 的英文全称为 Java Develop Kit，是 Java 开发工具包，其中包含运行 Java 程序所必需的 Java 虚拟机、Java 类库和开发工具等。在使用 JSP 开发网站之前，首先必须安装 JDK。

2. Tomcat 服务器

Tomcat 是 Apache-Jakarta 软件组织开发的一个服务器软件包，是一个小型的、轻量级的、支持 JSP 和 Servlet 技术的 Web 服务器。Tomcat 既可以嵌入 Apache 使用，也可以作为独立的 Web 服务器使用，而且还具有作为商业 Java Web 应用容器的特征，它已经成为学习开发 JSP 应用的首选。

3. MySQL 数据库

MySQL 数据库是一个开放源码的小型关系数据库管理系统，由于其具有体积小、速度快、成本低等优点，目前被广泛应用于 Internet 的中小型网站中。MySQL 数据库是一个真正的多用户、多线程的 SQL 数据库服务器。由于 MySQL 数据库源代码的开放性和稳定性，并且可与 JSP 完美结合，很多网站使用它们进行 Web 开发，有关 MySQL 数据库的具体内容将在第 4 章中进行详细介绍。

1.3 JDK 的安装与配置

JDK 是一切 Java 应用程序的基础，可以说，所有的 Java 应用程序都是构建在 JDK 之上的，其核心是一组 Java API。本节将向读者介绍 JDK 的下载、安装和配置操作。

1.3.1 下载 JDK

JDK 是 Java Development Kit 的缩写，中文称为 Java 开发工具包。它是一种用于构建在 Java 平台上发布的应用程序、applet 和组件的开发环境。JDK 是一切 Java 应用程序的基础，所有的 Java 应用程序都是构建在 JDK 之上的，它是一组 API，也可以说是一些 Java Class。要成为一个 Java 程序员，JDK 是必不可少的基本工具。因此，编写 JSP 动态页面，也必须了解 JDK。

Sun 公司在 2010 年被 Oracle 公司收购，现在可以在 Oracle 公司的官方网站中下载 JDK。

打开浏览器，在地址栏中输入 Oracle 公司的官方网站地址 www. oracle.com，进入网站首页，在导航菜单中选择 Java 中的 Java SE，如图 1-3 所示。进入 Java SE 的介绍页面，单击“Java SE 平台”超链接，如图 1-4 所示。

图 1-3

图 1-4

进入 Java SE 平台页面，切换到 Downloads 选项卡中，即可看到 Java SE 最新版本和历史版本的相关信息以及下载按钮，如图 1-5 所示。在该页面中找到 Java SE 8u171/8u172 版本，单击该版本 JDK 选项的 DOWNLOAD 按钮，如图 1-6 所示。

进入 Java SE 8u171/8u172 版本的下载页面中，在该页面中提供了针对众多不同操作系统的 JDK 安装文件，在下载 JDK 之前，选中 Accept License Agreement 单选按钮，接受许可协议，如图 1-7 所示。然后根据所使用的操作系统来选择下载不同的 JDK 版本，笔者使用的是 64 位 Windows 7 操作系统，所以这里下载 Windows X64 版本的 JDK，如图 1-8 所示。如果读者使用的是 32 位的 Windows 操作系统，就需要下载 Windows X86 版本的 JDK。

图 1-5

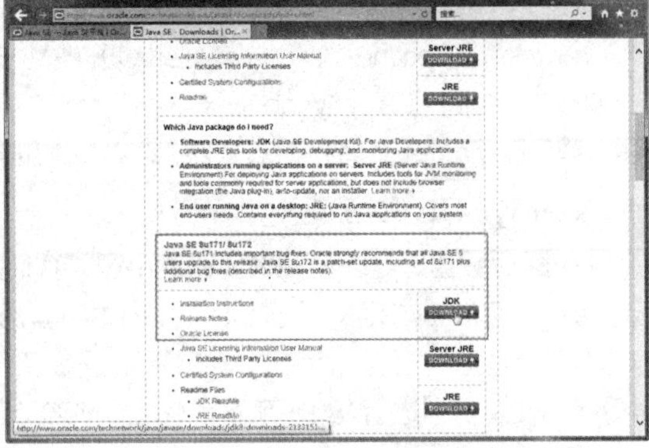
图 1-6

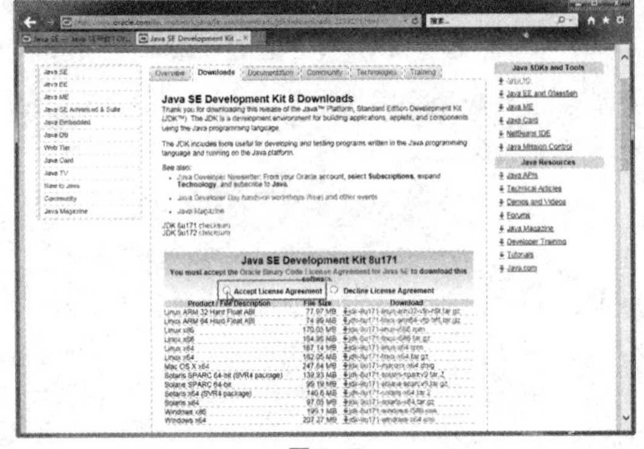
图 1-7

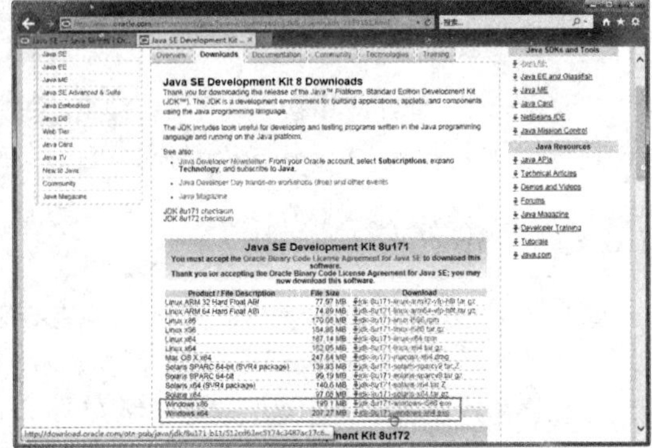
图 1-8

单击 jdk-8u171-windows-x64.exe 文件名称，显示下载提示，如图 1-9 所示。单击“保存”按钮，即可下载针对 64 位 Windows 操作系统的 JDK 安装程序。下载完成后，可以在文件保存位置看到所下载的 jdk-8u171-windows-x64.exe 安装程序文件，如图 1-10 所示。

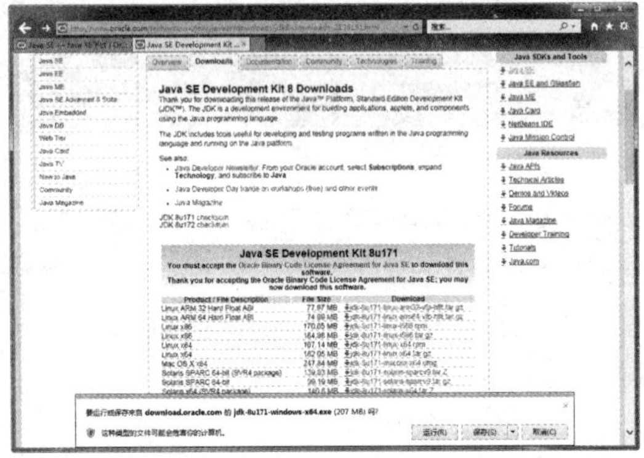
图 1-9

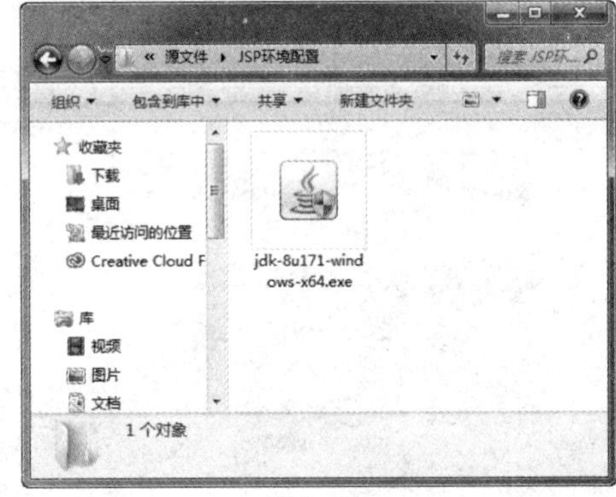

图 1-10

1.3.2 安装 JDK

完成 JDK 工具的下载后，即可安装 JDK，其安装方法和步骤与其他软件的安装基本相同。

双击刚下载的 jdk-8u171-windows-x64.exe 版本安装程序，显示 JDK 安装欢迎界面，如图 1-11 所示。单击“下一步”按钮，切换到定制安装界面，在该界面中可以设置需要同时安装的工具，以及程序的安装目录，建议使用默认目录，如图 1-12 所示。

单击“下一步”按钮，即可开始安装 JDK，显示安装进度，如图 1-13 所示。当 JDK 安装完成后，自动弹出安装 JRE(Java SE Runtime Environment，Java 运行环境）的选项，可以修改其安装目录，建议使用默认目录，如图 1-14 所示。

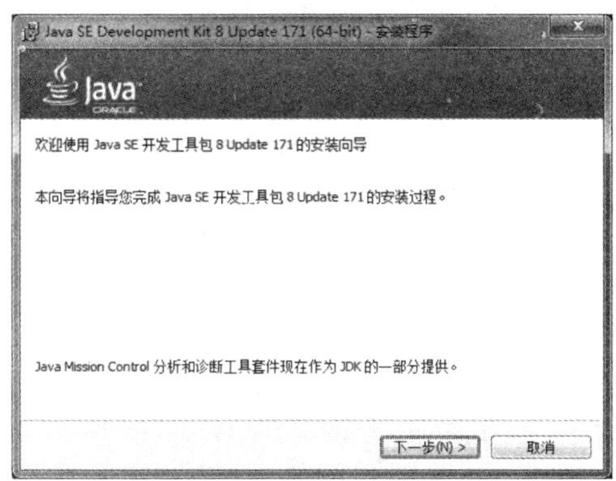

图 1–11

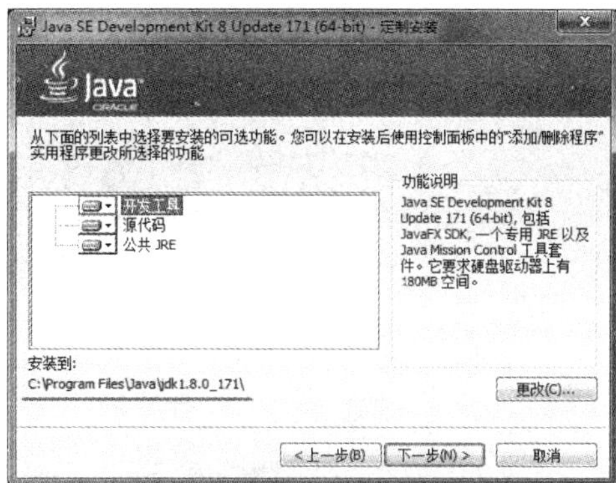

图 1–12

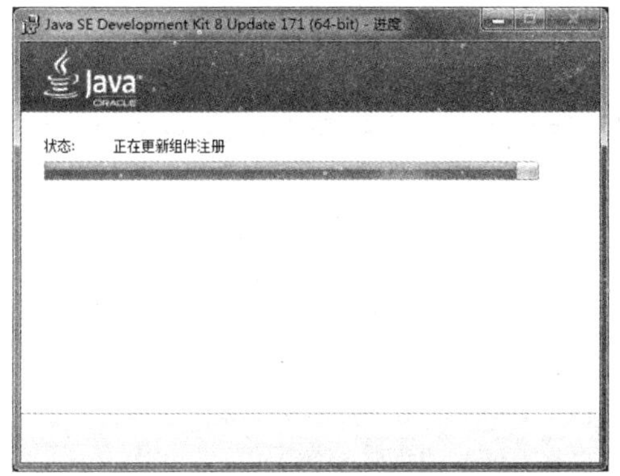

图 1–13

图 1–14

单击“下一步”按钮，即可开始安装并显示安装进度，如图 1–15 所示。安装完成后，显示完成界面，如图 1–16 所示。在该界面中单击“后续步骤”按钮，在弹出的浏览器窗口中可以显示 JDK 的相关文档说明，单击“关闭”按钮，完成 JDK 的安装。

图 1–15

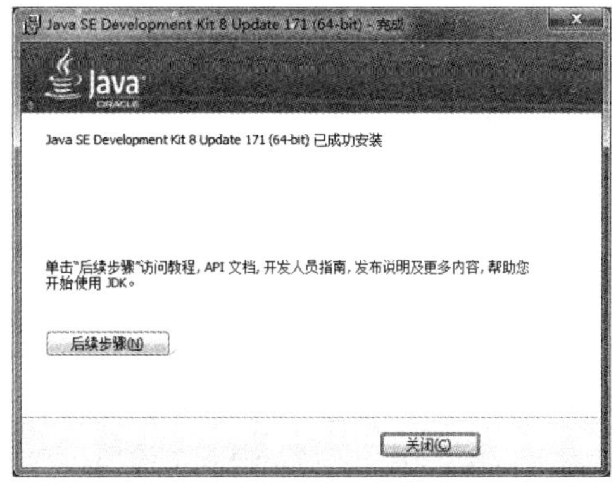

图 1–16

1.3.3　配置 Java 环境变量

完成 JDK 的安装后，还需要设置其在编译和运行时所需要使用的环境变量。

在操作系统桌面上的“计算机”图标上单击鼠标右键，在弹出的菜单中选择“属性”命令，弹出属性窗口，如图 1–17 所示。在窗口左侧单击“高级系统设置”选项，显示“系统属性”对话框中的“高级”选项卡，如图 1–18 所示。

单击“环境变量”按钮，弹出“环境变量”对话框，如图 1–19 所示。在该对话框中单击“系统变量”选项下方的“新建”按钮，弹出“新建系统变量”对话框，设置“变量名”为 JAVA_HOME，“变量值”为 C:\Program Files\Java\jdk1.8.0_171，如图 1–20 所示。

图 1–17

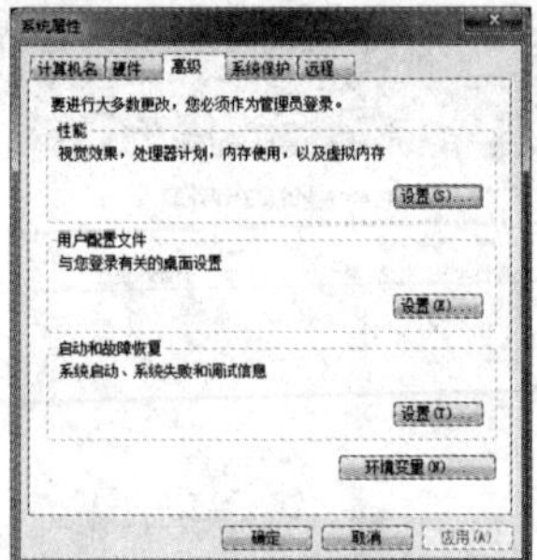
图 1–18

图 1–19

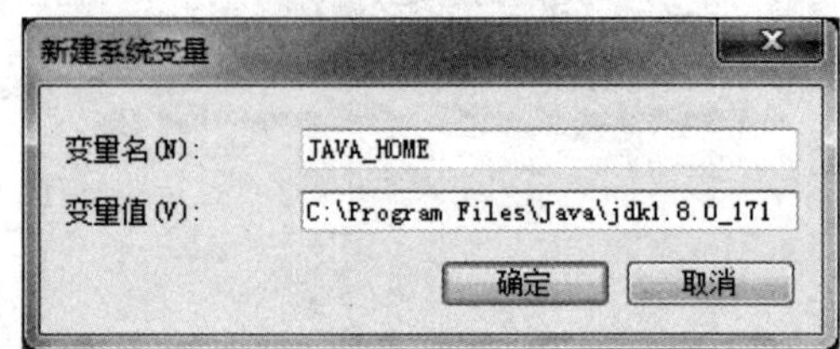

图 1–20

提示

这里所添加的名为 JAVA_HOME 的系统变量的“变量值”设置，实际上是 JDK 的安装目录，我们在安装 JDK 时采用了默认的安装目录，其默认会安装在 C:\Program Files 文件夹中。如果用户在安装 JDK 时修改了安装目录，则这里的“变量值”设置会有所不同。另外，如果所安装的 JDK 版本不同，其 JDK 安装目录的文件夹名称也会有所不同。

单击“确定”按钮，添加系统变量。在“环境变量”对话框上面的列表框中双击 Path 系统变量，弹出“编辑系统变量”对话框，在变量值的末尾添加一个变量值“%JAVA_HOME%\bin;”，如图 1–21 所示。单击“确定”按钮，完成 Path 系统变量的编辑。

技巧 

变量值结尾的英文分号一定要写，如果原来的 Path 系统变量的变量值结尾没有分号，则用户需要添加一个分号，起到分隔的作用。

单击“系统变量”选项下方的“新建”按钮，弹出“新建系统变量”对话框，设置“变量名”为 CLASSPATH，“变量值”为“%JAVA_HOME%\bin;”，如图 1–22 所示。单击“确定”按钮，完成名为 CLASSPATH 的系统变量的添加。

图 1–21

图 1–22

单击“确定”按钮，完成“环境变量”对话框的设置，单击“确定”按钮，关闭“系统属性”对话框，完成 Java 环境变量的配置。

完成 Java 环境变量的配置后，还需要测试 Java 环境变量的配置是否正确。在操作系统中单击左下角的“开始”按钮，在弹出的系统菜单的文本框中输入 cmd 命令，如图 1–23 所示。按 Enter 键，打开系统 DOS 窗口，如图 1–24 所示。

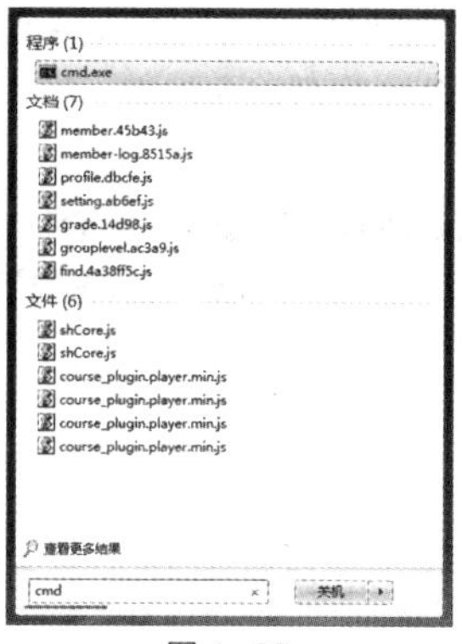
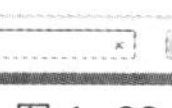

图 1-23

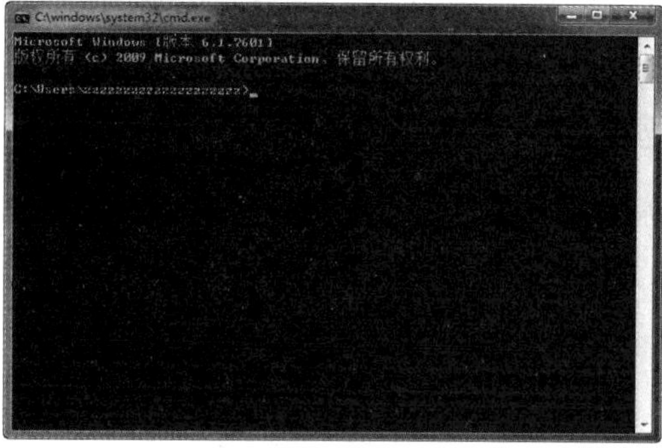

图 1-24

在 DOS 窗口中分别输入 java 和 javac 命令进行测试，如果显示出如图 1-25 和图 1-26 所示的界面，则说明 JDK 配置成功。

图 1-25

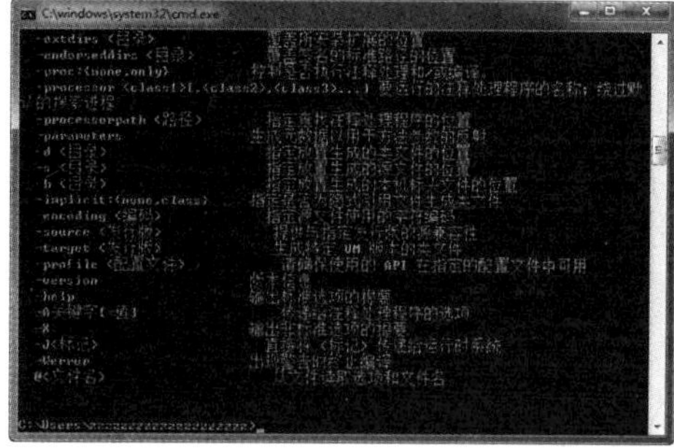

图 1-26

1.4 Tomcat 服务器的安装与配置

Tomcat 是一个免费的开源 Servlet 容器，由 Apache 公司、原 Sun 公司和其他一些公司及个人共同开发。在本节中将向读者介绍 Tomcat 服务器的下载、安装和配置操作。

1.4.1 下载 Tomcat 服务器

由于 Java 的跨平台特性，基于 Java 的 Tomcat 也具有跨平台性。用户可以从 Apache 官方网站免费下载 Tomcat 服务器的安装程序，Tomcat 提供了各种平台的版本供用户下载。

打开浏览器，在地址栏中输入 Tomcat 服务器的官方地址 http://tomcat.apache.org，进入 Tomcat 服务器的官方页面，如图 1-27 所示。在该页面中显示了 Tomcat 服务器的相关介绍文字内容，向下拖动页面，选择需要下载的版本，单击 Download 按钮，如图 1-28 所示。

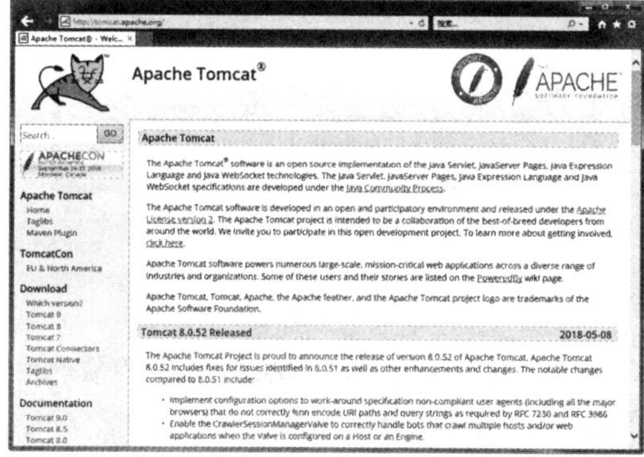

图 1-27

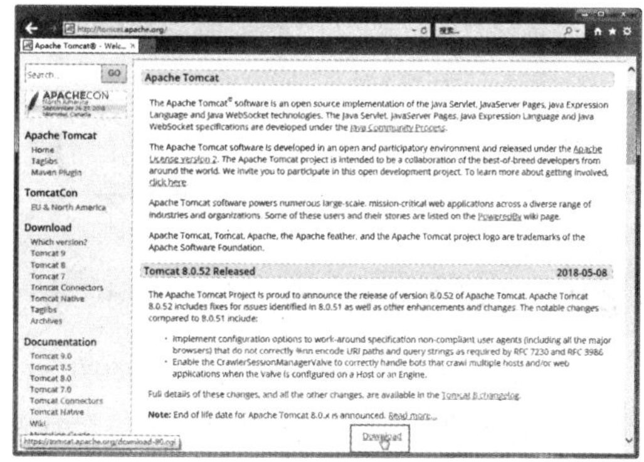

图 1-28

进入 Tomcat 8 版本的介绍页面，在 Quick Navigation 选项栏中单击 Browse 超链接，如图 1–29 所示。在弹出的窗口中显示 Tomcat 8 所包含的不同版本的服务器文件夹，这里选择 v8.0.52 版本，如图 1–30 所示。

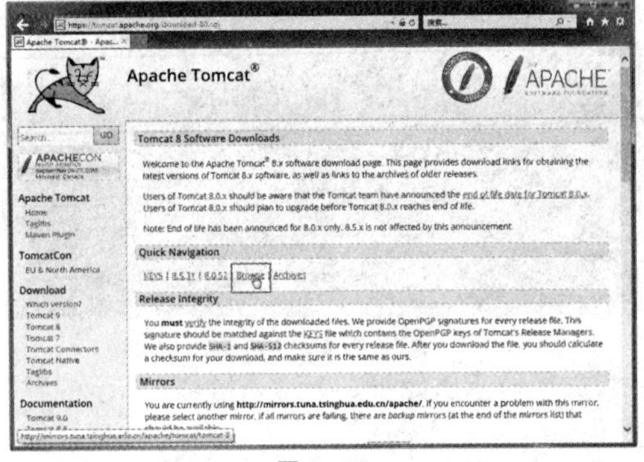

图 1–29

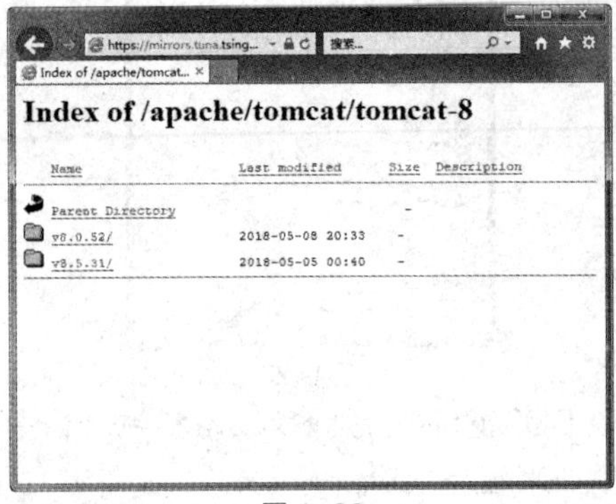

图 1–30

单击 v8.0.52 超链接，进入该版本 Tomcat 服务器的文件及版本说明页面，如图 1–31 所示。单击 bin 超链接，进入该文件夹中，为用户提供了多种针对不同平台的版本，如图 1–32 所示。

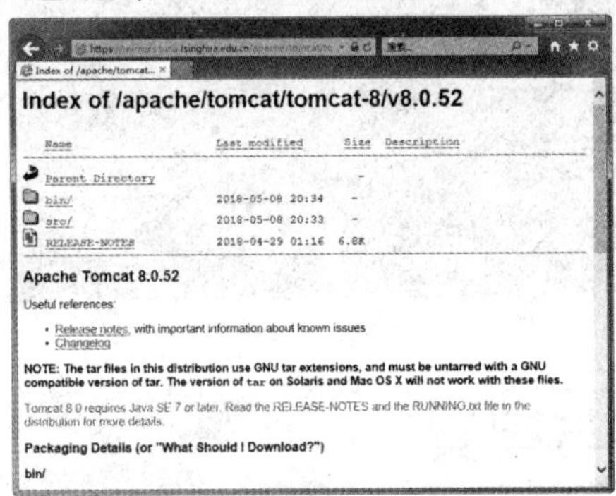

图 1–31

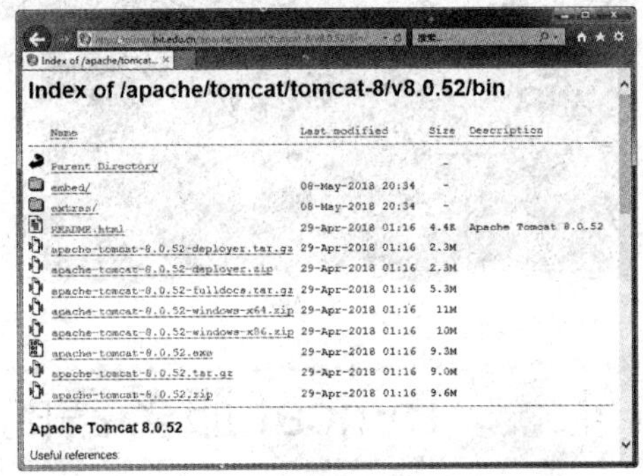

图 1–32

Tomcat 服务器包括安装版和解压版两种。如果用户选择解压版，则根据自己所使用的操作系统来选择下载对应的解压版 Tomcat 服务器。推荐下载安装版的 Tomcat 服务器，这里单击名称为 apache-tomcat-8.0.52.exe 超链接，即可下载安装版本的 Tomcat 服务器，如图 1–33 所示。下载完成后，可以在文件保存位置看到所下载的 apache-tomcat-8.0.52.exe 安装程序文件，如图 1–34 所示。

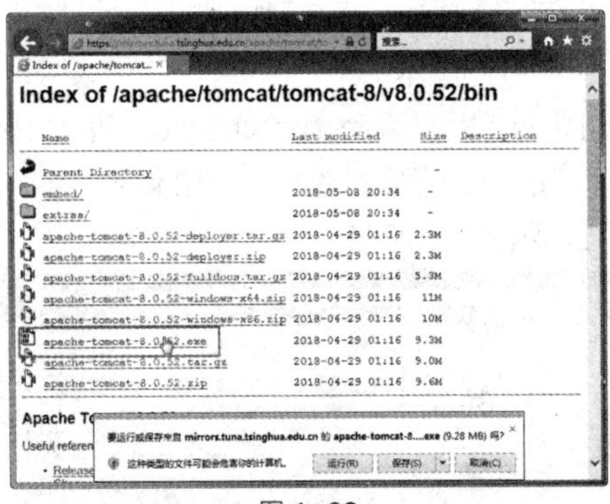

图 1–33

图 1–34

1.4.2 安装 Tomcat 服务器

在安装 Tomcat 服务器之前必须已经安装了 JDK，否则 Tomcat 服务器不能定位安装需要使用的 Java 运行环境 JRE。需要特别说明的是，Tomcat 服务器的 Web 服务默认端口是 8080。

双击刚下载的 apache-tomcat-8.0.52.exe 安装程序，显示安装欢迎界面，如图 1–35 所示。单击 Next 按钮，显示该软件的安装许可协议，如图 1–36 所示。

图 1–35

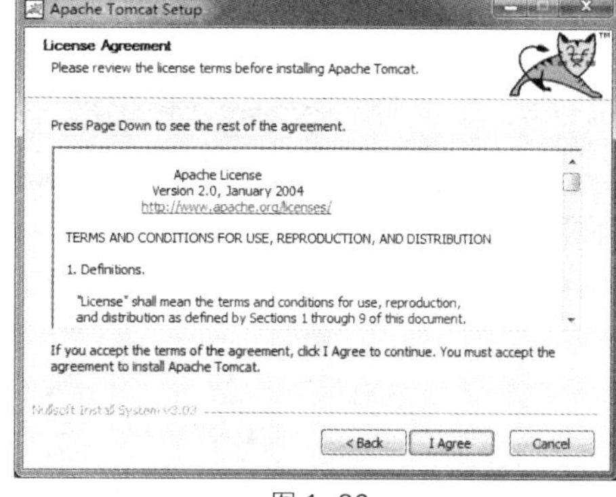

图 1–36

单击 I Agree 按钮，同意软件安装许可协议，切换到选择安装模式的界面，在下拉列表中选择 Full 选项，选择完全安装模式，如图 1–37 所示。单击 Next 按钮，切换到 Tomcat 服务器的基本设置界面，勾选 Create shortcuts for all users 复选框，其他保持默认设置，如图 1–38 所示。

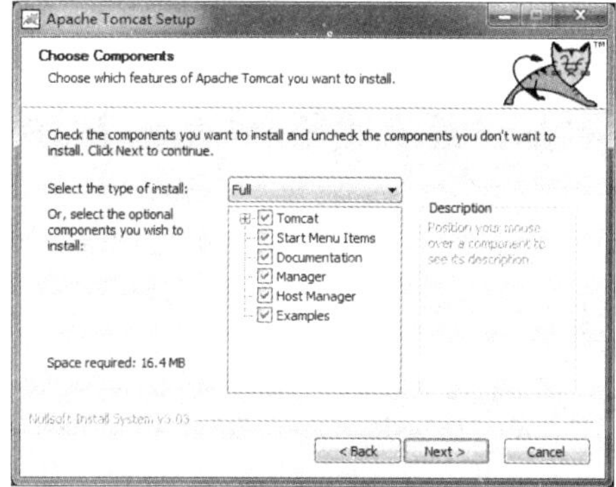

图 1–37

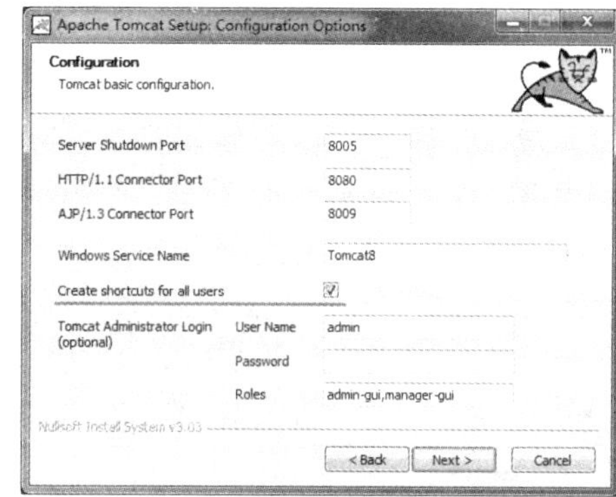

图 1–38

提示

在 Tomcat 服务器的基础设置界面中，Server Shutdown Port 选项用于设置 Tomcat 服务器的关机端口，默认为 8005；HTTP/1.1 Connector Port 选项用于设置 http 访问端口，默认为 8080；AJP/1.3 Connector Port 选项用于设置 AJP 协议端口，默认为 8009；Windows Service Name 选项用于设置服务器名称；Create shortcuts for all users 选项，选中该选项，表示所有用户都可以使用该 Tomcat 服务器；Tomcat Administrator Login(optional) 选项区，用于设置 Tomcat 服务器管理员的用户名和密码，默认为空。

单击 Next 按钮，显示设置 Java 虚拟机界面，安装程序能够自动定位到 Java 虚拟机的安装路径，如图 1–39 所示。单击 Next 按钮，切换到 Tomcat 服务器安装目录设置界面，可以设置 Tomcat 测试服务器的安装位置，如图 1–40 所示。

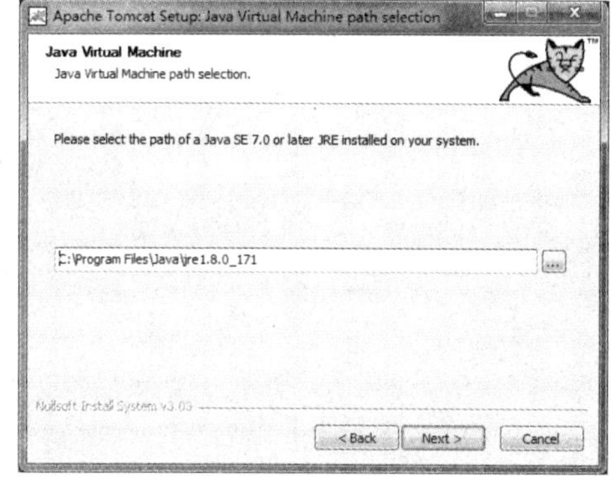

图 1–39

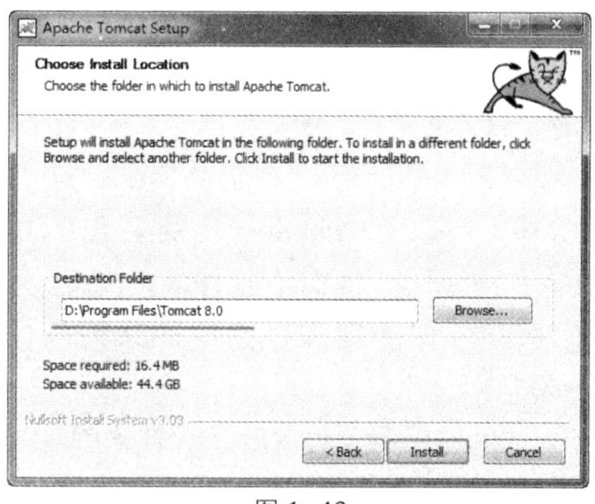

图 1–40

技巧

Tomcat 服务器默认的安装路径位于 C:\Programe Files\Apache Software Foundation\ 目录中，路径比较深，用户可以将其安装到本地磁盘的根目录中，便于查找和操作。

单击 Next 按钮，即可开始安装 Tomcat 服务器，显示安装进度，如图 1–41 所示。安装完成后自动切换到安装完成界面，如图 1–42 所示。

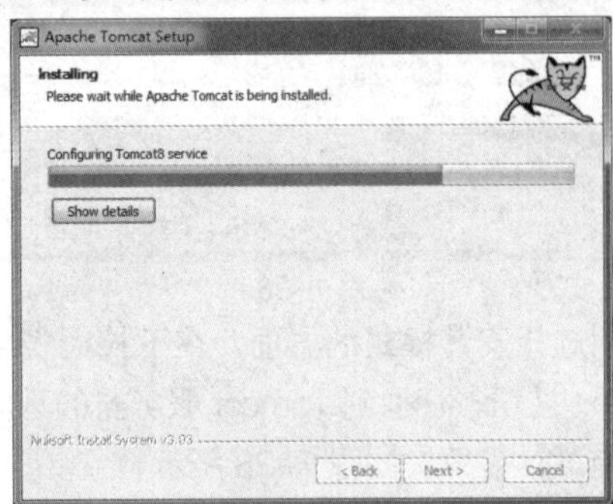

图 1–41

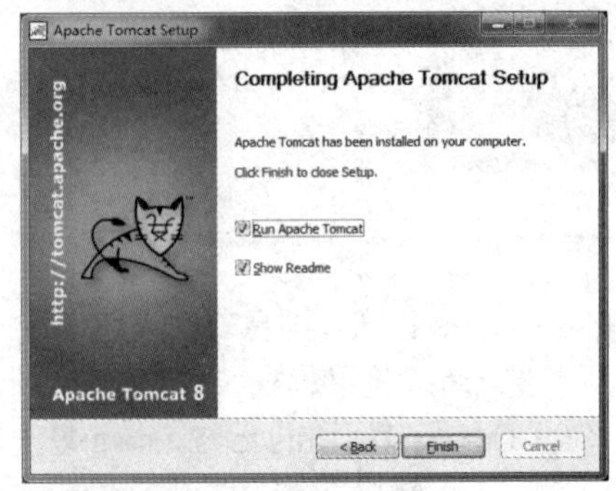

图 1–42

在安装完成界面中勾选 Run Apache Tomcat 复选框，单击 Finish 按钮，完成 Tomcat 服务器的安装，并启动 Tomcat 服务器，如图 1–43 所示。Tomcat 服务器启动完成后，在操作系统桌面右下角的通知区域中可以看到 Tomcat 服务器启动图标，如图 1–44 所示。

用户如果需要测试服务器是否安装成功，可以打开浏览器窗口，在地址栏中输入 http://localhost:8080，访问 Tomcat 服务器的默认页面，如果显示如图 1–45 所示的 Tomcat 服务器介绍页面，则表示 Tomcat 服务器安装成功并且成功地启动服务。

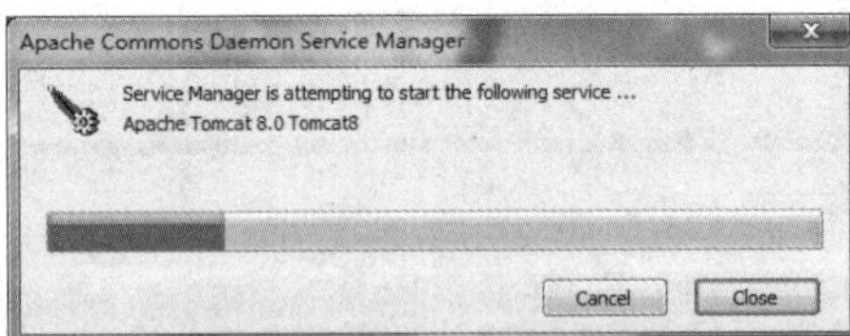

图 1–43

图 1–44

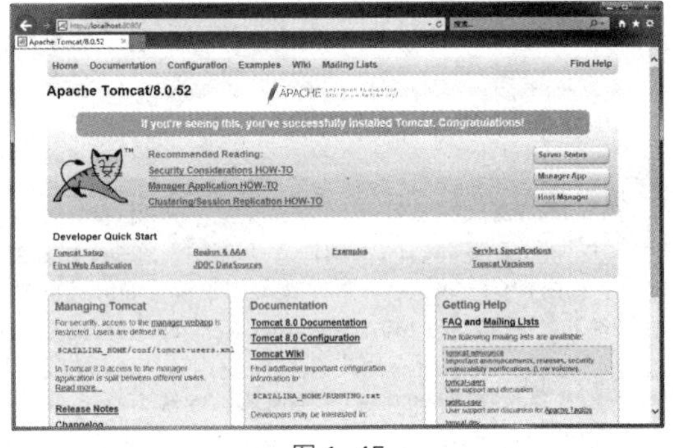

图 1–45

1.4.3 Tomcat 服务器的目录结构

完成 Tomcat 服务器的安装后，在 Tomcat 服务器的安装目录中包含多个文件夹和文件，首先需要了解各文件夹的意义和用途。例如，本书的 Tomcat 服务器安装在 D 盘的 Programe Files 文件夹中，所以 Tomcat 服务器的主目录为 D:\Programe Files\Tomcat 8.0，打开该文件夹，可以看到 Tomcat 服务器主目录中的文件夹，如图 1–46 所示。

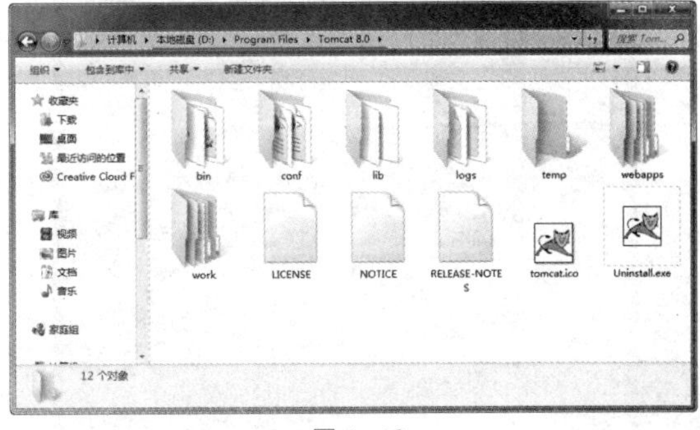

图 1–46

Tomcat 服务器主目录中各文件夹的意义和用途说明如表 1–1 所示。

表 1-1　Tomcat 服务器目录说明

文件夹	说明
bin	在该文件夹中存放启动和关闭 Tomcat 服务器的相关编辑文件
conf	在该文件夹中存放服务器的各种配置文件，包括 server.xml、web.xml 等
lib	在该文件夹中存放的 JAR 文件和类文件，能够被各目录中的 JSP 页面和 Tomcat 服务器系统程序访问
logs	在该文件夹中存放 Tomcat 服务器的日志档案
temp	该文件夹用于存储 Tomcat 服务器的各种临时文件
webapps	该文件夹用于存放 Web 应用程序文件，例如 JSP 应用程序、Servlet 应用程序和默认 Web 服务目录 ROOT
work	该文件夹用于存储 JSP 页面转换为 servlet 文件和字节码文件

在 Tomcat 服务器目录中双击 conf 文件夹，进入该文件夹中，在该文件夹中存放 Tomcat 服务器的相关配置文件，其中最重要的是 server.xml，如图 1–47 所示。使用记事本打开 server.xml 文件，如图 1–48 所示，在该文件中可以配置 Web 服务的端口、会话过期时间和虚拟主机等。

图 1–47

```
<?xml version='1.0' encoding='utf-8'?>
<!--
  Licensed to the Apache Software Foundation (ASF) under one or more
  contributor license agreements.  See the NOTICE file distributed with
  this work for additional information regarding copyright ownership.
  The ASF licenses this file to You under the Apache License, Version 2.0
  (the "License"); you may not use this file except in compliance with
  the License.  You may obtain a copy of the License at

      http://www.apache.org/licenses/LICENSE-2.0

  Unless required by applicable law or agreed to in writing, software
  distributed under the License is distributed on an "AS IS" BASIS,
  WITHOUT WARRANTIES OR CONDITIONS OF ANY KIND, either express or implied.
  See the License for the specific language governing permissions and
  limitations under the License.
-->
<!-- Note:  A "Server" is not itself a "Container", so you may not
     define subcomponents such as "Valves" at this level.
     Documentation at /docs/config/server.html
 -->
<Server port="8005" shutdown="SHUTDOWN">
  <Listener className="org.apache.catalina.startup.VersionLoggerListener" />
  <!-- Security listener. Documentation at /docs/config/listeners.html
  <Listener className="org.apache.catalina.security.SecurityListener" />
  -->
  <!--APR library loader. Documentation at /docs/apr.html -->
  <Listener className="org.apache.catalina.core.AprLifecycleListener" SSLEngine="on"
/>
```

图 1–48

如果需要修改 Web 服务默认的端口，则可以在 server.xml 文件中按快捷键 Ctrl+F，弹出“查找”对话框，输入关键词 Connector，如图 1–49 所示。单击“查找下一个”按钮，即可在该配置文件中定位到 Web 服务默认端口的设置代码，如图 1–50 所示。

图 1–49

图 1–50

在此处将 port="8080" 修改为自己需要的端口即可，但是需要注意的是，对 server.xml 配置文件进行修改后必须重新启动 Tomcat 服务器，才能使修改后的配置生效。

提示

这里只是给读者演示如何修改 Tomcat 服务器的 Web 服务默认端口，本书依旧使用默认的 8080 端口，建议读者也采用默认访问端口。

1.4.4 Tomcat 服务器的基本操作

在完成 Tomcat 服务器的安装后会自动启动 Tomcat 服务，如果该图标没有在系统桌面右上角的通知区域中显示，用户可以在操作系统中执行“开始”>“所有程序”>Apache Tomcat 8.0 Tomcat8>Monitor Tomcat 命令，如图 1–51 所示。在系统桌面右下角的通知区域中会显示 Tomcat 服务器的图标，如图 1–52 所示。

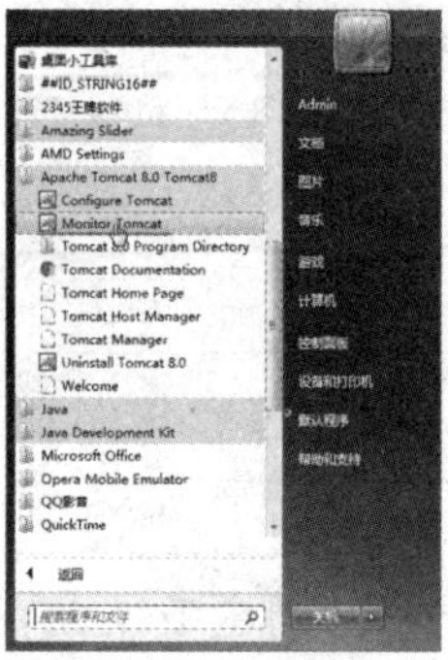

图 1–51

图 1–52

如果当前的 Tomcat 服务器处于关闭服务的状态（服务图标显示为），在该图标上单击鼠标右键，在弹出的快捷菜单中选择 Start service 命令，如图 1–53 所示，即可启动 Tomcat 服务。

如果当前的 Tomcat 服务器处于开启服务的状态（服务图标显示为），在该图标上单击鼠标右键，在弹出的快捷菜单中选择 Stop service 命令，如图 1–54 所示，即可关闭 Tomcat 服务。

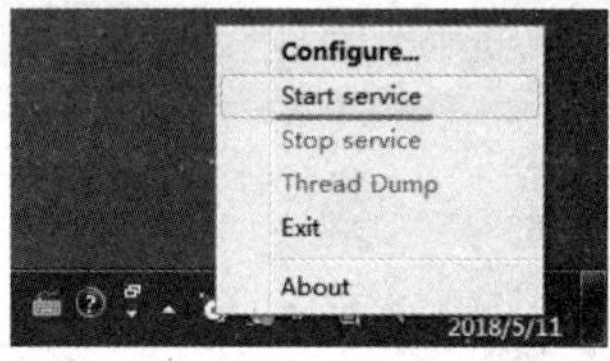

图 1–53

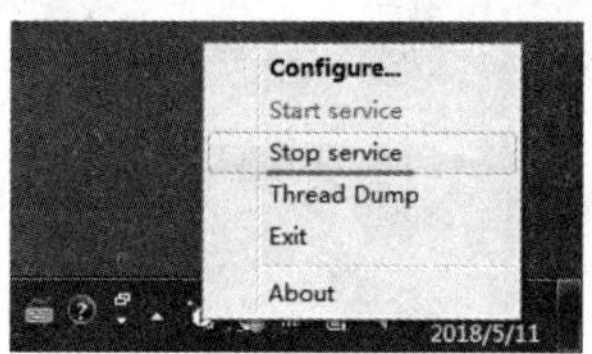

图 1–54

1.4.5 Tomcat 服务器中的 Web 应用程序文件架构

在 Tomcat 服务器中，所有的 JSP 页面都必须放置在 Tomcat 服务器根目录的 webapps 文件夹中，才能在 Tomcat 服务器中对该 JSP 页面进行解释执行。

打开 webapps 文件夹，可以看到在该文件夹中包含一个 ROOT 文件夹，如图 1–55 所示。该文件夹用来存放 Tomcat 默认的 index.jsp 页面，里面包含基本的配置，今后制作好的网页就可以放在其中。

ROOT 文件夹中包含一个 WEB–INF 文件夹，这是一个非常重要的目录，它代表构建网站的基本配置，如图 1–56 所示。今后自己开发的 Java 程序经编译后生成的 class 文件可以存放在该目录下，大大地扩展网页需要用到的函数。

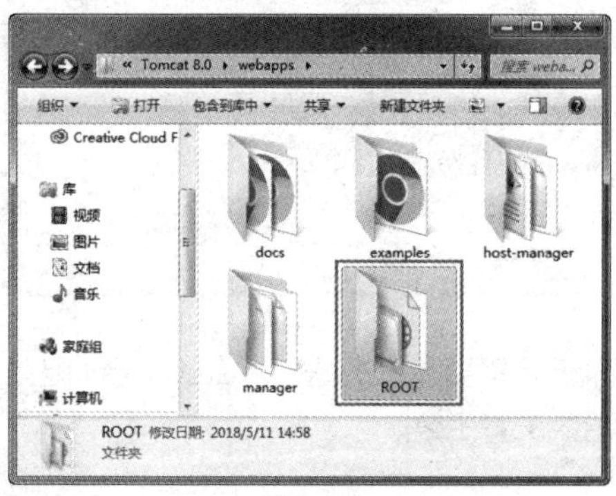

图 1–55

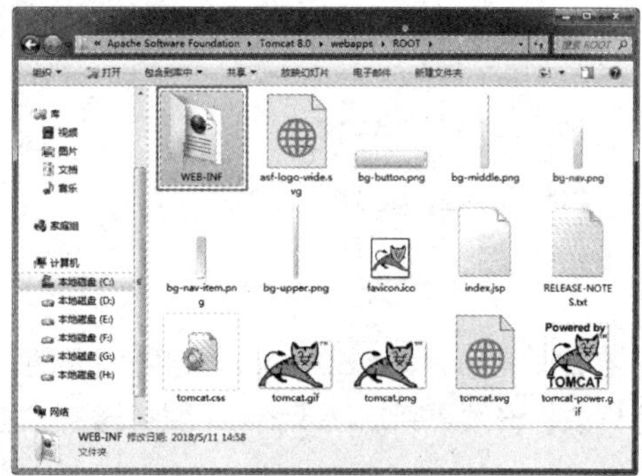

图 1–56

但是有人要问了，可不可以自己建立一个独立于 ROOT 目录之外的网站文件夹呢？答案是肯定的，只是需要配置好文件夹里面的设置。另外，创建的独立于 ROOT 目录之外的网站根目录，必须包含 WEB–INF 文件夹。我们并不建议初学者将站点文件夹设置在 ROOT 目录之外，因为这样操作还需要进行另外的配置，相对比较麻烦，建议初学者在 ROOT 目录中创建网站根目录。

提示

一个完整的 Web 应用程序必须具备 WEB-INF 目录，该目录中通常包含一个结构与部署说明文件 web.xml，它是一个 XML 文件，记载了一个应用程序所有的组成信息，如果用户的网站程序中只有 JSP 和 HTML 两种文件，则通常可以不用理会这个文件。

1.5　在 Dreamweaver 中创建 JSP 站点

根据前面介绍的内容就能在本地计算机中完成 JSP 开发环境的搭建，已经可以开发 JSP 网站了，但是如果要使用 Dreamweaver 来开发 JSP 网站，还需要在 Dreamweaver 中创建动态网站站点，使 Dreamweaver 清除网站目录和测试服务器路径等信息。

1.5.1　站点文件夹规划

在开发制作网站之前，需要将设计制作好的网站静态页面等相应的内容放置在本地计算机硬盘上，为了方便使用 Tomcat 服务器对所开发的 JSP 页面进行测试，需要将网站站点内容放置在 Tomcat 服务器的默认网站目录中（Tomcat 服务器目录中的 webapps\ROOT\），本书的路径为 D:\Programe Files\Tomcat 8.0\webapps\ROOT 目录，再创建合理的文件夹来管理站点文件。

1. 合理的文件夹规划

在本地站点中应该使用文件夹合理构建文档的结构。首先为站点创建一个主要文件夹，然后在其中再创建多个子文件夹，最后将文档分类存放在相应的文件夹中。

例如，可以在 images 文件夹中放置网站页面需要用到的图片，在 style 文件夹中放置网站页面用到的 CSS 样式表文件，在 admin 文件夹中放置后台管理程序页面等，如图 1-57 所示。

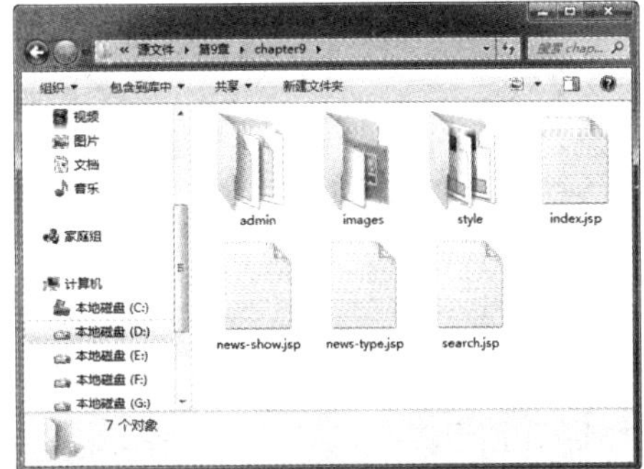

图 1-57

2. 合理的文件命名

在网站的开发制作过程中，可能需要创建较多的文件，这就需要为各文件命名合理的文件名称。合理的文件命名主要有两个好处，一是看到网页的文件名，就可以大致了解该网页的主要内容；二是当网站的规模变得很大时，也可以很容易地找到相应的文件进行修改或更新。

合理的文件命名，主要有以下几点要求。

(1) 尽量使用短名称作为文件命名，避免文件名称过长，不便于记忆。

(2) 避免使用中文的文件夹和文件名，许多 Internet 服务器使用的是英文操作系统，对中文的文件夹和文件名支持都不好，而且浏览网站的用户也有可能使用的是英文操作系统，中文的文件夹和文件名同样可能导致浏览错误或访问失败。

(3) 建议在站点的规划和创建过程中，全部使用小写的文件名称。很多服务器采用 UNIX 操作系统，该操作系统是区分文件名称大小写的。

技巧

在创建 JSP 网站页面的过程中，所有文件夹和文件名称一定要使用英文或者数字名称，不能使用中文名称来命名，否则会导致 Tomcat 服务器不能正常支持该站点。

3. 保持本地和远程站点为相同的结构

保持本地和远程站点为相同的结构是指在本地站点中规划设计的网站文件结构要与上传到 Internet 服务器上被人们浏览的网站文件结构相同。这样在本地站点上的文件夹和文件上的操作，都可以与远程站点上的文件夹和文件相对应。

1.5.2 JSP 测试服务器

要创建动态的 JSP 网站程序，就必须首先在 Dreamweaver 中定义 JSP 测试服务器站点，在这个步骤中需要告诉 Dreamweaver 关于网站的一些必要的基本信息。网站的完整规划与建设，能够让网页设计师和网站应用程序开发人员，甚至是后续负责维护更新的管理员，很轻易地熟悉与其相关的工作，以及找到必需的页面或文件。

实战 使用记事本制作 HTML 页面

最终文件：无　　视频：视频 \ 第 1 章 \1-5-2.mp4

01 打开 Tomcat 服务器的默认网站根目录，本书所安装的 Tomcat 服务器的默认网站根目录是 D:\Programe Files\Tomcat 8.0\webapps\ROOT，如图 1-58 所示。在默认网站根目录中创建站点文件夹，这里将文件夹命名为 chapter1，如图 1-59 所示。

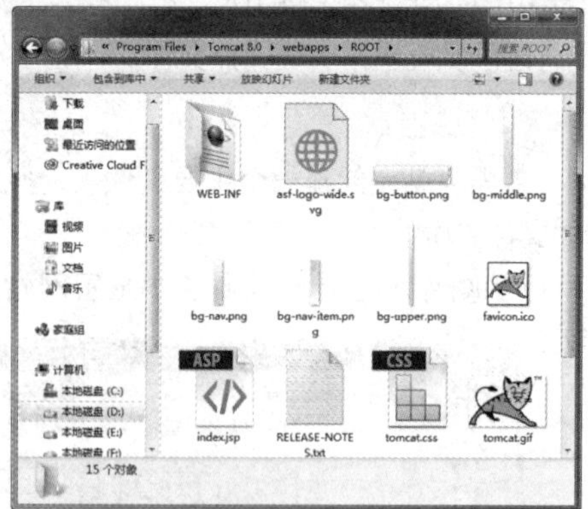

图 1-58

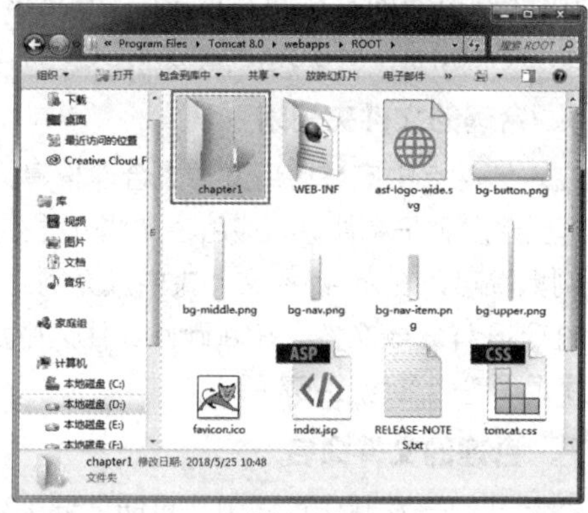

图 1-59

02 打开 Dreamweaver，执行“站点”>“新建站点”命令，弹出“站点设置对象”对话框，设置“站点名称”为 chapter1，“本地站点文件夹”为 D:\Program Files\Tomcat 8.0\webapps\ROOT\chapter1\，如图 1-60 所示。在对话框左侧单击“服务器”选项，切换到服务器选项设置界面，如图 1-61 所示。

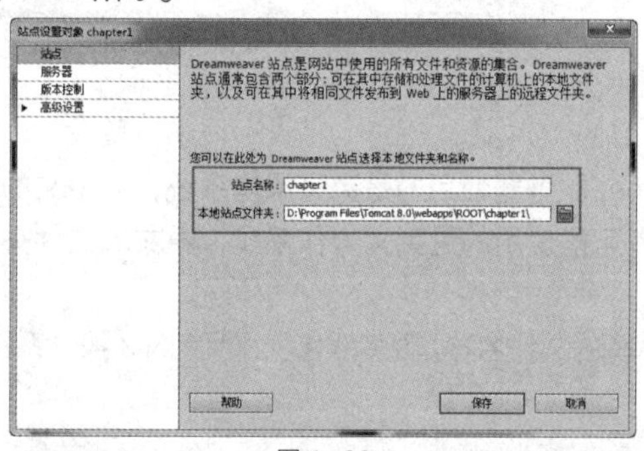

图 1-60

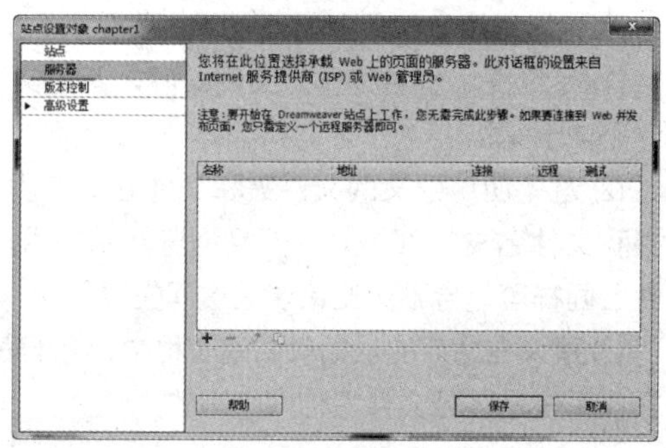

图 1-61

03 单击“添加新服务器”按钮+，弹出服务器设置对话框，在“连接方法”下拉列表中选择“本地/网络”选项，对相关选项进行设置，如图 1-62 所示。单击“高级”按钮，切换到“高级”选项卡中，在“服务器模型”下拉列表中选择 JSP 选项，如图 1-63 所示。

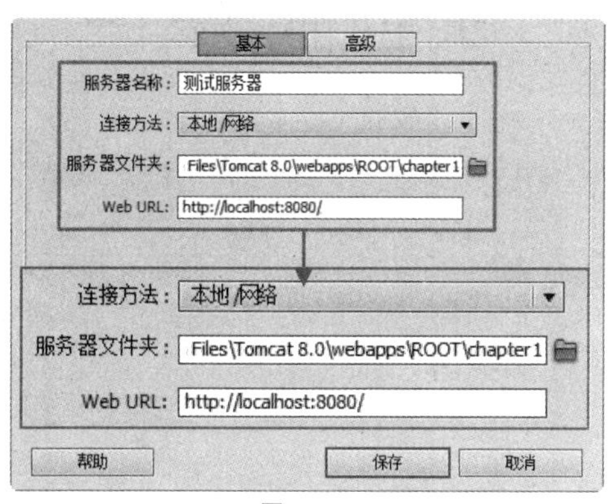

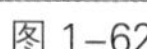

图 1-62

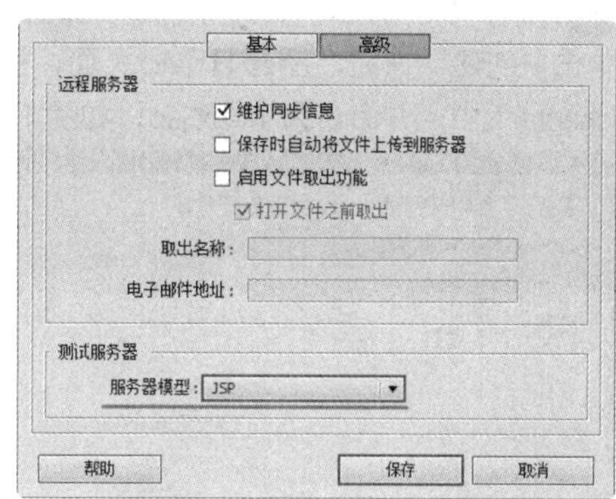

图 1-63

提示

“服务器文件夹”选项用于指定本地计算机中测试服务器的默认网站目录。Web URL 选项用于设置访问该站点的地址，Tomcat 服务器的默认网站访问地址是 http://localhost:8080/。

04 单击“保存”按钮，保存服务器选项设置，返回“站点设置对象”对话框，在刚刚添加的测试服务器选项中，勾选“测试”复选框，如图 1-64 所示。单击“保存”按钮，完成 JSP 网站测试服务器的定义，在“文件”面板中显示当前所创建的站点，如图 1-65 所示。

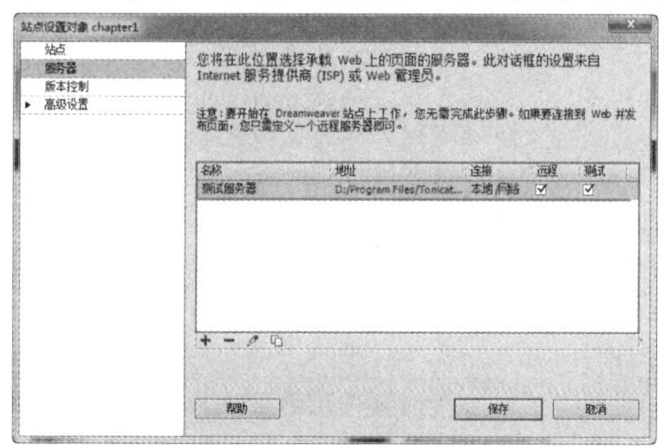

图 1-64

图 1-65

提示

在本地计算机中已经安装了 Tomcat 测试服务器，可以在本地计算机中测试 JSP 网页，所以不需要设置远程服务器信息，设置好本地信息和测试服务器之后，单击“保存”按钮，关闭“站点设置对象”对话框，这样就完成了 Dreamweaver 测试 JSP 网页服务器站点的创建和设置。

1.5.3 创建 JSP 页面

如果读者对网页编程有所了解，应该知道在编写网页程序时，可以将动态语言代码嵌入 HTML 代码中，嵌入在 HTML 代码中的动态程序语言代码需要使用特殊的符号进行包含，JSP 也是这样，可以将 JSP 程序代码直接嵌入 HTML 页面中执行。

在 Dreamweaver 中创建 JSP 页面与创建 HTML 页面一样方便和快捷，只需要创建一个 HTML 页面将其保存为 .jsp 文件即可。下面使用 Dreamweaver 创建一个 JSP 页面，并在该页面中输出相应的文字和当前系统时间。

实战　制作第一个 JSP 网页

最终文件：最终文件 \ 第 1 章 \chapter1\index.jsp　　视频：视频 \ 第 1 章 \1-5-3.mp4

01 执行“文件”>“新建”命令，弹出“新建文档”对话框，选择 HTML 选项，如图 1-66 所示。单击“创建”按钮，新建 HTML 页面，执行“文件”>“保存”命令，将该文件保存在站点文件夹 chapter1 中，并命名为 index.jsp，如图 1-67 所示。

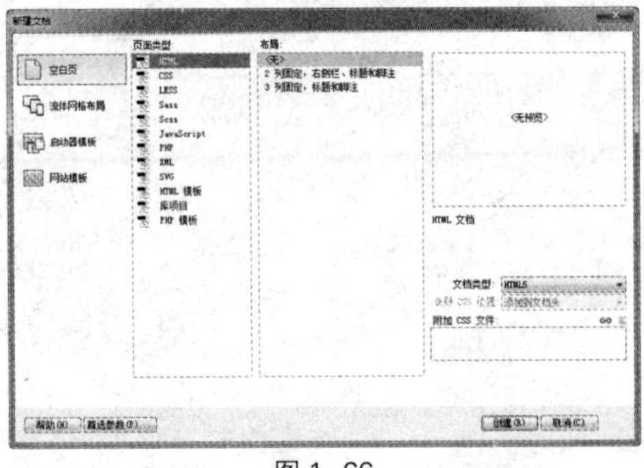

图 1-66

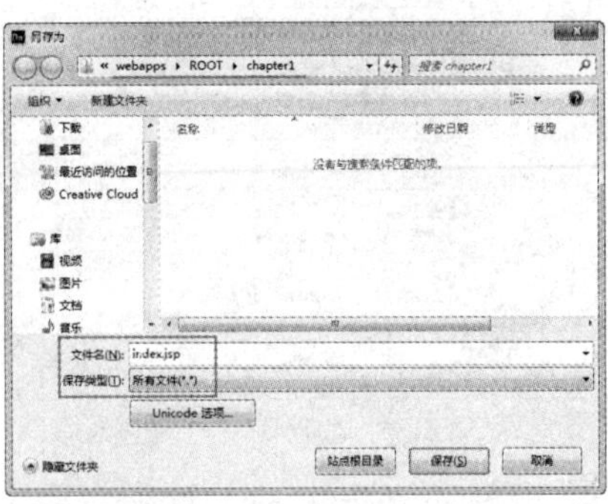

图 1-67

02 转换到代码视图中，可以看到页面的 HTML 代码，在 <title> 与 </title> 标签之间输入页面的标题，如图 1-68 所示。在 <body> 与 </body> 标签之间输入相应的 JSP 代码，如图 1-69 所示。

```
<!doctype html>
<html>
<head>
<meta charset="utf-8">
<title>制作第一个JSP网页</title>
</head>

<body>
</body>
</html>
```

图 1-68

```
<!doctype html>
<html>
<head>
<meta charset="utf-8">
<title>制作第一个JSP网页</title>
</head>

<body>
<%
out.print("<center><h1>欢迎学习JSP网站开发！</h1>
<h2>当前的系统时间为：</h2></center>");
out.println("<hr>");
%>
</body>
</html>
```

图 1-69

提示

嵌入 HTML 代码中的 JSP 程序代码必须使用“<%”和“%>”包含，JSP 中的每个代码行都必须以分号结束，分号是一种分隔符，用于把指令集区分开来。

03 执行“文件”>“保存”命令，保存该页面。在浏览器地址栏中输入地址 localhost:8080/chapter1/index.jsp，测试该 JSP 页面，发现页面中输出的中文字符都会显示为乱码，如图 1-70 所示。返回页面代码中，在所有代码之前添加相应的 JSP 字符声明设置代码，如图 1-71 所示。

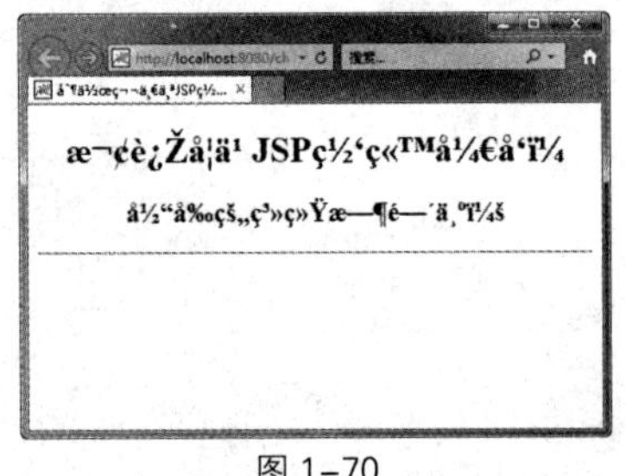

图 1-70

```
<%@ page language="java" import="java.util.*" pageEncoding="utf-8"%>
<%@ page contentType="text/html;charset=utf-8"%>
<!doctype html>
<html>
<head>
<meta charset="utf-8">
<title>制作第一个JSP网页</title>
</head>
```

图 1-71

提示

此处在页面头部所添加的代码中，pageEncoding 属性设置的是 JSP 文件本身在本地保存时的编码方式；contentType 属性中的 charset 设置的是服务器发送网页内容给客户端时所使用的编码方式。

04 保存该 JSP 页面，在测试服务器中预览该 JSP 页面，可以看到 JSP 页面执行的效果，正确输出中文字符，如图 1-72 所示。返回网页代码中，在页面头部添加代码，导入 java.util.Date 时间类和 java.text.SimpleDateFormat 简单时间格式类，如图 1-73 所示。

图 1-72

```
<%@ page language="java" import="java.util.*" pageEncoding="utf-8"%>
<%@ page contentType="text/html;charset=utf-8"%>
<%@ page import="java.util.Date"%>
<%@ page import="java.text.SimpleDateFormat"%>
<!doctype html>
<html>
<head>
<meta charset="utf-8">
<title>制作第一个JSP网页</title>
</head>
```

图 1-73

05 在 <body> 与 </body> 标签之间添加输出当前系统日期时间的 JSP 代码，如图 1-74 所示。返回 Dreamweaver 设计视图中，可以看到 JSP 代码在设计视图中显示为 JSP 代码图标，如图 1-75 所示。

```
<body>
<%
out.print("<center><h1>欢迎学习JSP网站开发! </h1><h2>当前的系统时间为: </h2></center>");
out.println("<hr>");
%>
<%
SimpleDateFormat date=new SimpleDateFormat("yyyy-MM-dd H:m:s");
String postdate=date.format(new Date());
%>
<center><%=postdate%></center>
</body>
```

图 1-74

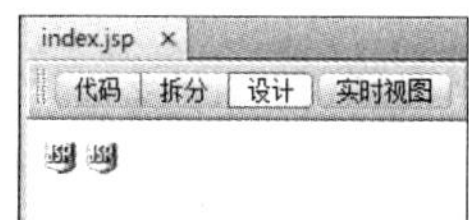

图 1-75

提示

从第一次访问一个 JSP 页面开始，到这个 JSP 页面的内容被发送到客户端显示，这个 JSP 页面需要经过 3 次编码转换。

第一阶段是 JSP 编辑成 .java，它会根据 pageEncoding 属性的设置来读取 JSP，结果是由指定的编辑方式翻译成统一的 UTF-8 Java 源码（即 .java），如果 pageEncoding 设置错了，或者是没有进行设置，就会导致出现中文乱码。

第二阶段是由 JavaC 的 Java 源码至 Java byteCode 的编译，无论 JSP 页面编写时是什么编码方式，经过这个阶段的结果全部是 UTF-8 的 encoding 的 Java 源码。JavaC 使用 UTF-8 的 encoding 读取 Java 源码，编译成 UTF-8 encoding 的二进制码（即 .class），这是 JVM 对常数字串在二进制码 (Java Encoding) 内表达的规范。

第三阶段是 Tomcat 服务器载入和执行阶段二得到的 Java 二进制码，向客户端输出结果，也就是客户端所看到的，这时隐藏在阶段一和阶段二的参数 contentType 就发挥了功效。

技巧

因为在页面中通过 Java 类来生成系统时间，所以首先要导入 java.util.Date 时间类和 java.text.SimpleDateFormat 简单时间格式类，然后才能在代码中生成时间实例 date 并调用 format 时间格式化函数。另外，在 JSP 代码中可以使用 <%= 变量名 %> 的方式来输出变量的值。

06 完成该 JSP 页面的制作，完整的代码如下。

```
<%@ page language="java" import="java.util.*" pageEncoding="utf-8"%>
<%@ page contentType="text/html;charset=utf-8"%>
<%@ page import="java.util.Date"%>
<%@ page import="java.text.SimpleDateFormat"%>
<!doctype html>
<html>
<head>
<meta charset="utf-8">
<title> 制作第一个 JSP 网页 </title>
</head>
```

```
    <body>
    <%
    out.print("<center><h1> 欢 迎 学 习 JSP 网 站 开 发! </h1><h2> 当 前 的 系 统 时 间 为: </h2>
</center>");
    out.println("<hr>");
    %>
    <%
    SimpleDateFormat date=new SimpleDateFormat("yyyy-MM-dd H:m:s");
    String postdate=date.format(new Date());
    %>
    <center><%=postdate%></center>
    </body>
    </html>
```

提示

JSP 代码被嵌入 HTML 代码中，必须被 JSP 服务器编译解析后，将解析后的结果输出到客户端的浏览器中，才能正常显示 JSP 页面的结果。

07 执行“文件” > “保存”命令，保存该 JSP 页面，打开浏览器窗口，在地址栏中输入地址 localhost:8080/chapter1/index.jsp，可以看到该 JSP 页面的执行结果，如图 1–76 所示。在网页上单击鼠标右键，在弹出的快捷菜单中选择“查看源”命令，然后在弹出的对话框中可以看到该 JSP 被服务器编译执行后的代码全部是静态网页代码，如图 1–77 所示。

图 1–76

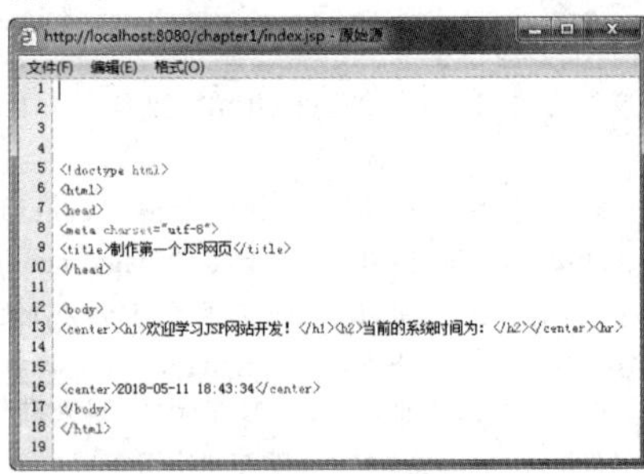

图 1–77

提示

在对 JSP 网页进行测试之前，还需要确保 Tomcat 服务已经正常启动，否则服务器将无法解析 JSP 网页代码。

技巧

只要在 Dreamweaver 中创建站点时正确地设置了 JSP 的测试服务器，那么在测试 JSP 网页时也可以直接使用 Dreamweaver 中的预览功能，而不需要在浏览器地址栏中手动输入测试页面地址。

第2章 JSP 基础语法

JSP(Java Server Page) 是运行于服务器端的脚本语言之一，是 Java 阵营中最具有代表性的解决方案。JSP 是由原 Sun 公司倡导、许多公司参与建立的一种动态网页技术。本章将介绍一些 JSP 的基础语法，包括 JSP 的数据类型与变量、Java 类的使用方法、运算符与表达式、流程控制语句等，通过学习这些基础知识使读者能够更加深入地了解 JSP。

本章知识点：

- 理解 JSP 的工作原理
- 理解并掌握 JSP 的基础语法
- 了解 Java 数据类型与变量
- 了解 Java 类的常用方法
- 理解并掌握 Java 中各种运算符的使用方法
- 掌握 Java 中流程控制语句的使用方法
- 了解数组和字符串类的使用

2.1 了解 JSP

使用 JSP 技术，不仅能制作出像 HTML 一样的静态网页，还能制作包含动态数据的网页。JSP 网页是在静态 HTML 文件中加入 Java 脚本程序 (Scriptlet) 和 JSP 标记 (Tag) 构成的，尤其适合动态网站的开发。

2.1.1 JSP 概述

在传统的 HTML 页面 (*.html、*.htm) 中加入 Java 程序片段和 JSP 标记 (Tag)，就构成了 JSP 网页 (*.jsp)，Web 服务器在遇到访问 JSP 网页的请求时，首先执行其中的 Java 程序片段，然后将执行结果以 HTML 格式返回给客户。

Java 程序片段可以操作数据库，可以重定向网页，可以发送 E-mail 等，这就是创建动态网站所需要的功能。所有程序操作都是在服务器端执行，网络上传送给客户端的仅仅是程序执行后的结果，对客户端浏览器几乎没有任何的要求。

JSP 与 Microsoft 的 ASP 技术非常相似，ASP 的编程语言是 VBScript 之类的脚本语言，JSP 使用的是 Java，这是两者最明显的区别。此外，ASP 与 JSP 还有一个更本质的区别，即两种语言引擎使用完全不同的方式来处理页面中嵌入的程序代码。在 ASP 语言中，VBScript 脚本代码被 ASP 引擎解释执行，网页每一次请求，ASP 引擎必须解释执行一次；在 JSP 语言中，Java 代码被编译成 Servlet 并由 Java 虚拟机执行，这种编译操作仅在对 JSP 页面的第一次请求时发生。

事实证明，Java Servlet 是一种开发 Web 应用的理想构架。JSP 以 Servlet 技术为基础，又在许多方面做出改进。利用跨平台运行的 Java Bean 组件，JSP 为分离处理逻辑与显示样式提供了卓越的解决方案。

2.1.2 JSP 工作原理 

熟悉 HTML 或者其他动态网页开发技术的读者，在第一次看到 JSP 页面时，可能会有一种似曾相识的感觉。这是因为从本质上来说，各种动态网页开发技术都是通过在 HTML 中添加其他语言脚本的方式来实现的，而支持这些脚本的服务器可以执行这些脚本，然后生成 HTML 页面。

为了让读者直观地认识 JSP 技术，先来看一个简单的 JSP 页面代码，向页面输出一段文字内容，具体代码如下。

```
<%@ page language"java"%>
<!doctype html>
<html>
<head>
<meta charset="utf-8">
<title>JSP 的工作原理 </title>
</head>
<body>
<%
  out.print("Welcome to JSP World!");
%>
</body>
</html>
```

在上述 JSP 页面代码中，代码风格和普通 HTML 页面的代码非常相似，不同的就是在“<%”和“%>”之间加入了 Java 脚本代码。

从本质上来说，JSP 是结合 HTML 和 Java 脚本代码来处理一种动态页面。JSP 程序第一次被调用时，通过 JSP 引擎自动被编译成 Servlet，然后被执行。例如，上面的这段 JSP 页面代码在 Tomcat 服务器上运行时，该页面将被编译成一个 Servlet。

在一个 JSP 页面第一次被请求时，JSP 引擎先把该 JSP 文件转换成一个 Java 源文件，在转换时，如果发现 JSP 文件有任何语法错误，则转换过程将中断，并向服务器端和客户端输出错误信息；如果转换成功，则 JSP 引擎调用 Java 虚拟机的 javac 程序把该 Java 源文件编译成相应的 class 文件，该 class 文件也就是一个 Servlet 程序，然后创建一个该 Serlvet 的实例，提供服务响应用户的请求。

JSP 页面转换成 Servlet 的流程示意如图 2-1 所示。

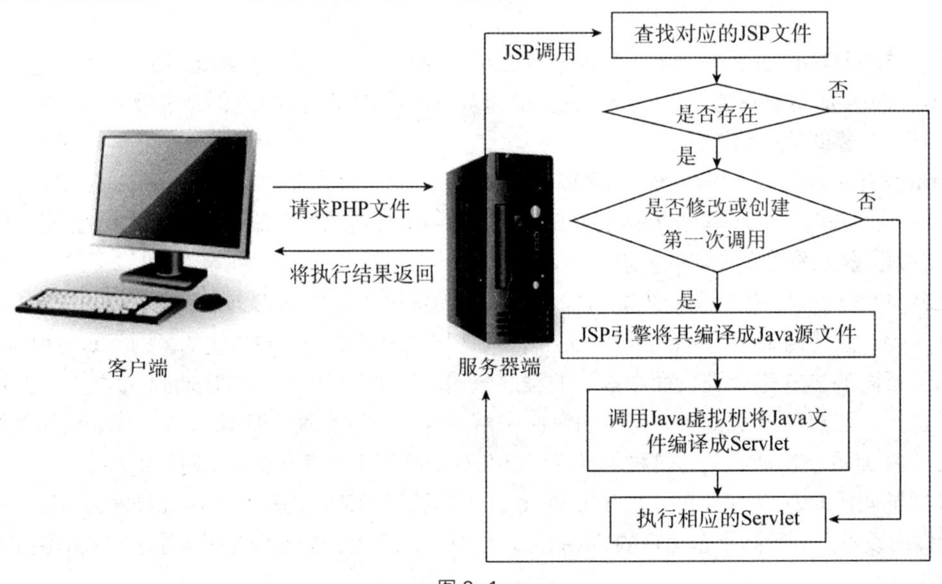

图 2-1

提示

JSP 网页不能直接传送到浏览器上执行，必须先将其编译成 Servlet，然后再执行 Servlet。Tomcat 服务器负责将 JSP 网页转换成一个 Servlet，再编译该 Servlet。

2.2 JSP 基础语法

在 JSP 页面中，脚本标识使用得最为频繁。因为它们能够非常方便、灵活地生成页面中的动态内容，特别是 Scriptlet 脚本程序。JSP 中的脚本标识包括以下 3 种元素：声明标识 (Declaration)、JSP 表达式 (Expression) 和脚本程序 (Scriptlet)。通过这些元素，就可以在 JSP 页面中像编写 Java 程序一样来声明变量、定义函数或进行各种表达式的运算。在 JSP 页面中需要通过特殊的约定来表示这些元素，并且对于客户端来说，这些元素是不可见的，它们都是在服务器端执行。

2.2.1 声明变量或方法

由于 JSP 是基于 Java 技术的，因此要求像 Java 一样，对于将要在 JSP 程序中使用的变量和方法，都必须先进行声明，不然将会出错。JSP 声明的作用是说明将要使用的变量和方法，从而保存信息或定义 JSP 页面可能需要调用的方法，其作用范围是整个页面。

对 JSP 页面中需要使用的变量和方法所进行的声明，将会在 JSP 页面初始化时同步进行初始化，JSP 页面中元素的语法格式如下。

```
<%! declaration; %>
```

在该语法格式中需要注意的是，在“<%”与“!”之间不能存在空格。在 JSP 页面中通过声明标识声明的变量和方法，可以使被声明的变量和方法在整个页面中都有效，它们将成为 JSP 页面被转换为 Java 类之后的属性和方法，并且它们可以被多个线程即多个用户共享。也就是说，其中的任何一个线程对声明的变量或方法进行修改，都会改变它们原来的状态。它们的生命周期从创建到服务器关闭后结束。

例如，下面的语法声明一个 int(整型) 变量 x，并为该变量赋予初始值 0。

```
<%! int x=0; %>
```

2.2.2 JSP 表达式

表达式用于将 JSP 内容转换为字符串，以便于包含在页面中进行输出。表达式表示的是一个在脚本语言中被定义的表达式，在运行后被自动转换为字符串，然后插入这个表达式在 JSP 文件中的位置显示。因为表达式的值已经被转换为字符串，所以能够在一行文本中插入表达式。

JSP 表达式的语法格式如下。

```
<%=expression %>
```

在该语法格式中，expression 部分是表达式的内容，它是一个有计算结果的 JSP 表达式 (注意，表达式一定要有一个可以输出的值)，例如数学计算表达式、有返回值的函数、变量等。特别需要注意的是，在“<%”与“=”之间不能存在空格。

如果通过 JSP 表达式输出一个对象，则该对象的 toString() 方法会被自动调用，表达式将输出 toString() 方法返回的内容。例如，下面的代码向页面输出信息。

```
<% String text="Welcome to JSP Word!";%>
输出内容为：<%=text%>
```

运行该段代码将显示以下内容。

```
输出内容为：Welcome to JSP Word!
```

技巧

JSP 表达式在页面被转换为 Servlet 之后，将会转换为 out.print() 方法。所以 JSP 表达式与 JSP 页面中嵌入脚本程序中的 out.print() 方法所实现的功能是相同的。

2.2.3 脚本程序

脚本程序是使用“<%”与“%>”标记嵌入在 JSP 页面中的一段 Java 代码，在脚本程序中可以定义变量、调用方法和进行各种表达式运算，且每行语句后面都要加入英文分号。在脚本程序中定义的变量在当前的整个页面中都有效，但不会被其他的线程共享，当前用户对该变量的操作不会影响其他的用户，当变量所在的页面关闭后就会被销毁。

JSP 脚本程序的语法格式如下。

```
<% scriptlet %>
```

脚本程序的使用非常灵活，它所能够实现的功能是 JSP 表达式无法实现的。例如，下面的 JSP 脚本程序用于判断用户的身份。

```
<%@ page contentType="text/html;charset=UTF-8" %>
<%! Int i=1; %>
<!doctype html>
<html>
<head>
<meta charset="utf-8">
<title> 判断用户身份 </title>
</head>
<body>
<%
  if(i==1) {
%>
欢迎登录，您的身份为 " 管理员 "。
<%
  }
  else if(i==2) {
%>
欢迎登录，您的身份为 " 普通用户 "。
<%
  }
%>
</body>
</html>
```

2.2.4 标识符

标识符用来标识变量、类、方法和对象，标识符的名称必须符合以下规则。

(1) 标识符必须以字母 (A ~ Z、a ~ z)、下画线 (_) 或美元符号 ($) 开始。后续字符可以是字母、数字 (0 ~ 9)、下画线或美元符号，不能有空格和减号 (–)。

(2) 标识符不能是 Java 的关键字和保留字。

(3) 在标识符中区分字母的大小写。

2.2.5 JSP代码中的注释

注释是程序设计中的常用工具，在JSP代码中为用户提供了3种注释形式。

1. 单行注释

JSP代码中单行注释的形式如下。

```
//注释内容
```

符号“//”后面的所有内容为注释内容，服务器对该内容不进行任何操作。

例如，在JSP脚本代码中添加单行注释的示例如下。

```
<%
  out.print("欢迎进入JSP世界");    //向页面输出欢迎信息
%>
```

提示

因为脚本程序在客户端通过查看源代码是不可见的，所以在脚本程序中通过该方法被注释的内容也是不可见的，并且在后面将要提到的通过多行注释和提示文档注释的内容都是不可见的。

2. 多行注释

多行注释在JSP脚本代码中可以使用“/*”和“*/”符号进行标记，它们必须成对出现，在它们之间输入的注释内容可以换行，JSP代码中多行注释的形式如下。

```
/*
  注释内容1
  注释内容2
  …
*/
```

与单行注释相同，在“/*”和“*/”符号之间被注释的所有内容，即使是JSP表达式或其他的脚本程序，服务器都不会做任何处理，并且多行注释的开始标记和结束标记可以不在同一个脚本程序中同时出现。

例如，在JSP脚本代码中添加多行注释的示例如下。

```
<%
  out.print("欢迎进入JSP世界");
/* out是JSP的隐含对象之一，可以直接进行使用而不需要导入任何包
写法<%out.print("...");%>
以下是一个具体的应用实例
*/
%>
```

3. 提示文档注释

JSP页面中的提示文档注释会被Javadoc文档工具生成文档时所读取，文档是对代码结构和功能的描述。JSP代码中提示文档注释的形式如下。

```
/**
提示信息1
提示信息2
…
*/
```

该注释方法与前面介绍的多行注释方法非常相似，但仔细观察会发现，提示文档注释是以“/**”符号作为注释的开始标记，而不是“/*”。与多行注释一样，被“/**”和“*/”符号注释的所有内容，

服务器都不会做任何的处理。

例如，在 JSP 脚本代码中添加提示文档注释的示例如下。

```
<%!
  int x=0;
  /**
    @ 作者：某某某
    @ 功能：该方法用来实现一个简单的计数器
  */
  synchronized void add() {
  x++;
 }
%>
<% add(); %>
当前访问次数：<%=x%>
```

提示

在代码中添加注释主要有两个作用：一个作用是作为提示，让人可以从注释信息中了解某段程序的功能和设计思路，在编写程序时提供参考信息；另一个作用是将未完成的或有错误的某个程序块通过修改为注释而隐藏，使其暂时不参与程序的执行，这种方式主要适用于程序调试，即将调试时编写的调试语句作为注释隐藏。

2.3 Java 数据类型与变量

数据是程序操作的对象，具有名称、类型和作用域等特征。数据的类型表示数据的性质、占用内存多少和存放形式。Java 中的数据类型分为基本数据类型和复合数据类型两大类。在本节中将向读者介绍 Java 中的基本数据类型以及变量和常量的相关知识。

2.3.1 基本数据类型

Java 中的基本数据类型主要包括整数型、浮点型、字符型和布尔型。其中整数型又分为 byte(字节型)、short(短整型)、int(整型) 和 long(长整型)，它们都可以用来定义一个整数，唯一的区别就是它们所定义的整数所占用的内存空间不同，因此整数的取值范围也不同；JSP 中的浮点类型又包括 float(单精度型) 和 double(双精度型)，在程序中使用这两种类型来存储小数。

Java 中的基本数据类型说明如表 2-1 所示。

表 2-1　Java 基本数据类型说明

数据类型	名称	存储位数	取值范围	默认值
整数型	byte(字节型)	8	-128 ~ 127	0
	short(短整型)	16	-32768 ~ 32767	0
	int(整型)	32	-2147483648 ~ 2147483647	0
	long(长整型)	64	-9223372036854775808~9223372036854775807	0
浮点型	float(单精度型)	32	1.4E-45 ~ 3.4028235E38	0.0f
	double(双精度型)	64	4.9E-324 ~ 1.7976931348623157E308	0.0d
字符型	char(字符型)	16	16 位的 Unicode 字符，可以容纳各国的字符集；如果以 Unicode 来看，就是“\u0000”到“\uffff”；如果以整体来看，范围为 0 ~ 65535，例如，65 代表“A”	\u0000
布尔型	boolean(布尔型)	8	true 和 false	false

2.3.2 数据类型之间的转换

在 Java 中，当多个不同数据类型的数据进行混合运算时，如整数型、浮点型和字符型进行混合

运算，需要先将它们转换为统一的类型，然后再进行运算。基本数据之间的转换分为自动类型转换和强制类型转换两种。

1. 自动类型转换

自动类型转换主要是指从低级类型向高级类型的转换，这种转换将由系统按照各数据类型的级别从低到高自动完成，Java 编程人员无须进行任何操作。

Java 中各基本数据类型之间的级别如图 2-2 所示。

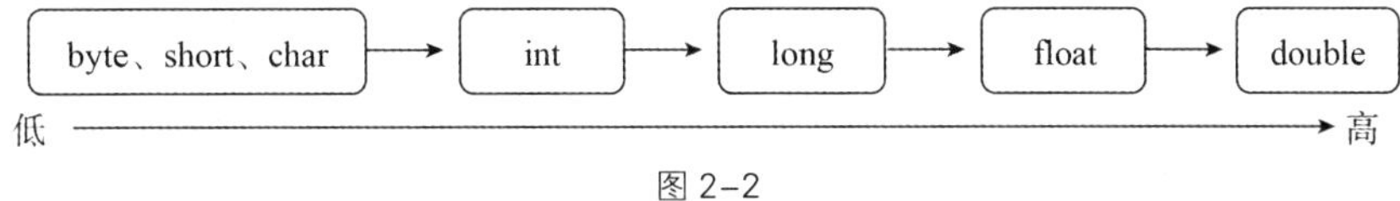

图 2-2

2. 强制类型转换

如果把高级数据类型的数据赋值给低级数据类型的变量，就必须进行强制数据类型的转换，否则程序编译就会出错。

强制数据类型转换的格式如下。

```
（要转换成的数据类型）值
```

其中“值”可以是常量或者变量，例如下面的示例代码。

```
short s1=65,s2;
char c1='a',c2;
s2=(short) c1;    //将 char 类型强制转换为 short 类型，s2 值为 97
c2=(char) s1;     //将 short 类型强制转换为 char 类型，c2 值为 A
```

2.3.3 变量与常量

变量和常量是计算机编程语言中最基本的构成元素，学习常量和变量是编程的基础。它们代表了运算过程中所需要的各种值，通过常量和变量，程序才能对各种值进行访问。

1. 变量

变量是指在程序运行过程中，值可以发生变化的量。Java 中的变量遵循“先定义，后使用”的原则，变量在使用之前，都要求先定义其数据类型。在定义时系统会为变量分配固定的内存，在程序执行中可以按照变量名称对其中的内容进行访问。

在 Java 中，在使用变量之前首先需要定义变量，其语法格式如下。

```
变量类型 变量名称 1，变量名称 2,…;
```

在一行代码中可以同时定义多个变量，变量名称之间使用英文逗号“,”进行分隔，以英文分号“;”结束。

例如，定义一个整型变量，其名称为 age，代码如下。

```
int age;
```

或者同时定义多个相同数据类型的变量，变量之间使用英文逗号“,”进行分隔，代码如下。

```
int x,y,z;
```

也可以在不同代码行中分别定义变量，代码如下。

```
int x;
int y;
int z;
```

在定义变量的同时也可以使用赋值符号“=”为所定义的变量赋值，代码如下。

```
int age=20;
```

变量名称是一个合法的标识符，必须以英文字母、下画线“_”或美元符号“$”开头，字母、数字、下画线或美元符号“$”的组合，Java 对变量名称是区分大小写的，而且变量名称不可以使用 Java 中的关键词和保留字。

Java 中的关键词和保留字如下。

abstract	boolean	break	byte	case
catch	char	class	continue	default
do	double	else	extends	false
final	finally	float	for	if
implements	import	instanceof	int	interface
long	native	new	null	package
private	protected	public	return	short
static	super	switch	synchronized	this
throw	throws	transient	try	true
void	volatile	while		

提示

变量的作用域是指程序代码能够访问该变量的区域，如果超出该区域访问变量，则程序在编译时会出现错误。有效范围决定了变量的生命周期，变量的生命周期是指从定义一个变量并分配内存空间开始，到释放该变量并清除所占用内存空间结束。

2. 常量

如果在 Java 的变量类型之前加上关键词 final，即可将变量定义为常量，其内容是固定的，不会因为程序的执行而改变。

例如，以下的代码定义了整型常量和字符串常量。

```
final int AGE=20;
final String TEXT="Welcome to JSP World";
```

通常情况下，使用 final 关键字定义常量，常量的名称通常采用大写字母表示。

提示

由于常量在程序执行过程中保持不变，所以在常量定义之后，如果再次对该常量进行赋值，则程序将会出现错误。

2.4 Java 数据类型与变量

Java 程序中常用的类包括数值类、字符串类、日期时间类、Object 类和包装类。本节主要向读者介绍数值类和日期时间类的基本使用方法，字符串类将在 2.8 节中进行介绍。

2.4.1 数值类

Java 中常用的数值类有 Integer 类、Float 类、Math 类和 Random 类等，这些类大部分属于 Java.lang 包，程序中可以直接使用这些类，而不必导入 Java.lang 包。

1. Integer 类

Integer 类的方法常用于整型与字符串的相互转换、整型数与进位法转换等。Integer 类的方法说明如表 2-2 所示。

表 2-2　Integer 类方法说明

方法	说明
compareTo(Integer anotherInteger)	比较两个数的大小。前者比后者大为 1，前者比后者小为 -1，相等为 0
parseInt(String str)	将字符串 str 转换为整数对象
decode(String str)	将字符串 str 转换为整数对象
equals(Integer anotherInteger)	判断两个值是否相等，返回布尔值
toBinaryString(int str)	将字符串 str 转换为二进制数值
toOctalString(int str)	将字符串 str 转换为八进制数值
toHexString(int str)	将字符串 str 转换为十六进制数值
floatValue()	转换为浮点数
intValue()	取得对象的值，返回整数
valueOf(String str)	将指定的字符串 str 转换为整数对象

2. Float 类

Float 类的方法常用在字符与浮点数的相互转换、判断相同、转换为整型数等。Float 类的方法说明如表 2-3 所示。

表 2-3　Float 类方法说明

方法	说明
compareTo(Float anotherFloat)	比较两个数的大小。前者比后者大为 1，前者比后者小为 -1，相等为 0
equals(Float anotherFloat)	判断两个数是否相等，返回布尔值
toString()	获取对象的值，返回字符串
floatValue()	获取对象的值，返回浮点数
intValue()	获取对象的值，返回整数
valueOf(String)	将指定的字符串 str 转换为浮点数对象

3. Math 类

Math 类提供了常用的数学方法，如四舍五入、取绝对值、弧度角度转换等方法。Math 类的方法说明如表 2-4 所示。

表 2-4　Math 类方法说明

方法	说明
round(double)	返回指定数值四舍五入后得到的整数
abs(long)	返回指定数值的绝对值
max(Object,Object)	返回两个数值中的较大者
min(Object,Object)	返回两个数值中的较小者
sqrt(double)	取指定数值的开平方根，返回 double 数值
log(double)	取指定数值的对数，返回 double 数值
pow(double1,double2)	返回 double1 的 double2 次方
toDegrees(double)	将弧度转换为角度后返回
toRadians(double)	将角度转换为弧度后返回
random()	获取一个 0.0~1.0 的随机数，返回 double 数值

4. Random 类

Math 类的 Random( ) 方法产生一个 Random 对象，使用 Random 对象提供的方法，可以产生随机整数、随机浮点数、随机双精度数、随机长整数。Random 类的方法说明如表 2-5 所示。

表 2-5 Random 类方法说明

方法	说明
nextInt()	返回随机整数
nextFloat()	返回随机浮点数
nextDouble()	返回随机双精度数
nextLong()	返回随机长整数

2.4.2 日期时间类

Java 中提供的常用的日期时间类包括 Date 类和 SimpleDateFormat 类。

1. Date 类

Date 类属于 Java.util 包，表示与 GMT(格林尼治标准时间) 的 1970 年 1 月 1 日 00:00:00 这一时间所相距的毫秒数。Date 类可以创建 Date 对象，并且可以指定对象内容为现在时间或指定时间。

使用 Date 类创建 Date 对象的语法格式如下。

```
Date 对象名称 =new Date();
Date 对象名称 =new Date( 毫秒数 );
```

Date 类的方法说明如表 2–6 所示。

表 2-6 Date 类方法说明

方法	说明
toString()	返回现在时间，并以字符串类型显示
getTime()	返回 1970 年 1 月 1 日到现在的毫秒数，返回长整数
setTime(long)	设置对象自 1970 年 1 月 1 日起的毫秒数
equals(Object)	判断两个对象是否相等，返回布尔值
compareTo(Object)	比较两个对象的大小

2. SimpleDateFormat 类

Date 类内部并不存储具体的年月日和时间，而是存储一个从 1970 年 1 月 1 日 00:00:00 开始的毫秒数，而真正有用的日期和时间都从这个毫秒数转换而来。这种情况导致了 Date 类不易被使用，尤其是显示和存储的场合，但 Date 类的优势在于方便计算和比较。

另外，日常生活中用户习惯用年月日时分秒这样的文本日期来表示时间，既方便显示和存储，也容易理解，但不容易计算和比较。

综上所述，在 Java 程序中进行日期处理时经常需要在文本日期和 Date 类之间进行转换，为此需要借助 SimpleDateFormat 类来进行处理。

SimpleDateFormat 类属于 Java.text 包，用于对日期时间进行格式化。

例如，在第 1 章的实例中获取当前系统日期时间并设置日期时间格式为“yyyy–MM–dd H:m:s”的代码如下。

```
<%
SimpleDateFormat date=new SimpleDateFormat("yyyy-MM-dd H:m:s");
String postdate=date.format(new Date());
%>
```

其中，yyyy 表示四位数的年份；MM 表示两位数的月份；dd 表示两位数的日期；H 表示两位数的小时；m 表示两位数的分钟；s 表示两位数的秒钟。

提示

在 JSP 程序中，如果使用日期时间并设置日期时间格式，必须在程序开头的代码中导入 java.util.Date 类和 java.text.SimpleDateFormat 类。

2.5 运算符与表达式

在 Java 表达式中表示各种运算的符号称为运算符，Java 中的运算符主要分为赋值运算符、算术运算符、关系运算符、逻辑运算符、自动递增和递减运算符及条件运算符，本节将分别对 Java 中的各种类型的运算符进行简单介绍。

2.5.1 赋值运算符

Java 赋值运算分为简单赋值运算和复合赋值运算。简单赋值运算是将赋值运算符 (=) 右侧的表达式的值保存到赋值运算符左侧的变量中，复合赋值运算是混合了其他操作 (算术运算操作、位运算操作等) 和赋值操作。

Java 中的赋值运算符说明如表 2–7 所示。

表 2-7　Java 中的赋值运算符说明

运算符	说明	运算符	说明
=	简单赋值	&=	进行与运算后赋值
+=	相加后赋值	!=	进行或运算后赋值
-=	相减后赋值	^=	进行异或运算后赋值
*=	相乘后赋值	<<=	左移之后赋值
/=	相除后赋值	>>=	带符号右移之后赋值
%=	取余后赋值	>>>=	填充零右移后赋值

例如，下面的代码就是赋值运算符的使用方法。

```
x = 0;       // 简单赋值
sum += x;    // 复合赋值，等同于 sun = sum+x;
```

2.5.2 算术运算符

Java 算术运算符包括 +(加)、–(减)、*(乘)、/(除) 和 %(取余)，Java 中的赋值运算符说明如表 2–8 所示。

表 2-8　Java 中的算术运算符说明

运算符	说明	举例	结果及类型
+	加法运算符	1.46f + 10	结果：11.46　类型：float
–	减法运算符	8.65 – 0.5f	结果：8.15　类型：double
*	乘法运算符	3*8L	结果：24　类型：long
/	除法运算符	9/4	结果：2　类型：int
%	取余运算符	10%3	结果：1　类型：int

提示

算术运算符支持整型与浮点型数据的运算，当整型与浮点型数据进行算术运算时，会进行自动类型转换，结果为浮点型。

2.5.3 关系运算符

应用关系运算符的表达式，计算机将判断运算对象之间通过关系运算符指定的关系是否成立，如果成立则表达式的返回值为 true，否则为 false。

Java 中的关系运算符说明如表 2-9 所示。

表 2-9 Java 中的关系运算符说明

运算符	说明	举例	结果
>	大于	'a' > 'b'	false
<	小于	800 < 1200	true
>=	大于或等于	12.98 >= 13	false
<=	小于或等于	1.67f <= 1.67f	true
==	等于	8=5+3	true
!=	不等于	'A'!='A'	false

提示

= =(等于) 和 !=(不等于) 运算符适用于引用类型和所有的基本数据类型，而其他的关系运算符只适用于除 boolean 类型之外的所有基本数据类型。

2.5.4 逻辑运算符 

逻辑运算符经常用来连接关系表达式，对关系表达式的值进行逻辑运算，因此逻辑运算符的运算对象必须是逻辑型数据，其运算结果同样为逻辑型数据。

Java 中的逻辑运算符说明如表 2-10 所示。

表 2-10 Java 中的逻辑运算符说明

运算符	说明	举例 (x 初始值为 8)	结果
&&	逻辑与	x==5 && x==8	false
||	逻辑或	x==5 || x==8	true
!	逻辑非	! x<=5	true

2.5.5 自动递增和递减运算符 

与 C 和 C++ 相同，在 Java 中也提供了自动递增和递减运算符，其作用是自动将变量值加 1 或减 1。Java 中的自动递增和递减运算符说明如表 2-11 所示。

表 2-11 Java 中的自动递增和递减运算符说明

运算符	名称	说明
++x	前置递增	变量 x 先加 1 递增，然后再返回 x
x++	后置递增	先返回 x，然后再加 1 递增
--y	前置递减	变量 y 先减 1 递减，然后再返回 y
y--	后置递减	先返回 y，然后再减 1 递减

根据运算符位置的不同，最终得到的结果也是不同的，放在操作元前面的自动递增和递减运算符，会先将变量的值加 1 或减 1，然后再使用该变量参与表达式的运算；放在操作元后面的递增和递减运算符，会先使变量参与表达式的运算，然后再将该变量加 1 或减 1。例如下面的代码。

```
int x=5;
int y=5;
```

```
int a=2+(++x);      //先将变量 x 加 1，然后再执行 2+6
int b=2+(y++);      //先执行 2+5，然后再将变量 y 加 1
out.println(a);     //输出结果为：8
out.println(b);     //输出结果为：7
out.println(x);     //输出结果为：6
out.println(y);     //输出结果为：6
```

提示

自动递增和递减运算符的操作元只能为变量，不能为常量和表达式，且该变量类型必须为整型、浮点型或 Java 包装类型。例如，++1、(x+2)++ 都是不合法的。

2.5.6　条件运算符

条件运算符是三元运算符，其语法格式如下。

```
<表达式>?x:y
```

其中，表达式值的类型为逻辑型，如果表达式的值为 true，则返回 x 的值；如果表达式的值为 false，则返回 b 的值。

例如，下面的代码应用条件运算符输出库存信息。

```
<%@ page language="java" contentType="text/html; charset=UTF-8"%>
<!doctype html>
<html>
<head>
<meta charset="utf-8">
<title>条件运算符</title>
</head>
<body>
<%
  int x=2;
  out.println(x<=5?"库存不足！":"库存量："+x);
%>
</body>
</html>
```

2.5.7　关于表达式

操作数和各种运算符结合在一起即组成表达式，也可以理解为表达式就是将多个操作数通过一个或多个运算符连接在一起，用来计算出一个确定的值。

表达式是程序设计中最重要的基石。在 JSP 中，几乎所编写的任何代码都是一个表达式，最基本的表达式就是常量和变量；一般的表达式大部分是由变量和运算符组成的，再复杂一些的表达式是函数。

2.6　Java 流程控制语句

Java 程序中的流程控制语句非常重要，可以使程序有条件地执行某些语句或重复执行某些语句。Java 程序中的流程控制语句与 C++ 中的流程控制语句比较相似，主要包括条件语句、循环语句和跳转语句 3 种类型。

2.6.1　条件语句

条件语句是结构化程序设计语言中重要的内容，也是最基础的内容。所谓条件语句，就是对语句中不同条件的值进行判断，进而根据不同的条件执行不同的语句。常用的条件语句有 if...else 和 switch。

1. if...else 语句

if...else 语句是条件语句常用的一种形式，它针对某种条件有选择地做出处理。通常表现为“如果满足某种条件，就进行某种处理，否则进行另一种处理”。

if...else 条件语句的语法格式如下。

```
if(条件表达式){
  语句1;
} else{
  语句2;
}
```

其中，条件表达式是必要参数，其值可以由多个表达式组成，但是其最后结果一定是 boolean 类型，也就是其结果只能是 true 或 false；“语句 1”为可选参数，可以是一条或者多条语句，当表达式的值为 true 时执行这些语句；“语句 2”为可选参数，可以是一条或者多条语句，当表达式的值为 false 时执行这些语句。

多条件 if 语句是对 if...else 语句的一种扩展，它可以对多个条件进行判断，并在条件成立时执行相应的语句，多条件 if 语句的语法格式如下。

```
if(条件表达式1){
  语句1;
} else if(条件表达式2){
  语句2;
} else if(条件表达式3){
  语句3;
}

...
else {
  语句n;
}
```

多条件 if 语句将分别对“条件表达式 1”“条件表达式 2”“条件表达式 3”……依次进行测试，当某个条件表达式成立时，执行其相关的语句，并由此退出条件语句。如果所有表达式均不成立，则执行最后的“语句 n”。

实战 使用条件语句计算优惠价格 

最终文件：最终文件\第 2 章\chapter2\2-6-11.jsp　视频：视频\第 2 章\2-6-11.mp4

01 执行“文件”>“新建”命令，弹出“新建文档”对话框，选择 HTML 选项，如图 2-3 所示。单击“创建”按钮，新建 HTML 页面，执行“文件”>“保存”命令，将该文件保存在站点文件夹中，并命名为 2-6-11.jsp，如图 2-4 所示。

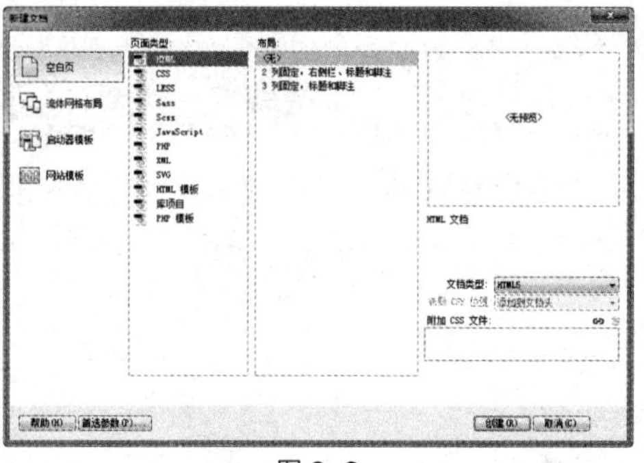

图 2-3

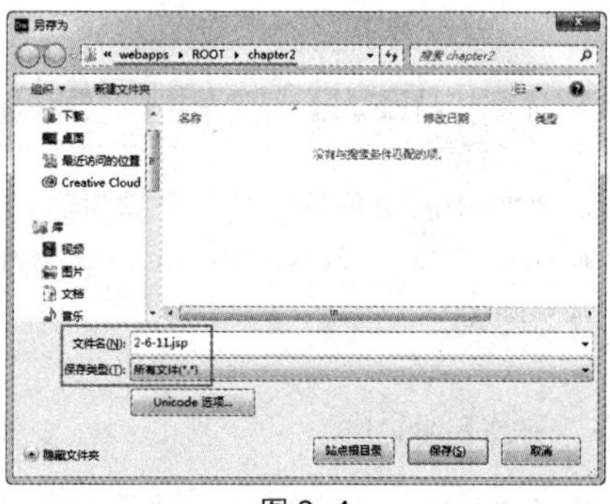

图 2-4

02 在所有 HTML 代码之前添加 JSP 字符声明设置代码，如图 2-5 所示。在 <body> 与 <body> 标签之间编写 HTML 表单代码，如图 2-6 所示。

图 2-5

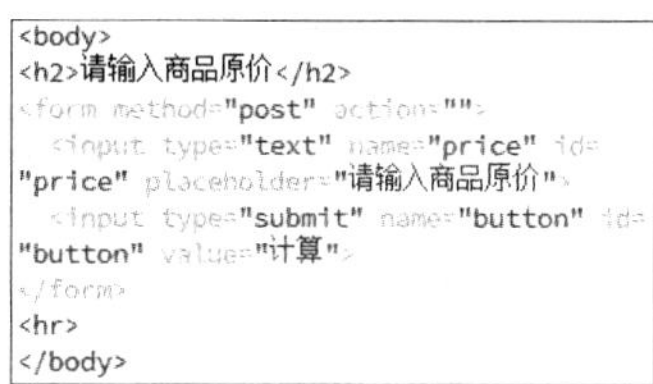

图 2-6

03 保存页面，在浏览器地址栏中输入访问地址 localhost:8080/chapter2/2-6-11.jsp，可以看到页面中表单元素的效果，如图 2-7 所示。返回网页 HTML 代码中，添加 JSP 程序代码，通过 if...else 语句来判断不同的价格打不同的折扣，如图 2-8 所示。

图 2-7

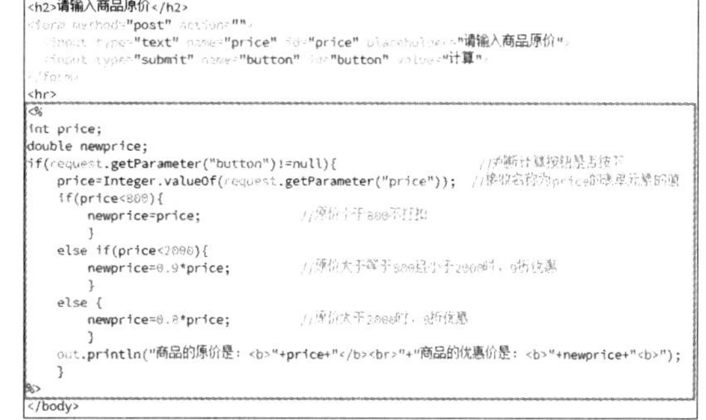

图 2-8

04 完成该 JSP 页面的制作，完整的代码如下。

```
<%@ page language="java" import="java.util.*" pageEncoding="utf-8"%>
<%@ page contentType="text/html;charset=utf-8"%>
<!doctype html>
<html>
<head>
<meta charset="utf-8">
<title> 使用条件语句计算优惠价格 </title>
</head>
<body>
<h2> 请输入商品原价 </h2>
<form method="post" action="">
  <input type="text" name="price" id="price" placeholder=" 请输入商品原价 ">
  <input type="submit" name="button" id="button" value=" 计算 ">
</form>
<hr>
<%
int price;
double newprice;
if(request.getParameter("button")!=null){          // 判断计算按钮是否按下
    price=Integer.valueOf(request.getParameter("price"));// 接收名称为 price 的表单元素的值
    if(price<800){
        newprice=price;                 // 原价小于 800 不打折扣
        }
    else if(price<2000){
        newprice=0.9*price;             // 原价大于等于 800 且小于 2000 时，9 折优惠
        }
    else {
```

```
        newprice=0.8*price;          //原价大于 2000 时，8 折优惠
        }
    out.println("商品的原价是：<b>"+price+"</b><br>"+"商品的优惠价是：<b>"+newprice+"<b>");
    }
%>
</body>
</html>
```

代码中的request.getParameter("button")!=null用来判断是否按下计算按钮，产生POST方法提交。程序运行之后，当按下计算按钮时，getParameter()函数的返回值为非空，这样才能执行后面的代码。

在语句 price=Integer.valueOf(request.getParameter("price")); 中，“=”右侧的 price 表示获取页面中名称为 price 的文本框中所输入的价格值，“=”左侧的 price 表示接收提交内容的自定义变量。同样命名为 price，但是含义不同。整条语句的作用是将文本框中输入的价格值提交后赋值给左边的自定义变量 price，以供后面的程序使用。

技巧

Integer.valurOf 用于将数字形式的字符串转换为一个整数对象 Integer 并取出其值。因为从表单文本框中提交的内容(即使是数字)都是以字符串的形式提交的，因此将其转换为整数，然后赋值给“=”左侧的整型变量 price。

05 执行“文件”>“保存”命令，保存该 JSP 页面，在测试服务器中测试该页面，在文本框中输入任意一个商品价格，如图 2-9 所示。单击“计算”按钮，JSP 程序能够自动判断该价格是否享受折扣，折扣后的价格是多少，并输出结果，如图 2-10 所示。

图 2-9

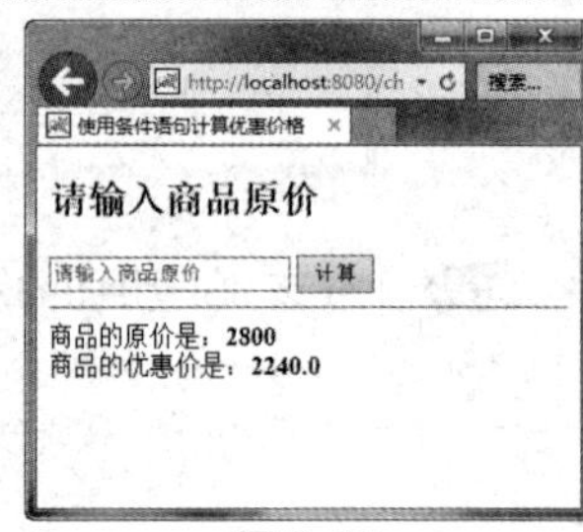

图 2-10

2. switch 语句

switch 语句和具有同样表达式的一系列 if 语句相似，在同一个变量或表达式需要与很多不同值比较时，可以使用 switch 语句。

switch 语句的语法格式如下。

```
switch(条件表达式){
  case 条件值1:语句1
    [break;]
  case 条件值2:语句2
    [break;]
…
  case 条件值n:语句n
    [break;]
  default:语句n+1
    [break;]
}
```

其语法格式中各参数的说明如表 2-12 所示。

表 2-12 switch 语句中的参数说明

参数	说明
条件表达式	必选参数，可以是任何 byte、short、int 和 char 类型的变量
条件值 1	如果有 case 出现，则为必要参数，该值必须与条件表达式的数据类型相统一

（续表）

参数	说明
语句 1	可选参数，可以是一条或多条语句，但不需要大括号。当条件表达式的值与条件值相匹配时执行；如果不匹配则继续判断其他值，直到“条件值 n”
条件值 n	如果有 case 出现，则为必要参数，该值必须与条件表达式的数据类型相统一
语句 n	可选参数，可以是一条或多条语句，但不需要大括号。当条件表达式的值与“条件值 n”相匹配时执行
break	可选参数，用于跳出 switch 语句
default	可选参数，如果没有该参数，则当所有匹配不成功时，将不会执行任何操作
语句 n+1	可选参数，当没有与条件表达式相匹配的 case 条件值时，将执行“语句 n+1”

switch 语句是一行一行执行的，开始时并不执行什么语句，只有在表达式的值和 case 后面的数值相同时才开始执行它下面的语句。程序中 break 语句的作用是跳出程序，使程序停止运行。如果没有 break 语句，程序就是继续一行一行地执行下去，当然也会执行其他 case 语句下的语句。

提示

使用 switch 语句可以避免大量地使用 if...else 条件语句。switch 语句首先根据变量值得到一个表达式的值，然后根据表达式的值来决定执行什么语句。switch 语句中的表达式是唯一的，而不像 elseif 语句中会有其他的表达式。表达式的值可以是任何一种简单的变量类型，如整数、浮点数或字符串，但是表达式不能是数组或对象等复杂的变量类型。

实战　使用 switch 语句实现判断

最终文件：最终文件 \ 第 2 章 \chapter2\2-6-12.jsp　视频：视频 \ 第 2 章 \2-6-12.mp4

01 执行“文件”>“新建”命令，弹出“新建文档”对话框，选择 HTML 选项，如图 2-11 所示。单击“创建”按钮，新建 HTML 页面，执行“文件”>“保存”命令，将该文件保存在站点文件夹中，并命名为 2-6-12.jsp，如图 2-12 所示。

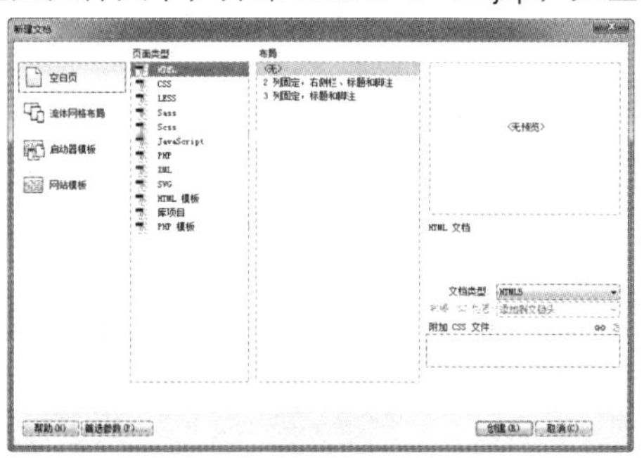

图 2-11

图 2-12

02 在所有 HTML 代码之前添加 JSP 字符声明设置代码，如图 2-13 所示。在 <body> 与 <body> 标签之间编写 HTML 表单代码，如图 2-14 所示。

```
<%@ page language="java" import="java.util.*" pageEncoding="utf-8"%>
<%@ page contentType="text/html;charset=utf-8"%>
<!doctype html>
<html>
<head>
<meta charset="utf-8">
<title>使用switch语句实现判断</title>
</head>

<body>
</body>
</html>
```

图 2-13

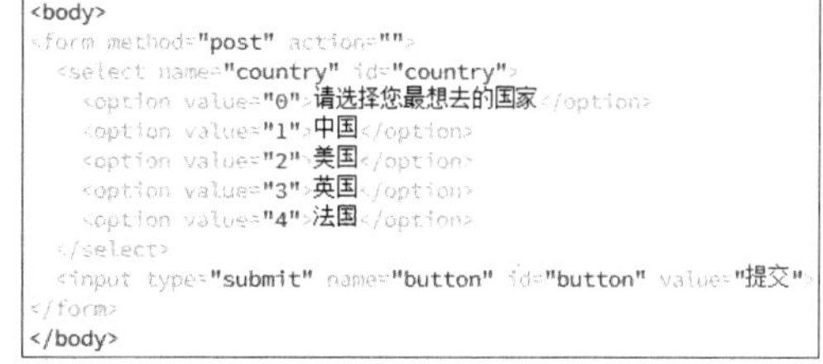

```
<body>
<form method="post" action="">
  <select name="country" id="country">
    <option value="0">请选择您最想去的国家</option>
    <option value="1">中国</option>
    <option value="2">美国</option>
    <option value="3">英国</option>
    <option value="4">法国</option>
  </select>
  <input type="submit" name="button" id="button" value="提交">
</form>
</body>
```

图 2-14

03 保存页面，在浏览器地址栏中输入访问地址 localhost:8080/chapter2/2-6-12.jsp，可以看到页面中表单元素的效果，如图 2-15 所示。返回网页 HTML 代码中，添加 JSP 程序代码，通过 switch 语句来根据用户所选择的选项输出相应的内容，如图 2-16 所示。

图 2-15

```
</form>
<%
int country;
String result;
if(request.getParameter("button")!=null){
    country=Integer.valueOf(request.getParameter("country"));
    switch(country){
        case 1:
            result="中国是我的祖国！";
            break;
        case 2:
            result="美国是目前世界上最发达的资本主义国家！";
            break;
        case 3:
            result="英国全称为大不列颠及北爱尔兰联合王国";
            break;
        case 4:
            result="法国被称为全球最浪漫的国家。";
            break;
        default:
            result="没有您想要去的国家吗？";
    }
    out.println("<hr>");
    out.println("您最想去的国家是："+result);
}
%>
</body>
```

图 2-16

04 完成该 JSP 页面的制作，完整的代码如下。

```
<%@ page language="java" import="java.util.*" pageEncoding="utf-8"%>
<%@ page contentType="text/html;charset=utf-8"%>
<!doctype html>
<html>
<head>
<meta charset="utf-8">
<title>使用 switch 语句实现判断 </title>
</head>
<body>
<form method="post" action="">
  <select name="country" id="country">
    <option value="0">请选择您最想去的国家 </option>
    <option value="1">中国 </option>
    <option value="2">美国 </option>
    <option value="3">英国 </option>
    <option value="4">法国 </option>
  </select>
  <input type="submit" name="button" id="button" value=" 提交 ">
</form>
<%
int country;
String result;
if(request.getParameter("button")!=null){
    country=Integer.valueOf(request.getParameter("country"));
    switch(country){
        case 1:
              result=" 中国是我的祖国！ ";
              break;
        case 2:
              result=" 美国是目前世界上最发达的资本主义国家！ ";
              break;
        case 3:
              result=" 英国全称为大不列颠及北爱尔兰联合王国 ";
              break;
        case 4:
              result=" 法国被称为全球最浪漫的国家。";
              break;
        default:
              result=" 没有您想要去的国家吗？ ";
        }
    out.println("<hr>");
```

```
        out.println("您最想去的国家是："+result);
    }
    %>
    </body>
    </html>
```

提示

switch(country) 中的表达式 country 不能定义为字符串类型，只能是 byte、short、int 和 char 类型的数据，其值来自菜单选项的提交值。

05 执行“文件” > “保存”命令，保存该 JSP 页面，在测试服务器中测试该页面，在下拉列表中选择任意一个选项，如图 2-17 所示。单击“提交”按钮，JSP 程序能够根据用户所选择的选项输出相应的结果，如图 2-18 所示。

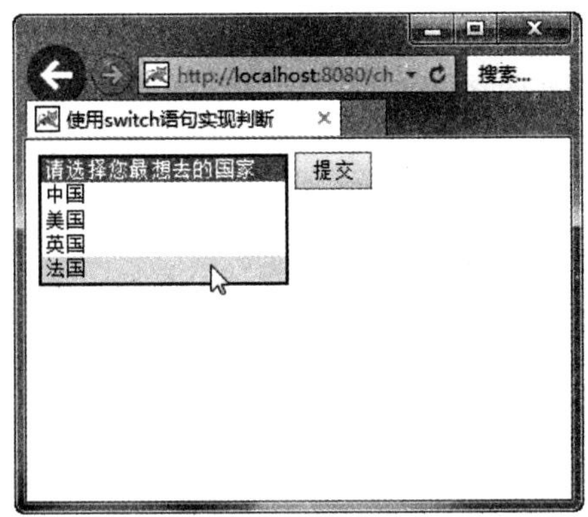

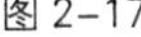

图 2-17

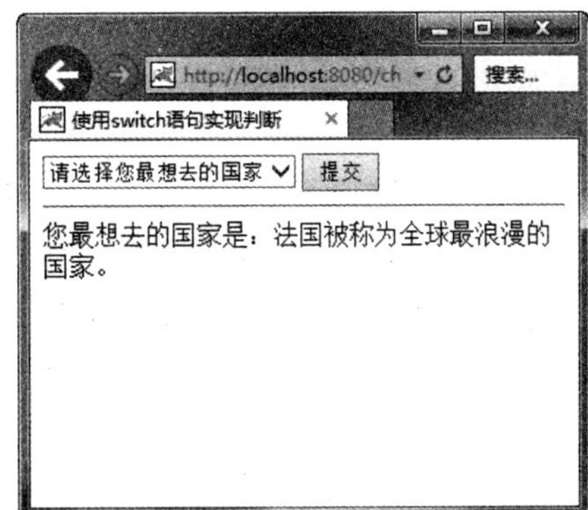

图 2-18

提示

从程序运行后的执行结果中可以看到，单击“提交”按钮后，菜单的显示项又返回“请选择您最想去的国家”默认选项，这和当前用户选择菜单项“法国”并不一致。造成这种现象的原因是，静态的 <select> 菜单标记不能实现保留用户所选的最近操作值，如果要实现“保值”的效果，必须通过后面章节案例中的动态代码实现。

2.6.2 循环语句

使用循环语句，可以在满足条件的情况下重复完成指定的动作。使用循环语句时需要注意的是结束条件的设置，如果永远无法满足结束条件，就会形成无穷循环，也就是死循环。本节将介绍 for、while 和 do...while 3 种循环语句。

1. for 循环语句

在使用 for 循环语句时，需要变量的初始值与循环是否继续重复执行的条件，以及每循环一次后需要执行的语句，for 循环语句的语法格式如下。

```
for(初始值；执行条件；执行动作){
语句；
}
```

for 循环语句的执行过程是：先执行为循环变量赋初始值的语句，然后判断“执行条件”，如果“执行条件”的结果为 true，则执行一次循环体，否则直接退出循环，最后执行动作语句，改变循环变量的值，至此完成一次循环，接下来进行下一次循环，直到执行条件的结果为 false，才结束循环。

例如，使用 for 循环语句计算 1+2+3+…+10 的值，代码如下。

```
<%
  int I,sum;
  sum=0;              //初始化累加和的初始值
  for(i=1; i<=10; i++) {
  sum+=I;
}
out.println(sum);  //输出结果
%>
```

提示

for 循环语句中的每个表达式都可以为空，但是如果循环条件为空，则 Java 程序会认为条件为 true，程序将无限循环下去，也为死循环。如果要跳出循环，就需要使用 break 语句。

2. while 循环语句

while 循环语句为先测试循环，也就是只有条件判断成立后，才会执行循环内的程序。while 循环语句的语法格式如下。

```
while(执行条件){
      语句;
}
```

while 循环语句的执行过程是：先判断“执行条件”，如果“执行条件”的值为 true，则执行循环体中的语句，并且在循环体执行完毕后，进入下一次循环，否则退出循环。

例如，使用 while 循环语句计算 1+2+3+…+10 的值，代码如下。

```
<%
  int i=1;
int sum=1;
while(i<=10) {
  sum+=i;
  i++;
}
out.println(sum);
%>
```

3. do...while 循环语句

do...while 又称为后测试循环语句，与 while 循环语句不同的是，do...while 循环语句一定要先执行一次循环中的语句，然后才去判断循环是否终止，do...while 循环语句的语法格式如下。

```
do{
        语句;
}while(执行条件);       //注意，语句结尾处的英文分号“;”一定不能少
```

do...while 循环语句与 while 循环语句非常相似，区别在于 do...while 循环语句首先执行循环体内的代码，而不管 while 语句中的条件是否成立。程序执行一次后，do...while 循环语句才来检查条件是否成立，如果条件成立则继续循环；如果条件不成立则停止循环。而 while 循环语句是首先判断条件是否成立才开始循环。所以当两个循环中的条件都不成立时，while 循环体中的语句一次也没有运行，而 do...while 循环体中的内容至少要运行一次。

例如，使用 do...while 循环语句计算 1+2+3+…+10 的值，代码如下。

```
<%
  int i=1;
int sum=1;
do {
```

```
    sum+=i;
    i++;
  } while(i<=10);
  out.println(sum);
  %>
```

4. 循环嵌套

一个循环语句的循环体内包含另一个完整的循环结构，称为循环的嵌套。这种嵌套的过程可以有很多重，一个循环的外面包围一层循环称为双重循环，一个循环的外面包围两层或两层以上的循环称为多重循环。

3 种循环语句 for、while 和 do...while 可以互相嵌套、自由组合。外层循环体中可以包含一个或多个内层循环结构，但需要注意的是，各循环必须完整包含，相互之间绝对不允许有交叉现象。因此第一层循环体都应该使用 {} 括起来。

实战　使用循环嵌套输出九九乘法表

最终文件：最终文件 \ 第 2 章 \chapter2\2-6-2.jsp　　视频：视频 \ 第 2 章 \2-6-2.mp4

01 执行“文件” > “新建”命令，弹出“新建文档”对话框，选择 HTML 选项，如图 2-19 所示。单击“创建”按钮，新建 HTML 页面，执行“文件” > “保存”命令，将该文件保存在站点文件夹中，并命名为 2-6-2.jsp，如图 2-20 所示。

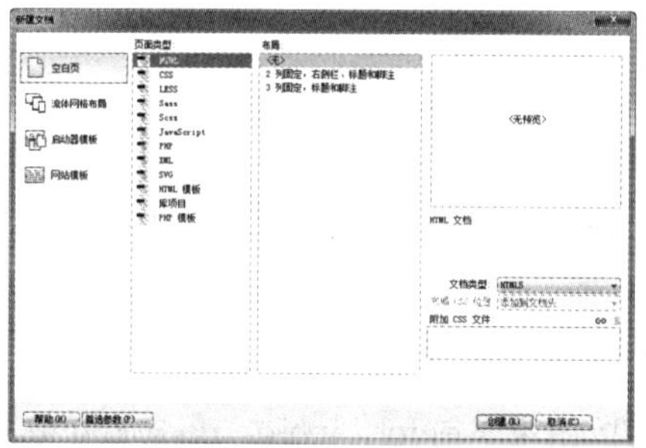

图 2-19

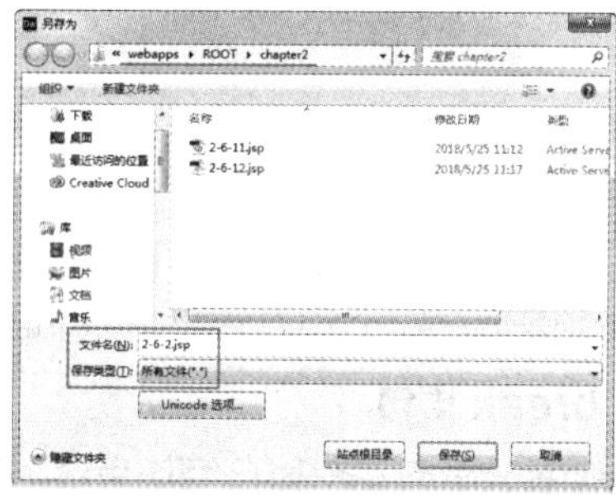

图 2-20

02 在所有 HTML 代码之前添加 JSP 字符声明设置代码，如图 2-21 所示。在 <body> 与 <body> 标签之间编写 JSP 程序代码，通过 for 循环语句的嵌套来实现九九乘法表的输出，如图 2-22 所示。

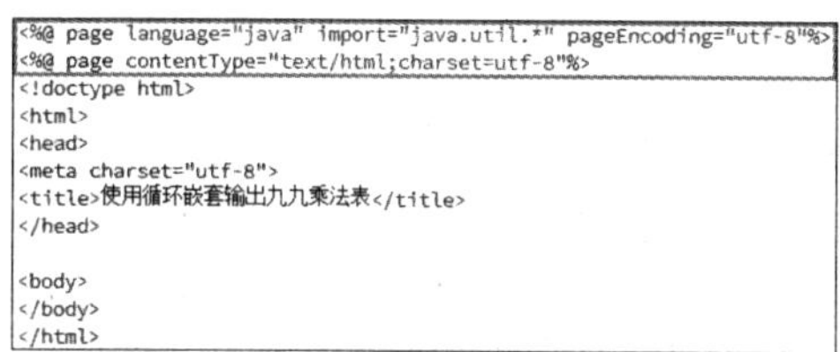

```
<%@ page language="java" import="java.util.*" pageEncoding="utf-8"%>
<%@ page contentType="text/html;charset=utf-8"%>
<!doctype html>
<html>
<head>
<meta charset="utf-8">
<title>使用循环嵌套输出九九乘法表</title>
</head>

<body>
</body>
</html>
```

图 2-21

```
<body>
<%
int x,y,z;
for(x=1;x<=9;x++){          //外循环（实现行的循环）
    for(y=1;y<=x;y++){      //内循环（实现在每行中输出乘法口决）
        z=y*x;
        out.println(y+"*"+x+"="+z+"  ");
        }
    out.println("<br>");     //内循环结束后输行
    }
%>
</body>
```

图 2-22

03 完成该 JSP 页面的制作，完整的代码如下。

```
<%@ page language="java" import="java.util.*" pageEncoding="utf-8"%>
<%@ page contentType="text/html;charset=utf-8"%>
<!doctype html>
<html>
<head>
<meta charset="utf-8">
<title> 使用循环嵌套输出九九乘法表 </title>
</head>
<body>
<%
```

```
    int x,y,z;
    for(x=1;x<=9;x++){            //外循环（实现行的循环）
        for(y=1;y<=x;y++){        //内循环（实现在每行中输出乘法口诀）
            z=y*x;
            out.println(y+"*"+x+"="+z+"  ");  //内循环输出本行的乘法口诀
            }
        out.println("<br>");    //内循环结束后输出行
        }
%>
</body>
</html>
```

04 执行“文件”>“保存”命令，保存该 JSP 页面，在浏览器地址栏中输入访问地址 localhost:8080/chapter2/2-6-2.jsp，可以看到通过嵌套循环所实现的九九乘法表的效果，如图 2-23 所示。

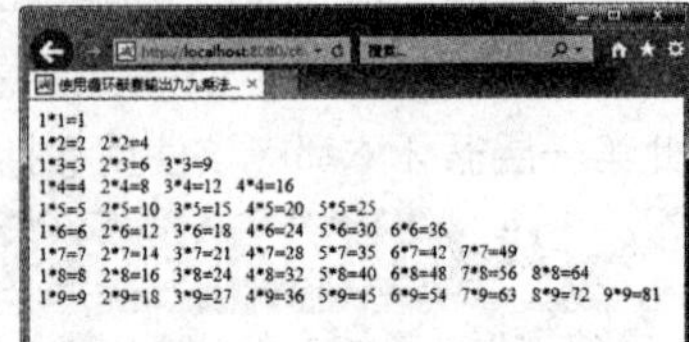
图 2-23

提示

内循环语句 for(y=1;y<=x;y++) 中的循环条件是 y<=x，而不是 y<=9，这是因为每行输出乘积的个数并不都是 9 个，而是和该行的行变量 x 相同。内循环输出的每个乘积之间都有两个空格，这里的空格是通过 HTML 代码中的空格标记“ ”来实现的。

2.6.3 跳转语句

为了能够更加精确地控制整个程序的执行流程，方便程序设计，在 Java 语言中提供了 3 种跳转语句，分别是 break、continue 和 return 语句。

1. break 语句

break 跳转语句在前面已经使用过，使用该语句可以结束当前 for、while、do...while 或 switch 结构的执行。当程序执行到 break 跳转语句时，将会立即跳出当前的循环。

例如下面的代码。

```
<%
  int i=1;
  while(i<10) {
    if(i>6){
      break;                          //当变量 i 的值大于 6 时结束 while 循环
    }
    out.println(i+"<br>"); //输出变量 i 的值，最后输出的值只有 1、2、3、4、5
    i++;                              //变量 i 的值自动递增 1
  }
%>
```

2. continue 语句

continue 跳转语句用于结束本次循环，跳过剩余的代码，并在条件为真时开始执行下一次循环。

例如下面的代码。

```
<%
  int x,y;
  x=4;
  for(y=1;y<10;y++) {
    if(y==x){
```

```
    continue;                   // 跳出本次循环
  }
  out.println(y);               // 输出变量 y 的值，最后输出的值只有 1、2、3、5、6、7、8、9
  }
%>
```

3. return 语句

在函数中使用 return 跳转语句，将会立即结束函数的执行并将 return 语句所带的参数作为函数值返回。在 Java 程序中使用 return 语句，将结束当前脚本程序的运行。

例如下面的代码。

```
<%
  int x,y;
  x=4;
  for(y=1;y<10;y++) {
    if(y>x){
        return;                 // 当变量 y 的值大于 4 时，结束脚本运行
    }
   out.println(y);              // 输出变量 y 的值，最后输出的值只有 1234
  }
%>
```

2.7 数组

数组是具有相同数据结构的元素组成的有序数据的集合，一个数组中包含若干个相同类型的数据。组成数组的数据统称为数组元素，使用一个统一的名称来标识这些元素，这个名称就是数组名。在数组中，对数组元素的区分使用一个特定序号——数组下标来实现，可以使用数组下标来方便地存取每一个数组元素。

2.7.1 定义数组

数组是由多个元素组成的，每个单独的数组元素就相当于一个变量，可以用来保存数据，因此可以将数组看作一连串变量的组合。根据数组存放元素的复杂程度，可能将数组依次分为一维数组、二维数组和多维数组。

1. 一维数组

Java 程序中的数组必须先声明，然后才能使用。声明一维数组的语法格式如下。

```
数组类型 数组名[] = new 数组类型[个数];
数组类型[] 数组名 = new 数组类型[个数];
```

当按照上述的语法格式声明数组之后，系统会分配一块连续的内存空间供该数组使用。例如，下面的两行声明一维数组的代码都是正确的。

```
String myArr[] = new String[8];
String[] myArr = new String[8];
```

这两个语句所实现的功能都是创建一个新的字符串数组，它有 8 个元素可以用来容纳 String 对象，当使用关键字 new 来创建一个数组对象时，则必须指定这个数组能够容纳多少个元素。

对于一维数组元素的赋值，可以采用以下的语法格式。

```
数组类型 数组名[] = {数值1,数值2,…,数值n};
数组类型[] 数组名 = {数值1,数值2,…,数值n};
```

大括号内的数值依次赋值给数组中的第 1 至 n 个元素。另外，在赋值声明时，不需要给出数组的长度，编译器会按照所给的数值个数来决定数组的长度，例如下面的代码。

```
String type[] ={"新闻","公告","活动","媒体","图片"};
```

以上的这句代码中，声明了一个名称为 type 的数组，虽然没有特别设置 type 数组的长度，但由于大括号中的数值有 5 个，编译器会分别依次为各元素指定存储位置，如 type[0]= “新闻”，type[1]= “公告”，type[2]= “活动”，type[3]= “媒体”，type[4]= “图片”。

2. 二维数组

在 Java 语言中，实际上并不存在称为“二维数组”的明确结构，而二维数组实际上是指数组元素为一维数组。

声明二维数组的语法格式如下。

```
数组类型 数组名 [][] = new 数组类型 [ 个数 ][ 个数 ];
```

例如下面的代码。

```
int Arry[][] = new int[5][6];
```

上述语句声明了一个二维数组，其中 [5] 表示该数组有 (0~4)5 行，每行有 (0~5)6 个元素，因此该数组中共有 30 个元素。

对于二维数组中元素的赋值，同样可以在声明二维数组时为数组中的元素赋值。例如下面的代码。

```
int number[][] = {{1,2,3,4},{5,6,7,8}};
```

在上面的语句中，声明了一个整型的 2 行 4 列的数组，同时为数组中的元素赋值。

多维数组的表现形式及用法与二维数组相同，在此不再重复介绍。

2.7.2 访问数组

对数组进行访问时，通常只能对数组的某一个元素进行单独的访问，而不能对整个数组的全部数据进行访问。一维数组元素的访问形式是通过数组下标来完成，这里的下标可以是一个整型常量，也可以是一个已赋值的整型变量、整型值表达式或整型符号常量。

例如下面的代码。

```
int Arry[] = new int[5];
int x=3;
Arry[0]=1;
Arry[1]=2;
Arry[2]=3;
Arry[x]=Arry[x-1]+Arry[x-2];
```

执行以上代码后，Arry[3] 的值为 Arry[2]+Arry[1]=5。

2.8 字符串的处理

字符串由一连串字符组成，可以包含字母、数字、特殊符号、空格或中文，只要是键盘能输入的文字都可以。它的表示方法是使用双引号包含，所以使用双引号包含的字符串常数，Java 编译器都会将它编译为 String 类对象。

2.8.1 字符串的声明

Java 对于字符串的处理均由 Java.lang 包中的 String 类完成。

声明字符串变量的方法如下。

1. 初始化新建的 String 对象

初始化一个新创建的 String 对象，它表示一个空字符序列，语法如下。

```
String()
```

2. 导入参数

语法格式如下。

```
String(String name)
```

该方法创建带有内容的字符串，使用双引号标识。利用 new 关键字，调用 String 类产生一个字符串对象，并设置字符串的值。例如下面的代码。

```
String name = new String("程序设计");
```

name 是 String 类的对象，"程序设计"是指字符串的内容。例如，如果要在网页中输出文字"欢迎学习 JSP 网站建设"，可以写为如下代码。

```
<%
  String str;                              //定义字符串
  str = new String(欢迎学习 JSP 网站建设);
  out.println(str);
%>
```

3. 导入一个 char[] 数组

语法格式如下。

```
String(char[] value);
```

使用该方法创建的 String 对象，内含的是 value 参数 (char[] 类型) 所代表的字符串内容。字符串是常量，它们的值在创建之后不能改变。字符串缓冲区支持可变的字符串，因为 String 对象是不可变的，所以可以共享它们。

例如下面的代码。

```
String str="abc";
```

等效于：

```
char data[] = {'a','b','c'};
String str = new String(data);
```

4. 导入一个 char[] 数组并决定元素值范围

语法格式如下。

```
String(char[] value,int offset,int count)
```

使用该方法创建的 String 对象，内含的字符串内容是由 value 字符数组中取出的字符所组成的，在该字符串中，第一个字符的索引位置为 0。

例如下面的代码。

```
char[] data = {'欢','迎','光','临',};
String str = new String(data,2,3);
out.println("str="+str);          //输出结果为 str=光临
```

5. 导入一个 byte[] 数组

语法格式如下。

```
String(byte[] bytes)
```

使用该方法创建的 String 对象，其内含的是 bytes 参数 (byte[] 类型) 代表的字符串内容，一个英文字母是以一个 byte 表示，一个中文则是以 2 个 byte 表示。

6. 导入一个 byte[] 数组并决定元素值范围

语法格式如下。

```
String(byte[] bytes,int offset,int length)
```

使用该方法创建的 String 对象包含的是字符串内容，是由 bytes 数组元素取出的一个 byte 类型的值转换而成，则 offset 参数指定要从哪个默认值开始，length 参数决定要取多少个元素。

7. 导入一个 StringBuffer 对象

语法格式如下。

```
String(StringBuffer buffer)
```

使用该方法创建的 String 对象，其内含的字符串等同于 buffer 参数（StringBuffer 对象）所存储的字符串内容。

2.8.2 字符串类的常用方法

字符串是程序中经常处理的对象，String 类用于处理字符串，可以进行字符串比较、字符串转换、字符串搜索以及字符串插入等操作。String 类的常用方法说明如表 2-13 所示。

表 2-13 String 类常用方法说明

方法	说明
boolean ends With(String suffix)	测试字符串是否以指定的扩展名结束
boolean equals(Object anObject)	比较字符串与指定的对象
boolean equalsIgnoreCase(String anotherString)	将两个字符串进行比较，不考虑大小写
int indexOf()	返回指定字符串在另一个字符串中的索引位置
int lastIndexOf()	返回最后一次出现的指定字符在另一个字符串中的索引位置
int length()	返回字符串的长度
String replace(char oldChar,char newChar)	返回一个新的字符串，它是通过使用 newChar 替换该字符串中出现的所有 oldChar 而生成的
boolean startsWith(String pretix)	测试指定字符串是否以指定的前缀开始
String substring()	返回一个字符串的子串
char[] toCharArray()	将指定字符串转换为一个新的字符数组
String toLowerCase()	将指定字符串中的所有字符都转换为小写
String toUpperCase()	将指定字符串中的所有字符都转换为大写
String trim()	返回字符串的副本，忽略前导空白和尾部空白
static String valueOf(boolean b)	返回指定参数的字符串表示形式

实战 使用 String 类

最终文件：最终文件\第 2 章\chapter2\2-8-2.jsp 视频：视频\第 2 章\2-8-2.mp4

01 执行“文件”>“新建”命令，弹出“新建文档”对话框，选择 HTML 选项，如图 2-24 所示。单击“创建”按钮，新建 HTML 页面，执行“文件”>“保存”命令，将该文件保存在站点文件夹中，并命名为 2-8-2.jsp，如图 2-25 所示。

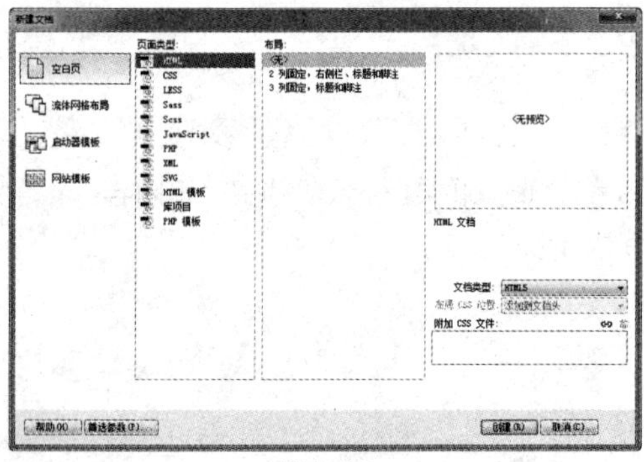

图 2-24

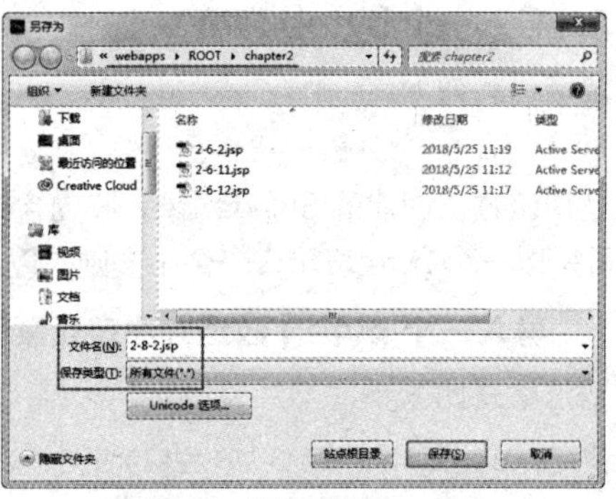

图 2-25

02 在所有 HTML 代码之前添加 JSP 字符声明设置代码，如图 2–26 所示。在 <body> 与 <body> 标签之间编写 JSP 程序代码，通过 String 类的方法对字符串进行判断并输出结果，如图 2–27 所示。

```
<%@ page language="java" import="java.util.*" pageEncoding="utf-8"%>
<%@ page contentType="text/html;charset=utf-8"%>
<!doctype html>
<html>
<head>
<meta charset="utf-8">
<title>使用String类</title>
</head>

<body>
</body>
</html>
```

图 2–26

```
<body>
<%
String str1=new String("欢迎进入JSP的世界");
String str2="欢迎进入JSP的世界";
out.println("str1:"+str1+"<br>str2:"+str2);
if(str1==str2){    //通过==判断str1与str2是否相等
    out.println("<br>判断1: str1与str2相等");
    }
if(str1.equals(str2)){  //通过equals()方法判断str1与str2是否相等
    out.println("<br>判断2: str1与str2相等");
    }
if(str1.startsWith("欢")){  //通过startsWith()判断是否以指定字符串开头
    out.println("<br>判断3: str1是以'欢'开头");
    }
if(str2.endsWith("界")){  //通过endsWith()判断是否以指定字符串结束
    out.println("<br>判断4: str2是以'界'结尾");
    }
out.println("<br>str1的长度为: "+str1.length());  //输出str1字符串的长度
out.println("<br>str1中第4个位置到第7个位置的字符串为: "+str1.substring(4,7));
//输出str1中从第4个位置到第7个位置的字符串
%>
</body>
```

图 2–27

03 完成该 JSP 页面的制作，完整的代码如下。

```
<%@ page language="java" import="java.util.*" pageEncoding="utf-8"%>
<%@ page contentType="text/html;charset=utf-8"%>
<!doctype html>
<html>
<head>
<meta charset="utf-8">
<title> 使用 String 类 </title>
</head>
<body>
<%
String str1=new String(" 欢迎进入 JSP 的世界 ");
String str2=" 欢迎进入 JSP 的世界 ";
out.println("str1:"+str1+"<br>str2:"+str2);
if(str1==str2){    // 通过 == 判断 str1 与 str2 是否相等
    out.println("<br> 判断 1: str1 与 str2 相等 ");
    }
if(str1.equals(str2)){  // 通过 equals() 方法判断 str1 与 str2 是否相等
    out.println("<br> 判断 2: str1 与 str2 相等 ");
    }
if(str1.startsWith(" 欢 ")){  // 通过 startsWith() 判断是否以指定字符串开头
    out.println("<br> 判断 3: str1 是以 ' 欢 ' 开头 ");
    }
if(str2.endsWith(" 界 ")){  // 通过 endsWith() 判断是否以指定字符串结束
    out.println("<br> 判断 4: str2 是以 ' 界 ' 结尾 ");
    }
out.println("<br>str1 的长度为: "+str1.length());  // 输出 str1 字符串的长度
out.println("<br>str1 中第 4 个位置到第 7 个位置的字符串为: "+str1.substring(4,7));
// 输出 str1 中从第 4 个位置到第 7 个位置的字符串
%>
</body>
</html>
```

04 执行“文件”>“保存”命令，保存该 JSP 页面，在浏览器地址栏中输入访问地址 localhost:8080/chapter2/2–8–2.jsp，可以看到使用 String 类的方法对字符串进行判断并输出的结果，如图 2–28 所示。

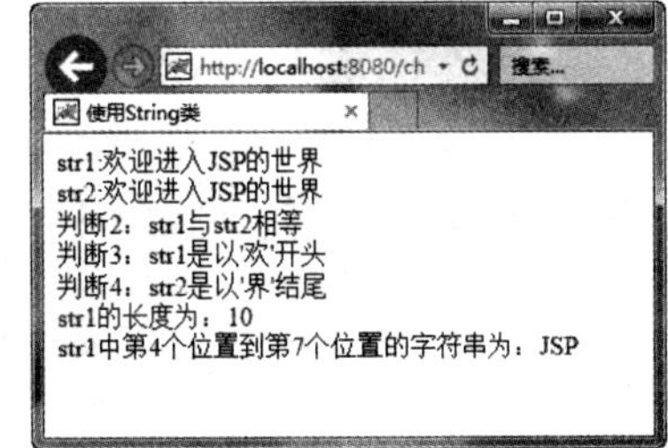

图 2–28

提示

在 Java 程序中，每个汉字占用一个字符，因此，在本实例中使用 length() 方法输出字符串的长度为 10。

第 3 章 进入 JSP 的世界

JSP 程序的观念源自 Java 语言，可以内嵌于网页中，由服务器来解释执行。JSP 页面是由多种标识构成的，可以分为注释、脚本标识、指令标识、动作标识和模板数据 5 个部分。在本章中将介绍 JSP 中的编译指令、动作指令、内置对象和常用组件的使用方法，从而进一步熟练地掌握 JSP 程序设计的方法和技巧。

本章知识点：

- 理解各种 JSP 编译指令
- 理解并掌握各种 JSP 动作指令的使用方法
- 了解 <jsp:include> 指令与 include 编译指令之间的区别
- 了解 JSP 有哪些内置对象
- 掌握常用内置对象的使用方法
- 了解 JavaBean 组件
- 能够使用 jspSmartUpload 组件实现文件上传操作

3.1 JSP 编译指令

JSP 编译指令是为 JSP 引擎而设计的，指令标识不直接产生任何可见的输出内容，而只是告诉 JSP 引擎如何处理 JSP 页面。JSP 程序包含 3 种编译指令，分别是 include(加载指令)、page (网页指令) 和 taglib(卷标数据库指令)。JSP 中的编译指令都是以“<%@”标记开始，以“%>”标记结束。

提示

在 JSP 页面中所添加的指令代码在客户端是不可见的，它是被服务器解释执行的。通过指令可以使服务器按照指令的设置来执行动作和设置在整个 JSP 页面范围内有效的属性，在一个指令中可以设置多个属性，这些属性的设置可以影响整个页面。

3.1.1 include(加载指令)

include 指令用于在当前的 JSP 页面中在当前使用该指令的位置加载其他外部的文件，如果被加载文件中包含有可执行的代码，则显示代码执行结果。

include 指令的语法格式如下。

```
<%@ include file=" 文件的路径与名称 "%>
```

include 指令只有一个 file 属性，用于设置所需要加载的外部文件的路径和文件名称，不需要指定端口、协调或域名等。例如，下面的代码使用 include 指令加载一个名称为 *.jsp 的文件。

```
<%@ include file="*.jsp"%>          // 相对路径，*.jsp 文件与当前文件在同一目录中
<%@ include file="../*.jsp"%>       // 相对路径，*.jsp 文件位于当前文件的上一级目录中
<%@ include file="/*.jsp"%>         // 根路径，*.jsp 文件位于当前站点的根目录中
```

提示

使用include指令加载的文件可以是HTML文件、JSP文件、文本文件，或者只有一段Java代码，但是需要注意的是，这个被加载的文件中不能使用<html>、</html>、<body>和</body>标签，因为这样会影响在原JSP文件中同样的标签，有时会导致页面出错。

如果使用 include 指令加载 JSP 文件，那么就会执行这个被加载的 JSP 文件中的代码。如果使用 include 指令来加载一个静态文件，那么这个被加载文件执行的结果将会插入 JSP 文件中 include 指令所在的位置。一旦执行完了加载文件，那么主 JSP 文件的过程将会恢复，继续执行下一行。

3.1.2 page(网页指令)

page 指令可以定义在整个 JSP 页面范围内有效的属性，其语法格式如下。

```
<%@ page 属性 1=" 值 " 属性 2=" 值 " %>
```

page 指令可以放置在 JSP 页面的任意行，但为了便于程序代码的阅读，通常将 page 指令代码放置在 JSP 页面的开始部分。

page 指令具有多种属性，通过不同属性的设置可以对当前的 JSP 页面进行不同的设置。page 指令中所包含的属性如下。

```
<%@ page
        [language=" 语言描述 "]
        [contentType=" 文件格式与编码方式 "]
        [import=" 包或类 ,…"]
        [extends=" 父类名称 "]
        [session="true|false"]
        [buffer="none| 缓冲区大小 kb"]
        [autoFlush="true|false"]
        [isThreadSafe="true|false"]
        [info=" 说明文字 "]
        [errorPage=" 错误信息的网址 "]
        [isErrorPage="true|false"]
%>
```

page 指令各属性的功能说明如表 3-1 所示。

表 3-1　page 指令各属性功能说明

属性	说明
language	该属性用于设置当前页面中编写 JSP 脚本所使用的语言，默认值为 Java
contentType	该属性用于设置 JSP 网页输出时的文件格式与编码格式，默认 MIME 类型是 text/html，默认字符编码为 ISO-8859-1。 如果所制作 JSP 页面是简体中文页面，则需要对该属性进行设置，可以使用以下两种写法进行设置，但需要与页面的编码格式相统一。 <%@ page contentType="text/html; charset=UTF-8"%> <%@ page contentType="text/html; charset=GB2312"%>
import	该属性用于向当前的 JSP 文件中导入需要使用的 Java 包和类，在该属性中可以同时导入多个 Java 包和类。 import 指令是所有 page 指令中唯一可以包含多个属性值的属性，属性值之间使用逗号 (,) 隔开。例如下面的代码。 <%@ page import="java.io.*,java.util.*"%>
extends	该属性用于设置当前 JSP 页面编辑后产生的类所要继承的 Java 类，在没有特别要求的情况下，通常不设置该属性，否则可能会影响 JSP 引擎的正常执行，默认值为 jspHttpServlet
session	该属性用于设置当前 JSP 页面是否支持 session，session 用来保存多个网页请求的信息，并存放在服务器端。该属性的默认值为 true，如果设置该属性值为 false，session 对象所提供的方法或 <jsp:useBean> 将不能被使用

（续表）

属性	说明
buffer	该属性用于设置当前 JSP 页面所需要的缓冲区大小，如果设置为 none，表示输出 JSP 网页时不需要缓冲区；如果设置为 10，则表示缓冲区大小为 10KB；如果没有设置该属性，默认缓冲区大小是 8KB
autoFlush	该属性用于设置当前 JSP 页面的缓冲区已满时，自动输出至客户端，默认值为 true。注意，如果之前已经将 buffer 属性设置为 none，则 autoFlush 属性不能设置为 false
isThreadSafe	该属性用于设置当前 JSP 页面能否处理超过一个以上的请求，即以“多执行线程”来处理客户端的请求，默认值为 true。如果设置该属性值为 false，则表示当前页面一次只能处理一个客户端请求，即“单执行线程”的方式
info	该属性用于设置当前 JSP 页面的说明文字，默认值会随着 JSP 引擎的不同而有所不同。当设置该属性时，可以使用 Servlet 类的 getServletInfo 方法数据取回，语法为 <%=getServletInfo()%>
errorPage	该属性用于指定一个当前页面出现异常时所要调用的页面。如果属性值是以“/”开头的路径，则将在当前 Web 应用的根目录中查找文件；否则，将在当前页面的目录中查找文件
isErrorPage	该属性用于设置当前 JSP 页面是否为错误信息页面，默认值为 false。如果设置为 true，就能够使用 exception 对象，并通过该对象取得发生错误的网页的错误信息，语法为 <%=exception.getMessage()%>

提示

在 page 指令中除了 import 属性外，其他属性只能在 page 指令中出现一次。

3.1.3 taglib(卷标数据库指令)

在 JSP 页面中，通过使用 taglib 指令，开发者就可以在页面中使用基本标识或自定义的标识来完成特殊的功能。

taglib 指令的语法格式如下。

```
<%@ taglib uri=" 卷标数据库的 URI" prefix=" 前缀标记 " %>
```

卷标库是使用 XML 语法写成的文件，扩展名为“.tld”，taglib 指令可以在当前的 JSP 页面使用一些定义在卷标库中的自定义卷标。需要指定卷标数据库的统一资源标识符 (Uniform Resource Identifier，URI)，并定义卷标的前缀标记。Taglib 指令可以用来延伸 JSP 的动作指令。

提示

uri 属性指出了卷标库的存放地址，prefix 属性指定一个在页面中使用由 uri 属性指定的标签库的前缀，前缀不能命名为 jsp、jspx、java、javax、sun、servlet 和 sunw。

3.2 JSP 动作指令

在 JSP 中提供了一系列使用 XML 语法写成的动作指令，这些指令用来在网页中实现特殊的功能，例如请求的转发、在当前页面中加载其他文件、在页面中创建一个 JavaBean 实例等。

3.2.1 了解动作指令

动作指令是在请求处理阶段按照在页面中出现的顺序被执行的，只有它们被执行时才会去实现自己所具有的功能。这一点与上一节介绍的编译指令不同，因为在 JSP 页面被执行时首先进入翻译阶段，程序会先查找页面中的编译指令并将它们转换为 Servlet，所以页面中的编译指令会先被执行，从而设置了整个的 JSP 页面。

JSP 中动作指令的通用语法格式如下。

```
<动作指令名称 属性1="值" 属性2="值" …/>
```

或

```
<动作指令名称 属性1="值" 属性2="值" …>
  <子动作 属性1="值" 属性2="值" …>
</动作指令名称>
```

在 JSP 中常用的动作指令主要有以下几种。

- 包含文件的动作指令：<jsp:include>
- 请求转发的动作指令：<jsp:forward>
- 声明使用 JavaBean 的动作指令：<jsp:useBean>
- 设置 JavaBean 属性值的动作指令：<jsp:setProperty>
- 获取 JavaBean 属性值的动作指令：<jsp:getProperty>
- 声明使用 Java 插件动作指令：<jsp:plugin> 和 <jsp:fallback>
- 参数传递的动作指令：<jsp:params> 和 <jsp:param>

3.2.2　<jsp:include>

使用 <jsp:include> 指令可以将一个 HTML 或 JSP 文件动态加载到当前的 JSP 页面中。<jsp:include> 指令的语法格式如下。

```
<jsp:include page="被加载的文件路径与文件名" flush="true|false"/>
```

或者向被加载文件中传递参数，语法格式如下。

```
<jsp:include page="被加载的文件路径与文件名" flush="true|false">
  <jsp:param name="参数名称" value="参数值"/>
  …
</jsp:include>
```

<jsp:include> 指令中的属性及子标识说明如表 3–2 所示。

表 3-2　<jsp:include> 指令属性及子标识功能说明

属性及子标识	说明
page 属性	该属性用于指定被加载的外部文件
flush 属性	该属性用于设置当输出缓冲区满时，是否清空缓冲区，该属性值为 boolean 型，默认值为 false，通常情况下设置为 true
<jsp:param> 子标识	通过该子标识的应用，可以向被加载的文件中传递指定的参数

提示

<jsp:include> 指令对加载的动态文件和静态文件的处理方式是不同的。如果加载的是静态文件，则页面执行后，在添加 <jsp:include> 指令的位置将会输出这个文件的内容。如果加载的是动态文件，那么 JSP 编译器将编译并执行这个文件。<jsp:include> 指令能够识别出所加载的文件是静态文件还是动态文件。

<jsp:include> 动作指令与 3.1.1 节中介绍的 include 编译指令都是用来加载外部文件的，它们之间的区别主要表现在以下两个方面。

1. 属性取值不同

include 指令通过 file 属性来加载外部的文件，该属性不支持任何表达式，如果在 file 属性值中使用 JSP 表达式，则会出现错误，例如下面的代码。

```
<% String path="login.jsp" %>
<%@ include file="<%=path%>" %>
```

以上这种使用 include 指令加载外部文件的方式在运行时就会出现错误。

<jsp:include> 指令是通过 page 属性来指定加载的文件，该属性能够支持 JSP 表达式。

2. 处理方式不同

使用 include 指令加载的文件，它的内容会原封不动地插入当前页面中使用该指令的位置，然后 JSP 编译器再对这个合成的文件进行编译。所以在一个 JSP 页面中使用 include 指令来加载另外一个 JSP 页面，最终编译后的文件只有一个。

使用 <jsp:include> 指令加载文件时，当该指令被执行时，程序会将请求转发到（注意是转发，而不是请求重定向）被包含的页面，并将执行结果输出到浏览器中，然后返回当前页面中继续执行后面的代码。因为服务器执行的是两个文件，所以 JSP 编译器会分别对这两个文件进行编译。

3. 参数传递不同

<jsp:include> 动作指令在加载外部文件时，可以向所加载的外部文件传递指定的参数，而 <%@ include%> 编译指令则不能向所加载的外部文件传递相应的参数。

4. 包含方式不同

使用 include 指令加载文件，最终服务器执行的是两个文件合成后由 JSP 编译器编译成的一个 Class 文件，所以被加载文件的内容应该是固定不变的，如果改变了被加载的文件，则主文件的代码就发生改变，因此服务器会重新编译主文件。include 指令的这种加载过程称为静态包含。

使用 <jsp:include> 动作指令通常是用来加载那些经常需要修改的文件。此时服务器执行的是两个文件，被加载文件的改动不会影响主文件，因此服务器不会对主文件重新编译，只要重新编译被加载的文件即可。而对被加载文件的编译是在执行时才会进行的，也就是说，只有当 <jsp:include> 指令被执行时，使用该指令加载的目标文件才会被编译，否则被加载的文件不会被编译，所以这种加载过程被称为动态包含。

实战 使用 <jsp:include> 动作指令包含文件

最终文件：最终文件 \ 第 3 章 \chapter3\3-2-2.jsp　视频：视频 \ 第 3 章 \3-2-2.mp4

01 打开站点中的文件 3-2-2.jsp，可以看到页面的效果，如图 3-1 所示。转换到该页面的代码中，可以看到该页面的代码，如图 3-2 所示。

图 3-1

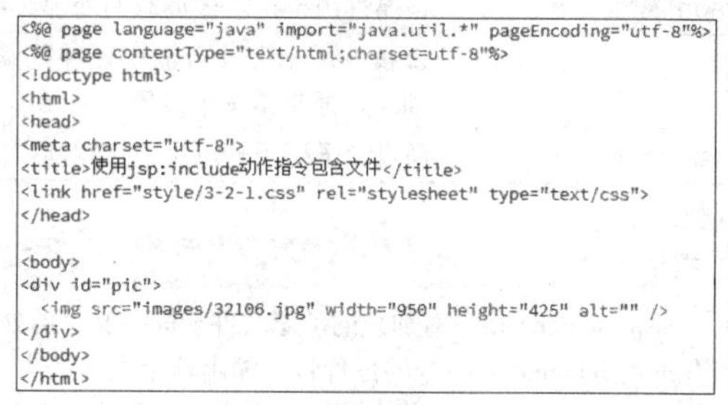

```
<%@ page language="java" import="java.util.*" pageEncoding="utf-8"%>
<%@ page contentType="text/html;charset=utf-8"%>
<!doctype html>
<html>
<head>
<meta charset="utf-8">
<title>使用jsp:include动作指令包含文件</title>
<link href="style/3-2-1.css" rel="stylesheet" type="text/css">
</head>

<body>
<div id="pic">
  <img src="images/32106.jpg" width="950" height="425" alt="" />
</div>
</body>
</html>
```

图 3-2

02 打开调用的页面 top.jsp，可以看到页面的效果，如图 3-3 所示。转换到该页面的代码中，可以看到该页面的代码，如图 3-4 所示。

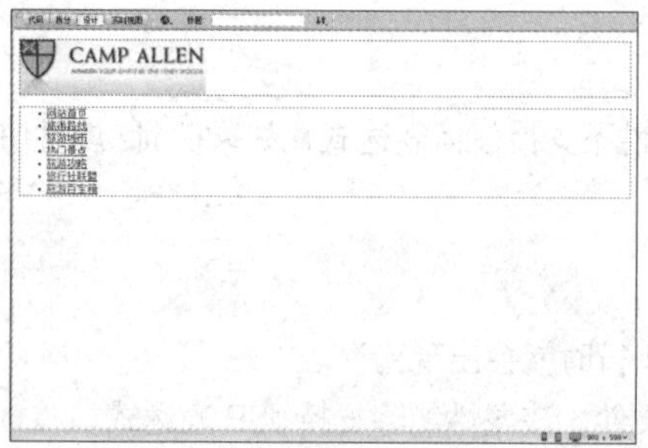

图 3-3

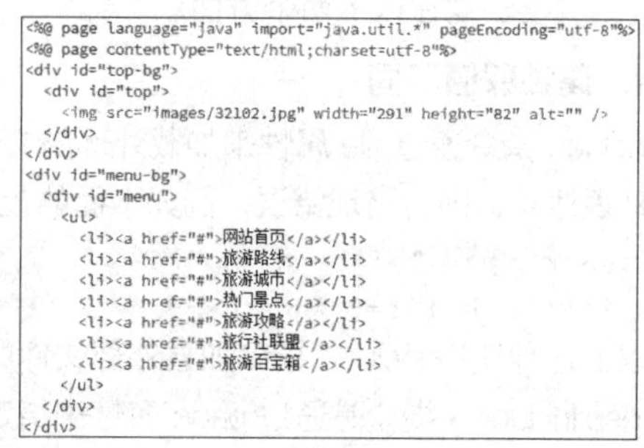

```
<%@ page language="java" import="java.util.*" pageEncoding="utf-8"%>
<%@ page contentType="text/html;charset=utf-8"%>
<div id="top-bg">
  <div id="top">
    <img src="images/32102.jpg" width="291" height="82" alt="" />
  </div>
</div>
<div id="menu-bg">
  <div id="menu">
    <ul>
      <li><a href="#">网站首页</a></li>
      <li><a href="#">旅游路线</a></li>
      <li><a href="#">旅游城市</a></li>
      <li><a href="#">热门景点</a></li>
      <li><a href="#">旅游攻略</a></li>
      <li><a href="#">旅行社联盟</a></li>
      <li><a href="#">旅游百宝箱</a></li>
    </ul>
  </div>
</div>
```

图 3-4

提示

3-2-1.jsp 页面为主页面，top.jsp 页面为被调用页面。top.jsp 页面中的内容为主页面中顶部 logo 和导航菜单，并且该页面中只保留内容部分，并不是一个完整的 HTML 文档结构，因为其只是 3-2-1.jsp 页面中的一部分。

03 使用 <%@ include %> 加载指令来加载 top.jsp 页面。在 3-2-1.jsp 页面中需要显示 top.jsp 页面内容的位置添加代码 <%@ include file="top.jsp"%>，如图 3-5 所示。在测试服务器中预览该页面，可以看到页面的效果，如图 3-6 所示。

```
<body>
<%@ include file="top.jsp"%>
<div id="pic">
  <img src="images/32106.jpg" width="950" height="425" alt="" />
</div>
</body>
```

图 3-5

图 3-6

提示

被包含文件 top.jsp 中的内容是固定不变的，因此可以被 include 指令静态包含。使用 <%@ include %> 加载指令来包含文件时，服务器执行的最终编译文件只有一个。

04 使用 <jsp:include> 动作指令来包含 top.jsp 页面。在 3-2-1.jsp 页面中需要显示 top.jsp 页面内容的位置添加代码 <jsp:include page="top.jsp"/>，如图 3-7 所示。在测试服务器中预览该页面，可以看到页面的效果，如图 3-8 所示。

```
<body>
<jsp:include page="top.jsp"/>
<div id="pic">
  <img src="images/32106.jpg" width="950" height="425" alt="" />
</div>
</body>
```

图 3-7

图 3-8

提示

使用 <jsp:include> 动作指令包含文件时，当该标识被执行时，程序会将请求转发到被包含的文件 top.jsp，并将执行结果输出到浏览器中，然后返回包含页而 3-2-1.jsp 继续执行后面的代码，服务器执行的是两个文件。

3.2.3 <jsp:forward>

<jsp:forward> 动作指令用来将请求转发到另一个 JSP、HTML 或相关的资源文件中。当该动作指令被执行后，当前的页面将不再被执行，而是去执行该标识指定的目标页面。<jsp:forward> 动作指令的语法格式如下。

```
<jsp:forward page=" 文件路径或表示文件路径的表达式 "/>
```

如果转发的目标文件是一个动态文件，还可以向该文件中传递参数，语法格式如下。

```
<jsp:forward page=" 文件路径或表示文件路径的表达式 ">
  <jsp:param name=" 参数名称 " value=" 参数值 "/>
  …
</jsp:forward>
```

需要注意的是，<jsp:forward> 指令实现的是请求的转发操作，而不是请求重定向。它们之间的一个区别就是：进行请求转发时，存储在 request 对象中的信息会被保留并被带到目标页面中；而请求重定向是重新生成一个 request 请求，然后将该请求重定向到指定的 URL，所以事先存储在

request 对象中的信息都不存在。

实战 使用 <jsp:forward> 动作指令向转向页面传递参数

最终文件：最终文件 \ 第 3 章 \chapter3\3-2-3.jsp　视频：视频 \ 第 3 章 \3-2-3.mp4

01 执行“文件”>“新建”命令，弹出“新建文档”对话框，新建一个空白的 HTML 页面，如图 3-9 所示。将该文件保存到站点中命名为 3-2-3.jsp，在该页面中的 <body> 与 </body> 标签之间编写 JSP 代码，如图 3-10 所示。

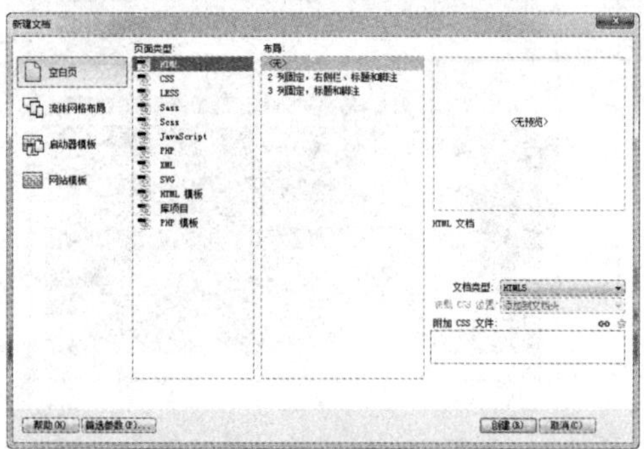

图 3-9

```
<body>
<jsp:forward page="welcome.jsp">
  <jsp:param name="x1" value="Welcome"/>
  <jsp:param name="x2" value="My Web!"/>
</jsp:forward>
</body>
```

图 3-10

提示

在 <jsp:forward> 指令之间可以添加 <jsp:param> 子标识，通过该子标识可以向指定的转向页面传递相应的参数。

02 打开 3-2-2.jsp 页面需要跳转到的转向页面 welcome.jsp，页面效果如图 3-11 所示。转换到该页面的代码中，可以看到该页面的代码，如图 3-12 所示。

图 3-11

```
<%@ page language="java" import="java.util.*" pageEncoding="utf-8"%>
<%@ page contentType="text/html;charset=utf-8"%>
<!doctype html>
<html>
<head>
<meta charset="utf-8">
<title>使用jsp:forward动作指令</title>
<link href="style/3-2-2.css" rel="stylesheet" type="text/css">
</head>

<body>
<div id="box">
  <span class="font01">XXX</span>
  <br>
  <br>
  <img src="images/32201.jpg" width="834" height="215" alt=""/>
  <br>
  <br>
  <span class="font02">这是一个神奇的网站，让我们一起来看看吧！</span>
</div>
</body>
</html>
```

图 3-12

03 在 <body> 与 </body> 标签之间添加 JSP 代码，定义变量并接收传递过来的参数，在合适的位置显示变量值，如图 3-13 所示。保存页面，在测试服务器中打开 3-2-2.jsp 页面，当预览该页面时，会自动转向到指定的 welcome.jsp 页面，并且向该页面传递参数，在 welcome.jsp 页面中接收参数并显示相应的值，效果如图 3-14 所示。

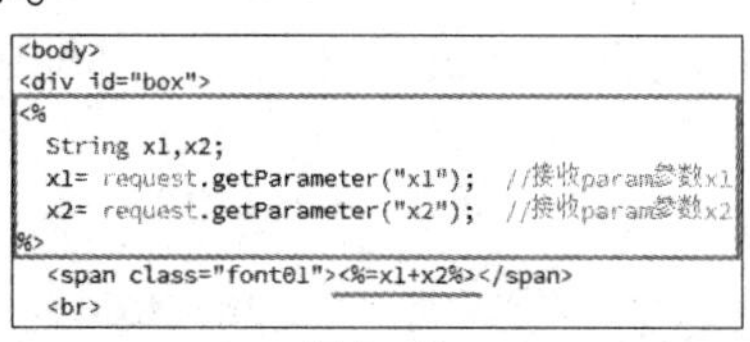

```
<body>
<div id="box">
<%
  String x1,x2;
  x1= request.getParameter("x1");  //接收param参数x1
  x2= request.getParameter("x2");  //接收param参数x2
%>
  <span class="font01"><%=x1+x2%></span>
  <br>
```

图 3-13

图 3-14

技巧

如果所传递的参数值是中文，转向的页面 welcome.jsp 接收的中文参数将显示为乱码，这是因为 <jsp:param> 子标识传递的参数的默认编码是 ISO8859-1，而不是中文的编码格式。用户可以使用以下方法来解决这个问题。

```
x1= new String(request.getParameter("x1").getBytes("ISO8859-1"),"utf-8");
```

3.2.4 <jsp:useBean>

JSP 较其他同类语言最强有力的方面就是能够使用 JavaBean 组件。JavaBean 组件是利用 Java 语言编写的，它好比一个封装好的容器，使用者并不知道其内部是如何构造的，但它却具有适应用户要求的功能，每个 JavaBean 都实现了一个特定的功能，通过合理地组织不同功能的 JavaBean，可以快速生成一个全新的应用程序。

通过使用 <jsp:useBean> 动作指令可以在 JSP 页面中创建一个 Bean 实例，并且通过属性的设置可以将该实例存储到 JSP 页面中的指定范围内。如果在指定的范围内已经存在了指定的 Bean 实例，那么将使用这个实例，而不会重新创建。通过 <jsp:useBean> 指令创建的 Bean 实例可以在 Scriptlet 中应用。<jsp:useBean> 动作指令的语法格式如下。

```
<jsp:useBean
  id=" 变量名 "
  scope="page | request | session | application"
  {
  class="package.className" |
  type=" 数据类型 " |
  class="package.className" type=" 数据类型 " |
  beanName="package.className" type=" 数据类型 "
}
/>
```

也可以在指令内部嵌入子标识或其他内容，格式如下。

```
<jsp:useBean id=" 变量名 " scope="page|request|session|application"…>
  <jsp:setProperty name=" 变量名 " property="*"/>
</jsp:useBean>
```

<jsp:useBean> 指令中各属性的说明如表 3-3 所示。

表 3-3　<jsp:useBean> 指令属性功能说明

属性	说明
id	id 属性指定一个变量，在所定义的范围内或 Scriptlet 中将使用该变量来对所创建的 JavaBean 实例进行引用，该变量必须符合 JSP 中变量的命名规则
scope	scope 属性指定了所创建 Bean 实例的存取范围，如果该属性省略，则默认值为 page。<jsp:useBean> 指令被执行时，首先在 scope 属性指定的范围来查找指定的 Bean 实例，如果该实例已经存在，则引用这个 Bean，否则重新创建，并将存储在 scope 属性指定的范围内
class	class 属性指定了一个完整的类名称，其中 package 表示类包的名字，className 表示类的 class 文件名称。通过 class 属性指定的类不能是抽象的，它必须具有公共的、没有参数的构造方法。在没有设置 type 属性时，必须设置 class 属性
type	type 属性用于设置由 id 属性指定的变量类型，可以指定要创建实例的类本身、类的父类或是一个接口
beanName	beanName 属性可以是类文件或 JavaBean 实例包含 JavaBean 的串行化文件。当 JavaBean 不存在指定范围内时，才可以使用该属性。它必须使用类型属性来指定要将何种类型的 Bean 实例化。beanName 属性不能与 class 属性一起使用，并且区分大小写

提示

使用 <jsp:useBean> 指令实例化一个 Bean 实例后，可以通过 <jsp:setProperty> 属性来设置或修改该 Bean 中的属性，或者通过 <jsp:getProperty> 指令来读取该 Bean 中指定的属性。

3.2.5 <jsp:setProperty>

<jsp:setProperty> 指令通常情况下与 <jsp:useBean> 指令一起使用。如果已经在 JSP 中声明要使用 JavaBean，接下来就可以使用 <jsp:setProperty> 指令来设置 Bean 的属性值。<jsp:setProperty>

动作指令的语法格式如下。

```
<jsp:setProperty
  name="Bean 实例名 "
  {
  property="*" |
  property="propertyName" |
  property="propertyName" param="parameterName" |
  property="propertyName" vale=" 值 "
}
/>
```

<jsp:setProperty> 指令中各属性的说明如下。

1. name 属性

name 属性用来指定一个存在于 JSP 中某个范围内的 Bean 实例。<jsp:setProperty> 指令将按照 page、request、session 和 application 的顺序来查找这个 Bean 实例，直到第一个实例被找到。如果任何范围内都不存在这个 Bean 实例，则会出现错误。

2. property 属性

property 属性的用法分为以下几种情况。

1) property="*"

property 属性取值为 * 时，则 request 请求中所有参数的值将被一一赋给 Bean 中与参数具有相同名字的属性。如果请求中存在值为空的参数，那么 Bean 中对应的属性将不会被赋值为 null；如果 Bean 中存在一个属性，但请求中没有与之对应的参数，那么该属性同样不会被赋值为 null，在这两种情况下的 Bean 属性都会保留原来或默认的值。

该使用方法要求请求中参数的名称和类型必须与 Bean 中属性的名称和类型一致。但由于通过表单传递的参数都是 String 类型的，所以 JSP 会自动将这些参数转换为 Bean 中对应属性的类型。

2) property="propertyName"

property 属性取值为 Bean 中的 propertyName 时，则只会将 request 请求中与该 Bean 属性同名的一个参数的值赋给这个 Bean 属性。更进一步讲，如果 property 属性指定的 Bean 属性为 userName，那么指定 Bean 中必须存在 setUserName() 方法，否则会出现错误。

在此基础上，如果请求中没有与 userName 同名的参数，则该 Bean 属性会保留原来或默认的值，而不会被赋值为 null。

3) property="propertyName" param="parameterName"

param 属性指定一个 request 请求中的参数，property 属性指定 Bean 中的某个属性。该种使用方法允许将请求中的参数赋值给 Bean 中与该参数不同名的属性。如果 param 属性指定参数的值为空，那么由 property 属性指定的 Bean 属性会保留原来或默认的值而不会被赋值为 null。

4) property="propertyName" vale=" 值 "

其中，value 属性指定的值可以是一个字符串数值或表示一个具体值的 JSP 表达式。该值将被赋值给 property 属性指定的 Bean 属性。

当 value 属性指定的是一个字符串时，如果指定的 Bean 属性与其他类型不一致时，则会将该字符串值自动转换成对应的类型。

当 value 属性指定的是一个表达式时，那么该表达式所表示的值的类型必须与 property 属性指定的 Bean 属性一致，否则会出现错误。

3.2.6 <jsp:getProerty>

<jsp:getProperty> 指令用来从指定的 Bean 中读取指定的属性值，并输出到页面中。

<jsp:getProperty> 动作指令的语法格式如下。

```
<jsp:getProperty name="Bean 实例名 " property="propertyName"/>
```

name 属性用来指定一个存在于某 JSP 范围内的 Bean 实例，<jsp:getProperty> 指令会按照 page、request、session 和 application 的顺序来查找这个 Bean 实例，直到第一个实例被找到。

Property 属性指定要获取由 name 属性指定的 Bean 中哪个属性的值。如果它指定的值为 userName，那么 Bean 中必须存在 getUserName() 方法，否则会出现错误。

3.2.7 <jsp:plugin> 与 <jsp:fallback>

<jsp:plugin> 指令可以在页面中插入 Java Applet 小程序或 JavaBean，它们能够在客户端运行，该指令会根据客户端浏览器的版本转换为 HTML 中的 <object> 或 <embed> 标签，当转换失败时，<jsp:fallback> 指令用来显示错误提示信息。因此，<jsp:plugin> 与 <jsp:fallback> 通常情况下一起使用。<jsp:plugin> 动作指令的语法格式如下。

```
<jsp:plugin type="bean | applet" code="classFileName"
  codebase="classFileDirectoryName"
  [name="instanceName"] [archive="URIToArchive,..."]
  [align="bottom | top | middle | left | right"] [height="displayPixels"]
  [width="displayPixels"] [hspace="leftRightPixels"]
  [vspace="topBottomPixels"] [jreversion="JREVersionNumber | 1.1"]
[nspluginurl="URLToPlugin"][iepluginurl="URLToPlugin"]
>
[<jsp:params>
  [jsp:param name="parameterName" value="{parameterValue | <%=expression%>}"/>]
</jsp:params>]
[<jsp:fallback>text message for user</jsp:fallback>]
</jsp:plugin>
```

<jsp:plugin> 指令中的属性与参数说明如表 3-4 所示。

表 3-4 <jsp:plugin> 指令属性与参数说明

属性或参数	说明
type	指定要加载插件对象的类型，可选值为 bean 和 applet
code	指定要加载的 Java 类文件的名称，该名称包含扩展名和类包名
codebase	用来指定 code 属性指定的 Java 类文件所在的路径，默认值为当前访问的 JSP 页面路径
name	指定加载的 Applet 或 JavaBean 的名称
archive	指定预先加载的存档文件的路径，多个路径可以使用逗号进行分隔
align	用于设置加载的插件对象在页面中显示时的对齐方式，可选值为 bottom、top、middle、left 和 right
height	用于设置加载的插件对象在页面中显示的高度，单位为像素
width	用于设置加载的插件对象在页面中显示的宽度，单位为像素
hspace	加载的 Applet 或 JavaBean 在屏幕或单元格中留出的左右空间大小，不支持任何表达式
vspace	加载的 Applet 或 JavaBean 在屏幕或单元格中留出的上下空间大小，不支持任何表达式
jreversion	在浏览器中执行 Applet 和 JavaBean 时的 Java 运行环境的版本，默认是 1.1
nspluginurl	指定 Netscape 浏览器用户能够使用的 JRE 的下载地址
iepluginurl	指定 Internet 浏览器用户能够使用的 JRE 的下载地址
session	在该标识中包含多个 <jsp:param> 指令，用来向 Applet 或 JavaBean 中传递参数
application	当加载 Java 类文件失败时，用来显示给用户的提示信息

3.2.8 <jsp:params> 与 <jsp:param>

通过 <jsp:param> 指令可以传递一个参数，其语法格式如下。

```
<jsp:param name=" 参数名称 " value=" 值 "/>
```

通过 <jsp:params> 指令可以传递多个参数，其语法格式如下。

```
<jsp:params>
<jsp:param name=" 参数名称 1" value=" 值 "/>
<jsp:param name=" 参数名称 2" value=" 值 "/>
...
</jsp:params>
```

提示

<jsp:param> 指令经常与其他指令一起使用，例如和 <jsp:include>、<jsp:forward> 等指令一起使用；<jsp:params> 指令只能与 <jsp:plugin> 指令一起使用。

3.3 JSP 常用内置对象的使用方法

为了方便 Web 应用程序开发，在 JSP 页面中内置了一些默认的对象，这些对象不需要预先声明就可以在脚本代码和表达式中随意使用。在本节中将介绍 JSP 中常用的内置对象，以及这些内置对象的使用方法。

3.3.1 JSP 内置对象简介

JSP 内置对象也称为隐含对象，由 JSP 容器自动为 JSP 页面提供，这些对象不需要预先声明就可以直接在脚本程序中进行使用。JSP 提供的内置对象共 9 个，简单介绍如表 3-5 所示。

表 3-5 JSP 内置对象说明

内置对象	说明
request	该对象提供对 HTTP 请求数据的访问，同时还提供用于加入特定请求数据的上下文
response	该对象允许直接访问 HttpServletReponse 对象，用来向客户端输入数据
session	该对象用来保存在服务器与一个客户端之间需要保存的数据，当客户端关闭网站的所有网页时，session 变量会自动消失
application	该对象代表应用程序上下文，它允许 JSP 页面与包括在同一应用程序中的任何 Web 组件共享信息
out	该对象提供对输出流的访问
page	该对象代表 JSP 页面对应的 Servlet 类实例
config	该对象允许将初始化数据传递给一个 JSP 页面
exceptin	该对象含有只能由指定的 JSP“错误处理页面”访问的异常数据
pageContext	该对象是 JSP 页面本身的上下方，它提供了唯一一组方法来管理具有不同作用域的属性，这些 API 在实现 JSP 自定义标签处理程序时非常有用

提示

在 JSP 常用的内置对象中，request、response 和 session 是 JSP 内置对象中最重要的，这 3 个对象体现了服务器与客户端进行交互通信的控制。

当客户端打开浏览器，在地址栏中输入服务器 Web 服务页面的地址后，就会显示 Web 服务器上的网页，客户端的浏览器从 Web 服务器上获得网页，实际上是使用 HTTP 协议向服务器端发送了一个请求，服务器在收到来自客户端浏览器发来的请求后要响应请求。JSP 通过 request 对象获取客户浏览器的请求，通过 response 对客户端浏览器进行响应，而 session 则一直保存会话期间所需要传递的数据信息。

3.3.2　request 对象

request 对象是从客户端向服务器端发送请求，包括用户提供的信息以及客户端的一些信息。客户端可以通过 HTML 表单或在网页地址后面提供参数的方法提交数据，然后通过 request 对象的相关方法来获取这些数据。

当客户端请求一个 JSP 网页时，JSP 引擎将有关请求的信息全部包含在 request 对象中，请求的信息内容包含以下几种。

(1) 请求的头信息：浏览器的版本、语言、编码。

(2) 请求的方式：get、post、put。

(3) 请求的参数名称和参数值。

(4) 系统信息：主机名称、服务器地址、通信协议的方式。

request 对象的一些方法可以用于确定组成 JSP 页面客户端的信息，request 对象获取客户端信息的方法介绍如表 3–6 所示。

表 3-6　request 对象获取客户端信息的方法说明

方法	说明
request.getRemoteHost()	获得客户端的主机名称
request.getRemoteAddr()	获得客户端的 IP 地址
request.getRequestURI()	获得请求的网页路径
request.getMethod()	获得客户端提交数据的方式 (get 或 post)
request.getProtocol()	获得客户端及服务器端传送数据时所依据的通信协议名称
request.getServerName()	获得服务器名称
request.getServerPort()	获得服务器连接端口
request.getServerPath()	获得客户端所请求的脚本文件的文件路径
request.getRealPath()	返回当前请求文件的绝对路径
request.getQueryString()	获得请求的参数字符串，使用该方法要求提交数据的方式必须为 get 方式
request.getHeader(String name)	获得 Http 协议定义的文件头信息
request.getHeaders(String name)	返回指定名字的 request Header 的所有值，其结果是一个枚举的实例
request.getHeadersNames()	返回所有 request Header 的名称，其结果是一个枚举的实例

在 Web 应用程序中，经常需要完成用户与网站的交互。例如，当用户填写完表单之后，需要把数据提交给服务器处理，服务器获取这些信息并进行处理。使用 request 对象的 getParameter() 方法可用来获取用户提交的数据。

例如，通过下面的 JSP 代码可以获取客户端的信息。

```
<%@ page language="java" import="java.util.*" pageEncoding="utf-8"%>
<%@ page contentType="text/html;charset=utf-8"%>
<!doctype html>
<html>
<head>
<meta charset="utf-8">
<title> 获取客户端信息 </title>
</head>
<body>
客户端提交信息的方式：<%=request.getMethod()%><br>
使用的协议：<%=request.getProtocol()%><br>
获取发出请求字符串的客户端地址：<%=request.getRequestURI()%><br>
获取提交数据的客户端 IP 地址：<%=request.getRemoteAddr()%><br>
获取服务器端口号：<%=request.getServerPort()%><br>
```

```
获取服务器的名称：<%=request.getServerName()%><br>
获取客户端的名称：<%=request.getRemoteHost()%><br>
获取客户端所请求的脚本文件的文件路径：<%=request.getServletPath()%><br>
获取 Http 协议定义的文件头信息 Host 的值：<%=request.
getHeader("host")%><br>
获取 Http 协议定义的文件头信息 User-Agent 的值：
<%=request.getHeader("user-agent")%>
</body>
</html>
```

上述 JSP 代码在测试服务器中运行的结果如图 3-15 所示。

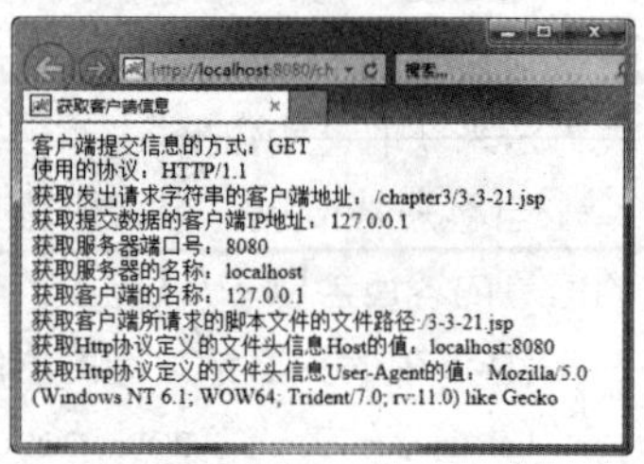

图 3-15

实战 使用 request 对象获取表单提交的数据

最终文件：最终文件 \ 第 3 章 \chapter3\3-3-22.jsp　视频：视频 \ 第 3 章 \3-3-2.mp4

01 打开站点中的文件 3-3-22.jsp，可以看到页面的效果，如图 3-16 所示。选择页面中的表单域，在“属性”面板中设置 Action 属性值为 3-3-23.jsp，如图 3-17 所示，即将表单中的数据提交至 3-3-23.jsp 页面中。

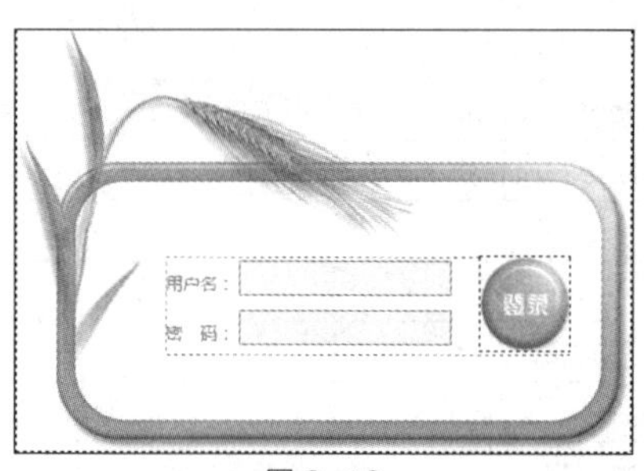

图 3-16

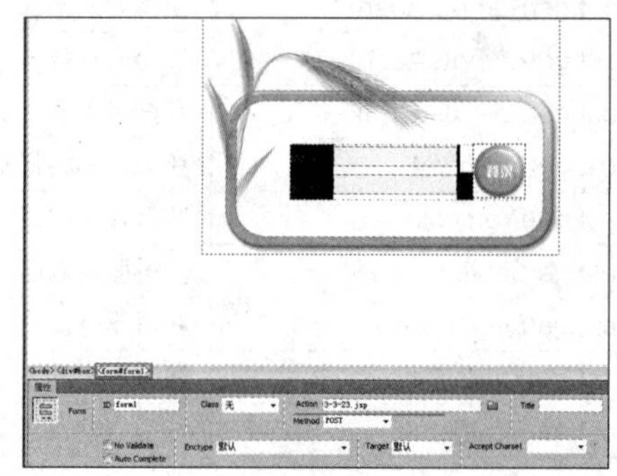

图 3-17

02 转换到网页代码中，在页面头部添加 jsp 代码，设置页面的编码格式，如图 3-18 所示。可以看到页面中各表单元素的 id 名称，如图 3-19 所示。

```
<%@ page language="java" import="java.util.*" pageEncoding="utf-8"%>
<%@ page contentType="text/html;charset=utf-8"%>
<!doctype html>
<html>
<head>
<meta charset="utf-8">
<title>登录表单页面</title>
<link href="style/3-3-2.css" rel="stylesheet" type="text/css">
</head>
```

图 3-18

```
<body>
<div id="box">
  <form id="form1" name="form1" method="post" action="3-3-23.jsp">
    <div id="btn">
      <input type="image" name="imageField" id="imageField" src="images/33202.gif">
    </div>
    用户名：
    <input name="uname" type="text" class="name01" id="uname">
    <br>
    密　码：
    <input name="upass" type="password" class="name01" id="upass">
  </form>
</div>
</body>
```

图 3-19

03 打开接收并显示表单数据的 3-3-23.jsp 页面，可以看到页面的效果，如图 3-20 所示。转换到网页代码中，可以看到页面的代码，如图 3-21 所示。

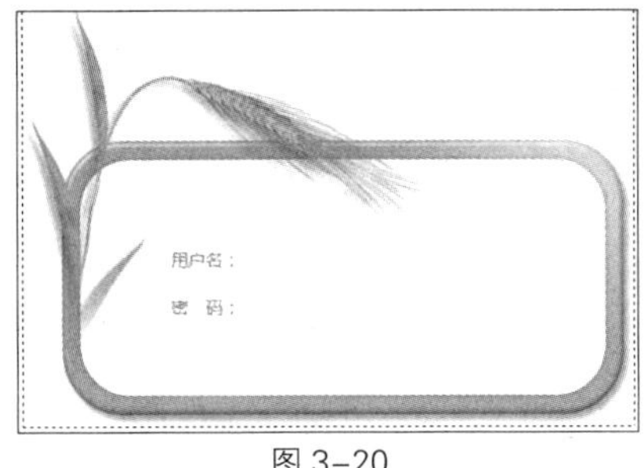

图 3-20

```
<%@ page language="java" import="java.util.*" pageEncoding="utf-8"%>
<%@ page contentType="text/html;charset=utf-8"%>
<!doctype html>
<html>
<head>
<meta charset="utf-8">
<title>使用request对象获取表单提交的数据</title>
<link href="style/3-3-2.css" rel="stylesheet" type="text/css">
</head>

<body>
<div id="box">
  用户名: <b></b><br>
  密  码: <b></b>
</div>
</body>
</html>
```

图 3-21

04 在页面的 <body> 与 </body> 标签之间添加 JSP 代码，接收从 3-3-22.jsp 页面传递过来的表单参数，如图 3-22 所示。在合适的位置添加 JSP 代码，输出所接收的参数值，如图 3-23 所示。

```
<body>
<%
  request.setCharacterEncoding("utf-8");
  String uname=request.getParameter("uname");
  String upass=request.getParameter("upass");
%>
<div id="box">
  用户名: <b></b><br>
  密  码: <b></b>
</div>
</body>
```

图 3-22

```
<body>
<%
  request.setCharacterEncoding("utf-8");
  String uname=request.getParameter("uname");
  String upass=request.getParameter("upass");
%>
<div id="box">
  用户名: <b><% out.println(uname); %></b><br>
  密  码: <b><% out.println(upass); %></b>
</div>
</body>
```

图 3-23

技巧

通过 request.setCharacterEncoding("utf-8"); 语句，将所接收的表单参数值转换为 utf-8 编码格式，如果不添加该句代码，则中文的参数值会显示为乱码。

提示

request.getParameter() 用于接收传递过来的表单参数，括号中的参数名称为 3-3-22.jsp 页面中表单元素的 id 名称。getParameter() 方法的返回值为 String 类型，即使用户在表单元素中输入的数据是数字形式，也会以字符串类型进行处理。

05 保存页面，在测试服务器中预览表单页面 3-3-22.jsp，在各表单元素中输入相应的内容，如图 3-24 所示。单击“登录”按钮，将表单中所填写的内容传递到 3-3-23.jsp 页面中，在该页面中接收传递过来的值并显示在页面中，如图 3-25 所示。

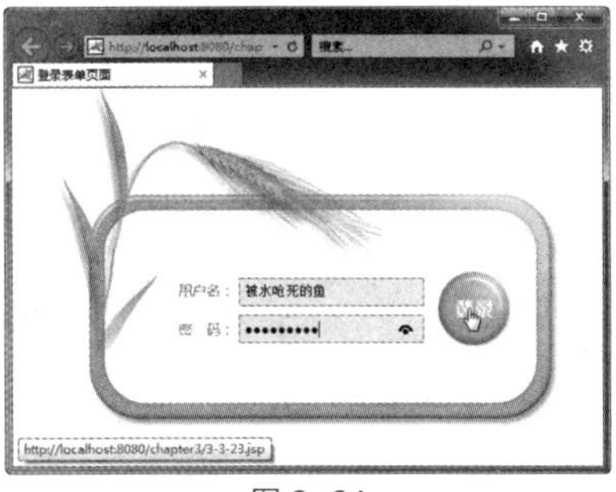

图 3-24

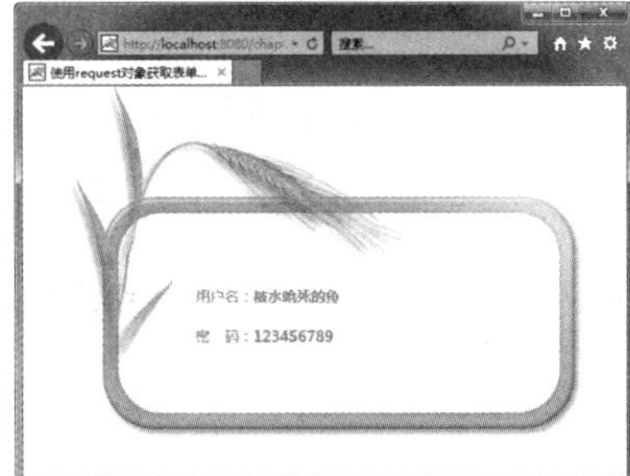

图 3-25

3.3.3 response 对象

response 对象和 request 对象相对应，用于响应客户请求，向客户端输出信息。response 对象是 Javax.servlet.http.HttpServletResponse 接口类的对象，它封装了 JSP 产生的响应，并发送到客户端从而响应客户端的请求，请求的数据可以是各种数据类型，甚至是文件。

response 对象中用于重定向网页的方法说明如表 3–7 所示。

表 3-7　response 对象重定向网页的方法说明

方法	说明
response.sendError(int number)	使用指定的状态码向客户端发送错误响应
response.sendError(int number,String msg)	使用指定的状态码和描述性消息向客户端发送错误响应
response.sendRedirect(String location)	使用指定的重定向位置 URL 向客户发送重定向响应，可以使用 URL 相对地址

在 JSP 页面中，可以使用 response 对象中的 sendRedirect() 方法将客户请求重定向到一个不同的页面，使用方法如下。

```
response.sendRedirect(" 重定向的页面 ");
```

在 JSP 页面中，还可以使用 response 对象中的 sendError() 方法指明一个错误状态，该方法接收到一个错误以及一条可选的错误信息，该消息将在内容主体上返回给客户。例如下面的代码。

```
response.sendError(500," 请求页面存在错误 ");
```

提示

上述两种方法都会中止当前的请求和响应，如果 HTTP 响应已经提交给客户端，则不会调用这两种方法。

response 对象除了提供实现网页重定向的 sendRedirect() 方法外，还提供了其他的一些方法，常用的方法说明如表 3–8 所示。

表 3-8　response 对象常用的方法说明

方法	说明
response.setHeader(“Header 名称 ,String Header 内容 ")	设置头信息内容，并且内容为字符串类型值
response.setIntHeader(“Header 名称 ,String Header 内容 ")	设置头信息内容，并且内容为整数类型值
response.getCharacterEncoding()	传回目前文件的字符集编码方式并显示在浏览器中
response.addCookie(“cookie 名称 ")	新增 cookie 值，传递到用户浏览器

举例说明如下。

```
response.setHeader("Refresh","10");
// 浏览器每 10 秒钟自动刷新一次
response.setHeader("Refresh","10;URL=http://www.xxx.com");
// 浏览器每 10 秒钟自动刷新一次，并将网页跳转至指定的 URL 地址
response.setHeader("contentType","text/html;charset=UTF-8");
// 设置头信息 contentType 的 MIME 类型为 text/html，编码方式为 UTF-8
response.addCookie(acookie);
// 将 acookie 传递到用户浏览器
response.sendRedirect("http://www.xxx.com");
// 将网页重定向至所设置的网页地址，可以使用 URL 绝对地址，也可以使用相对地址
```

实战　使用 response 对象实现网页重定向

最终文件：最终文件 \ 第 3 章 \chapter3\3-3-3.jsp　视频：视频 \ 第 3 章 \3-3-3.mp4

01 打开站点中的表单页面 3–3–3.jsp，可以看到页面的效果，如图 3–26 所示。选择页面中的表单域，在“属性”面板中设置 Action 属性值为 3–3–31.jsp，如图 3–27 所示，即将表单中的数据提交至 3–3–31.jsp 页面中。

02 转换到网页代码中，可以看到页面中各表单元素的 id 名称，如图 3–28 所示。

03 执行“文件”>“新建”命令，弹出“新建文档”对话框，新建一个空白的 HTML 页面，如图 3–29 所示。将该文件保存到站点中命名为 3–3–31.jsp，该页面用于对登录表单数据进行处理，从而判断登录成功还是登录失败。在该页面中的 <body> 与 </body> 标签之间编写 JSP 代码，如图 3–30 所示。

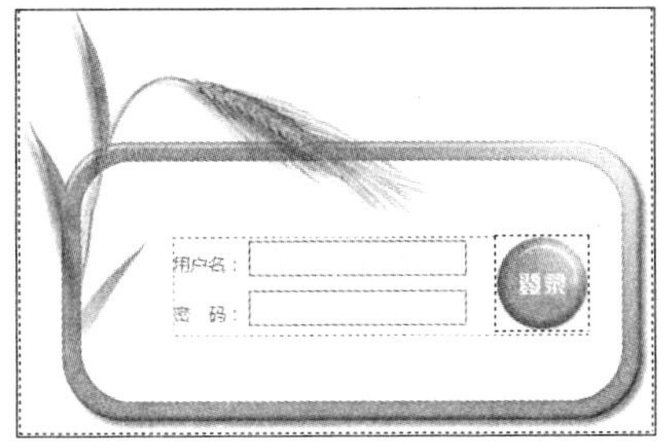

图 3-26

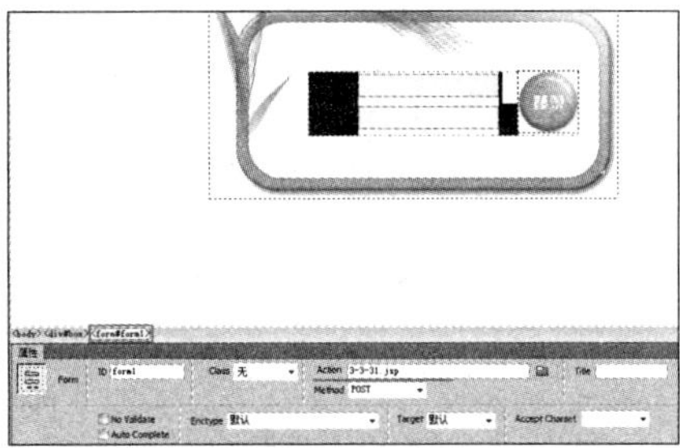

图 3-27

```
<form id="form1" name="form1" method="post" action="3-3-31.jsp">
  <div id="btn">
    <input type="image" name="imageField" id="imageField" src="images/33202.gif">
  </div>
  用户名:
  <input name="uname" type="text" class="name01" id="uname">
  <br>
  密　码:
  <input name="upass" type="password" class="name01" id="upass">
</form>
```

图 3-28

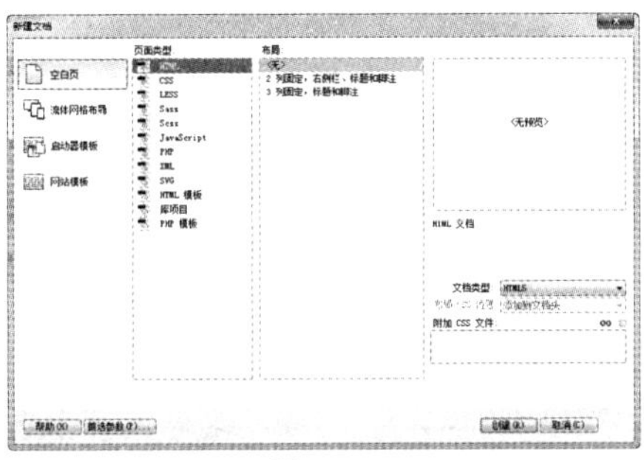

图 3-29

```
<body>
<%
  request.setCharacterEncoding("utf-8");
  String uname=request.getParameter("uname");
  String upass=request.getParameter("upass");
  if(uname.equals("admin888") && upass.equals("654321")){
      response.sendRedirect("3-3-32.jsp");  //跳转到登录成功页面
  } else{
      response.sendError(500,"请输入正确的登录信息");
      //通过指定状态码和描述性消息向客户发送错误响应
      }
%>
</body>
```

图 3-30

04 在 <body> 与 </body> 标签之间所编写的 JSP 代码如下。

```
<%
  request.setCharacterEncoding("utf-8");
  String uname=request.getParameter("uname");
  String upass=request.getParameter("upass");
  if(uname.equals("admin888") && upass.equals("654321")){
      response.sendRedirect("3-3-32.jsp");   // 跳转到登录成功页面
  } else{
      response.sendError(500," 请输入正确的登录信息 ");
      // 通过指定状态码和描述性消息向客户发送错误响应
      }
%>
```

提示

此处所编写的 JSP 代码，首先接收从表单页面传递过来的表单参数，然后通过一个 if 判断语句，来判断接收的参数值是否用户名是 admin888，密码是 654321，如果是，则登录成功，通过 response.sendRedirect() 方法重定向到指定的登录成功页面 3-3-32.jsp；如果不是，则登录失败，显示错误代码和描述性错误信息。

05 打开制作好的登录成功页面 3-3-32.jsp，可以看到页面的效果，如图 3-31 所示。转换到网页代码中，可以看到该页面的代码，如图 3-32 所示。

06 在测试服务器中预览登录页面 3-3-3.jsp，输入正确的用户名和密码，如图 3-33 所示。单击“登录”按钮，将表单数据传递到 3-3-31.jsp 页面进行处理，判断所提交的数据正确，则重定向到登录成功页面 3-3-32.jsp，效果如图 3-34 所示。

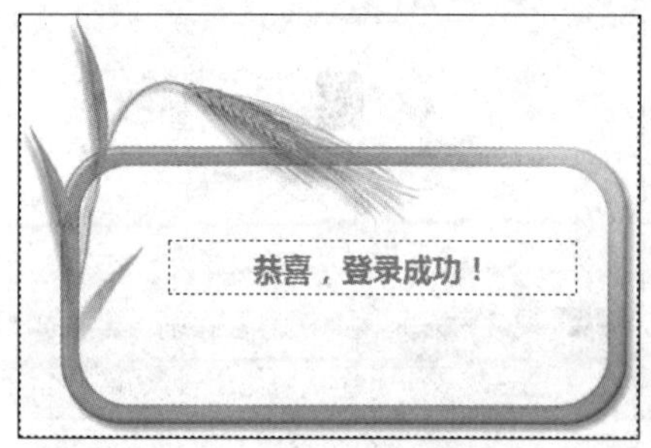

图 3-31

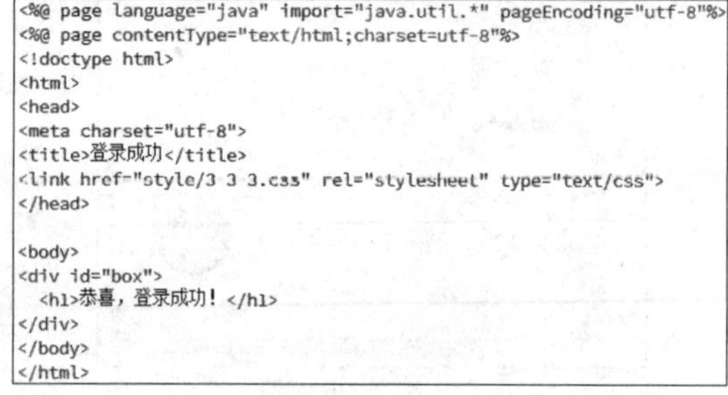

```
<%@ page language="java" import="java.util.*" pageEncoding="utf-8"%>
<%@ page contentType="text/html;charset=utf-8"%>
<!doctype html>
<html>
<head>
<meta charset="utf-8">
<title>登录成功</title>
<link href="style/3 3 3.css" rel="stylesheet" type="text/css">
</head>

<body>
<div id="box">
  <h1>恭喜，登录成功！</h1>
</div>
</body>
</html>
```

图 3-32

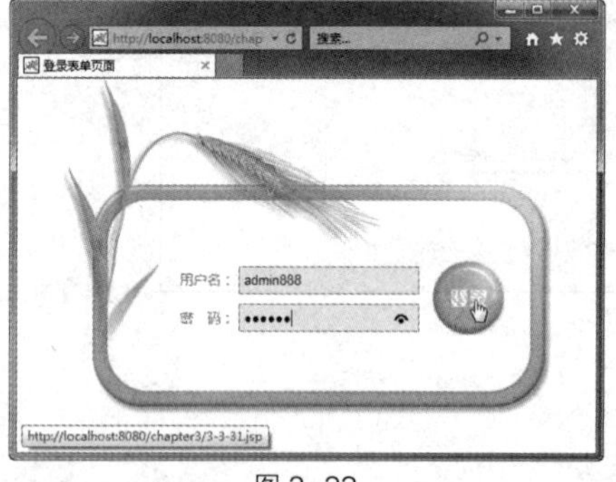

图 3-33

图 3-34

07 如果在登录页面 3-3-3.jsp 中输入错误的用户名和密码，如图 3-35 所示。单击“登录”按钮，将表单数据传递到 3-3-31.jsp 页面进行处理，当判断所提供的数据错误时，则在页面中显示错误状态码和错误描述信息，如图 3-36 所示。

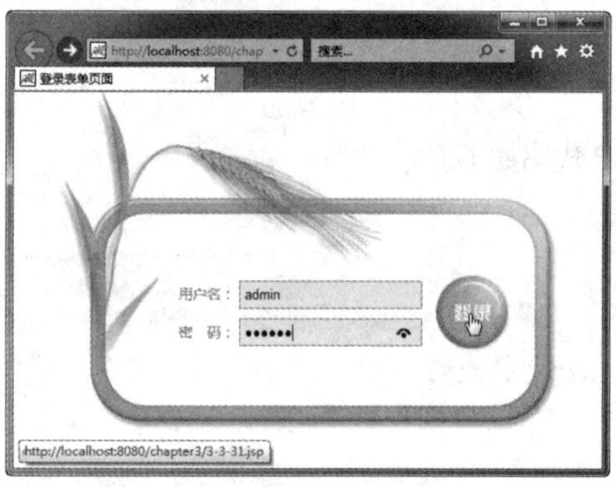

图 3-35

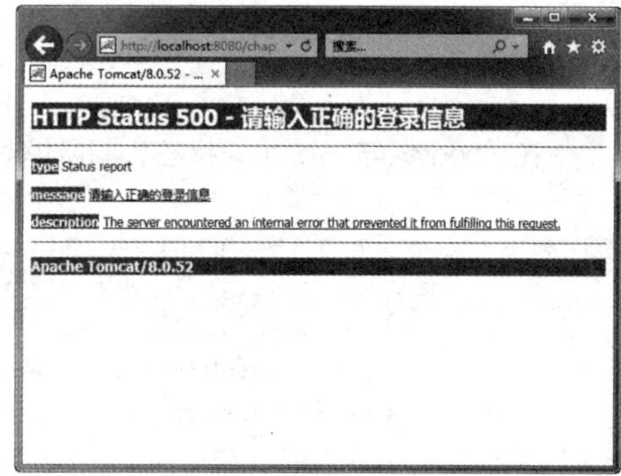

图 3-36

提示

本实例中如果用户提交的用户名为 admin888 并且密码为 654321，在表单处理程序中就认为是合法的用户，但在实际应用中应该让用户提交的用户名和密码与数据库中相应的字段进行比较，如果匹配成功则认为是合法用户。在后面的章节中将会详细介绍实现用户登录的方法。

3.3.4 session 对象

session 对象是用于保存客户端信息而分配给客户端的对象。HTTP 协议不能保存客户端请求信息的历史记录，为了解决这一问题，生成一个 session 对象，这样服务器和客户端之间的连接就会一直保持下去。session 对象中的 ID 标识是唯一的，用来标识每个用户，当刷新浏览器时，该标识的值不变。如果在一定时间内，客户端不向服务器发出应答请求，系统默认在 30min 内，session 对象会自动消失。

session 对象的常用方法说明如表 3–9 所示。

表 3-9　session 对象常用的方法说明

方法	说明
session.setAuttribute("属性名 ", 属性值)	将信息存入 session
session.getAttribute("属性名 ")	从 session 获取指定信息
session.setMaxInactiveInterval("秒数 ")	设置 session 的有效执行时间 (单位：秒)
session.getMaxInactiveInterval()	获取 session 的有效执行时间 (单位：秒)
session.isNew()	判断这个 session 是不是新的，是则传回 true，否则传回 false
session.invalidate()	强制 session 中断，常用于用户注销时
session.getCreationTime()	获取 session 创建的时间，其值为 long 类型值
session.getLastAccessedTime()	获取 session 最后的存取时间

session 对象的创建可以保存用户的数据，当用户与服务器进行交互时，服务器指定每个客户对应的 session 对象，每个用户都有一个独立的 sessionID。如果要创建 session 对象，其语法格式如下。

```
request.getSession(true);
```

创建 session 对象后，假设需要输入账号及密码才能登录，这时候使用如下的代码将数据存入 session 对象中。

```
session.setAttribute("ID"," 输入的账号 ");
session.setAttribute("Password"," 输入的密码 ");
```

如果将输入的账号及密码取出，则代码如下。

```
session.getAttribute("ID");
session.getAttribute("Password");
```

如果在 session 中添加字符串变量并设置其内容，可以使用如下的代码。

```
session.putValue(" 字符串变量 ";" 数据内容 ");
```

如果要取出 session 中的变量内容，可以使用如下的代码。

```
session.getvalue(" 字符串变量 ");
```

在 session 中，每一个客户端刚进入网页便创建 session，但是如果在闲置一段时间后，服务器将会取消 sessionID，当用户重新连入时，便再指定一个 session。Tomcat 的默认时间为 30 分钟，如果要修改默认时间，例如修改为 10 分钟，则可以使用如下的代码。

```
session.setMaxInactiveInterval("60*10");
```

如果要获取目前所设置的 session 对象的执行时间，可以使用如下的代码。

```
session.getMaxInactiveInterval();
```

如果要获取 session 的创建时间、获取 session 的最后存取时间以及获取 session 的编号，可以使用如下的代码。

```
session.getCreationTime();
session.getLastAccessedTime();
session.getId();
```

JSP 页面可以删除任何已经保存的 session 对象。session 内置对象使用 removeAttribute() 方法将所指定名称的对象移除，也就是说，从这个会话删除与指定名称绑定的对象。removeAttribute() 方法的语法格式如下。

```
session.removeAttribute(String name);
```

参数 name 为 session 对象的属性名，代表需要删除的对象名。

实战 清除指定 session 对象中的内容

最终文件：最终文件 \ 第 3 章 \chapter3\3-3-4.jsp　视频：视频 \ 第 3 章 \3-3-4.mp4

01 执行“文件” > “新建”命令，弹出“新建文档”对话框，新建一个空白的 HTML 页面，如图 3-37 所示。将该文件保存到站点中命名为 3-3-4.jsp，转换到该网页的代码中，在页面头部添加设置页面编码格式的 JSP 代码，如图 3-38 所示。

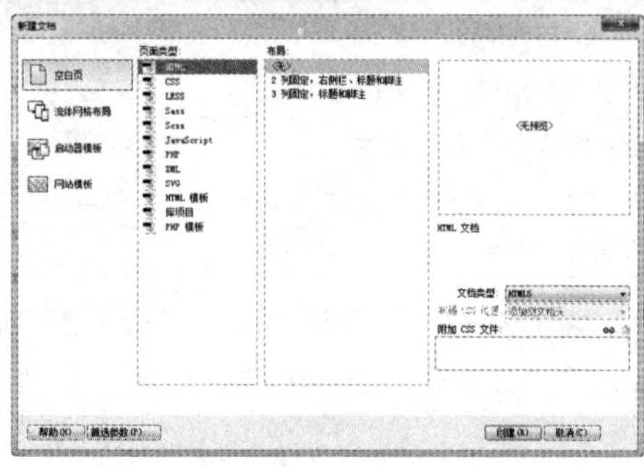

图 3-37

```
<%@ page language="java" import="java.util.*" pageEncoding="utf-8"%>
<%@ page contentType="text/html;charset=utf-8"%>
<!doctype html>
<html>
<head>
<meta charset="utf-8">
<title>无标题文档</title>
</head>

<body>
</body>
</html>
```

图 3-38

02 在 <body> 与 </body> 标签之间添加 JSP 代码。

```
<%
session.setAttribute("msg","向 session 中保存数据 ");
response.sendRedirect("3-3-41.jsp");  // 实现页面转向
%>
```

提示

此处所编写的 JSP 代码，首先使用 session 对象 setAttribute() 方法，向名称为 msg 的 session 对象写入信息内容。然后使用 response 对象 sendRedirect() 方法实现页面的转向，跳转到 3-3-41.jsp 页面。

03 执行“文件” > “新建”命令，弹出“新建文档”对话框，新建一个空白的 HTML 页面，如图 3-39 所示。将该文件保存到站点中命名为 3-3-41.jsp，转换到该网页的代码中，在页面头部添加设置页面编码格式的 JSP 代码，如图 3-40 所示。

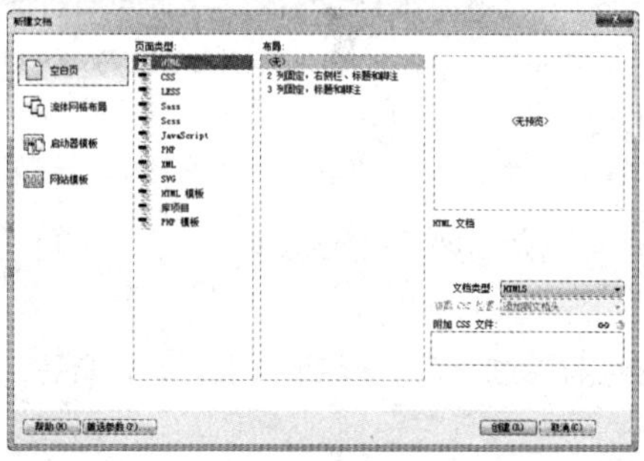

图 3-39

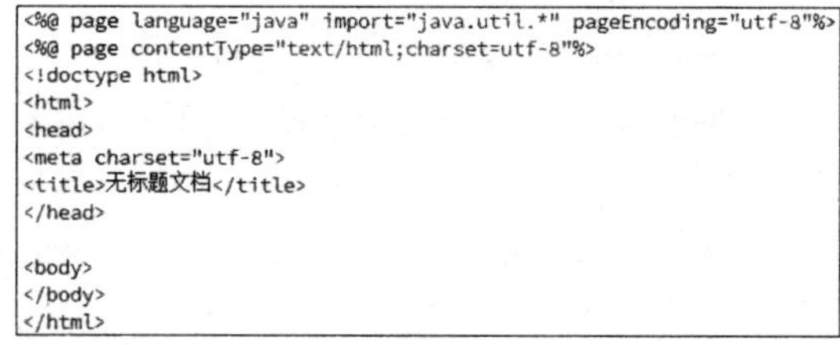

```
<%@ page language="java" import="java.util.*" pageEncoding="utf-8"%>
<%@ page contentType="text/html;charset=utf-8"%>
<!doctype html>
<html>
<head>
<meta charset="utf-8">
<title>无标题文档</title>
</head>

<body>
</body>
</html>
```

图 3-40

04 在 <body> 与 </body> 标签之间添加 JSP 代码。

```
<%
session.removeAttribute("msg");// 移除对象 msg
if(session.getAttribute("msg")==null){
    out.print("session 对象 msg 已经不存在了 ");
}else{
    out.print(session.getAttribute("msg"));
    }
%>
```

提示

此处所编写的 JSP 代码，首先使用 session 对象 removeAttribute() 方法，将指定 session 对象中的信息清除。然后使用 if 判断语句判断名称为 msg 的 session 对象中的信息是否为空，如果为空则输出提示信息；如果不为空，则输出该对象中的信息内容。

05 在测试服务器中预览 3-3-4.jsp 页面，页面会自动转向 3-3-41.jsp 页面，执行该页面代码之后，名称为 msg 的 session 对象中的信息内容已经被清除，在页面中显示出提示文字，如图 3-41 所示。

图 3-41

3.3.5　application 对象

application 对象用于保存所有应用程序中的公有数据，服务器启动并且自动创建 application 对象后，只要没有关闭服务器，application 对象将一直存在，所有用户可以共享 application 对象。application 对象与 session 对象有所区别，session 对象和用户会话相关，不同用户的 session 是完全不同的对象，而用户的 application 对象都是相同的一个对象，即共享这个内置的 application 对象。

提示

与 session 对象相同，也可以在 application 对象中设置属性。在 session 中设置的属性只是在当前客户端的会话范围内有效，客户端超过保存时间不发送请求时，session 对象将被回收。而在 application 对象中设置的属性在整个应用程序范围内都是有效的，即使所有的用户都不发送请求，只要不关闭应用服务器，在其中设置的属性仍然是有效的。

application 对象提供有关 servlet class 环境信息的方法，常用的方法说明如表 3-10 所示。

表 3-10　application 对象常用的方法说明

方法	说明
application.getMajorVersion()	获取 Servlets 容器主要的 Servlets API 版本
application.getMinorVersion()	获取 Servlets 容器次要的 Servlets API 版本
application.getServerInfor()	获取 Servlets 容器的名称和版本
application.getMimeType(String file)	获取指定文件的 MIME 类型
application.getContext(String urlpath)	获取指定本地 URL 地址的 Application Context
application.getRealPath(String path)	获取本地 URL 的文件路径
application.log(String message)	将信息写入 log 文件中
application.getAttribute(String name)	获取指定名称的属性对象
application.getAttributeNames()	获取 application 对象中所有的属性名称
application.removeAttribute(String name)	删除指定名称的属性对象
application.setAttribute(String name)	设置指定名称的属性对象

实战　使用 application 对象实现网页访问人数的统计

最终文件：最终文件 \ 第 3 章 \chapter3\3-3-5.jsp　视频：视频 \ 第 3 章 \3-3-5.mp4

01 打开站点中的 3-3-5.jsp 页面，可以看到页面的效果，如图 3-42 所示。转换到网页代码中，可以看到该页面代码，如图 3-43 所示。

图 3-42

```
<%@ page language="java" import="java.util.*" pageEncoding="utf-8"%>
<%@ page contentType="text/html;charset=utf-8"%>
<!doctype html>
<html>
<head>
<meta charset="utf-8">
<title>使用application对象实现网页访问人数的统计</title>
<link href="style/3-3-5.css" rel="stylesheet" type="text/css">
</head>

<body>
<div id="box"><img src="images/33503.png" width="196" height="67" alt=""/>
  <div id="main">
    <img src="images/33502.png" width="905" height="512" alt=""/><br>
  </div>
</div>
</body>
</html>
```

图 3-43

02 在页面中 <body> 与 </body> 标签之间编写相应的 JSP 脚本代码。

```
<%
int number=0;
if(application.getAttribute("number")==null){
    number=1;  //如果网站还未访问
}else{
     number=Integer.parseInt((String)application.getAttribute("number"));//获得已经访问过的次数
    number=number+1;//访问次数加 1 生成最新的访问次数
    }
%>
```

提示

使用 application 对象编写全局网页计数器。首先，设置 int 类型的变量 number，并将该对象初始化为 1。通过获取 application 对象中的 getAttribute() 方法获取 number 对象，并判断该对象是否为 null，如果不为 null，则将获取的内置赋值给 number 变量。最后，将该变量自动加 1 并显示在页面中。

03 在需要显示当前访问次数的位置添加 JSP 代码。

```
<%
out.print("您是第"+number+"位访问者！");
application.setAttribute("number",String.valueOf(number));//记录当前访问次数
%>
```

04 <body> 与 </body> 标签之间完整的代码如下。

```
<body>
<%
int number=0;
if(application.getAttribute("number")==null){
    number=1;  //如果网站还未访问
}else{
     number=Integer.parseInt((String)application.getAttribute("number"));//获得已经访问过的次数
    number=number+1;//访问次数加 1 生成最新的访问次数
    }
%>
<div id="box"><img src="images/33503.png" width="196" height="67" alt=""/>
  <div id="main">
    <img src="images/33502.png" width="905" height="512" alt=""/><br>
    <%
```

```
        out.print(" 您是第 "+number+" 位访问者！ ");
        application.setAttribute("number",String.valueOf(number));// 记录当前访问次数
        %>
    </div>
</div>
</body>
```

05 保存页面，在测试服务器中预览该页面，可以看到使用 application 对象实现网页访问人数统计的效果，如图 3–44 所示。当刷新页面时，页面访问人数会自动增加，如图 3–45 所示。

图 3–44

图 3–45

提示

即使关闭浏览器窗口，再次访问该页面时，访问次数将会继续增加，而不会重新开始记数。

3.3.6 out 对象

out 对象主要用来向客户端输出各种数据类型的内容，并且管理应用服务器上的输出缓冲区，缓冲区默认值一般是 8KB，可以通过页面指令 page 来改变默认值。在使用 out 对象输出数据时，可以对数据缓冲区进行操作，及时清除缓冲区中的残余数据，为其他的输出让出缓冲空间。待数据输出完毕后，要及时关闭输出流。

out 对象另一个很重要的功能就是向客户端写入内容。例如，通过如下的代码就能在客户端输出相应的内容。

```
<%=out.println(" 欢迎学习 JSP")%>
```

通过这句代码可以在客户端页面中输出“欢迎学习 JSP”。

out 对象常用的方法说明如表 3–11 所示。

表 3-11　out 对象常用的方法说明

方法	说明
out.print(“内容 ”)	将内容输出到客户端页面中
out.clear()	清空缓冲区
out.clearBuffer()	清空当前区的内容
out.flush()	将数据输出至客户端并清除缓冲区数据
out.getBufferSize()	获取缓冲区容量大小数据，以 byte 为单位
out.getRemaining()	获取缓冲区没有使用的空间的容量大小，以 byte 为单位
out.isAutoFlush()	判断缓冲区是否设置为 AutoFlush，返回布尔值，是为 true，反之为 false

3.3.7 其他内置对象 

在 JSP 内置对象中，除了前面几节介绍的一些常用的对象外，还有一些对象并不是很常用，包括 pageContext 对象、config 对象、page 对象和 exception 对象，下面将进行简单的介绍。

1. pageContext 对象

pageContext 对象是一个比较特殊的对象，它相当于页面中所有其他对象功能的最大集成者，使用其可访问到本页中所有的其他对象。pageContext 对象主要用于管理对属于 JSP 中特殊可见部分中已经命名对象的访问，它的创建和初始化都是由容器来完成的，JSP 页面中可以直接使用 pageContext 对象的句柄。

pageContext 对象的常用方法说明如表 3–12 所示。

表 3-12 pageContext 对象常用的方法说明

方法	说明
pageContext.forward(java.lang.String relativeUtlpath)	把页面转发到另一个页面或者 servlet 组件上
pageContext.getAttribute(java.lang.String name[,int scope])	获取 name 对象的属性，可选参数 scope 表示在特定范围内
pageContext.getException()	返回当前的 exception 对象
pageContext.getRequest()	返回当前的 request 对象
pageContext.getResponse()	返回当前的 response 对象
pageContext.invalidate()	返回 servletContext 对象
pageContext.setAttribute()	设置默认页面范围或特定对象范围之中的已命名对象
pageContext.removeAttribute()	删除默认页面范围或特定对象范围之中的已命名对象

提示

pageContext 对象在实际 JSP 开发过程中很少使用，因为 request 和 response 等对象可以直接调用方法进行使用，如果通过 pageContext 对象来调用其他对象有些麻烦。

2. config 对象

config 对象被封装成 javax.servlet.ServletConfig 接口，它表示 Servlet 的配置，当一个 Servlet 初始化时，容器把某些信息通过该对象传递给这个 Servlet。开发者可以在 web.xml 文件中为应用程序环境中的 Servlet 程序和 JSP 页面提供初始化参数。

config 对象的常用方法说明如表 3–13 所示。

表 3-13 config 对象常用的方法说明

方法	说明
config.getServletContext()	返回执行者的 Servlet 上下文
config.getServletName()	返回 Servlet 的名称
config.getInitParameter()	返回名字为 name 的初始参数的值
config.getInitParameterNames()	返回该 JSP 页面的所有初始参数的名称

3. page 对象

page 对象是为了执行当前页面应答请求而设置的 Servlet 类的实体，即显示 JSP 页面自身，只有在 JSP 页面内才是合法的。Page 隐含对象本质上包含当前 Servlet 接口引用的变量，可以看作 this 变量的别名，因此该对象对于开发 JSP 比较有用。

page 对象的常用方法说明如表 3–14 所示。

表 3-14　page 对象常用的方法说明

方法	说明
page.getClass()	返回当前 Object 的类
page.hashCode()	返回该 Object 的 hash 代码
page.toString()	将该 Object 类转换为字符串
page.equals(Object o)	比较该对象与指定的对象是否相等
page.copy(Object o)	把该对象赋值到指定的对象中
page.clone()	对该对象进行克隆

4. exception 对象

exception 内置对象用来处理 JSP 文件执行时发生的所有错误和异常。exception 对象和 Java 的所有对象一样，都具有系统的继承结构，exception 对象几乎定义了所有异常情况，这样的 exception 对象和我们常见的错误有所不同。所谓错误，是指可以预见的，并且知道如何解决的情况，一般在编译时可以发现。

与错误不同，异常是指在程序执行过程中不可预料的情况，由潜在的错误概率导致，如果不对异常进行处理，程序会崩溃。在 Java 程序中，用户可以使用“try/catch”关键字来处理异常情况，如果在 JSP 页面中出现没有捕捉到的异常，就会生成 exception 对象，并把这个 exception 对象传送到 page 指令中设定的错误页面中，然后在错误提示页面中处理相应的 exception 对象。exception 对象只有在错误页面（在页面指令里包含 isErrorPage=true 的页面）中才可以使用。

exception 对象的常用方法说明如表 3–15 所示。

表 3-15　exception 对象常用的方法说明

方法	说明
exception.getMessage()	该方法能够返回异常信息字符串
exception.getLocalizedMessage()	该方法可以返回本地化语言的异常错误
exception.printStackTrace()	显示异常的栈跟踪轨迹
cxcoption.toString()	返回关于异常错误的简单信息描述
exception.fillInStackTrace()	重写异常错误的栈执行轨迹

3.4 JavaBean 组件

JavaBean 是使用 Java 语言描述的软件组件模型，简单地说，它就是一个可以重复使用的 Java 类。本节将向读者介绍 JavaBean 组件，侧重介绍 JavaBean 组件在 JSP 页面中的调用方法。

3.4.1 了解 JavaBean

使用 JavaBean 可以创建可重用的应用程序或能够在网络中任何主流操作系统平台上配置的程序模块。JavaBean 是一个组件，具有重用性、封装性和独立性等特点。可以在应用程序中使用，也可以提供给其他应用程序使用，它能构成复合组件、小程序、应用程序或 Servlet。

使用 JavaBean 的最大优点就在于它可以提高代码的重用性，例如，正在开发一个商品信息显示页面，由于商品信息存放在数据库指定的数据表中，此时需要执行连接数据库、查询数据库、显示数据操作，如果将这些数据库操作代码都放入 JSP 页面中，代码较多并且比较复杂，非编程人员根本无法阅读这样的代码，这将为开发带来极大的不便。

编写一个成功的 JavaBean，宗旨是“一次性编写，任何地方执行，任何地方重用”，将复杂要求分解成简单的功能模块，这些模块是相对独立的，可以继承、重用，这样为开发提供了一个简单、紧凑、优秀的解决方案。

3.4.2 JavaBean 的种类

JavaBean 可以分为可视化组件和不可视化组件。

1. 可视化 JavaBean 组件

可视化 JavaBean 组件包括简单的 GUI 元素（如文本框、按钮）及一些报表组件等；不可视化 JavaBean 组件就没有 GUI 图形用户界面的 JavaBean，最终对用户是不可见的，它更多的是被应用到 JSP 中。

2. 不可视化 JavaBean 组件

不可视化 JavaBean 组件在实际开发中经常被使用到，并且在应用程序中起着至关重要的作用，其主要功能是用来封装业务逻辑（功能实现）、数据库操作（如连接数据库、数据处理）等。不可视化 JavaBean 就是没有 GUI 图形用户界面的 JavaBean，最终对用户是不可见的，它更多的是被应用到 JSP 中。

不可视化 JavaBean 又分为值 JavaBean 和工具 JavaBean。值 JavaBean 严格遵循了 JavaBean 的命名规范，通常用来封装表单数据，作为信息的容器。

3.4.3 JavaBean 规范

编写 JavaBean 就是编写一个 Java 类，这个类创建的一个对象称为一个 Bean。为了能够让使用这个 Bean 的应用程序构建工具（如 JSP 引擎）知道这个 Bean 的属性和方法，只需在类的方法命名上遵循以下规范。

(1) 实现 Java.io.Serializable 接口。

(2) 是一个公共类。

(3) 类中必须存在一个无参数的构造方法。

(4) 提供对应的 setXxx() 和 getXxx() 方法来存取类中的属性，方法中的“Xxx”为属性名称，属性的第一个字母应该大写。如果属性为布尔类型，则可以使用 isXxx() 方法代替 getXxx() 方法。

如果在 JSP 中使用 JavaBean 组件，创建的 JavaBean 不必实现 java.io.Serializable 接口仍然可以运行。

例如下面的 JavaBean 示例代码。

```
public class Hello {
  Hello(){}                                  //无参构造方法
    private String name;                     //定义 String 类型的简单属性 name
    private boolean info;
    public String getName() {                //简单属性的 getXxx() 方法
    return name;
    }
    public void SetName(String name){        //简单属性的 setXxx() 方法
      this.name=name;
    }
    public boolean isInfo(){                 //布尔类型的取值方法
      return info;
    }
    public void setInfo(boolean info){       //布尔类型的 setXxx() 方法
      this.info=info;
    }
}
```

3.4.4 JavaBean 属性

在 JavaBean 的设计中，按照其属性的不同作用可以把该 Bean 分为 4 类，分别是简单属性设置(Simple)、索引属性设置 (Indexed)、束缚属性设置 (Bound) 和限制性设置 (Constrained)。

其中束缚属性和限制属性通常在 JavaBean 的图形编程中使用，所以在这里不进行介绍，下面分别介绍 JavaBean 中的简单属性和索引属性。

1. 简单属性 (Simple)

简单属性就是在 JavaBean 中对应了简单的 setXxx() 和 getXxx() 方法的变量，在创建 JavaBean 时，简单属性最为常用。

在 JavaBean 中，简单属性的 getXxx() 与 setXxx() 方法如下。

```
public void setXxx(type value);
public type getXxx();
```

其中 type 表示属性的数据类型，如果属性为布尔类型，则可以使用 isXxx() 方法来代替 getXxx() 方法。

2. 索引属性 (Indexed)

需要通过索引访问的属性通常称为索引属性，例如，存在一个大小为 3 的字符串数组，如果要获取该字符串数组中指定位置中的元素，需要得知该元素的索引，则该字符串数组就被称为索引属性。

在 JavaBean 中，索引属性的 getXxx() 与 setXxx() 方法如下。

```
public void setXxx(type[] value);
public type[] getXxx();
public void setXxx(int index,type value);
public type getXxx(int index);
```

其中 Type 表示属性类型，第一个 setXxx() 方法为简单的 setXxx() 方法，用来为类型为数组的属性赋值，第二个 setXxx() 方法增加了一个表示索引的参数，用来为数组中索引为 index 的元素赋值为 value 指定的值；第一个 getXxx() 方法为简单 getXxx() 方法，用来返回一个数组，第二个 getXxx() 方法增加了一个表示索引的参数，用来返回数组中索引为 index 的元素值。

JavaBean 实质上就是一种遵循了特殊规范的 Java 类，所以创建一个 JavaBean，就是在遵循这些规范的基础上创建一个 Java 类。

3.5 jspSmartUpload 组件

在 JSP 中常用的文件上传组件是 jspSmartUpload，该组件是一个可以免费使用的全功能的文件上传组件，通过该组件可以很方便地实现文件的上传。

3.5.1 jspSmartUpload 组件的安装

jspSmartUpload 组件可以通过网络搜索找到相关网站进行下载，下载的文件名为 jspSmartUpload.jar 包文件，为了方便读者使用，在本书附赠资源中为读者提供了该包文件，如图 3-46 所示。

用户只需要将该文件复制到所安装的 Tomcat 测试服务器的根目录中的 lib 文件夹中，本书的路径为 “D:\Program Files\Tomcat 8.0\lib\”，即可使用文件上传功能，如图 3-47 所示。但需要注意的是，复制文件完成后，必须重新启动 Tomcat 服务器才能生效。

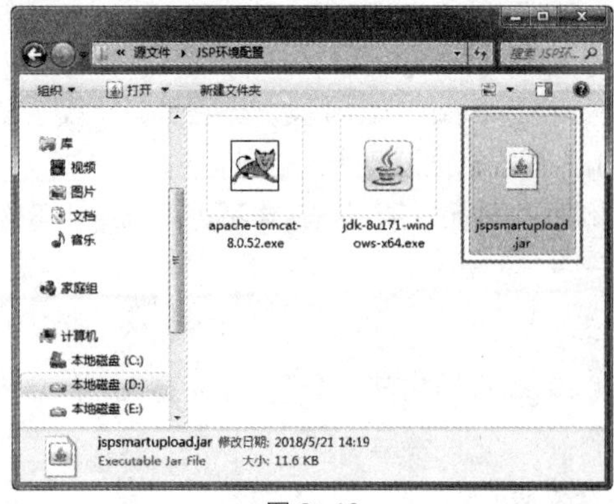

图 3–46

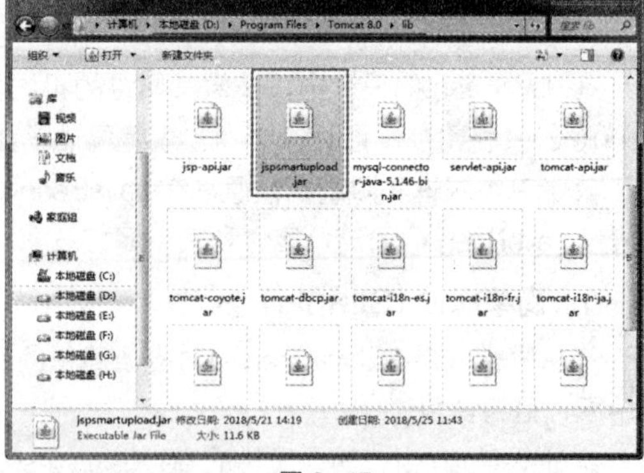

图 3–47

技巧

将 jspSmartUpload.jar 包文件复制到 Tomcat 测试服务器根目录中的 lib 文件夹中，可以使 Tomcat 服务器中的所有网站都能够使用文件上传功能。如果用户只把该文件复制到当前站点的 WEB-INF\classes 文件夹中，则只有当前站点才能够使用文件上传功能。

3.5.2 jspSmartUpload 组件中的常用类

在 jspSmartUpload 组件中主要包含 File、Files、Request 和 SmartUpload 核心类，下面对这些核心类分别进行简单的介绍。

1. File 类

File 类不同于 java.io.File 类，在编写程序时应注意使用。File 类用于保存单个上传文件的相关信息，例如上传文件的文件名、文件大小、文件数据等，File 类的常用方法说明如表 3–16 所示。

表 3-16 File 类常用的方法说明

方法	说明
saveAs()	该方法用于保存文件
isMissing()	该方法用于判断用户是否选择了文件，即表单中对应的 <input type="file"> 标签实现的文件选择域中是否有值，该方法返回布尔类型值，选择了文件时，返回 false，否则返回 true
getFieldName()	获取 Form 表单中当前上传文件所对应的表单项的名称
getFileName()	获取所上传文件的文件名称，该文件名称不包含目录
getFilePathName()	获取所上传文件的全名，获取的值是一个包含目录的完整文件名称
getFileExt()	获取所上传文件的扩展名，不包含“.”符号
getContentType()	获取所上传文件的 MIME 类型
getContentString()	获取所上传文件的内容，返回值为 String 类型的值
getSize()	获取所上传文件的大小，返回值为 int 类型的值，单位 byte
getBinaryData(int index)	获取文件数据中参数 index 指定位置处的一个字节，用于检测文件

Files 类中的 saveAs() 方法用于保存文件，在 File 类中提供了以下两种形式的 saveAs() 方法。

```
saveAs(String destFilePathName)
saveAs(String destFilePathName,int optionSaveAs)
```

- destFilePathName：指定文件保存的路径，包括文件名称，其值应该以“/”开头。
- optionSaveAs：保存目标选项，该选项有 3 个值，分别是 SAVEAS_AUTO、SAVEAS_VIRTUAL 和 SAVEAS_PHYSICAL。它们是 File 类中的静态字段，分别表示整数 0、1 和 2。

将 optionSaveAs 参数设置为 SAVEAS_VIRTUAL(虚拟路径)，则通知 jspSmartUpload 组件以 Web 网站的根目录为文件根目录，然后加上 destFilePathName 参数指定的路径来保存文件；参数没置为 SAVEAS_PHYSICAL(物理路径)，则一种情况是通知 jspSmartUpload 组件将以 Web 服务器的安装路径中的磁盘根目录为文件根目录，然后加上 destFilePathName 参数指定的路径来保存文件，另一种情况则以 destFilePathName 参数指定的目录为最终目录来保存文件；参数设置为 SAVEAS_AUTO，则首先以 SAVEAS_VIRTUAL 方式来保存文件，如果 Web 应用下由 destFilePathName 参数指定的路径不存在，则以 SAVEAS_PHYSICAL 方式保存文件。

2. Files 类

Files 类存储了多个同时上传的文件，通过类中的方法可以获取上传文件的数量和总长度等信息。Files 类常用的方法介绍如表 3–17 所示。

表 3-17 Files 类常用的方法说明

方法	说明
getCount()	获取上传文件的数目，返回值为 int 类型的值
getSize()	获取上传文件的长度，返回值为 long 类型的值，单位 byte
getFile(int index)	获取参数 index 指定位置的 com.jspsmart.upload.File 对象
getCollection()	将所有 File 对象以 Collection 形式返回
getEnumeration()	将所有 File 对象以 Enumeration 形式返回

3. Request 类

设置 Request 类的目的是因为当 Form 表单用来实现文件上传时，通过 JSP 的内置对象 request 的 getParameter() 方法无法获取其他表单项的值，所以提供了该类来获取。Request 类中的常用方法说明如表 3–18 所示。

表 3-18 Request 类常用的方法说明

方法	说明
getParameter(String name)	获取 form 表单中由参数 name 指定的表单元素的值，例如 <input type="text" name="user">，当该表单元素不存在时，返回 null
getParameterNames()	获取 form 表单中除 <input type="file"> 外的所有表单元素的名称，它返回一个枚举型对象
getparameterValues(String name)	获取 form 表单中多个具有相同名称的表单元素的值，该名称由参数 name 指定，该方法返回一个字符串数组

3.5.3 SmartUpload 核心类的使用方法

1. SmartUpload 类实现文件上传的方法

SmartUpload 类用于实现文件的上传操作，该类中提供的方法介绍如下。

1) initialize() 初始化方法

在使用 jspSmartUpload 组件实现文件上传时，必须先实现 initialize() 方法，在 SmartUpload 类中提供了常用的 initialize() 方法，格式如下。

```
initialize(pageContext pageContext)
```

该方法中的 pageContext 参数是 JSP 的内置对象 (页面上下文)。

2) upload() 方法

实现了 initialize() 方法之后，紧接着就应该实现 upload() 方法，该方法用来完成一些准备操作。首先在该方法中调用 JSP 的内置对象 request 的 getInputStream() 方法获取客户端的输入流，通过该输入流的 read() 方法读取用户上传的所有文件数据到字节数组中，然后在循环语句中从该字节数组中提取每个文件的数据，并将当前提取的文件的信息封装到 File 类对象中，最后将该 File 类对象通过 Files 类的 addFile() 方法添加到 Files 类对象中。

3) save() 方法

在实现了 initialize() 方法和 upload() 方法之后，通过调用 save() 方法就可以将全部上传文件保存到指定的目录中，并返回保存文件的个数。save() 方法具有以下两种形式。

```
save(String destPathName)
save(String destPathName,int option)
```

第一种形式等同于第二种形式的 save(destPathName,0) 或 save(destPathName,File.SAVE_AUTO)。

提示

实际上在 SmartUpload 类的 save() 方法中最终是调用 File 类中的 saveAs() 方法保存文件的，所以 save() 方法中的参数使用与 File 类的 saveAs() 方法中的参数使用是相同的。在 save() 方法中 option 参数指定的保存选项的可选值为 SAVE_AUTO、SAVE_VIRTUAL 和 SAVE_PHYSICAL。它们是 SmartUpload 类中的静态字段，分别表示整数 0、1 和 2。

2. SmartUpload 类限制上传文件的方法

1) setDeniedFilesList(String deniedFilesList) 方法

该方法用于设置禁止上传的文件，其中参数 deniedFilesList 指定禁止上传文件的扩展名，多个扩展名之间以逗号分隔。如果禁止上传没有扩展名的文件，以“,,”表示。例如下面的代码。

```
setsDeniedFilesList("exe,jsp,,bat")
```

以上代码表示禁止上传 *.exe、*.jsp、*.bat 和不带扩展名的文件。

2) setAllowedFilesList(String allowedFilesList) 方法

该方法用于设置允许上传的文件，其中参数 allowedFilesList 指定允许上传文件的扩展名，多个扩展名之间使用逗号分隔。如果允许上传没有扩展名的文件，则以“,,”表示。例如下面的代码。

```
setAllowedFilesList("jpg,png,gif,,")
```

以上代码表示允许上传 *.jpg、*.png、*.gif 和不带扩展名的文件。

3. SmartUpload 类获取文件信息的方法

1) getSize() 方法

getSize() 方法用于获取上传文件的总长度，其使用格式如下。

```
public int getSize(){
  return m_totalBytes;
}
```

其中 m_totalBytes 为 SmartUpload 类中的属性，表示上传文件的总长度，它是在 upload() 方法中通过调用 JSP 内置对象 request 的 getContentLength() 方法被赋值的。

2) getFiles() 方法

getFiles() 方法用于获取全部上传文件，以 Files 对象形式返回。

3) getRequest() 方法

getRequest() 方法用于获取 com.jspsmart.upload.Request 对象，然后通过该对象获得上传的表单中其他表单项的值。

实战 使用 jspSmartUpload 组件实现文件上传

最终文件：最终文件 \ 第 3 章 \chapter3\3-5-3.jsp　视频：视频 \ 第 3 章 \3-5-3.mp4

01 打开站点中的 3-5-3.jsp 页面，可以看到页面的效果，如图 3-48 所示。选择页面中用于上传文件的表单域，在“属性”面板中设置其 Action 属性为 upfile.jsp，如图 3-49 所示。

图 3-48

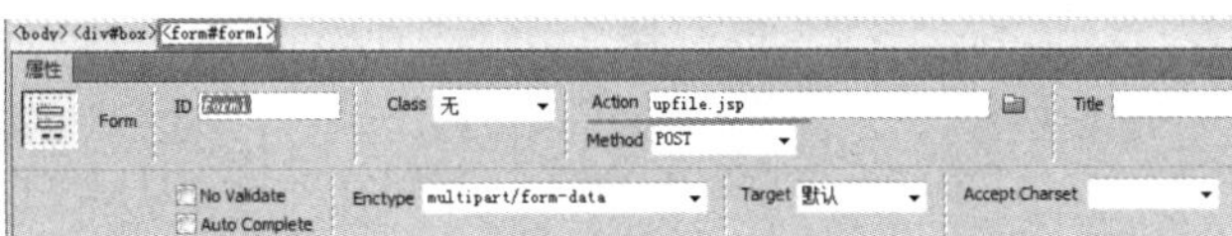

图 3-49

提示

设置表单域的 Action 属性值为 upfile.jsp，也就是指将该表单域中的数据内容传递到 upfile.jsp 页面中进行处理。upfile.jsp 是专门用于处理上传文件的页面，并且在该页面中显示文件上传的处理结果。

02 转换到网页代码中，可以看到该页面表单部分的代码如下。

```
<form action="upfile.jsp" method="post" enctype="multipart/form-data" name="form1"
id="form1">
    请选择需要上传的文件:
    <br>
    <input type="file" name="file1" id="file1">
    注：文件大小请控制在 2MB 以内
    <br>
    <input type="submit" name="submit" id="submit" value=" 提交 " class="btn01">
    <input type="reset" name="reset" id="reset" value=" 重置 " class="btn02">
</form>
```

提示

实现上传文件的表单域 <form> 标签的编码类型 enctype 必须设置为 multipart/form-data(允许上传文件内容)，表单域的提交方式 method 属性必须设置为 post。

03 打开站点中用于处理上传文件的页面 upfile.jsp，可以看到页面的效果，如图 3-50 所示。转换到网页代码中，可以看到该页面的代码，如图 3-51 所示。

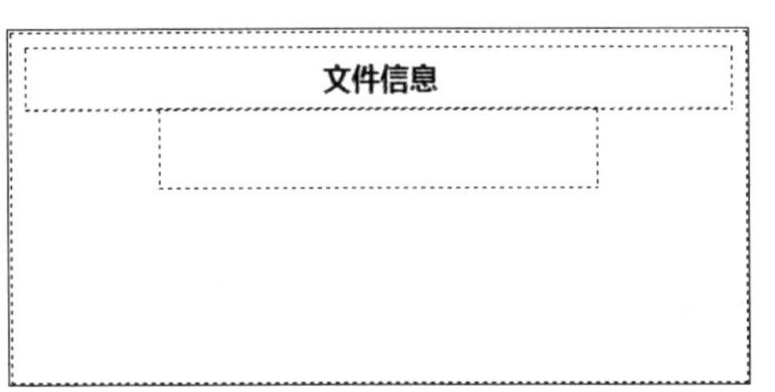

图 3-50

```
<%@ page language="java" import="java.util.*" pageEncoding="utf-8"%>
<%@ page contentType="text/html;charset=utf-8"%>
<!doctype html>
<html>
<head>
<meta charset="utf-8">
<title>使用jspSmartUpload组件实现文件上传</title>
<link href="style/3-6-3.css" rel="stylesheet" type="text/css">
</head>

<body>
<div id="box">
  <div id="title">文件信息</div>
  <div id="text">

  </div>
</div>
</body>
</html>
```

图 3-51

04 在页面顶部设置页面编码格式的 JSP 代码之后添加创建上传文件 Bean 实例的 JSP 代码。

```
<jsp:useBean id="upFile" scope="page" class="com.jspsmart.upload.SmartUpload"/>
```

05 在页面中显示所上传文件信息的位置添加相应的 JSP 代码。

```
    <%
  upFile.initialize(pageContext);  //初始化上传文件实例
  upFile.upload();  //为上传文件做准备操作
  long size=upFile.getFiles().getSize();  //获取上传文件的总长度
```

```
        System.out.println(" 文件大小: "+size);
        if(size>2000000){
              out.println("<script>alert(' 您上传的文件大于 2M, 不能完成上传! '); history.back(-1);</script>");
        }else{
              String getFileName=upFile.getFiles().getFile(0).getFileName();   //获取上传文件的名称
            out.println(" 文件名称: "+getFileName+"<br> 文件大小: "+size+" 字节 ");
            out.println("<script>alert(' 文件上传成功! ');</script>");
            try{
                  upFile.save("D:/Program Files/Tomcat 8.0/webapps/ROOT/chapter3/upload/"); //将上传文件保存到指定的目录中
                }catch(Exception e){
                    System.out.println(" 上传文件出现错误: "+e.getMessage());
                    }
          }
    %>
```

提示

在实现文件上传的 JSP 代码中，需要指定将文件上传至站点哪个文件中，需要注意的是，文件夹的分隔符必须写为“/”，不能写为“\”，并且在最后的文件夹名称的结尾也需要加上一个“/”。

06 完成上传文件处理页面 upfile.jsp 的制作，保存该页面，该页面的完整代码如下。

```
    <%@ page language="java" import="java.util.*" pageEncoding="utf-8"%>
    <%@ page contentType="text/html;charset=utf-8"%>
    <!-- 创建上传文件 Bean 实例 -->
    <jsp:useBean id="upFile" scope="page" class="com.jspsmart.upload.SmartUpload"/>
    <!doctype html>
    <html>
    <head>
    <meta charset="utf-8">
    <title> 使用 jspSmartUpload 组件实现文件上传 </title>
    <link href="style/3-6-3.css" rel="stylesheet" type="text/css">
    </head>

    <body>
    <div id="box">
      <div id="title"> 文件信息 </div>
      <div id="text">
        <%
          upFile.initialize(pageContext);  //初始化上传文件实例
          upFile.upload();  //为上传文件做准备操作
          long size=upFile.getFiles().getSize();  //获取上传文件的总长度
          System.out.println(" 文件大小: "+size);
          if(size>2000000){
                  out.println("<script>alert(' 您上传的文件大于 2M, 不能完成上传! '); history.back(-1);</script>");
          }else{
                String getFileName=upFile.getFiles().getFile(0).getFileName();  //获取上传文件的名称
              out.println(" 文件名称: "+getFileName+"<br> 文件大小: "+size+" 字节 ");
              out.println("<script>alert(' 文件上传成功! ');</script>");
```

```
            try{
                    upFile.save("D:/Program Files/Tomcat 8.0/webapps/ROOT/chapter3/
upload/");  //将上传文件保存到指定的目录中
                }catch(Exception e){
                    System.out.println("上传文件出现错误："+e.getMessage());
                    }
            }
        %>
      </div>
    </div>
    </body>
    </html>
```

07 在测试服务器中预览上传文件表单页面 3-6-3.jsp，如图 3-52 所示。单击文件域的“浏览”按钮，在弹出的对话框中选择需要上传的文件，如图 3-53 所示，这里选择上传一张图片。

图 3-52

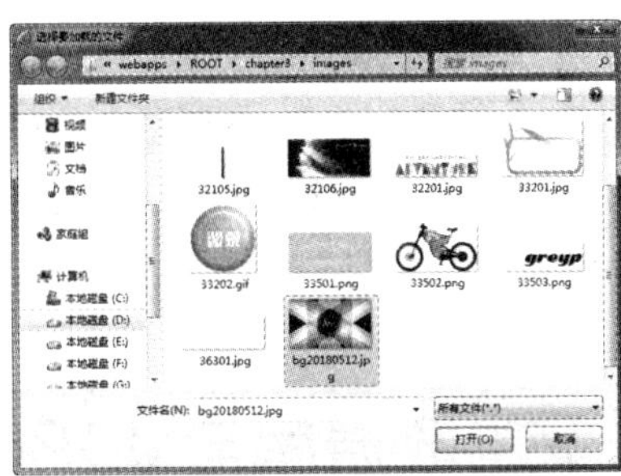

图 3-53

08 单击“打开”按钮，确认所选择的上传文件，返回 3-6-3.jsp 页面中，单击“提交”按钮，如图 3-54 所示。可以将所选择上传的文件传递到上传文件处理页面 upfile.jsp 中进行处理，成功将该文件上传，会在页面中显示出该文件的文件名称和文件大小，如图 3-55 所示。

图 3-54

图 3-55

09 将所选择的文件成功上传后，因为在 JSP 程序中已经指定了需要将上传的文件放置在站点根目录中的 upload 文件夹中，此时打开该文件夹，可以看到刚上传的图片文件，如图 3-56 所示。

图 3-56

第4章 JDBC与MySQL数据库的操作

在前面几章内容中讲解了 JSP 网站开发环境的搭建和 JSP 语言的相关基础知识，使读者对 JSP 语言有一定的了解，并且能够在本地计算机的 Tomcat 服务器中测试 JSP 网页的运行。但是对于一个网站来说，肯定是离不开数据库的，在本章中将向读者介绍 MySQL 数据库的安装和配置，以及如何通过 JDBC 来连接 MySQL 数据库，从而实现数据存取操作。

本章知识点：

- 了解数据库的相关知识
- 了解 JDBC 和 JDBC 数据库驱动技术
- 了解 MySQL 数据库
- 掌握 MySQL 数据库的安装与配置
- 掌握 MySQL 数据库的基本操作方法
- 掌握使用 MySQL Workbench 对 MySQL 数据库进行管理和操作的方法

4.1 数据库与 JDBC 技术

动态网站离不开数据存储，数据存储则离不开数据库。JDBC 是用于执行 SQL 语句的 API 类包，由一组使用 Java 语言编写的类和接口组成。JDBC 提供了一种标准的应用程序设计接口，通过它可以访问各类关系型数据库。

4.1.1 了解数据库与数据库管理系统

数据库 (Database，DB) 是存放数据的仓库，而且这些数据存在一定的关联，并按照一定的格式存放在计算机上。从广义上讲，数据不仅包含数字，还包含文本、图像、音频、视频等，总之一切可以在计算机中存储的数据都可以通过各种方法存储到数据库中。

数据库管理系统 (Database Mangement System，DBMS) 是管理数据库的系统，它按照一定的数据模型组织数据。数据库管理系统对数据库进行统一的管理和控制，从而保证数据库的安全性和完整性。用户通过 DBMS 访问数据库中的数据，数据库管理员也通过 DBMS 进行数据库的维护工作。它可以使多个应用程序和用户使用不同的方法在同时或不同时刻去创建、修改或查询数据库。

4.1.2 关系型数据库

关系型数据库是目前最普遍的数据库形式，所谓的关系型数据库就是将数据以多个数据表的方式呈现，每个数据表可能只会记录其中一部分的信息；在数据表内包含字段与记录，多个数据表之间以某个字段联系起来。一个数据库是由多个数据表组合而成，看上去似乎没有什么关系的数据表，其实是需要相互搭配的，如表 4–1 和表 4–2 所示。

表 4-1 会员基本信息数据表

ID	姓名	性别	生日	邮箱	电话
1	李某	女	1990–12–23	aaa@163.com	11111112
2	王某	男	1985–01–05	bbb@163.com	22222223
3	张某	男	1988–05–20	ccc@163.com	33333334

表 4-2　商品订单数据表

订单编号	ID	姓名	送货地址	订单金额	日期
1	2	王某	北京市朝阳区某路 80 号	128	2018-06-21
2	3	张某	上海市浦东新区某路 4 号	540	2018-06-23
3	1	李某	北京市昌平区某路 12 号	1280	2018-06-26

从上面两个数据表中可以清楚地看见其中的关系，在“会员基本信息数据表”中记录的会员基本信息，包括会员的电子邮箱和电话等。

而“商品订单数据表”中虽然没有会员的电子邮箱和电话，但是通过两个数据表中的 ID 字段，进而可以取得该会员的基本数据，这就是关系型数据库的基本应用。

关系模型是以二维表 (关系表) 的形式组织数据库中的数据，这和日常生活中经常用到的各种表形式上是一致的，一个数据库中可以有若干张表。

表中的一行称为一条记录，一列称为一个字段，每列的标题称为字段名。如果给每个关系表取一个名字，则有 n 个字段的关系表的结构可以表示为：关系表名 (字段名 1，……，字段名 n)，通常把关系表的结构称为关系模式。

在关系表中，如果一个字段或几个字段组合的值可唯一标志其对应记录，则称该字段或字段组合为码。

提示

常见的关系型数据库有 SQL Server、DB2、Access、MySQL 和 Oracle 等，在本书中将使用 MySQL 数据库。

4.1.3　JDBC 简介

在一般的动态网页中，开放数据库互连 (Open Database Connectivity，ODBC) 是目前应用最多的连接数据库的程序接口。ODBC 使用的是 C 语言接口，所以 ODBC 并不适合在 JSP 中使用。我们应该怎么让 JSP 访问数据库呢？答案是使用 Java 数据库互连 (Java Database Connectivity，JDBC)。

JDBC 是一套面向对象的应用程序接口 (Application Programming Interface，API)，制定了统一的访问各类关系型数据库的标准接口，为各个数据库厂商提供了标准接口的实现。通过 JDBC 技术，开发人员可以使用纯 Java 语言和标准的 SQL 语句编写完整的数据库应用程序，并且真正地实现了软件的跨平台性。

综上所述，JDBC 可以让我们向各种数据库下达 SQL 指令，也就是说不管使用的是 Access、SQL Server、MySQL 或 Oracle 等数据库，只要有 JDBC API 就可以实现与数据库的连接。再者，因为 Java 是跨平台的，所以 Java 再加上 JDBC 可以在任何平台上执行。

JDBC 执行任务主要分为以下 4 个步骤，如图 4-1 所示。

(1) 下载驱动程序，利用驱动程序与数据库创建连接。

(2) 向数据库发送 SQL 命令。

(3) 数据库处理接收到的 SQL 命令。

(4) 将处理结果返回。

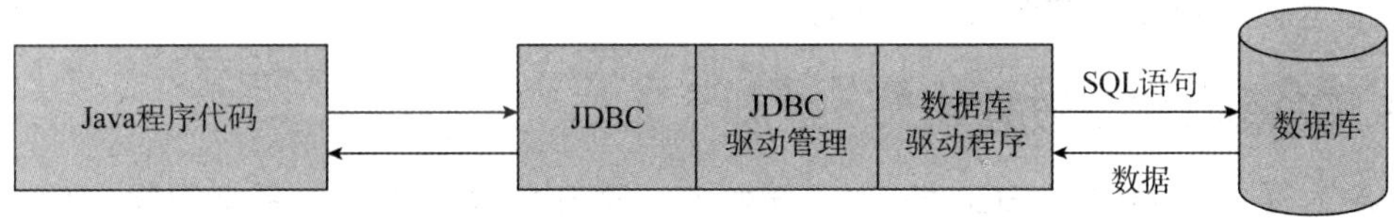

图 4-1

4.1.4 JDBC 驱动程序

JDBC 驱动程序用于解决应用程序与数据库通信的问题，它可以分为 JDBC-ODBC Bridge、JDBC-Native API Bridge、JDBC-middleware 和 Pure JDBC Driver 共 4 种，这 4 种 JDBC 驱动程序的说明如表 4-3 所示。

表 4-3　4 种 JDBC 驱动程序说明

驱动程序名称	说明
JDBC-ODBC Bridge	中文称为 JDBC-ODBC 桥，是指通过 JDBC 访问 ODBC 接口的驱动程序。在使用过程中，客户端上首先必须加载 ODBC 的二进制代码程序，必要时还需要加载数据库客户端代码
JDBC-Native API Bridge	中文称为本地 API 驱动程序，该驱动程序是将客户端的 JDBC API 转换为数据库管理系统 (DBMS) 来调用，实现数据库连接。与 JDBC-ODBC 桥驱动类型相似，可以认为是客户端必须加载某些必需的二进制代码程序
JDBC-middleware	中文称为网络协议 Java 驱动程序，该驱动程序通过网络协议进行数据库连接。首先将 JDBC 转换成一种网络协议，再将该网络协议转换为 DBMS 协议。网络协议 Java 驱动程序是最灵活适用的驱动程序，利用网格服务可以将 Java 客户端连接到多种数据库上，但是交互过程中使用的协议需要由网络服务器提供
Pure JDBC Driver	中文称为本地协议 Java 驱动程序，该驱动程序将 JDBC 调用直接转换为 DBMS 使用的协议，客户端可以直接调用 DBMS 服务器，进行数据库操作。数据库制造商提供专用的 DBMS 使用协议

4.1.5 数据库驱动程序

数据库的种类非常多，在使用 JDBC 操作数据库之前必须要安装相应的驱动程序，通常这些驱动程序的扩展名为 .jar，但是如果所使用的数据已经内建了 JDBC-ODBC 驱动程序，则不需要安装数据库驱动程序。

常用的不同数据库驱动程序说明如表 4-4 所示。

表 4-4　常用数据库驱动程序说明

数据库	类包名	驱动名称与 URL 地址
SQL Server	sqljdbc.jar	com.microsoft.sqlserver.jdbc.SQLServerDriver jdbc:sqlserver://localhost:1433;databaseName= 数据库名称
MySQL	mysql-connector-java-5.1.46-ga-bin.jar	org.gjt.mm.mysql.Driver jdbc:mysql://localhost:3306/ 数据库名称
Oracle	class1.jar	oracle.jdbc.driver.OracleDriver jdbc:oracle:thin:@dssw2k01:1521: 数据库名称
DB2	db2jcc.jar	Com.ibm.db2.jdbc.net.DB2Driver Jdbc.db2://localhost:6789/ 数据库名称
Derby	derby.jar	Org.apache.derby.jdbc.EmbeddedDriver Jdbc:derby://localhost:1527: 数据库名称 ;create-false

4.2 MySQL 数据库基础

目前市场上的数据库有几十种，例如，Access 和 VFP 属于小型数据库，而 SQL Server 和 Oracel 属于大型网络数据库。对于网站开发而言，一般中小型数据库就能够满足网站开发的要求。MySQL 是当前网站开发中使用比较广泛的数据库。

4.2.1 了解 MySQL 数据库

MySQL 是由瑞典的 MySQL AB 公司开发的一种开放源代码的关系型数据库管理系统 (RDBMS)。MySQL 是一个快速、多线程、多用户的 SQL 数据库服务器，其出现虽然只有短短的数年时间，但凭借众多优势，它从众多的数据库中脱颖而出，成为 JSP 开发动态网站最常用的数据库。

MySQL 关系型数据库在 1998 年 1 月发行第一个版本。它使用系统核心提供的多线程机制提供完全的多线程运行模式，提供了面向 C、C++、Eiffel、Java、Perl、PHP 和 Python 等编程语言的编程接口，支持多种字段类型并且提供了完整的操作符。

2001 年 MySQL 4.0 版本发布。在这个版本中提供了新的特性：新的表定义文件格式、高性能的数据复制功能和更加强大的全文搜索功能等。目前，MySQL 已经发展到 MySQL 5.5，功能和效率方面都得到了更大的提升。

MySQL 数据库体积小、速度快、成本低，尤其是开放源码这一特点，许多中小型网站为了降低网站的成本都选择 MySQL 作为网站的数据库。开发人员只需要使用 JSP 写下短短几行代码，就可以轻松地连接到 MySQL 数据库。JSP 还提供了大量的函数来对 MySQL 数据库进行操作，可以说，使用 JSP 操作 MySQL 数据库极为简单和高效，这也使得 JSP+MySQL 成为当今流行的网页开发语言与数据库搭配之一。

4.2.2 MySQL 数据库的特点

MySQL 数据库是一个多数程、多用户并且功能强大的关系型数据库系统，相当于一般人所熟悉的 Microsoft 公司的 Access 数据库和 SQL Server 数据库所扮演的角色。MySQL 与 JSP 同样具有跨平台的特性，在遵循 GPL(General Public License，通用公共授权）规范的条件下可以免费使用。

> **提示**
>
> GPL 是一种版权声明的方式，以 GPL 方式发行的软件其程序源代码必须公开，并且允许任何人传播、使用甚至修改。用户可以将自己改写过的 GPL 程序以自己的名义发布，甚至作为商业软件来获利，但前提是这个改写过的软件也必须遵循 GPL 的规范。

MySQL 数据库具有如下特点。

- 使用核心线程的完全多线程服务，这意味着可以采用多 CPU 体系结构。
- 支持 Linux、Mac OS、Novell Netware、OS/2 Wrap、Solaris 和 Windows 等多种操作系统。
- 使用 C 和 C++ 语言编写，并使用多种编译器进行测试，保证了源代码的可移植性。
- 为多种编程语言提供了接口，这些编程语言包括 C、C++、Eiffel、Java、Perl、PHP、Python 和 Ruby 等。
- 支持多线程，充分利用 CPU 资源。
- 优化的 SQL 查询算法，可以有效地提高查询速度。
- 提供 TCP/IP、ODBC 和 JDBC 等多种数据库连接途径。
- 提供可用于管理、检查、优化数据库操作的管理工具。
- 可以处理拥有上千万条记录的大型数据库。

4.2.3 下载 MySQL 数据库

在 MySQL 数据库的官方网站中为用户提供了 MySQL 数据库供用户免费下载。

打开浏览器，在地址栏中输入 MySQL 数据库的官方下载地址 http://www.mysql.com/downloads/，进入 MySQL 数据库下载页面，在导航菜单中单击 Community 选项，如图 1-2 所示。进入 Community 页面中，在该页面中找到 MySQL Community Server 内容区域，并且单击该区域下方的 DOWNLOAD 超链接，如图 4-3 所示。

进入 MySQL Community Server 的下载页面，默认为用户提供了最新版本的 MySQL 数据库下载，向下滚动页面，找到之前的 MySQL 数据库版本，如图 4-4 所示。在本书中选择 MySQL Community Server 5.5.60 版本，单击该版本超链接，进入该版本的下载页面，向下滚动页面，可以看到相关的介绍信息，如图 4–5 所示。

图 4–2

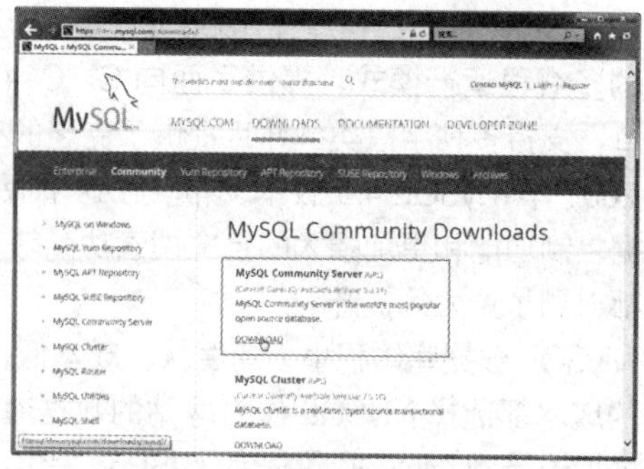

图 4–3

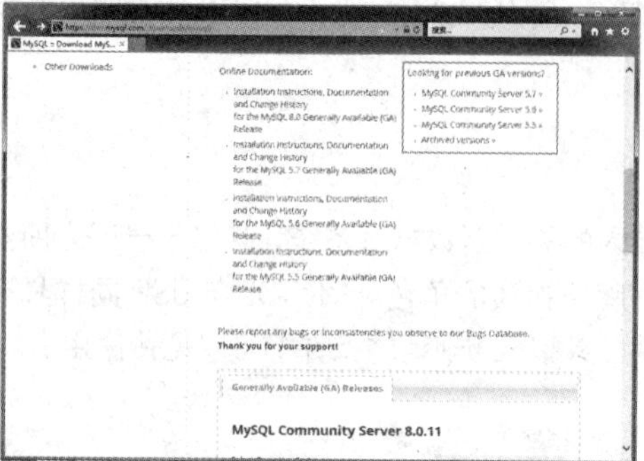

图 4–4

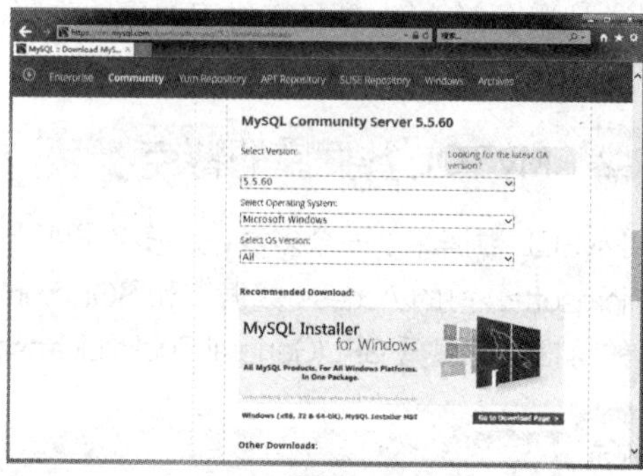

图 4–5

提示

MySQL 数据库目前最新的版本为 8.0.11，在本书的编写过程中并没有选择最新版本的 MySQL 数据库，主要是因为最新版本的 MySQL 数据库有可能会存在一些 bug，所以我们选择稍早一些版本的 MySQL 数据库，例如 5.5、5.6 或 5.7 版本的 MySQL 数据库，这几个版本目前应用比较广泛，相对来说也更加成熟。

MySQL 数据库同样分为安装版和解压版两种，这里选择下载安装版。在该页面中单击 Go to Download Page 按钮，如图 4–6 所示。进入该版本 MySQL 数据库安装版的下载页面，向下滚动页面，可以看到这里为我们提供的下载链接，如图 4–7 所示。

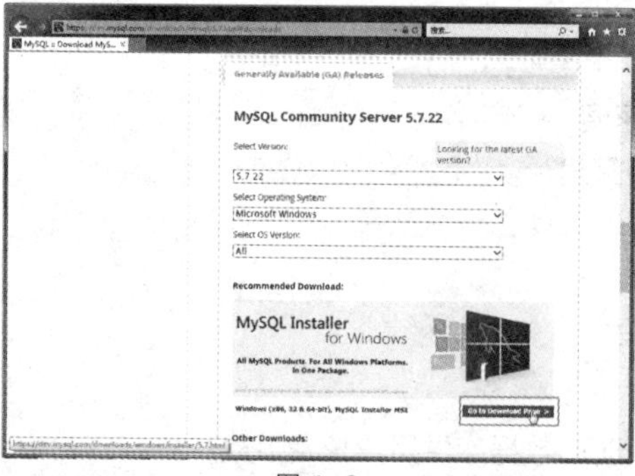

图 4–6

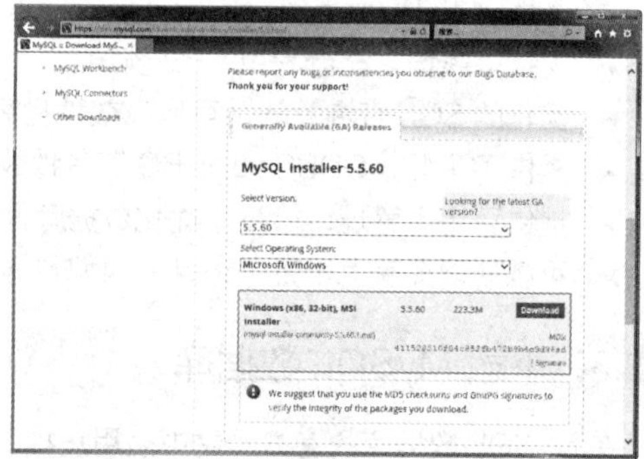

图 4–7

提示

通常在 MySQL 数据库的下载页面中会为用户提供多个下载选项，其中包括针对不同操作系统，如 64 位或 32 位，以及不同安装方式的，例如，名称为 mysql-installer-web-community 版本就是在线安装版本，而 mysql-installer-community 版本为离线安装版本，离线安装版本文件比在线安装版本大许多。我们当前所选择的 5.5.60 版本只有一个离线安装版本。如果读者选择下载其他版本，需要注意区分。

通常选择离线安装版本，单击 mysql–installer–community 版本选项后面的 Download 按钮，如图 4–8 所示。进入下载提示页面，显示相应的信息，这里需要用户登录或注册，也可以单击页面下方的 No thanks,just start my download 超链接，直接进行下载，如图 4–9 所示。

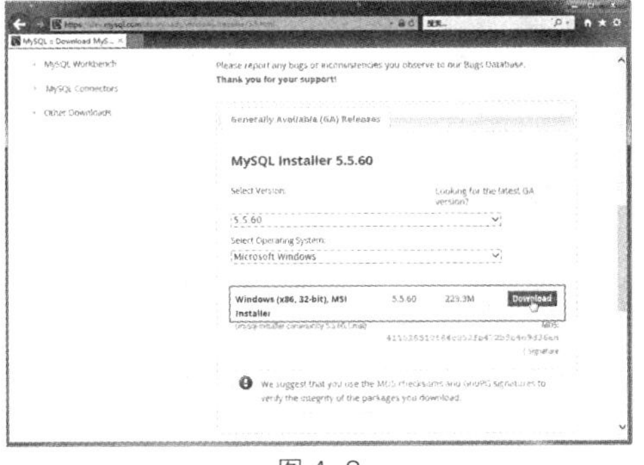

图 4–8

图 4–9

单击 No thanks,just start my download 超链接后，显示下载提示，如图 4–10 所示。单击“保存”按钮，即可下载所选择的 MySQL 安装程序。下载完成后，可以在文件保存位置看到所下载的 mysql–installer–community–5.5.60.1.msi 安装程序文件，如图 4–11 所示。

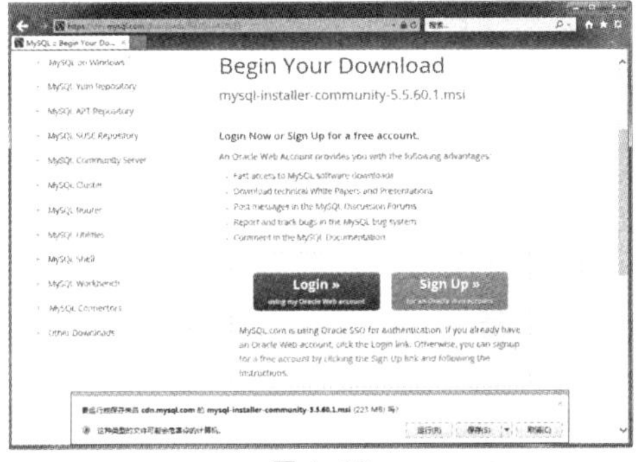

图 4–10

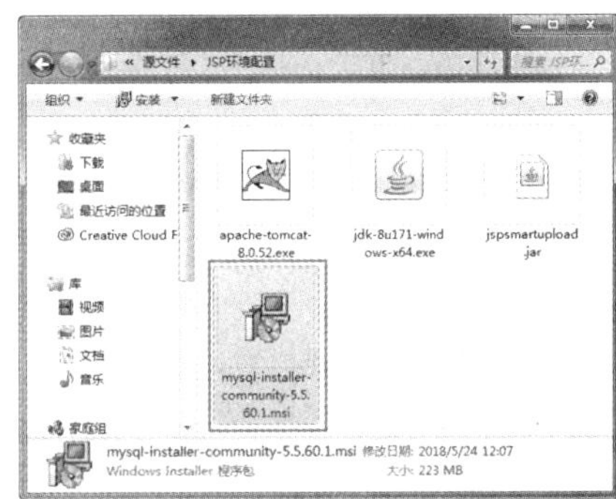

图 4–11

4.2.4 MySQL 数据库的安装与配置

完成 MySQL 数据库的下载后，即可安装 MySQL 数据库，其安装方法比较特殊，因为 MySQL 数据库将软件的安装与配置整合到一起，在完成软件的安装后会直接进入 MySQL 数据库的配置界面，完成其配置后即可使用。

双击刚下载的 MySQL 数据库安装程序，显示初始化安装进度界面，如图 4–12 所示。初始化安装完成后，显示 MySQL 数据库的软件服务协议，必须选中 I accept the license terms 复选框，如图 4–13 所示。

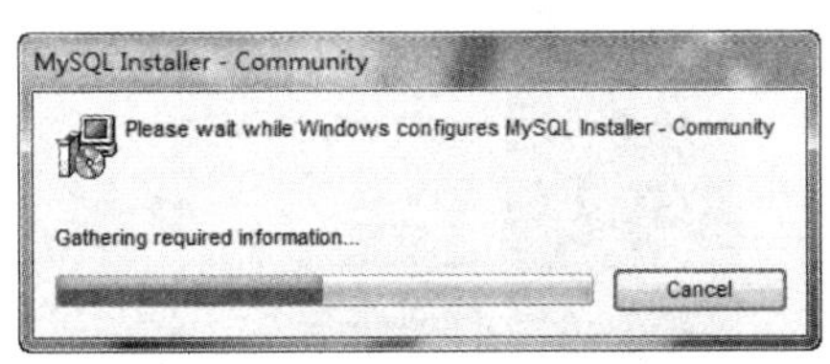

图 4–12

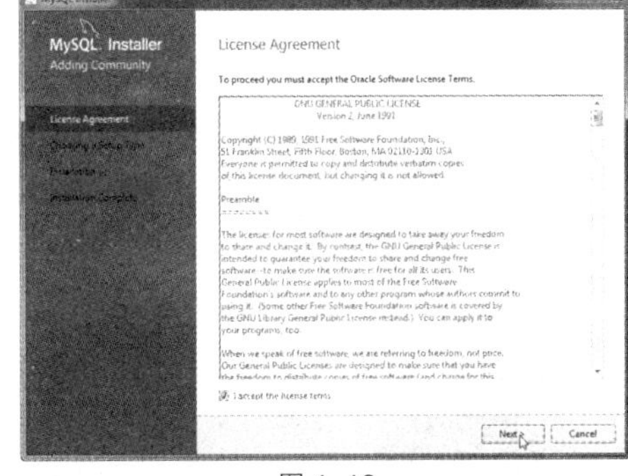

图 4–13

单击 Next 按钮，切换到 Choosing a Setup Type(选择安装方式) 界面，为用户提供了 5 种安装方式，这里选择默认的 Developer Default 选项，如图 4–14 所示。单击 Next 按钮，切换到 Check Requirements(检查要求) 界面，MySQL 安装程序会对运行环境进行检测，如果出现问题，可以按提示对运行环境进行调整，如图 4–15 所示。

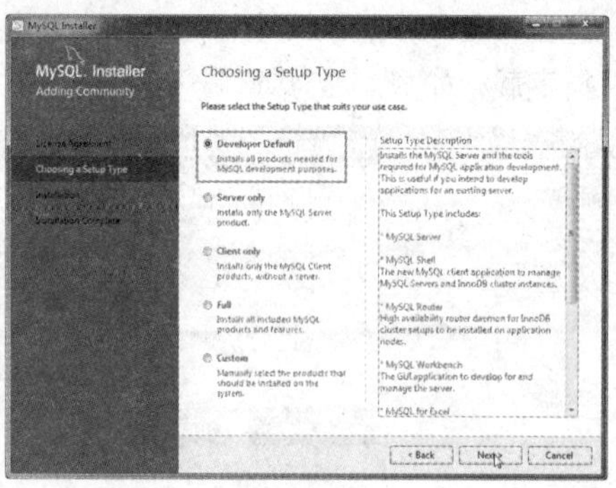

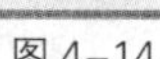
图 4–14

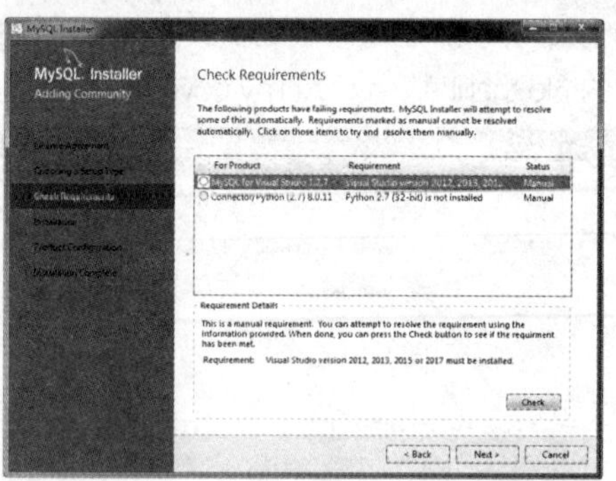

图 4–15

提示

在 Choosing a Setup Type 界面中为用户提供了 5 种安装方式，分别是 Developer Default(开发人员默认)、Server only(仅服务器)、Client only(仅客户端)、Full(完全) 和 Custom(自定义)，对于初次接触，且对 MySQL 数据库并不熟悉的用户推荐使用默认的 Developer Default(开发人员默认) 或者 Full(完全) 的安装方式。

单击 Next 按钮，切换到 Installation(安装) 界面，在该界面中将显示当前所要安装的所有相关程序列表，如图 4–16 所示。单击 Execute 按钮，即可开始安装 MySQL 数据库的相关程序，并在程序列表中显示安装进度，如图 4–17 所示。

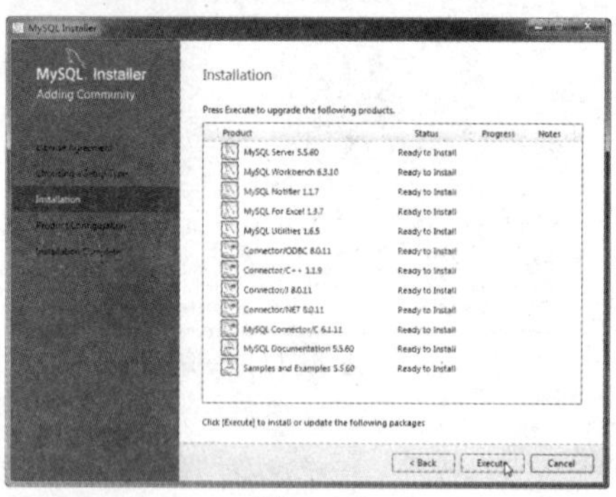

图 4–16

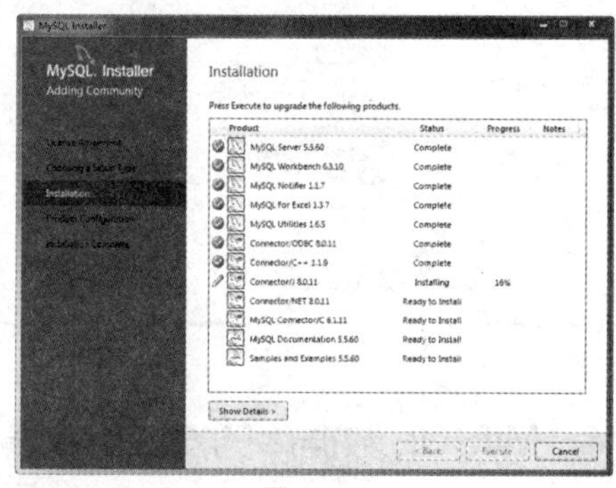

图 4–17

安装完成后，单击 Next 按钮，切换到 Product Configuration(产品配置) 界面，提示用户接下来将为列表中的产品进行配置，如图 4–18 所示。

首先配置的是 MySQL Server 5.5.60，单击 Next 按钮，切换到 Type and NetWorking(类型与网络配置) 界面，主要用于设置是否启用 TCP/IP 连接，设置连接端口。如果不启用 TCP/IP 连接，则只能在本地计算机上访问 MySQL 数据库，这里采用默认设置，如图 4–19 所示。

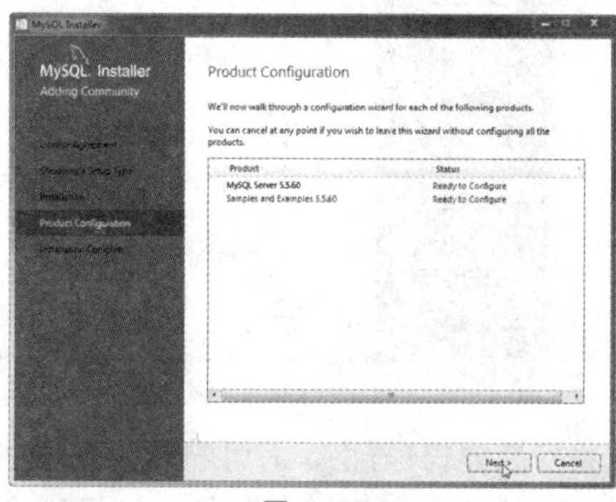

图 4–18

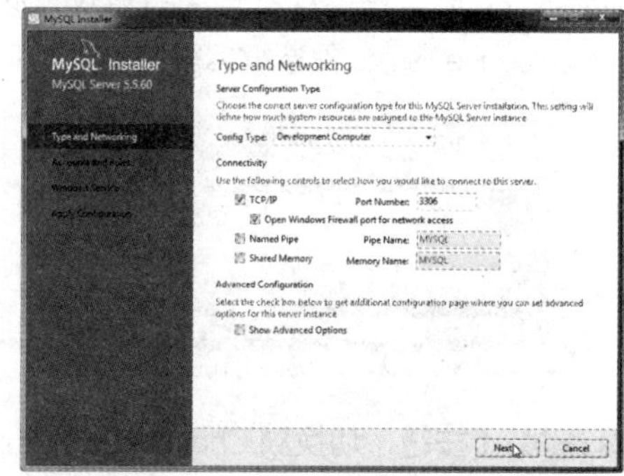

图 4–19

单击 Next 按钮，切换到 Accounts and Roles(账户与角色) 界面，在该界面中主要询问用户是否要修改默认的 root 用户 (超级管理员) 的管理密码，默认的管理密码为空，这里为 MySQL 数据库的

root 管理账户设置管理密码为 root123456，如图 4–20 所示。

单击 Next 按钮，切换到 Windows Service(Windows 服务）界面，在该界面中询问用户是否将 MySQL 安装为 Windows 服务，还可以通过 Windows Service Name 选项来设置 Windows 服务名称，该界面通常采用默认设置即可，如图 4–21 所示。

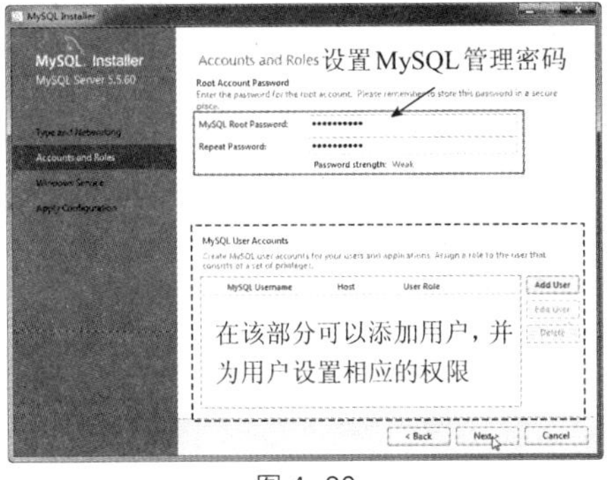

图 4–20

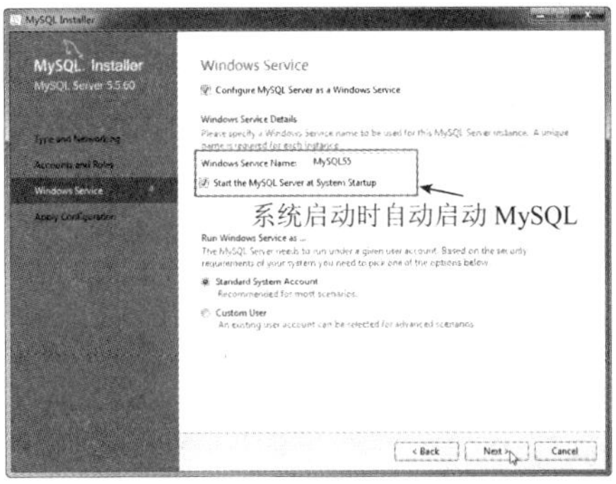

图 4–21

单击 Next 按钮，切换到 Apply Configuration(应用配置）界面，单击 Execute 按钮，即可对前面步骤中对 MySQL 数据库所做的配置进行应用，如图 4–22 所示。应用完成后，在该界面中将显示配置应用完成内容，并显示出 Finish 按钮，如图 4–23 所示。

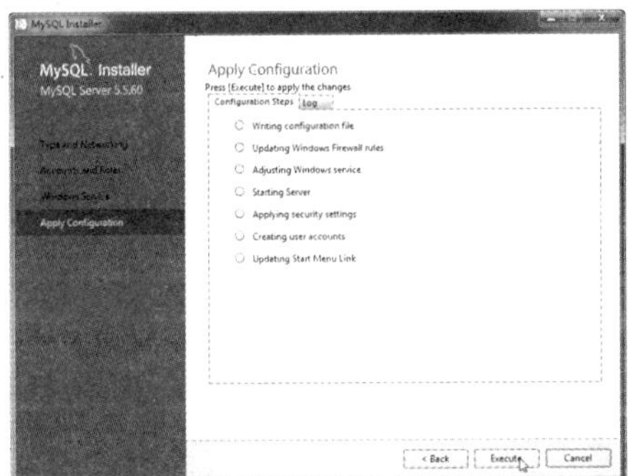

图 4–22

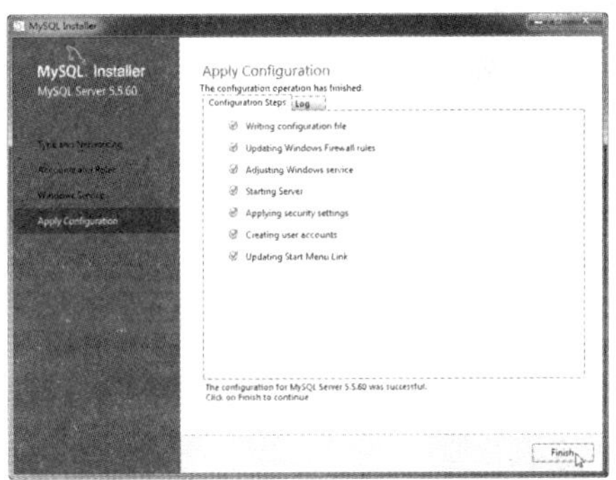

图 4–23

单击 Finish 按钮，完成 MySQL Server 5.5.60 的配置，切换到 Product Configuration(产品配置）界面，接下来配置 Samples and Examples 5.5.60，如图 4–24 所示。单击 Next 按钮，切换到 Connect To Server(连接到服务器）界面，在该界面中可以对连接到 MySQL 服务器进行验证，输入 MySQL 服务器管理账号和密码，单击 Check 按钮，如图 4–25 所示。

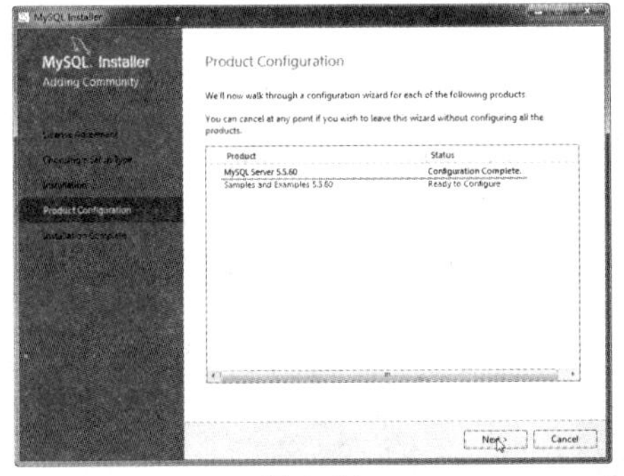

图 4–24

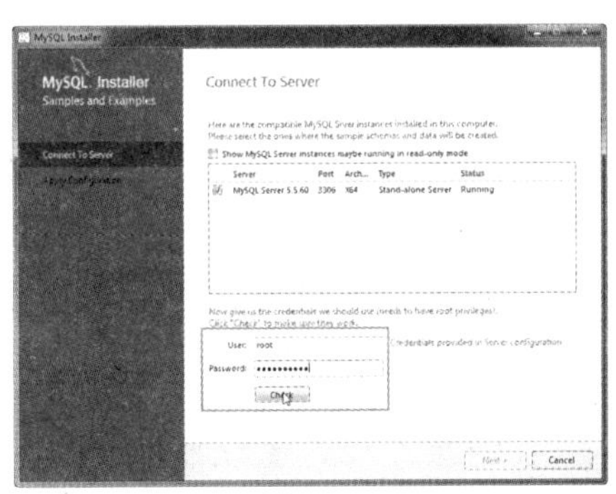

图 4–25

验证成功，在该界面中显示验证成功信息，如图 4–26 所示。单击 Next 按钮，切换到 Apply Configuration(应用配置）界面，单击 Execute 按钮，即可对前面步骤中对 Samples and Examples 5.5.60 所做的配置进行应用，如图 4–27 所示。

应用完成后，在该界面中将显示配置应用完成内容，并显示出 Finish 按钮，如图 4–28 所示。

单击 Finish 按钮，切换到 Product Configuration(产品配置) 界面，完成 Samples and Examples 5.6.60 的配置，如图 4-29 所示。

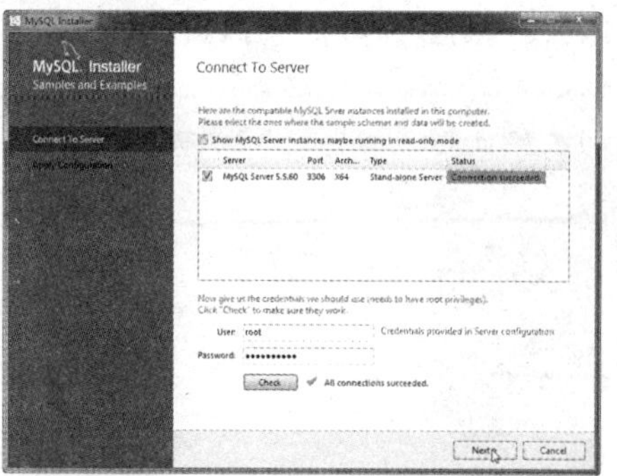

图 4-26

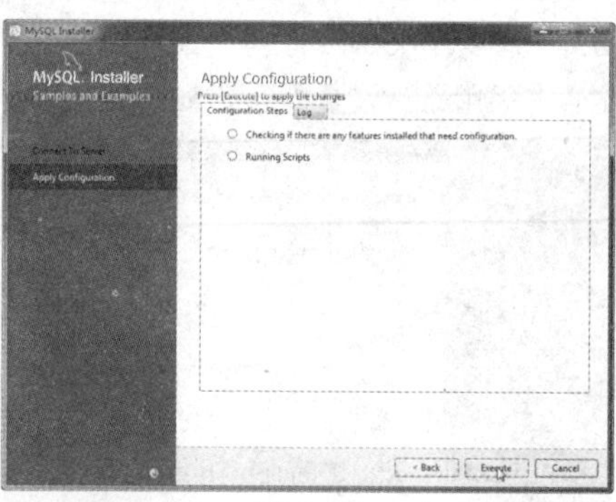

图 4-27

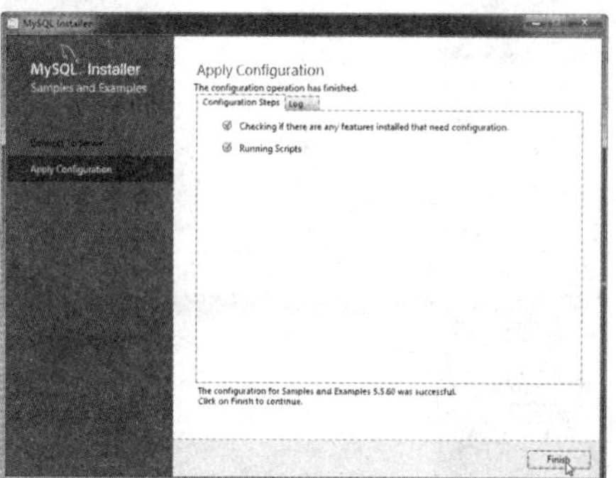

图 4-28

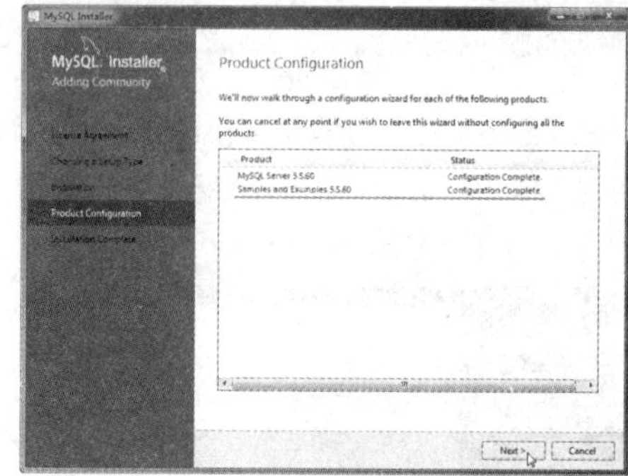

图 4-29

单击Next按钮，切换到Installation Complete(安装完成)界面，显示安装完成信息，如图4-30所示。单击 Finish 按钮，完成 MySQL 数据库的安装和配置，并自动启动 MySQL 工作台，如图 4-31 所示。

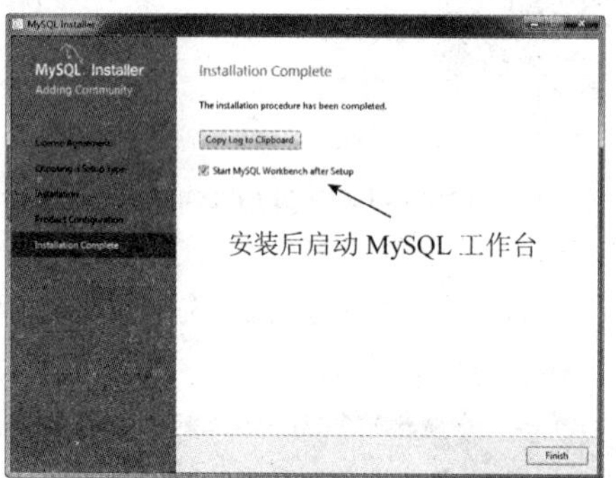

图 4-30

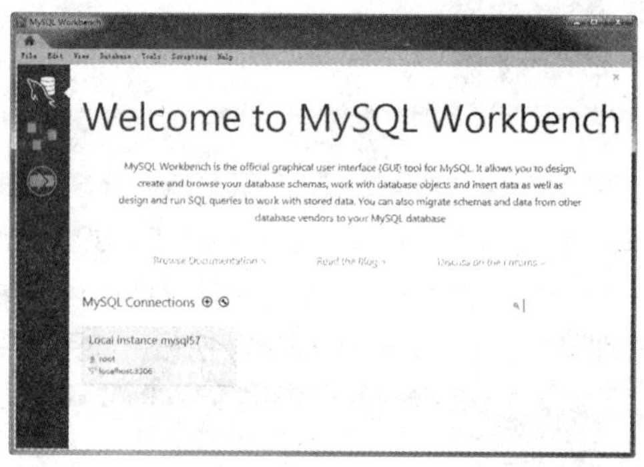

图 4-31

在 MySQL Workbench 窗口中单击左下角的 MySQL Connections 区域，如图 4-32 所示。弹出管理登录窗口，需要输入所设置的 MySQL 数据库的管理账户密码，并单击 OK 按钮，如图 4-33 所示。

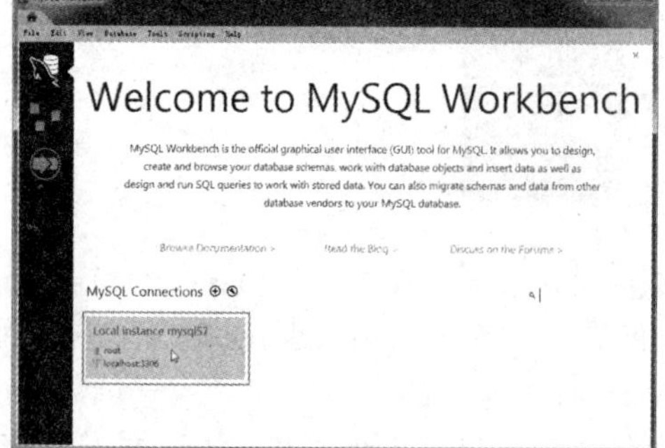

图 4-32

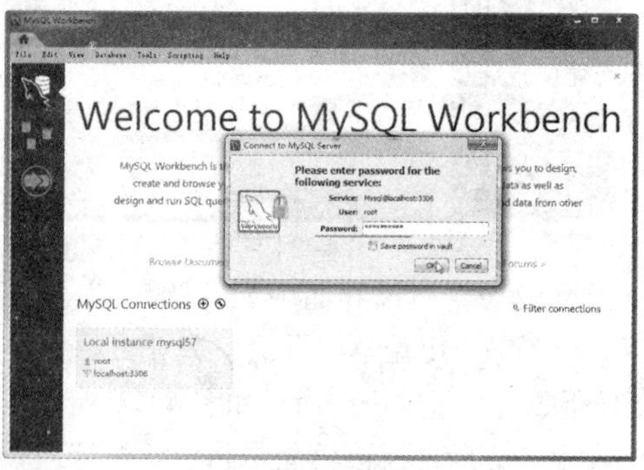

图 4-33

成功登录后，MySQL Workbench 界面显示如图 4–34 所示，在界面左下角的 SCHEMAS 栏目中显示 MySQL 数据库默认的 3 个数据库。单击界面左上角的 Server Status 选项，可以在界面中看到 MySQL 数据库的运行情况，如图 4–35 所示，表示 MySQL 数据库运行正常。

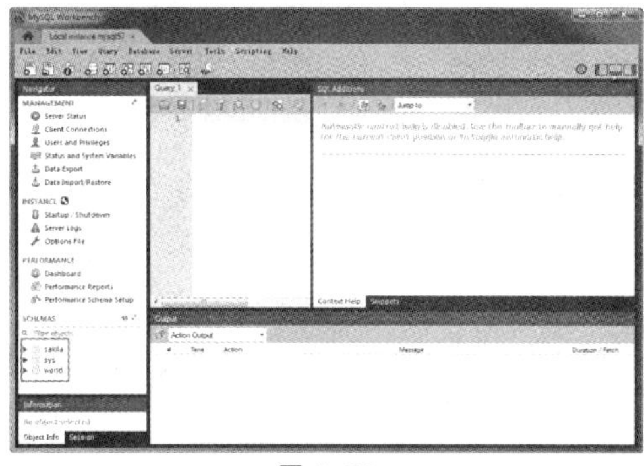

图 4–34

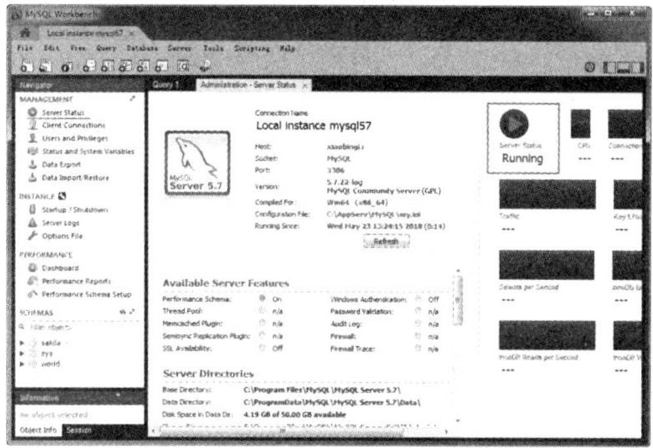

图 4–35

4.2.5　MySQL 数据库的对象 

数据库可以看作一个存储数据对象的容器，在 MySQL 数据库中，主要包含的数据库对象的说明如表 4–5 所示。

表 4-5　MySQL 数据库对象说明

数据库对象	说明
数据表	“数据表”是 MySQL 中最主要的数据库对象，是用来存储和操作数据的一种逻辑结构。数据表由行和列组成，因此也称为二维表。数据表是在日常工作和生活中经常使用的一种表示数据及其关系的形式
视图	视图是从一个或多个基本表中引出的表。数据库中只存放视图的定义，而不存放视图对应的数据，这些数据仍存放在导出视图的基本表中。 由于视图本身并不存储实际数据，因此也称为虚表。视图中的数据来自定义视图的查询所引用的基本表，并在引用时动态生成数据。当基本表的数据发生变化时，从视图中查询出来的数据也随之改变。视图一经定义，就可以像基本表一样被查询、修改、删除和更新
索引	索引是一种不用扫描整个数据表就可以对表中的数据实现快速访问的途径，它是对数据表中的一列或多列的数据进行排序的一种结构。 表中的记录通常按其输入的时间顺序存放，这种顺序称为记录的物理顺序。为了实现对表中记录的快速查询，可以对表中记录按某个或某些属性进行排序，这种顺序称为逻辑顺序。 索引是根据索引表达式的值进行逻辑排序的一组指针，它可以实现对数据的快速访问
约束	约束机制保障了 MySQL 中数据的一致性与完整性，具有代表性的约束就是主键和外键。主键约束当前表记录的唯一性，外键约束当前表记录与其他表的关系
存储过程	在 MySQL 5.0 版本以后，MySQL 才开始支持存储过程、存储函数、触发器和事件这 4 种过程式数据库对象。存储过程是一组完成特定功能的 SQL 的语句集合。这个语句集合经过编译后存储在数据库中，存储过程具有输入、输出和输入 / 输出参数，它可以由程序、触发器或另一个存储过程调用从而激活它，实现代码段中的 SQL 语句。存储过程独立于表存在
触发器	触发器是一个被指定关联到一个表的数据库对象，触发器是不需要调用的，当对一个表的特别事件出现时，它会被激活。触发器的代码是由 SQL 语句组成的，因此用在存储过程中的语句也可以用在触发器的定义中。触发器与表的关系密切，用于保护表中的数据。当有操作影响触发器保护的数据时，触发器自动执行，例如，通过触发器实现多个表间数据的一致性。当对表执行 INSERT、DELETE 或 UPDATE 语句时，将激活触发器程序。在 MySQL 中，目前触发器的功能还不够全面，在以后的版本中将得到改进
存储函数	存储函数与存储过程类似，也是由 SQL 和过程式语句组成的代码片段，并且可以从应用程序和 SQL 中调用。但存储函数不能拥有输出参数，因为存储函数本身就是输出参数。 存储函数必须包含一条 RETURN 语句，从而返回一个结果
事件	事件与触发器类似，都是在某些事情发生时启动。不同的是，触发器是在数据库上启动一条语句时被激活，而事件是在相应的时刻被激活。例如，可以设定在 2016 年的 1 月 1 日上午 10 点启动一个事件，或者设定每个周日下午 3 点启动一个事件。从 MySQL 5.1 版本开始才添加了事件，不同的版本功能可能也不相同

4.2.6 字段的类型

为了对不同性质的数据进行区分，以提高数据查询和操作的效率，数据库系统将可以存入的数据分为多种类型，如姓名和性别之类的信息为字符串型，年龄、价格和人数之类的信息为数字型，日期为日期时间型。下面为读者介绍 MySQL 数据库中的字段类型。

1. 整数型

整数型包括 BIGINT、INTEGER、MEDIUMINT、SMALLINT 和 TINYINT，从标志符的含义可以看出，它们表示整数的范围依次缩小。整数型的字段类型说明如表 4–6 所示。

表 4-6　整数型的字段类型说明

字段类型	说明
BIGINT	大整数，数值范围为 –263(–9223372036854775808) ~ 263(9223372036854775807)，其精度为 19，小数位为 0，字节为 8B
INTEGER (简写为 INT)	整数，数值范围为 –231(–217483648) ~ 231(217483647)，其精度为 10，小数位为 0，字节为 4B
MEDIUMINT	中等长度整数，数值范围为 –223(–8388608) ~ 223(8388607)，其精度为 7，小数位为 0，字节为 3B
SMALLINT	短整数，数值范围为 –215(–32768) ~ 215(32767)，其精度为 5，小数位为 0，字节为 2B
TINYINT	微短整数，数值范围为 –27(–128) ~ 27(127)，其精度为 3，小数位为 0，字节为 1B

2. 精确数值型

精确数值型由整数部分和小数部分构成，其所有的数字都是有效位，能够以完整的精度存储十进制数。精确数值型包括 DECIMAL、NUMERIC 两种。从功能上说两者完全相同，两者唯一的区别在于 DECIMAL 不能用于带有 IDENTITY 关键字的列。

声明精确数值型数据的格式是 NUMERIC | DECIMAL(P[,S])，其中 P 为精度，S 为小数位数，S 的默认值为 0。例如，指定某列为精确数值型，精度为 6，小数位数为 3，即 DECIMAL(6,3)，如果向某记录的该列赋值 65.342689 时，那么该列实际存储的是 65.3427。

3. 浮点型

浮点型也称近似数值型，这种类型不能提供精确表示数据的精度。使用这种类型来存储某些数值时，有可能会损失一些精度，所以它可用于处理取值范围非常大且对精确度要求不是十分高的数值量，如一些统计量。

有两种浮点数据类型：单精度 (FLOAT) 和双精度 (DOUBLE)。两者通常都使用科学计数法表示数据，尾数 E 阶数，如 6.5432E20、–3.92E10、1.237649E–9 等。

4. 位型

位字段类型表示如下。

```
BIT[(M)]
```

其中，M 表示位值的位数，范围为 1~64，如果省略 M，默认为 1。

5. 字符型

字符型数据用于存储字符串，字符串中可以包括字母、数字和其他特殊符号 (如 #、@、& 等)。在输入字符串时，需要将串中的符号使用单引号或双引号括起来，如 'ABC'、"ABC<CDE"。

MySQL 数据库中包括固定长度 (CHAR) 和可变长度 (VARCHAR) 两种字符数据类型。

CHAR[(N)] 为固定长度字符数据类型，其中 N 定义字符型数据的长度，取值范围为 1~255 之间，默认为 1。当表中的列定义为 CHAR(N) 类型时，如果实际需要存储的字符串长度不足 N 时，则在字符串的尾部添加空格以达到长度 N，所以 CHAR(N) 的长度为 N。例如，某列的数据类型为

CHAR(20)，而输入的字符串为“ABCD2018”，则存储的字符为 ABCD2018 和 12 个空格。如果所存储的字符个数超出 N，则超出的部分会被截断。

VARCHAR[(N)] 为可变长度字符数据类型，其中 N 表示字符串可达到的最大长度，取值范围是 0~65535 之间的值。VARCHAR(N) 的长度为输入的字符串的实际字符个数，而不一定是 N。例如，表中某列的数据类型为 VARCHAR(50)，而输入的字符串为“ABCD2018”，则存储的就是字符 ABCD2018，其长度为 8 位。

6. 文本型

当需要存储最大的字符数据，例如较长的备注、正文内容等，可以使用文本型数据。文本型数据对应 ASCII 字符，其数据的存储长度为实际字符的字节。

文本型数据可以分为 4 种：TINYTEXT、TEXT、MEDIUMTEXT 和 LONGTEXT。各种文本数据类型的最大字符数如表 4-7 所示。

表 4-7　文本数据类型的最大字符数说明

文本数据类型	最大字符数说明
TINYTEXT	255(2^8−1)
TEXT	65535(2^{16}−1)
MEDIUMTEXT	16777215(2^{24}−1)
LONGTEXT	4294967295(2^{32}−1)

7. BINARY 和 VARBINARY 型

BINARY 和 VARBINARY 类型数据类似于 CHAR 和 VARCHAR，不同的是它们包含的是二进制字符串，而不是非二进制字符串。也就是说，它们包含的是字节字符串，而不是字符字符串。这说明它们没有字符集，并且排序和比较基于列值字节的数值。

BINARY[(N)] 为固定长度的 N 字节二进制数据，N 的取值范围为 1~255，默认为 1。BINARY(N) 数据的存储长度为 N+4 字节。如果输入的数据长度小于 N，则不足部分使用 0 填充；如果输入的数据长度大于 N，则多余部分会被截断。

输入二进制值时，在数据前面需要加上 0X，可以使用的数字符号为 0~9、A~F(字母大小写均可)。例如，0XFF、0X12A0 分别表示十六进制的 FF 和 12A0。因为每个字节的数最大为 FF，所以“OX”格式的数据每两位点 1B。

VARBINARY[(N)] 为 N 字节可变长度二进制数据。N 的取值范围为 1~65535，默认为 1。VARBINARY(N) 数据的存储长度为实际输入数据长度 +4B。

8. BLOB 类型

在数据库中，对于图片、视频和文档等文件的存储是必需的，MySQL 数据库通过 BLOB 类型来存储这些数据。BLOB 是一个二进制大对象，可以容纳可变数量的数据。有 4 种 BLOB 类型：TINYBLOB、BLOB、MEDIUMBLOB 和 LONGBLOB。这 4 种 BLOB 数据类型的最大长度对应 4 种 TEXT 数据类型：TINYTEXT、TEXT、MEDIUMTEXT 和 LONGTEXT。不同的是，BLOB 表示最大字节长度，而 TEXT 表示最大字符长度。

9. 日期时间类型

MySQL 数据库支持 DATE、TIME、DATETIME、TIMESTAMP 和 YEAR 5 种日期时间类型。

DATE 数据类型由年份、月份和日期组成，代表一个实际存在的日期。DATE 的使用格式为字符形式 YYYY-MM-DD，年份、月份和日期之间使用字符“-”隔开，除了“-”，还可以使用其他字符，如“/”“@”等，也可以不使用任何连接符，例如，20160101 表示 2016 年 1 月 1 日。DATE 数据支持的范围是 1000-01-01 至 9999-12-31。虽然不在此范围的日期数据也允许，但是不能保证能正确进行计算。

TIME 数据类型表示一天中的一个时间，由小时数、分钟数、秒数和微秒数组成。格式为 HH:MM:SS.fraction，其中 fraction 为微秒部分，是一个 6 位的数字，可以省略。TIME 值必须是一个有意义的时间，例如 12:24:55 表示 12 点 24 分 55 秒，而 12:68:55 是不合法的，它将变成 00:00:00。

DATETIME 和 TIMESTAMP 数据类型是日期和时间的组合，日期和时间之间使用空格隔开，如 2018–01–01 12:24:55。大多数适用于日期和时间的规则在此也适用。DATETIME 和 TIMESTAMP 有很多共同点，但也有区别。对于 DATETIME，年份在 1000 至 9999 之间，而 TIMESTAMP 的年份在 1970 至 2037 之间。另一个重要的区别是：TIMESTAMP 支持时区，即在操作系统时区发生改变时，TIMESTAMP 类型的时间值也相应改变，而 DATETIME 则不支持时区。

YEAR 用来记录年份值。MySQL 数据库以 YYYY 格式检索和显示 YEAR 值，范围是 1901 至 2155。

10. ENUM 和 SET 类型

ENUM 和 SET 是比较特殊的字符串数据列类型，它们的取值范围是一个预先定义好的列表。ENUM 或 SET 数据列的取值只能从这个列表中进行选择。ENUM 和 SET 的主要区别是：ENUM 只能取单值，它的数据列表是一个枚举集合。ENUM 的合法取值列表最多允许有 65535 个成员。例如，ENUM("N","Y") 表示该数据列的取值要么是“Y”，要么是“N”。SET 可以取多值，它的合法取值列表最多允许有 64 个成员，空字符串也是一个合法的 SET 值。

4.3 MySQL 数据库的基础操作

在上一节中已经完成了 MySQL 数据库的安装与配置，目前 MySQL 数据库已经能够正常使用，本节将介绍如何通过命令的方式对 MySQL 数据库进行一些基础的操作。

4.3.1 启动和关闭 MySQL 服务

完成 MySQL 数据库的安装后，每次启动操作系统都会自动启动 MySQL 服务，并且在系统桌面右下角的通知区域中会显示 MySQL 服务的图标。

如果在操作系统桌面右上角的通知区域中没有显示 MySQL 服务图标，用户可以在操作系统中执行“开始”>“所有程序”>MySQL>MySQL Notifier 1.1.7> MySQL Notifier 1.1.7 命令，如图 4–36 所示。即可在系统桌面右下角的通知区域中显示 MySQL 服务的图标，如图 4–37 所示。

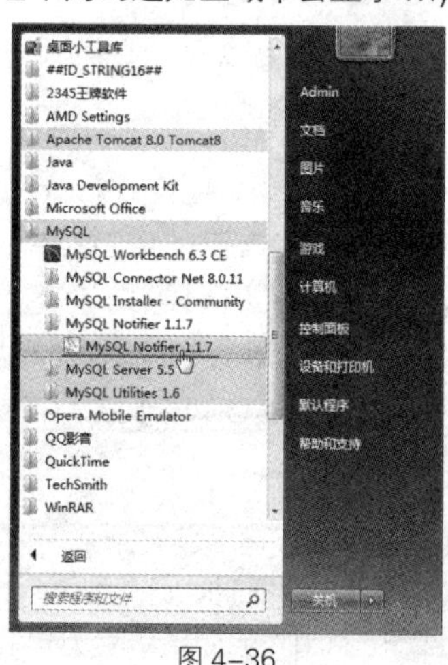

图 4–36

图 4–37

如果当前的 MySQL 服务处于开启服务的状态（服务图标显示为），在该图标上单击，在弹出的菜单中选择 MySQL5.5–Running>Stop 命令，如图 4–38 所示，即可关闭 MySQL 数据库服务。

如果当前的 MySQL 服务处于关闭服务状态（服务图标显示为），可以在该图标上单击，在弹出的快捷菜单中选择 MySQL5.5-Stopped>Start 命令，如图 4-39 所示，即可启动 MySQL 数据库服务。

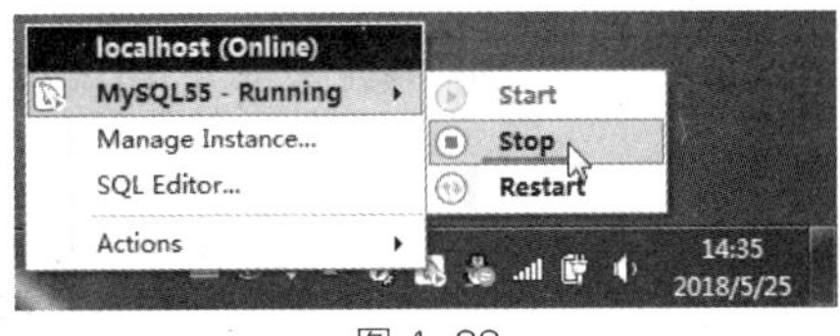

图 4-38

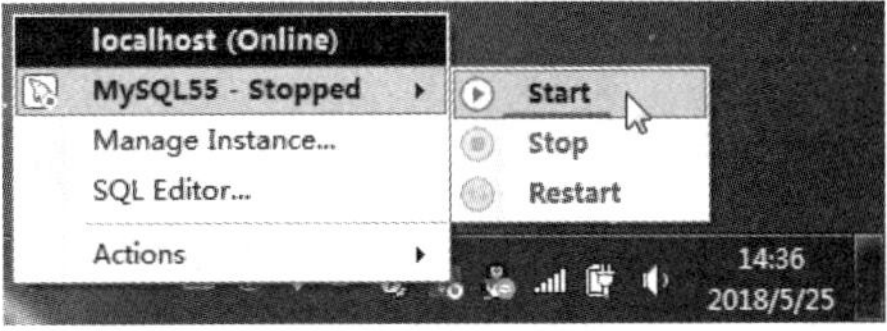

图 4-39

4.3.2　进入和退出 MySQL 管理控制平台

MySQL 数据库默认并没有提供相关的图形操作界面，需要对 MySQL 数据库进行操作，必须进入命令模式，通过 SQL 命令对 MySQL 数据库进行操作。

MySQL 管理控制平台是管理 MySQL 数据库的控制中心，只有进入 MySQL 管理控制平台后才能管理和操作 MySQL 数据库。在进入 MySQL 管理控制平台之前必须先启动 MySQL 数据库服务。

实战　进入和退出 MySQL 管理控制平台

最终文件：无　　　　视频：视频 \ 第 4 章 \4-3-2.mp4

图 4-40

01 执行"开始" > "所有程序" >MySQL>MySQL Server 5.5> MySQL 5.5 Command Line Client 命令，如图 4-40 所示。弹出 MySQL 5.5 Command Line Client 窗口，需要输入 MySQL 数据库的管理密码，如图 4-41 所示。

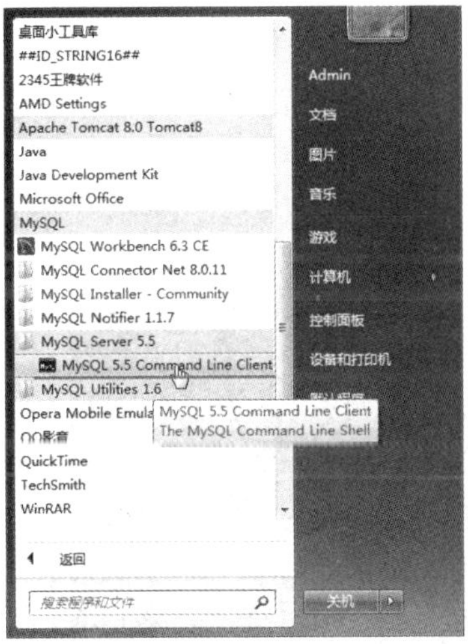

图 4-41

02 输入正确的 MySQL 数据库管理密码，按 Enter 键，即可进入 MySQL 数据库管理控制平台，如图 4-42 所示。如果要列出当前 MySQL 中的所有数据库，可以在 MySQL 命令行中输入 show databases;，如图 4-43 所示。

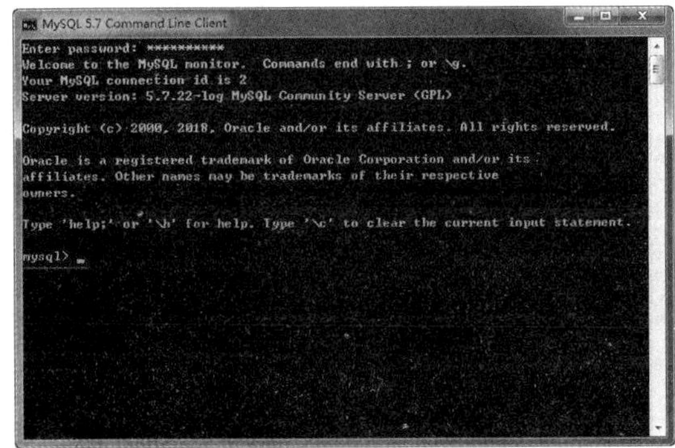

图 4-42

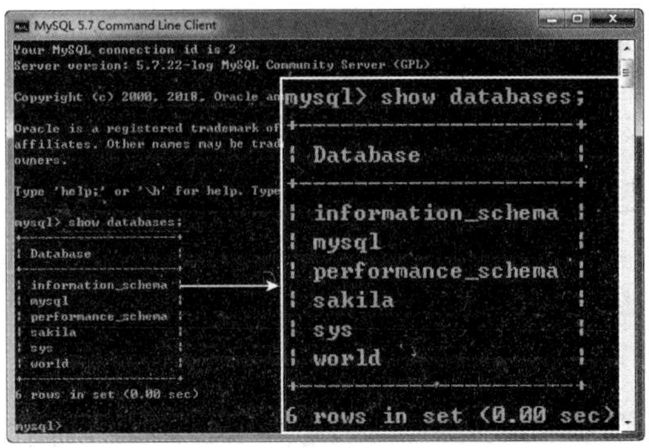

图 4-43

> **提示**
>
> 进入 MySQL 数据库管理控制平台后，命令提示符将会从 C:\ 变为 mysql>，这时，就可以使用 SQL 命令控制 MySQL 服务器。

03 如果要选择某个 MySQL 数据库，例如选择名称为 mysql 的数据库，可以在 MySQL 命令行中输入 use mysql;，如图 4–44 所示。如果要列出当前所选择数据库中的所有数据表，可以在 MySQL 命令行中输入 show tables;，如图 4–45 所示。

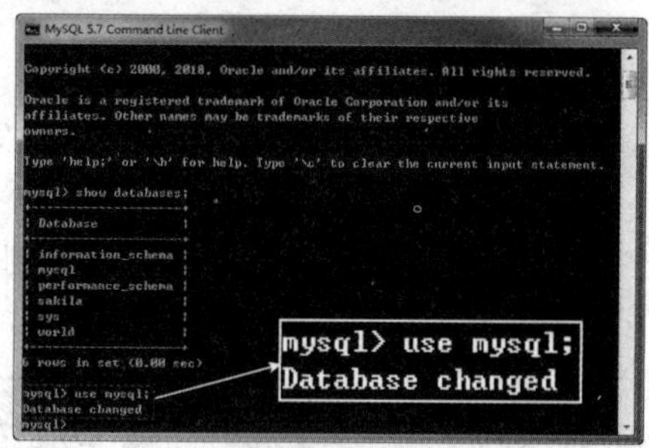

图 4–44

图 4–45

> **提示**
>
> 在 MySQL 数据库管理控制平台中使用 SQL 命令对 MySQL 数据库进行操作时，需要注意的是，所输入的每条 SQL 命令都需要以英文的分号（;）结束，否则该 SQL 命令语句将会出错。

04 如果要查询数据表中的数据，可以输入命令“SELECT 条件 FROM 数据表;”，例如，在 MySQL 命令行中输入 SELECT * FROM user;，如图 4–46 所示。如果要退出 MySQL 数据库管理控制平台，只需要在 MySQL 命令行中输入 quit 命令，如图 4–47 所示。

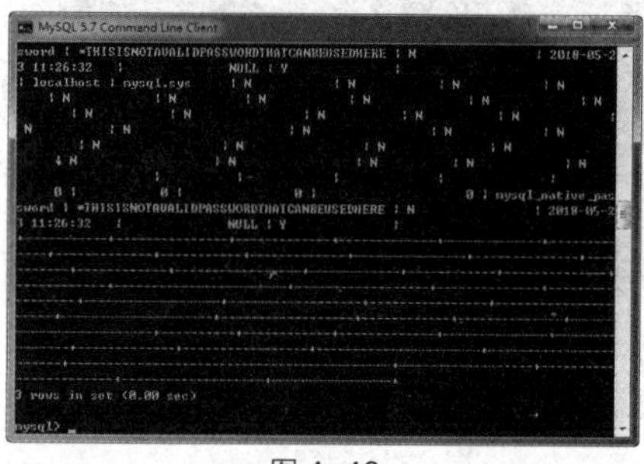

图 4–46

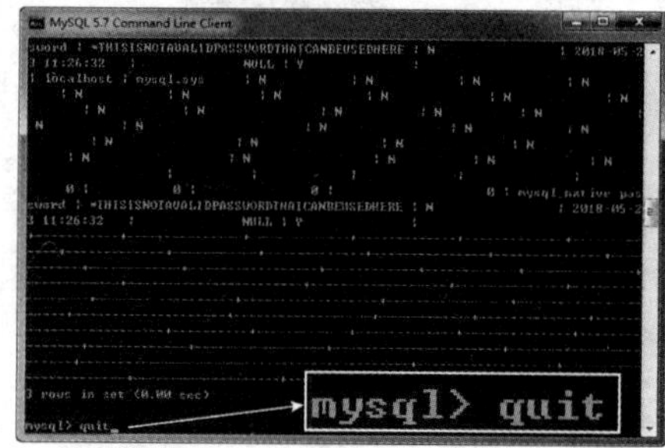

图 4–47

05 按 Enter 键，即可退出 MySQL 数据库管理控制平台，并且自动关闭当前的 MySQL 5.5 Command Line Client 窗口。

4.3.3 常用 SQL 语句

用户在操作 MySQL 数据库和数据表之前，应该先成功登录 MySQL 管理控制平台，在该管理控制平台中通过 SQL 语句对 MySQL 数据库和数据表进行相应的操作。

1. 创建数据库

创建数据库可以使用 CREATE DATABASE 语句，语法格式如下。

```
CREATE DATABASE 数据库名称;
```

2. 显示数据库

使用显示数据库命令，可以显示出当前 MySQL 中的所有数据库，语法格式如下。

```
SHOW DATABASES;
```

3. 选择数据库

如果需要对某一个数据库进行操作，那么首先要选中该数据库，语法格式如下。

```
USE 数据库名称；
```

4. 删除数据库

如果需要删除 MySQL 中的某个数据库，可以使用 DROP DATABASE 命令，语法格式如下。

```
DROP DATABASE 数据库名称；
```

5. 显示数据库中的数据表

当选中某个需要操作的数据库之后，可以使用 SHOW TABLES 命令，显示当前所选择的数据库中的所有数据表，语法格式如下。

```
SHOW TABLES;
```

6. 创建数据表

当选中某个需要操作的数据库之后，可以在该数据中创建数据表。创建数据表的实质就是定义数据表结构，设置数据表和字段的属性，完成数据表结构的定义后，就可以根据数据表结构来创建数据表。创建数据表的语法格式如下。

```
CREATE TABLE 数据表名称 (
  <字段名称 1><数据类型>[<字段选项>],
  <字段名称 2><数据类型>[<字段选项>],
  …
  <数据表选项>
);
```

7. 查看数据表结构

通过 EXPLAIN 命令可以查看指定的数据表的结构定义，语法格式如下。

```
EXPLAIN 数据表名称；
```

8. 删除数据表

使用 DROP TABLE 命令可以删除指定的数据表，语法格式如下。

```
DROP TABLE 数据表名称；
```

9. 查询数据表

使用 SELECT 命令可以从一个或多个数据表中选取特定的字段，结果通常是生成一个临时数据表。在执行过程中，系统根据用户的要求从数据库中选出匹配的字段，并将结果存放到临时的数据表中。使用 SELECT 命令查询数据表的语法格式如下。

```
SELECT
  [ALL | DISTINCT]
  Select_expr,...
  [FROM 表1[,表2]...]                                         /*FROM 子句*/
  [WHERE 条件]                                               /*WHERE 子句*/
  [GROUP BY {字段名称 | 表达式 | 位置} [ASC | DESC],...]   /*GROUP BY 子句*/
  [HAVING 条件]                                             /*HAVING 子句*/
  [ORDER BY {字段名称 | 表达式 | 位置} [ASC | DESC],...]   /*OEDER BY 子句*/
  [LIMIT {[偏移,] 行数}]                                      /*LIMIT 子句*/
```

10. 向数据表插入数据

完成数据库和数据表的创建后，即可向数据表中插入数据。使用 INSERT 命令可以向指定的数据表中插入一行或多行数据。语法格式如下。

```
INSERT [INTO] 数据表名称 [(字段名称,…)]
    VALUES({表达式 | 默认值},…),(…),…
```

如果需要为数据表中的全部字段插入数据，则字段名称可以省略；如果只是为数据表中的部分字段插入数据，则需要指定为哪些字段插入数据。对于没有指定的字段，它们的值根据字段默认值或有关属性来确定。

技巧

插入数据的字段类型如果是字符串类型，则插入的数据需要使用引号引起来，既可以使用单引号，也可以使用双引号。

11. 修改数据表中的数据

可以使用 UPDATE 命令对数据表中指定的数据记录进行修改，语法格式如下。

```
UPDATE 数据表名称
SET 字段名称 1= 表达式 1[, 字段名称 2= 表达式 2…]
[WHERE 条件]
```

12. 删除数据表中的数据

使用 DELETE 命令可以删除数据表中指定的数据，语法格式如下。

```
DELETE FROM 数据表名称 [WHERE 条件]
```

4.3.4 使用 JSP 连接 MySQL 数据库

如果需要对 MySQL 数据库中的数据进行处理，首先要成功连接 MySQL 数据库，在 JSP 程序中连接 MySQL 数据库相对来说比较复杂，首先要加载数据库驱动程序，然后通过 Java 类方法来连接指定的 MySQL 数据库。

例如下面的程序代码。

```
<%@ page language="java" import="java.util.*" pageEncoding="utf-8"%>
<%@ page contentType="text/html;charset=utf-8"%>
<%@ page import="com.mysql.jdbc.Driver" %>
<%@page import="java.sql.DriverManager"%>
<%@page import="java.sql.Connection"%>
<%
// 加载数据库驱动程序
String driverName="com.mysql.jdbc.Driver";
// 数据库管理账号
String userName="root";
// 数据库管理密码
String userPasswd="root123456";
// 需要连接的数据库名称
String dbName="world";
// 将数据库信息字符串连接成为一个完整的 url(也可以直接写成 url，分开写是为了可维护性强)
String url="jdbc:mysql://localhost:3306/"+dbName+"?user="+userName+"&password="+user
Passwd;
// 加载数据库驱动类
Class.forName("com.mysql.jdbc.Driver").newInstance();
// 连接 MySQL 数据库
Connection conn=DriverManager.getConnection(url);
if(conn!=null){
    out.println(" 数据库连接成功！！！ ");
} else{
```

```
        out.println("数据库连接失败！！！");
    }
%>
```

保存页面，在测试服务器中测试该页面，效果如图 4-48 所示，表示通过以上的 JSP 脚本代码成功连接 MySQL 数据库。

图 4-48

4.4 MySQL Workbench 数据库图形管理工具

MySQL 数据库的图形化管理工具比较多，MySQL Workbench 就是一款跟随 MysQL 数据库同时安装的 MySQL 数据库图形管理工具。除此之外，还有许多第三方开发的工具，例如，phpMyAdmin、Navicat 等。通过图形化管理工具，可以使 MySQL 数据库的操作与管理更加方便，在本节中将向读者介绍 MySQL Workbench 图形管理工具的使用方法。

4.4.1 MySQL Workbench 简介

MySQL Workbench 的前身是 FabForce 公司的 DB Designer4，是为数据库管理员、程序开发工程师和系统规划师设计的统一的可视化 MySQL 数据库管理工具。它提供了先进的数据建模、灵活的 SQL 编辑器和全面的管理工具，可以在 Windows、Linux 和 Mac 等操作系统上使用。

1. 数据建模

MySQL Workbench 软件中包括所有数据建模工程所需要的功能，能够正向和反向建立复杂的 ER 模型，也提供了通常需要花更多时间才能够完成的变更管理和文档任务的关键功能。

2. SQL 编辑器

MySQL Workbench 提供了用于创建、执行和优化 SQL 查询的可视化操作工具。SQL 编辑器提供了语法的高亮显示，SQL 代码重复使用和执行 SQL 历史代码。数据库的连接面板允许开发人员轻松地管理数据库连接。对象浏览器提供即时访问数据库模型和对象。

3. 管理工具

MySQL Workbench 提供了可视化的管理控制台，能够轻松地管理 MySQL 数据库环境，并为数据库增加了更好的可视性。开发人员可以使用可视化工具配置 MySQL 服务器，管理用户和监控数据库的健康状态。

4.4.2 认识 MySQL Workbench 工作界面

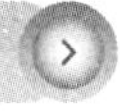

完成 MySQL 数据库的安装后，会自动弹出一个图形化 MySQL 工作界面，该界面就是 MySQL Workbench 工作界面。单击操作系统桌面左下角的“开始”按钮，执行“开始”>“所有程序”>MySQL>MySQL Workbench 6.3 CE 命令，如图 4-49 所示。显示 MySQL Workbench 软件的初始界面，如图 4-50 所示。

在 MySQL Workbench 软件的初始界面中单击 Local instance mysql57 超链接，在弹出的对话框中输入 MySQL 数据库的管理密码，如图 4-51 所示。单击 OK 按钮，成功登录到 MySQL 数据库的管理工作界面，如图 4-52 所示。

SQL Workbench 的数据库管理工作界面中各选项区域的功能介绍如表 4-8 所示。

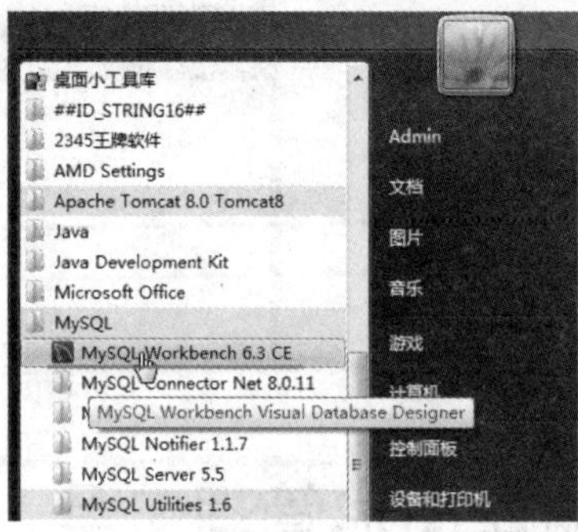

图 4-49

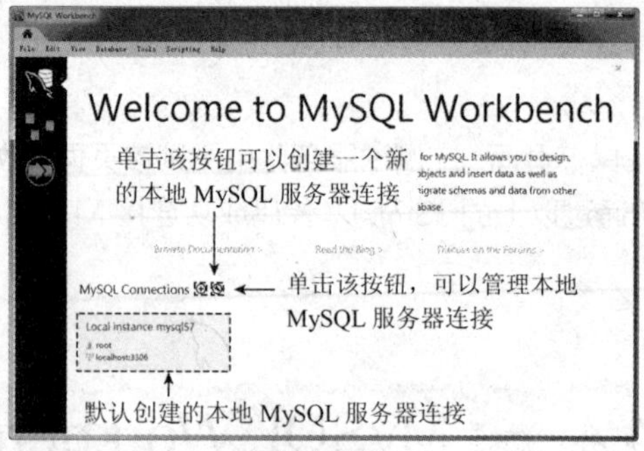

图 4-50

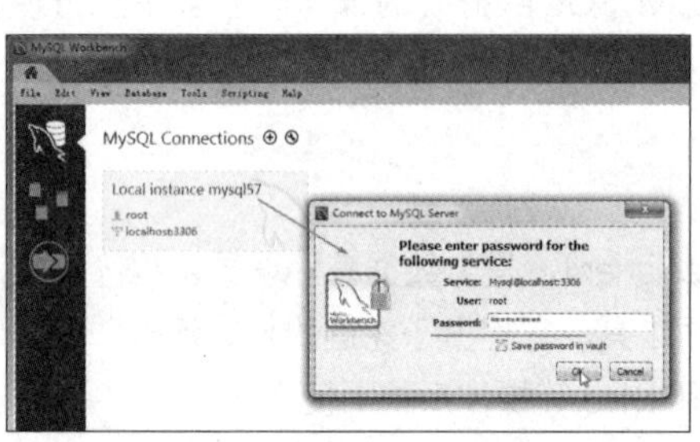

图 4-51

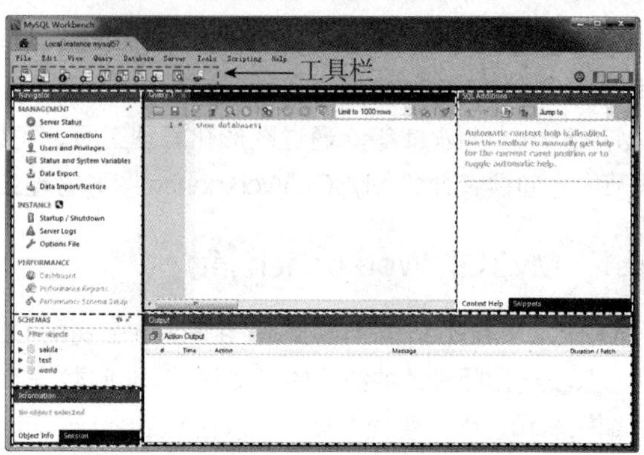

图 4-52

表 4-8　SQL Workbench 工作界面选项说明

选项区域名称	说明
工具栏	在工具栏中为用户提供了常用的数据库管理和操作图标，通过这些图标可以快速地对 MySQL 数据库进行管理操作
Navigator(导航)	在该选项区中为用户提供了多个操作 MySQL 数据库的常用命令
SCHEMAS(纲要)	在该选项区中列出了当前 MySQL 中的所有数据库
Information(信息)	在该选项区中将显示当前对 MySQL 数据库进行操作的相关信息提示内容
Query(SQL 编辑器)	该选项区为 SQL 命令编辑器，在该窗口中可以编写相应的 SQL 命令，通过单击该窗口上方的功能图标，可以对所编写的 SQL 命令进行保存、运行等相关操作
SQL Additions(SQL 说明)	在该选项区的下拉列表中选择相应的 SQL 命令，即可在该选项区中显示所选择 SQL 命令的语法及使用说明
Output(输出)	在该选项区中将会输出对 SQL 语句执行的结果以及 MySQL 数据库操作的结果，使用户能够了解所做的操作是否成功执行

SQL Workbench 数据库管理工作界面的工具栏如图 4-53 所示。各功能操作图标的说明如表 4-9 所示。

图 4-53

表 4-9　SQL Workbench 工具栏中各操作图标说明

功能操作图标	说明
Create a new SQL tab for executing queries(创建一个新的 SQL 选项卡) 按钮	单击该按钮，在“Query(SQL 编辑器)”窗口中添加一个新的选项卡
Open a SQL script file in a new query tab(在新的选项卡中打开 SQL 脚本文件) 按钮	单击该按钮，可以在弹出的对话框中选择需要打开的 SQL 脚本文件，该 SQL 脚本文件会在“Query(SQL 编辑器)”窗口中一个新的选项卡中打开

（续表）

功能操作图标	说明
Open Inspector for the selected object（打开所选对象的检查器）按钮	当选择一个数据库或数据表后，单击该按钮，在弹出的选项卡中显示该选择库或数据表的相关信息
Create a new schema in the connected server（创建一个新的数据库）按钮	单击该按钮，在当前所登录的 MySQL 服务器连接中创建一个新的 MySQL 数据库
Create a new table in the active schema in connected server（创建一个新的数据表）按钮	单击该按钮，在当前所登录的 MySQL 服务器连接中所选择的 MySQL 数据库中创建一个新的数据表
Create a new view in the active schema in the connected server（创建一个新的视图）按钮	单击该按钮，在当前所登录的 MySQL 服务器连接中所选择的 MySQL 数据库中创建一个新的视图
Create a new stored procedure in the active schema in the connected server（创建一个新的存储过程）按钮	单击该按钮，在当前所登录的 MySQL 服务器连接中所选择的 MySQL 数据库中创建一个新的存储过程
Create a new function in the active schema in the connected server（创建一个新的函数）按钮	单击该按钮，在当前所登录的 MySQL 服务器连接中所选择的 MySQL 数据库中创建一个新的函数
Search table data for text in objects selected in the sidebar schema tree（在所选择的数据表中查找数据）按钮	在侧边栏中选择某个 MySQL 数据库中的数据表，单击该按钮，查询所选择数据表中的数据
Reconnect to DBMS（重新连接 DBMS）按钮	单击该按钮，重新连接到 DBMS（数据库管理系统）

4.4.3　使用 MySQL Workbench 创建数据库和数据表

通过上一节的介绍，我们已经对 MySQL Workbench 的工作界面有了全面的认识和了解，接下来将介绍如何使用 MySQL Workbench 图形化 MySQL 数据库管理工具来创建 MySQL 数据库和数据表。

实战　创建 MySQL 数据库和数据表

最终文件：无　　　　视频：视频\第 4 章\4-4-3.mp4

01 打开 MySQL Workbench 软件并成功登录管理工作界面，单击工具栏中的“创建一个新的数据库”按钮，弹出“新建数据库”选项卡，如图 4-54 所示。在 Name 文本框中输入数据库名称 book，在 Collation 下拉列表中选择 utf8-utf8_general_ci 选项，如图 4-55 所示。

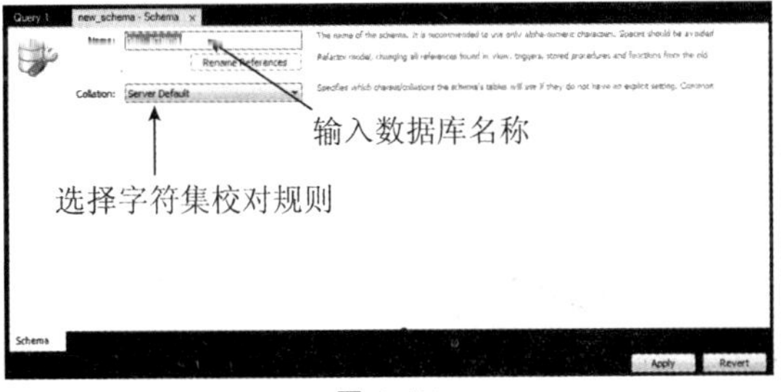

图 4-54

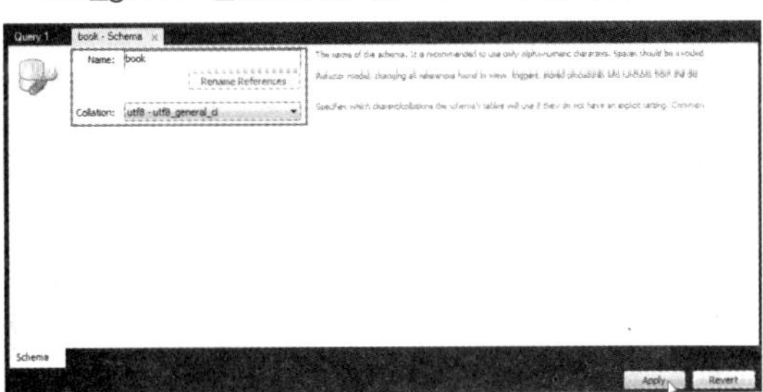

图 4-55

提示

在 MySQL 中，Create Schema 和 Create Database 的作用相同，都是创建数据库。在 MySQL Workbench 中，创建数据库使用的是 Create Schema。

技巧

数据库的名称必须符合操作系统文件夹的命名规则，而在 MySQL 中是不区分大小写的。目前我们所制作的网页编码格式都是 UTF8 编码，所以在选择所创建的数据库字符集校对规则时，需要与网页编码格式相统一，可以选择 utf8-utf8_general_ci 选项或者 utf8-default collation 选项。

02 单击 Apply 按钮，在弹出的对话框中显示生成的可编辑的创建数据库的 SQL 语句，如图 4-56 所示。单击 Apply 按钮，即可创建所设置的数据库，完成数据库的创建后，显示如图 4-57

所示的对话框。

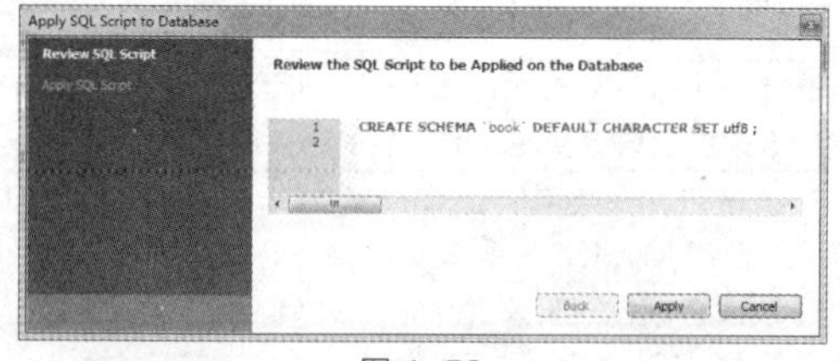

图 4-56

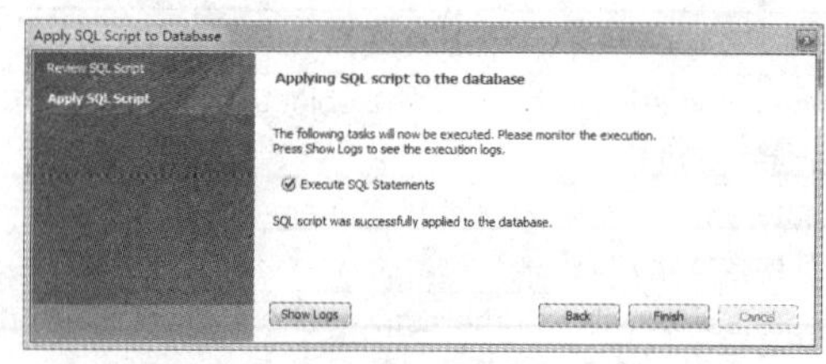

图 4-57

03 单击 Finish 按钮，关闭对话框，在 MySQL Workbench 工作界面左侧的 SCHEMAS 选项区中可以看到所创建的名为 book 的数据库，如图 4-58 所示。单击该数据库前面的小三角图标，展开该数据库，可以看到当前该数据库是一个空数据库，里面没有任何数据表、视图等内容，如图 4-59 所示。

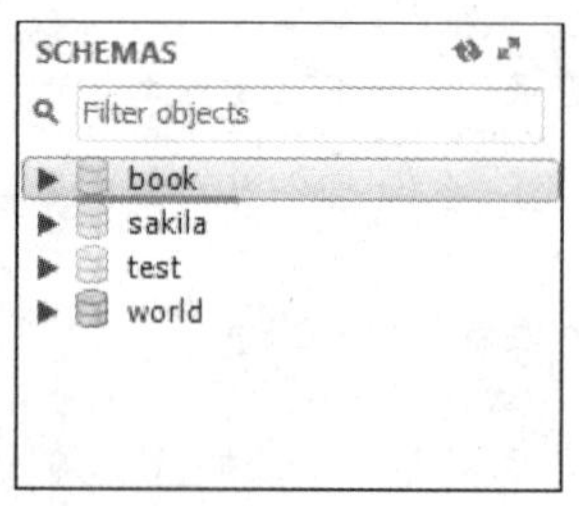

图 4-58

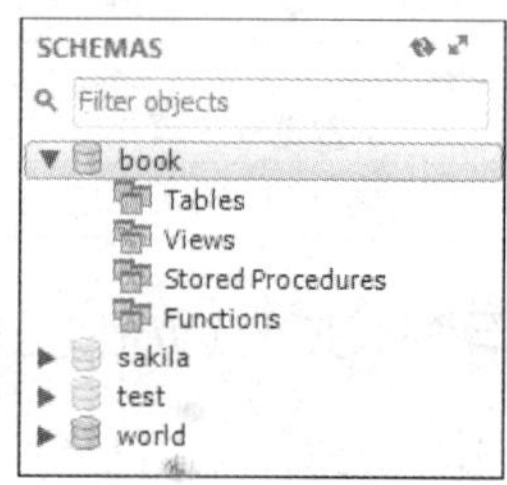

图 4-59

04 在创建的名为 book 的数据库中创建数据表。在 SCHEMAS 选项区中双击名为 book 的数据库，从而选中该数据库，如图 4-60 所示。单击工具栏中的“创建一个新的数据表”按钮，弹出“新建数据表”选项卡，如图 4-61 所示。

图 4-60

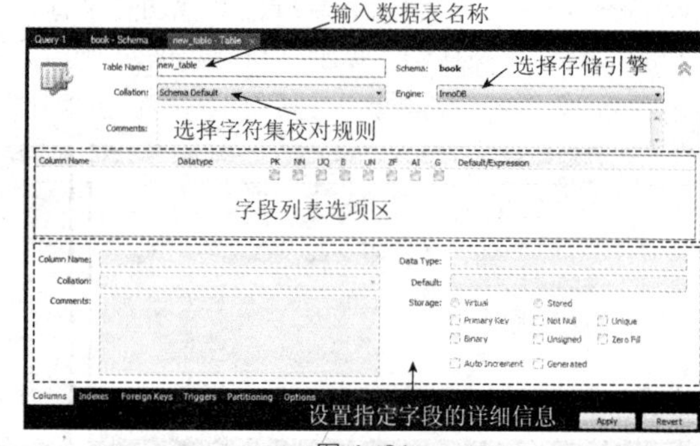

图 4-61

技巧

在创建数据表之前，首先选择为哪个数据库创建数据表，在 SCHEMS 选项区中双击某个需要操作的数据库名称，即可将该数据库设置为接下来操作的默认数据库，双击后，该数据库名称将以加粗文字表现。

05 在 Table Name 文本框中输入数据表名称 book_list，在 Collation 下拉列表中选择 utf8-utf8_general_ci 选项，在 Engine 下拉列表中选择存储引擎为 MyISAM，如图 4-62 所示。

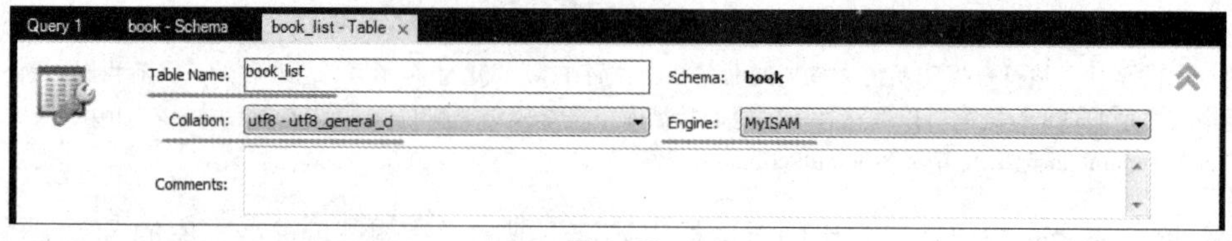

图 4-62

06 在字段列表选项区中为该数据表添加相应的字段，并且分别对各字段进行设置，如图 4-63 所示。

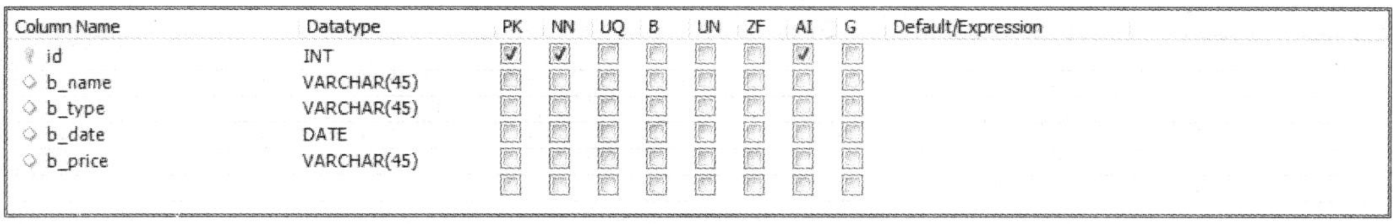

Column Name	Datatype	PK	NN	UQ	B	UN	ZF	AI	G	Default/Expression
id	INT	☑	☑	☐	☐	☐	☐	☑	☐	
b_name	VARCHAR(45)	☐	☐	☐	☐	☐	☐	☐	☐	
b_type	VARCHAR(45)	☐	☐	☐	☐	☐	☐	☐	☐	
b_date	DATE	☐	☐	☐	☐	☐	☐	☐	☐	
b_price	VARCHAR(45)	☐	☐	☐	☐	☐	☐	☐	☐	
		☐	☐	☐	☐	☐	☐	☐	☐	

图 4-63

提示

在字段列表中，Column Name 表示字段名称；Datatype 表示字段类型；PK 是 Primary Key 的缩写，表示主键；NN 是 Not Null 的缩写，表示非空；UQ 是 Unique 的缩写，表示唯一索引；B 是 Binary 的缩写，表示二进制数据（比 text 类型更大）；UN 是 Unsigned 的缩写，表示无符号（非负数）；ZF 是 Zero Fill 的缩写，表示填写 0，例如字段内容为 1，如果字符类型为 int(4)，则字段内容自动为 0001；AI 是 Auto Increment 的缩写，表示自动递增；G 是 Generated Column 的缩写，表示基于其他列的公式生成值的列；Default/Expression 表示该字段的备注信息。

提示

如果设置某字段为主键，并且选中 AI 复选框，则该字段的值在每次新增记录时就会自动从 1 开始递增，并且不会有重复的情形发生。通常将该字段作为修改和删除记录时的唯一标识。

技巧

通常情况下，在数据表的创建过程中，将数据表中唯一且不会重复的字段设置为主键，例如身份证号、书籍 ISBN 等，或者通常在创建数据表时都会添加一个 id 字段，将该字段设置为主键，并且选中 AI 复选框，使其值能够自动递增。这样就能够使 id 字段在数据表中找到唯一的记录。

07 完成字段的设置后，单击 Apply 按钮，显示生成的可编辑的创建数据表的 SQL 语句，如图 4-64 所示。单击 Apply 按钮，即可创建所设置的表，完成数据表的创建后，显示如图 4-65 所示的对话框。

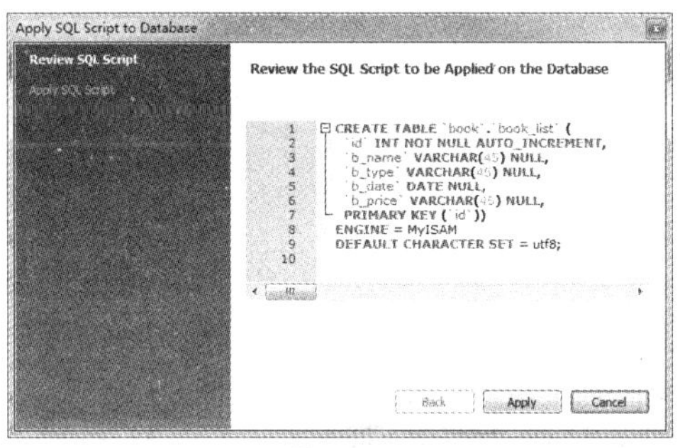

图 4-64

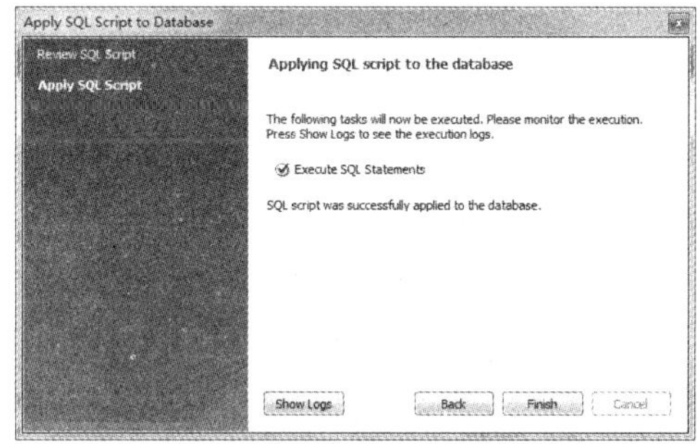

图 4-65

08 单击 Finish 按钮，关闭对话框，完成数据表的创建，在 SCHEMAS 选项区中单击 book 数据库前面的小三角图标，展开该数据表，单击 Tables 选项前面的小三角图标，可以看到在名为 book 数据库中所创建的名为 book_list 的数据表，如图 4-66 所示。

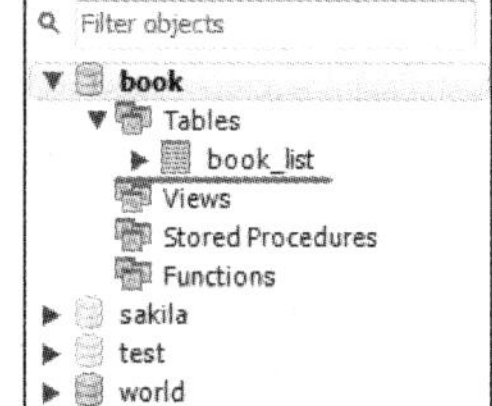

图 4-66

4.4.4 添加数据

完成数据库和数据表的创建后，默认情况下，数据表中没有任何数据，是一个空的数据表，在 MySQL Workbench 中可以轻松地在数据表中添加数据记录并且对数据记录进行编辑。

通过前面的学习可以知道，通过 INSERT 命令可以向数据表中插入新的记录，通过 UPDATA 命令可以对数据表中现在的数据记录进行修改更新。在 MySQL Workbench 中同样可以轻松地实现数据的插入和更新，而且不需要编辑任何代码。

实战 向数据表插入和编辑数据

最终文件：无　　视频：视频 \ 第 4 章 \4-4-4.mp4

01 完成数据库和数据表的创建后，在 MySQL Workbench 工作界面左侧的 SCHEMAS 选项区中选择需要添加数据的数据表，如图 4-67 所示。在该数据表名称上单击鼠标右键，在弹出的菜单中选择 Select Rows-Limit 1000 命令，如图 4-68 所示。

图 4-67

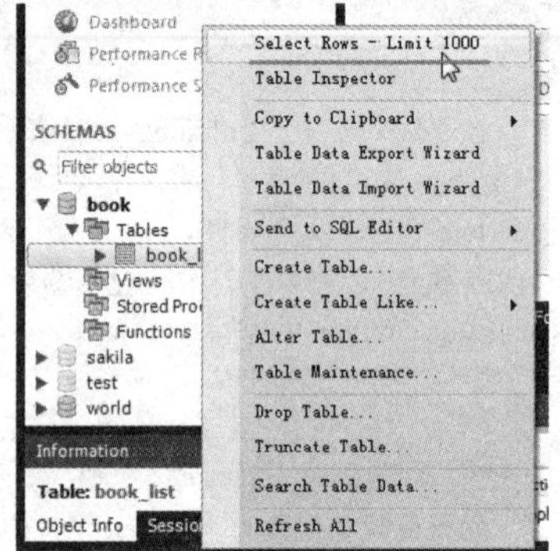

图 4-68

提示

在数据表的右键快捷菜单中，不但可以执行数据的添加命令，还可以执行查询数据、复制数据、修改表结构和删除表格等操作。

02 弹出以该数据表名称命名的选项卡，上半部分显示查询数据的 SQL 语句，下半部分是以表格的形式显示的数据表中的数据，如图 4-69 所示。可以直接在下半部分的数据表格中添加相应的数据，如图 4-70 所示。

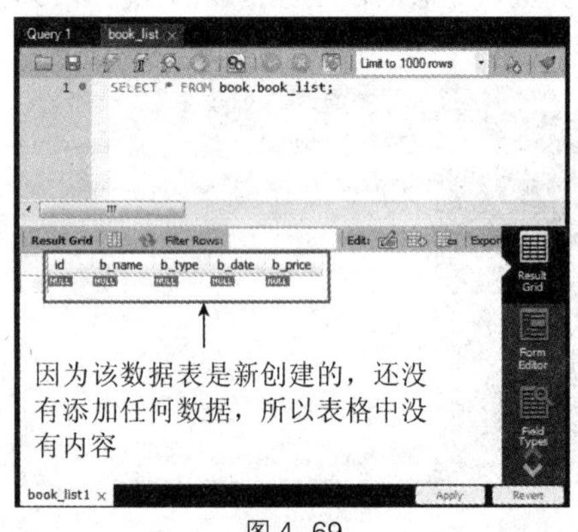

图 4-69

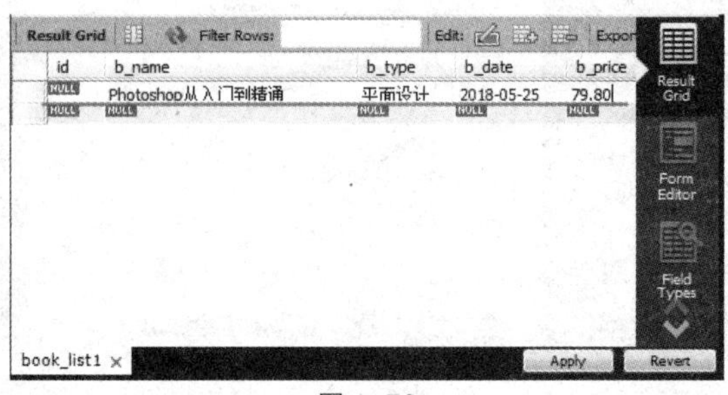

图 4-70

提示

在插入数据时，因为 id 字段为主键，并且选中 AI 复选框，其值会自动递增，所以在添加数据时，id 字段可以不填写任何内容。

03 完成各字段数据的添加后，单击 Apply 按钮，显示生成的可编辑的添加数据的 SQL 语句，如图 4-71 所示。

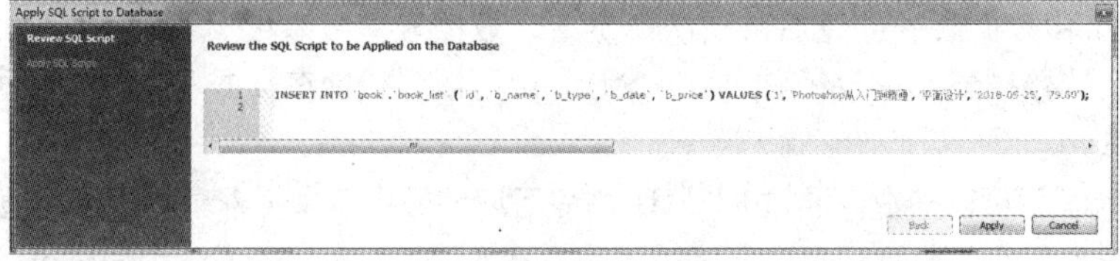

图 4-71

04 单击 Apply 按钮，即可向指定的数据表中添加数据，完成数据添加后，显示如图 4–72 所示的对话框。单击 Finish 按钮，关闭对话框，完成数据的添加。根据前面的操作步骤，再次查询该数据表中的数据，可以看到刚添加到数据表中的数据记录，如图 4–73 所示。

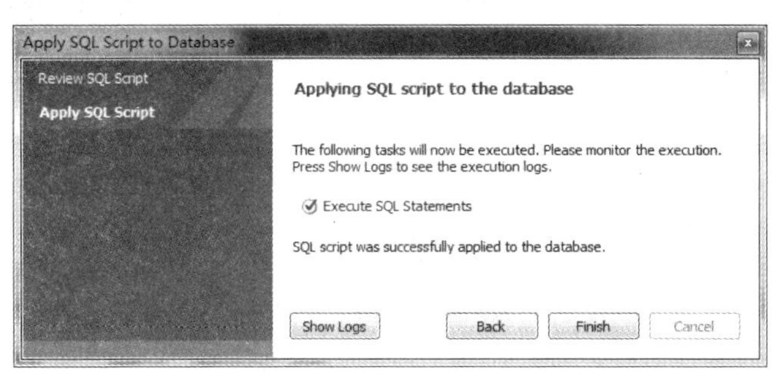

图 4–72

图 4–73

05 如果对数据表中现有的数据记录进行编辑，可以直接在数据字段中单击进行修改，如图 4–74 所示。修改完成后单击 Apply 按钮，显示生成的可编辑的更新数据的 SQL 语句，如图 4–75 所示。

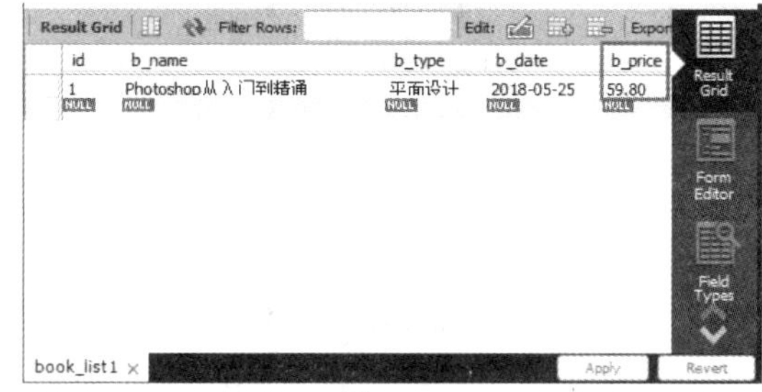

图 4–74

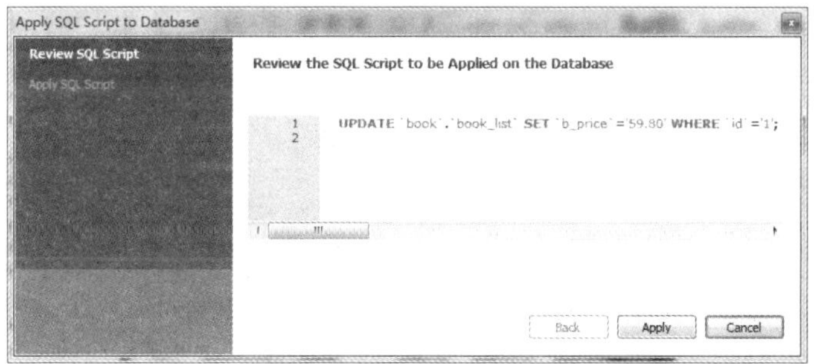

图 4–75

06 单击 Apply 按钮，即可对数据表中的数据内容进行修改，完成数据修改后，显示如图 4–76 所示的对话框。单击 Finish 按钮，关闭对话框，完成数据的修改。

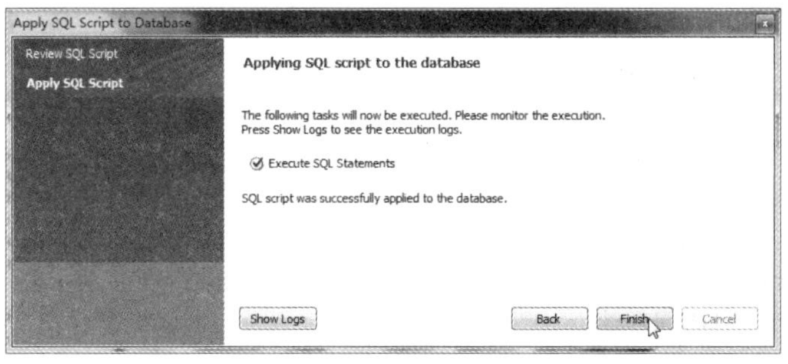

图 4–76

4.4.5　备份与还原数据库

数据库的备份是非常重要的操作，如果因为突然断电或系统崩溃等原因导致数据丢失，将会带来很大的损失，因此定期对数据库进行备份绝对是一件有益无害的事情。

使用 MySQL Workbench 管理工具能够轻松地完成数据库的备份与还原操作。下面通过一个案例操作介绍数据库备份与还原的操作。

实战 使用 MySQL Workbench 进行数据库备份与还原操作

最终文件：无　　　　视频：视频\第 4 章\4-4-5.mp4

01 进入 MySQL Workbench 管理工作界面中，单击左侧 MANAGEMENT 栏中的 Data Export(数据导出) 超链接，在工作界面中显示 Data Export(数据导出) 选项卡，如图 4-77 所示。

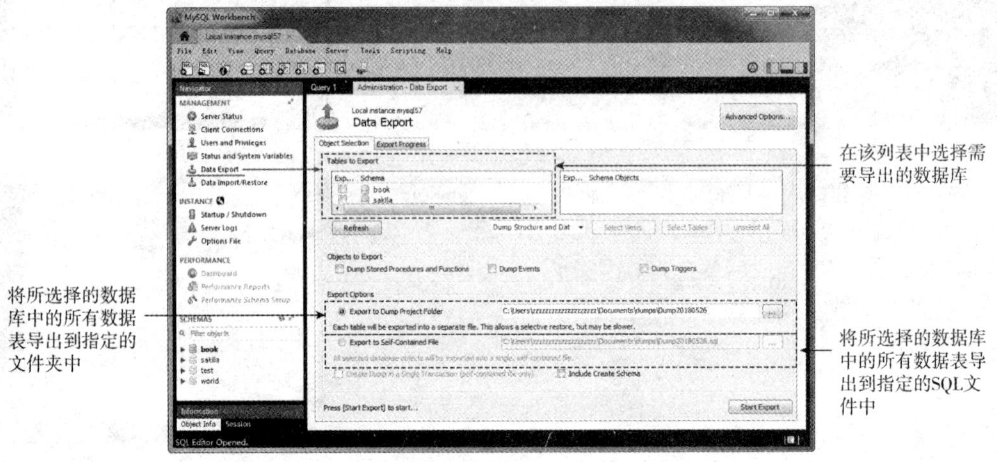

图 4-77

02 在 Tables to Export 选项区中选择要导出的数据库，在下方的 Export Options 选项区中选中 Export to Self-Contained File 单选按钮，如图 4-78 所示。并且选择所导出文件的存储位置，为导出的文件进行命名，如图 4-79 所示。

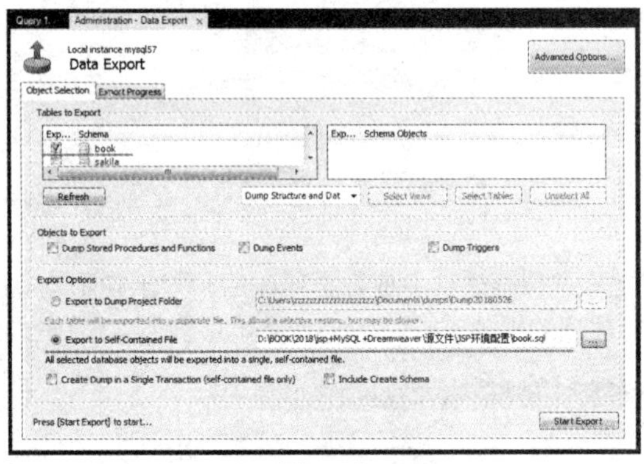

图 4-78

图 4-79

技巧

在 Tables to Export 选项区中选择需要备份的数据库时，默认会对该数据库中的所有数据表进行备份，当然也可以只对所选择数据库中的部分数据表进行备份。方法是：单击该数据库名称，在其右侧会显示该数据库中的所有数据表，这时可以在右侧的列表中选择指定的数据表进行备份。

03 单击 Start Export 按钮，显示数据库的导出进度，如图 4-80 所示。完成所选择数据库的导出后，在所选择的导出数据库文件的位置可以看到导出的数据库生成的 .sql 文件，如图 4-81 所示。

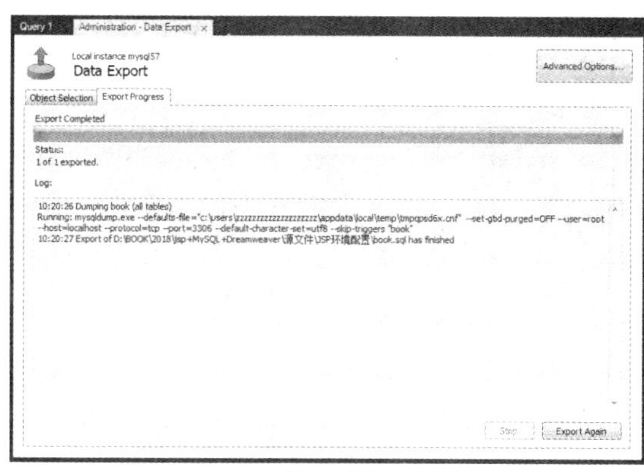

图 4-80

图 4-81

04 完成数据库的导出后，在左侧选择名称为 book 的数据库，在该数据库名称上单击鼠标右键，在弹出的菜单中选择 Drop Schema 命令，如图 4-82 所示。弹出提示对话框，单击 Drop Now 选项，即可将该数据库删除，如图 4-83 所示。

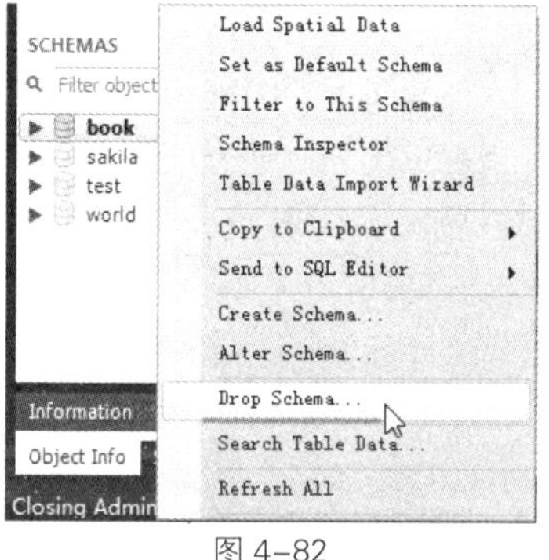

图 4-82

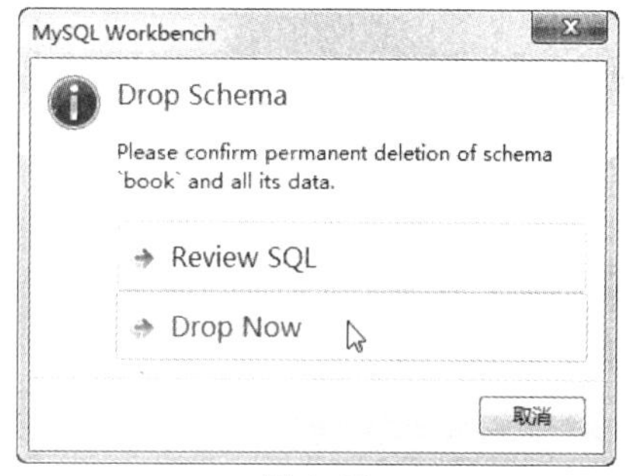

图 4-83

05 在左侧的 SCHEMAS 选项区中可以看到名称为 book 的数据库已经被删除，如图 4-84 所示。接下来导入数据库，单击左侧 MANAGEMENT 栏中的 Data Import/Restore(数据导入 / 恢复) 超链接，在工作界面中显示 Data Import/Restore(数据导入 / 恢复) 选项卡，如图 4-85 所示。

图 4-84

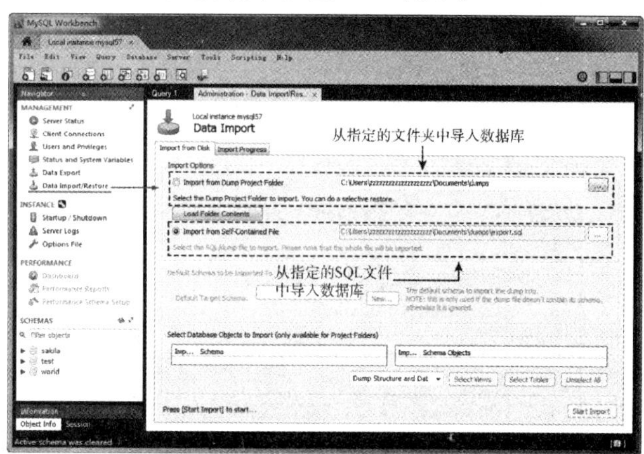

图 4-85

06 因为要从 SQL 文件导入数据库，所以选择 Import from Self-Contained File 选项，单击该选项后面的浏览按钮，在弹出的“打开”对话框中选择需要导入的数据库 SQL 文件，如图 4-86 所示。单击“打开”按钮，返回 Workbench 管理工作界面中，设置如图 4-87 所示。

图 4-86

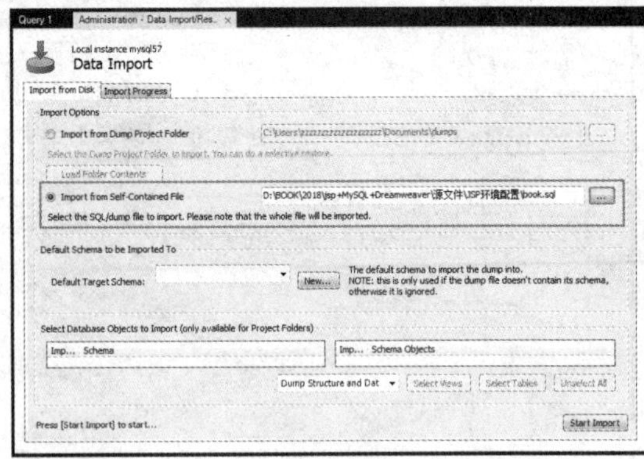

图 4-87

07 在 Default Schema to be Imported To 选项区中选择将所选择的备份文件导入哪个数据库中，但是因为我们刚才已经将名称为 book 的数据库删除了，所以这里单击 New 按钮，在弹出的 CreateSchema 对话框中新建一个数据库，如图 4-88 所示。单击 OK 按钮后，在 Default Schema to be Imported To 选项区中默认选择刚创建的数据库，如图 4-89 所示。

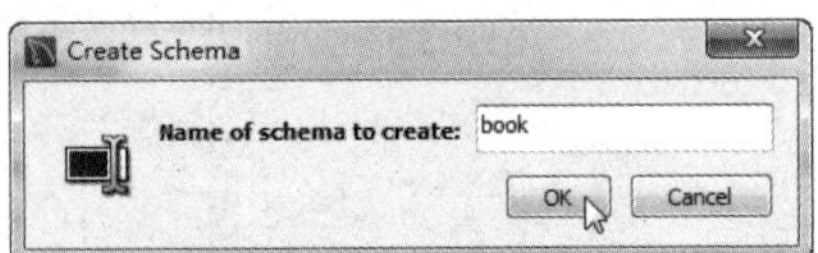

图 4-88

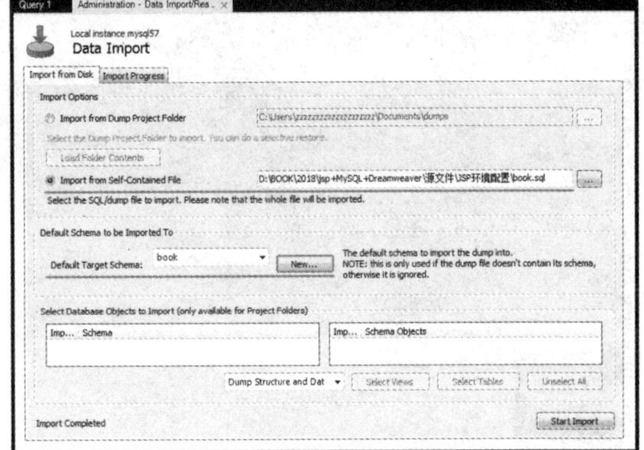

图 4-89

提示

在 MySQL Workbench 中对数据库进行备份及还原操作，实际上是对所选择数据库中的数据表进行备份和还原操作。所以当我们需要在 MySQL Workbench 中导入所备份的数据库文件时，必须选择将该备份文件还原到那个数据库中，如果不选择，则导入会出现错误。

08 单击 Start Import 按钮，显示数据库的导入进度，如图 4-90 所示。完成所选择数据库的导入后，在 Workbench 工作界面左侧的 SCHEMAS 选项区中刷新一下，就能看到刚导入的数据库中的数据表了，如图 4-91 所示。

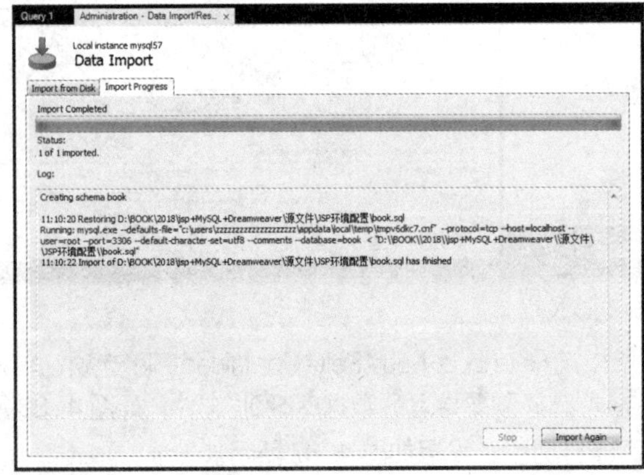

图 4-90

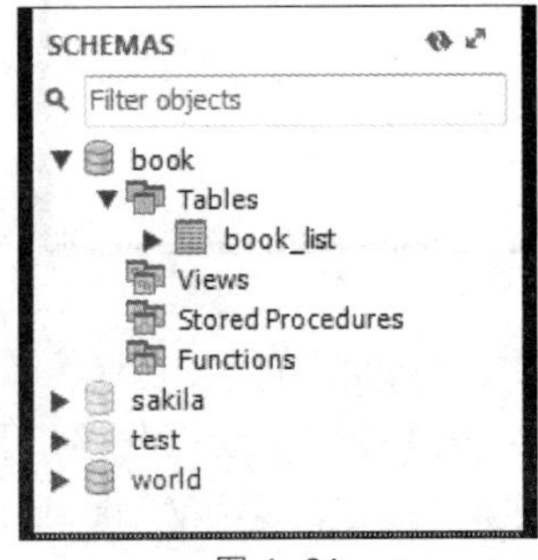

图 4-91

第5章 JSP网站开发基础操作

Dreamweaver 提供了方便的图形化界面，只要使用鼠标选择，输入一些基本设置参数就能够与数据库实现交互，包括创建数据库连接，以及查询、新增记录、更新记录、删除记录等操作。在本章中将向读者介绍使用 Dreamweaver 开发 JSP 动态网站的相关面板和操作方法，本章也是使用 Dreamweaver 开发动态网站的基础。

本章知识点：

- 了解动态网站开发流程
- 掌握 Dreamweaver 动态网站开发环境的实现方法
- 认识并理解“数据库”“绑定”和“服务器行为”面板
- 了解动态内容源
- 掌握动态网站开发前的准备工作
- 理解 JSP 程序连接数据库的原理
- 掌握使用 Dreamweaver 连接 MySQL 数据库的方法
- 掌握创建并使用数据记录集的方法
- 掌握数据记录的插入、更新和删除方法
- 掌握解决中文乱码的方法

5.1 使用 Dreamweaver 开发动态网站的关键步骤

使用 Dreamweaver 开发动态网站也要遵循一定的开发流程，本节将向读者介绍在 Dreamweaver 中设计开发动态网站所必需的几个关键步骤。

1. 设计静态网站页面

在设计任何网站（无论是静态的还是动态的）时，页面的视觉效果设计都是至关重要的一步。当向网页中添加动态元素时，页面的设计对于其可用性也非常重要。

将动态内容合并到网页的常用方法是创建一个显示内容的 Div，然后将动态内容导入该 Div 中。使用该方法，可以用一种结构化的格式表示各种类型的信息。

2. 创建动态内容源

动态网站需要一个内容源，在将数据显示在网页上之前，动态网站需要从该内容源提取这些数据。在 Dreamweaver 中，这些数据源可以是数据库、请求变量、服务器变量、表单变量和预存过程。

3. 向静态网页添加动态内容

定义记录集或其他数据源并将其添加到“绑定”面板后，用户可以将该记录集所代表的动态内容插入页面中。Dreamweaver 的可视化操作界面使添加动态内容元素非常简单，只要在“绑定”面板中选择动态内容源，然后将其插入当前页面内的适当文本、图像或表单对象中即可。

将动态内容元素或其他服务器行为插入页面中时，Dreamweaver 会将一段服务器端脚本插入该页面的源代码中。该脚本指示服务器从定义的数据源中检索数据，然后将数据呈现在该网页中。

4. 实现动态网页功能

除了添加动态内容外，用户还可以通过使用服务器行为轻松地将复杂的应用程序逻辑合并到网页中。“服务器行为”是预定义的服务器端代码片段，这些代码向网页添加应用程序逻辑，从而提供更强的交互性能和功能。如果要向页面添加服务器行为，用户可以从“服务器行为”面板中选择需要添加的功能。

提示

Dreamweaver 中的服务器行为可以向 Web 站点添加应用程序逻辑，而不必亲自编写代码。并且，Dreamweaver 中的服务器行为支持 ColdFusion、ASP、PHP 和 JSP 文档类型。服务器行为经过精心的编写和仔细的测试，达到快速、安全和可靠的目的。Dreamweaver 中的内置服务器行为支持跨平台网页，适用于所有浏览器。

此外，用户还可以通过编写自己的服务器行为，或者安装由第三方编写的服务器行为来扩展 Dreamweaver 的服务器行为。

5. 测试功能

在完成网站中动态应用程序的开发和制作后，需要对其功能进行测试，测试功能的完整性和正确性，从而使整个网站能够正常地运行。建议先在本地测试服务器中对站点功能进行测试，测试没有问题后再将网站上传到远程服务器。

5.2 Dreamweaver 动态网站开发环境

在使用 Dreamweaver 对 JSP 网站进行开发之前，首先要熟悉 Dreamweaver 中用于开发动态网站的相关面板，包括“数据库”“绑定”和“服务器行为”面板，通过这些面板的操作使 JSP 动态网站的开发过程更加高效。需要注意的是，在 Dreamweaver CC 及以上版本中，默认并没有提供这 3 个动态开发面板，用户需要通过安装扩展的方式来获得。

5.2.1 安装 JSP 动态网站开发扩展

从 Dreamweaver CC 开始，精简了用于可视化动态网站开发的“数据库”“绑定”和“服务器行为”面板，并且精简了 JSP 动态网站开发的相关功能，将这两部分功能作为扩展程序的形式提供给需要的用户。如果要使用 Dreamweaver 来开发 JSP 动态网站，则必须安装以下两个扩展程序。

- Deprecated_ServerBehaviorsPanel_Support.zxp：该扩展程序用于在 Dreamweaver 中实现可视化动态网站开发的“数据库”“绑定”和“服务器行为”面板。
- JSP_Support.zxp：该扩展程序用于使 Dreamweaver 支持 JSP 动态网站的开发。

打开 Adobe Extension Manager CC 软件，如图 5-1 所示。在界面左侧选择相关联的 Dreamweaver CC，单击界面右上方的“安装”按钮，如图 5-2 所示。

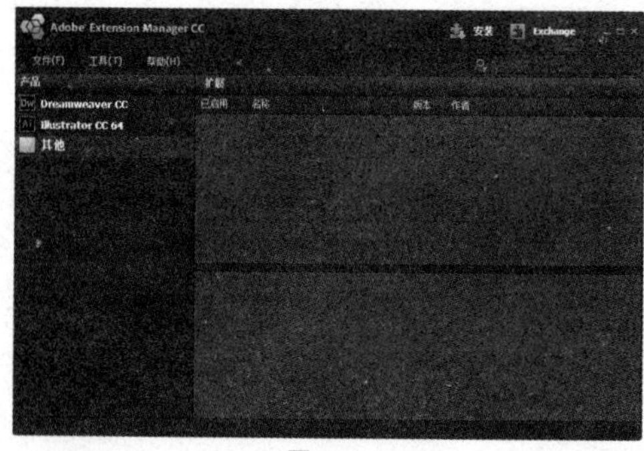

图 5-1

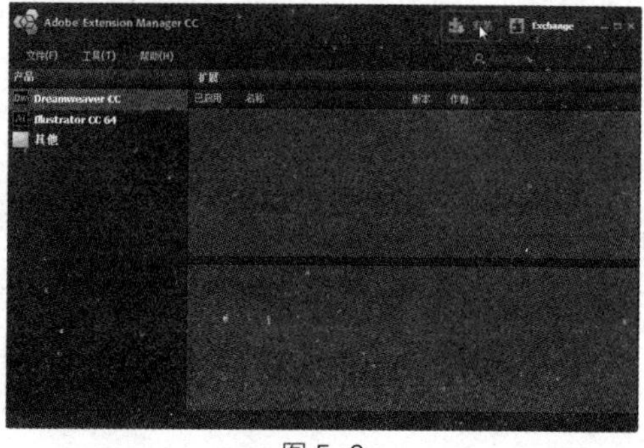

图 5-2

> **提示**
>
> 扩展是一段可以添加到 Adobe 应用程序从而增强应用程序的软件。使用 Adobe Extension Manager CC，用户可以在许多 Adobe 应用软件中轻松便捷地安装和删除扩展，并查找关于已安装的扩展的信息。它还提供了导航到 Adobe Exchange 网站的便捷方式，用户可以在该网站上找到更多的扩展功能。

在弹出的对话框中，找到 Dreamweaver CC 安装目录中的 configuration\DisabledFeatures 文件夹，选择需要安装的扩展文件 Deprecated_ServerBehaviorsPanel_Support.zxp，如图 5-3 所示。单击“打开”按钮，弹出该扩展功能安装说明窗口，如图 5-4 所示。

图 5-3

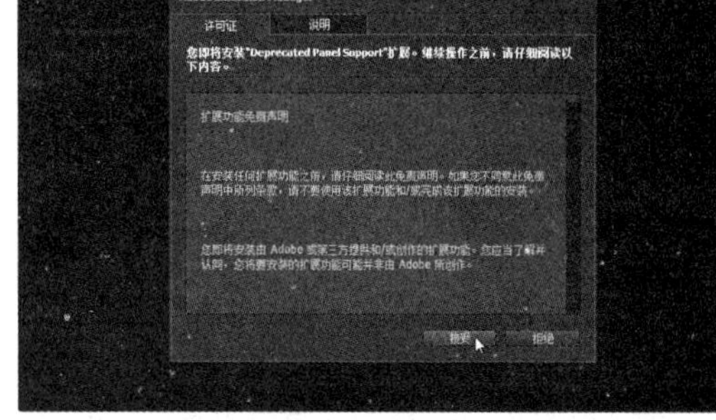

图 5-4

> **提示**
>
> 如果读者还没有安装 Adobe Extension Manager CC 软件，可以先安装该软件，否则无法在 Dreamweaver CC 中安装用于可视化动态网站开发的扩展功能。需要注意的是，所安装的 Dreamweaver CC 软件需要为官方正式完整版，否则可能无法正常安装相应的扩展功能。

单击“接受”按钮，即可开始安装该扩展功能，显示安装进度，如图 5-5 所示。完成该扩展功能的安装后，在 Adobe Extension Manager CC 软件窗口中将看到成功安装的扩展功能，如图 5-6 所示。

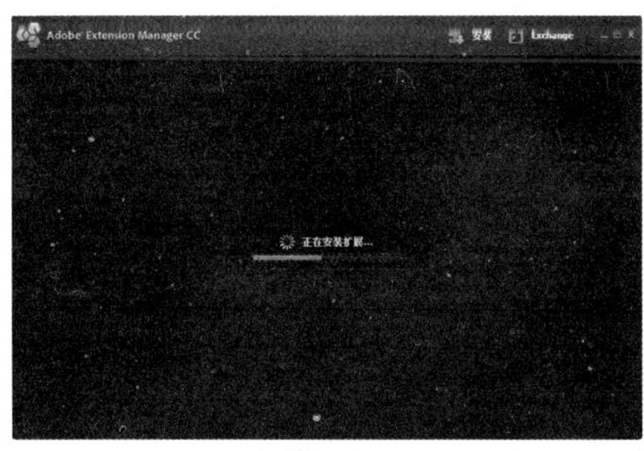

图 5-5

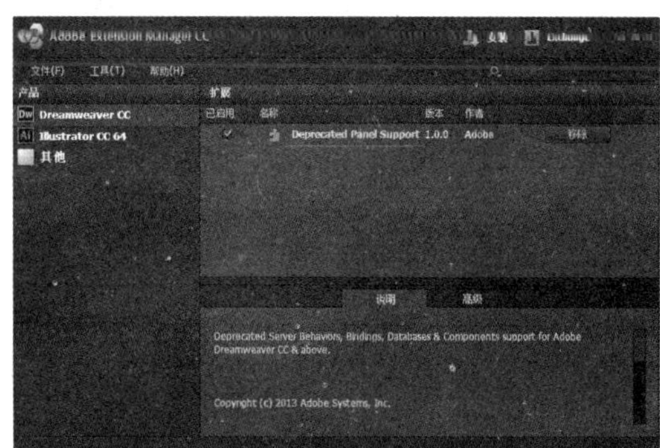

图 5-6

该扩展功能主要实现的是在 Dreamweaver 中为用户提供可视化动态网站开发的相关面板，但是 Dreamweaver CC 默认并不支持 JSP 网站程序的开发，所以还需要安装 JSP_Support.zxp 扩展程序，使 Dreamweaver CC 能够支持 JSP 网站程序的开发。

单击界面右上方的“安装”按钮，在弹出的对话框中选择要安装的扩展文件 JSP_Support.zxp，如图 5-7 所示。单击“打开”按钮，弹出该扩展功能安装说明窗口，如图 5-8 所示。

单击“接受”按钮，即可开始安装该扩展功能，显示安装进度，如图 5-9 所示。完成该扩展功能的安装后，在 Adobe Extension Manager CC 软件窗口中将看到成功安装的扩展功能，如图 5-10 所示。

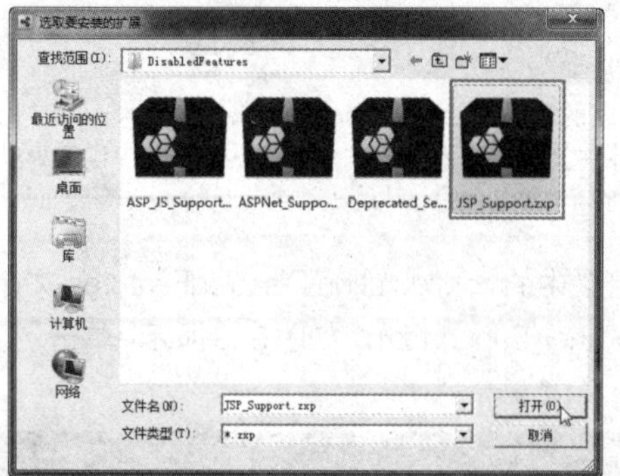

图 5–7

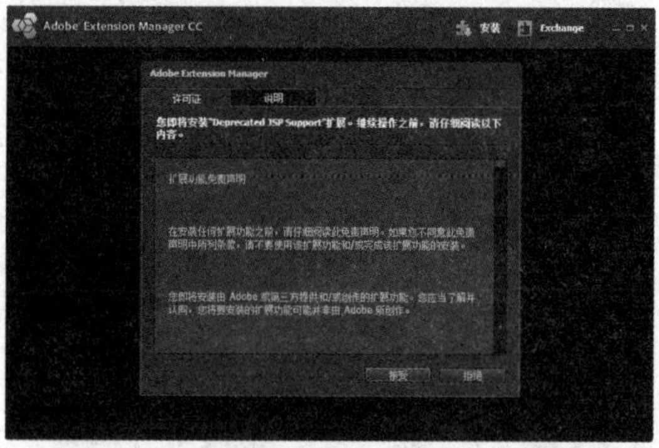

图 5–8

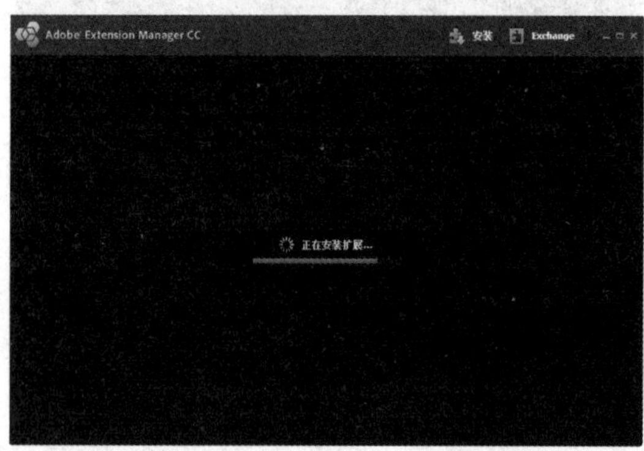

图 5–9

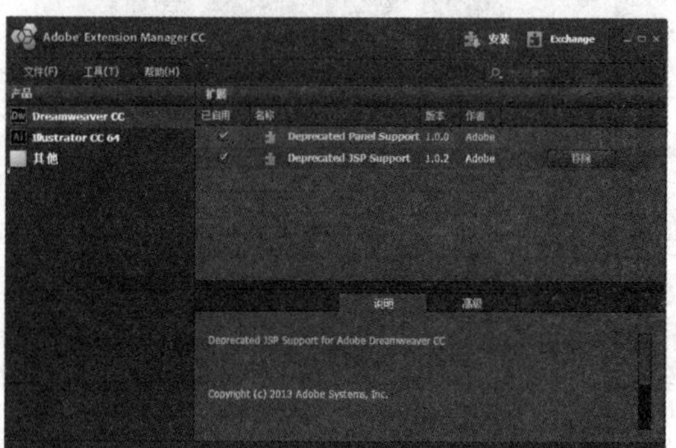

图 5–10

完成扩展程序的安装，在 Dreamweaver CC 的“窗口”菜单中可以看到已经出现了用于可视化开发动态网站的“服务器行为”“数据库”和“绑定”命令，如图 5–11 所示。分别打开这 3 个面板，可以看到 3 个面板的效果，如图 5–12 所示。

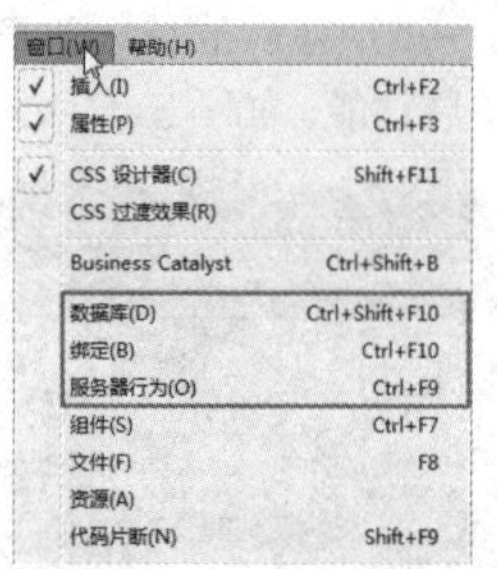

图 5–11

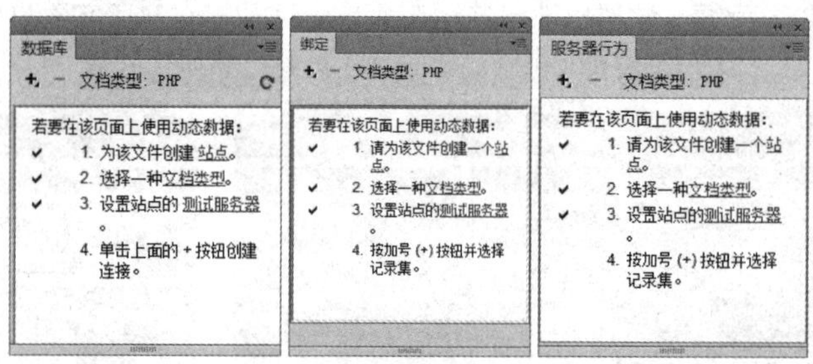

图 5–12

技巧 

Dreamweaver CS3 及以下版本默认支持 JSP 动态网站开发，并且默认提供了可视化动态网站开发的相关面板。Dreamweaver CS4 至 Dreamweaver CS6 版本默认提供了可视化动态网站开发的相关面板，但默认并不支持 JSP 动态网站开发，需要安装 JSP_Support.zxp 扩展程序。而 Dreamweaver CC 及以上版本默认并不提供可视化动态网站开发的相关面板，也不支持 JSP 动态网站开发，这就需要同时安装 Deprecated_ServerBehaviorsPanel_Support.zxp 和 JSP_Support.zxp 这两个扩展程序。

如果用户对于软件版本并没有什么要求，建议使用低版本的 Dreamweaver 来开发 JSP 动态网站。

5.2.2 认识动态网站开发相关面板 

首先来认识一下 Dreamweaver 中的 JSP 选项卡、“数据库”面板、“绑定”面板、“服务器行为”面板和“组件”面板。

1. “插入”面板中的 JSP 选项卡

在 Dreamweaver 中新建或者打开一个 JSP 页面，在“插入”面板中会出现 JSP 选项卡，如图 5-13 所示。在“插入”面板中选择 JSP 选项卡，即可切换到 JSP 选项卡中，在该选项卡中提供了一组按钮，使用这些按钮可以将动态内容和服务器行为添加到 JSP 页面中，如图 5-14 所示。

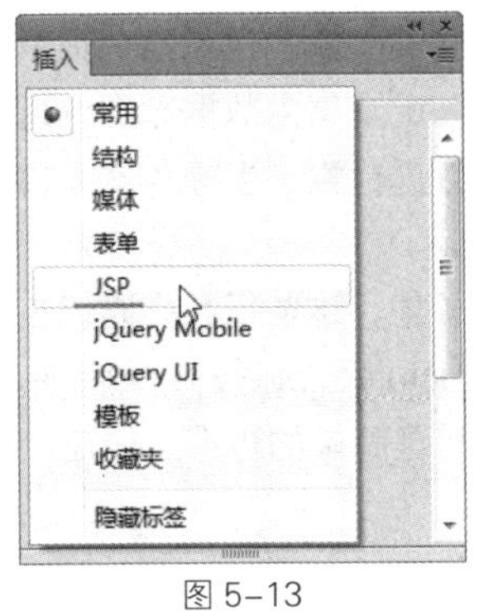

图 5-13

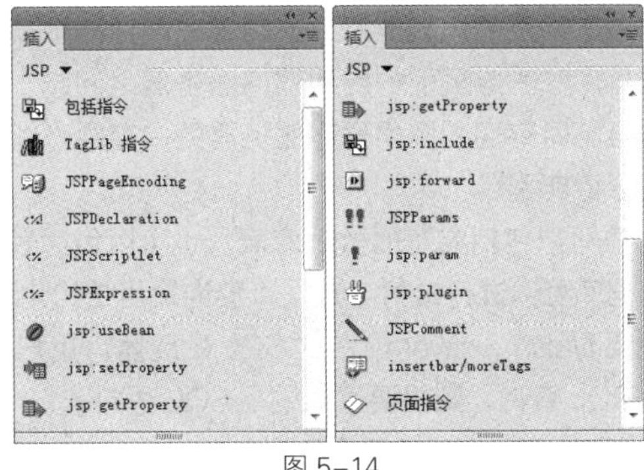

图 5-14

2. “数据库”面板

执行“窗口”>“数据库”命令，可以打开“数据库”面板，该面板主要用于在 Dreamweaver 中创建 JSP 网页与不同类型数据库之间的数据库连接，如图 5-15 所示。

3. “绑定”面板

执行“窗口”>“绑定”命令，可以打开“绑定”面板，该面板主要用于创建数据库查询等操作，为网页创建动态内容的源，如图 5-16 所示。

4. “服务器行为”面板

执行“窗口”>“服务器行为”命令，可以打开“服务器行为”面板，该面板主要用于向动态网页添加服务器端逻辑。服务器行为是在设计时插入动态网页中的指令组，这些指令运行时在服务器上执行，如图 5-17 所示。

5. “组件”面板

“组件”面板只有在用户打开动态网页时才能被启用。执行“窗口”>“组件”命令，可以打开“组件”面板，在该面板中主要提供了检查、添加或修改 JavaBean 和 Web 服务的代码，如图 5-18 所示。

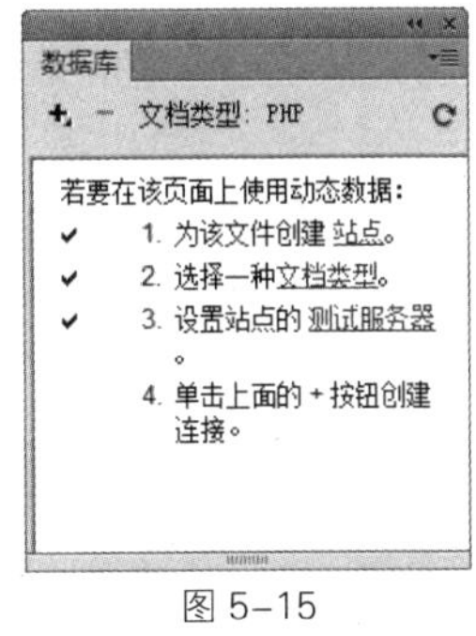

图 5-15

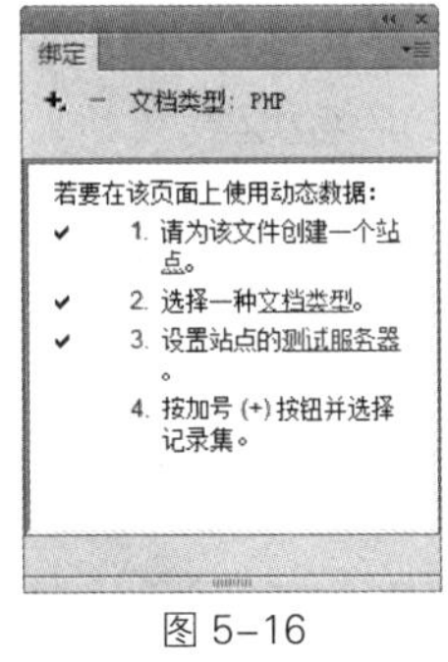

图 5-16

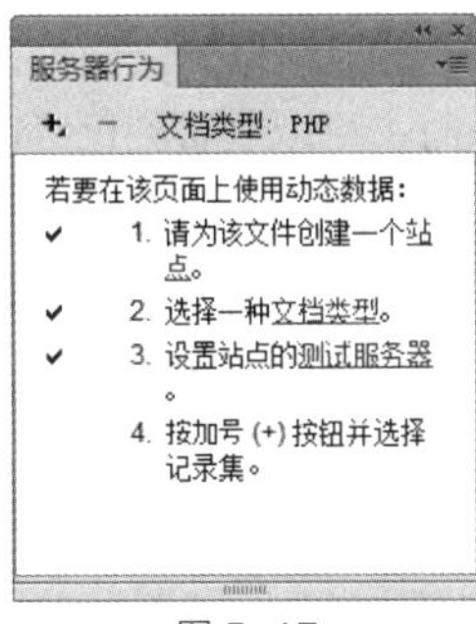

图 5-17

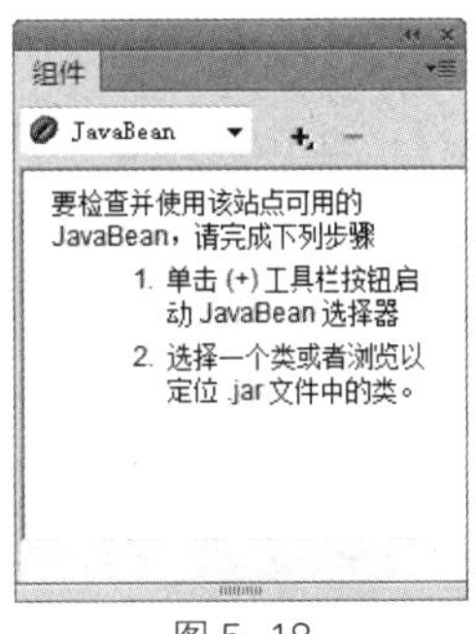

图 5-18

5.2.3 动态内容源

动态内容源是一个显示在 Web 页面中使用的动态内容的信息存储区，不仅包括存储在数据库中的信息，还包括通过 HTML 表单提交的值、服务器对象中包含的值以及其他内容源。

Dreamweaver 允许使用数据库记录、请求变量、URL 变量、服务器变量、表单变量、预存过程和其他动态内容源。在 Dreamweaver 中定义的任何动态内容源都被添加到“绑定”面板的内容源列表中，用户可以将内容源插入当前选定的页面。下面介绍几个 Dreamweaver 中常用的动态内容源。

1. 记录集

记录集是数据库查询的结果，它提取请求的特定信息，并允许在指定页面内显示该信息。将数据库用作动态网页的内容源时，必须首先创建一个要在其中存储检索数据的记录集。记录集在存储内容的数据库和生成页面的应用程序服务器之间起一种桥梁作用。记录集由数据库查询返回的数据组成，并且临时存储在应用程序服务器的内存中，以便进行快速数据检索。当服务器不再需要记录集时，就会将其丢弃。

记录集可以包括完整的数据库表，也可以包括表的行和列的子集，这些行和列通过在记录集中定义的数据库查询进行检索。数据库查询是用结构化查询语言 (Structured Query Language，SQL) 编写的，使用 Dreamweaver 附带的 SQL 生成器，用户可以轻松地创建简单的查询。但是，如果想创建复杂的 SQL 查询，则需要手动编写 SQL 语句。

2. URL 参数

URL 参数用于存储用户的检索信息，并且将用户提供的信息从浏览器传递到服务器。如果要定义 URL 参数，需要建立使用 GET 方法提交数据的表单或超文本链接。用户提交的信息附加到所请求页面的 URL 后面并传送到服务器。

URL 参数是附加到 URL 上的一个名称—值对。参数以问号“?”开始采用 name=value 的格式。如果存在多个 URL 参数，则参数之间用“&”符号隔开。

3. 表单参数

表单参数存储包含在网页的 HTTP 请求中的检索信息。如果创建使用 POST 方法的表单，则通过该表单提交的数据传递到服务器。将表单参数定义为内容源后，即可在页面中使用其值。例如，在制作在线邮寄结果页面时，就采用这种技术。

4. 会话变量

会话变量提供了一种机制，通过这种机制，将用户的信息存储下来，供 Web 应用程序所使用。通常，会话变量存储信息（通常是由用户提交的表单或 URL 参数），并使该信息在用户访问的持续时间中对应用程序的所有页都可用。

例如，当用户登录一个 Web 门户（从该门户可访问电子邮件、股票报价、天气预报和每日新闻）之后，Web 应用程序会将登录信息存储在一个会话变量中，该变量在所有站点页面中标识该用户。这样，当用户浏览整个站点时，可以只看到已经选中的内容类型。

会话变量还可以提供一种超时形式的安全机制，这种机制在用户账户长时间不活动的情况下，终止该用户的会话。如果用户忘记从 Web 站点注销，这种机制还会释放服务器内存和处理资源。在 Dreamweaver 中，会话变量也称为阶段变量。

5.3 开发前的准备工作

在对一个动态网站或系统功能进行开发之前，设计者首先要对该系统功能进行细致的分析，根据对系统功能的分析创建相应的 MySQL 数据库和数据表，用于存放系统功能中的网站数据，然后才能在 Dreamweaver 中创建动态网站站点并进行动态网站开发。

5.3.1 系统功能分析

本章通过一个“图书管理系统”来介绍 Dreamweaver 中内置服务器行为的使用方法。本系统分为两个部分，第一部分是信息显示部分，此部分只需要完成信息列表以及单击进入详细的信息显示页面。第二部分是信息管理部分，可以对添加新的记录、修改以及删除现有记录的操作，其总体构架如图 5–19 所示。

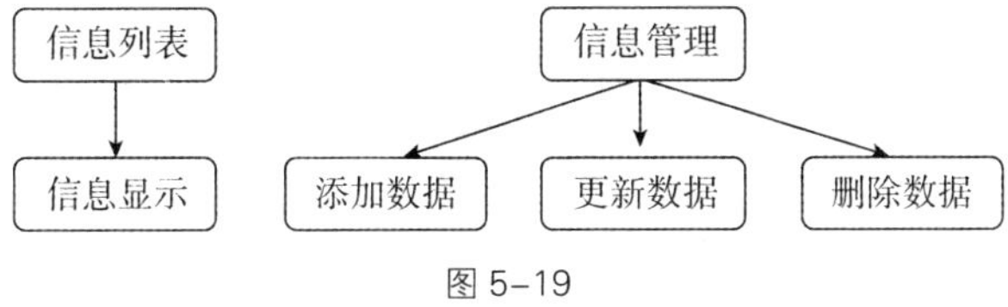

图 5–19

提示

在开发一个动态网站时，前期规划网站架构是一件很重要的事情，至少在脑海中需要有这个网站的雏形，例如大概有哪些页面、页面之间的关系等。数据库的架构规划也是一样的，需要哪些数据表和字段、如何跟网页配合等都是很重要的事情。

在本章所制作的图书管理系统中主要包含 6 个页面，各页面说明如表 5–1 所示。

表 5-1 图书管理系统页面说明

页面	说明
index.jsp	图书管理系统首页面，该页面用于查询并显示数据库中所有的数据记录，并且以列表的形式进行显示
show.jsp	详细信息显示页面，在首页中单击某条数据记录名称跳转到该页面，在该页面中接收 URL 传递的 id 参数，在数据库中查询对应的数据记录，并在该页面中显示该数据记录的相关内容
admin.jsp	后台数据记录管理页面，查询并显示数据库的所有数据记录，以列表的形式显示，并且在每条数据记录后面提供“修改”和“删除”超链接
add.jsp	添加数据记录页面，在该页面的表单中输入相应的信息内容，可以通过该页面将所填写的信息添加到数据库中
updata.jsp	更新数据记录页面，在该页面中接收 URL 传递的 id 参数，在数据库中查询对应的数据记录，在该页面中显示该数据记录的相关内容，并且对相关内容进行修改，修改后直接更新数据库中的该条信息记录
delete.jsp	删除数据记录页面，在该页面中接收 URL 传递的 id 参数，在数据库中查询对应的数据记录，并在数据库中将该条记录删除

5.3.2 创建 MySQL 数据库

完成系统功能的分析，接下来就可以设计 MySQL 数据库，创建数据库也是网站设计过程中非常重要的步骤，对系统中需要使用到的数据表以及各字段进行仔细的分析，这样可以避免在网站制作的过程中频繁地修改 MySQL 数据库，造成不必要的麻烦。

通过前面的分析，已经对“图书管理系统”有了清晰的思路，在数据库的设计中主要在数据表中存储图书名称、图书分类、出版日期和价格信息。

在 4.4 节中已经详细介绍了使用 MySQL Workbench 创建数据库和数据表的操作方法，并且已经创建了一个名称为 book 的数据库，在该数据表中创建了一个名称为 book_list 的数据表，本章中所制作的“图书管理系统”将直接使用该数据库。

打开 MySQL Workbench 初始界面，单击 Local instance mysql57 超链接，在弹出的对话框中输入 MySQL 数据库的管理密码，如图 5–20 所示。单击 OK 按钮，成功登录到 MySQL 数据库的管理工作界面，如图 5–21 所示。

在左侧的 SCHEMAS 选项区中选择需要查询数据的数据表，在该数据表名称上单击鼠标右键，在弹出的菜单中选择 Select Rows–Limit 1000 命令，如图 5–22 所示。在弹出的选项卡中可以看到该数据表中目前已经存在的一条数据，如图 5–23 所示。

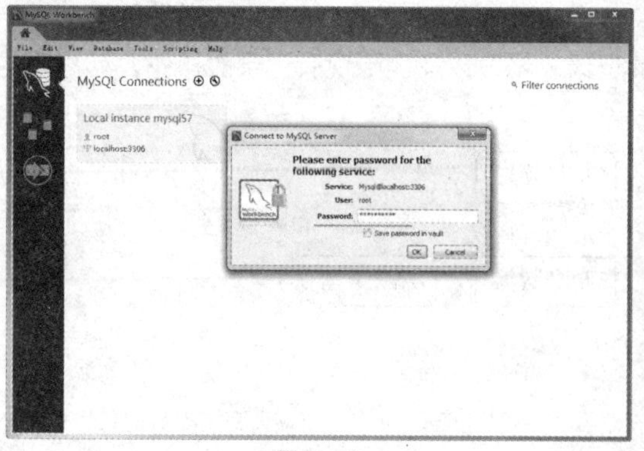
图 5-20

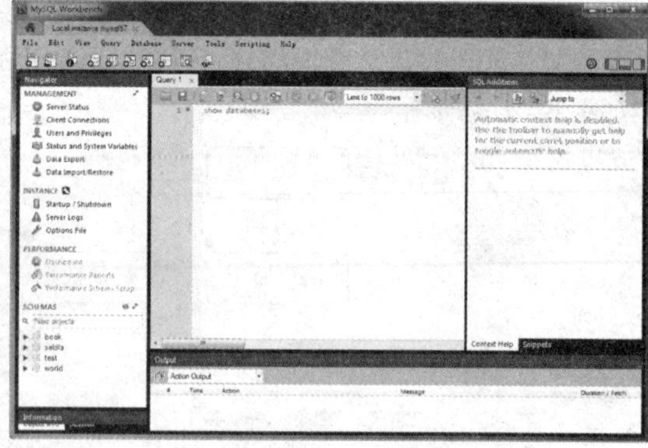
图 5-21

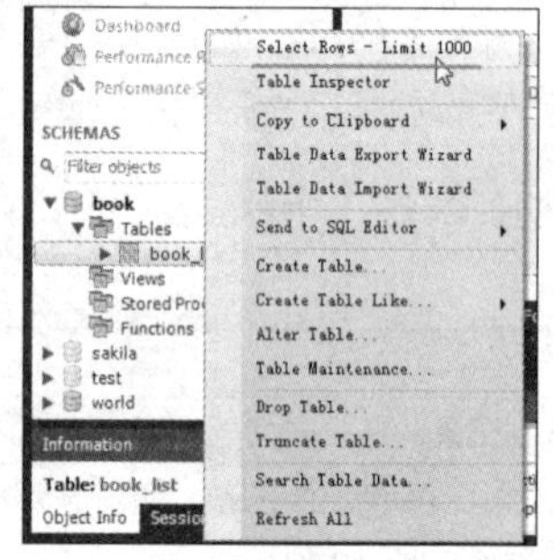
图 5-22

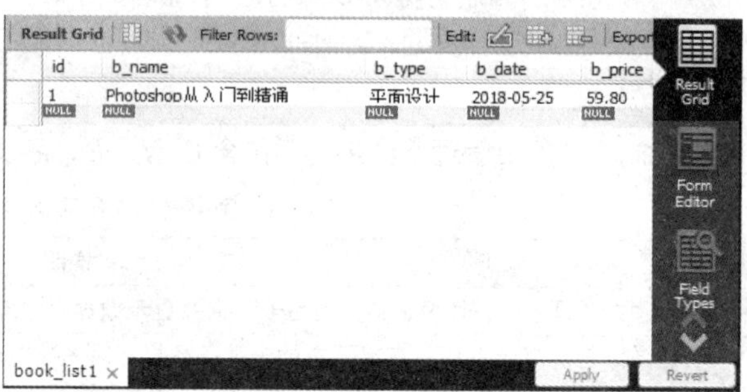
图 5-23

我们希望通过开发的网站程序来向数据表中写入数据，所以要将该条数据记录删除。在该数据记录行的左侧单击，选中整行数据记录，如图 5-24 所示。单击鼠标右键，在弹出的菜单中选择 Delete Row(s) 命令，如图 5-25 所示。

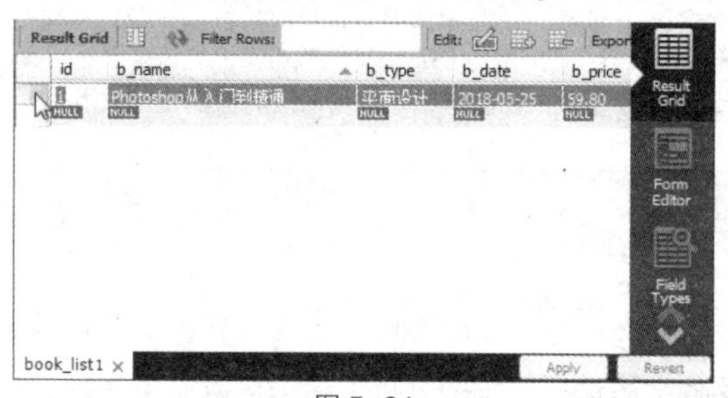
图 5-24

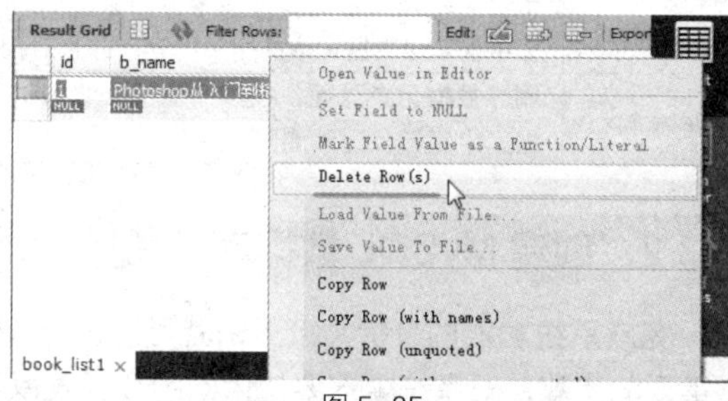
图 5-25

删除数据表中的该行数据，单击 Apply 按钮，如图 5-26 所示。显示生成的可编辑的删除数据的 SQL 语句，如图 5-27 所示。

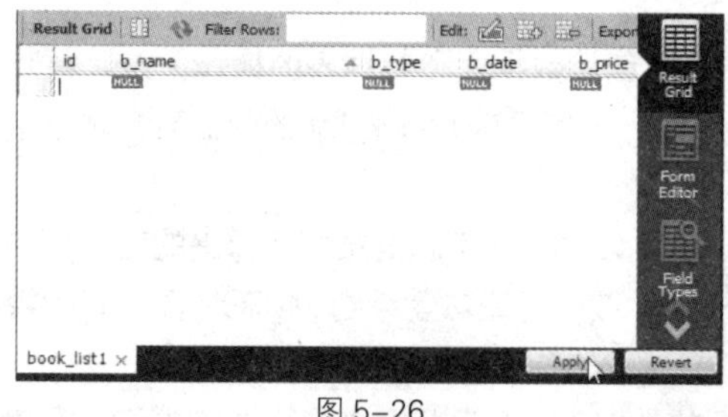
图 5-26

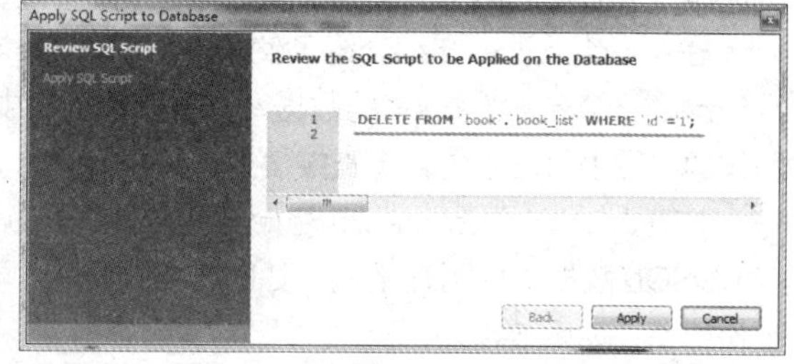
图 5-27

单击 Apply 按钮，即可将指定的数据删除，显示如图 5-28 所示的对话框。单击 Finish 按钮，关闭对话框，完成数据的删除。根据前面的操作步骤，再次查询该数据表中的数据，可以看到该数据表中目前并没有任何数据记录，如图 5-29 所示。

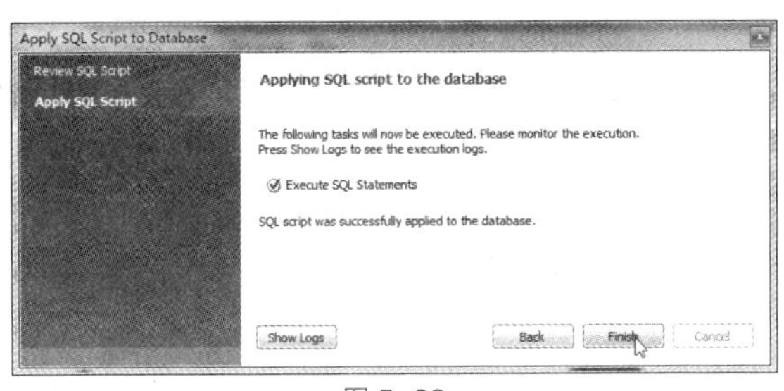

图 5-28

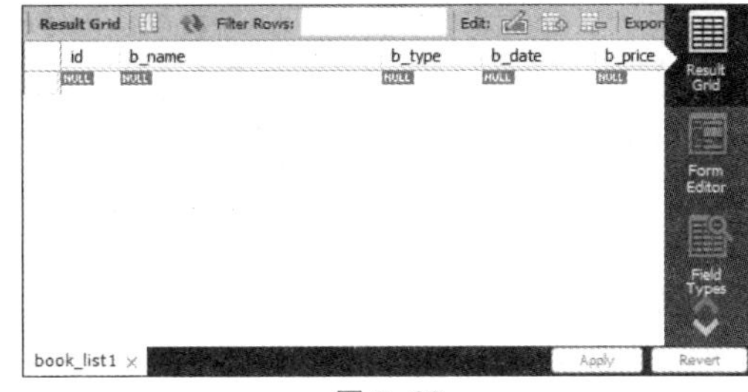

图 5-29

在左侧的 SCHEMAS 选项区中选择需要查看表结构的数据表，在该数据表名称上单击鼠标右键，在弹出的菜单中选择 Table Inspector 命令，如图 5–30 所示。在弹出的选项卡中切换到 Columns 选项卡，可以看到该数据表的字段设置，如图 5–31 所示。

图 5–30

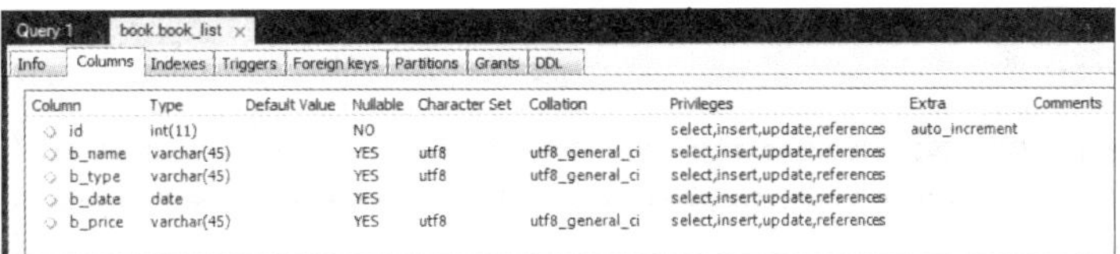

图 5–31

book_list 数据表中各字段的说明如表 5–2 所示。

表 5-2　book_list 数据表字段说明

字段名称	字段类型	说明
id	int(整数型)	用于存储记录编号，该字段为主键，并且数值自动递增，不需要用户提交数据
b_name	varchar(字符型)	用于存储图书名称
b_type	varchar(字符型)	用于存储图书类型
b_date	date(日期型)	用于存储图书上市日期
b_price	varchar(字符型)	用于存储图书价格

5.4 创建网站数据库连接

通常情况下，动态网站都需要与数据库一起使用，这就要求在开发动态网站之前必须连接到该数据库。如果没有数据库连接，则网站程序将不知道在何处找到数据库或如何与之连接。通过 Dreamweaver 可以很方便地创建 JSP 网站与数据库之间的连接，几乎不需要编写代码，只需要对相应的选项进行设置即可。

5.4.1 JSP 程序连接数据库服务器的原理

JSP 是通过预先写好的一系列函数来与数据库进行通信，向数据库发送指令、接收返回数据等都是通过 JDBC 接口函数来完成。如图 5–32 所示为一个普通的 JSP 程序与数据库进行通信的基本原理示意图。

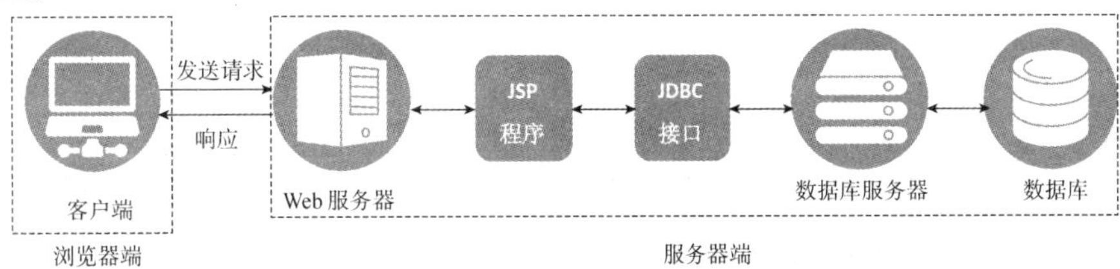

图 5–32

从 JSP 程序与数据库进行通信的示意图中可以看出，JSP 通过调用自身的专门用来处理数据库连接的 JDBC 接口函数，来实现与数据库通信。JSP 并不是直接操作数据库中的数据，而是把需要执行的操作以 SQL 语句的形式发送给数据库服务器，由数据库服务器来执行这些指令，并将结果返回给 JSP 程序。

提示

数据库服务器可以比作一个数据“管家”，其他程序需要调用数据库中的数据时，只需要向“管家”提出请求，“管家”就会根据要求进行相关的操作或返回相应的数据。

5.4.2 下载并安装 MySQL 数据库驱动 

数据库的种类繁多，JSP 程序连接数据库之前，首先根据所使用的数据库下载并安装合适的数据库驱动程序，通常这些驱动程序的扩展名是 .jar，这样才能使 JSP 程序与数据库正确创建连接。

本书使用的是 MySQL 数据库，可以从 MySQL 数据库的官方网站中下载 MySQL 数据库的 JDBC 驱动。

在浏览器地址栏中输入 MySQL 数据库官方下载地址 http://dev.mysql.com/downloads/，按 Enter 键，打开 MySQL 数据库官方下载页面，如图 5-33 所示。在页面左侧列表中单击 MySQL Connectors 超链接，进入该页面，在该页面中提供了多种不同的与 MySQL 数据库进行连接的驱动程序，如图 5-34 所示。

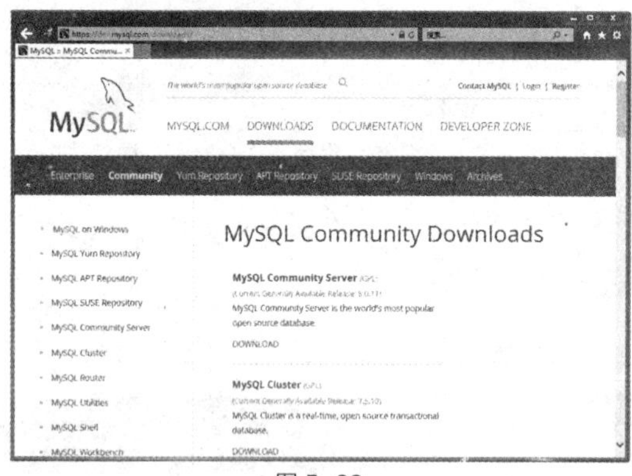

图 5-33

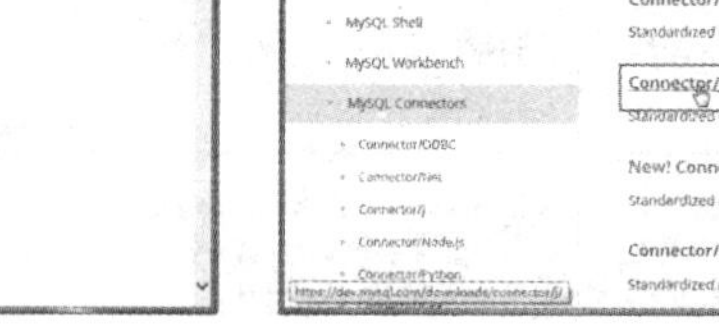

图 5-34

因为 JSP 程序需要使用 JDBC 驱动，所以这里在页面中单击 Connect/J 超链接，进入 JDBC 驱动程序下载页面，在该页面中默认显示最新的 JDBC 驱动，如图 5-35 所示。在页面中单击 Looking for previous GA versions? 超链接，查看历史版本，如图 5-36 所示。

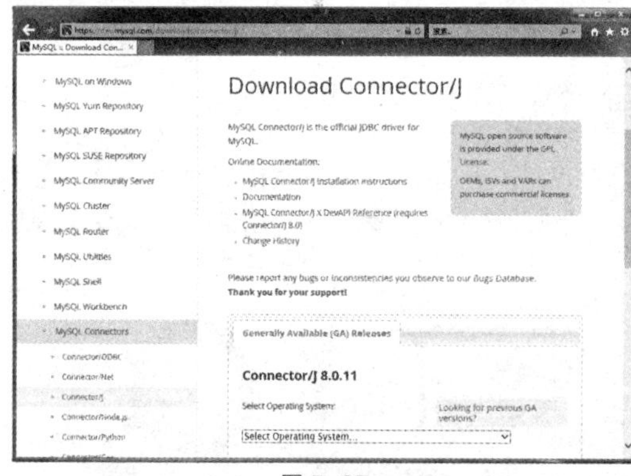

图 5-35

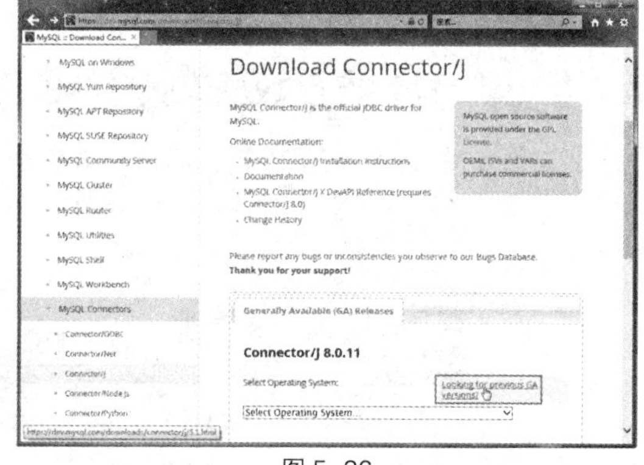

图 5-36

这里选择 5.1.46 版本的 JDBC 驱动，提供了两种不同压缩格式的文件，因为我们使用的是 Windows 操作系统，所以这里选择下载 ZIP 格式的文件，如图 5-37 所示。进入下载提示页面，显示相应的信息，单击页面下方的 No thanks,just start my download 超链接，直接进行下载，如图 5–38 所示。

图 5–37

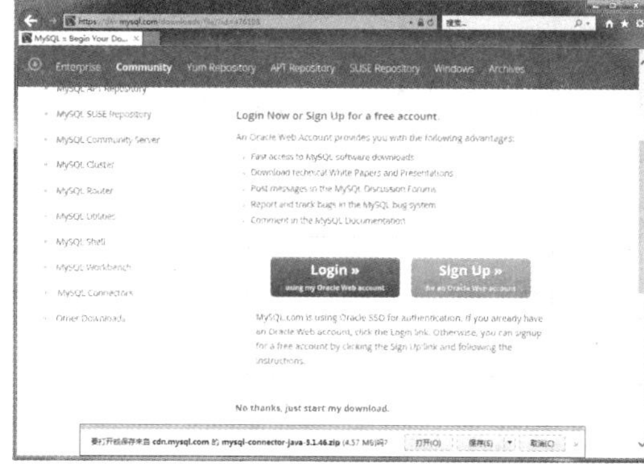

图 5–38

提示

在 JDBC 驱动文件的下载页面中可以看到提供了两种格式的压缩包文件供用户下载，其中扩展名为 .tar.gz 的压缩包文件主要是 Linux 或 OSX 操作系统中的压缩包文件，扩展名为 .zip 的压缩包文件是 Windows 操作系统中的压缩包文件。

单击“保存”按钮，即可下载所选择的 MySQL 数据库的 JDBC 驱动。下载完成后，在文件保存位置看到所下载的 mysql–connector–java–5.1.46.zip 压缩包文件，如图 5–39 所示。只需要将压缩包中的 mysql–connector–java–5.1.46–bin.jar 文件解压，如图 5–40 所示。

图 5–39

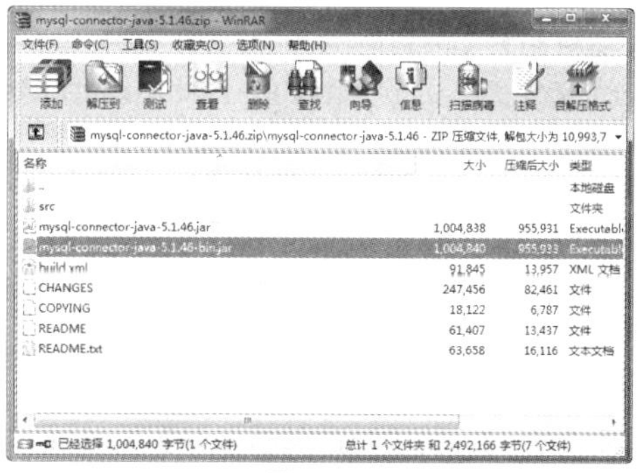

图 5–40

将解压得到的 mysql–connector–java–5.1.46–bin.jar 文件复制到 Tomcat 服务器的 lib 目录中，本书的目录为 D:\Program Files\Tomcat 8.0\lib，如图 5–41 所示。需要注意的是，安装完成 JDBC 驱动之后，必须重启 Tomcat 服务器才能生效。

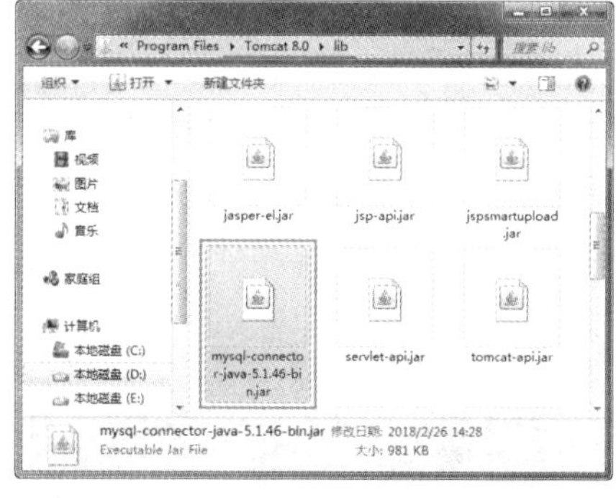

图 5–41

提示

必须安装 JDBC 驱动才能够使 JSP 网站与 MySQL 数据库成功创建连接。为了方便读者的使用，在本书的光盘中已经为用户准备了 MySQL 数据库的 JDBC 驱动压缩包，避免用户从官网下载的烦琐操作。

接下来使用 Dreamweaver 来创建 JSP 网站站点，并创建与 MySQL 数据库之间的连接。

5.4.3 在 Dreamweaver 中创建动态站点

在 Dreamweaver 中创建该“图书管理系统”的动态站点，因为这是一个 JSP 动态网站，所以在创建站点时需要设置站点测试服务器，只有正确地设置了测试服务器，才能在 Dreamweaver 软件中制作动态网站页面，可以随时通过 Dreamweaver 所设置的测试服务器来测试页面的执行。

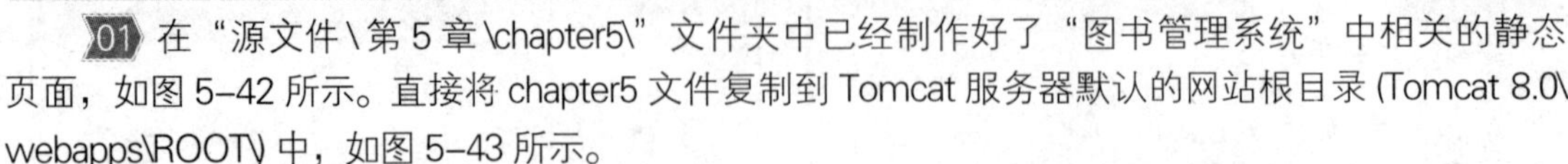

实战 创建图书管理系统站点

最终文件：无　　视频：视频 \ 第 5 章 \5-4-3.mp4

01 在“源文件 \ 第 5 章 \chapter5\”文件夹中已经制作好了“图书管理系统”中相关的静态页面，如图 5-42 所示。直接将 chapter5 文件复制到 Tomcat 服务器默认的网站根目录 (Tomcat 8.0\webapps\ROOT\) 中，如图 5-43 所示。

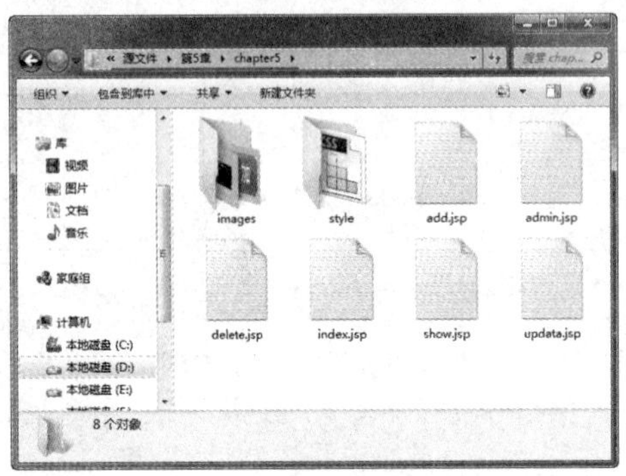
图 5-42

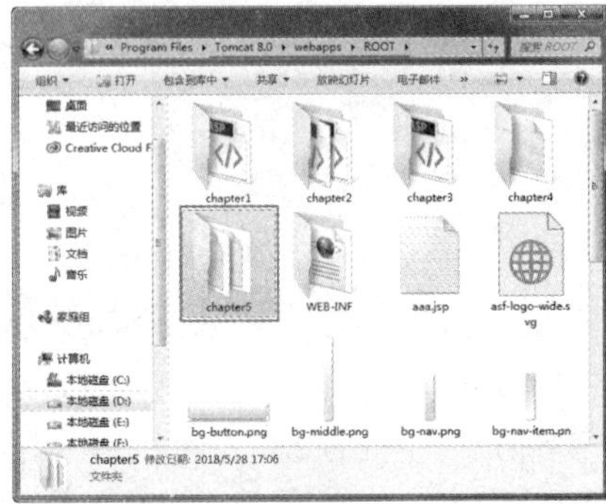
图 5-43

02 打开 Dreamweaver，执行“站点”>“新建站点”命令，弹出“站点设置对象”对话框，设置“本地站点文件夹”为 D:\Program Files\Tomcat 8.0\webapps\ROOT\chapter5\，如图 5-44 所示。在对话框左侧单击“服务器”选项，切换到服务器选项设置界面，如图 5-45 所示。

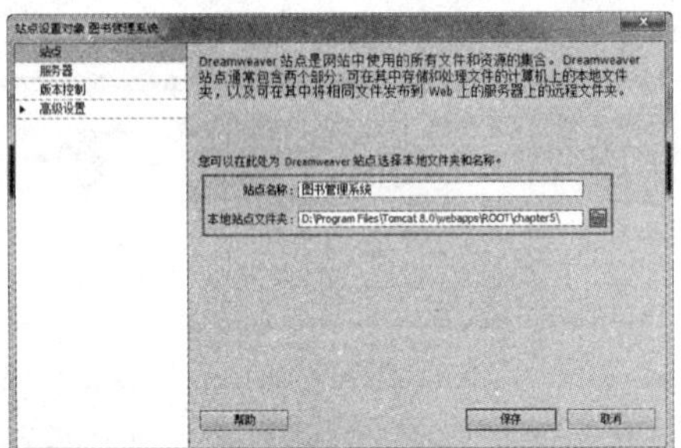
图 5-44

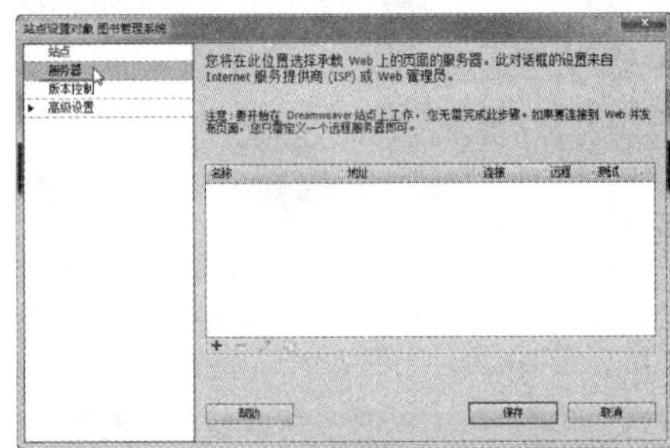
图 5-45

03 单击“添加新服务器”按钮+，弹出服务器设置窗口，在“连接方法”下拉列表中选择“本地/网络”选项，对相关选项进行设置，如图 5-46 所示。单击“高级”按钮，切换到“高级”选项卡中，在“服务器模型”下拉列表中选择 JSP 选项，如图 5-47 所示。

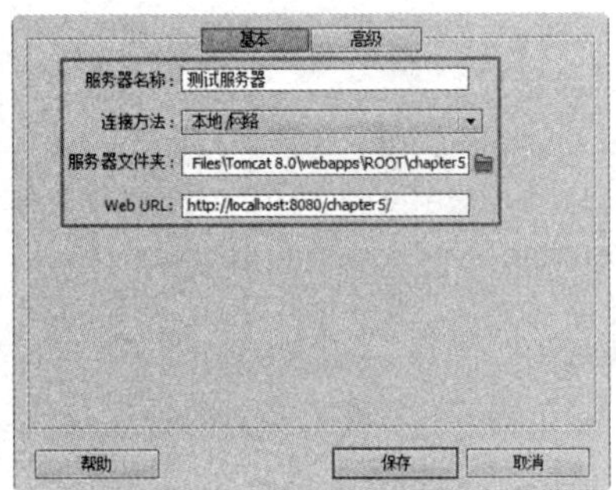

图 5-46

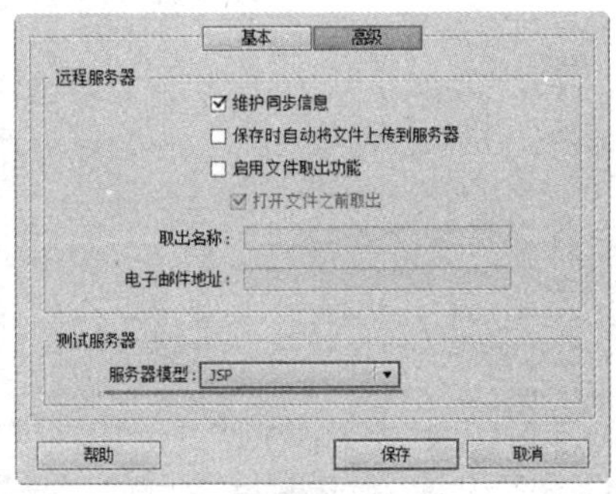

图 5-47

04 单击“保存”按钮，保存服务器选项设置，返回“站点设置对象”对话框，选中“测试”复选框，如图 5-48 所示。单击“保存”按钮，完成系统站点的创建和测试服务器的设置，在“文件”面板中显示当前站点中的相关文件，如图 5-49 所示。

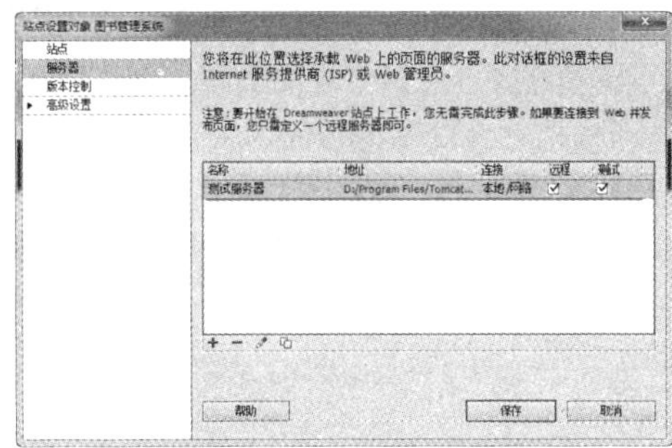

图 5-48

图 5-49

5.4.4 创建 MySQL 数据库连接

使用 Dreamweaver 创建 JSP 网站与 MySQL 数据库的连接，需要告诉 Dreamweaver 所连接的数据库地址和名称，以及访问 MySQL 数据库的账号和密码。

执行“窗口”>“数据库”命令，打开“数据库”面板，单击该面板上的加号按钮，在弹出的菜单中选择“MySQL 驱动程序 (MySQL)”选项，如图 5-50 所示。弹出“MySQL 驱动程序 (MySQL)”对话框，对该对话框中的相关选项进行设置，即可创建 JSP 网站与 MySQL 数据库连接，如图 5-51 所示。

图 5-50

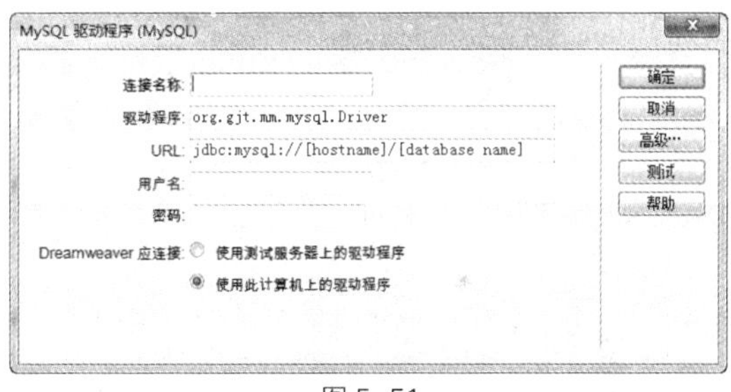

图 5-51

提示

JSP 网站通过 JDBC 驱动程序与数据库创建连接，JSP 网站连接不同的数据库需要使用不同的数据库 JDBC 驱动，本书主要讲解 JSP 网站连接 MySQL 数据库，在这里选择“MySQL 驱动程序 (MySQL)”选项，对于 JSP 网站与其他类型数据库的连接方法，感兴趣的读者可以参考其他的 Java 相关书籍。

“MySQL 驱动程序 (MySQL)”对话框中各选项的作用说明如表 5-3 所示。

表 5-3　“MySQL 驱动程序 (MySQL)”对话框中各选项说明

选项	说明
连接名称	该选项用于设置 Dreamweaver 所创建的 JSP 网站与 MySQL 数据库的连接名称，可以依据个人喜好输入一个自定义名称
驱动程序	该文本框中显示 JSP 网站与 MySQL 数据库连接所使用的驱动程序，该选项默认即可
URL	该选项用于设置需要连接的 MySQL 数据库的 URL 地址，其默认的格式为 jdbc:mysql://localhost:3306/ 数据库名称，注意，需要在 localhost 后面写上 MySQL 数据库的服务端口号 3306
用户名	在该文本框中输入访问 MySQL 数据库的用户名
密码	在该文本框中输入访问 MySQL 数据库的密码
Dreamweaver 应连接	由于数据库连接驱动程序只能在测试服务器上运行，因此应该选中“使用测试服务器上的驱动程序”单选按钮

实战 创建 JSP 与 MySQL 数据库连接

最终文件：无　　　　视频：视频 \ 第 5 章 \5-4-4.mp4

01 执行“文件”>“打开”命令，在 Dreamweaver 中打开站点中任意一个页面。打开“数据库”面板，单击该面板上的加号按钮，在弹出的菜单中选择“MySQL 驱动程序 (MySQL)”选项，如图 5-52 所示。弹出“MySQL 驱动程序 (MySQL)”对话框，对该对话框中的相关选项进行设置，如图 5-53 所示。

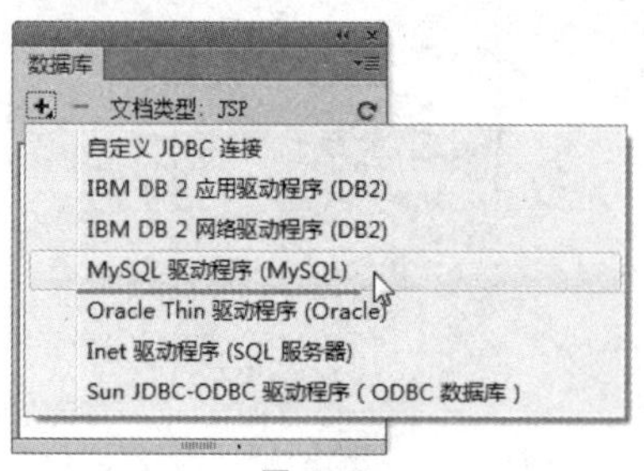

图 5-52

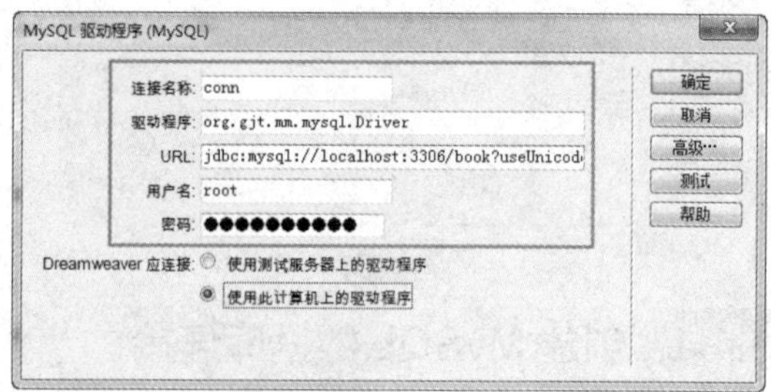

图 5-53

提示

在 URL 文本框中设置 JSP 网站所需要链接的 MySQL 数据库的 URL 地址，本章所制作的图书管理系统需要连接名称为 book 的 MySQL 数据库，其完整的 URL 地址是 jdbc:mysql://localhost:3306/book?useUnicode=true&characterEncoding=utf-8。

技巧

在创建 MySQL 数据库连接时，在“MySQL 驱动程序 (MySQL)”对话框中的 URL 选项只需要设置为 jdbc:mysql://localhost:3306/book 即可正常创建与指定 MySQL 数据库之间的连接。之所以需要加上 ?useUnicode=true&characterEncoding=utf-8，主要是因为我们所制作的是中文网站页面，当通过 JSP 页面将中文内容写入指定的 MySQL 数据库时，如果不加上编码转换的相关代码，会导致写入数据表中的中文都显示为乱码。

02 在“Dreamweaver 应连接”选项中选中“使用测试服务器上的驱动程序”单选按钮，如图 5-54 所示。单击“测试”按钮，测试 Dreamweaver 与 MySQL 数据库的连接是否成功，如果创建连接成功，则弹出“成功创建连接脚本”的提示信息，如图 5-55 所示。

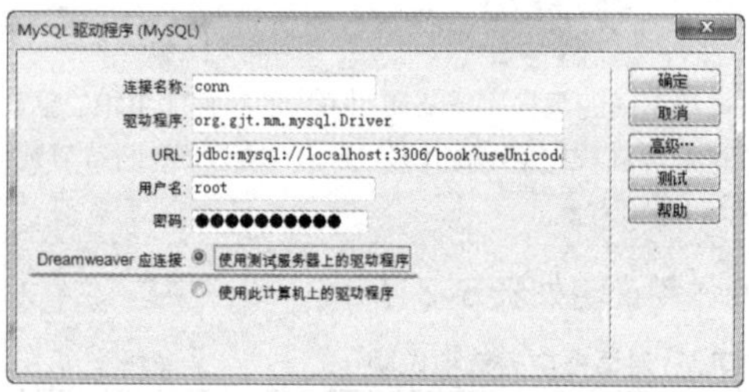

图 5-54

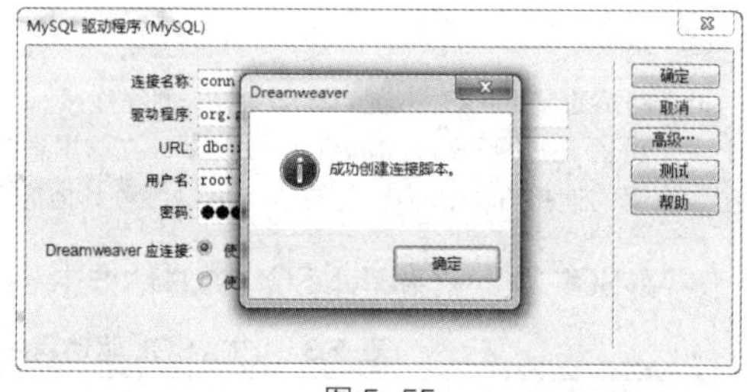

图 5-55

03 单击“确定”按钮，返回“MySQL 驱动程序 (MySQL)”对话框中，单击“确定”按钮，完成“MySQL 驱动程序 (MySQL)”对话框的设置，在“数据库”面板中可以看到所连接的 MySQL 数据库的相关信息，如图 5-56 所示。完成站点与 MySQL 数据库连接的创建后，Dreamweaver 会自动在站点根目录中创建名称为 Connections 的文件夹，在该文件夹自动创建一个与所创建的 MySQL 连接的名称相同的文件，如图 5-57 所示。

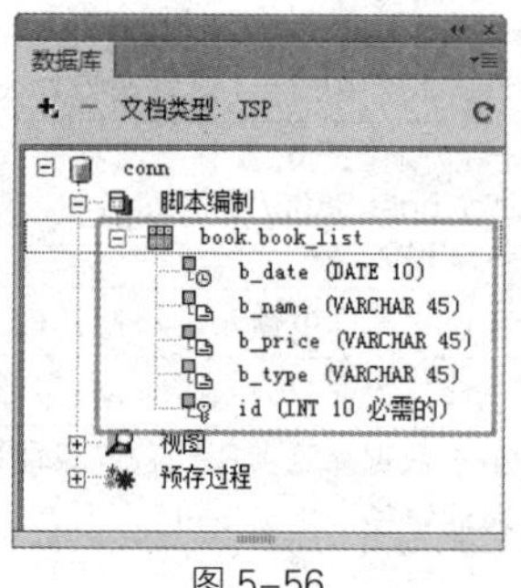

图 5-56

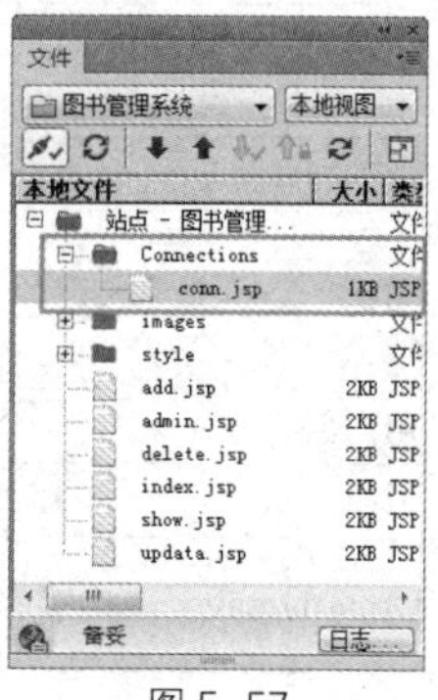

图 5-57

04 在 Dreamweaver 中打开 Connections 文件夹中的 conn.jsp 文件，可以看到 Dreamweaver 自动生成的连接 MySQL 数据库的代码，代码如下。

```
<%
// FileName="mysql_jdbc_conn.htm"
// Type="JDBC" ""
// DesigntimeType="JDBC"
// HTTP="true"
// Catalog=""
// Schema=""
String MM_conn_DRIVER = "org.gjt.mm.mysql.Driver";
String MM_conn_USERNAME = "root";
String MM_conn_PASSWORD = "root123456";
String MM_conn_STRING = "jdbc:mysql://localhost:3306/book?useUnicode=true&characterE
ncoding=utf-8";
%>
```

在 conn.jsp 文件中为 Dreamweaver 自动生成的连接 MySQL 数据库的 jsp 代码，其中，变量 MM_conn_DRIVER 设置 MySQL 数据库连接的驱动程序；变量 MM_conn_USERNAME 设置访问 MySQL 数据库的用户名；变量 MM_conn_PASSWORD 设置访问 MySQL 数据库的密码；变量 MM_conn_STRING 设置所连接的 MySQL 数据库的 URL 地址。

5.5 在 Dreamweaver 中创建并使用数据记录

完成了对系统站点和数据库连接的设置后，接下来在 Dreamweaver 中制作 JSP 动态网站。本节将介绍在 Dreamweaver 中与检查数据记录相关的服务器行为，在 Dreamweaver 中通过图形界面对数据表进行查询、添加、修改、删除等操作，多数都不需要用户手动编写代码。

5.5.1 创建记录集

整个网站中针对一个数据库只需要创建一次数据库连接即可，但在每个需要查询数据库记录的页面中都需要为其创建相应的记录集（查询），从而可以让 Dreamweaver 知道，目前这个网页中所需要的是数据表中的哪些数据。即使需要的内容是一样的，在不同的网页中也需要单独创建记录集。

如果需要在网页中创建记录集，执行“窗口” > “绑定”命令，打开“绑定”面板，单击该面板上的加号按钮，在弹出的菜单中选择“记录集（查询）”命令，如图 5-58 所示。弹出“记录集”对话框，在该对话框中对相关选项进行设置，即可创建相应的记录集，如图 5-59 所示。

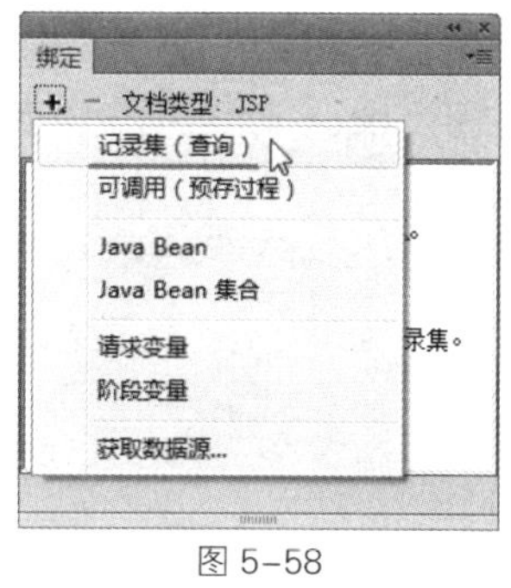

图 5-58

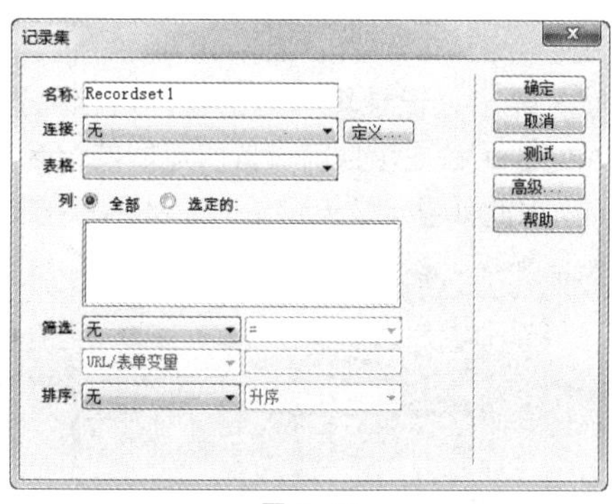

图 5-59

“记录集”对话框中各选项的作用说明如表 5-4 所示。

表 5-4　“记录集”对话框中各选项说明

选项	说明
名称	该选项用于设置记录集的名称，可以依照个人喜好进行设置，默认名称为 Recordset，一般使用缩写 rs 作为记录集名称的开头
连接	如果在该网站系统中需要使用多个数据库，则需要分别创建数据库连接，该选择用于选择所创建记录集的数据库是在哪个数据库连接中
表格	在“连接”下拉列表中选择相应的数据库连接后，将在“表格”下拉列表中显示该数据库中的数据表，可以在该下拉列表中选择需要操作的数据表
列	该选项用于设置记录集所需要操作的数据表中的字段，默认情况下选中“全部”单选按钮，创建数据表中所有字段的记录集，也可以选中“选定的”单选按钮，在下方的列表中选择 1 个或多个需要操作的字段
筛选	在该选项区中可以设置对记录集进行筛选的条件。在第一个下拉列表中选择除“无”以外的选项后，即可对筛选条件进行设置
排序	该选项用于设置是否依照某个字段值进行升序或降序排序。例如，在新闻系统中需要将新的新闻放在前面的位置，就可以使用排序的功能

技巧

同一个数据库只需要建立一次数据库连接，但可以为同一个数据库连接创建多个记录集，配合筛选的功能达到某个记录集只包含数据库中符合某些条件的记录。例如，在两个网页中分别显示不同类型的图书信息，就可以分别在两个网页中创建各自的记录集，筛选其需要的记录后显示在网页中。

实战　创建图书管理系统数据记录集

最终文件：最终文件 \ 第 5 章 \chapter5\index.jsp　　视频：视频 \ 第 5 章 \5-5-1.mp4

01 执行“文件”>“打开”命令，打开站点中图书管理系统首页面 index.jsp，效果如图 5-60 所示。打开“绑定”面板，单击该面板上的加号按钮，在弹出的菜单中选择“记录集(查询)”命令，如图 5-61 所示。

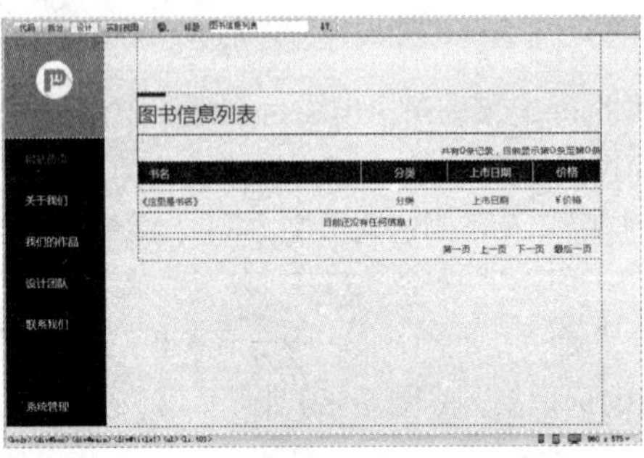

图 5-60

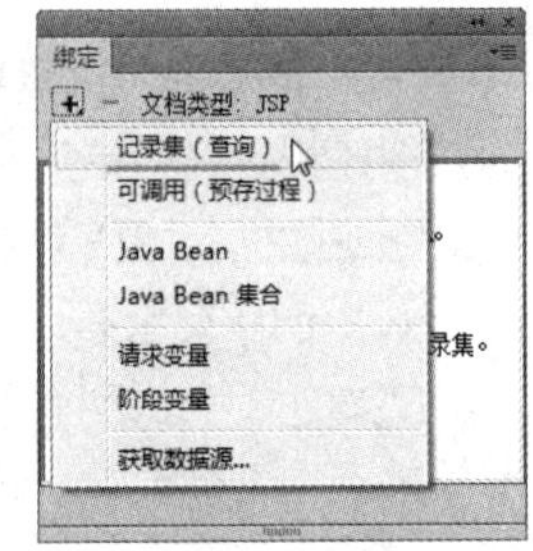

图 5-61

02 弹出“记录集”对话框，对相关选项进行设置，如图 5-62 所示。单击“测试”按钮，Dreamweaver 会显示目前设置所返回的记录集中的所有记录，因为 book_list 数据表中目前没有任何记录，所以此处显示“无记录”，如图 5-63 所示。

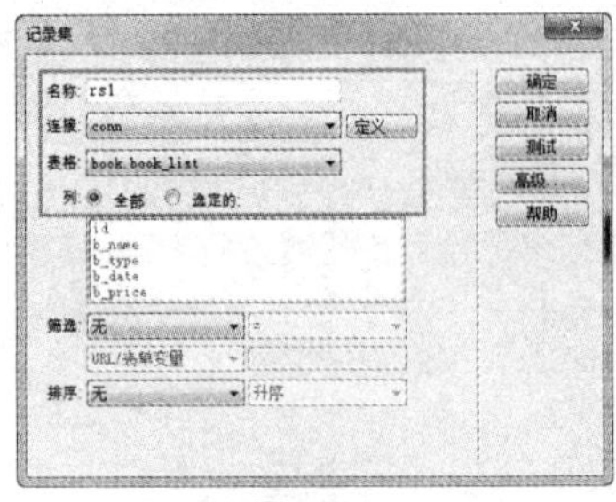

图 5-62

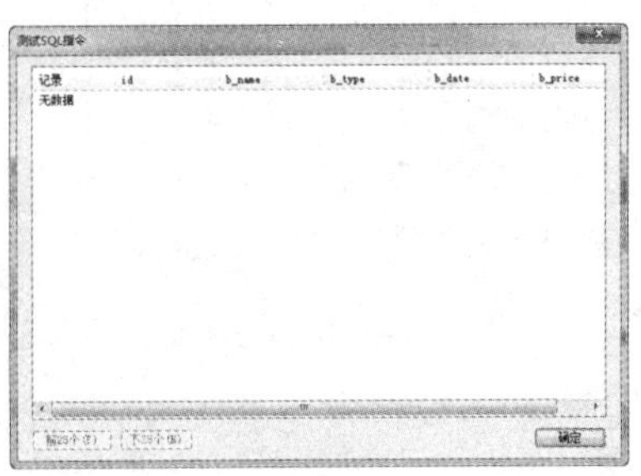

图 5-63

提示

在 Dreamweaver 中使用“记录集（查询）”命令创建记录集其实就是使用 SQL 中的 SELECT 命令查询数据库，因为查询出来的结果可能会有很多条，所以称为记录集，而“筛选”部分则对应 SELECT 命令中的 WHERE 子句。

03 关闭“测试 SQL 指令”对话框，单击“记录集”对话框中的“高级”按钮，切换到“高级”设置窗口，可以看到相应的 SQL 查询语句，如图 5-64 所示。单击“确定”按钮，完成“记录集”对话框的设置，创建记录集，可以在“绑定”面板中看到所创建的记录集，如图 5-65 所示。

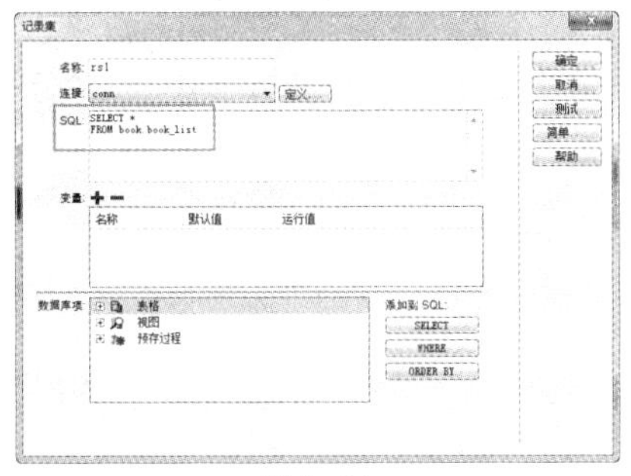

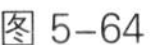

图 5-64

图 5-65

技巧

除了可以在“绑定”面板中创建记录集以外，还可以在“服务器行为”面板创建记录集，其创建方法与在“绑定”面板中创建记录集的方法相同。

04 转换到网页的代码视图中，可以看到在 HTML 页面代码头部自动生成的创建数据记录集的 JSP 程序代码。

```
<%@ include file="Connections/conn.jsp" %>
<%
Driver Driverrs1 = (Driver)Class.forName(MM_conn_DRIVER).newInstance();
Connection Connrs1 = DriverManager.getConnection(MM_conn_STRING,MM_conn_USERNAME,MM_conn_PASSWORD);
PreparedStatement Statementrs1 = Connrs1.prepareStatement("SELECT * FROM book.book_list");
ResultSet rs1 = Statementrs1.executeQuery();
boolean rs1_isEmpty = !rs1.next();
boolean rs1_hasData = !rs1_isEmpty;
Object rs1_data;
int rs1_numRows = 0;
%>
```

05 在 HTML 页面代码结束的位置，会自动生成关闭记录集、关闭数据库连接的相应 JSP 程序代码。

```
<%
rs1.close();
Statementrs1.close();
Connrs1.close(
);
%>
```

在生成的 JSP 程序的第一行使用 include 指令来加载前面创建数据库连接的文件 conn.jsp。在 Dreamweaver 中，如果已经定义好数据库连接，那么在其他创建记录集、更新记录、插入记录、删除记录的页面中，这个数据库连接文件就会在页面的最前面被引入（这就是为什么在同一个站点中只需要定义一次数据库连接)，因为该文件中所包括的与数据库连接相关的设置需要被使用。

5.5.2 显示数据记录

上一节已经在网站首页面中创建了记录集，创建记录集后数据记录并不会直接显示在网页中，还需要在网页中相应的部分插入记录集中的字段。下面通过案例操作向读者介绍如何在网页中插入记录集字段。

实战 在网页中插入记录集字段

最终文件：最终文件 \ 第 5 章 \chapter5\index.jsp　　视频：视频 \ 第 5 章 \5-5-2.mp4

01 继续在图书管理系统首页面 index.jsp 中进行操作，将光标移至页面中，将“这里是书名”文字删除，定位光标所在的位置，如图 5-66 所示。打开“绑定”面板，选中 b_name 字段，单击“插入”按钮，如图 5-67 所示。

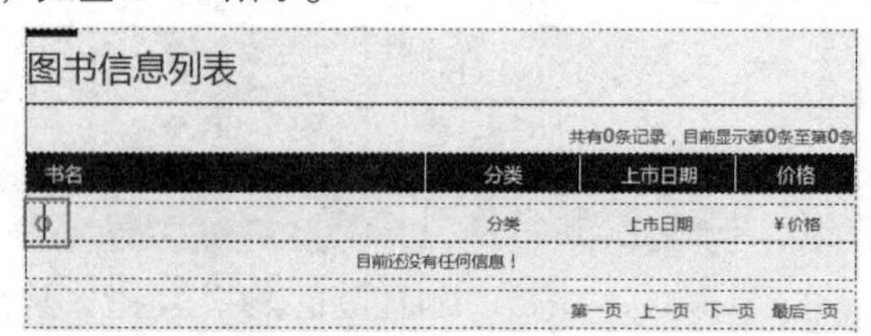

图 5-66

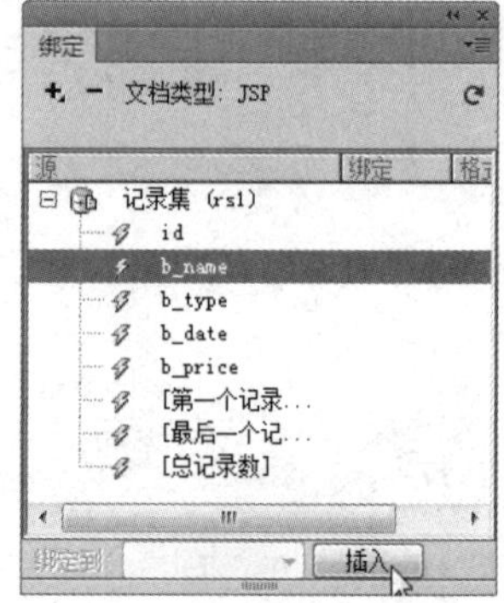

图 5-67

技巧

除了可以选中字段，单击“绑定”面板上的“插入”按钮，将字段插入页面中外，还可以直接将“绑定”面板中的记录集字段拖入网页中相应的位置，同样可以在相应的位置插入字段。

02 即可将 b_name 字段插入网页中光标所在的位置，如图 5-68 所示。使用相同的制作方法，将其他记录集中的字段插入网页中相应的位置，如图 5-69 所示。

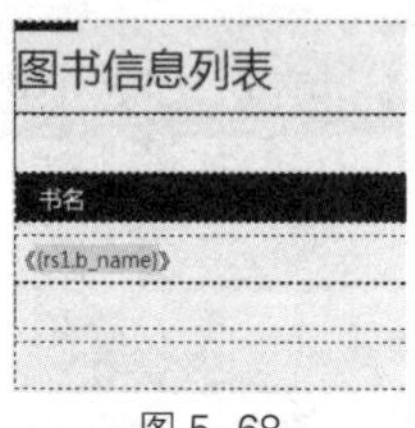

图 5-68

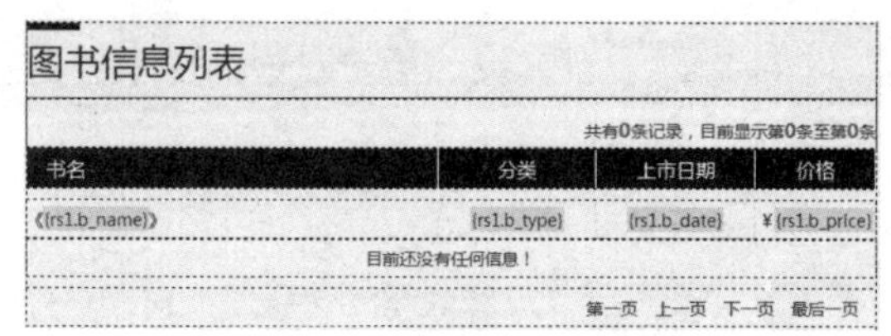

图 5-69

03 转换到代码视图中，可以看到各记录集字段在网页中显示的代码，如图 5-70 所示。

```
<div id="list1">
  <ul>
    <li class="t01">《<%=(((rs1_data = rs1.getObject("b_name"))==null || rs1.wasNull())?"":rs1_data)%>》</li>
    <li class="t02"><%=(((rs1_data = rs1.getObject("b_type"))==null || rs1.wasNull())?"":rs1_data)%></li>
    <li class="t02"><%=(((rs1_data = rs1.getObject("b_date"))==null || rs1.wasNull())?"":rs1_data)%></li>
    <li class="t03">￥<%=(((rs1_data = rs1.getObject("b_price"))==null || rs1.wasNull())?"":rs1_data)%></li>
  </ul>
</div>
```

图 5-70

5.5.3 “重复区域”服务器行为

将记录集字段插入网页中后，默认情况下，在网页中只能显示最新的一条记录，如何在网页中显示多条记录呢？重复显示多条记录在动态网站中的应用非常广泛，例如显示多条新闻等，主要通过循环的方式来实现。

在 Dreamweaver 中提供了“重复区域”的服务器行为，通过该服务器行为在网页中创建重复区域，从而显示指定条数的记录或者是全部记录。

实战　重复显示多条数据记录 

最终文件：最终文件 \ 第 5 章 \chapter5\index.jsp　　视频：视频 \ 第 5 章 \5-5-3.mp4

01 继续在图书管理系统首页面 index.jsp 中进行操作，在页面中选中需要重复显示的部分，如图 5–71 所示。执行“窗口”>“服务器行为”命令，打开“服务器行为”面板，单击加号按钮，在弹出的菜单中选择“重复区域”选项，如图 5–72 所示。

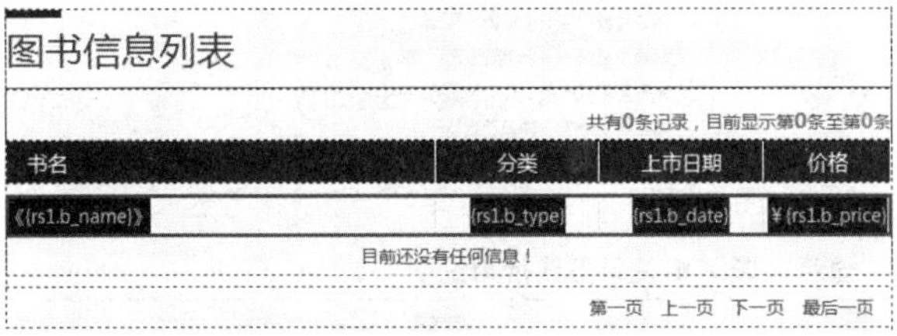

图 5–71

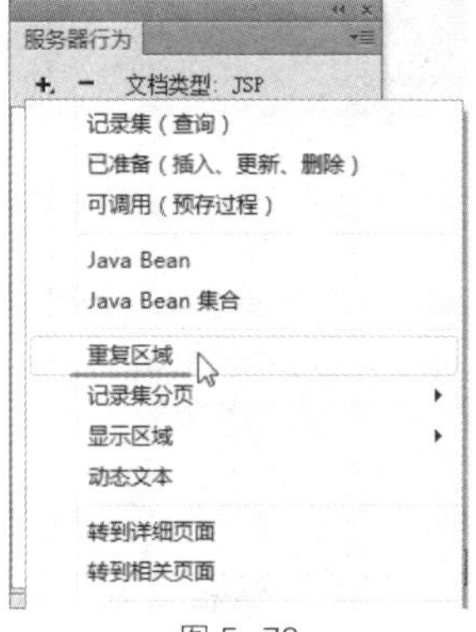

图 5–72

02 弹出“重复区域”对话框，在“记录集”下拉列表中选择要重复的记录集，在“显示”选项区中设置需要重复几条记录或显示全部记录，如图 5–73 所示。单击“确定”按钮，完成“重复区域”对话框的设置，可以看到在页面中使用灰色框将重复区域包围，并在左上角显示“重复”文字，如图 5–74 所示。

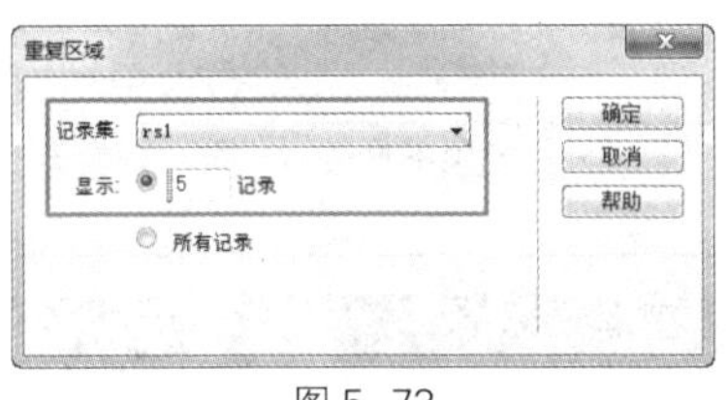

图 5–73

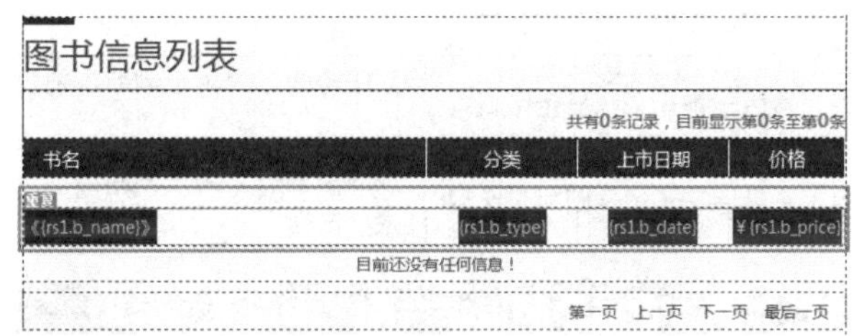

图 5–74

03 在“服务器行为”面板中可以看到刚添加的“重复区域”的服务器行为，如图 5–75 所示。双击该选项，弹出“重复记录”对话框，进行重新设置。转换到页面代码视图中，可以看到使用 while 循环语句实现的重复区域代码，如图 5–76 所示。

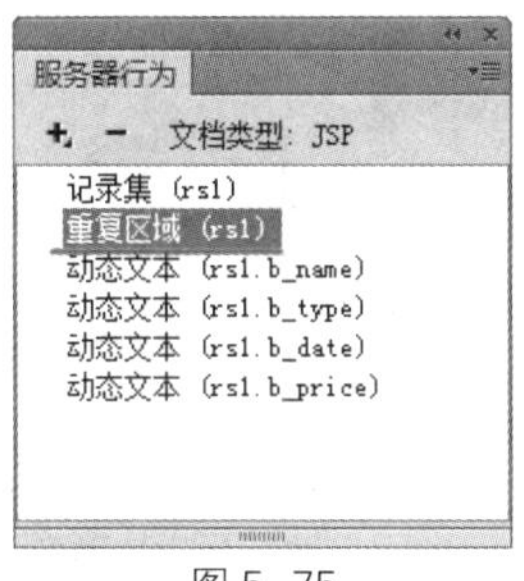

图 5–75

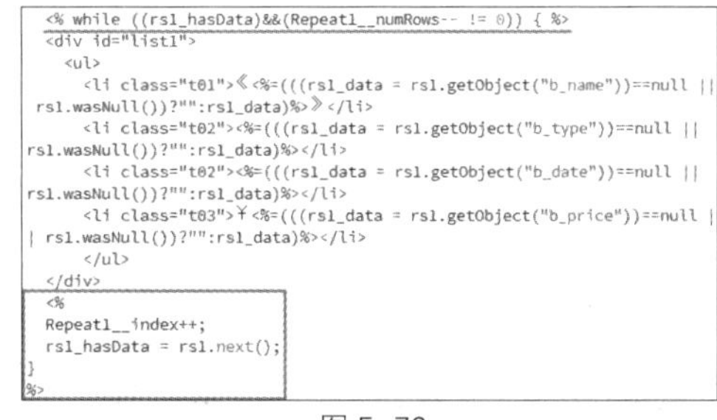

```
<% while ((rs1_hasData)&&(Repeat1__numRows-- != 0)) { %>
<div id="list1">
  <ul>
    <li class="t01">《<%=(((rs1_data = rs1.getObject("b_name"))==null ||
rs1.wasNull())?"":rs1_data)%>》</li>
    <li class="t02"><%=(((rs1_data = rs1.getObject("b_type"))==null ||
rs1.wasNull())?"":rs1_data)%></li>
    <li class="t02"><%=(((rs1_data = rs1.getObject("b_date"))==null ||
rs1.wasNull())?"":rs1_data)%></li>
    <li class="t03">¥<%=(((rs1_data = rs1.getObject("b_price"))==null |
| rs1.wasNull())?"":rs1_data)%></li>
  </ul>
</div>
<%
  Repeat1__index++;
  rs1_hasData = rs1.next();
}
%>
```

图 5–76

提示

因为重复区域会使用 while 循环语句包围所作用的范围，所以在设置重复区域中特别要注意所选择的重复区域，例如在本实例中选中的是 Div。选择不同的重复区域，最终显示出来的效果会有所不同。

5.5.4　“显示区域”服务器行为

在开发 JSP 网站时，刚创建的 MySQL 数据库中没有任何数据，是一个空的数据库，这时候就需要对页面中显示区域进行判断，在 Dreamweaver 中提供了 6 种对显示区域进行判断的服务器行为，如图 5-77 所示，各服务器行为介绍如表 5-5 所示。

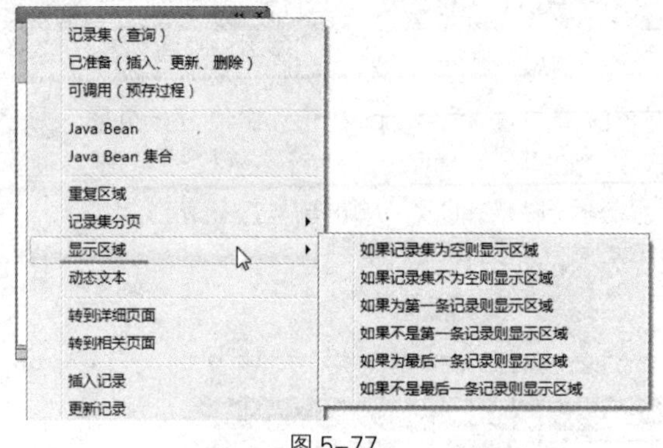

图 5-77

表 5-5 “显示区域”相关服务器行为说明

选项	说明
如果记录集为空则显示区域	该服务器行为用于判断如果记录集为空时，则需要显示的页面区域
如果记录集不为空则显示区域	该服务器行为用于判断如果记录集不为空时，则需要显示的页面区域
如果为第一条记录则显示区域	该服务器行为用于判断当前页面中的记录集分页是不是第一页，如果是第一页，则需要显示的区域
如果不是第一条记录则显示区域	该服务器行为用于判断当前页面中的记录集分页如果不是第一页，则需要显示的区域
如果为最后一条记录则显示区域	该服务器行为用于判断当前页面中的记录集分页如果是最后一页，则需要显示的区域
如果不是最后一条记录则显示区域	该服务器行为用于判断当前页面中的记录集分页如果不是最后一页，则需要显示的区域

实战 判断页面中的显示范围

最终文件：最终文件 \ 第 5 章 \chapter5\index.jsp　　视频：视频 \ 第 5 章 \5-5-4.mp4

01 继续在图书管理系统首页面 index.jsp 中进行操作，选中页面中重复区域的重复标签，如图 5-78 所示。单击“服务器行为”面板上的加号按钮，在弹出的菜单中选择“显示区域 > 如果记录集不为空则显示区域”命令，如图 5-79 所示。

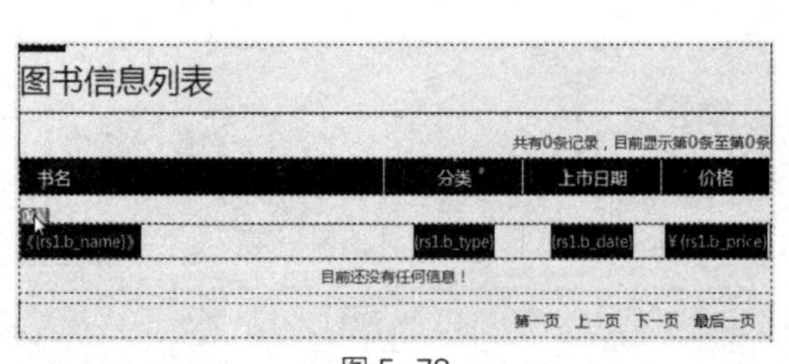

图 5-78

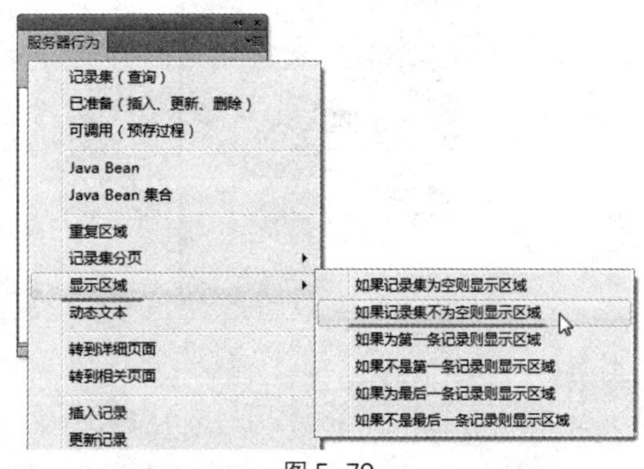

图 5-79

02 弹出“如果记录集不为空则显示区域”对话框，在“记录集”下拉列表中选择相应的记录集，如图 5-80 所示。单击“确定”按钮，即可将所选择的区域设置为当记录集不为空时在页面中显示的区域，如图 5-81 所示。

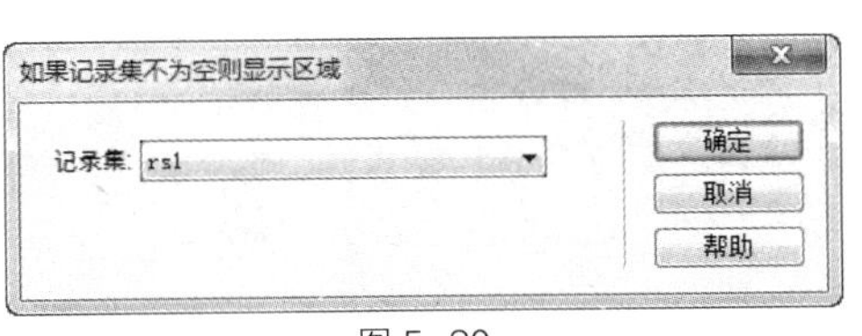

图 5-80

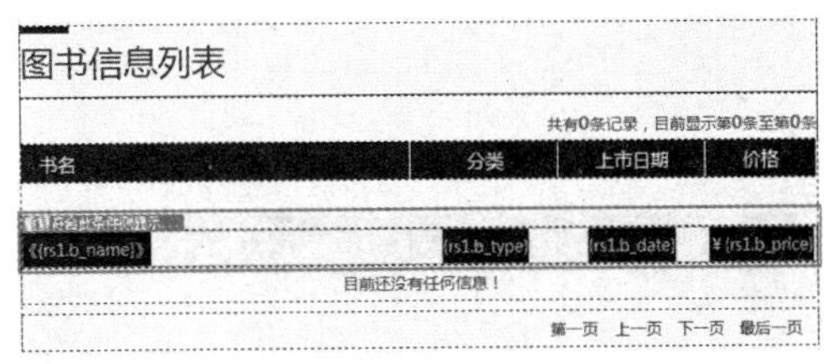

图 5-81

03 在页面中选中如果记录集为空时需要显示的区域，如图 5-82 所示。单击“服务器行为”面板上的加号按钮，在弹出的菜单中选择“显示区域 > 如果记录集为空则显示区域”命令，如图 5-83 所示。

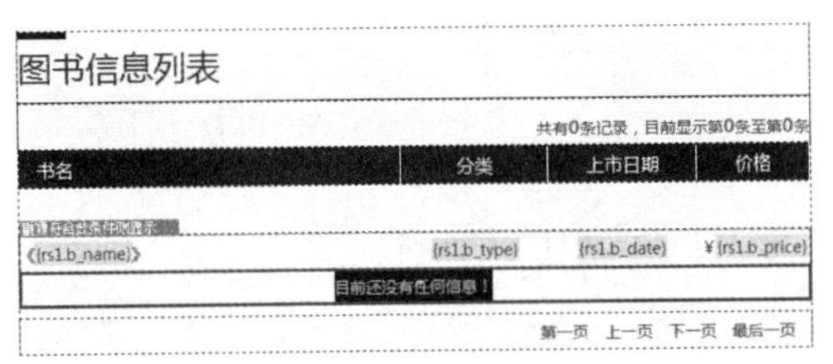

图 5-82

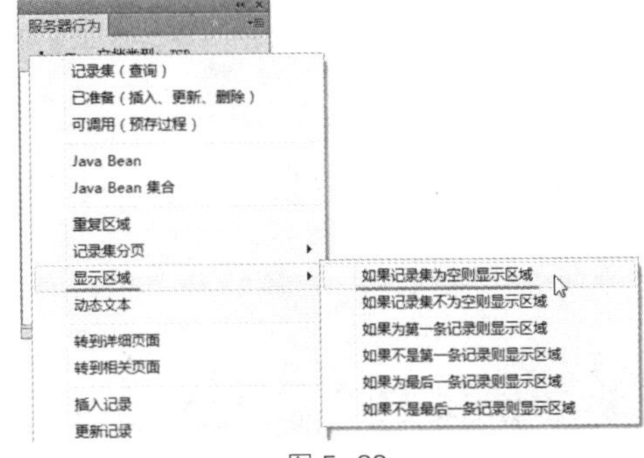

图 5-83

04 弹出“如果记录集为空则显示区域”对话框，在“记录集”下拉列表中选择相应的记录集，如图 5-84 所示。单击“确定”按钮，即可将所选择的区域设置为当记录集为空时在页面中显示的区域，如图 5-85 所示。

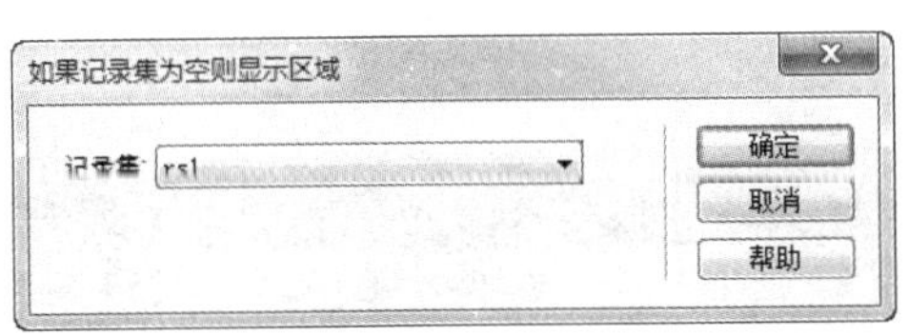

图 5-84

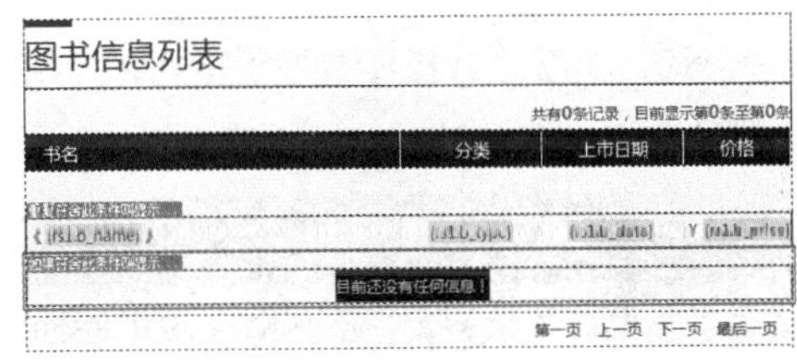

图 5-85

5.5.5　“记录集分页”服务器行为

在上一节中通过重复区域的设置在页面中显示 5 条记录，也就是数据表中第 1 条至第 5 条记录，如果记录数超过 5 条，那么剩下的记录该如何显示出来呢？这时就需要用到 Dreamweaver 中提供的记录集分页功能，通过该功能可以实现翻页显示的效果，在每页页中显示相应条数的记录。

实战　添加分页功能

最终文件：最终文件 \ 第 5 章 \chapter5\index.jsp　　视频：视频 \ 第 5 章 \5-5-5.mp4

01 继续在图书管理系统首页面 index.jsp 中进行操作，在页面中选中“第一页”文字，如图 5-86 所示。单击“服务器行为”面板上的加号按钮，在弹出的菜单中选择“记录集分页 > 移至第一条记录”选项，如图 5-87 所示。

02 弹出“移至第一条记录”对话框，在“记录集”下拉列表中选择记录集，单击“确定”按钮，如图 5-88 所示。使用相同的制作方法，为“上一页”“下一页”和“最后一页”文字分别添加“移至前一条记录”“移至下一条记录”和“移至最后一条记录”的服务器行为，如图 5-89 所示。

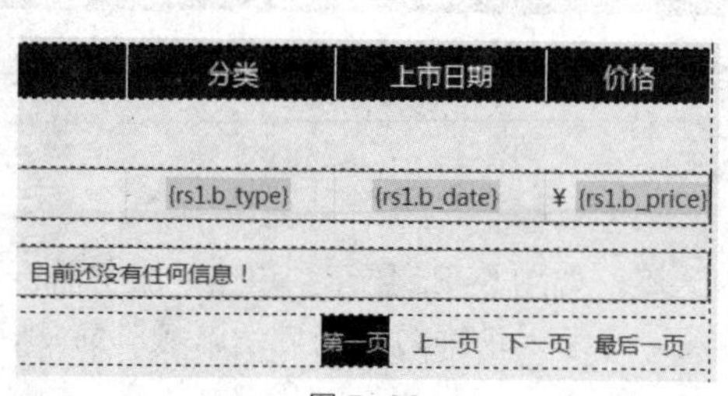

图 5-86

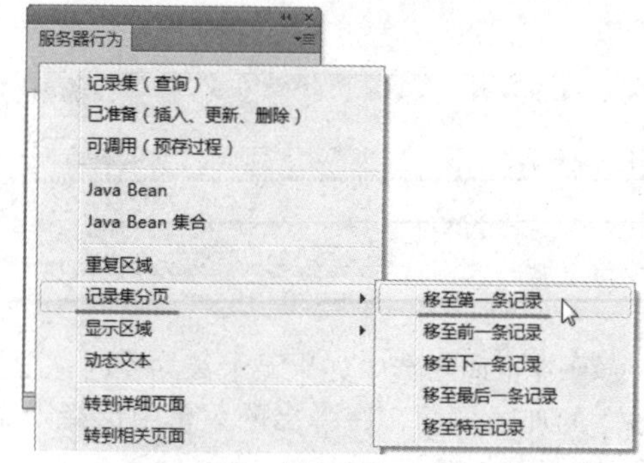

图 5-87

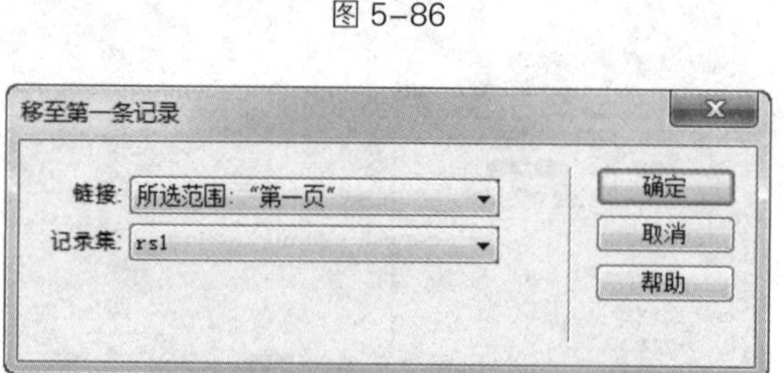

图 5-88

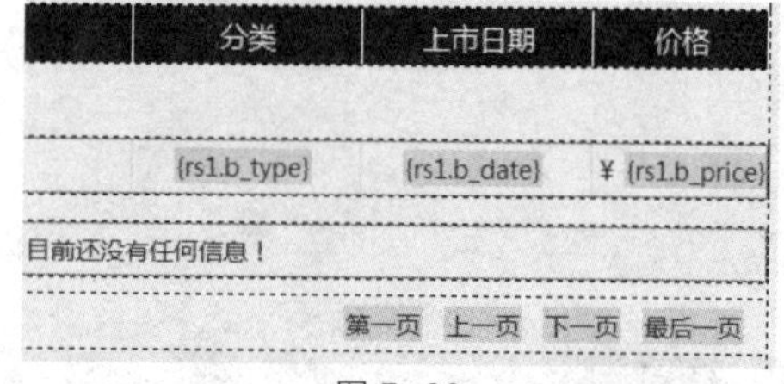

图 5-89

5.5.6 记录集导航 

在页面上方可以看到文字“共有 0 条记录，目前显示第 0 条至第 0 条”，创建了记录集导航条，以便让浏览者了解共有多少条记录，当前浏览的是多少条至多少条记录。

在 5.5.1 节中，当完成页面中记录集的创建后，在“绑定”面板中会显示该记录集中相应的字段，除了记录集中相应的字段外，还包含了“第一个记录索引”“最后一个记录索引”和“总记录数”这 3 个字段，这 3 个字段不是数据表中的字段，而是在创建记录集时，程序根据所创建的记录集自动统计的，通过这 3 个字段就能轻松地创建记录集导航。

实战 添加显示计数功能

最终文件：最终文件 \ 第 5 章 \chapter5\index.jsp　　视频：视频 \ 第 5 章 \5-5-6.mp4

01 继续在图书管理系统首页面 index.jsp 中进行操作，打开“绑定”面板，在所创建的记录集中可以看到 3 个用于记录集导航的字段，如图 5-90 所示。将页面中“共有 0 条记录”文字之间的 0 删除，定位光标位置，如图 5-91 所示。

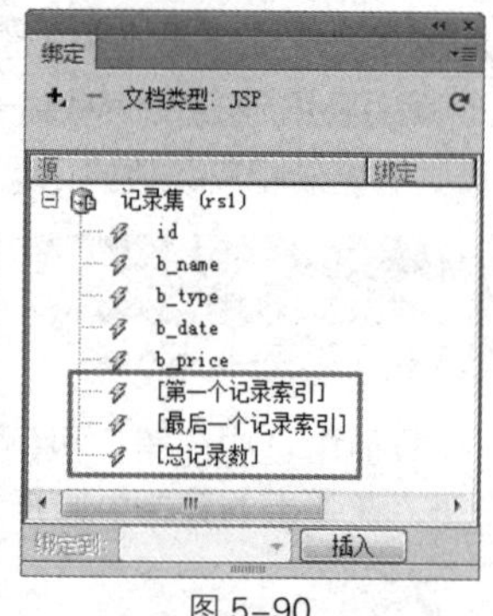

图 5-90

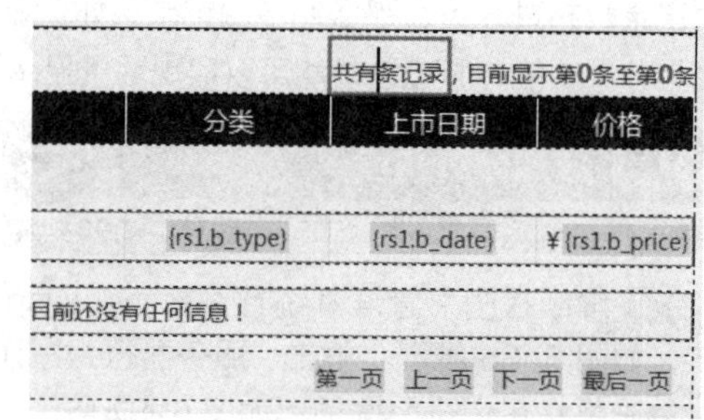

图 5-91

02 在“绑定”面板中选择记录集中的“总记录数”字段，单击“插入”按钮，如图 5-92 所示。即可在光标所在位置插入该字段，如图 5-93 所示。

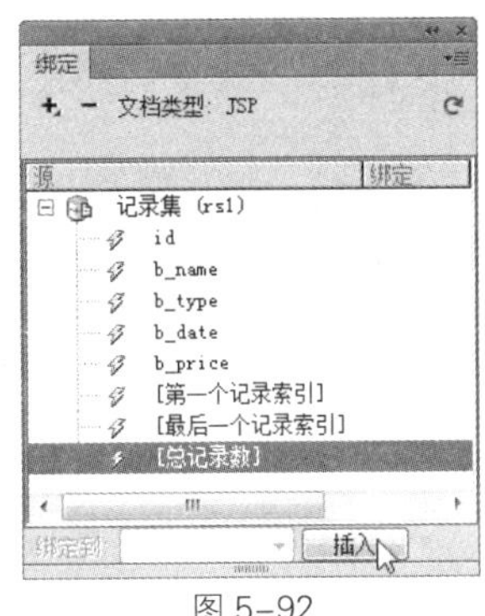

图 5-92

图 5-93

03 使用相同的制作方法，在“目前显示第 0 条至第 0 条”文字中将 0 依次替换为记录集中的“第一个记录索引”和“最后一个记录索引”字段，如图 5-94 所示。

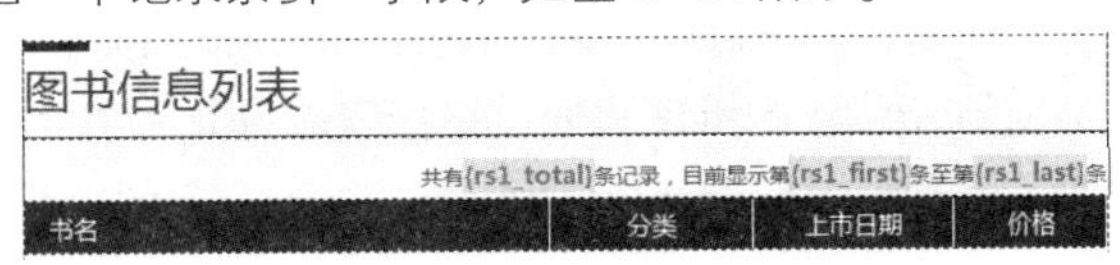

图 5-94

5.5.7 通过超链接传递参数

在很多情况下，不可能将数据库中所有字段、记录都显示出来，例如在新闻系统中，在首页中通常只会显示新闻的标题和日期，如果查看新闻的详细内容需要单击新闻标题进入该新闻的详细内面中才能看到。

显示详细信息页面通常就是为相应的信息设置链接，但是该链接必须要传递参数到详细信息页面中，并且在详细信息页面中接收该参数，利用这个接收到的参数在创建记录集时进行筛选，并将记录详细信息显示在网页上。

实战 制作详细信息显示页面

最终文件：最终文件 \ 第 5 章 \chapter5\show.jsp　　视频：视频 \ 第 5 章 \5-5-7.mp4

01 继续在图书管理系统首页面 index.jsp 中进行操作，选中页面中链接到详细页面的字段，这里选择图书名称的字段，如图 5-95 所示。单击“服务器行为”面板上的加号按钮，在弹出的菜单中选择“转到详细页面”选项，如图 5-96 所示。

图 5-95

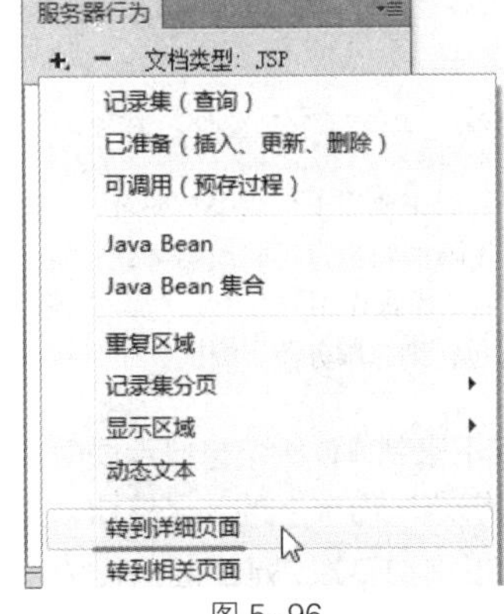

图 5-96

02 弹出“转到详细页面”对话框，如图 5-97 所示。单击“详细信息页”选项后面的“浏览”按钮，弹出“选择文件”对话框，选择详细信息显示页面 show.jsp，如图 5-98 所示。

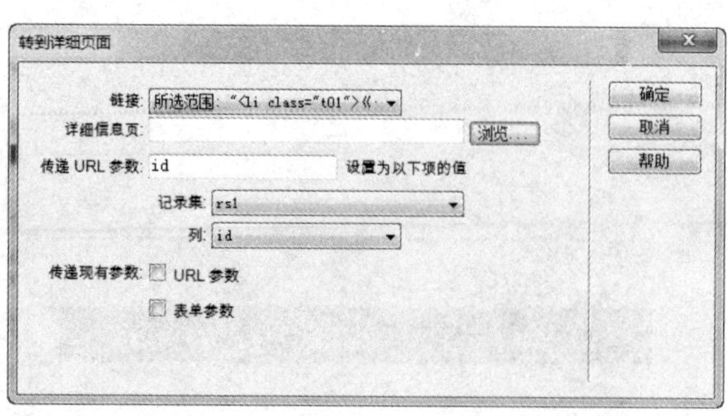

图 5-97

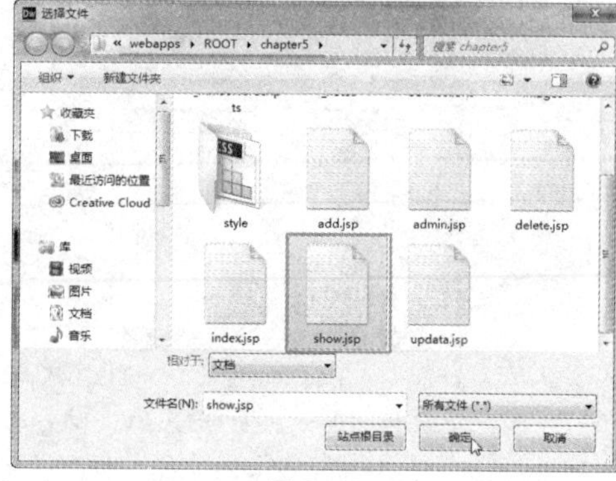

图 5-98

03 单击“确定”按钮，返回“转到详细页面”对话框中，对需要传递的参数进行设置，如图 5-99 所示。单击“确定”按钮，为所选中的内容添加“转到详细页面”服务器行为，转换到该网页的 HTML 代码中，可以看到所设置的链接和通过链接传递 URL 参数的代码，如图 5-100 所示。

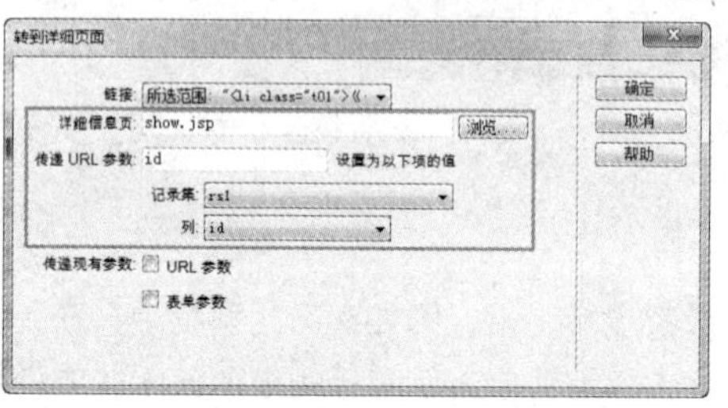

图 5-99

```
        <div id="list1">
          <ul>
            <A HREF="show.jsp?<%= MM_keepNone + ((MM_keepNone!="")?"&":"")
+ "id=" + (((rs1_data = rs1.getObject("id"))==null || rs1.wasNull())?"":
rs1_data) %>">
            <li class="t01">《<%=(((rs1_data = rs1.getObject("b_name"))==
null || rs1.wasNull())?"":rs1_data)%>》</li>
            </A>
            <li class="t02"><%=(((rs1_data = rs1.getObject("b_type"))==null
 || rs1.wasNull())?"":rs1_data)%></li>
```

图 5-100

提示

在“转到详细页面”对话框中，最重要的选项是“传递 URL 参数”，该选项可以向所设置的链接页面传递设置的 URL 参数。在设计数据表时通常会为数据表设置一个主键，每条记录主键列的数据是唯一的，所以通常使用主键列作为所要传递的 URL 参数。

04 至此已经基本上完成了图书管理系统首页面 index.jsp 中所有功能的制作，最后需要在页面顶部添加相应的 JSP 脚本代码，如图 5-101 所示。

```
1 <%@ page language="java" import="java.util.*" pageEncoding="utf-8"%>
2 <%@ page contentType="text/html;charset=utf-8"%>
3 <% request.setCharacterEncoding("utf-8"); %>
4 <%@ page import="java.sql.*"%>
5 <%@ include file="Connections/conn.jsp" %>
6 <%
```

图 5-101

提示

前两行代码主要用于声明 JSP 页面的字符集格式，也就是当服务器将网页内容发送到客户端时所使用的编码方式；第 3 行代码是使用指定的编码格式去覆盖 request 对象中默认的 ISO-8859-1 编码格式；第 4 行代码是使用 page 指令加载与数据库操作相关的 Java 包，以便进行数据库的连接、查询等操作，如果没有在页面中加载与数据库操作相关的 Java 包，则在服务器中测试页面时将会报错。

05 接下来制作详细信息显示页面，打开站点中的 show.jsp，可以看到页面的效果，如图 5-102 所示。单击“绑定”面板上的加号按钮，在弹出的菜单中选择“记录集(查询)”选项，如图 5-103 所示。

06 弹出“记录集”对话框，在“筛选”选项中选择 id= “URL/表单变量” id，对其他选项进行设置，如图 5-104 所示。单击“高级”按钮，转换到“高级”选项界面，可以看到该记录集查询的 SQL 语句，如图 5-105 所示。

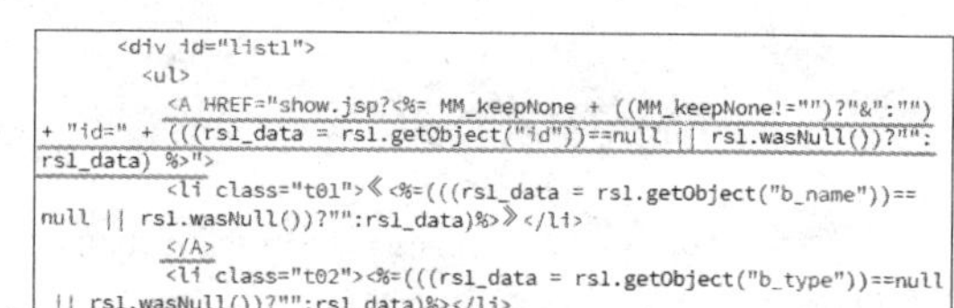

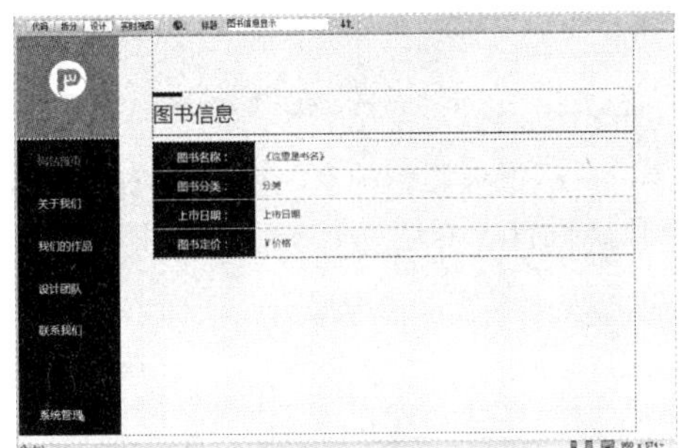

图 5–102

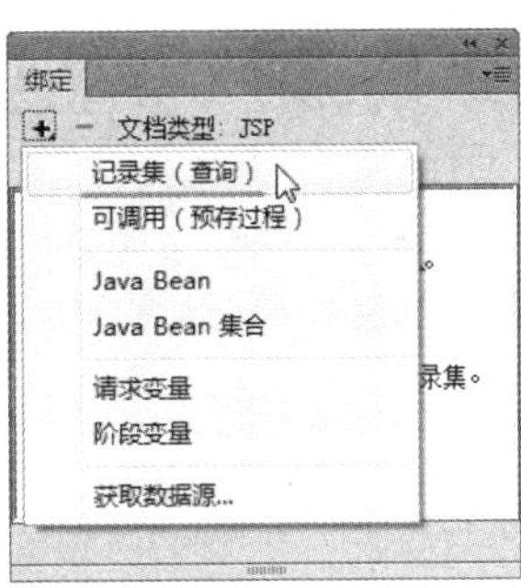

图 5–103

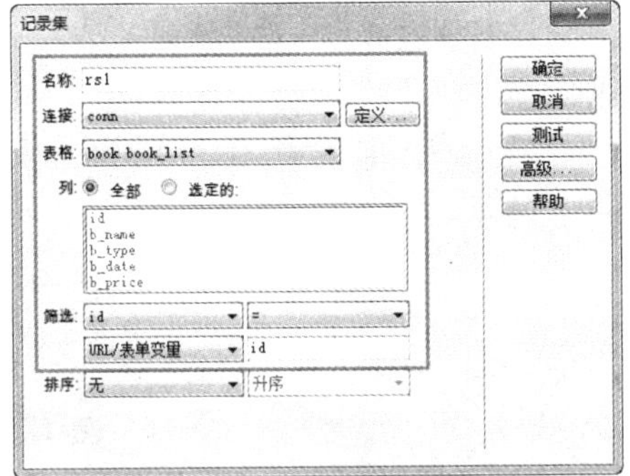

图 5–104

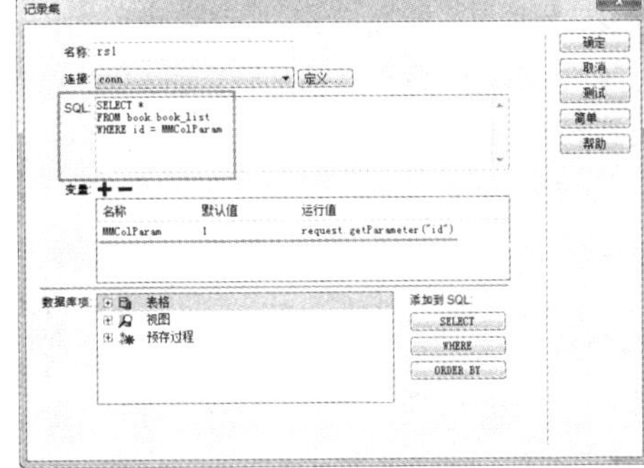

图 5–105

提示

在 SQL 语句中看到一个新内容，SQL 语句中的 MMColParam 是一个变量，如果筛选时用到了变量，Dreamweaver 就会用这个变量名称放在 SQL 语句中，而这个变量的值是什么呢？就是下面“变量”区域中 MMColParam 的运行值的定义。当网页运行时，将使用 request.getParameter() 方法接收 URL 参数的值，并将接收到的值赋予 MMColParam 变量，所以当 URL 变量 id 值不同，筛选出的结果也不同。

07 单击“确定”按钮，完成“记录集”对话框的设置，在“绑定”面板中可以看到所创建的记录集，如图 5–106 所示。将得到的记录集字段分别插入网页中相应的位置，即可完成详细信息显示页面 show.jsp 的制作，如图 5–107 所示。

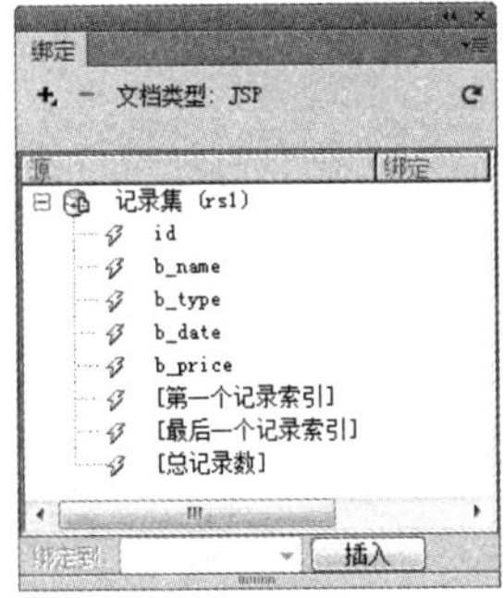

图 5–106

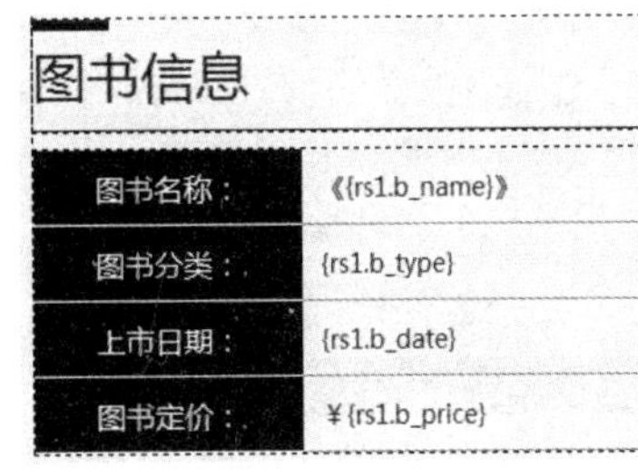

图 5–107

08 最后同样在详细信息显示页面 show.jsp 的头部添加与图书管理系统首页面 index.jsp 相同的 JSP 脚本代码，如图 5–108 所示。

```
<%@ page language="java" import="java.util.*" pageEncoding="utf-8"%>
<%@ page contentType="text/html;charset=utf-8"%>
<% request.setCharacterEncoding("utf-8"); %>
<%@ page import="java.sql.*"%>
<%@ include file="Connections/conn.jsp" %>
<%
```

图 5–108

提示

站点中每一个 JSP 页面都需要在页面顶部添加相同的 JSP 脚本代码，否则 JSP 页面在运行时会出现错误。

5.6 数据记录的编辑处理

前面已经介绍了如何在 Dreamweaver 中创建记录集，并将记录集中的字段插入网页中显示，以及在网页中创建重复区域和记录集分页等操作。在本节中将向读者介绍如何在后台管理页面中对信息记录进行新增、修改和删除操作。

5.6.1 管理页面

通常情况下，任何一个动态网站都会有一个后台管理系统，在后台管理中可以对网站中的数据记录进行添加、修改和删除等操作。本章中所介绍的图书管理系统同样也有后台管理部分，数据的添加、修改和删除操作都是在后台管理部分完成的。

后台数据记录管理页面 admin.jsp 与制作完成的图书管理系统首页面非常相似，不同的是在后台数据记录管理页面中为每条信息记录都添加了“修改”和“删除”超链接，通过该链接的设置需要传递参数到相应的页面进行处理。

实战 制作后台数据记录管理页面

最终文件：最终文件 \ 第 5 章 \chapter5\admin.jsp　　视频：视频 \ 第 5 章 \5-6-1.mp4

01 打开站点中的后台数据记录管理页面 admin.jsp，可以看到页面的效果，如图 5-109 所示。根据前面所制作的图书管理系统首页面 index.jsp 的方法，可以完成该页面中相应记录集内容显示和功能的制作，如图 5-110 所示。

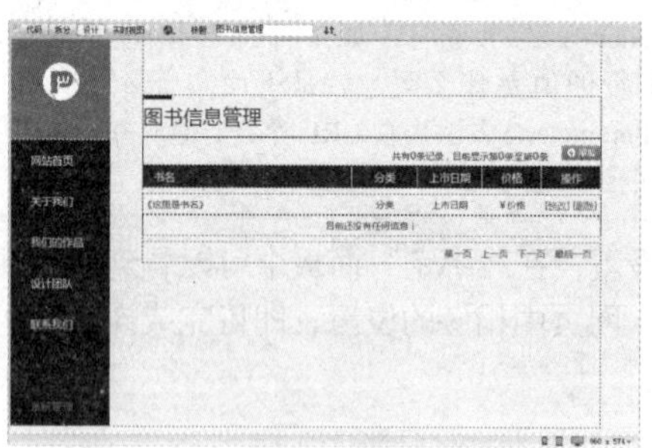

图 5-109

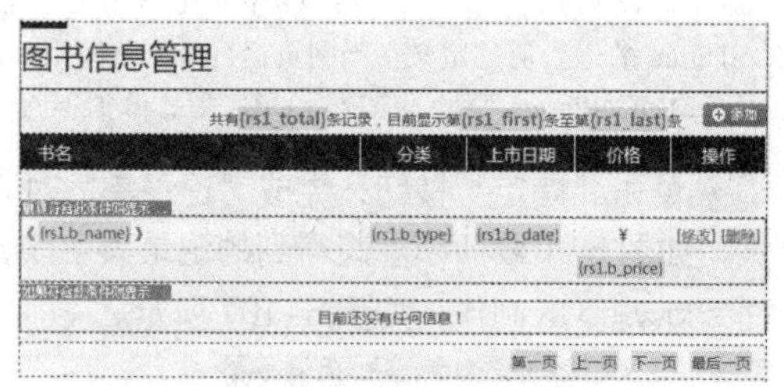

图 5-110

02 选中页面中的“修改”文字，为该文字设置链接并传递 URL 参数，如图 5-111 所示。单击“服务器行为”面板上的加号按钮，在弹出的菜单中选择“转到详细页面”选项，在弹出的对话框中设置其链接到更新数据记录页面 updata.jsp，并设置其传递的 URL 参数，如图 5-112 所示。

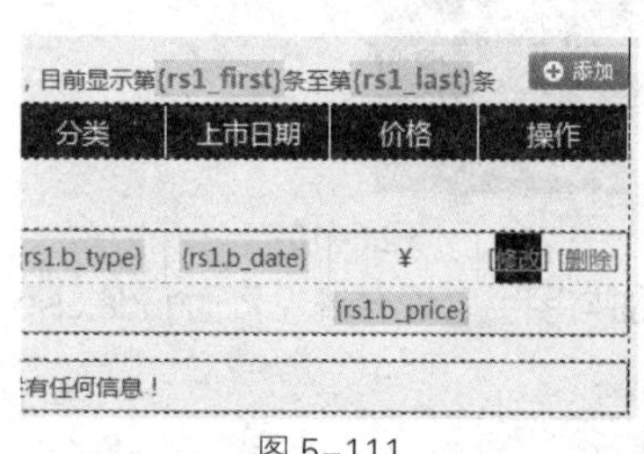

图 5-111

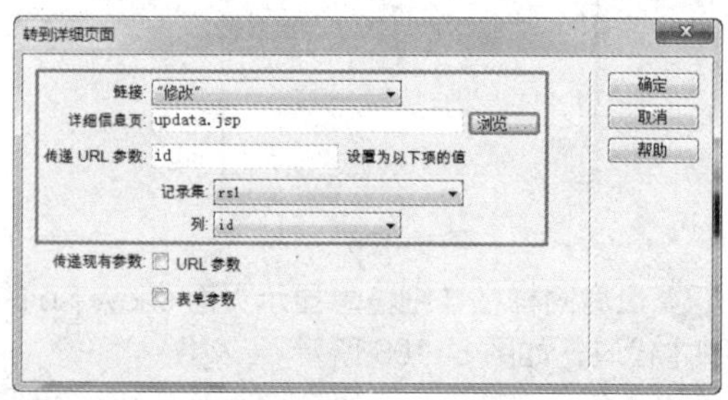

图 5-112

03 单击“确定”按钮，为“修改”文字添加“转到详细页面”服务器行为。在页面中选中“删除”文字，如图 5-113 所示。单击“服务器行为”面板上的加号按钮，在弹出的菜单中选择“转到详细页面”选项，在弹出的对话框中设置其链接到删除数据记录页面 delete.jsp，并设置其传递的 URL 参数，如图 5-114 所示。

图 5-113

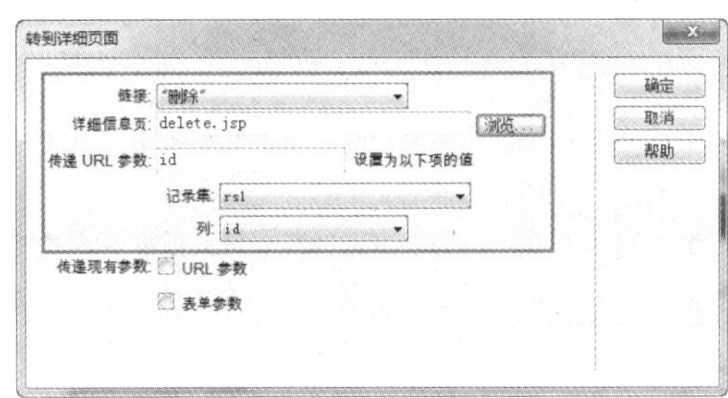
图 5-114

04 单击“确定”按钮，为“删除”文字添加“转到详细页面”服务器行为。选中页面中的“添加”图像，设置其链接到新增数据记录页面 add.jsp，如图 5-115 所示。完成后台数据记录管理页面 admin.jsp 的制作，效果如图 5-116 所示。

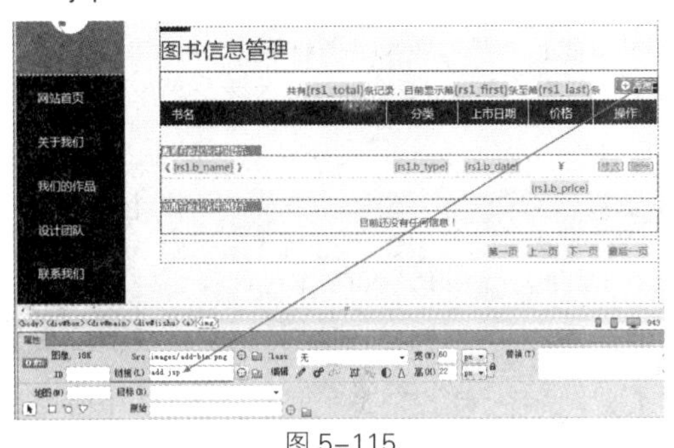
图 5-115

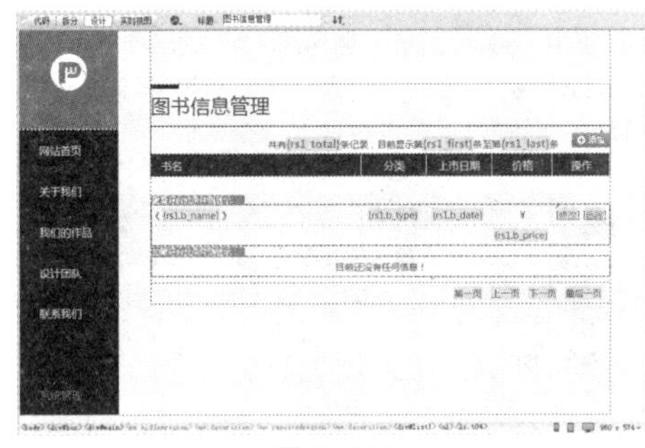
图 5-116

5.6.2　“插入记录”服务器行为

通常情况下，添加记录的操作都是通过页面中的表单元素与“插入记录”服务器行为共同来完成的。

单击“服务器行为”面板上的加号按钮，在弹出的菜单中选择“插入记录”选项，如图 5-117 所示。弹出“插入记录”对话框，在该对话框中对相关选项进行设置，即可将表单中输入的数据内容添加到数据表中，如图 5-118 所示。

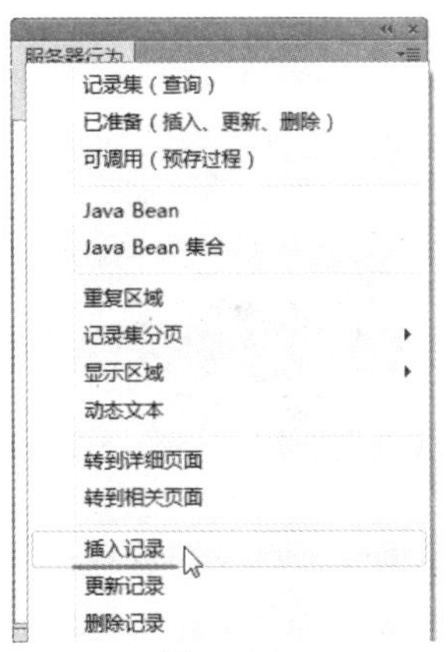
图 5-117

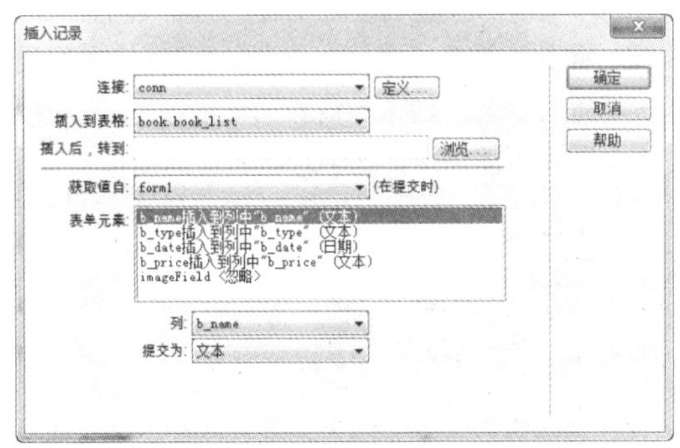
图 5-118

“插入记录”对话框中各选项作用说明如表 5-6 所示。

表 5-6　“插入记录”对话框选项说明

选项	说明
连接	在该下拉列表中选择所创建的数据库连接
插入到表格	在该下拉列表中选择将页面中的表单数据插入哪个数据表中

（续表）

选项	说明
插入后，转到	该选项用于设置当成功向数据表中插入数据记录后跳转到哪个页面，单击该选项后面的“浏览”按钮进行选择
获取值自	在该下拉列表中选择需要提交数据的表单域，如果页面中有多个表单域，这里一定需要注意选择
表单元素	在该选项的列表中列出了在“获取值自”下拉列表中所选择的页面表单域中的所有表单元素
列	在该下拉列表中选择数据表字段。在“表单元素”列表中选择表单域中的某个表单元素，在该下拉列表中选择需要所选择的表单元素的值插入该选项所选择的字段中
提交为	完成“表单元素”和“列”选项的设置后，在该下拉列表中选择将所提交的数据提交为某种类型的数据，通常都使用数据表中字段的类型

技巧 

在使用“插入记录”服务器行为时，如果页面中各表单元素的 id 名称与数据表中的字段名称一一对应，则 Dreamweaver 会自动在“插入记录”对话框中将它们配对，如果各表单元素的 id 名称并没有与数据表中的字段名称一一对应，则需要手动进行设置。

实战 制作添加数据记录页面

最终文件：最终文件 \ 第 5 章 \chapter5\add.jsp　　视频：视频 \ 第 5 章 \5-6-2.mp4

01 打开站点中的添加数据记录页面 add.jsp，可以看到页面的效果，如图 5-119 所示。单击“服务器行为”面板上的加号按钮，在弹出的菜单中选择“插入记录”选项，如图 5-120 所示。

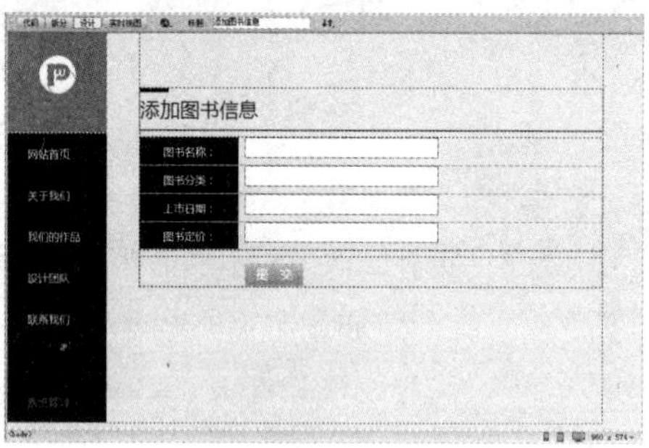

图 5-119

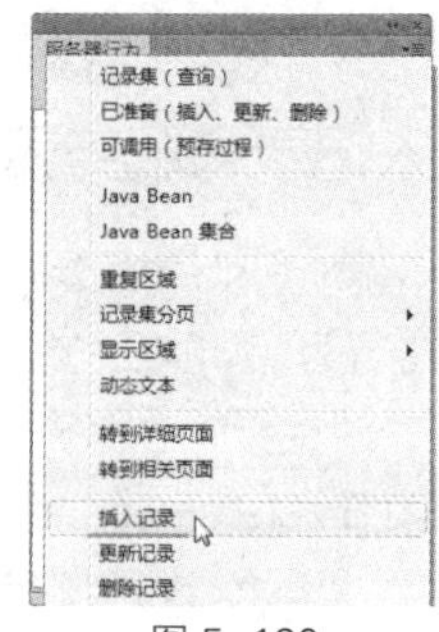

图 5-120

02 弹出“插入记录”对话框，设置插入后跳转到后台数据记录管理页面 admin.jsp，如图 5-121 所示。单击“确定”按钮，完成“插入记录”对话框的设置，在“服务器行为”面板中会多出一项插入记录，如图 5-122 所示。

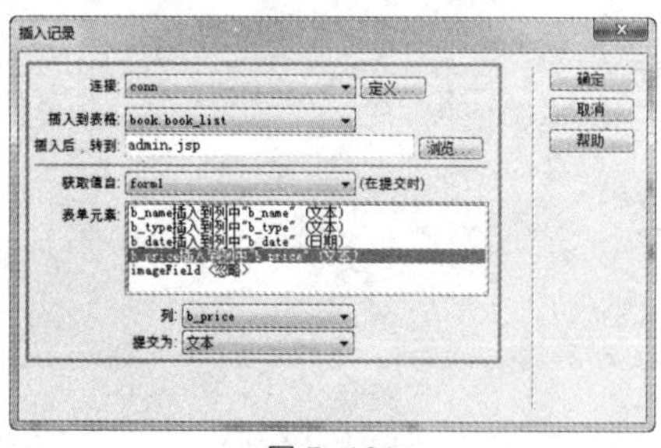

图 5-121

图 5-122

提示

因为页面中的表单元素的 id 名称与数据表中的字段名称相同，所以当弹出“插入记录”对话框时，Dreamweaver 会将相同名称的表单元素与数据表中的段相对应，这样就不需要用户进行手动设置。数据表中的 id 字段为主键，并且其值为自动递增的，所以添加数据时并不需要为 id 字段写入值。

技巧

在 Dreamweaver 中为网页添加“插入记录”行为，在“服务器行为”面板中可以看到该行为，并且在该行为后面的括号中会显示表单域名称，双击该选项，即可弹出“插入记录”对话框，对相关选项进行修改和重新设置。

03 完成添加数据记录页面 add.jsp 的制作，可以看到该页面的效果，如图 5-123 所示。

图 5-123

提示

完成“插入记录”服务器行为的添加后，网页中表单部分的背景色会变成浅蓝色，当然这并不是表示有错误，而是让设计者知道该表单使用服务器行为。在表单中也自动添加了 id 名为 MM_insert 的隐藏字段，用来判断用户是否单击“提交”按钮送出信息，并是否执行“插入记录”部分的程序代码。

5.6.3 “更新记录”服务器行为

向数据库中插入记录后，还可以对记录数据进行修改，单击“服务器行为”面板上的加号按钮，在弹出的菜单中选择“更新记录”选项，如图 5-124 所示。弹出“更新记录”对话框，在该对话框中对相关选项进行设置，即可对数据表中的记录数据进行修改，如图 5-125 所示。

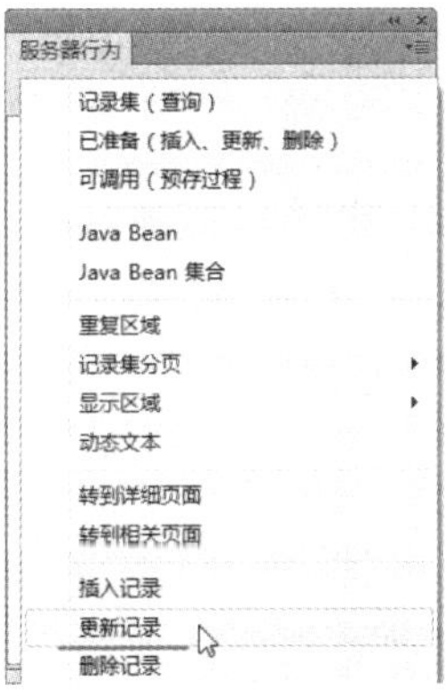

服务器行为
记录集（查询）
已准备（插入、更新、删除）
可调用（预存过程）
Java Bean
Java Bean 集合
重复区域
记录集分页
显示区域
动态文本
转到详细页面
转到相关页面
插入记录
更新记录
删除记录

图 5-124

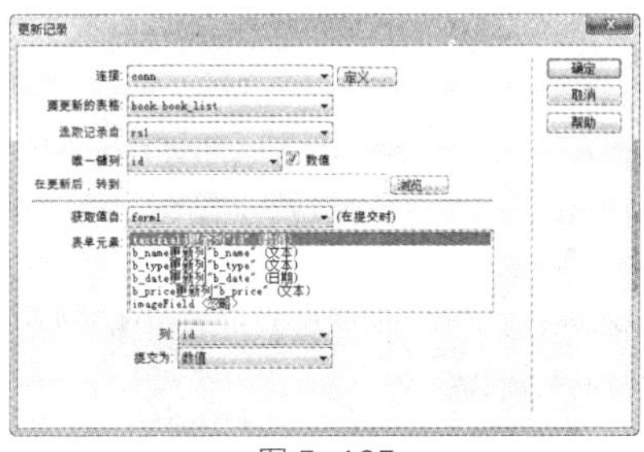

图 5-125

“更新记录”对话框中的选项与“插入记录”对话框中的选项基本相同，只是多了“唯一键列”选项，该选项用于选择更新记录的依据，通常都是依据数据表中的主键进行数据的更新操作。

实战　制作更新数据记录页面

最终文件：最终文件 \ 第 5 章 \chapter5\updata.jsp　　视频：视频 \ 第 5 章 \5-6-3.mp4

01 打开站点中的更新数据记录页面 updata.jsp，可以看到页面的效果，如图 5-126 所示。单击“绑定”面板上的加号按钮，在弹出的菜单中选择“记录集（查询）”选项，如图 5-127 所示。

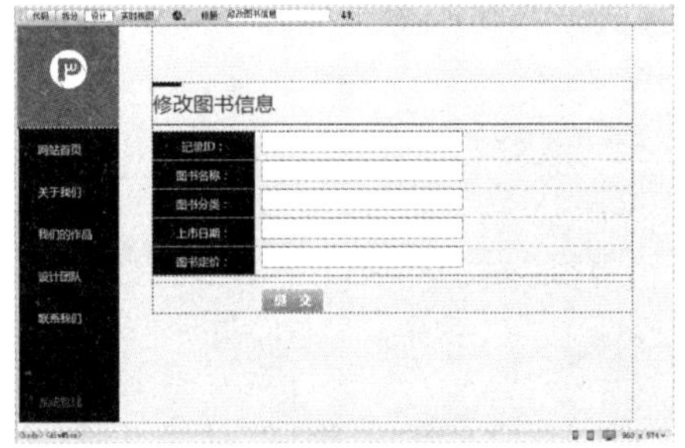

图 5-126

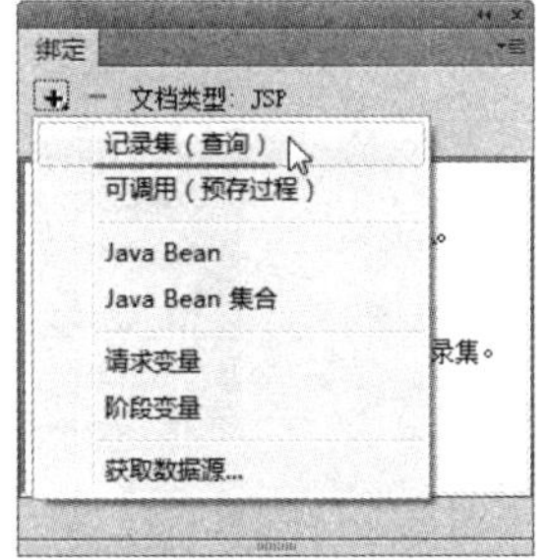

图 5-127

02 弹出“记录集”对话框，筛选记录的依据为后台数据记录管理页面 admin.jsp 传递的 URL 参数 id，对相关选项进行设置，如图 5-128 所示。单击“确定”按钮，创建记录集，在页面中各表单元素中插入记录集中相应的字段，如图 5-129 所示。

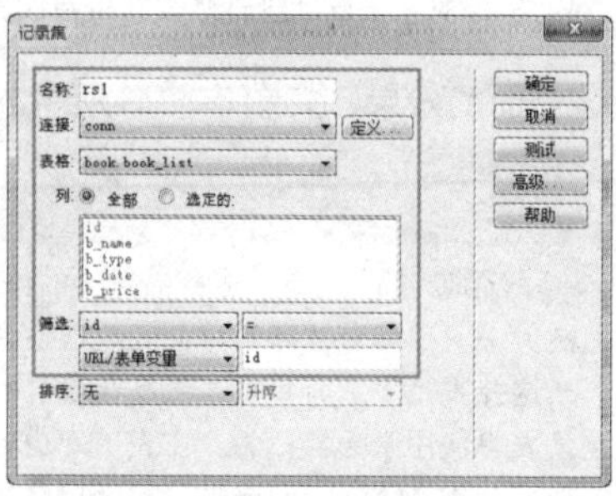

图 5-128

图 5-129

03 由于数据表中的 id 字段是主键，不希望随便修改主键的值，因此选择“记录 ID”文字后面的文本域，在“属性”面板中选中 Read Only 复选框，将该文本域设置为只读，如图 5-130 所示。单击“服务器行为”面板上的加号按钮，在弹出的菜单中选择“更新记录”选项，如图 5-131 所示。

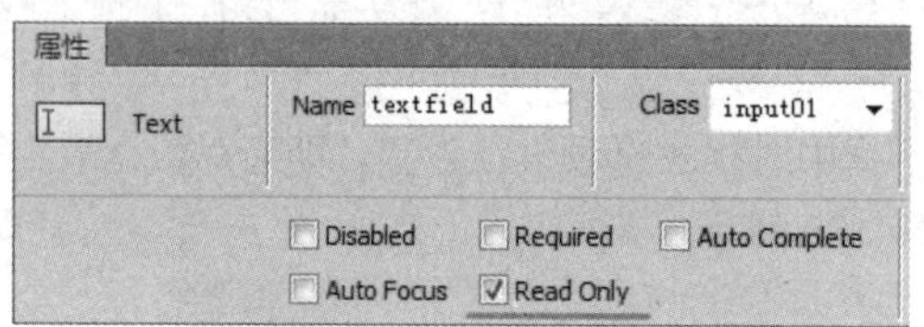

图 5-130

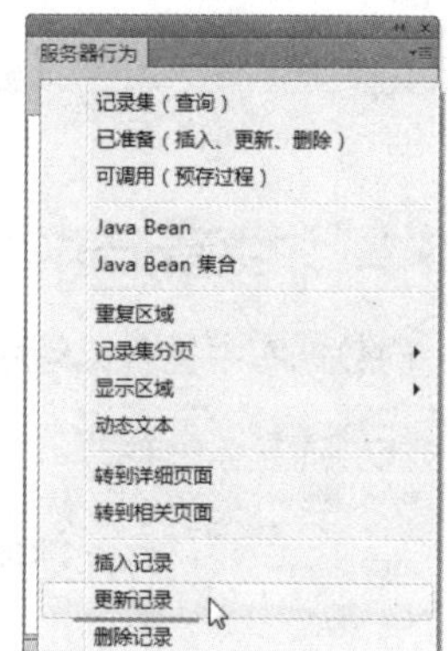

图 5-131

04 弹出“更新记录”对话框，将数据表中的字段与表单中的各表单元素相对应，设置如图 5-132 所示。单击“确定”按钮，完成“更新记录”对话框的设置，在“服务器行为”面板中会多出一项更新记录，如图 5-133 所示。

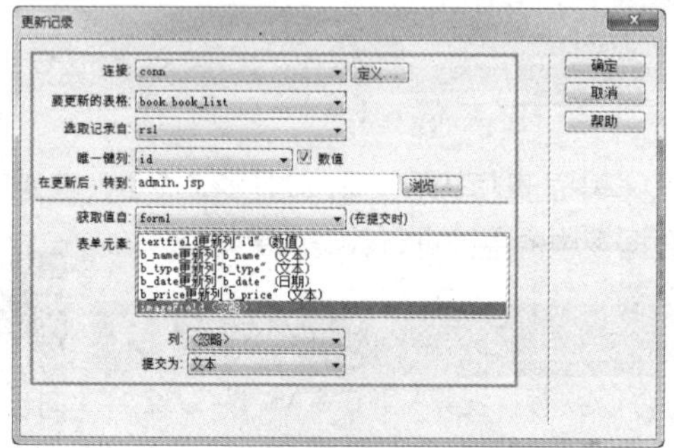

图 5-132

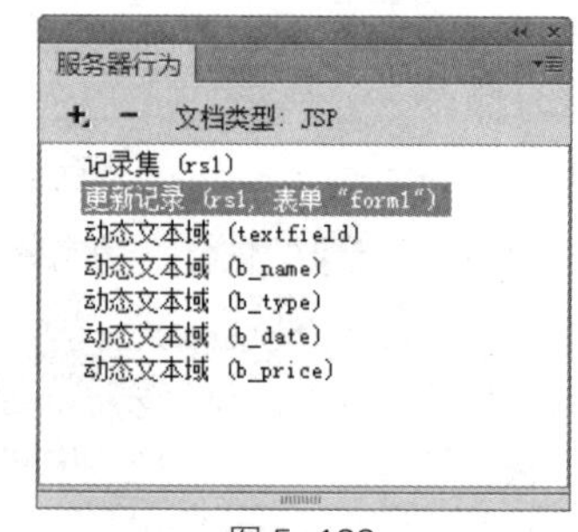

图 5-133

05 完成更新数据记录页面 updata.jsp 的制作，可以看到该页面的效果，如图 5-134 所示。

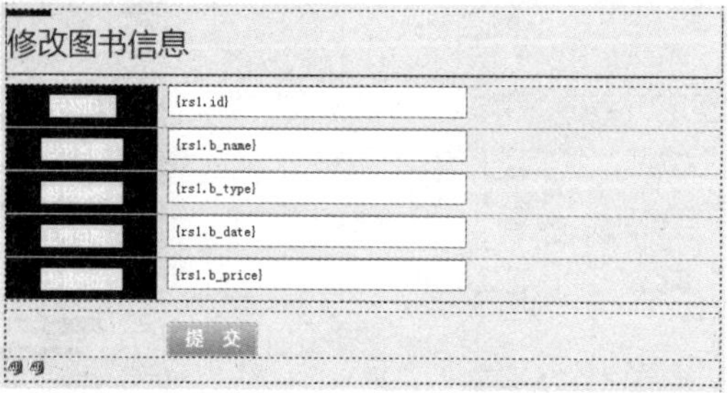

图 5-134

5.6.4 “删除记录”服务器行为

在网站维护的过程中，常常需要对一些错误的信息或老旧的信息进行删除，这时就可以使用 Dreamweaver 中提供的“删除记录”服务器行为。

单击“服务器行为”面板上的加号按钮，在弹出的菜单中选择“删除记录”选项，如图 5-135 所示。弹出“删除记录”对话框，在该对话框中对相关选项进行设置，即可对数据表中的记录数据进行删除操作，如图 5-136 所示。

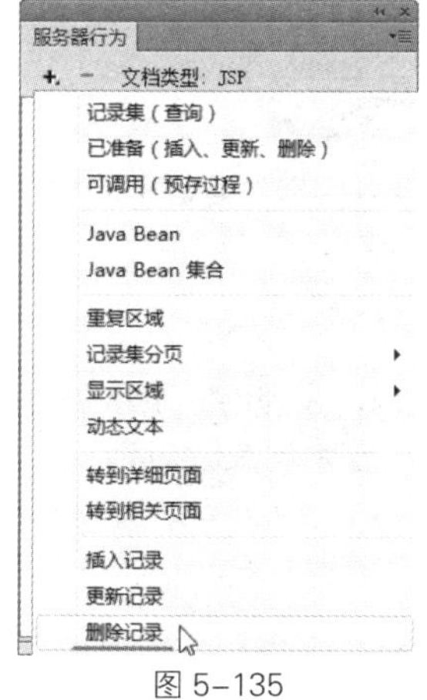

图 5-135

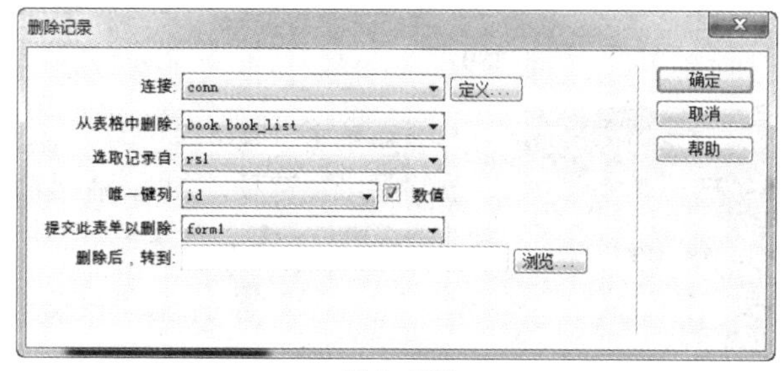

图 5-136

“删除记录”对话框中各选项的说明如表 5-7 所示。

表 5-7　“删除记录”对话框选项说明

选项	说明
连接	在该下拉列表中选择所创建的数据库连接
从表格中删除	在该下拉列表中选择所需要删除的数据记录是哪个数据表中的
选取记录自	在该下拉列表中选择所需要删除的数据记录是页面中所创建的哪个记录集中的
唯一键列	该选项用于选择删除记录的依据，通常都是依据数据表中的主键进行数据的删除操作
提交此表单以删除	在该下拉列表中选择当提供当前页面中哪个表单数据时，对相应的数据记录进行删除操作
删除后，转到	该选项用于设置当成功在数据表中删除指定的数据记录后跳转到哪个页面，单击该选项后面的“浏览”按钮进行选择

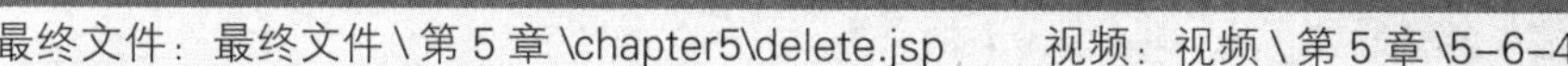

实战　制作删除数据记录页面

最终文件：最终文件 \ 第 5 章 \chapter5\delete.jsp　　视频：视频 \ 第 5 章 \5-6-4.mp4

01 打开站点中的删除数据记录页面 delete.jsp，可以看到页面的效果，如图 5-137 所示。单击“绑定”面板上的加号按钮，在弹出的菜单中选择“记录集(查询)”选项，如图 5-138 所示。

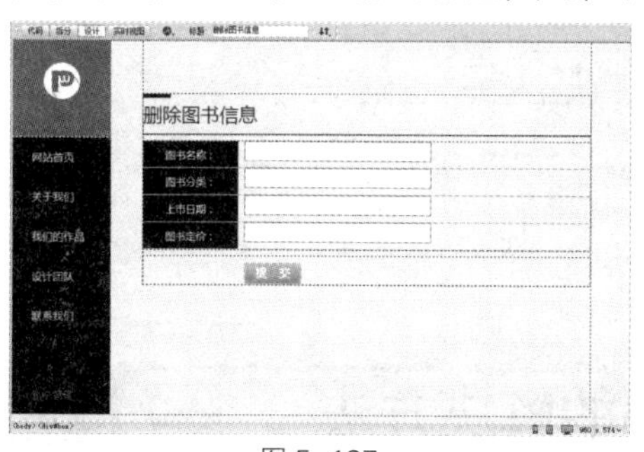

图 5-137

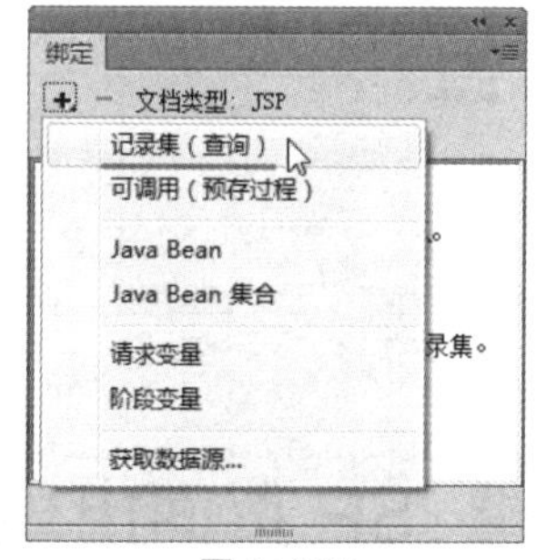

图 5-138

02 弹出“记录集”对话框，筛选记录的依据为后台数据记录管理页面 admin.jsp 传递的 URL 参数 id，对相关选项进行设置，如图 5-139 所示。单击“确定”按钮，创建记录集，在页面中各文本域中插入记录集中相应的字段，如图 5-140 所示。

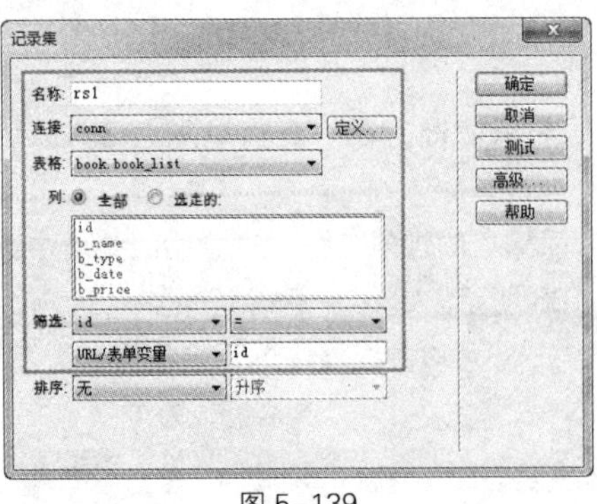
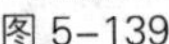

图 5-139

图 5-140

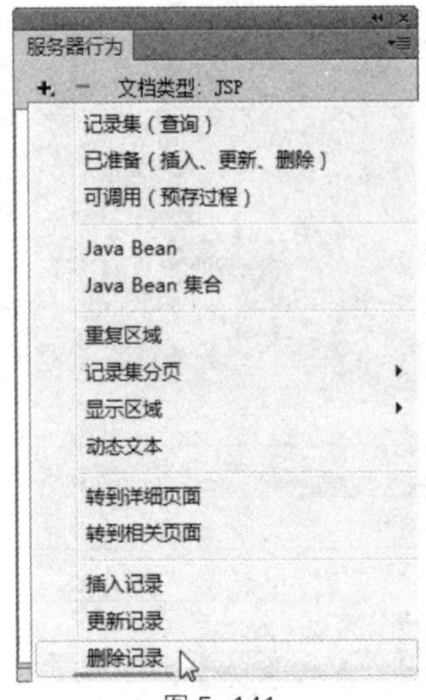

图 5-141

03 单击“服务器行为”面板上的加号按钮，在弹出的菜单中选择“删除记录”选项，如图 5-141 所示。弹出“删除记录”对话框，对其他选项进行设置，如图 5-142 所示。

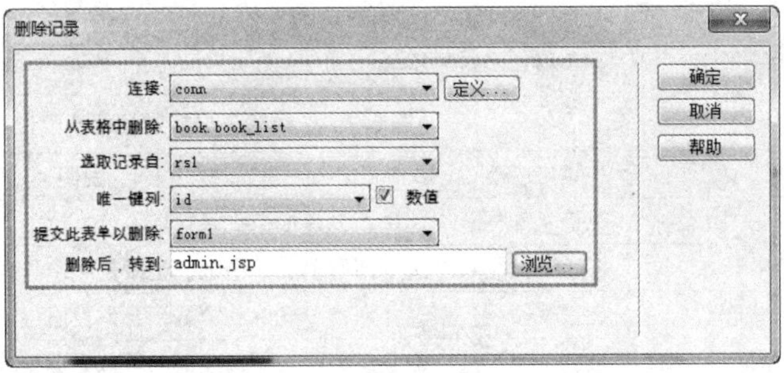

图 5-142

04 单击“确定”按钮，完成“删除记录”对话框的设置，在“服务器行为”面板中会多出一项删除记录，如图 5-143 所示。完成删除数据记录页面 delete.jsp 的制作，可以看到该页面的效果，如图 5-144 所示。

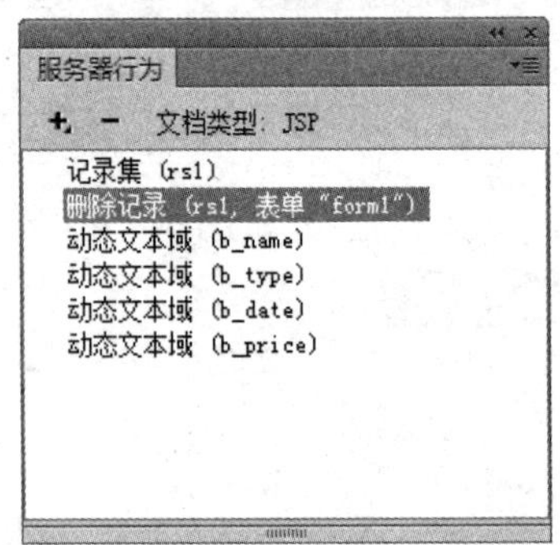

图 5-143

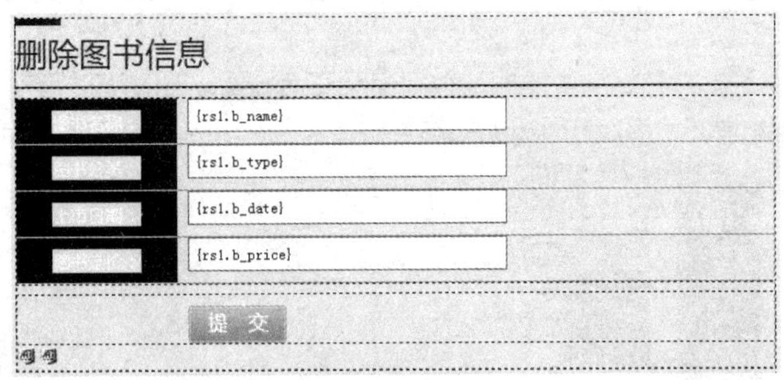

图 5-144

5.7 JSP 页面出现中文乱码的解决方法

刚开始学习 JSP 网站开发时，一定会遇到 JSP 网页中的中文显示为乱码的情况，导致中文乱码的情况有多种，排除 Tomcat 测试服务器和 MySQL 服务器的配置情况，出现中文乱码大多数是由于 JSP 页面数据在传递过程中的编码格式不统一所造成的。

首先，确定网页默认的编码格式。在 Dreamweaver 中新建的网页，都会在页面头部的 <head>

与 </head> 标签之间添加如下的字符集格式声明代码。

```
<meta charset="utf-8">
```

通过该字符集格式声明代码声明网站所采用的编码格式为 utf-8 格式，而 Tomcat 服务器默认使用 ISO-8859-1 字符集对 JSP 网页进行编译，这就会导致网页中的中文内容显示为乱码。既然网页的编码格式为 utf-8，那么我们就需要注意，与 JSP 网站进行交互的 MySQL 数据库和数据表的编码格式以及数据传输过程中的编码格式都需要保持统一的 utf-8 格式，这样才能保证页面中的中文内容显示正常，而不会显示为乱码。

(1) 在创建 MySQL 数据库和数据表时，默认的字符集格式为 latin1，注意，一定要设置为与网站字符集相同的 utf-8 格式，可以选择 utf8_general_ci 或 utf8-default collation。

(2) 在 JSP 页面头部添加脚本代码，设置该 JSP 页面的编码字符集。

```
<%@ page language="java" import="java.util.*" pageEncoding="utf-8"%>
```

(3) 在 JSP 页面头部添加脚本代码，设置服务器向客户端传递数据时的内容编码格式。

```
<%@ page contentType="text/html;charset=utf-8"%>
```

(4) 在 JSP 网页中使用 post 方式来提交表单数据时，如果没有设置提交数据的编码格式，默认使用 ISO-8859-1 方式进行提交，而接收数据的 JSP 页面却以 utf-8 的方式接收数据，从而也会导致中文乱码。这里还需要在 JSP 页面头部添加针对 post 数据提交方式的转码设置代码。

```
<% request.setCharacterEncoding("utf-8"); %>
```

(5) 另外，还有可能出现数据库乱码，从而导致从数据库中读取中文内容时，在 JSP 网页中也会显示为乱码。解决方法是在数据库连接字符串中加入编码字符集，即可将连接数据库的 URL 选项设置为如下的形式。

```
jdbc:mysql://localhost:3306/数据库名称?useUnicode=true&characterEncoding=utf-8
```

通过以上几个方面的处理，大多数情况下都能够解决 JSP 网页中文内容显示为乱码的情况，如果通过这几个方面的设置，依然没有解决乱码的问题，那么就需要考虑 Tomcat 测试服务器和 MySQL 服务器的设置问题了。

5.8 系统功能测试

对系统功能进行测试是网站开发完成后必需的步骤，也是非常重要的一项内容，通过系统测试可以发现系统功能中的一些不足和错误，以便于及时进行修改。

在前面的小节中已经完成了一个图书管理系统的开发制作，在该系统中实现了数据的查询、添加、修改和删除等功能，下面在测试服务器中对该图书管理系统功能进行测试。

实战　测试图书管理系统功能

最终文件：无　　　　视频：视频\第 5 章\5-8.mp4

01 在浏览器地址栏中输入后台管理页面的访问地址 localhost:8080/chapter5/admin.jsp，在测试服务器中测试该页面，因为目前数据库中没有任何数据，可以看到页面效果，如图 5-145 所示。单击页面中的“添加”按钮，跳转到添加数据记录页面 add.jsp，在各文本字段中填写相应的数据内容，如图 5-146 所示。

02 单击“提交”按钮，将数据添加到数据库中并返回后台数据记录管理页面 tadmin.jsp，可以看到刚添加的数据，如图 5-147 所示。使用相同的操作方法，添加多条数据记录，如图 5-148 所示。

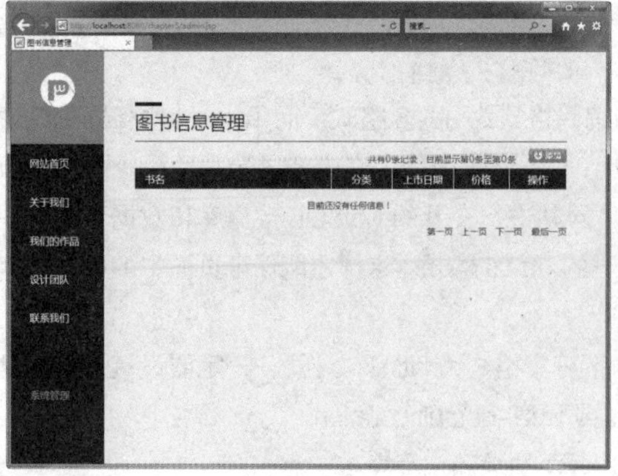

图 5-145

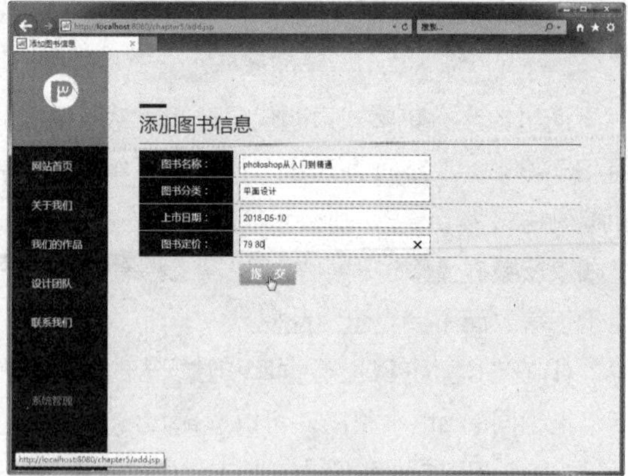

图 5-146

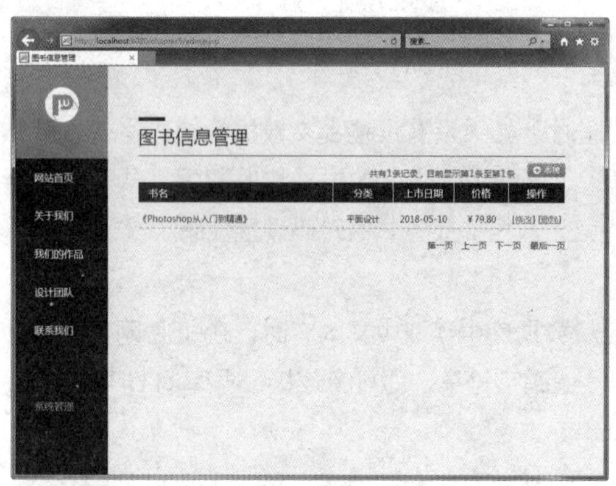

图 5-147

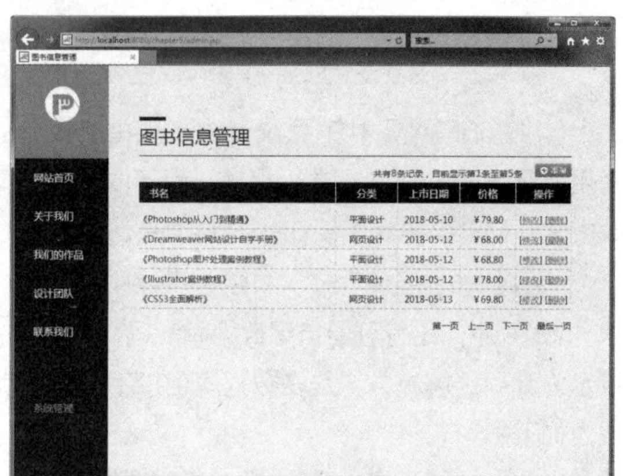

图 5-148

03 单击第 1 条数据后面的“修改”超链接，跳转到更新数据记录页面 updata.jsp，对相关信息进行修改，如图 5-149 所示。单击“提交”按钮，即可更新数据库中的该条数据记录，并返回后台数据记录管理页面 admin.jsp，如图 5-150 所示。

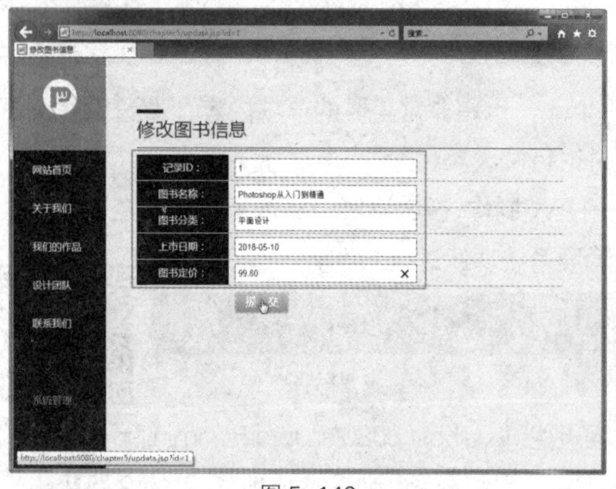

图 5-149

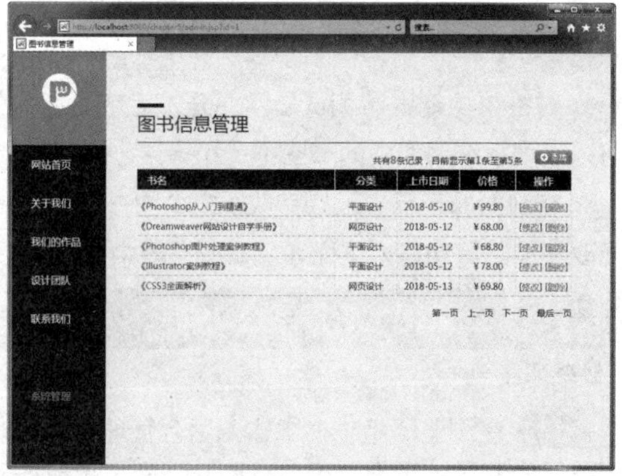

图 5-150

04 单击“Illustrator 案例教程”记录后面的“删除”超链接，跳转到删除数据记录页面 delete.jsp，可以看到该条信息，如图 5-151 所示。单击“提交”按钮，即可在数据库中将该条数据记录删除，并返回后台数据记录管理页面 admin.jsp，如图 5-152 所示。

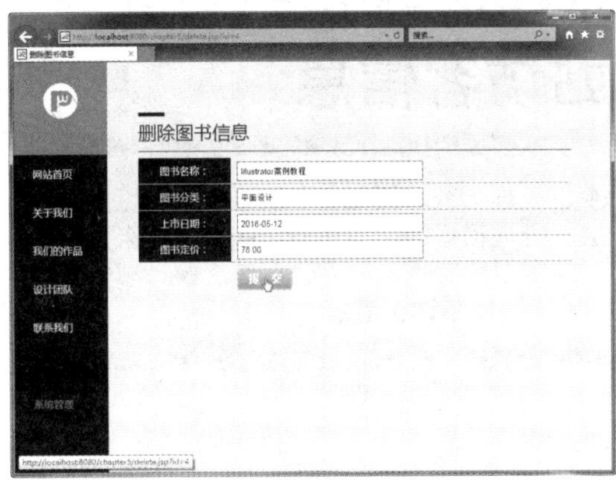

图 5-151

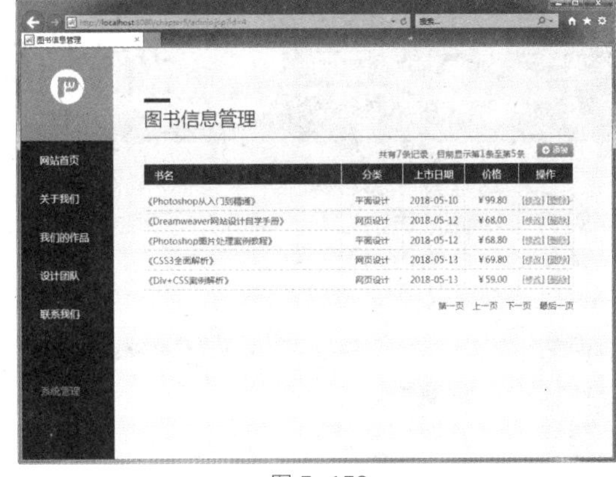

图 5-152

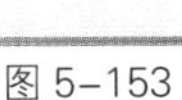05 完成后台管理功能的测试，在浏览器地址栏中输入前台图书管理系统首页面的访问地址 localhost:8080/chapter5/index.jsp，在测试服务器中预览该页面，效果如图 5-153 所示。单击某条信息记录的名称，跳转到该条信息的详细信息显示页面 show.jsp，显示该条记录的详细信息，如图 5-154 所示。

图 5-153

图 5-154

第6章 统计网站访客信息

随着信息技术的发展，网络应用在社会生活中越来越活跃。例如，我们经常在浏览网站时看见许多商业性质的广告，商家对于网站广告的投放一般是根据网站的访问量和知名度来进行的，而统计网站的访问信息在这里发挥着重要的作用。本章中所实现的网站访客信息统计功能是动态网站中非常基础的一项功能，用来记录访问网站的人次数以及访客信息。

本章知识点：

- 理解网站访客信息统计的实现方法
- 掌握系统动态站点和 MySQL 数据库的创建
- 掌握如何在 MySQL 数据库中使字段自动获取系统时间
- 掌握使用 request 对象获取访客信息的方法
- 掌握使用 session 对象判断是否是新访客的方法
- 掌握自动将访客信息写入数据库的方法

6.1 系统功能分析

在访问网站时，常常会看到网站中显示的网站访问量，这就是通过程序对网站访问信息进行统计得出的。通过在网站中实现网站访客信息的统计，便于网站管理员了解自己网站的受欢迎程度，从而帮助网站管理者对网站内容进行改进。

6.1.1 网站访客信息统计系统分析

很多网站都会在页面中显示网站的访客数量，当有访问者浏览网站时，数据库中的记录访客人次的字段值自动加 1。本章所实现的网站访客信息统计功能，不仅要在网页中实现访客数量的统计，还要将访客的基本数据记录下来，例如访客的 IP 地址、访客的主机名称等。

将访客信息记录下来有什么用呢？例如，想知道哪些人经常浏览该网站，这些访客数据就非常有用。或许您会有一个问题，如前面所说，当有访问者浏览网站时，访客人次的字段值自动加 1，但是访客连续单击浏览器上的“刷新”按钮，那么访客数量的统计结果是否会造成不正确的累计呢？没错，这样的做法会让访客数量产生不当的累计。在 3.3.4 节中介绍了 JSP 的内置 session 对象，使用 session 对象可以防止访问者利用浏览器上的“刷新”按钮重复计算次数。

本章所制作的网站访客信息统计功能能够实现最基础的访客数量统计，具有 session 功能，同时也使用数据库记录访客的基本信息。

6.1.2 相关页面说明

本章所实现的统计网站访客信息功能相对来说比较简单，在上一节中已经对该功能进行详细的分析，并且介绍了其实现的方法以及所需要使用的功能。在本章所制作的统计网站访客信息功能中主要包含 2 个页面，页面说明如表 6-1 所示。

表 6-1　统计网站访客信息功能页面说明

页面	说明
index.jsp	网站首页面，当用户在浏览器中打开该网站页面时，将自动向数据库中插入访问者的相关信息，并将访问次数自动加 1。通过查询数据表，在页面中显示出网站的总访问数量
show.jsp	查看访客信息页面，在网站首页面中单击总访问数量文字链接，将跳转到查看访客信息页面，在该页面中查询数据表，并将数据表中每条访客的访问时间、访客的 IP 地址、访客的主机名称等信息都显示在页面中

6.2 创建系统站点和 MySQL 数据库

完成了系统功能的规划分析，基本上了解了该系统中相关的页面和所需要实现的功能，接下来创建该系统的动态站点并根据系统功能规划来创建 MySQL 数据库。

6.2.1 创建站点

无论是大型的企业网站还是小型的个人网站，创建站点都是非常重要的一步，站点可以方便用户对网站的操作与管理。有效地规划和组织站点，对建立网站是非常必要的。合理的站点结构能够加快对站点的设计，提高工作效率，节省时间。

实战　创建网站访客信息系统站点

最终文件：无　　　　视频：视频 \ 第 6 章 \6-2-1.mp4

01 在“源文件 \ 第 6 章 \chapter6\”文件夹中已经制作好了“创建网站访客信息系统”中相关的静态页面，如图 6-1 所示。直接将 chapter6 文件复制到 Tomcat 服务器默认的网站根目录 (Tomcat 8.0\webapps\ROOT\) 中，如图 6-2 所示。

图 6-1

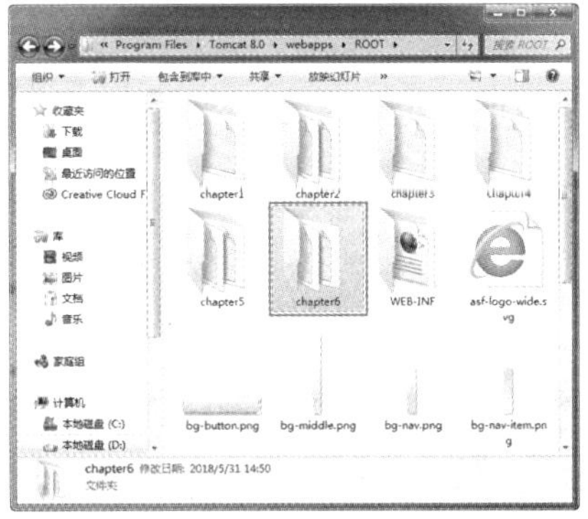

图 6-2

02 打开 Dreamweaver，执行“站点”>“新建站点”命令，弹出“站点设置对象”对话框，设置“本地站点文件夹”为 D:\Program Files\Tomcat 8.0\webapps\ROOT\chapter6\，如图 6-3 所示。在对话框左侧单击“服务器”选项，切换到服务器选项设置界面，如图 6-4 所示。

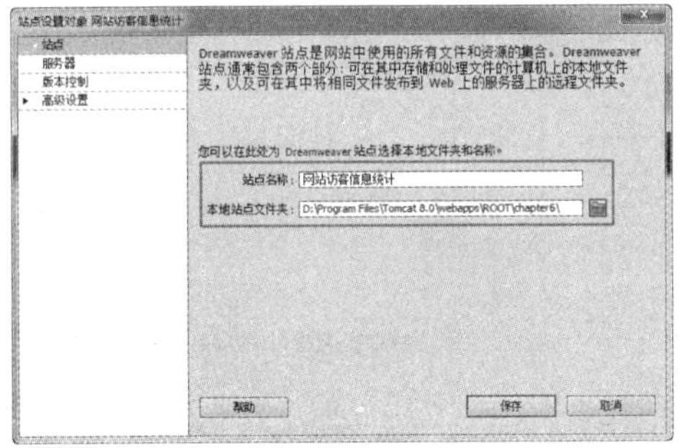

图 6-3

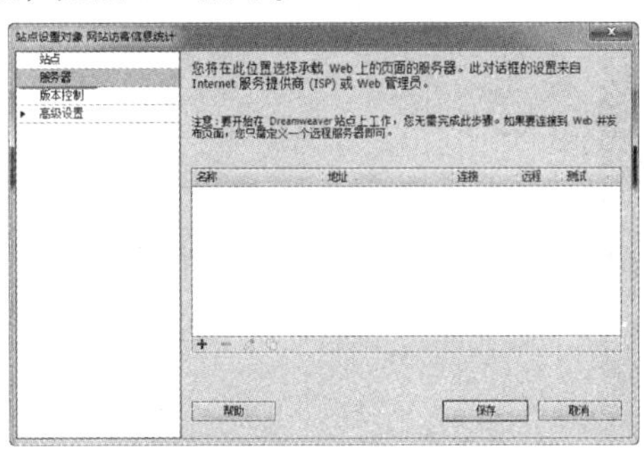

图 6-4

03 单击“添加新服务器”按钮，弹出服务器设置窗口，在“连接方法”下拉列表中选择“本地/网络”选项，对相关选项进行设置，如图 6-5 所示。单击“高级”按钮，切换到“高级”选项卡中，在“服务器模型”下拉列表中选择 JSP 选项，如图 6-6 所示。

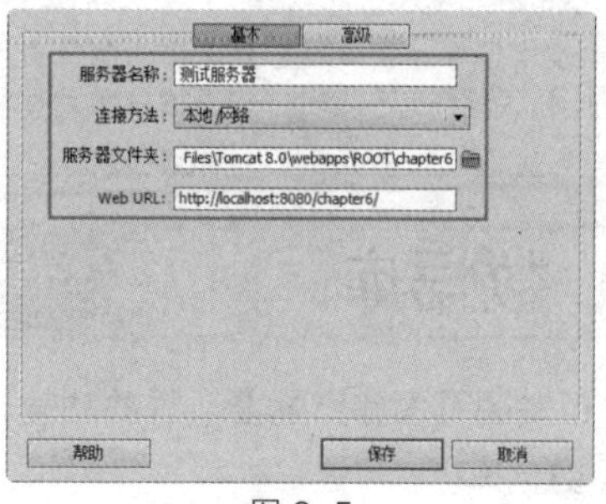

图 6-5

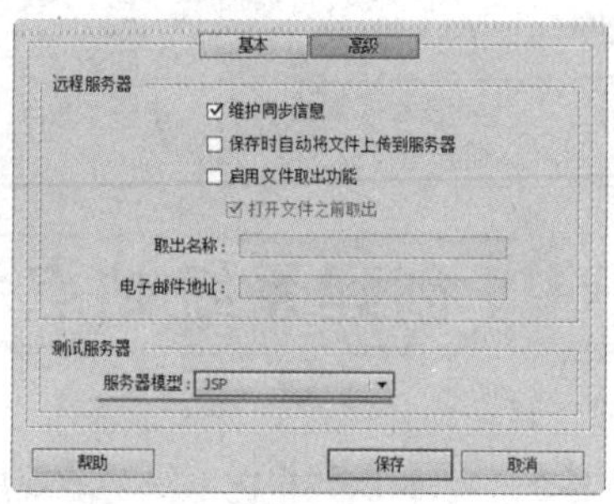

图 6-6

04 单击“保存”按钮，保存服务器选项设置，返回“站点设置对象”对话框，选中“测试”复选框，如图 6-7 所示。单击“保存”按钮，完成系统站点的创建和测试服务器的设置，在“文件”面板中显示当前站点中的相关文件，如图 6-8 所示。

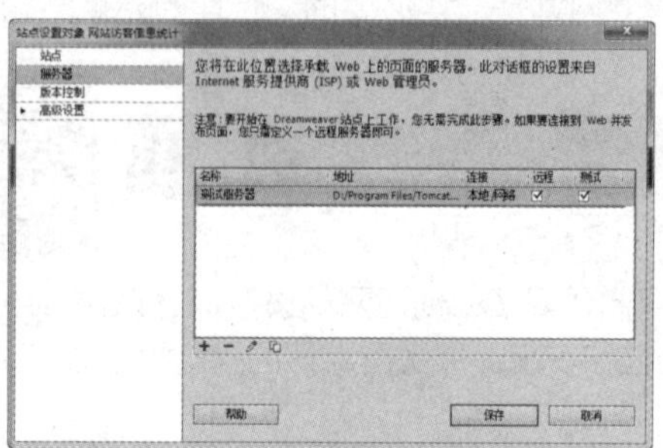

图 6-7

图 6-8

6.2.2 创建 MySQL 数据库 

在本章所实现的网站访客信息统计功能中，只需要使用 1 个数据表，在该数据表中包含 4 个字段，分别用于存储访客数量统计、访问时间、访客 IP 地址和服务器名称。当然，用户也可以在页面中通过 request 对象来获取访客的更多信息，这就需要根据所获取的信息来设计数据表的字段。

实战 创建网站访客信息系统数据库 

最终文件：无　　视频：视频\第 6 章\6-2-2.mp4

01 打开 MySQL Workbench 初始界面，单击 Local instance mysql57 超链接，在弹出的对话框中输入 MySQL 数据库的管理密码，如图 6-9 所示。单击 OK 按钮，成功登录到 MysQL 数据库的管理工作界面，如图 6-10 所示。

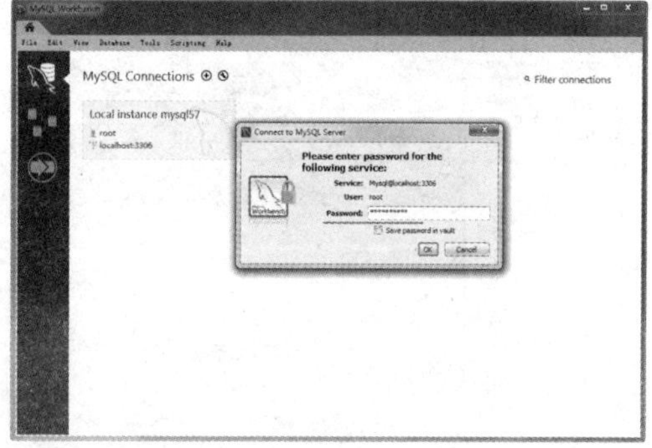

图 6-9

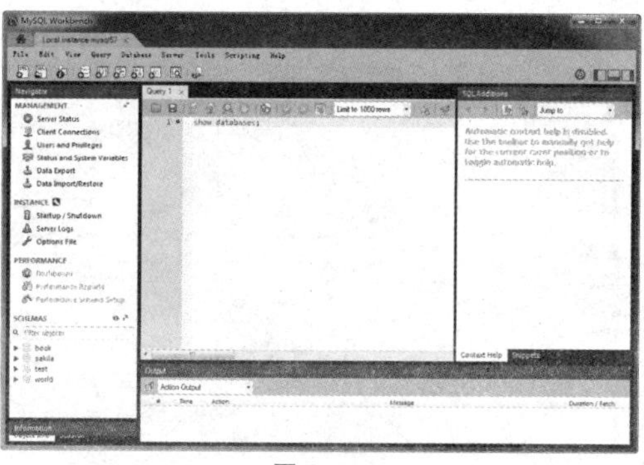
图 6-10

02 单击工具栏中的“创建一个新的数据库”按钮，弹出“新建数据库”选项卡，在 Name 文本框中输入数据库名称webcount，在Collation下拉列表中选择utf8–utf8_general_ci选项，如图6–11所示。单击 Apply 按钮，在弹出的对话框中显示生成的可编辑的创建数据库的 SQL 语句，如图 6–12 所示。

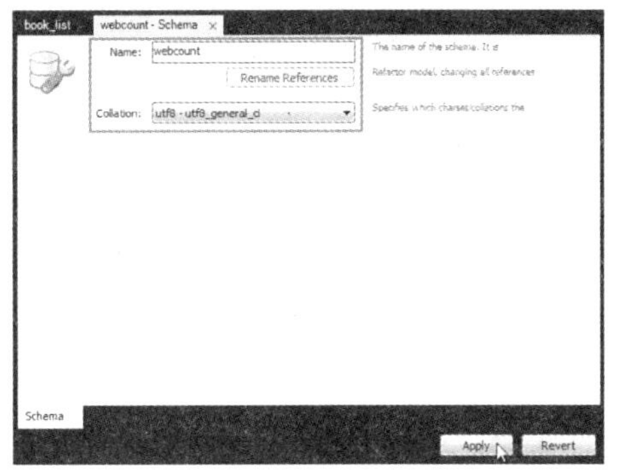

图 6–11

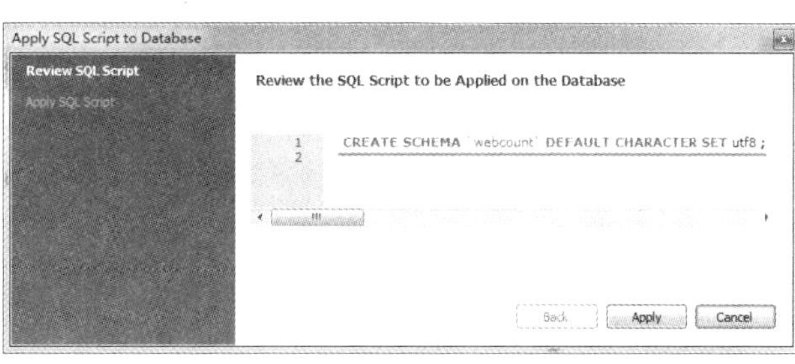

图 6–12

03 单击 Apply 按钮，即可创建所设置的数据库，完成数据库的创建后，显示如图 6–13 所示的对话框。单击 Finish 按钮，关闭对话框，在 MySQL Workbench 工作界面左侧的 SCHEMAS 选项区中可以看到所创建的名为 webcount 的数据库，如图 6–14 所示。

图 6–13

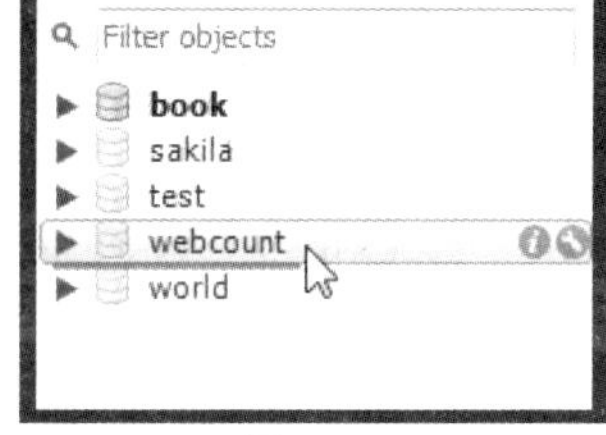

图 6–14

04 接下来在名为webcount的数据库中创建数据表。双击webcount数据库，从而选中该数据库。单击工具栏中的“创建一个新的数据表”按钮，弹出“新建数据表”选项卡，在 Table Name 文本框中输入数据表名称 count，在 Collation 下拉列表中选择 utf8–utf8_general_ci 选项，在 Engine 下拉列表中选择存储引擎为 MyISAM，如图 6–15 所示。

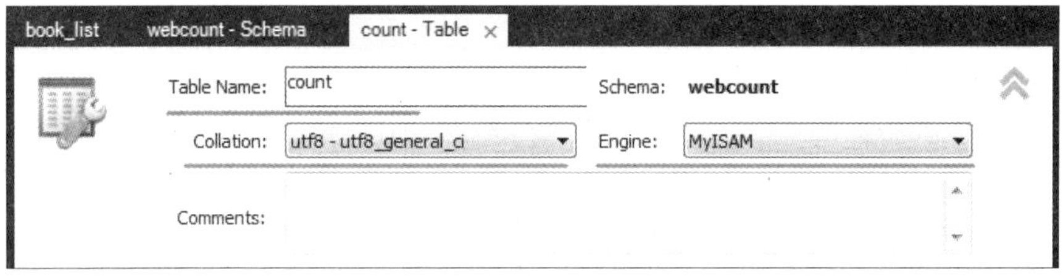

图 6–15

05 在字段列表选项区中为该数据表添加相应的字段，并且分别对各字段进行设置，如图 6–16 所示。

Column Name	Datatype	PK	NN	UQ	B	UN	ZF	AI	G	Default/Expression
count	INT	☑	☑	☐	☐	☐	☐	☑	☐	
date	TIMESTAMP	☐	☐	☐	☐	☐	☐	☐	☐	CURRENT_TIMESTAMP
source_ip	VARCHAR(45)	☐	☐	☐	☐	☐	☐	☐	☐	
source_name	VARCHAR(45)	☐	☐	☐	☐	☐	☐	☐	☐	

图 6–16

技巧 

在该数据表的创建过程中，需要注意的是 date 字段的设置，date 字段用于存储访客的访问时间，将该字段的字段类型设置为 TIMESTAMP，并且为该字段设置默认值为 CURRENT_TIMESTAMP 当在数据库中创建一条数据记录时，并不需要应用程序写入访问时间，而是数据库能够自动获取当前的时间并自动在创建该条数据记录时向该字段写入当前时间。

06 完成字段的设置后，单击 Apply 按钮，显示生成的可编辑的创建数据表的 SQL 语句，如图 6–17 所示。单击 Apply 按钮，即可创建所设置的表，完成数据表的创建后，显示如图 6–18 所示的对话框。

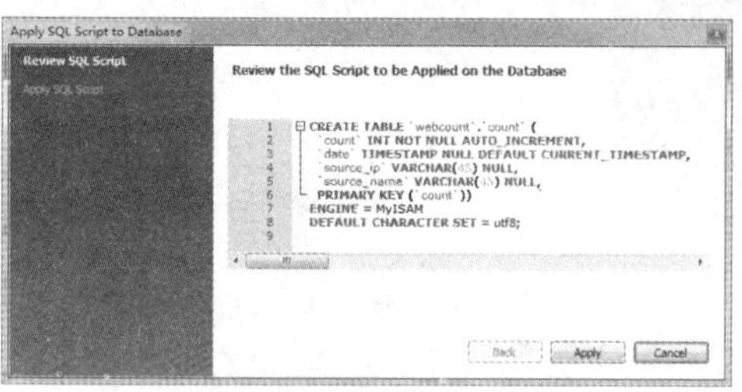

图 6–17

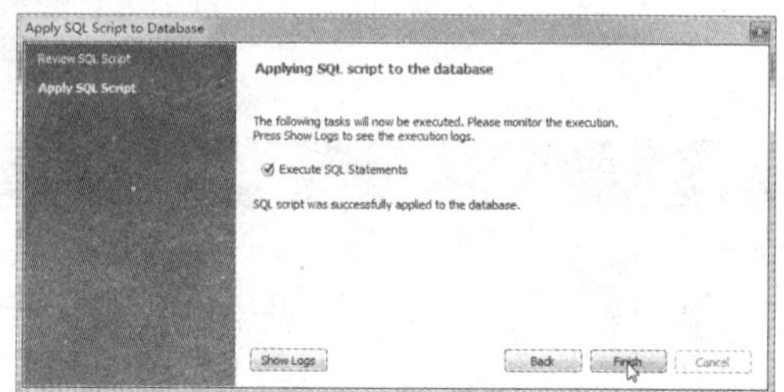

图 6–18

count 数据表中各字段的说明如表 6–2 所示。

表 6-2　count 数据表字段说明

字段名称	字段类型	说明
count	int(整数型)	用于记录访问次数，当浏览者打开该网站页面，则该字段值自动加 1，该字段为主键，并且数值自动递增
date	TIMESTAMP(日期时间型)	用于存储访问者的访问时间，为该字段设置了默认值，通过该默认值的设置使得数据库能够自动记录访问时间
source_ip	varchar(字符型)	用于存储访问者的 IP 地址
source_name	varchar(字符型)	用于存储访问者的主机名称

6.2.3 创建 MySQL 数据库连接

完成网站投票管理系统站点的创建，并且完成了该系统 MySQL 数据库的创建后，接下来为网站投票管理系统创建 MySQL 数据库连接，只有成功与所创建的 MySQL 数据库连接，才能在 Dreamweaver 中通过程序对 MySQL 数据库进行操作。

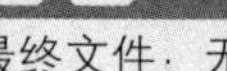

实战　创建网站访客信息系统数据库连接

最终文件：无　　　　视频：视频 \ 第 6 章 \6–2–3.mp4

01 执行“文件” > “打开”命令，在 Dreamweaver 中打开站点中任意一个页面。打开“数据库”面板，单击该面板上的加号按钮，在弹出的菜单中选择“MySQL 驱动程序 (MySQL)”选项，如图 6–19 所示。弹出“MySQL 驱动程序 (MySQL)”对话框，对该对话框中的相关选项进行设置，如图 6–20 所示。

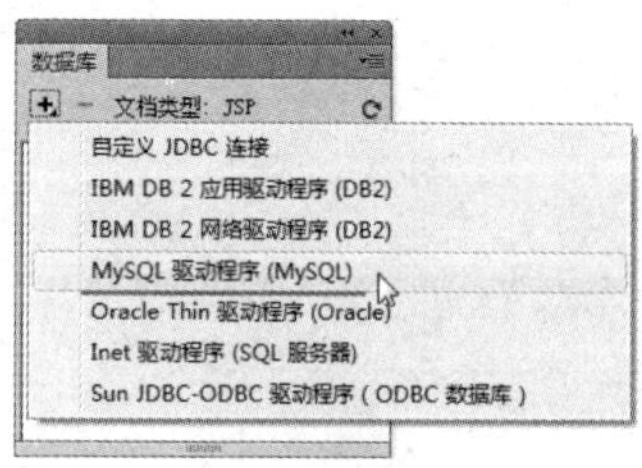

图 6–19

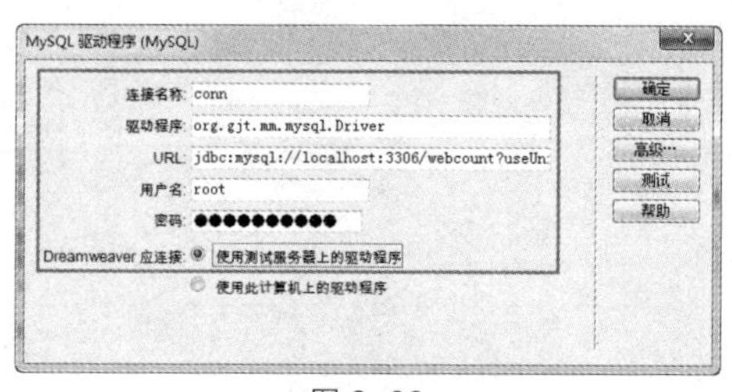

图 6–20

提示

在“MySQL 驱动程序 (MySQL)”对话框中的 URL 选项设置所需要链接的 MySQL 数据库的 URL 地址，本章所制作的网站访客信息系统需要连接名为 webcount 的 MySQL 数据库，其完整的 URL 地址是 jdbc:mysql://localhost:3306/webcount?useUnicode=true&characterEncoding=utf-8。

02 单击“测试”按钮，测试 Dreamweaver 与 MySQL 数据库的连接是否成功，如果创建连接成功，则弹出“成功创建连接脚本”的提示信息，如图 6–21 所示。单击“确定”按钮，返回“MySQL 驱动程序 (MySQL)”对话框中，单击“确定”按钮，完成“MySQL 驱动程序 (MySQL)”对话框的设置，在“数据库”面板中可以看到所连接的 MySQL 数据库的相关信息，如图 6–22 所示。

图 6–21

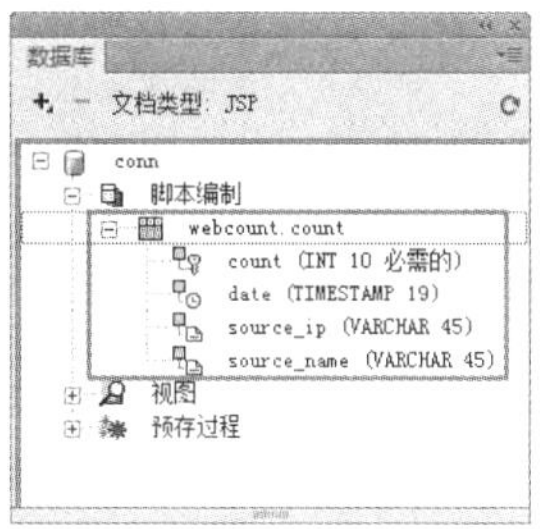

图 6–22

6.3 制作访客信息统计功能

本章所制作的统计网站访客信息功能，主要是能够实现网站访问量的统计，在统计网站访客量的同时，通过 request 对象的相关方法来获取访问用户的相关信息，并将访客的相关信息写入数据库中。

6.3.1 “已准备 (插入、更新、删除)”服务器行为

SQL 语句需要先编译然后执行，而存储过程 (Stored Procedure) 是一组为了完成特定功能的 SQL 语句集，经编译后存储在数据库中，用户通过指定存储过程的名字并给定参数 (如果该存储过程带有参数) 来调用执行它。

在 Dreamweaver 中可以通过“已准备 (插入、更新、删除)”服务器行为来创建存储过程，完成与数据库中的存储过程类似的操作。通过添加“已准备 (插入、更新、删除)”服务器行为，可以创建在数据库中插入、更新、删除数据记录的 JSP 已准备语句，JSP 已准备语句是指包含 SQL 语句的可以重复使用的服务器对象。

执行“窗口” > “服务器行为”命令，打开“服务器行为”面板，单击该面板上的加号按钮，在弹出的菜单中选择“已准备 (插入、更新、删除)”命令，如图 6–23 所示。弹出“已准备 (插入、更新、删除)”对话框，在该对话框中对相关选项进行设置，即可创建相应的 JSP 已准备语句，如图 6–24 所示。

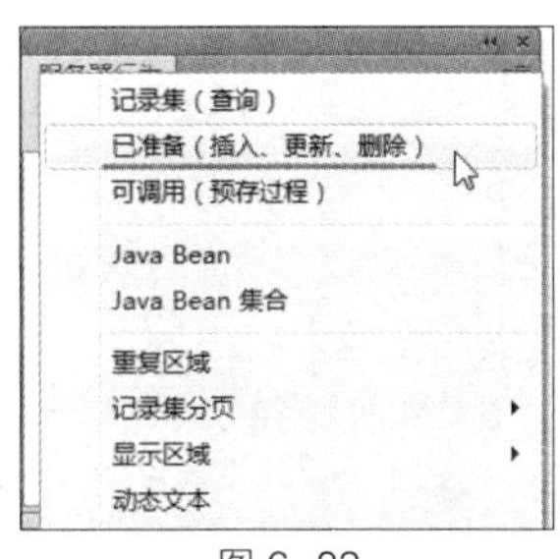

图 6–23

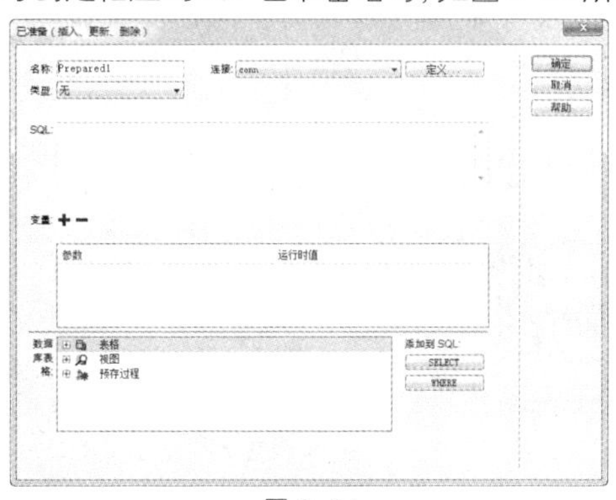

图 6–24

“已准备(插入、更新、删除)”对话框中各选项的作用说明如表 6-3 所示。

表 6-3 “已准备(插入、更新、删除)”对话框中各选项说明

选项	说明
名称	该选项用于设置该操作的名称，可以依照个人喜好进行设置，默认名称为 Prepared
连接	如果在该网站系统中创建了多个数据库连接，则需要在该选项中选择所要执行的操作是基于哪一个数据库连接进行的
类型	该选项用于选择数据操作的类型，在该下拉列表中包含“无”“插入”“更新”和“删除”4 个选项，当选择除“无”选项以外的其他选项时，都会在下面的 SQL 文本框中给出所选择操作类型的基础语法结构
SQL	在该文本框中编写所需要执行的 SQL 语句
变量	在该选项区中添加新的变量，与在 SQL 选项中所编写的 SQL 语句进行配合使用
数据库表格	在该选项区中查看所选择数据库连接中的数据表以及数据表中的字段，通过数据表中的字段并单击相应的按钮，自动在 SQL 文本框中生成相应的 SQL 语句

实战 实现访客数量统计功能

最终文件：最终文件\第 6 章\chapter6\index.jsp　　视频：视频\第 6 章\6-3-1.mp4

01 执行“文件”>“打开”命令，打开站点中的网站首页面 index.jsp，效果如图 6-25 所示。打开“服务器行为”面板，单击该面板上的加号按钮，在弹出的菜单中选择“已准备(插入、更新、删除)”命令，如图 6-26 所示。

图 6-25

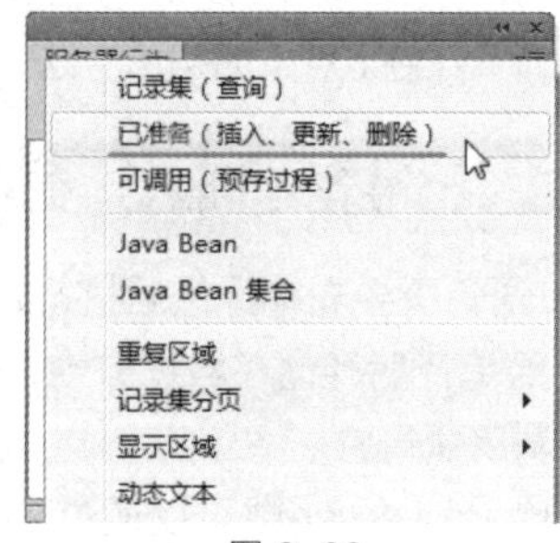

图 6-26

02 弹出“已准备(插入、更新、删除)”对话框，对相关选项进行设置，如图 6-27 所示。单击“确定”按钮，完成“已准备(插入、更新、删除)”对话框的设置，可以在“服务器行为”面板中看到所添加的“已准备”服务器行为，如图 6-28 所示。

图 6-27

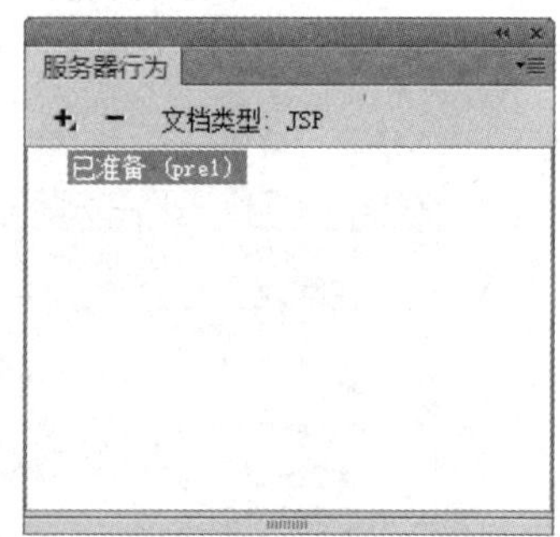

图 6-28

提示

因为我们希望在本实例中实现当访客浏览该网页时，自动向数据表记录一次访问记录并且自动插入该访客的相关信息，因此执行的是插入数据的操作，所以在“类型”下拉列表中选择“插入”选项，在 SQL 文本框中编写插入数据的 SQL 语句，完成的 SQL 语句如下。

```
INSERT INTO count (source_ip,source_name)
VALUES ('" + request.getRemoteAddr() + "','" + request.getServerName() + "')
```

03 Dreamweaver 会自动产生相关的程序代码，来实现每当有用户访问该网页时，在指定的 count 数据表中自动地新增一个访问记录。转换到网页的 HTML 代码中，在网页所有代码之前可以看到自动生成的 JSP 代码，如图 6–29 所示。

```
<%@ include file="Connections/conn.jsp" %>
<%
Driver Driverprel = (Driver)Class.forName(MM_conn_DRIVER).newInstance();
Connection Connprel = DriverManager.getConnection(MM_conn_STRING,MM_conn_USERNAME,
MM_conn_PASSWORD);
PreparedStatement prel = Connprel.prepareStatement("INSERT INTO count (source_ip,source_name)
VALUES ('" + request.getRemoteAddr() + "','" + request.getServerName() + "') ");
prel.executeUpdate();
%>
<!doctype html>
<html>
```

图 6–29

提示

在 SQL 语句中，INSERT INTO count (source_ip,source_name) 是指向名称为 count 的数据表中的 source_ip 和 source_name 这两个字段插入数据；VALUES ('" + request.getRemoteAddr() + "','" + request.getServerName() + "') 是指插入两个指定字段中的值。注意，这里的值是通过使用 JSP 程序中的内置 request 对象来自动获取的，request.getRemoteAddr() 获取访问者的 IP 地址，request.getServerName() 获取服务器的名称。

技巧 

需要注意的是，在该插入数据的 SQL 语句中我们只向 count 数据表的两个指定字段插入了相应的数据，但是 count 数据表中有 4 个字段，那么其他两个字段的值是如何获取的呢？在设计 count 数据表时，已经将数据表中的 count 字段设置为自动编号，而 date 字段通过设置其默认值从而使该字段自动获取系统日期时间，所以这两个字段都能够自动获取相应的值，不需要通过程序来写入。

04 打开“绑定”面板，单击该面板上的加号按钮，在弹出的菜单中选择“记录集（查询）”命令，如图 6–30 所示。弹出“记录集”对话框，对相关选项进行设置，如图 6–31 所示。

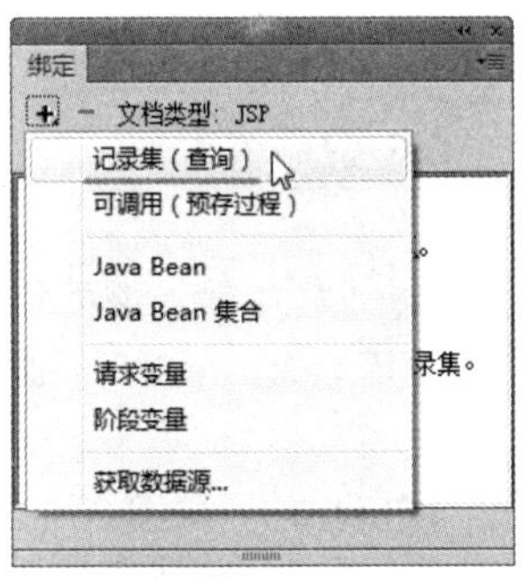

图 6–30

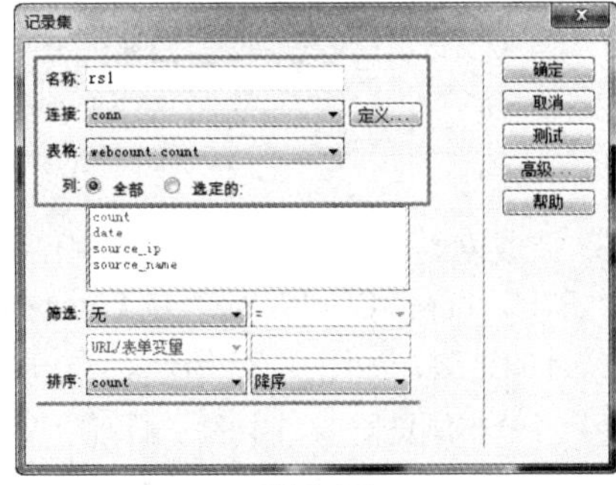

图 6–31

提示

在“记录集”对话框中将“排序”选项设置为以 count 字段来递减排序 (SQL 指令为 DESC)，这样读取出来的记录集中的第一条数据就是数据库中的最后一条数据记录，也就是访客访问网站的总次数。

05 单击“确定”按钮，完成“记录集”对话框的设置，创建记录集，可以在“绑定”面板中看到所创建的记录集，如图 6–32 所示。将记录集中的 count 字段拖动至页面底部的“访客次数：”文字之后，如图 6–33 所示。

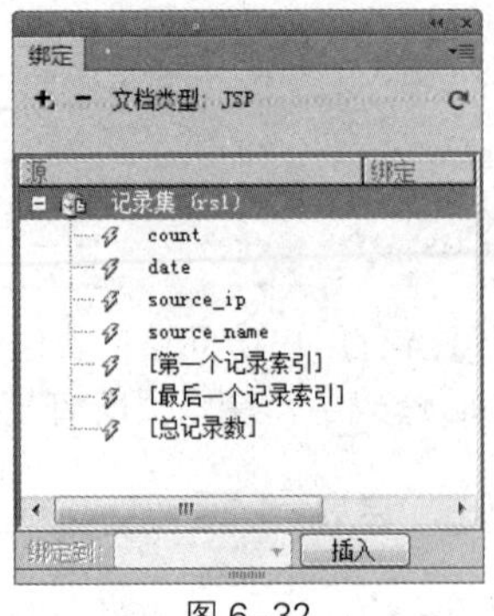

图 6–32

图 6–33

06 转换到网页 HTML 代码中，在“今天是：”文字之后添加相应的 JSP 脚本代码，通过所添加的 JSP 代码来获取当前的系统日期，如图 6–34 所示。

```
<div id="bottom">
  今天是:
  <%
    SimpleDateFormat date=new SimpleDateFormat("yyyy-MM-dd");
    String postdate=date.format(new Date());
  %>
  <%=postdate%>
  | 访客次数: <%=(((rs1_data = rs1.getObject("count"))==null || rs1.wasNull())?"":rs1_data)%>
</div>
```

图 6–34

07 在网页所有代码之前添加相应的JSP脚本代码，设置页面编码格式以及导入Java中的sql类，如图 6–35 所示。继续添加 JSP 代码，导入 java.util.Date 时间类和 java.text.SimpleDateFormat 简单时间格式类，如图 6–36 所示。

```
<%@ page language="java" import="java.util.*" pageEncoding="utf-8"%>
<%@ page contentType="text/html;charset=utf-8"%>
<% request.setCharacterEncoding("utf-8"); %>
<%@ page import="java.sql.*"%>
<%@ include file="Connections/conn.jsp" %>
<%
```

图 6–35

```
<%@ page language="java" import="java.util.*" pageEncoding="utf-8"%>
<%@ page contentType="text/html;charset=utf-8"%>
<% request.setCharacterEncoding("utf-8"); %>
<%@ page import="java.sql.*"%>
<%@ page import="java.util.Date"%>
<%@ page import="java.text.SimpleDateFormat"%>
<%@ include file="Connections/conn.jsp" %>
<%
```

图 6–36

08 完成网站首页面 index.jsp 的制作，保存页面。在浏览器地址栏中输入该页面的访问地址 localhost:8080/chapter6/index.jsp，按 Enter 键，在测试服务器中预览该页面，可以在页面底部看到访问数量统计的结果，如图 6–37 所示。

09 当单击浏览器窗口中的“刷新”按钮时，发现访客人数会自动加 1，如图 6–38 所示。这是因为当网页刷新时，存储过程已经先在数据库中新增加了一条记录，然后记录集再从数据库中读取 count 字段的值，所以访客次数就会一直累加。

显然，这种统计访客数量的方式是不公平的，在下一节将向读者介绍 JSP 中 session 对象的用法，每当有访问者访问网页时，JSP 就会产生一个专属的 session 值，使用 session 值来判断访问者的身份。如果是新的访问者，则访客数量加 1；如果不是新的访问者，则访客数量不会累加。

图 6–37

图 6–38

6.3.2 通过 session 对象进行判断

session 对象为 JSP 的隐含对象（可参考第 3.3.4 节），第一个客户端的浏览器都对应一个 session 对象，而且不会重复。同一个浏览器送出来的 request 请求，就包含相同的 sessionID，因此服务器可以推测这些 request 请求来自同一个用户。

> **提示**
>
> session 对象常用来表示目前个别用户与服务器连接的状况，识别用户和存放该用户的信息。session 对象通常应用在用户身份识别、权限控制和购物车等实例上。

下面向读者介绍一些 session 对象的使用方法。

1. 设置 session 对象值

将数据存入 session 对象的语法格式如下。

```
session.setAuttribute(String 数据名称 ,Object 值 );
```

请注意，session 全部为小写，并且传入 session.setAuttribute 的第二个参数类型必须为 Object 类型，因此对于那些 int(整数)、float(浮点数) 等，都必须先创建为 Object 类型才能存储到 session 对象中，例如 int(整数)、float(浮点数) 可以使用 Integer 对象，char(字符)、String(字符串) 可以使用 String 对象。

例如，下面的代码就是将数据存入 session 对象的操作。

```
String uname="tom";
session. setAuttribute("username",uname);
```

第 1 行代码，创建一个 String 类型的名称为 uname 的变量，并且为其赋值为 tom。

第 2 行代码，使用 session. setAuttribute 方法创建一个名称为 username 的 session 变量，并且为该 session 变量赋值，其值为第 1 行中所创建的变量，该变量的值为 tom，所以名称为 username 的 session 变量的值为 tom。

2. 从 session 对象中获取值

session 对象是 Object 类型，因此如果要取得 session 对象的值，就使用 Object 类型的变量来获取，获取 session 变量值的语法格式如下。

```
Object 对象变量 = session.getAttribute(String 数据名称 )
```

如果希望以其他数据类型获取 session 对象值，例如，使用字符串 String 类型来获取，参考下面的语句获取名称为 username 的 session 对象的值，并且将获取的值转换为 String 类型。

```
String uname = (String)session.getAttribute("username");
```

3. 判断 session 对象是否为新

如果判断 session 对象是否为新的 session 对象，可以使用 session 对象的 isNew() 方法，该方法传回一个布尔类型值，如果该 session 对象为新创建的，则传回 True，反之则传回 false。其语法格式如下。

```
session.isNew()
```

4. 强制中断 session

如果强制中断 session，可以使用 session 对象的 invalidate() 方法，其语法格式如下。

```
session.invalidate()
```

invalidate() 方法没有传回值，该方法可以删除服务器上代表该链接的 session 对象，常用来执行用户注销的操作。

了解了 session 对象的基本使用方法，下面把 session 对象加入统计访客数量中，对访客的身份进行判断。

实战 加入 session 判断是否为新访客

最终文件：最终文件 \ 第 6 章 \chapter6\index.jsp　　视频：视频 \ 第 6 章 \6-3-2.mp4

01 继续在网站首页面 index.jsp 中进行制作。此处的 session 判断必须通过手动添加代码的方式来实现。转换到网页的代码视图中，首先要明确页面中每一部分程序块的作用，如图 6-39 所示。

```
1  <%@ page language="java" import="java.util.*" pageEncoding="utf-8"%>
2  <%@ page contentType="text/html;charset=utf-8"%>
3  <% request.setCharacterEncoding("utf-8"); %>
4  <%@ page import="java.sql.*"%>
5  <%@ page import="java.util.Date"%>
6  <%@ page import="java.text.SimpleDateFormat"%>
7  <%@ include file="Connections/conn.jsp" %>
8  <%
9  Driver Driverprel = (Driver)Class.forName(MM_conn_DRIVER).newInstance();
10 Connection Connprel = DriverManager.getConnection(MM_conn_STRING,MM_conn_USERNAME,MM_conn_PASSWORD);
11 PreparedStatement prel = Connprel.prepareStatement("INSERT INTO count (source_ip,source_name)  VALUES
   ('" + request.getRemoteAddr() + "','" + request.getServerName() + "') ");
12 prel.executeUpdate();
13 %>
14 <%
15 Driver Driverrsl = (Driver)Class.forName(MM_conn_DRIVER).newInstance();
16 Connection Connrsl = DriverManager.getConnection(MM_conn_STRING,MM_conn_USERNAME,MM_conn_PASSWORD);
17 PreparedStatement Statementrsl = Connrsl.prepareStatement("SELECT * FROM webcount.`count` ORDER BY
   `count` DESC");
18 ResultSet rsl = Statementrsl.executeQuery();
19 boolean rsl_isEmpty = !rsl.next();
20 boolean rsl_hasData = !rsl_isEmpty;
21 Object rsl_data;
22 int rsl_numRows = 0;
23 %>
24 <!doctype html>
25 <html>
```

该部分代码是“已准备”服务器行为自动生成的，主要用于向数据表中写入访客信息

该部分代码是创建名称为 rs1 的记录集自动生成的，主要用于查询指定数据表中的数据

图 6-39

02 为 9~12 行代码添加 if 判断语句，判断 session 对象是否为新建的，如图 6-40 所示。如果是新建的 session 对象，则传回 True，执行大括号中的程序段，向数据表中插入访客数据，反之则不执行。

```
8  <%
9  if(session.isNew()){
10     Driver Driverprel = (Driver)Class.forName(MM_conn_DRIVER).newInstance();
11     Connection Connprel = DriverManager.getConnection(MM_conn_STRING,MM_conn_USERNAME,MM_conn_PASSWORD);
12     PreparedStatement prel = Connprel.prepareStatement("INSERT INTO count (source_ip,source_name)
   VALUES ('" + request.getRemoteAddr() + "','" + request.getServerName() + "') ");
13     prel.executeUpdate();
14 }
15 %>
```

图 6-40

03 因为我们已经将“已准备”服务器行为所生成的程序段放置在 if 判断语句的大括号之间，因此需要将原程序最后的用于关闭插入新增的存储过程代码 Connpre1.close();(如图 6-41 所示) 移至 if 判断语句的大括号里面，如图 6-42 所示，这样程序代码才能正确执行，否则执行时会出现错误。

```
</html>
<%
rsl.close();
Statementrsl.close();
Connrsl.close();
%>
<%
Connprel.close();
%>
```

图 6-41

```
<%
if(session.isNew()){
    Driver Driverprel = (Driver)Class.forName(MM_conn_DRIVER).newInstance();
    Connection Connprel = DriverManager.getConnection(MM_conn_STRING,MM_conn_USERNAME,MM_conn_PASSWORD);
    PreparedStatement prel = Connprel.prepareStatement("INSERT INTO count (source_ip,source_name)
VALUES ('" + request.getRemoteAddr() + "','" + request.getServerName() + "') ");
    prel.executeUpdate();
    Connprel.close();
}
%>
```

图 6-42

04 前面添加的 if 判断语句主要实现判断 session 对象是否为新增的，如果是，则执行将访客信息写入数据表的操作。接下来，在创建记录集的程序段的下方添加创建 session 对象的代码，如图 6-43 所示。

```
<%
Driver Driverrsl = (Driver)Class.forName(MM_conn_DRIVER).newInstance();
Connection Connrsl = DriverManager.getConnection(MM_conn_STRING,MM_conn_USERNAME,MM_conn_PASSWORD);
PreparedStatement Statementrsl = Connrsl.prepareStatement("SELECT * FROM webcount.`count` ORDER BY
`count` DESC");
ResultSet rsl = Statementrsl.executeQuery();
boolean rsl_isEmpty = !rsl.next();
boolean rsl_hasData = !rsl_isEmpty;
Object rsl_data;
int rsl_numRows = 0;
String uname= "tom";
session.setAttribute("username",uname);
%>
```

图 6-43

提示

这里所添加的代码主要实现创建 session 对象，并且为 session 对象赋值。session 对象的值是什么并不是重点，因为本实例的主要目的是要使用它来判断是否已经有 session 值存在。

05 完成 session 判断功能的添加，保存页面，在测试服务器中测试该页面，可以看到访客数量统计的结果，无论如何单击浏览器窗口上的“刷新”按钮，都不会对访客数量进行重复累加，如图 6-44 所示。

图 6-44

提示

通过 session 来判断是否为新访客，从而实现正确的访客数量统计。但是当我们把浏览器窗口全部关闭时，session 变量也会被清空，这时重新打开浏览器访问该页面，同样会对访客数量进行累加。

6.3.3 显示访客信息

在网站首页面 index.jsp 中，通过 request 对象的 getRemoteAddr() 方法来获取访客的 IP 地址，通过 request 对象的 getServerName() 方法来获取服务器的名称，并且将获取的数据写入指定的数据表中。当然通过 request 对象还能够获取其他的客户端信息，关于 request 对象的使用方法在 3.3.2 节中已经进行了介绍，读者可以参考。

如果需要显示访客的相关信息，则只需要读取数据表中所写入的访客信息，并且将其显示在页面中即可。下面将通过一个案例来讲解从数据表中读取访客信息，并且在网页中显示访客的相关信息内容。

实战 制作查看访客信息页面

最终文件：最终文件 \ 第 6 章 \chapter6\show.jsp　　视频：视频 \ 第 6 章 \6-3-3.mp4

01 打开站点中的网站首页面 index.jsp，选中页面中链接到查看访客信息页面的字段，如图 6-45 所示。在“属性”面板中为其设置链接，链接到查看访客信息页面 show.jsp，如图 6-46 所示。

图 6-45

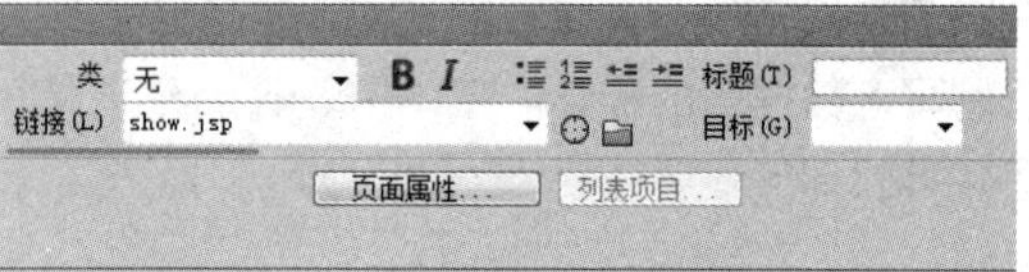

图 6-46

提示

在查看访客信息页面 show.jsp 中需要显示数据库中所有的访客信息内容，这里只要链接到该页面即可，而不需要传递任何参数。如果需要查看当前访客的信息，则向查看访客信息页面 show.jsp 中传递参数。

02 接下来制作查看访客信息页面，打开站点中的 show.jsp，可以看到页面的效果，如图 6-47 所示。单击“绑定”面板上的加号按钮，在弹出的菜单中选择“记录集（查询）”选项，如图 6-48 所示。

图 6-47

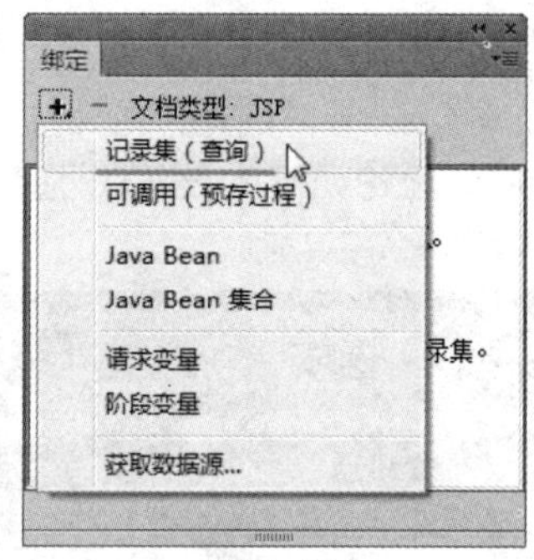

图 6-48

03 弹出“记录集”对话框，对相关选项进行设置，如图 6-49 所示。单击“确定”按钮，完成“记录集”对话框的设置，在“绑定”面板中可以看到所创建的记录集，如图 6-50 所示。

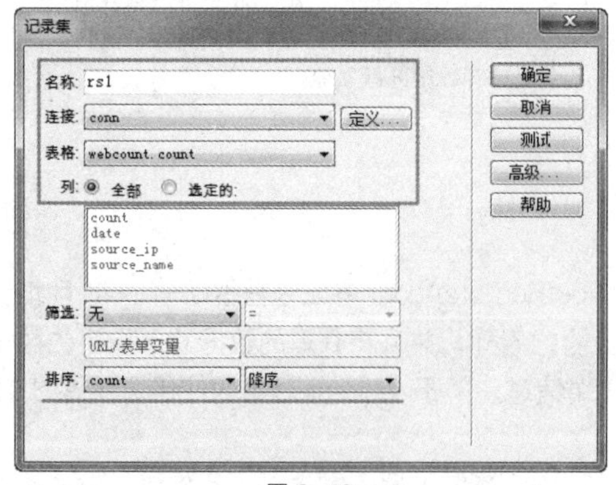

图 6-49

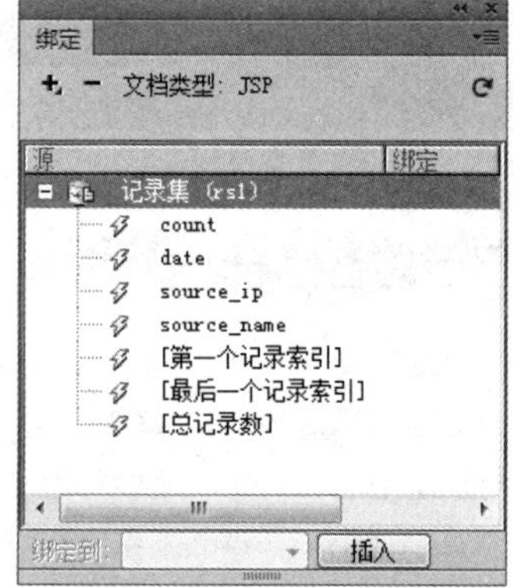

图 6-50

04 将得到的记录集字段分别插入网页中相应的位置，如图 6-51 所示。因为需要在页面中显示多条访客信息，所以需要创建重复区域。在页面中选中创建为重复区域的元素，这里选择 id 名称为 list 的 Div，如图 6-52 所示。

图 6-51

图 6-52

05 打开“服务器行为”面板，单击加号按钮，在弹出的菜单中选择“重复区域”选项，如图 6-53 所示。弹出“重复区域”对话框，设置如图 6-54 所示。

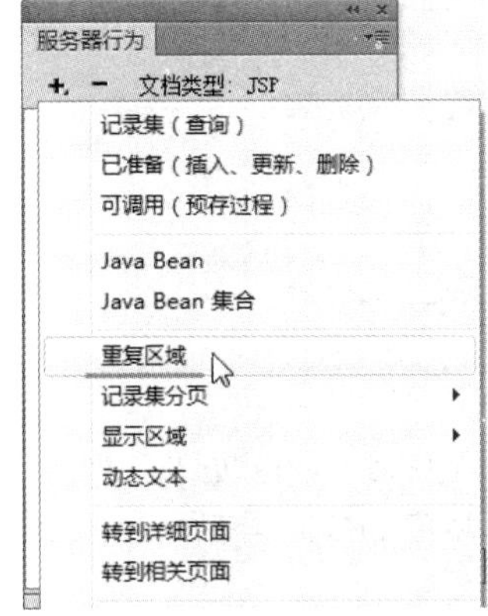

图 6-53

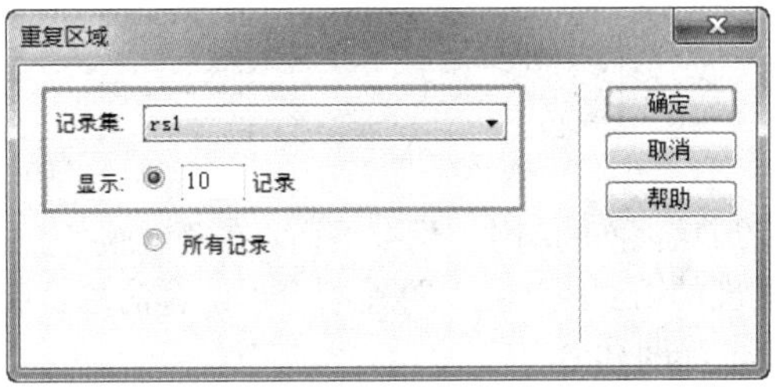

图 6-54

06 单击“确定”按钮，完成“重复区域”对话框的设置，创建重复区域，如图 6-55 所示。选择“第一页”文字，单击“服务器行为”面板上的加号按钮，在弹出的菜单中选择“记录集分页 > 移至第一条记录”选项，如图 6-56 所示。

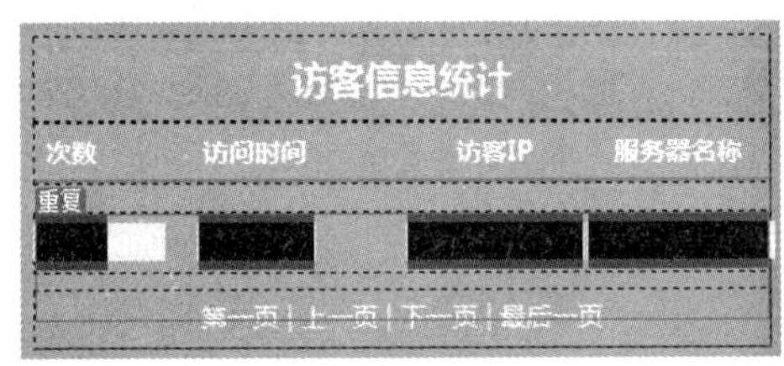

图 6-55

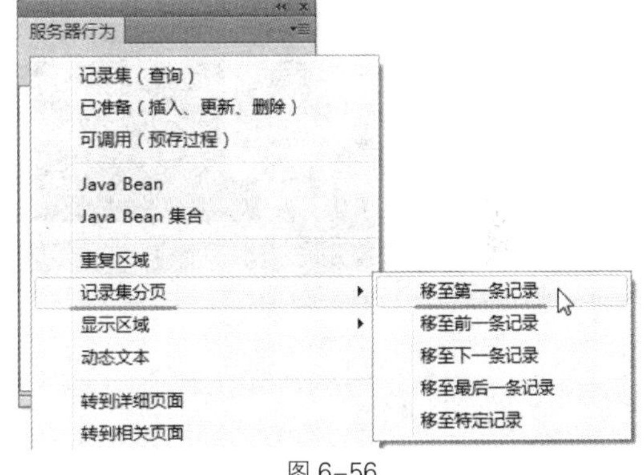

图 6-56

07 弹出“移至第一条记录”对话框，在“记录集”下拉列表中选择记录集，单击“确定”按钮，如图 6-57 所示。使用相同的制作方法，为“上一页”“下一页”和“最后一页”文字分别添加“移至前一条记录”“移至下一条记录”和“移至最后一条记录”的服务器行为，如图 6-58 所示。

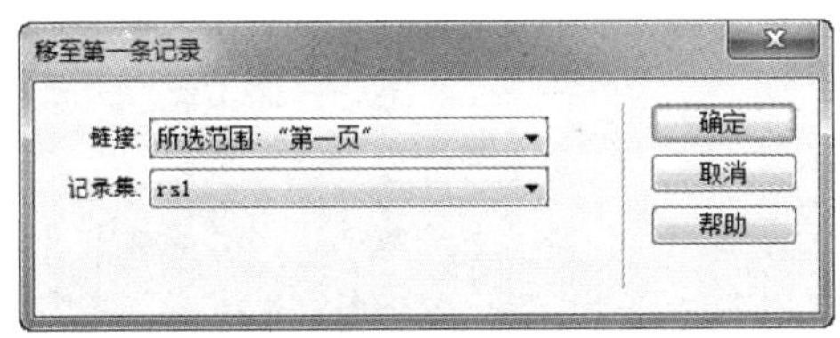

图 6-57

图 6-58

08 将光标移至页面底部“今天是：”文字之后，转换到网页 HTML 代码中，添加相应的 JSP 脚本代码，通过所添加的 JSP 代码来获取当前的系统日期，如图 6-59 所示。

```
<div id="bottom">
  今天是:
  <%
    SimpleDateFormat date=new SimpleDateFormat("yyyy-MM-dd");
    String postdate=date.format(new Date());
  %>
  <%=postdate%>
</div>
```

图 6-59

09 在网页所有代码之前添加相应的 JSP 脚本代码，设置页面编码格式以及导入相应的 Java 类，如图 6-60 所示。

```
<%@ page language="java" import="java.util.*" pageEncoding="utf-8"%>
<%@ page contentType="text/html;charset=utf-8"%>
<% request.setCharacterEncoding("utf-8"); %>
<%@ page import="java.sql.*"%>
<%@ page import="java.util.Date"%>
<%@ page import="java.text.SimpleDateFormat"%>
<%@ include file="Connections/conn.jsp" %>
<%
```

图 6-60

10 完成该页面的制作，保存页面。在测试服务器中预览网站首页面 index.jsp，如图 6-61 所示。单击页面底部的访客统计数，跳转到查看访客信息页面 show.jsp，可以看到数据库中所记录的访客的相关信息，如图 6-62 所示。

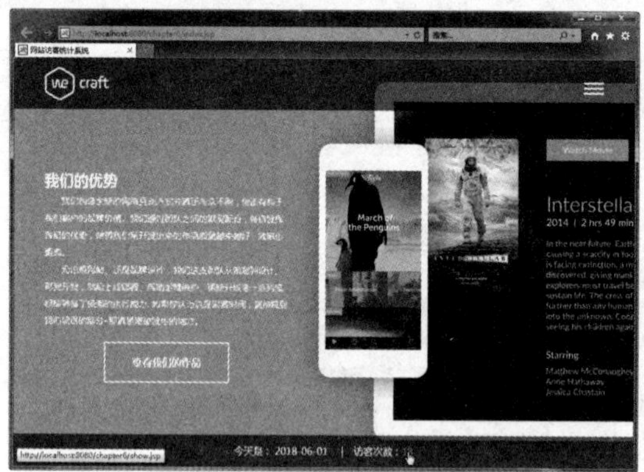

图 6-61

图 6-62

第7章 网站用户登录和注册系统

用户登录和注册系统是网站的基本功能之一，通过该系统可以帮助网站管理者收集众多的客户信息。一个基本的用户登录和注册系统包括用户登录、新用户注册、找回密码、修改资料等功能。在本章中将详细介绍网站用户登录和注册系统的开发，使读者能够将学习到的知识应用到真正的网站开发过程中。

本章知识点：

- 理解网站用户登录和注册系统的规划
- 掌握系统动态站点和 MySQL 数据库的创建
- 掌握创建 JSP 网站与 MySQL 数据库连接的方法
- 掌握用户登录功能的实现方法
- 掌握新用户注册功能的实现方法
- 掌握找回密码功能的实现方法

7.1 系统功能分析

用户登录和注册系统是网站中常见的一种动态交互功能，也是一种基础的网站动态功能应用。一个基本的网站用户登录和注册系统通常包括用户登录、新用户注册、修改用户资料、找回用户密码和注销登录等功能。

7.1.1 网站用户登录和注册系统规划

本章所制作的网站用户登录和注册系统主要分为三大部分功能，即用户登录、用户注册和找回密码。

可以这样理解，整个网站用户资料（用户基本资料和密码等）保存在一张数据表中。用户在注册页面填写表单之后，资料提交到服务器端。在服务器端经过数据合法性验证通过之后，查询数据库中是否存在该用户，如果存在，则不允许注册该用户名；如果不存在，则将相应的资料插入数据库中对应的字段里面。

登录正好和注册相反，注册进行的是数据库插入数据操作，而登录进行的是数据库读取操作。根据用户表单提交的用户名和密码，查找数据库中是否存在相关的记录，存在则说明登录成功，使用 session 进行标记，完成对客户的授权；如果数据库中不存在相应的记录，说明用户名或密码输入错误，在客户端给出出错提示。网站用户登录和注册系统总体构架如图 7–1 所示。

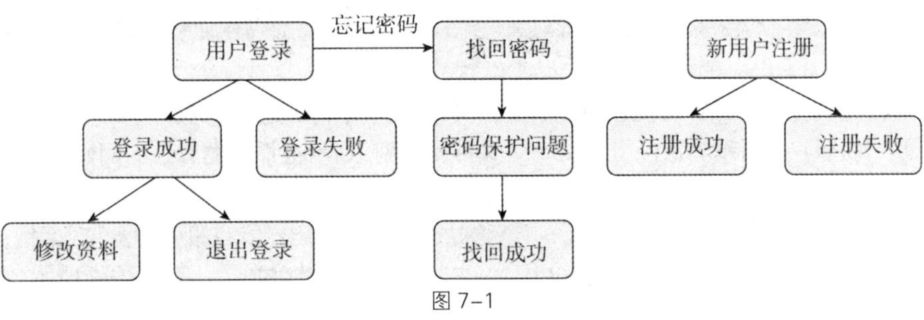

图 7–1

7.1.2 网站用户登录和注册系统相关页面说明

在上一节中已经对网站用户登录和注册系统的功能和运行流程进行了分析，在本章所开发的网站用户登录和注册系统中主要包含 12 个页面，各页面说明如表 7-1 所示。

表 7-1 网站用户登录和注册系统页面说明

页面	说明
login.jsp	用户登录页面，在该页面中提供了用户登录表单，可以输入用户名和密码，将输入的内容提交到服务器，与数据库中的记录进行匹配
login-true.jsp	用户登录成功页面，如果在用户登录页面 login.jsp 中输入的用户名和密码在数据库中有相对应的记录，则登录成功，显示该页面，在该页面中提供了修改会员资料和退出登录的超链接
login-false.jsp	用户登录失败页面，如果在用户登录页面 login.jsp 中所输入的用户名和密码在数据库中没有找到相对应的记录，则登录失败，显示该页面，提示用户登录失败原因
updata.jsp	修改用户个人信息页面，在用户登录成功页面 login-true.jsp 中单击“修改用户资料”超链接，跳转到修改用户个人信息页面，并传递 URL 参数，在该页面中通过 URL 参数查询数据记录并显示，可以对相关的用户信息进行修改，修改后可以直接更新数据库中的该条信息记录
updata-ok.jsp	个人信息修改成功页面，在修改用户个人信息页面 updata.jsp 中完成用户资料修改并单击“提交”按钮后，更新数据库中的该条记录，并跳转到个人信息修改成功页面，显示相应的提示信息
login-out.jsp	成功退出登录页面，用户登录成功后，在用户登录成功页面 login-true.jsp 中单击“退出登录”超链接，可以注销用户登录，清空用户 session 记录
reg.jsp	新用户注册页面，在该页面中提供了详细的用户注册表单选项，在各表单项中输入相应的注册选项，对所输入的用户名进行验证。如果数据库中没有相同的用户名，则将记录插入数据库中
reg-true.jsp	注册成功页面，新用户注册成功后，跳转到该页面中，显示注册成功的相应提示信息
reg-false.jsp	注册失败页面，如果在新用户注册页面 reg.jsp 中所输入的用户名已经存在，则注册失败，跳转到注册失败页面中，并显示注册失败的相关信息
search-pass.jsp	找回密码页面，如果用户忘记登录密码，可以在用户登录页面 login.jsp 中单击“找回登录密码”超链接，跳转到该页面，在该页面中输入注册的用户名
question.jsp	密码保护问题页面，在找回密码页面 search-pass.jsp 中输入用户名，单击“提交”按钮，跳转到密码问题页面，通过传递过来的用户名找到数据库中相应的记录，并显示该用户名在注册时选择的密码问题，需要用户输入该密码问题的答案
show-pass.jsp	密码找回结果页面，对密码保护问题页面 question.jsp 中所输入的密码问题答案进行验证，如果与数据库中相应的记录完全一致，则跳转到密码找回结果页面，显示注册时的用户名和密码

7.2 创建系统站点和 MySQL 数据库

完成了系统结构的规划分析，基本上了解了该系统中相关的页面和所需要实现的功能，接下来创建该系统的动态站点并根据系统功能规划来创建 MySQL 数据库。

7.2.1 用户登录和注册系统站点

用户登录和注册系统站点中包括用户登录和注册系统中的所有网站页面以及相关的文件和素材，从全局上控制站点结构，管理站点中的各种文档，并完成文档的编辑和制作。

实战 创建用户登录和注册系统站点

最终文件：无　　视频：视频 \ 第 7 章 \7-2-1.mp4

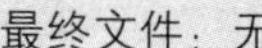

01 在“源文件 \ 第 7 章 \chapter7\”文件夹中已经制作好了“用户登录和注册系统”中相关的静态页面，如图 7-2 所示。直接将 chapter7 文件复制到 Tomcat 服务器默认的网站根目录 (Tomcat 8.0\webapps\ROOT\) 中，如图 7-3 所示。

02 打开 Dreamweaver，执行“站点”>“新建站点”命令，弹出“站点设置对象”对话框，设置“本地站点文件夹”为 D:\Program Files\Tomcat 8.0\webapps\ROOT\chapter7\，如图 7-4 所示。在对话框左侧单击“服务器”选项，切换到服务器选项设置界面，如图 7-5 所示。

图 7–2

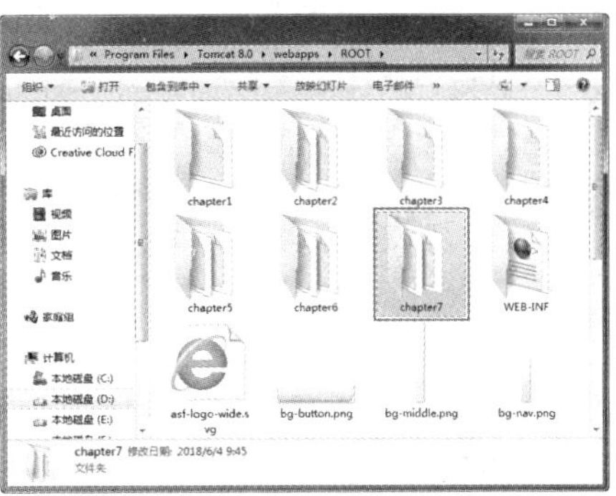

图 7–3

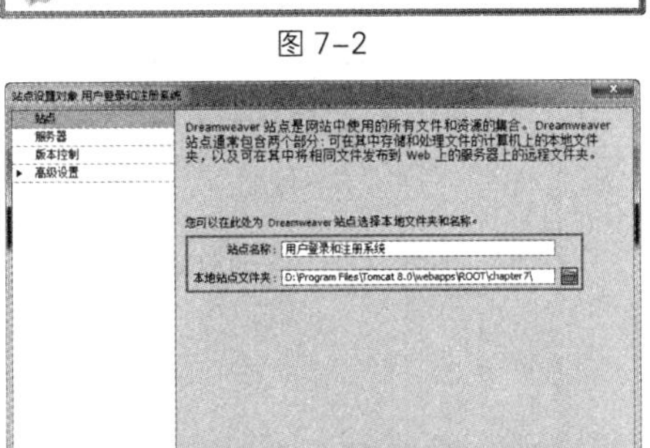

图 7–4

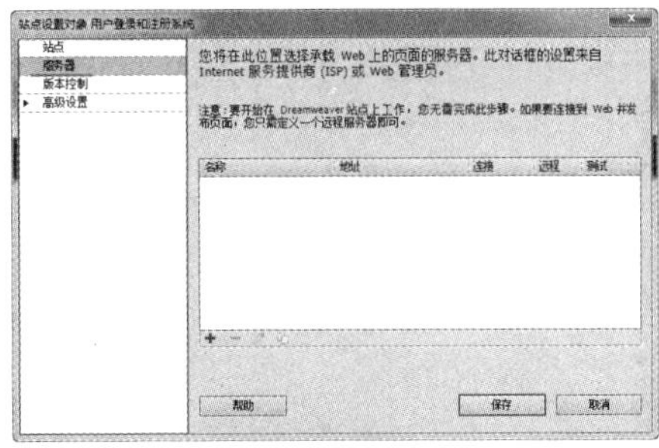

图 7–5

03 单击“添加新服务器”按钮，弹出服务器设置窗口，在“连接方法”下拉列表中选择“本地/网络”选项，对相关选项进行设置，如图 7–6 所示。单击“高级”按钮，切换到“高级”选项卡中，在“服务器模型”下拉列表中选择 JSP 选项，如图 7–7 所示。

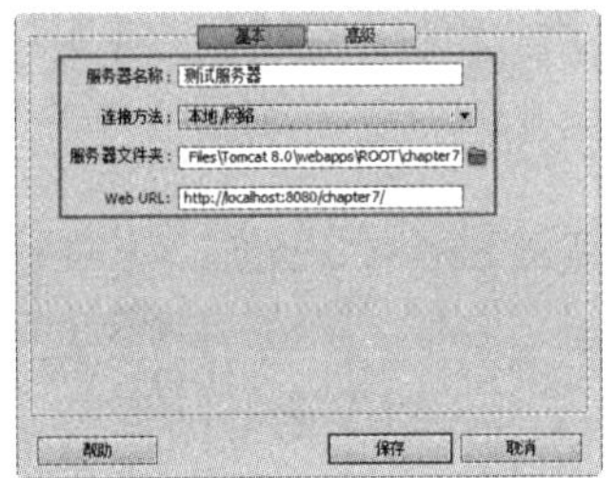

图 7–6

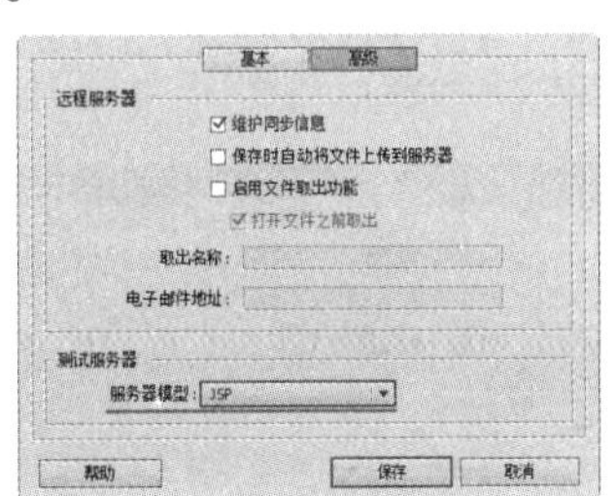

图 7–7

04 单击“保存”按钮，保存服务器选项设置，返回“站点设置对象”对话框，选中“测试”复选框，如图 7–8 所示。单击“保存”按钮，完成系统站点的创建和测试服务器的设置，在“文件”面板中显示当前站点中的相关文件，如图 7–9 所示。

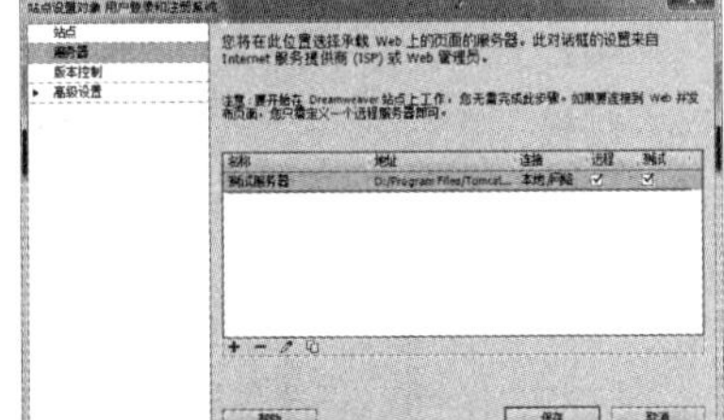

图 7–8

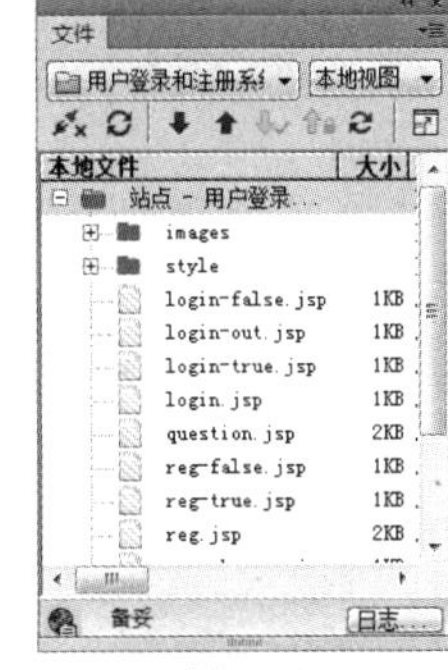

图 7–9

7.2.2　创建 MySQL 数据库

在网站用户登录和注册系统的数据库中主要是保存网站用户的用户名、密码等相关用户信息，这里需要在 MySQL 数据库中创建一个用于保存网站用户信息的数据表。

在 MySQL 数据库中创建一个名称为 member 的数据库，在该数据库中包含一个名称为 user 的数据表。网站用户的注册信息提交到服务器后，信息被保存在 user 数据表中，每一位网站用户的注册信息对应 user 数据表中的一条记录。

实战 创建用户登录和注册系统数据库

最终文件：无　　　　视频：视频\第 7 章\7-2-2.mp4

01 打开 MySQL Workbench 初始界面，单击 Local instance mysql57 超链接，在弹出的对话框中输入 MySQL 数据库的管理密码，如图 7-10 所示。单击 OK 按钮，成功登录到 MysQL 数据库的管理工作界面，如图 7-11 所示。

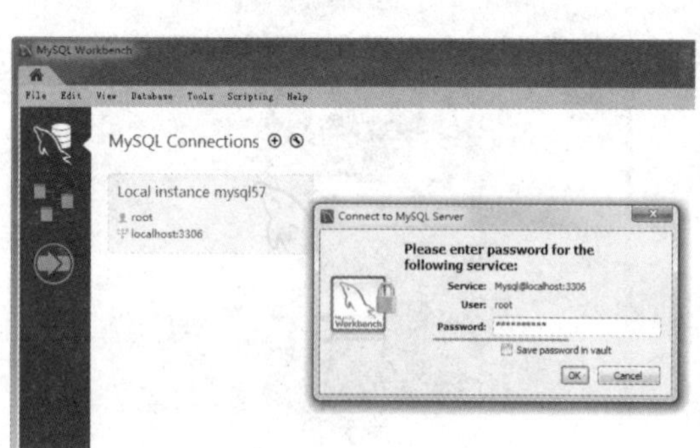

图 7-10

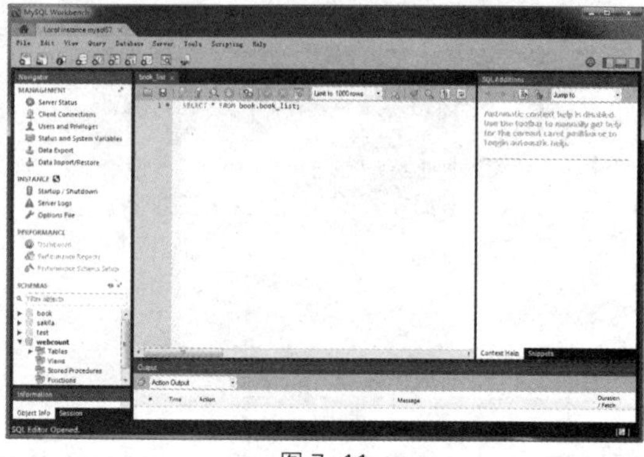

图 7-11

02 单击工具栏中的“创建一个新的数据库”按钮，弹出“新建数据库”选项卡，在 Name 文本框中输入数据库名称 member，在 Collation 下拉列表中选择 utf8-utf8_general_ci 选项，如图 7-12 所示。单击 Apply 按钮，在弹出的对话框中显示生成的可编辑的创建数据库的 SQL 语句，如图 7-13 所示。

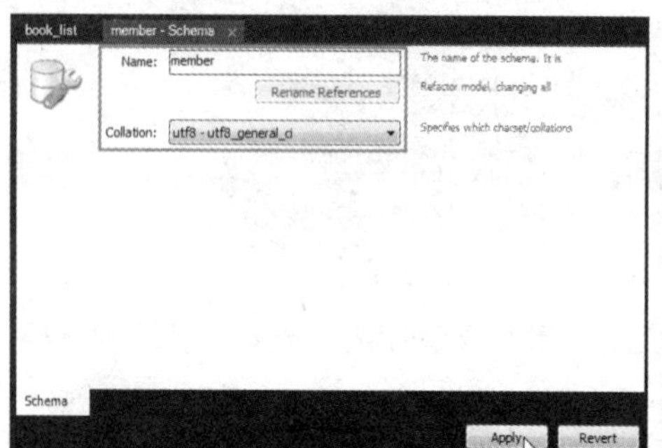

图 7-12

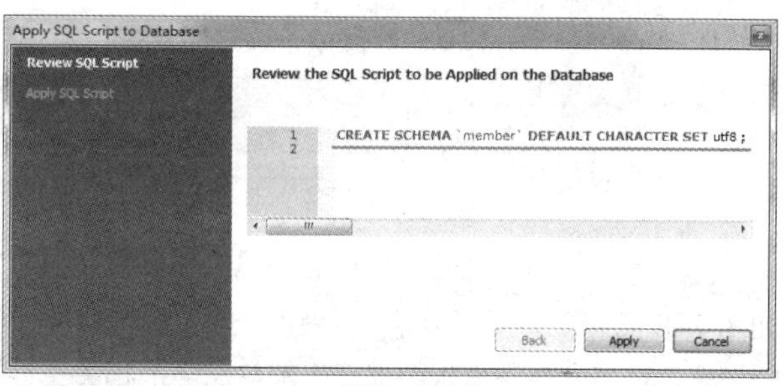

图 7-13

03 单击 Apply 按钮，即可创建所设置的数据库，完成数据库的创建后，显示如图 7-14 所示的对话框。单击 Finish 按钮，关闭对话框，在 MySQL Workbench 工作界面左侧的 SCHEMAS 选项区中可以看到所创建的名为 member 的数据库，如图 7-15 所示。

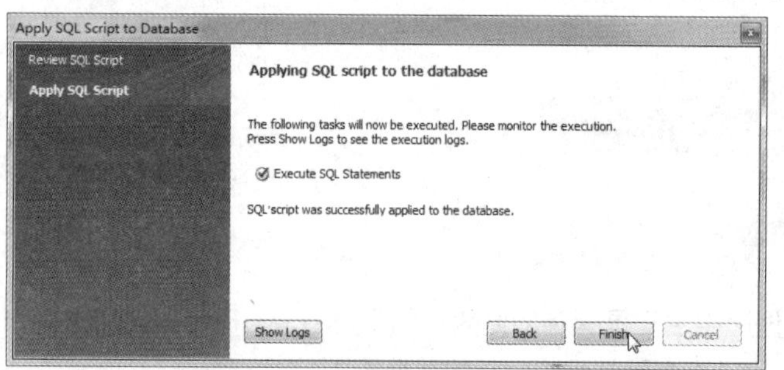

图 7-14

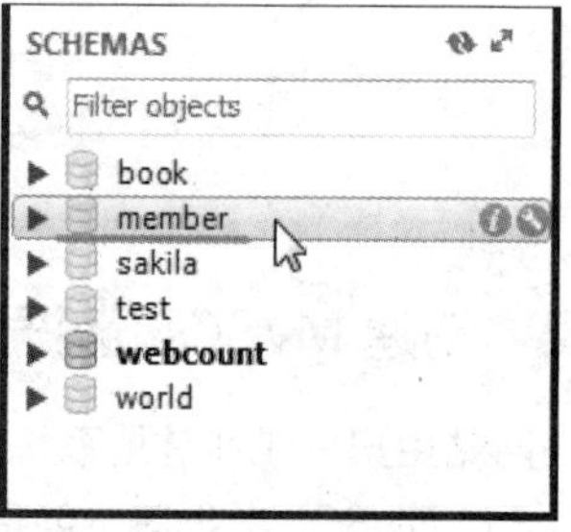

图 7-15

04 在名为 member 的数据库中创建数据表。双击名为 member 的数据库，从而选中该数据库。单击工具栏中的“创建一个新的数据表”按钮，弹出“新建数据表”选项卡，在 Table Name 文本框中输入数据表名称 user，在 Collation 下拉列表中选择 utf8–utf8_general_ci 选项，在 Engine 下拉列表中选择存储引擎为 MyISAM，如图 7–16 所示。

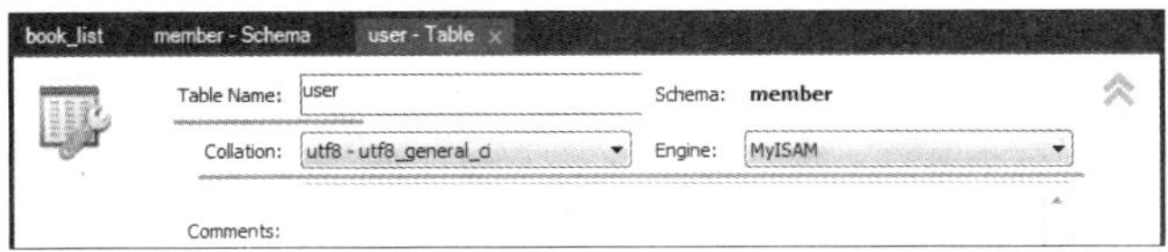

图 7–16

05 在字段列表选项区中为该数据表添加相应的字段，并且分别对各字段进行设置，如图 7–17 所示。

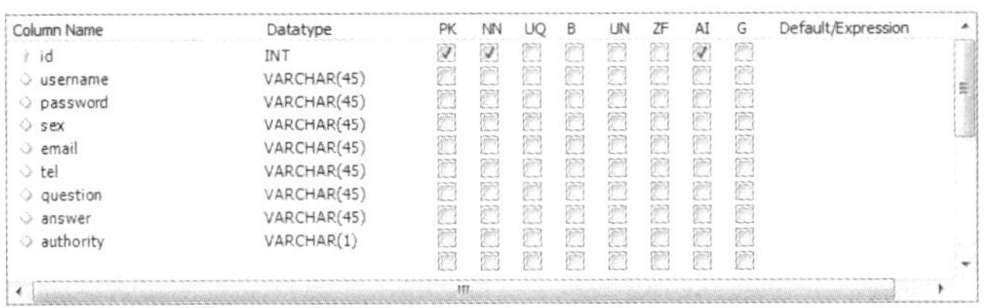

图 7–17

提示

如果要顺利创建数据库，则必须为程序架构所需的数据结构建立数据表。在建立数据表时，必须先准备好所需要的数据结构，这将有助于快速建立数据表。

06 完成字段的设置后，单击 Apply 按钮，显示生成的可编辑的创建数据表的 SQL 语句，如图 7–18 所示。单击 Apply 按钮，即可创建所设置的表，完成数据表的创建后，显示如图 7–19 所示的对话框。

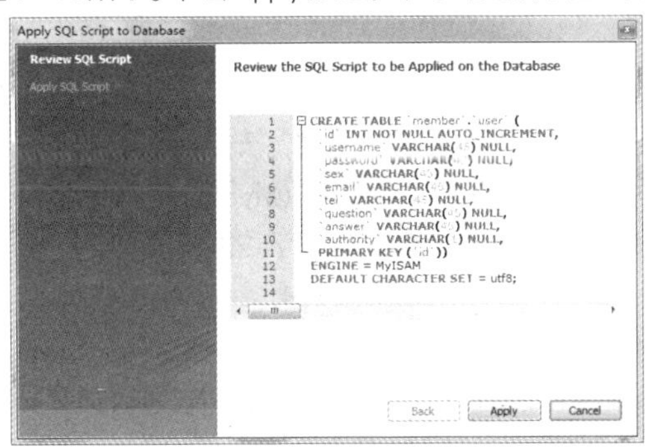

图 7–18

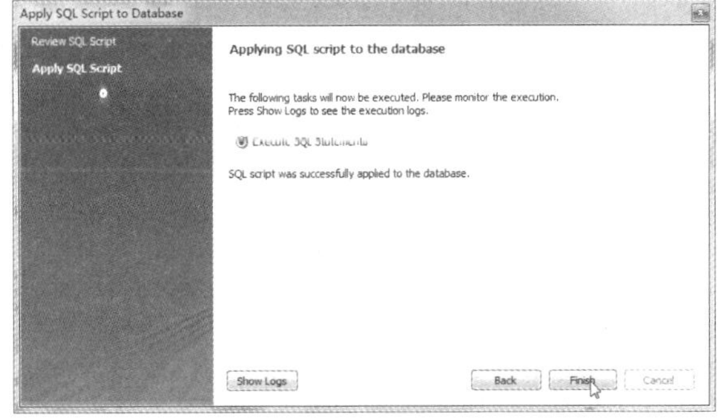

图 7–19

07 单击 Finish 按钮，完成 user 数据表的创建。user 数据表中各字段的说明如表 7–2 所示。

表 7-2　user 数据表字段说明

字段名称	字段类型	说明
id	int(整数型)	用于存储记录编号，该字段为主键，并且数值自动递增，不需要用户提交数据
username	varchar(字符型)	用于存储用户名称
password	varchar(字符型)	用于存储用户密码
sex	varchar(字符型)	用于存储用户的性别
email	varchar(字符型)	用于存储用户的电子邮箱地址
tel	varchar(字符型)	用户存储用户的电话号码
question	varchar(字符型)	用于存储用户的密码保护问题
answer	varchar(字符型)	用于存储用户的密码保护问题答案
authority	varchar(字符型)	用于存储注册用户是否为普通用户

7.2.3 创建 MySQL 数据库连接

完成了网站用户登录和注册系统站点的创建，并且完成了该系统 MySQL 数据库的创建后，接下来为网站登录和注册系统统创建 MySQL 数据库连接，只有成功与所创建的 MySQL 数据库连接，才能在 Dreamweaver 中通过程序对 MySQL 数据库进行操作。

实 战 创建用户登录和注册系统数据库连接

最终文件：无　　视频：视频 \ 第 7 章 \7-2-3.mp4

01 执行“文件” > “打开”命令，在 Dreamweaver 中打开站点中任意一个页面。打开“数据库”面板，单击该面板上的加号按钮，在弹出的菜单中选择“MySQL 驱动程序 (MySQL)”选项，如图 7-20 所示。弹出“MySQL 驱动程序 (MySQL)”对话框，对该对话框中的相关选项进行设置，如图 7-21 所示。

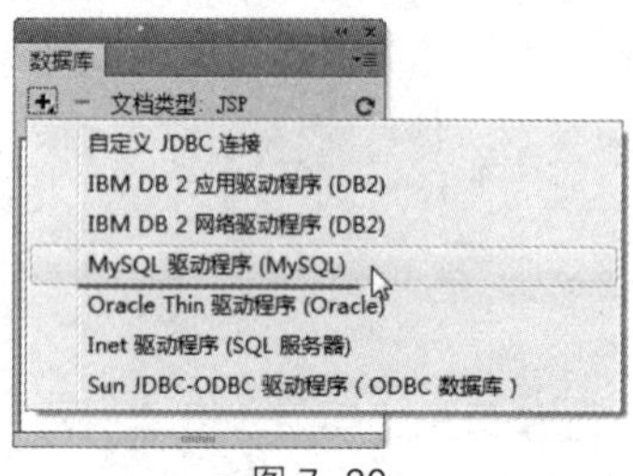

图 7-20

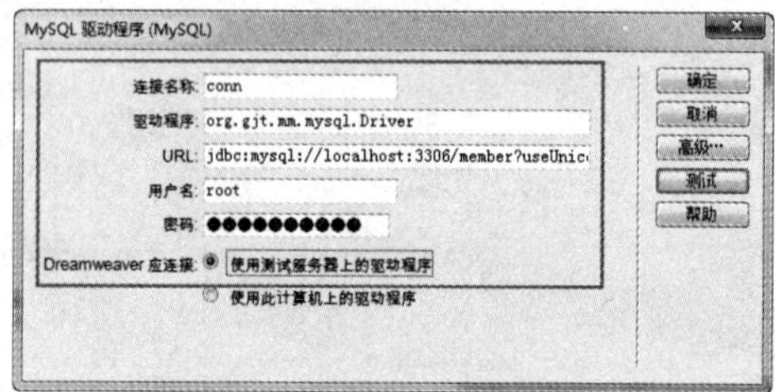

图 7-21

提示

在“MySQL 驱动程序 (MySQL)”对话框中的 URL 选项设置所需要链接的 MySQL 数据库的 URL 地址，本章所制作的网站用户登录和注册系统需要连接名称为 member 的 MySQL 数据库，其完整的 URL 地址是 jdbc:mysql://localhost:3306/member?useUnicode=true&characterEncoding=utf-8。

02 单击“测试”按钮，测试 Dreamweaver 与 MySQL 数据库的连接是否成功，如果创建连接成功，则弹出“成功创建连接脚本”的提示信息，如图 7-22 所示。单击“确定”按钮，返回“MySQL 驱动程序 (MySQL)”对话框中，单击“确定”按钮，完成“MySQL 驱动程序 (MySQL)”对话框的设置，在“数据库”面板中可以看到所连接的 MySQL 数据库的相关信息，如图 7-23 所示。

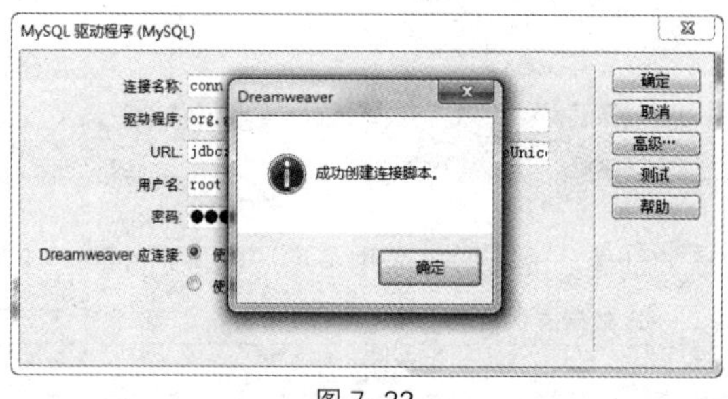

图 7-22

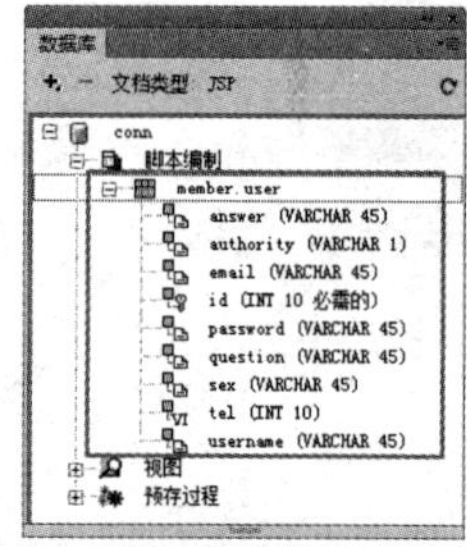

图 7-23

7.3 开发网站用户登录功能

在本节中将制作网站用户登录功能，主要实现网站用户的登录、用户资料的修改和退出登录等功能。

7.3.1 “登录用户”服务器行为

用户登录页面主要是由一个登录表单来实现相应的功能，可以使用 Dreamweaver 中所提供的表单验证功能对表单元素进行本地验证，验证在表单中所输入的内容是否符合要求。

用户在表单中输入相应的用户名和密码，单击“登录”按钮后，提交用户所输入的信息并在数据库中查找相同的数据。在 Dreamweaver 中通过“登录用户”服务器行为实现网站用户登录的功能。

执行“窗口”>“服务器行为”命令，打开“服务器行为”面板，单击该面板上的加号按钮，在弹出的菜单中选择“用户身份验证 > 登录用户”选项，如图 7–24 所示。弹出“登录用户”对话框，在该对话框中对相关选项进行设置，如图 7–25 所示。

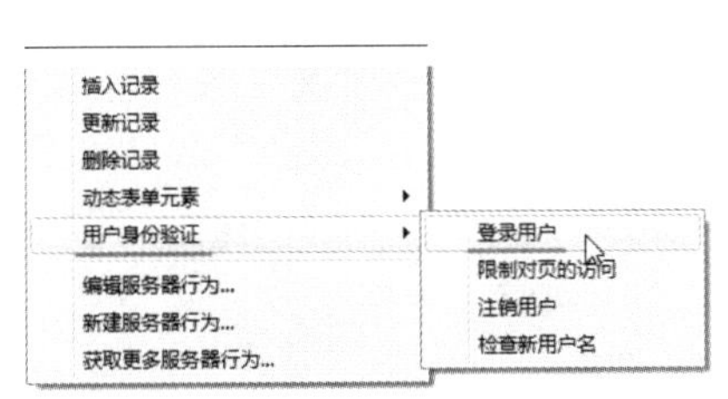

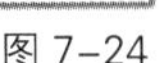

图 7–24

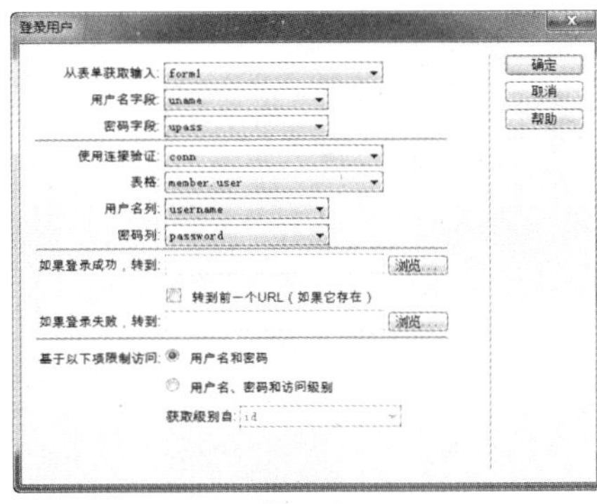

图 7–25

“登录用户”对话框中各选项作用说明如表 7–3 所示。

表 7-3　“登录用户”对话框选项说明

选项	说明
从表单获取输入	从该下拉列表中选择从网页中哪个表单对象获取数据
用户名字段	从该下拉列表中选择页面表单中哪个 id 名称为用户名字段
密码字段	从该下拉列表中选择页面表单中哪个 id 名称为密码字段
使用连接验证	从下拉列表中选择“用户登录”服务器行为使用的数据库连接对象
表格	从该下拉列表中选择该“用户登录”服务器行为使用的数据表
用户名列	从该下拉列表中选择数据表中存储用户名的字段
密码列	从该下拉列表中选择数据表中存储用户密码的字段
如果登录成功，转到	该选项用于设置登录成功后转到的页面
如果登录失败，转到	该选项用于设置登录失败后转到的页面
基于以下项限制访问	在该选项中选中“用户名和密码”单选按钮，设置后面将根据用户的用户名和密码共同决定其访问网页的权限。如果选中“用户名、密码和访问级别”单选按钮，则在“获取级别自”下拉列表中选择一个字段，与用户名和密码共同决定访问网页的权限

实战　制作网站用户登录页面

最终文件：最终文件 \ 第 7 章 \chapter7\login.jsp　　视频：视频 \ 第 7 章 \7-3-1.mp4

01 执行“文件”>“打开”命令，打开站点中的用户登录页面 login.jsp，效果如图 7–26 所示。选中页面中的文本字段，在“属性”面板中选中 Required 复选框，将其设置为必填字段，如图 7–27 所示。

图 7–26

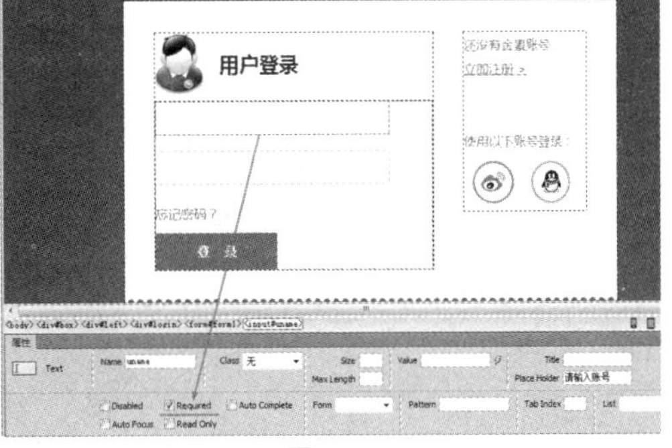

图 7–27

02 使用相同的制作方法，将页面中另一个文本字段同样设置为必填字段。单击“服务器行为”面板上的加号按钮，在弹出的菜单中选择“用户身份验证 > 登录用户”选项，如图 7-28 所示。向该网页添加“登录用户”服务器行为，弹出“登录用户”对话框，对相关选项进行设置，如图 7-29 所示。

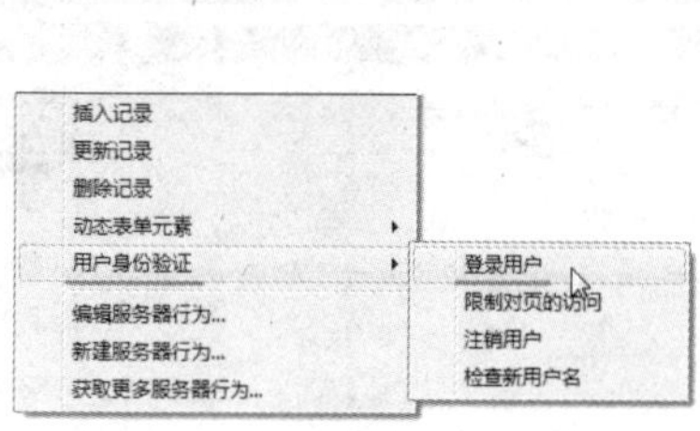

图 7-28

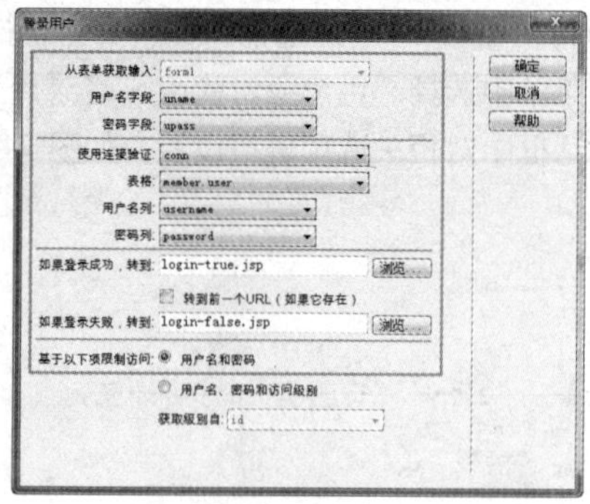

图 7-29

提示

在“登录用户”对话框中指定页面中的表单元素与指定的数据表中的哪个字段相对应，并且设置登录成功和登录失败分别跳转到的页面。此处设置页面中的 uname 和 upass 这两个表单元素分别与 user 数据表中的 username 和 password 这两个字段相对应。如果登录成功，则跳转到 login-true.jsp 页面，如果登录失败，则跳转到 login-false.jsp 页面。

03 单击“确定”按钮，完成“登录用户”对话框的设置，在“服务器行为”面板上增加了一个“登录用户”行为，如图 7-30 所示。选中网页中的登录表单，在“属性”面板中可以看到自动生成的 Action 值，如图 7-31 所示。

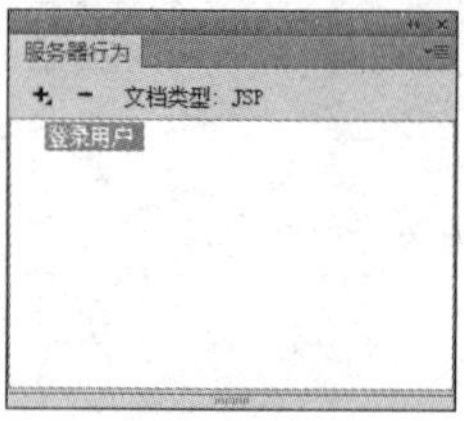

图 7-30

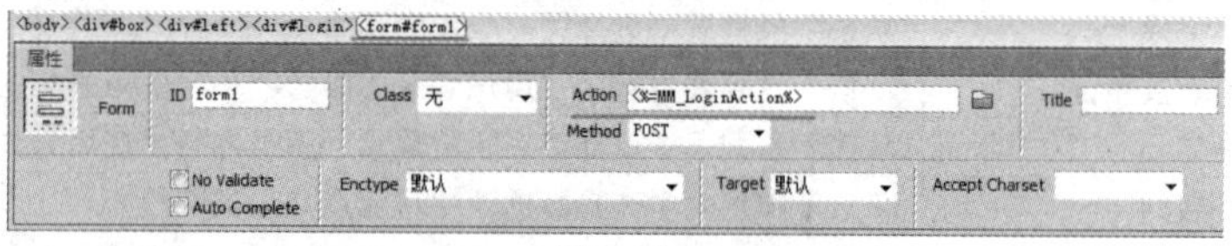

图 7-31

04 选择页面中的“立即注册”文字，设置其链接到新用户注册页面 reg.jsp，如图 7-32 所示。选择页面中的“忘记密码”文字，将其链接到找回密码页面 search-pass.jsp，如图 7-33 所示。

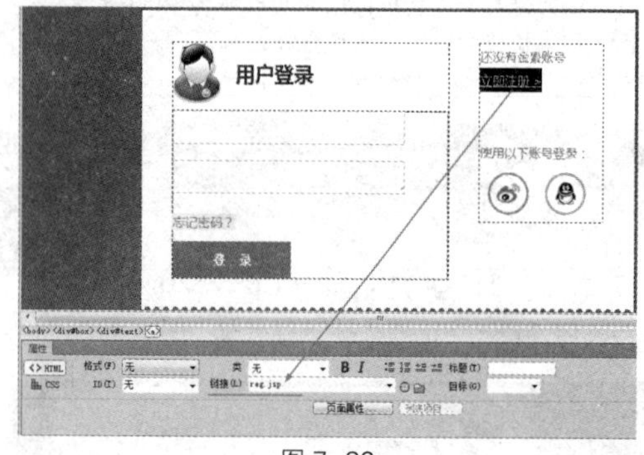

图 7-32

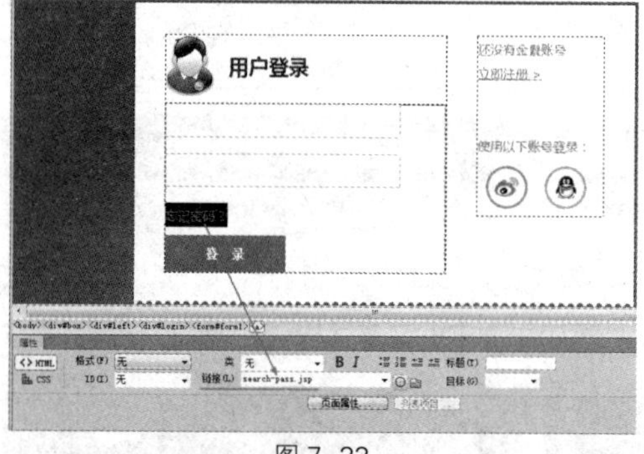

图 7-33

05 在网页所有代码之前添加相应的 JSP 脚本代码，设置页面编码格式以及导入相应的 Java 类，如图 7-34 所示。

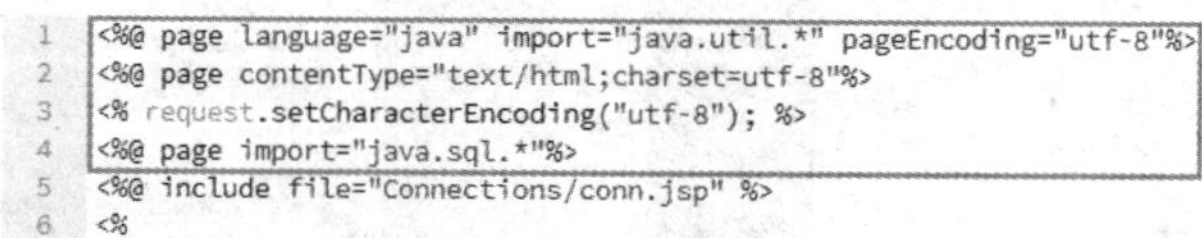

```
<%@ page language="java" import="java.util.*" pageEncoding="utf-8"%>
<%@ page contentType="text/html;charset=utf-8"%>
<% request.setCharacterEncoding("utf-8"); %>
<%@ page import="java.sql.*"%>
<%@ include file="Connections/conn.jsp" %>
<%
```

图 7-34

06 执行“文件” > “保存”命令，保存该页面，完成用户登录页面 login.jsp 的制作。

7.3.2 登录成功与登录失败的处理

通常在网站用户登录的过程中只会出现两种结果，一种是登录成功，另一种则是登录失败。上一节中已经讲解了使用“登录用户”服务器行为实现网站登录的功能，并设置了登录成功跳转到用户登录成功页面 login-true.jsp，登录失败则跳转到用户登录失败页面 login-false.jsp。下面制作登录成功与登录失败页面。

实战　制作登录成功与登录失败页面

最终文件：最终文件 \ 第 7 章 \chapter7\login-true.jsp、login-false.jsp
视频：视频 \ 第 7 章 \7-3-2.mp4

01 打开站点中的用户登录成功页面 login-true.jsp，可以看到该页面的效果，如图 7-35 所示。执行“窗口 > 绑定”命令，打开“绑定”面板，单击该面板上的加号按钮，在弹出的菜单中选择“阶段变量”选项，如图 7-36 所示。

图 7-35

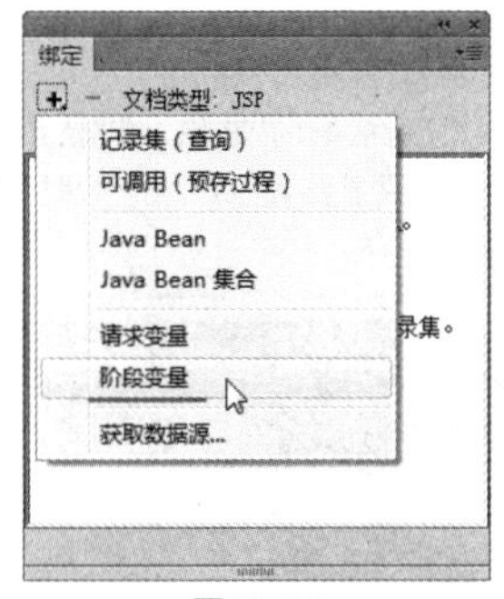

图 7-36

02 弹出“阶段变量”对话框，设置阶段变量的“名称”为 MM_Username，如图 7-37 所示。单击“确定”按钮，完成“阶段变量”对话框的设置，在“绑定”面板中可以看到刚设置的阶段变量，如图 7-38 所示。

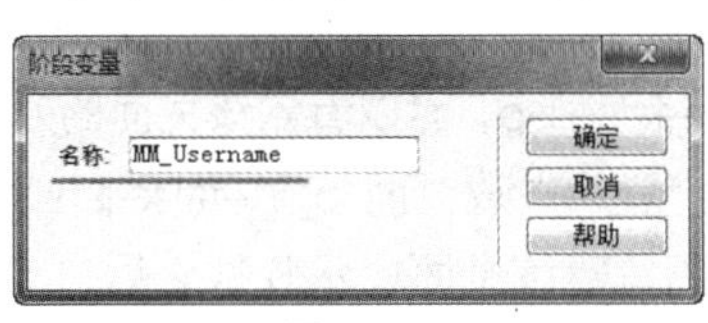

图 7-37

图 7-38

提示

阶段变量提供了一种对象，通过该对象存储用户信息，并使该信息在用户访问的持续时间中对应用程序的所有页都可用。阶段变量还提供一种超时形式的安全对象，在用户账户长时间不活动的情况下，终止该用户的会话。如果用户忘记从网站中注销用户，这种对象还会释放服务器内容和处理资源。

03 在“绑定”面板中将阶段变量 MM_Username 拖入页面中相应的位置，如图 7-39 所示。单击页面中的“退出登录”超链接，打开“服务器行为”面板，单击该面板上的加号按钮，在弹出的菜单中选择“用户身份验证 > 注销用户”选项，如图 7-40 所示。

图 7-39

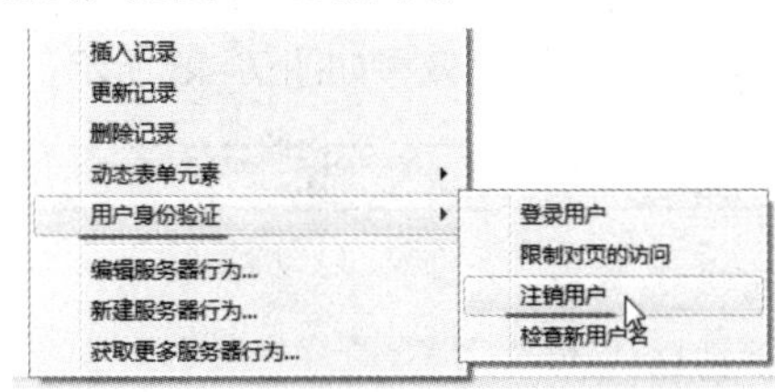

图 7-40

技巧 

在此处设置阶段变量的目的是在用户登录成功后，在登录成功页面中显示用户名，使网页效果更直观，页面更有亲切感。

04 弹出“注销用户”对话框，对相关选项进行设置，如图 7–41 所示。单击“确定”按钮，完成“注销用户”对话框的设置，在“服务器行为”面板上增加了一个“注销用户”服务器行为，如图 7–42 所示。

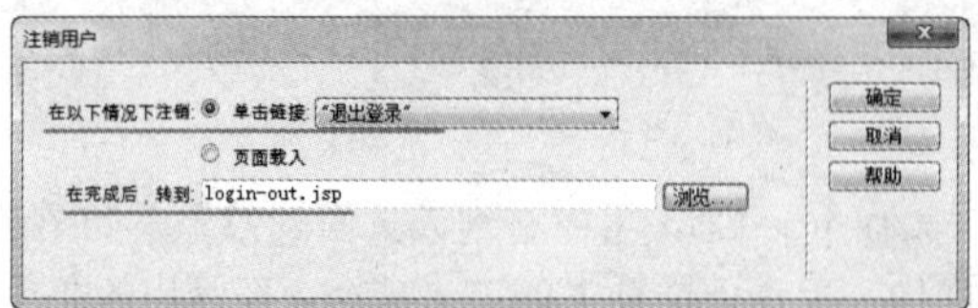

图 7–41

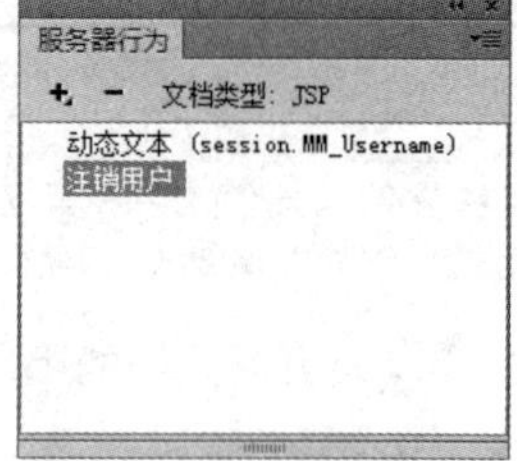

图 7–42

提示

在“注销用户”对话框的“在以下情况下注销”选项中选中“单击链接”单选按钮，即单击当前所选中的链接文字。“在完成后，转到”选项用于设置注销用户后跳转到的页面，在这里跳转到 login-out.jsp 页面，login-out.jsp 页面为静态页面，显示退出成功信息。

05 选择页面中的“修改用户资料”文字，在“属性”面板中设置其链接到修改用户个人信息页面 updata.jsp，如图 7–43 所示。在网页所有代码之前添加相应的 JSP 脚本代码，设置页面编码格式以及导入相应的 Java 类，如图 7–44 所示。完成用户登录成功页面 login–true.jsp 的制作。

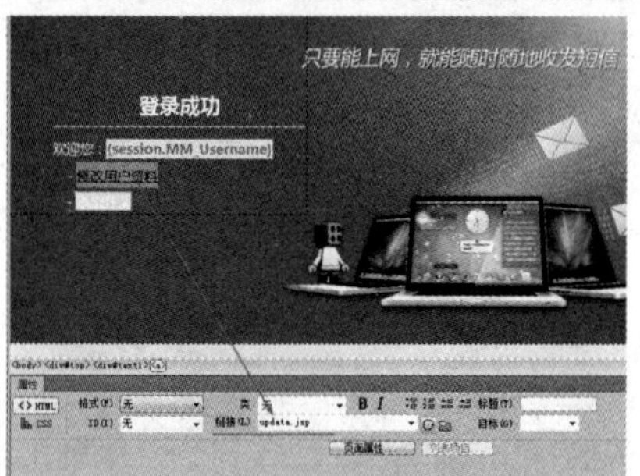

图 7–43

```
<%@ page language="java" import="java.util.*" pageEncoding="utf-8"%>
<%@ page contentType="text/html;charset=utf-8"%>
<% request.setCharacterEncoding("utf-8"); %>
<%@ page import="java.sql.*"%>
<%
// *** Logout the current user.
```

图 7–44

06 打开站点中的用户登录失败页面 login–false.jsp，可以看到该页面的效果，如图 7–45 所示。用户登录失败页面 login–false.jsp 是一个静态内容页面，我们希望该页面显示 5 秒之后自动跳转到用户登录页面 login.jsp，转换到代码视图中，在页面头部添加页面定时跳转代码，如图 7–46 所示。

图 7–45

```
<!doctype html>
<html>
<head>
<meta charset="utf-8">
<meta http-equiv="refresh" content="5;URL=login.jsp">
<title>用户登录失败</title>
<link href="style/style2.css" rel="stylesheet" type="text/css">
</head>
```

图 7–46

07 在网页所有代码之前添加相应的 JSP 脚本代码，设置页面编码格式，如图 7–47 所示。完成用户登录失败页面 login–false.jsp 的制作。保存页面，在测试服务器中预览该页面，效果如图 7–48 所示。

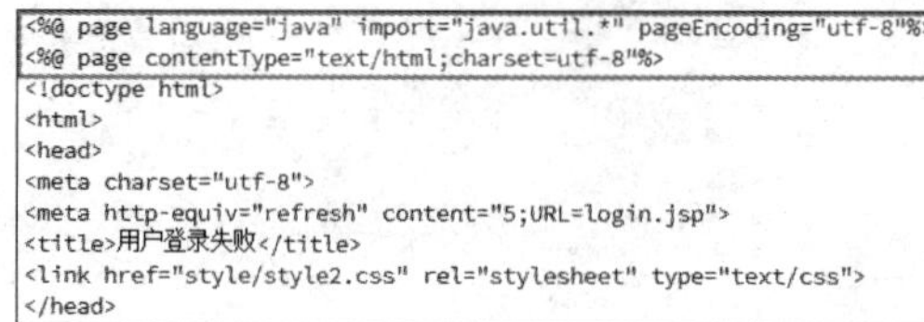

```
<%@ page language="java" import="java.util.*" pageEncoding="utf-8"%>
<%@ page contentType="text/html;charset=utf-8"%>
<!doctype html>
<html>
<head>
<meta charset="utf-8">
<meta http-equiv="refresh" content="5;URL=login.jsp">
<title>用户登录失败</title>
<link href="style/style2.css" rel="stylesheet" type="text/css">
</head>
```

图 7–47

图 7–48

7.3.3 修改用户个人信息

当网站用户登录成功后，即可对注册时所填写的个人信息内容进行修改，修改用户个人信息的过程也是更新数据表中数据记录的过程。个人信息修改页面需要接收阶段变量参数，并通过该参数在数据表中查询相应的记录，通过“更新记录”服务器行为可以对数据表中的个人信息进行更新。

实战 制作修改用户个人信息页面

最终文件：最终文件 \ 第 7 章 \chapter7\updata.jsp　　视频：视频 \ 第 7 章 \7-3-3.mp4

01 打开站点中修改用户个人信息页面 updata.jsp，可以看到该页面的效果，如图 7-49 所示。单击“绑定”面板上的加号按钮，在弹出的菜单中选择“记录集（查询）”选项，如图 7-50 所示。

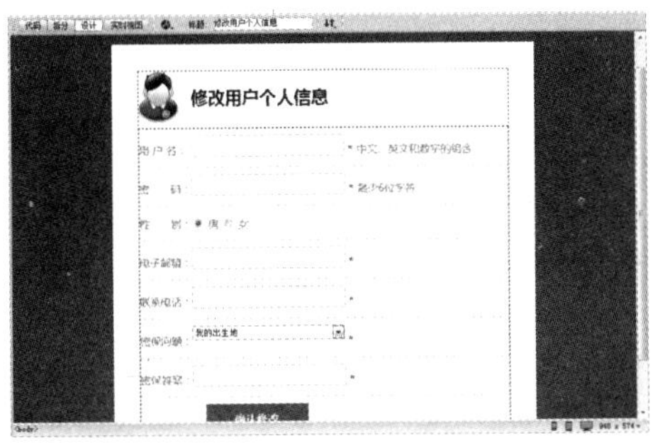

图 7-49

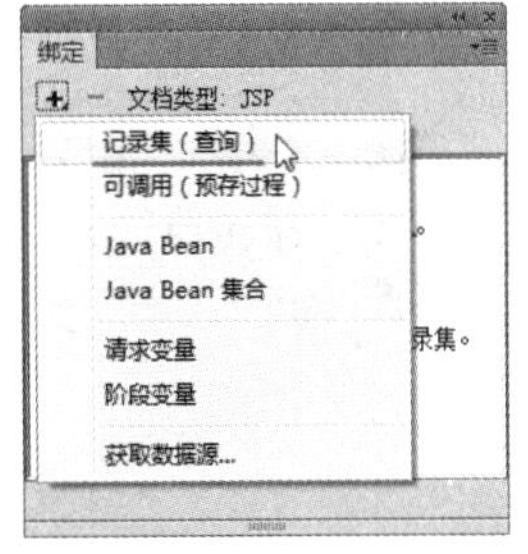

图 7-50

02 弹出“记录集”对话框，对相关选项进行设置，如图 7-51 所示。单击“确定”按钮，创建记录集，将记录集的字段插入页面中相应的表单元素中，如图 7-52 所示。

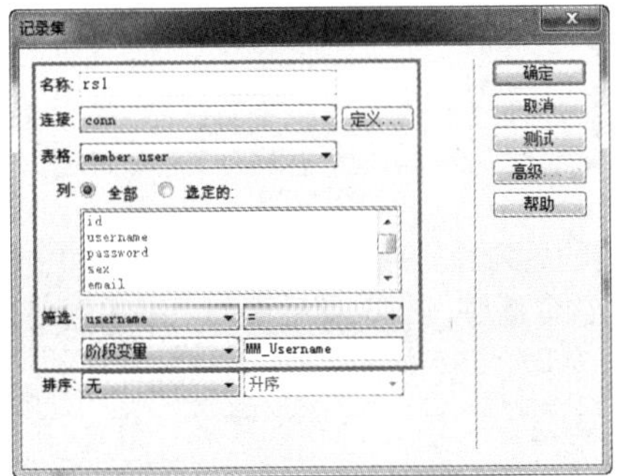

图 7-51

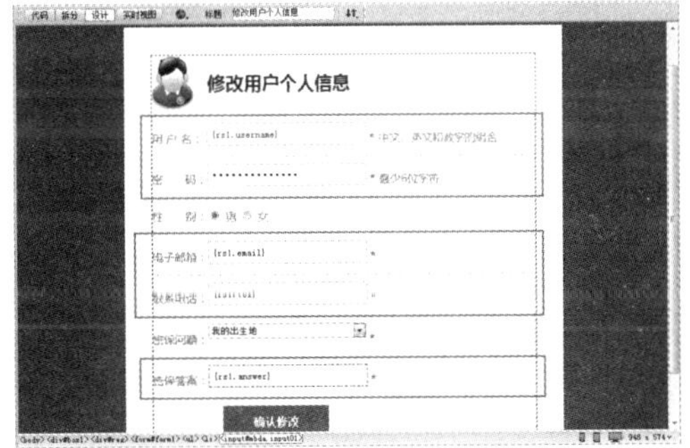

图 7-52

技巧

此处创建的记录集，“筛选”选项是通过阶段变量 MM_Username 进行筛选的，筛选数据表中 username 字段与阶段变量 MM_Username 相同的记录。

03 选中“性别：”文字后面的单选按钮，单击“服务器行为”面板上的加号按钮，在弹出的菜单中选择“动态表单元素 > 动态单选按钮”选项，如图 7-53 所示。弹出“动态单选按钮”对话框，如图 7-54 所示。

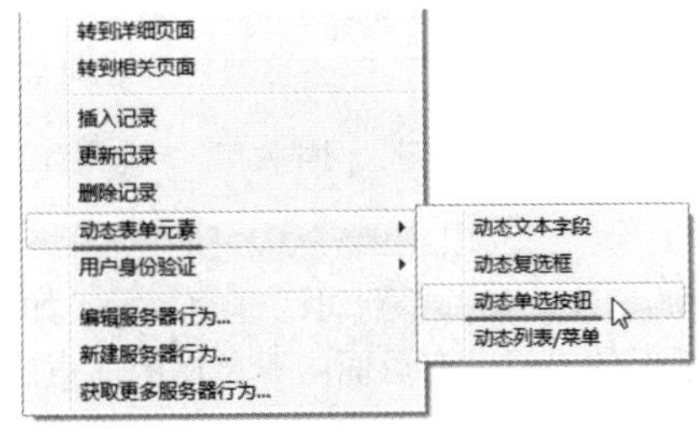

图 7-53

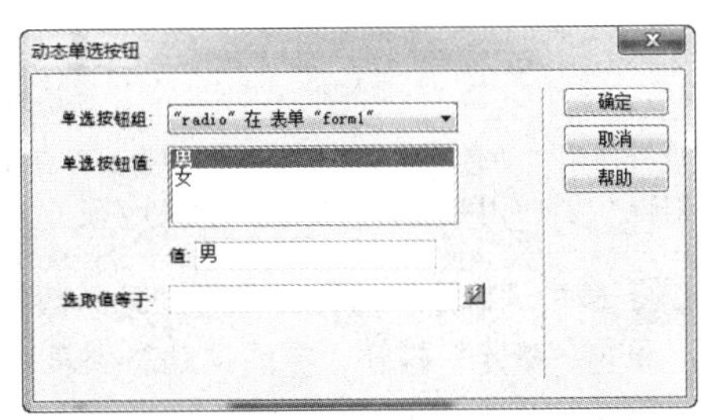

图 7-54

04 在“单选按钮值”选项区中选择“男”选项，单击“选取值等于”选项后面的“绑定到动态源”按钮，在弹出的对话框中选择记录集中的 sex 字段，如图 7–55 所示。单击“确定”按钮，完成“动态单选按钮”对话框的设置，效果如图 7–56 所示。

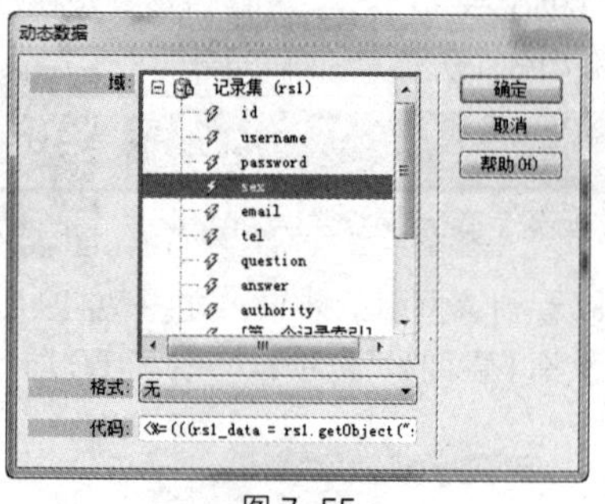

图 7–55

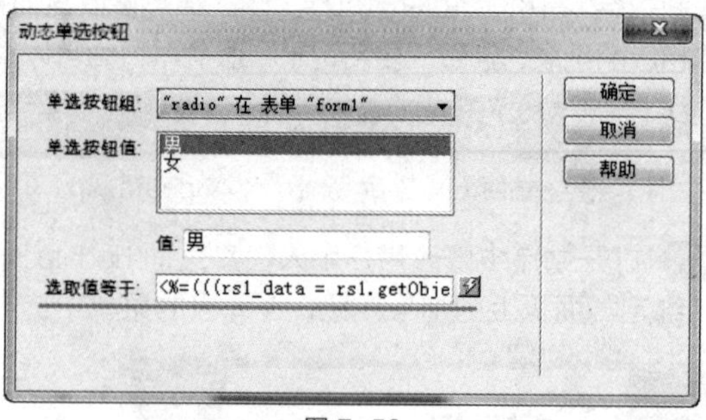

图 7–56

05 单击“确定”按钮，完成“动态单选按钮”对话框的设置。选中“密保问题”文字后面的下拉列表元素，单击“服务器行为”面板上的加号按钮，在弹出的菜单中选择“动态表单元素 > 动态列表 / 菜单”选项，如图 7–57 所示。弹出“动态列表 / 菜单”对话框，如图 7–58 所示。

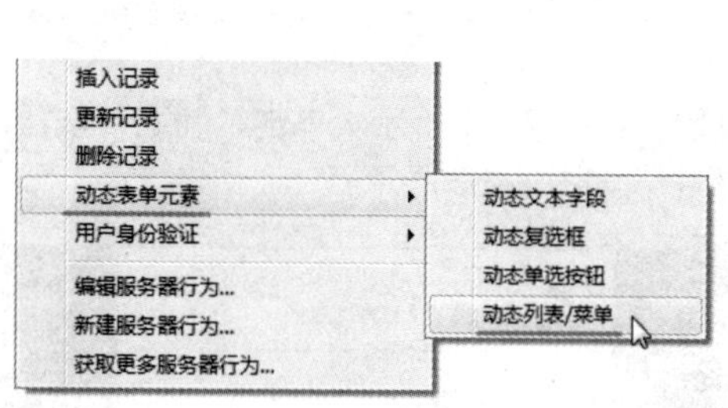

图 7–57

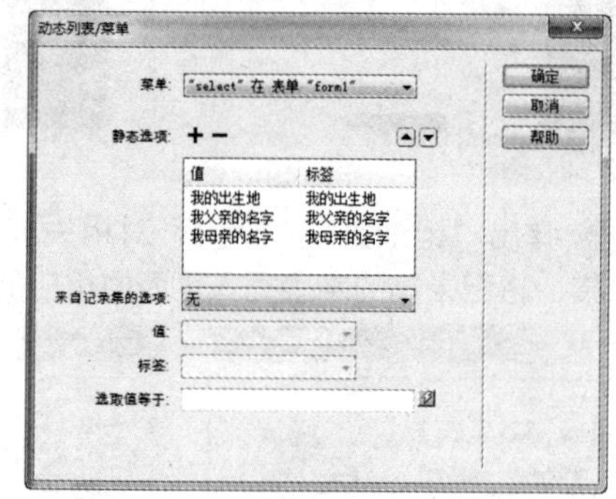

图 7–58

06 在“来自记录集的选项”下拉列表中选择刚创建的名为 rs1 的记录集，在“值”和“标签”下拉列表中选择 question 字段，如图 7–59 所示。单击“选取值等于”选项后面的“绑定到动态源”按钮，在弹出的对话框中选择记录集中的 question 字段，如图 7–60 所示。

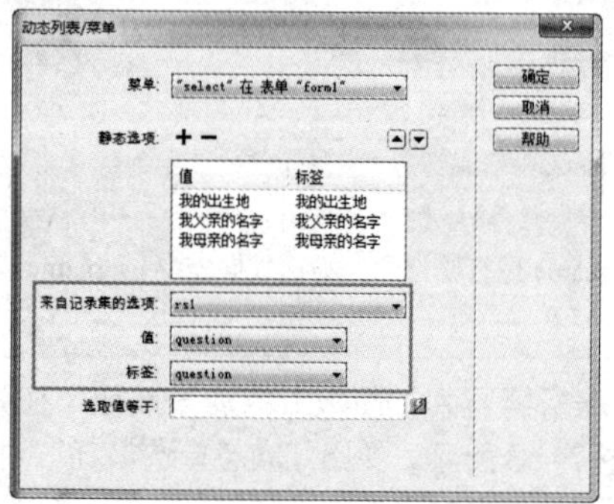

图 7–59

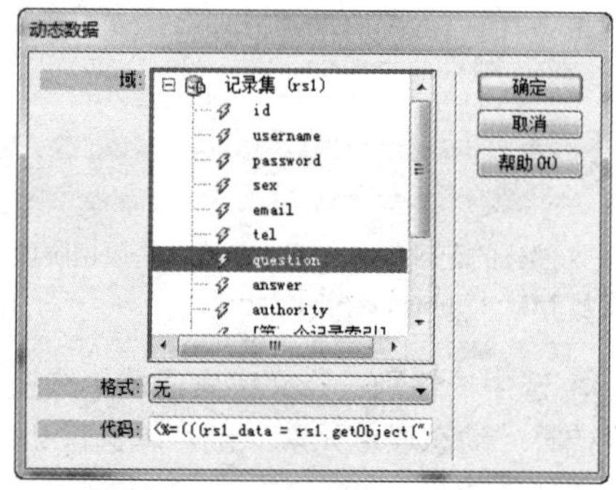

图 7–60

提示

此处使用“动态单选按钮”服务器行为，为页面中的单选按钮绑定相应的字段，同样使用“动态列表 / 菜单”服务器行为为页面中的下拉列表绑定相应的字段。

07 单击“确定”按钮，完成“动态数据”对话框的设置，可以看到对话框的效果，如图 7–61 所示。单击“确定”按钮，完成“动态列表 / 菜单”对话框的设置。在页面中表单域的任意位置插入一个隐藏域，如图 7–62 所示。

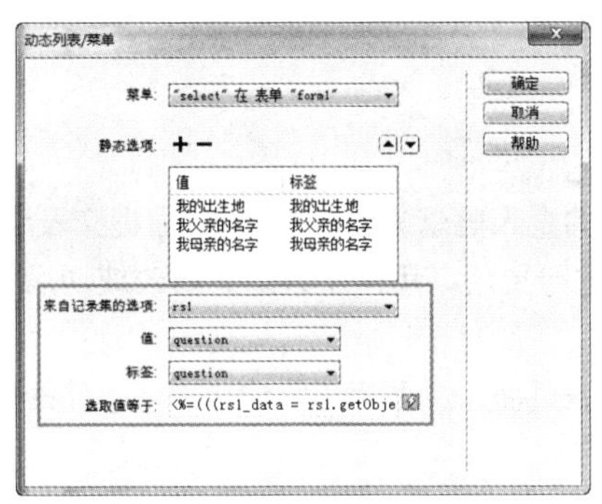

图 7-61

图 7-62

08 选中刚插入的隐藏域，在“属性”面板上设置其 Name 属性为 id，如图 7-63 所示。单击 Value 选项后面的“绑定到动态源”按钮，在弹出的“动态数据”对话框中将其绑定到记录集中的 id 字段，如图 7-64 所示。

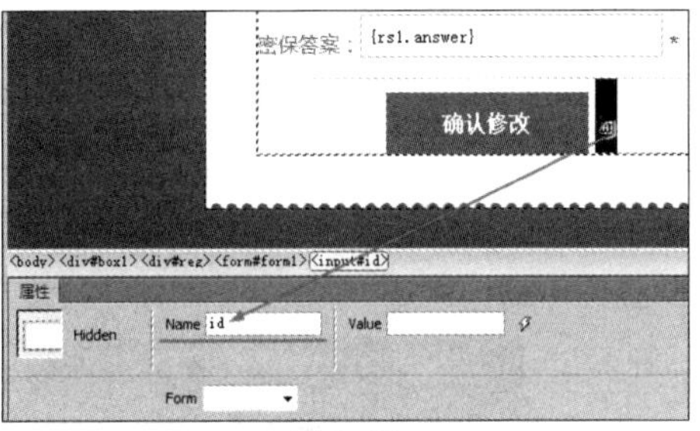

图 7-63

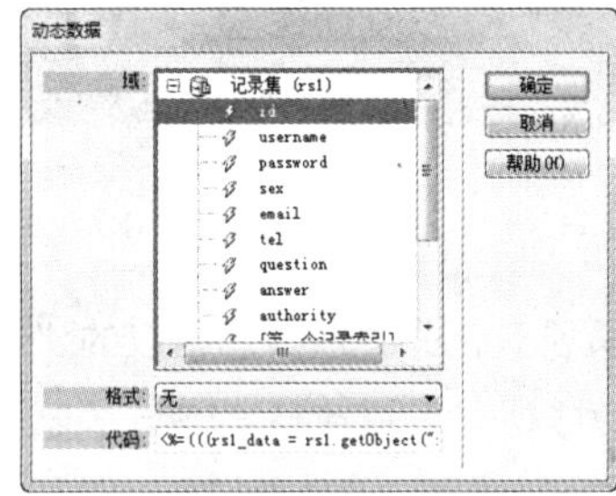

图 7-64

09 单击“确定”按钮，完成“动态数据”对话框的设置。单击“服务器行为”面板上的加号按钮，在弹出的菜单中选择“更新记录”选项，如图 7-65 所示。弹出“更新记录”对话框，对相关选项进行设置，如图 7-66 所示。

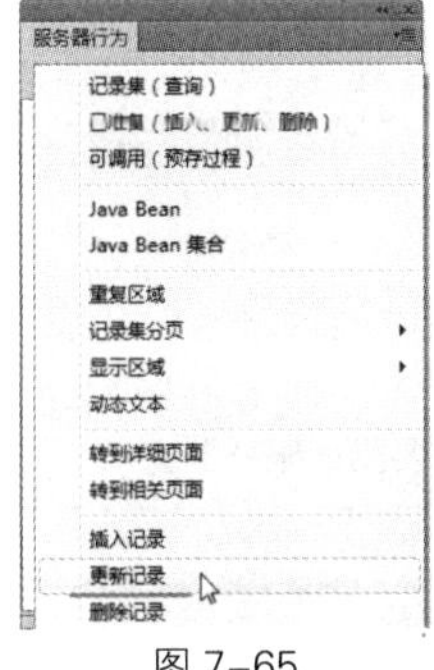

图 7-65

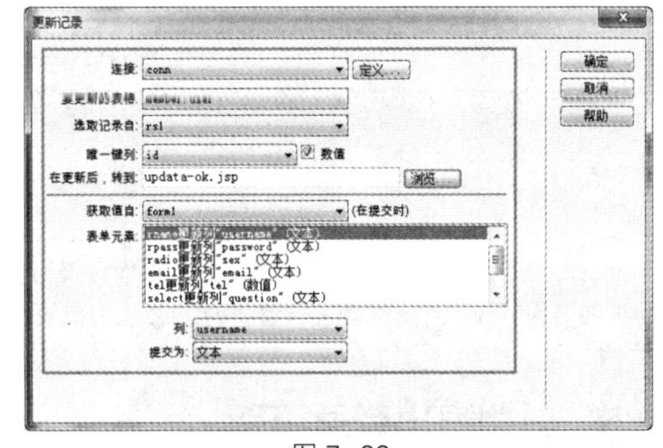

图 7-66

10 单击“确定”按钮，完成“更新记录”对话框的设置，效果如图 7-67 所示。转换到网页代码中，在网页所有代码之前添加相应的 JSP 脚本代码，设置页面编码格式以及导入相应的 Java 类，如图 7-68 所示。

图 7-67

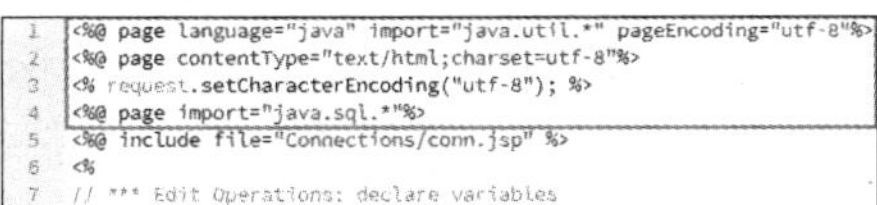

```
<%@ page language="java" import="java.util.*" pageEncoding="utf-8"%>
<%@ page contentType="text/html;charset=utf-8"%>
<% request.setCharacterEncoding("utf-8"); %>
<%@ page import="java.sql.*"%>
<%@ include file="Connections/conn.jsp" %>
<%
// *** Edit Operations: declare variables
```

图 7-68

11 完成修改用户个人信息页面 updata.jsp 的制作。

7.3.4 个人信息修改成功页面

在修改用户个人信息页面 updata.jsp 中对注册时填写的个人信息进行修改，修改后提交表单数据，“更新记录”服务器行为会对数据表中的该条数据记录进行更新，用户个人信息修改成功后将跳转到个人信息修改成功页面 updata-ok.jsp。

个人信息修改成功页面 updata-ok.jsp 是一个静态数据页面，主要用于提示用户信息修改成功，并且实现 5 秒后自动跳转到用户登录成功页面 login-true.jsp。

打开站点中的个人信息修改成功页面 updata-ok.jsp，可以看到该页面的效果，如图 7-69 所示。转换到该页面代码中，在页面头部添加页面定时跳转代码，如图 7-70 所示。

图 7-69

```
<!doctype html>
<html>
<head>
<meta charset="utf-8">
<meta http-equiv="refresh" content="5;URL=login-true.jsp">
<title>用户个人信息修改成功</title>
<link href="style/style2.css" rel="stylesheet" type="text/css">
</head>
```

图 7-70

在网页所有代码之前添加相应的 JSP 脚本代码，设置页面编码格式，如图 7-71 所示。完成个人信息修改成功页面 updata-ok.jsp 的制作。保存页面，在测试服务器中预览该页面，效果如图 7-72 所示。

```
<%@ page language="java" import="java.util.*" pageEncoding="utf-8"%>
<%@ page contentType="text/html;charset=utf-8"%>
<!doctype html>
<html>
<head>
<meta charset="utf-8">
<meta http-equiv="refresh" content="5;URL=login-true.jsp">
<title>用户个人信息修改成功</title>
<link href="style/style2.css" rel="stylesheet" type="text/css">
</head>
```

图 7-71

图 7-72

提示

updata-ok.jsp 是一个静态数据页面，该页面并没有与 MySQL 数据库进行交互，也没有与数据库连接，但是该页面的扩展名为 .jsp，当浏览器进行解析时，会认为该页面是一个动态网页，需要测试服务器。

7.3.5 成功退出登录页面

退出登录可以清空用户登录后的 session 记录，当用户成功登录后，在用户登录成功页面 login-true.jsp 中单击“退出登录”超链接，触发页面的“注销用户”服务器行为，退出登录并跳转到成功退出登录页面。

在本实例所制作的网站用户登录和注册系统中的成功退出登录页面 login-out.jsp，主要用于提示用户退出登录成功，并且页面会在 5 秒后自动跳转到登录页面。

打开站点中的成功退出登录页面 login-out.jsp，可以看到该页面的效果，如图 7-73 所示。转换到该页面代码中，在页面头部添加页面定时跳转代码，如图 7-74 所示。

在网页所有代码之前添加相应的 JSP 脚本代码，设置页面编码格式，如图 7-75 所示。完成成功退出登录页面 login-out.jsp 的制作。保存页面，在测试服务器中预览该页面，效果如图 7-76 所示。

图 7-73

```
<!doctype html>
<html>
<head>
<meta charset="utf-8">
<meta http-equiv="refresh" content="5;URL=login.jsp">
<title>成功退出登录状态</title>
<link href="style/style2.css" rel="stylesheet" type="text/css">
</head>
```

图 7-74

```
<%@ page language="java" import="java.util.*" pageEncoding="utf-8"%>
<%@ page contentType="text/html;charset=utf-8"%>
<!doctype html>
<html>
<head>
<meta charset="utf-8">
<meta http-equiv="refresh" content="5;URL=login.jsp">
<title>成功退出登录状态</title>
<link href="style/style2.css" rel="stylesheet" type="text/css">
</head>
```

图 7-75

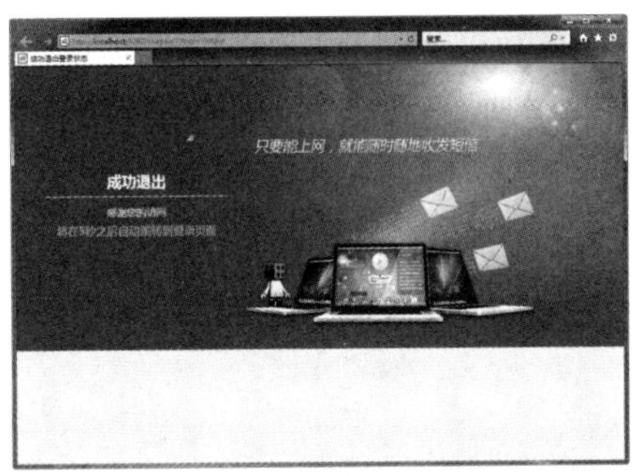

图 7-76

> **提示**
>
> 成功退出登录页面 login-out.jsp 只是提示用户已经成功退出登录，并没有其他的实际用途，当然也可以在执行完“注销用户”服务器行为后直接跳转到其他页面中。

7.4 开发网站新用户注册功能

当用户浏览一个新的网站，首先要注册成为该网站的用户，才能使用注册的用户名和密码进行登录操作。新用户注册的过程实际上就是向数据库中写入数据记录的过程，在本节中将带领读者一起实现网站新用户注册功能。

7.4.1 实现注册表单验证

对表单元素进行验证能够有效提高所填写表单内容的有效性，在 HTML5 中为网页中的表单元素新增了多个用于对表单元素进行验证的属性，通过这些属性的设置，能够非常方便地实现网页中表单元素的常见验证效果。除此之外，也可以通过添加 JavaScript 脚本代码来实现更为复杂的表单验证效果。

实战　实现注册表单验证功能

最终文件：最终文件 \ 第 7 章 \chapter7\reg.jsp　　视频：视频 \ 第 7 章 \7-4-1.mp4

01 打开站点中的新用户注册页面 reg.jsp，可以看到该页面的效果，如图 7-77 所示。选中“用户名”文字后面的文本域，在“属性”面板中选中 Required 复选框，将该文本域设置为必填项，如图 7-78 所示。

> **提示**
>
> 在 HTML5 中为表单元素提供了用于辅助表单验证的元素属性，例如，通过 required 属性的添加，可以验证表单元素中的值是否为空，如果为空，则无法对表单元素进行提交。

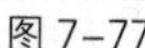
图 7-77

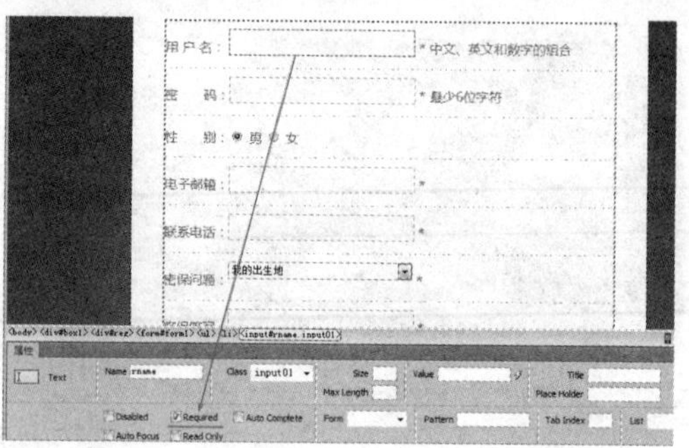
图 7-78

02 在“属性”面板上的 Place Holder 文本框中为选中的文本域设置默认的提示文字，如图 7-79 所示。使用相同的制作方法，将注册表单中的其他文本域同样设置为必填项，并分别设置相应的默认提示文字，如图 7-80 所示。

图 7-79

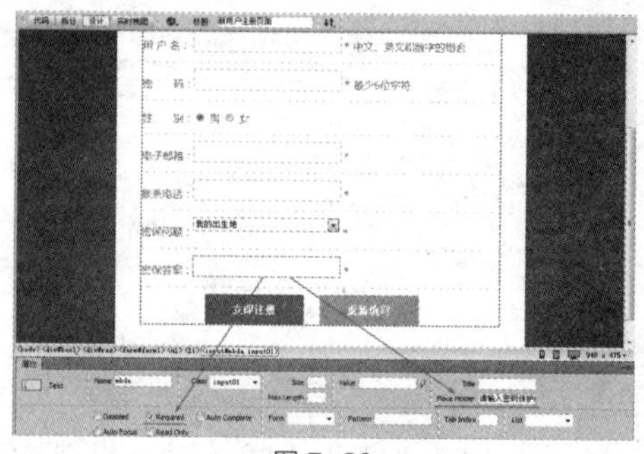
图 7-80

03 选择“联系电话”文字后面的文本域，在“属性”面板中对 Pattern 属性进行设置，如图 7-81 所示。保存页面，在测试服务器中预览该页面，可以看到页面中各表单元素中默认提示文字的效果，如图 7-82 所示。

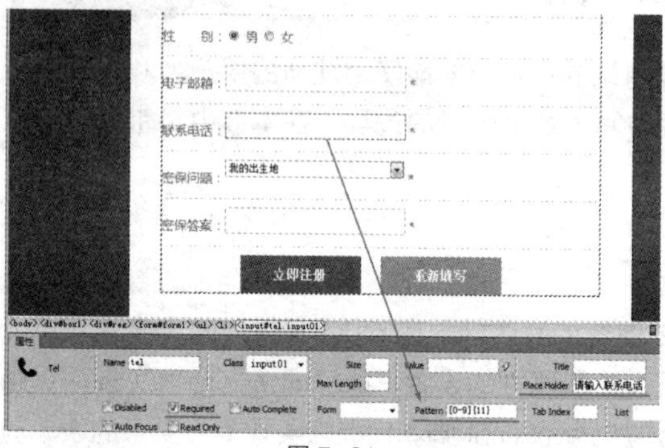
图 7-81

图 7-82

提示

在 Tomcat 测试服务器中预览 JSP 页面时需要注意，即使当前的 JSP 页面中都是静态内容，并没有与数据库进行交互的代码，依然需要在所有代码之前添加设置页面编码格式的代码，否则测试页面中的中文文字内容会显示为乱码。

技巧

pattern 属性用于为 input 表单元素定义一个验证模式。该属性值是一个正则表达式，提交时，会检查输入的内容是否符合给定的格式，如果输入内容不符合格式，则不能提交。此处设置 pattern 属性值为 [0-9]{11}，表示该文本域只接受 0~9 之间的 11 位数字。

04 如果没有在文本域中填写内容则直接单击“立即注册”按钮，将显示错误提示，如图 7–83 所示。在各表单元素中填写内容，但是“联系电话”文字后面的表单元素中填写的不是 11 位数字，单击“立即注册”按钮，将显示错误提示，如图 7–84 所示。

图 7–83

图 7–84

05 这样就实现了对注册表单选项的基本验证。

7.4.2 新用户注册

在用户注册页面中提供了新用户注册表单项，用户在该页面中输入相应的注册资料，向服务器提交用户注册资料，使用“插入记录”服务器行为将用户所输入的资料插入数据库中。在该页面的制作过程中，还需要通过数据库查询验证所输入的用户名在数据表中是否存在，如果存在则给出错误提示；如果不存在，则将数据插入数据表中。

实战　制作网站新用户注册页面

最终文件：最终文件 \ 第 7 章 \chapter7\reg.jsp　　视频：视频 \ 第 7 章 \7–4–2.mp4

01 继续在新用户注册页面 reg.jsp 中进行制作。在页面中表单域的任意位置插入一个隐藏域，如图 7–85 所示。在“属性”面板上设置其 Name 属性为 authority，Value 属性为 0，如图 7–86 所示。

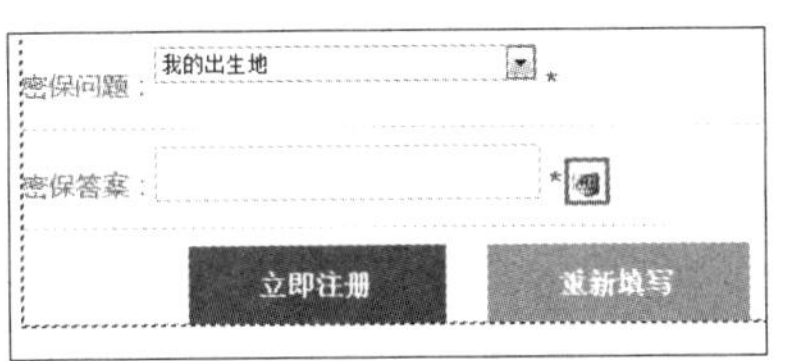

图 7–85

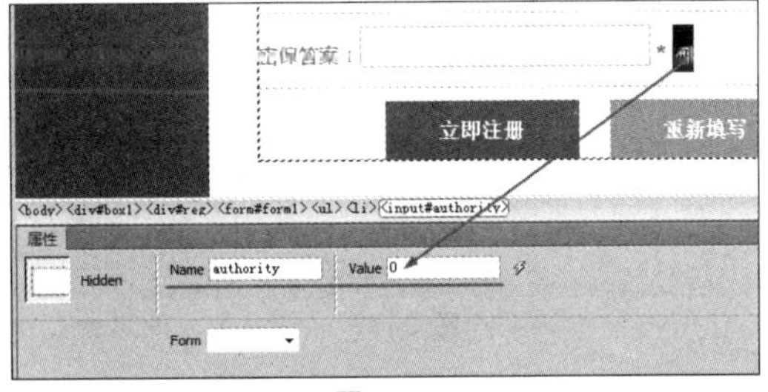

图 7–86

提示

在注册表单中插入一个隐藏域，并设置其名称为 authority，设置其默认值为 0，表示所有注册的用户都默认是一般访问用户。

02 打开“服务器行为”面板，单击该面板上的加号按钮，在弹出的菜单中选择“插入记录”命令，如图 7–87 所示。弹出“插入记录”对话框，对相关选项进行设置，设置“插入后，转到”选项为 reg–true.jsp，如图 7–88 所示。

提示

此处页面中表单元素的 id 名称与所插入数据表中的字段名称不相同，Dreamweaver 不会自动进行匹配，需要用户手动在对话框中将字段与表单元素对应。

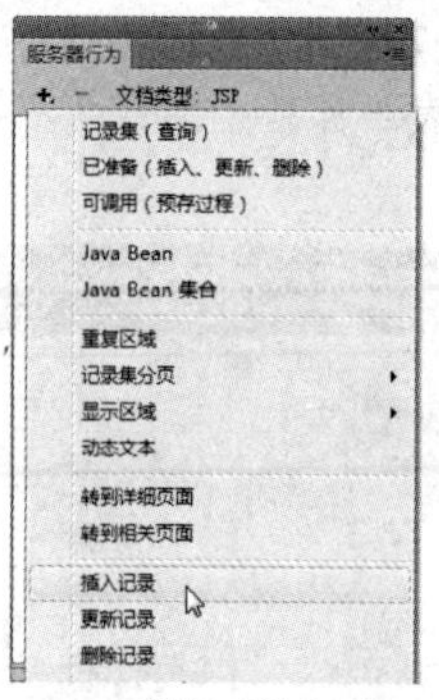

图 7-87

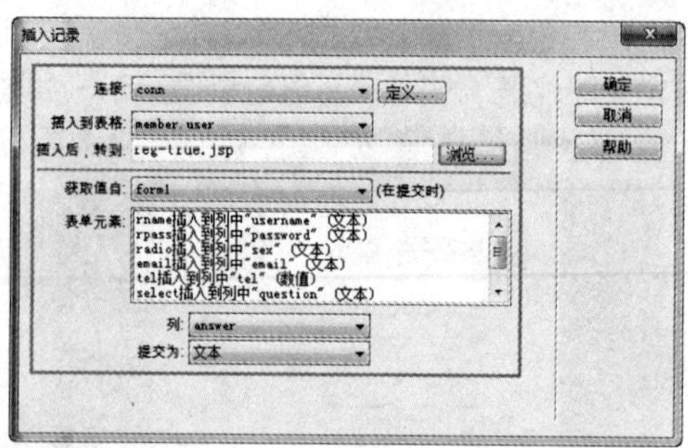

图 7-88

03 单击“确定”按钮，完成“插入记录”对话框的设置，在“服务器行为”面板上增加了一个“插入记录”行为，如图 7-89 所示。单击“服务器行为”面板上的加号按钮，在弹出的菜单中选择“用户身份验证 > 检查新用户名”命令，如图 7-90 所示。

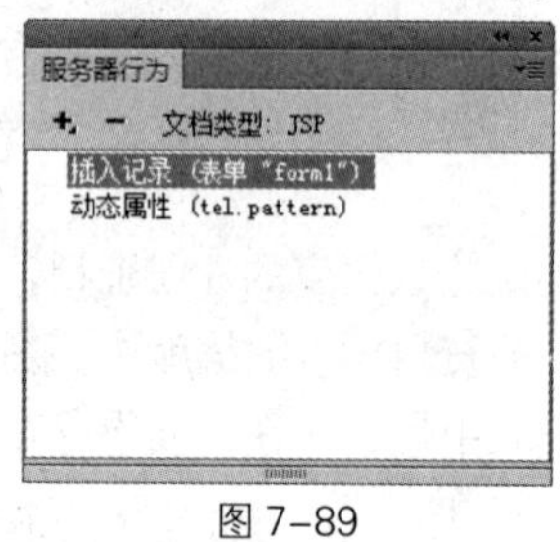

图 7-89

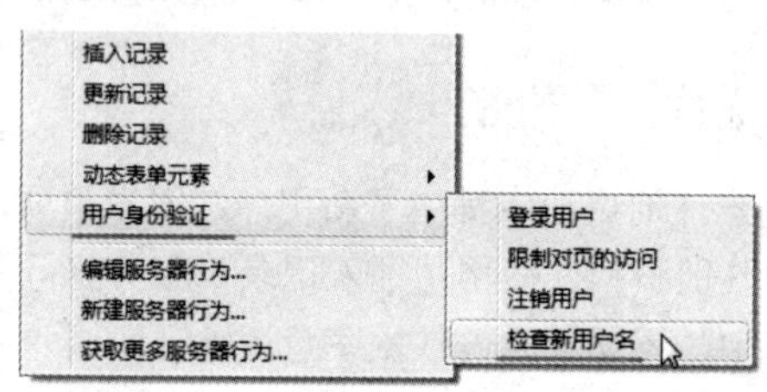

图 7-90

04 弹出“检查新用户名”对话框，设置“用户名字段”选项为 rname，设置“如果已存在，则转到”选项为 reg-false.jsp，如图 7-91 所示。单击“确定”按钮，完成“检查新用户名”对话框的设置，在“服务器行为”面板上增加了一个“检查新用户名”行为，如图 7-92 所示。

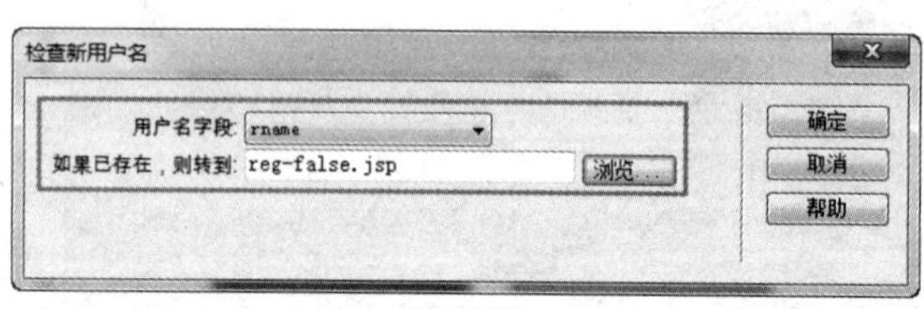

图 7-91

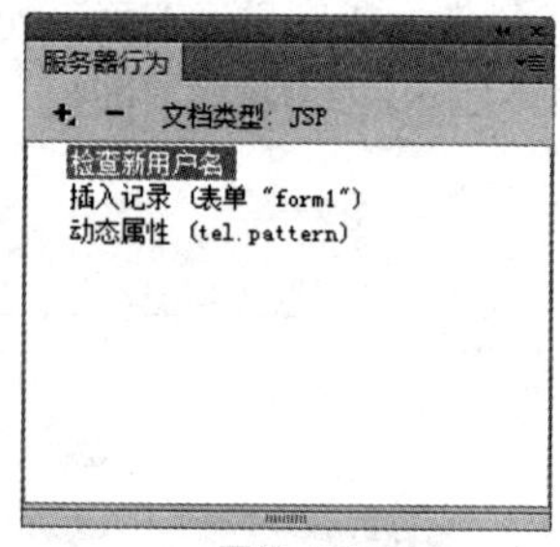

图 7-92

提示

用户名是用户登录的身份标志，用户名不能重复，所以在添加记录之前，一定要先在数据库中判断该用户名是否已经存在，如果存在，则不能进行注册。在 Dreamweaver 中通过“检查新用户名”服务器行为可以实现检查用户名是否已存在的功能。

05 转换到网页代码中，在网页所有代码之前添加相应的 JSP 脚本代码，设置页面编码格式以及导入相应的 Java 类，如图 7-93 所示。完成新用户注册页面 reg.jsp 的制作。

```
<%@ page language="java" import="java.util.*" pageEncoding="utf-8"%>
<%@ page contentType="text/html;charset=utf-8"%>
<% request.setCharacterEncoding("utf-8"); %>
<%@ page import="java.sql.*"%>
<%@ include file="Connections/conn.jsp" %>
<%
// *** Edit Operations: declare variables
```

图 7-93

7.4.3 注册成功与注册失败的处理

用户注册成功后显示注册成功页面 reg-true.jsp，在该页面中提示用户注册成功信息，可以单击页面中的“立即登录”超链接进行登录。用户注册失败后显示注册失败页面 reg-false.jsp，在该页面中提示用户注册失败的原因，并且将在 5 秒后自动跳转到用户注册页面，用户可以重新注册。

实战　制作注册成功和注册失败页面

最终文件：最终文件 \ 第 7 章 \chapter7\reg-true.jsp、reg-false.jsp
视频：视频 \ 第 7 章 \7-4-3.mp4

01 打开站点中的注册成功页面 reg-true.jsp，可以看到该页面的效果，如图 7-94 所示。单击页面中的“立即登录”超链接，设置其链接到用户登录页面 login.jsp，如图 7-95 所示。

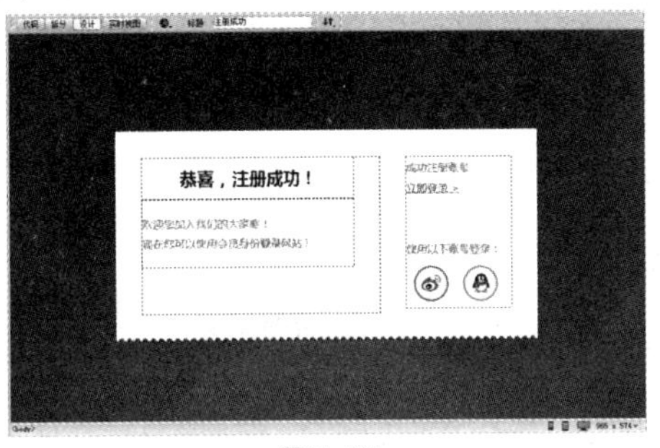

图 7-94

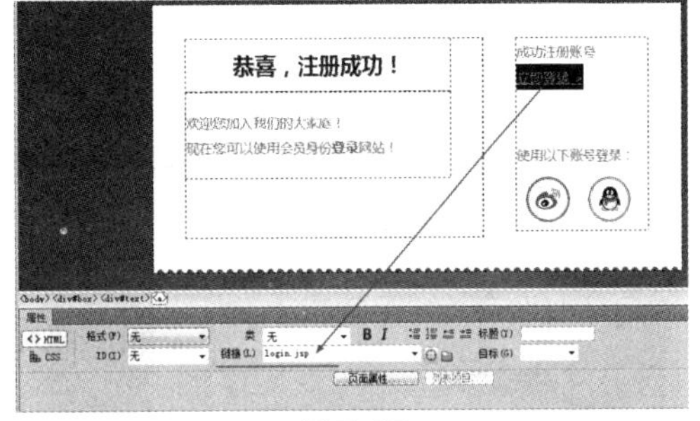

图 7-95

02 转换到网页代码中，在网页所有代码之前添加相应的 JSP 脚本代码，设置页面编码格式，如图 7-96 所示。完成注册成功页面 reg-true.jsp 的制作。

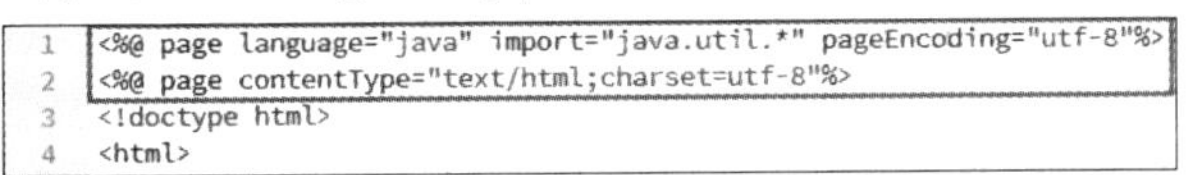

```
<%@ page language="java" import="java.util.*" pageEncoding="utf-8"%>
<%@ page contentType="text/html;charset=utf-8"%>
<!doctype html>
<html>
```

图 7-96

03 打开站点中的注册失败页面 reg-false.jsp，可以看到该页面的效果，如图 7-97 所示。转换到该页面代码中，在页面头部添加页面定时跳转代码，如图 7-98 所示。

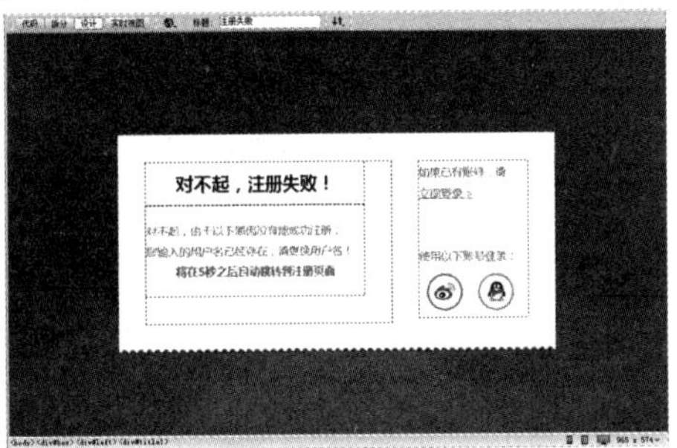

图 7-97

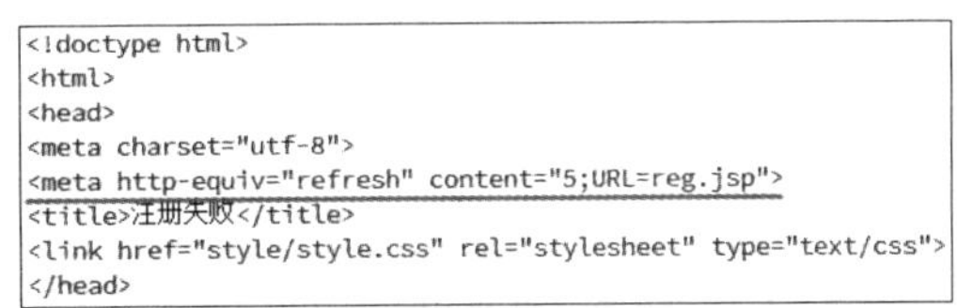

```
<!doctype html>
<html>
<head>
<meta charset="utf-8">
<meta http-equiv="refresh" content="5;URL=reg.jsp">
<title>注册失败</title>
<link href="style/style.css" rel="stylesheet" type="text/css">
</head>
```

图 7-98

04 在网页所有代码之前添加相应的 JSP 脚本代码，设置页面编码格式，如图 7-99 所示。完成注册失败页面 reg-false.jsp 的制作。

```
<%@ page language="java" import="java.util.*" pageEncoding="utf-8"%>
<%@ page contentType="text/html;charset=utf-8"%>
<!doctype html>
<html>
```

图 7-99

7.5 开发找回密码功能

在用户注册页面中设计的“密保问题”和“密保答案”两个表单项，其作用是当用户忘记密码时，可以通过注册时所设置的密码保护问题和答案找回用户密码，实现的方法是判断用户提供的密码保护问题答案与数据库中的答案是否一致，如果相同，则可以找回遗失的密码。

7.5.1 找回密码

当用户忘记密码时，可以在用户登录页面 login.jsp 中单击“找回登录密码”超链接，跳转到找回密码页面 search-pass.jsp。找回密码功能需要根据用户所输入的用户名进行查找，根据用户名查找到数据库中对应的记录。

实战 制作找回密码页面

最终文件：最终文件\第 7 章\chapter7\search-pass.jsp　　视频：视频\第 7 章\7-5-1.mp4

01 打开站点中的找回密码页面 search-pass.jsp，可以看到该页面的效果，如图 7-100 所示。选中页面中的表单域，单击“属性”面板上的 Action 选项后面的“浏览文件”按钮，如图 7-101 所示。

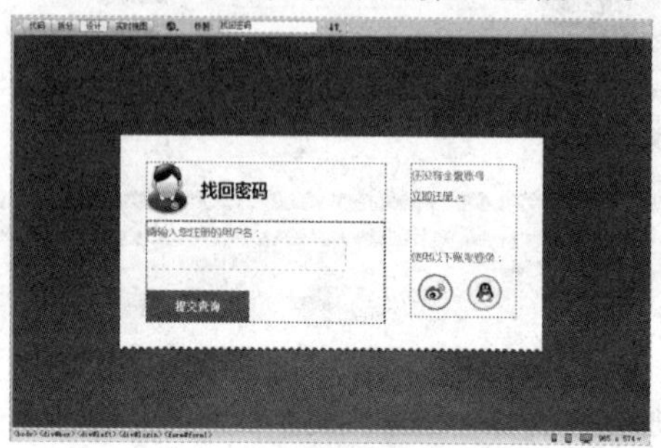

图 7-100

图 7-101

02 弹出“选择文件”对话框，选择密码保护问题页面 question.jsp，如图 7-102 所示。单击“确定”按钮，选择文件，可以看到 Action 选项的设置，如图 7-103 所示。

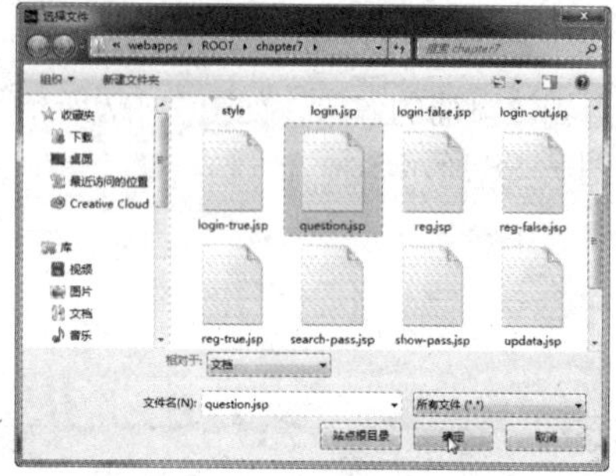

图 7-102

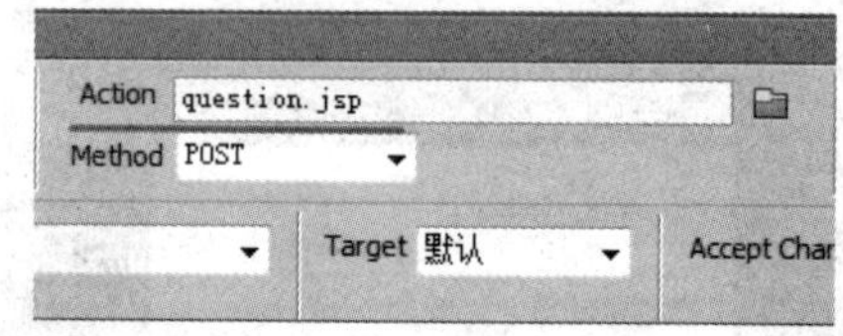

图 7-103

> **提示**
>
> 在该页面中设置表单域的 Action 属性主要是为了实现将用户所输入的用户名传递到所指定的密码保护问题页面 question.jsp 中进行处理，在密码保护问题页面 question.jsp 中将接收表单所传递过来的值。

03 单击页面中的“立即注册”超链接，在“属性”面板中设置其链接到用户注册页面 reg.jsp，如图 7-104 所示。转换到网页代码中，在网页所有代码之前添加相应的 JSP 脚本代码，设置页面编码格式，如图 7-105 所示。完成找回密码页面 search-pass.jsp 的制作。

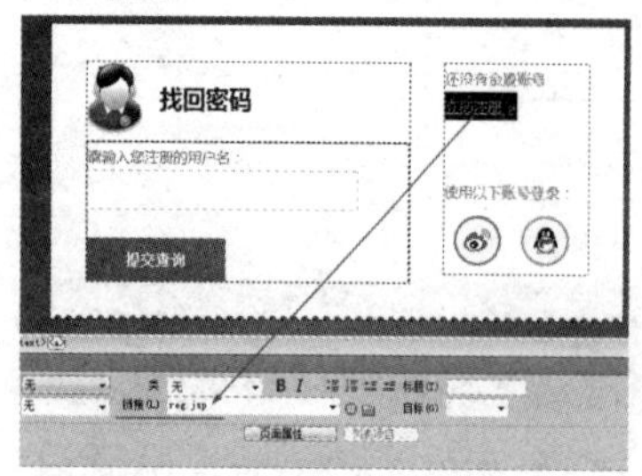

图 7-104

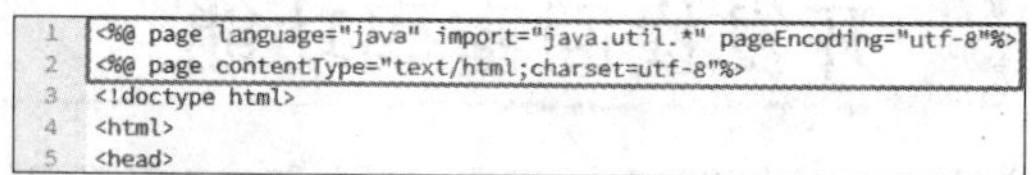

```
<%@ page language="java" import="java.util.*" pageEncoding="utf-8"%>
<%@ page contentType="text/html;charset=utf-8"%>
<!doctype html>
<html>
<head>
```

图 7-105

7.5.2 密码保护问题

当用户在找回密码页面 search-pass.jsp 中输入用户名，并单击“提交查询”按钮后，会通过表单将所输入的用户名提交到密码保护问题页面 question.jsp，该页面的作用是根据传递过来的用户名从数据库中找到对应的记录的密码提示问题。

实战　制作密码保护问题页面

最终文件：最终文件 \ 第 7 章 \chapter7\question.jsp　　视频：视频 \ 第 7 章 \7-5-2.mp4

01 打开站点中密码保护问题页面 question.jsp，可以看到该页面的效果，如图 7-106 所示。打开“绑定”面板，单击该面板上的加号按钮，在弹出的菜单中选择“记录集 (查询)”选项，弹出“记录集”对话框，在该对话框中对相关选项进行设置，如图 7-107 所示。

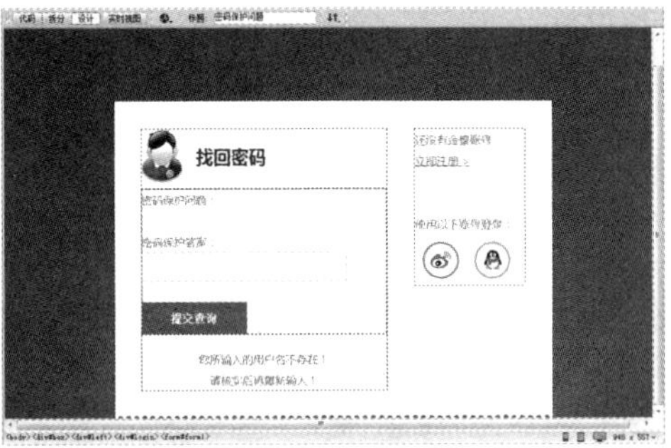

图 7-106

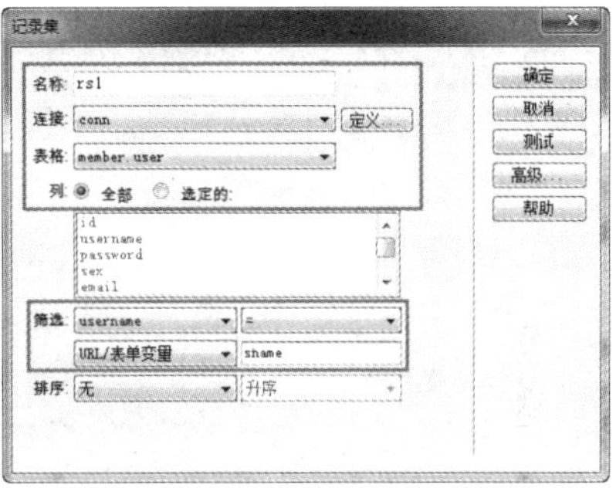

图 7-107

提示

此处通过从 search-pass.jsp 页面中传递过来的表单变量对记录集结果进行筛选，sname 为 search-pass.jsp 页面中“请输入您注册的用户名”文字后面的文本字段的 id 名称。

02 单击“确定”按钮，创建记录集，将记录集中的 question 字段插入页面中的相应位置，如图 7-108 所示。在页面表单域中的任意位置插入 个隐藏域，选中刚插入的隐藏域，在“属性”面板中设置其 Name 属性为 username，如图 7-109 所示。

图 7-108

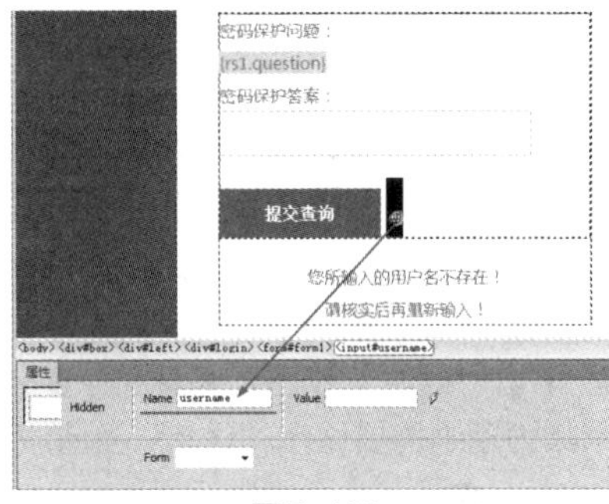

图 7-109

03 单击“属性”面板上的 Value 属性后面的“绑定到动态源”按钮，在弹出的“动态数据”对话框中选择记录集中的 username 字段，如图 7-110 所示。单击“确定”按钮，完成“动态数据”对话框的设置，将记录集中的 username 字段绑定到刚插入的隐藏域，如图 7-111 所示。

提示

如果用户在 search-pass.jsp 页面中所输入的用户名在数据表中不存在，则记录集为空，就会导致该页面不能正常显示，所以在这里插入一个隐藏域，并对隐藏域进行相应的设置。

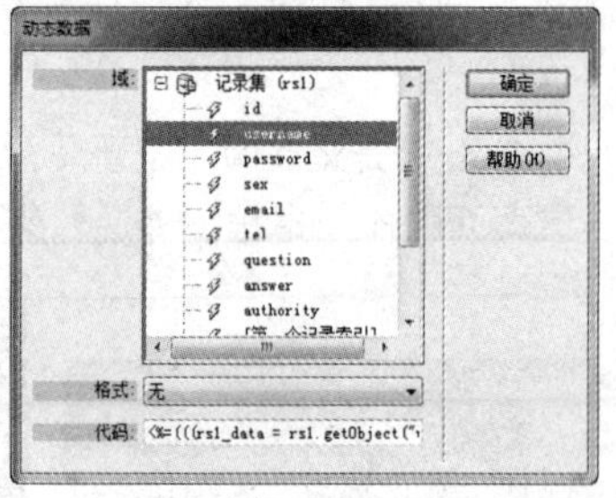

图 7-110

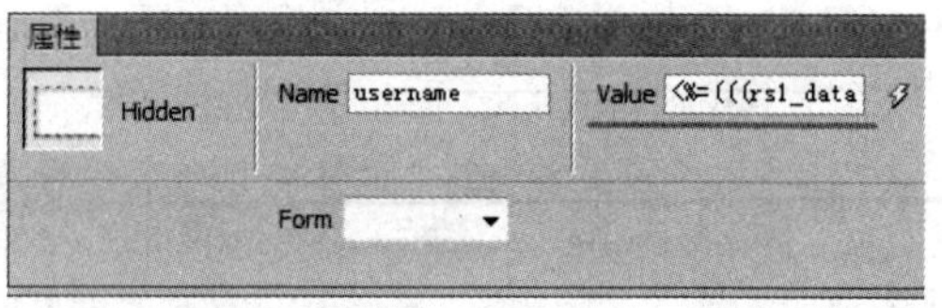

图 7-111

04 选中页面中的表单域，单击“属性”面板上 Action 选项后面的“浏览文件”按钮，在弹出的对话框中选择 show-pass.jsp 文件，如图 7-112 所示。单击“确定”按钮，选择文件，可以看到 Action 选项的设置，如图 7-113 所示。

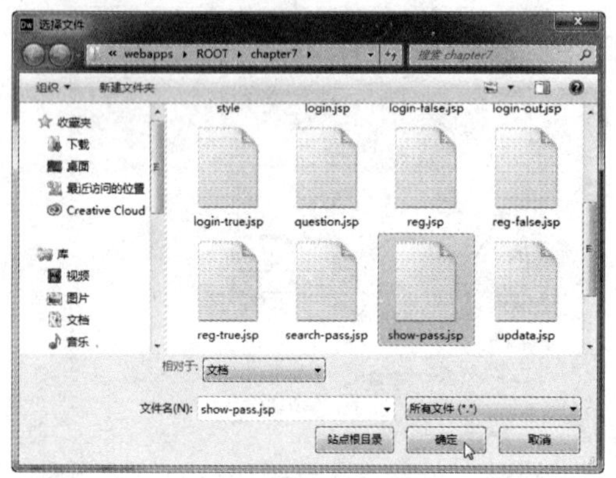

图 7-112

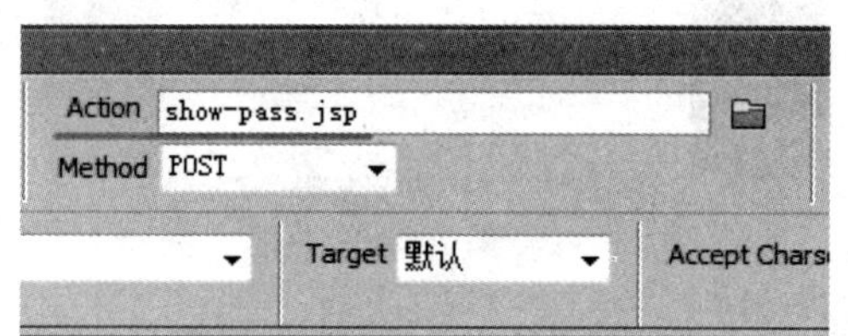

图 7-113

05 选中页面中如果记录集不为空则需要显示的区域，如图 7-114 所示。单击“服务器行为”面板上的加号按钮，在弹出的菜单中选择“显示区域 > 如果记录集不为空则显示区域”命令，在弹出的对话框中进行设置，如图 7-115 所示。

图 7-114

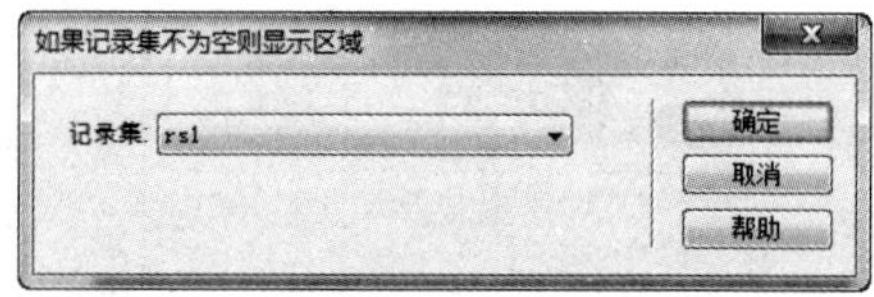

图 7-115

06 单击“确定”按钮，完成记录集不为空则显示区域的设置，如图 7-116 所示。选中页面中如果记录集为空则需要显示的区域，如图 7-117 所示。

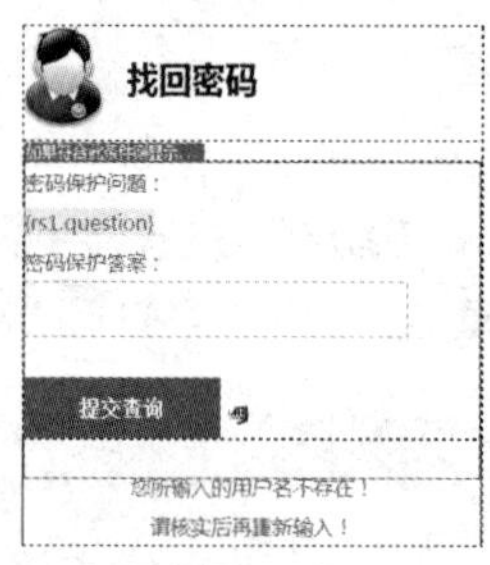

图 7-116

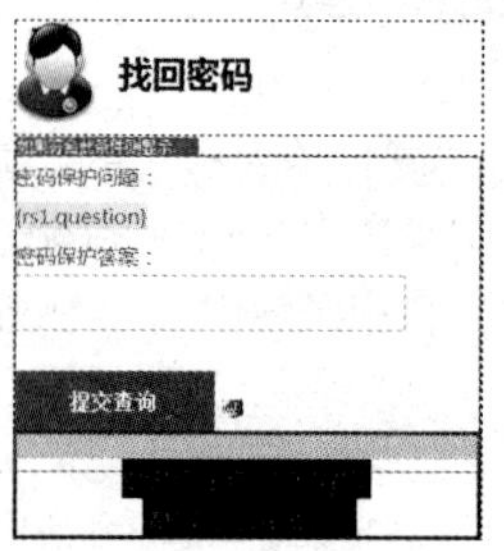

图 7-117

07 单击“服务器行为”面板上的加号按钮，在弹出的菜单中选择“显示区域 > 如果记录集为空则显示区域”命令，在弹出的对话框中进行设置，如图 7–118 所示。单击“确定”按钮，完成记录集为空则显示区域的设置，如图 7–119 所示。

图 7–118

图 7–119

08 单击页面中的“立即注册”超链接，在“属性”面板中设置其链接到新用户注册页面 reg.jsp，如图 7–120 所示。转换到网页代码中，在网页所有代码之前添加相应的 JSP 脚本代码，设置页面编码格式以及导入相应的 Java 类，如图 7–121 所示。完成密码保护问题页面 question.jsp 的制作。

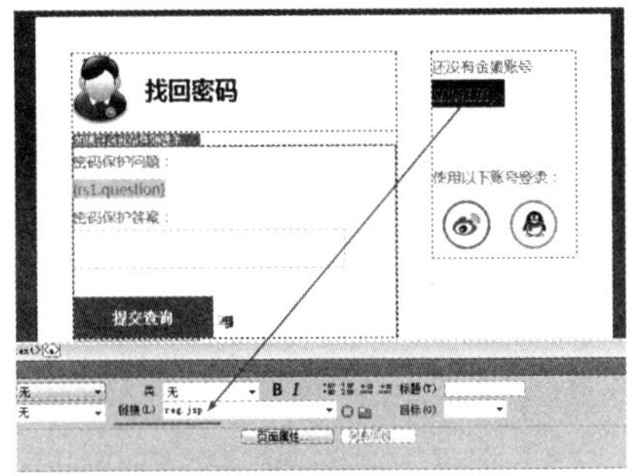

图 7–120

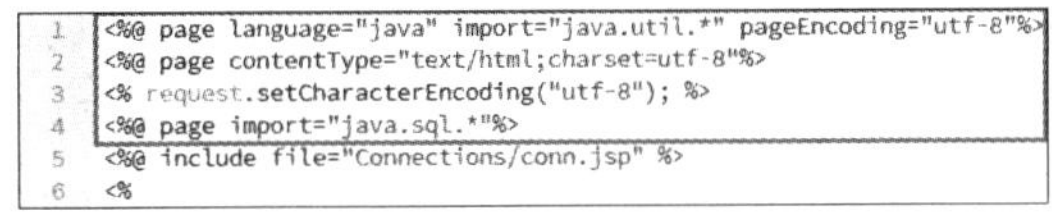

```
<%@ page language="java" import="java.util.*" pageEncoding="utf-8"%>
<%@ page contentType="text/html;charset=utf-8"%>
<% request.setCharacterEncoding("utf-8"); %>
<%@ page import="java.sql.*"%>
<%@ include file="Connections/conn.jsp" %>
<%
```

图 7–121

7.5.3 找回密码成功

用户在密码保护问题页面 question.jsp 中输入问题答案，单击“提交查询”按钮后，服务器就会把用户名和密码提示问题答案提交到密码找回结果页面 show–pass.php 中，并通过数据库查询判断密码问题答案是否正确，如果正确，则找回密码成功并显示用户名和密码；如果不正确，则显示提示信息。

实战 制作密码找回结果页面

最终文件：最终文件 \ 第 7 章 \chapter7\show–pass.jsp　　视频：视频 \ 第 7 章 \7–5–3.mp4

01 打开站点中的密码找回结果页面 show–pass.jsp，可以看到该页面的效果，如图 7–122 所示。打开“绑定”面板，单击该面板上的加号按钮，在弹出的菜单中选择“记录集（查询）”选项，在弹出的对话框中进行设置，如图 7–123 所示。

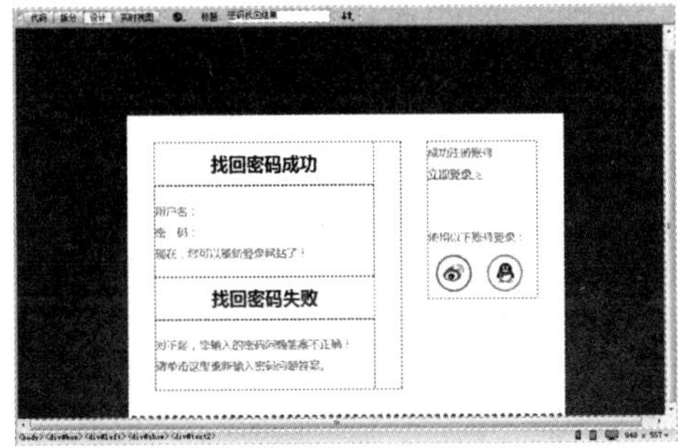

图 7–122

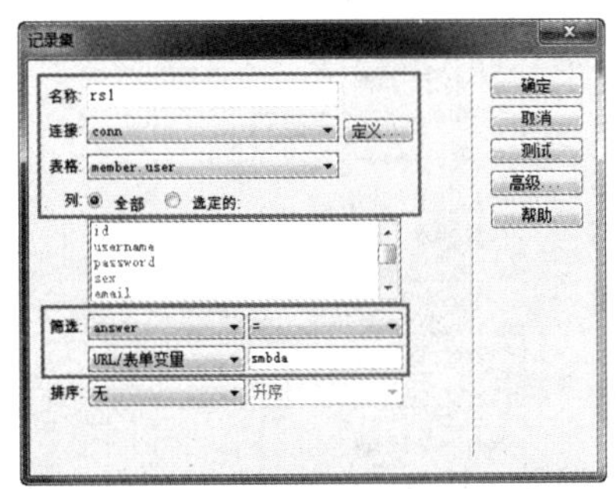

图 7–123

提示

此处通过从 question.jsp 页面中传递过来的表单变量对记录集结果进行筛选，smbda 为 question.jsp 页面中“密保答案”文字后面的文本字段的 id 名称。

02 单击“确定”按钮，创建记录集，将记录集中的 username 和 password 字段插入页面中的相应位置，如图 7–124 所示。选中当用户输入的密保问题答案正确时需要显示的区域，如图 7–125 所示。

图 7–124

图 7–125

03 单击“服务器行为”面板上的加号按钮，在弹出的菜单中选择“显示区域 > 如果记录集不为空则显示区域”选项，在弹出的对话框中进行设置，如图 7–126 所示。单击“确定”按钮，完成记录集不为空则显示区域的设置，如图 7–127 所示。

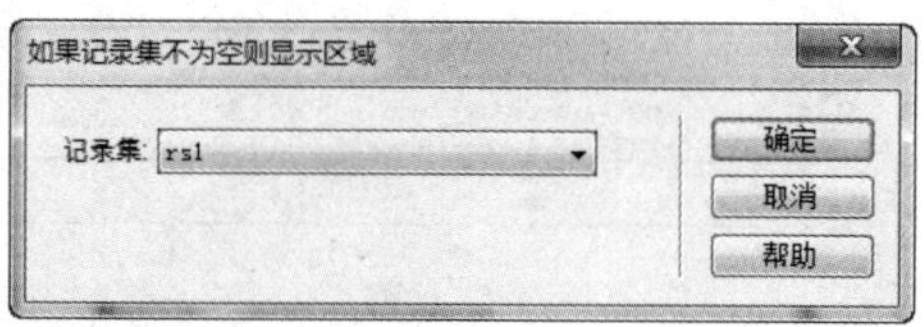

图 7–126

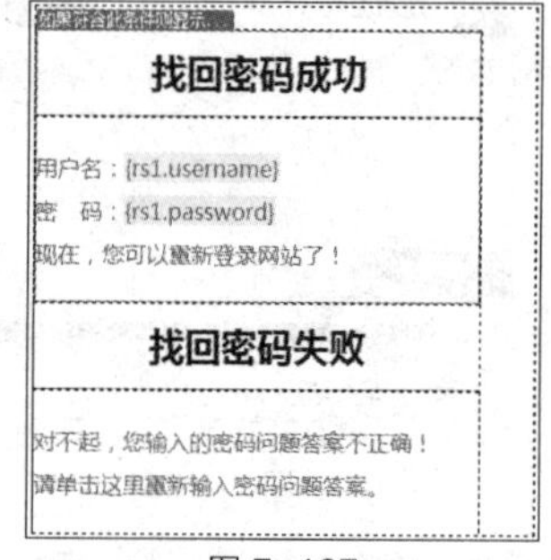

图 7–127

04 选中页面中当用户输入的密保问题答案不正确时需要显示的区域，如图 7–128 所示。单击“服务器行为”面板上的加号按钮，在弹出的菜单中选择“显示区域 > 如果记录集为空则显示区域”选项，在弹出的对话框中进行设置，如图 7–129 所示。

图 7–128

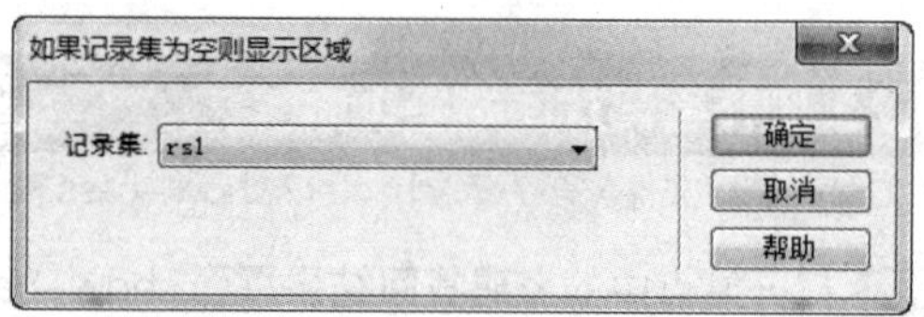

图 7–129

05 单击“确定”按钮，完成记录集为空则显示区域的设置，如图 7–130 所示。单击页面中的“立即注册”超链接，在“属性”面板中设置其链接到新用户注册页面 reg.jsp，如图 7–131 所示。

图 7–130

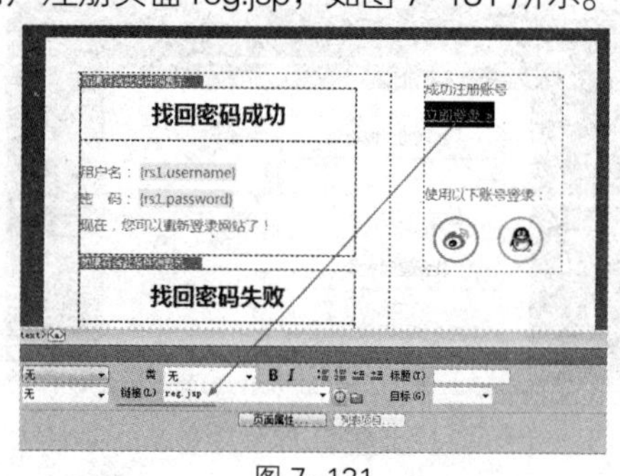

图 7–131

06 转换到网页代码中，在网页所有代码之前添加相应的 JSP 脚本代码，设置页面编码格式以及导入相应的 Java 类，如图 7-132 所示。完成密码找回结果页面 show-pass.jsp 的制作。

```
<%@ page language="java" import="java.util.*" pageEncoding="utf-8"%>
<%@ page contentType="text/html;charset=utf-8"%>
<% request.setCharacterEncoding("utf-8"); %>
<%@ page import="java.sql.*"%>
<%@ include file="Connections/conn.jsp" %>
<%
```

图 7-132

7.6 系统功能测试 

通过本章前面几节的制作，已经完成了一个简单的网站用户登录和注册系统的制作，接下来在测试服务器中对该系统进行测试，从而检验该用户登录和注册系统中的功能是否都能够正常运行。

实战 测试网站用户登录和注册系统功能

最终文件：无　　　　视频：视频\第 7 章\7-6.mp4

01 在浏览器地址栏中输入用户登录页面的访问地址 localhost:8080/chapter7/login.jsp，在测试服务器中测试该页面，效果如图 7-133 所示。输入登录用户名和密码，当输入错误时，单击“登录”按钮，将会跳转到用户登录失败页面 login-false.jsp，如图 7-134 所示。

图 7-133

图 7-134

02 5 秒后自动从用户登录失败页面 login-false.jsp 返回用户登录页面中，单击“立即注册”超链接，跳转到新用户注册页面 reg.jsp，如图 7-135 所示。当表单信息没有填写完整或者填写错误，单击“立即注册”按钮时会出现提示文字，如图 7-136 所示。

图 7-135

图 7-136

提示

此处所实现的表单元素的验证效果是通过 HTML5 表单元素的属性来实现的，并且是在客户端进行验证，与 JSP 程序并无关系，也可以通过 JavaScript 脚本代码来实现更加复杂的表单元素验证。

03 在新用户注册页面 reg.jsp 中正确填写完整表单信息，如图 7-137 所示。单击“立即注册”按钮，跳转到注册成功页面 reg-true.jsp，如图 7-138 所示。

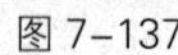
图 7-137

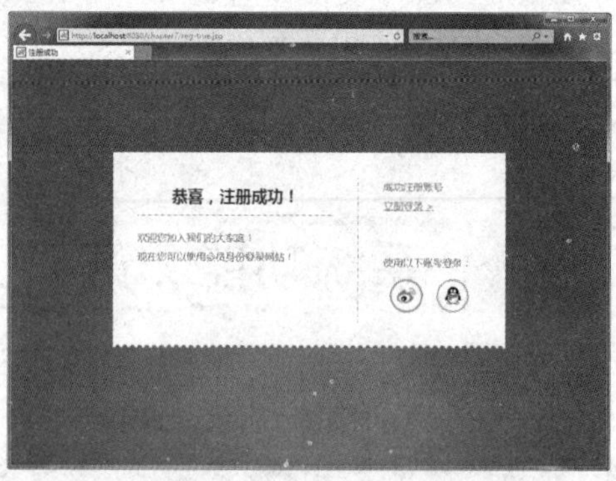

图 7-138

04 单击页面中的“立即登录”超链接，跳转到用户登录页面 login.jsp，填写刚注册的用户名和密码，如图 7-139 所示。单击“登录”按钮，跳转到用户登录成功页面 login-true.jsp，如图 7-140 所示。

图 7-139

图 7-140

05 单击页面上的“修改用户资料”超链接，跳转到修改用户个人信息页面 updata.jsp，如图 7-141 所示。对信息进行修改后，单击“确认修改”按钮，跳转到个人信息修改成功页面 updata-ok.jsp，如图 7-142 所示。

图 7-141

图 7-142

06 5 秒后自动从个人信息修改成功页面 updata-ok.jsp 返回用户登录成功页面中。单击页面中的“退出登录”超链接，如图 7-143 所示。成功退出登录状态，跳转到成功退出登录页面 login-out.jsp，如图 7-144 所示。

07 5 秒后自动跳转到用户登录页面 login.jsp。单击该页面中的“忘记密码”超链接，跳转到找回密码页面 search-pass.jsp，在“用户名”文本框中输入用户名，如图 7-145 所示。在输入错误的情况下单击“提交查询”按钮，跳转到密码保护问题页面 question.jsp，并显示错误提示，如图 7-146 所示。

图 7-143

图 7-144

图 7-145

图 7-146

08 返回找回密码页面 search-pass.jsp，正确输入用户名，单击“提交查询”按钮，如图 7-147 所示。跳转到密码保护问题页面 question.jsp，显示该用户名注册时所填写的密码保护问题，需要用户填写密码保护答案，如图 7-148 所示。

图 7-147

图 7-148

09 在密码保护问题答案输入错误的情况下，跳转到密码找回结果页面 show-pass.jsp，并显示错误提示，如图 7-149 所示。在密码保护问题答案输入正确的情况下，跳转到密码找回结果页面 show-pass.jsp，并显示找回密码结果，如图 7-150 所示。

图 7-149

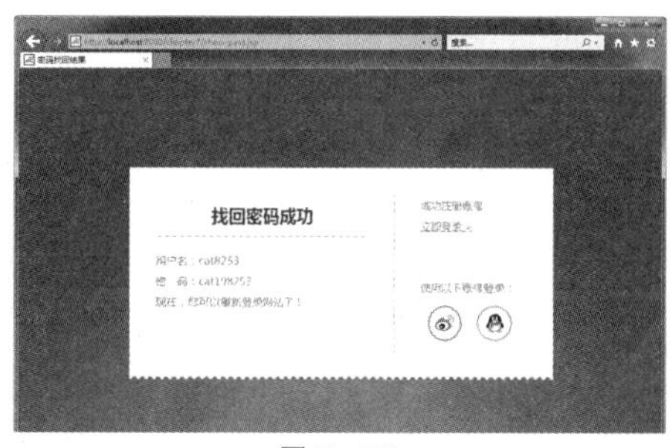
图 7-150

第 8 章 网站留言板系统

网站留言板系统可以实现网站与访问者之间的沟通，收集用户意见和信息，也是网站建设中不可或缺的一个重要系统功能。利用留言板，可以为网站浏览者提供发言的机会，及时、准确地发表自己的观点。在本章中将详细介绍网站留言板系统的开发，使读者能够将学习到的知识应用到真正的网站开发过程中。

本章知识点：

- 理解网站留言板系统的规划
- 掌握系统动态站点和 MySQL 数据库的创建
- 掌握创建 JSP 网站与 MySQL 数据库连接的方法
- 掌握提交留言功能的实现方法
- 掌握显示留言功能的实现方法
- 掌握在 JSP 页面中调用其他 JSP 页面的方法
- 掌握留言管理功能的实现方法

8.1 系统功能分析

留言板是网站浏览者与网站管理者之间沟通互动的一种方式，浏览者将自己的意见、需求等信息通过网站留言板反馈给网站管理者，而网站管理者同样也可以对网站中的留言内容进行删除等操作。

8.1.1 网站留言板系统规划

对于网站中的留言板功能来说，可以设计得非常简单，仅仅包含用户发表留言和在网页中显示留言的功能，这样只需要设计新增留言、显示留言这两个页面即可，使用内置的功能完成几个简单步骤即可实现。但是本章所开发的网站留言板系统并非仅此而已，除了发表留言、显示留言外，还可以在发表留言时选择用户头像，并且可以对留言内容进行回复，还需要实现自动隐藏“仅管理员可见”的留言内容。如果用户以管理员账户登录网站留言板，还可以对留言进行删除和查看“仅管理员可见”的留言内容。可以说，本章所开发的网站留言板系统是一个功能相对完善、实用的留言板系统。

网站留言板系统总体构架如图 8-1 所示。

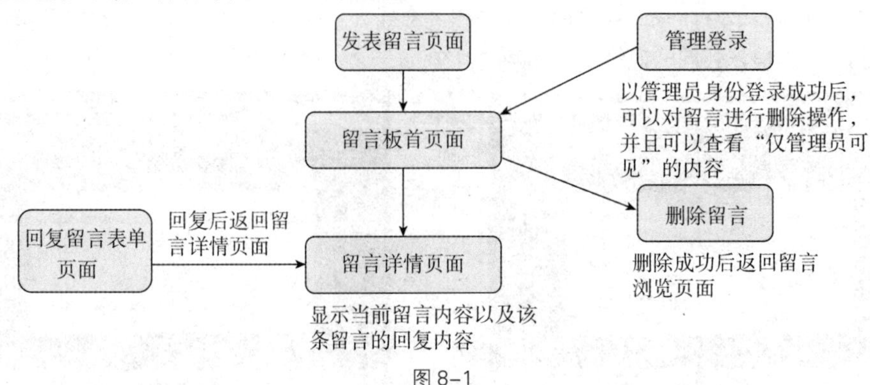

图 8-1

8.1.2 网站留言板系统相关页面说明

在上一节中已经对网站留言板系统的功能和运行流程进行了分析，在本章所开发的网站留言板系统中主要包含 6 个页面，各页面说明如表 8-1 所示。

表 8-1　网站留言板系统页面说明

页面	说明
add-msg.jsp	发表留言页面，在该页面的表单元素中填充相应的留言内容，选择用户头像，并且可以决定留言内容是否“仅管理员可见”，单击“确定留言”按钮，即可向数据表中插入留言内容并跳转到留言板首页 index.jsp，显示刚发表的留言
index.jsp	留言板首页，在该页面中详细显示每条留言的相关信息，包括留言者昵称、电子邮箱、头像、留言时间和留言内容等。并且根据用户在发布留言时所选择的是否“仅管理员可见”来决定留言是否是所有浏览者都能够看到。如果“仅管理员可见”，则普通用户无法浏览该条留言，否则所有浏览者都可以浏览该条留言
reply-msg.jsp	回复留言表单页面，在显示留言回复页面 reply.jsp 中单击某条留言的“回复”超链接，即可跳转到留言回复表单页面中，在该页面中填写相应的表单内容，可以为指定的留言添加回复信息
reply.jsp	显示留言回复页面，在该页面中根据 URL 参数在数据表中查询指定留言的回复内容，并且在显示留言回复页面 reply.jsp 中每条留言下方使用 include 编译指令将该页面调用到留言板首页 index.jsp 中进行显示
login.jsp	管理登录页面，在该页面中填写管理员账号和密码，登录成功后将跳转到显示留言回复页面 reply.jsp 中，此时页面中每条留言都会显示“删除”链接文字，并且页面中“仅管理员可见”的留言都会显示相应的留言内容
del-msg.jsp	确认删除留言页面，该页面接收传递过来的 URL 参数，在数据库中查询指定的记录，并且在页面中显示该留言的相关信息，单击“确认删除”按钮，在数据表中将该条留言以及该条留言的回复记录全部删除，再返回留言板首页 index.jsp

8.2 创建系统站点和 MySQL 数据库

完成了系统结构的规划分析，基本上了解了该系统中相关的页面以及所需要实现的功能，接下来创建该系统的动态站点并根据系统功能规划来创建 MySQL 数据库。

8.2.1 网站留言板系统站点

网站留言板系统站点中包括网站留言板系统中的所有网站页面以及相关的文件和素材，从全局上控制站点结构，管理站点中的各种文档，并完成文档的编辑和制作。

实战　创建网站留言板系统站点

最终文件：无　　视频：视频 \ 第 8 章 \8-2-1.mp4

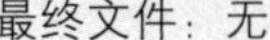

01 在“源文件 \ 第 8 章 \chapter8\”文件夹中已经制作好了“网站留言板系统”中相关的静态页面，如图 8-2 所示。直接将 chapter8 文件复制到 Tomcat 服务器默认的网站根目录 (Tomcat 8.0\webapps\ROOT\) 中，如图 8-3 所示。

图 8-2

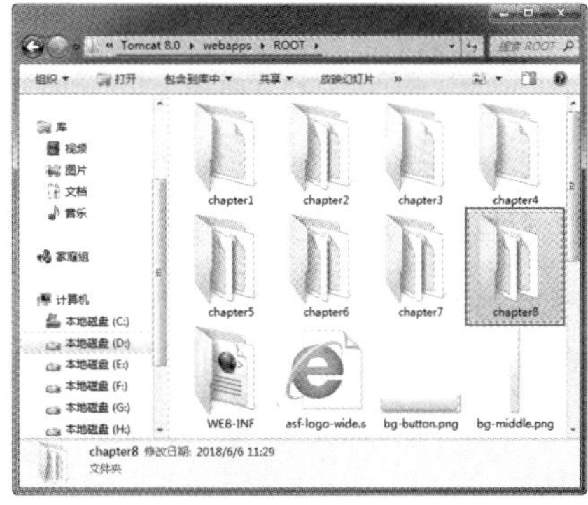

图 8-3

02 打开 Dreamweaver，执行“站点” > “新建站点”命令，弹出“站点设置对象”对话框，设置“本地站点文件夹”为 D:\Program Files\Tomcat 8.0\webapps\ROOT\chapter8\，如图 8–4 所示。在对话框左侧单击“服务器”选项，切换到服务器选项设置界面，如图 8–5 所示。

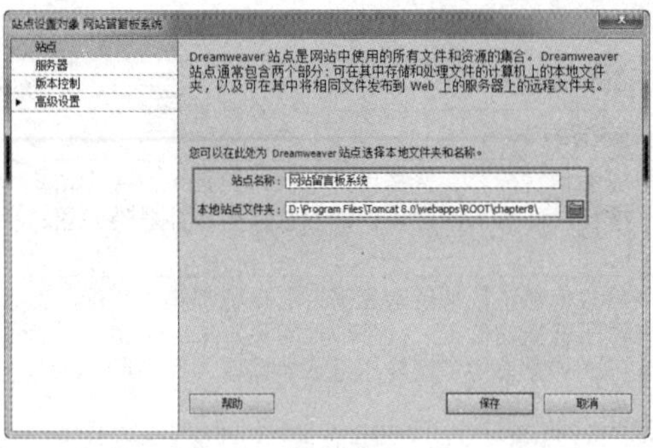
图 8–4

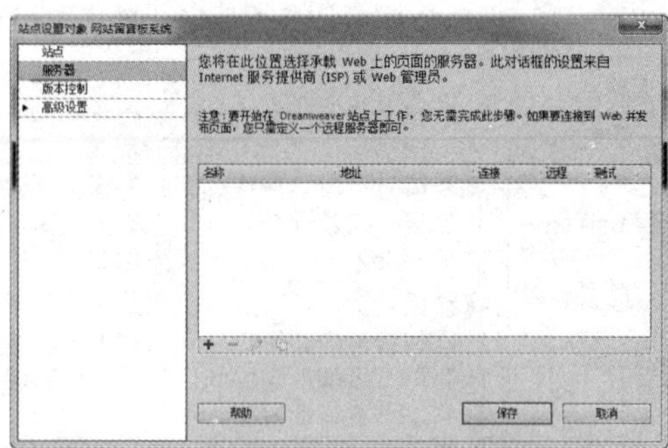
图 8–5

03 单击“添加新服务器”按钮，弹出服务器设置窗口，在“连接方法”下拉列表中选择“本地/网络”选项，对相关选项进行设置，如图 8–6 所示。单击“高级”按钮，切换到“高级”选项卡中，在“服务器模型”下拉列表中选择 JSP 选项，如图 8–7 所示。

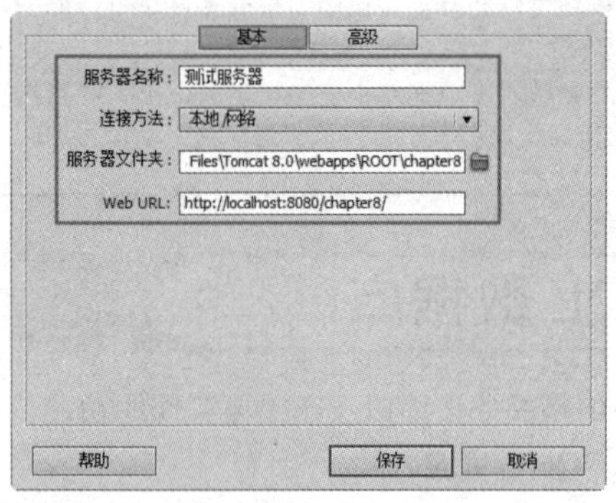

图 8–6

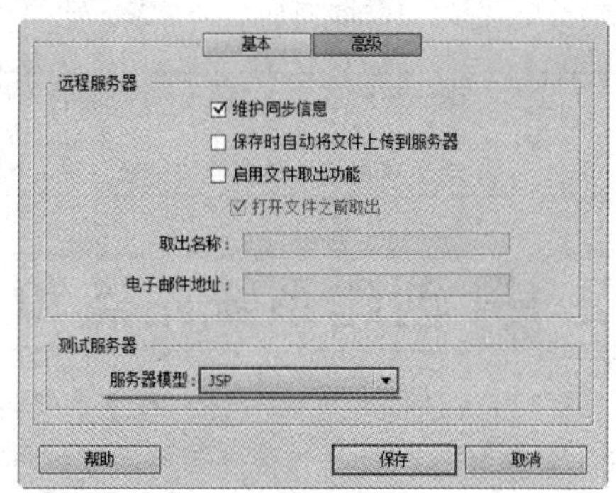

图 8–7

04 单击“保存”按钮，保存服务器选项设置，返回“站点设置对象”对话框，选中“测试”复选框，如图 8–8 所示。单击“保存”按钮，完成系统站点的创建和测试服务器的设置，在“文件”面板中显示当前站点中的相关文件，如图 8–9 所示。

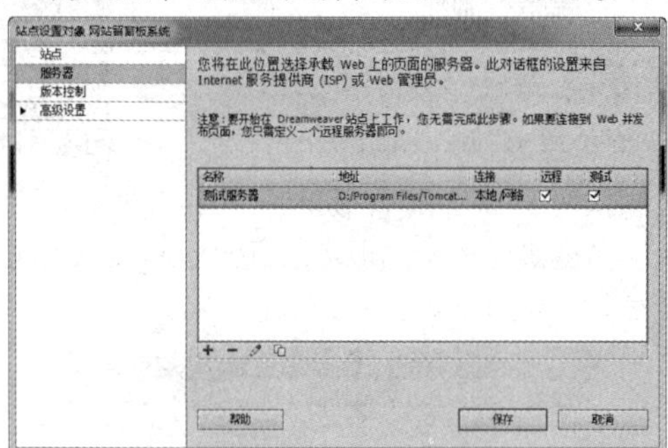
图 8–8

图 8–9

8.2.2 创建 MySQL 数据库

在本章所开发的网站留言板系统中，数据库用于存储主题留言和留言回复等数据内容，在本系统中需要使用 3 个数据表，分别是用于存储管理员账号和密码的 admin_user 数据表、用于存储主题留言的 post 数据表和用于存储回复留言的 reply 数据表。

实战　创建网站留言板系统数据库

最终文件：无　　　　视频：视频\第 8 章\8-2-2.mp4

01 打开 MySQL Workbench 初始界面，单击 Local instance mysql57 超链接，在弹出的对话框中输入 MySQL 数据库的管理密码，如图 8-10 所示。单击 OK 按钮，成功登录到 MySQL 数据库的管理工作界面，如图 8-11 所示。

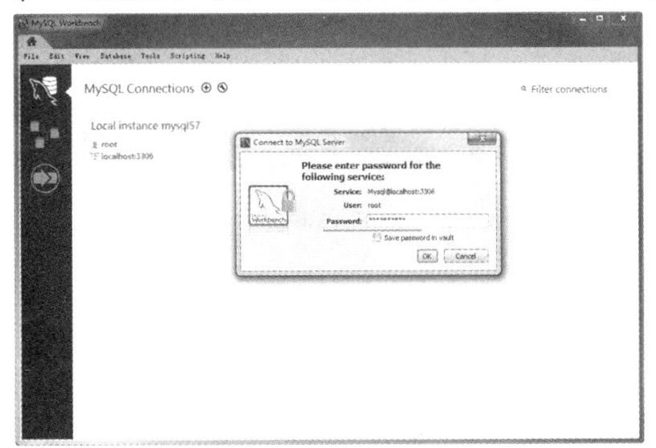

图 8-10

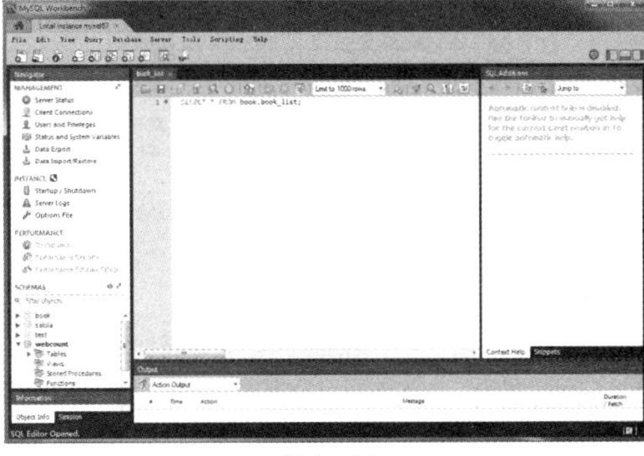

图 8-11

02 单击工具栏中的“创建一个新的数据库”按钮，弹出“新建数据库”选项卡，在 Name 文本框中输入数据库名称 msg，在 Collation 下拉列表中选择 utf8-utf8_general_ci 选项，如图 8-12 所示。单击 Apply 按钮，在弹出的对话框中显示生成的可编辑的创建数据库的 SQL 语句，如图 8-13 所示。

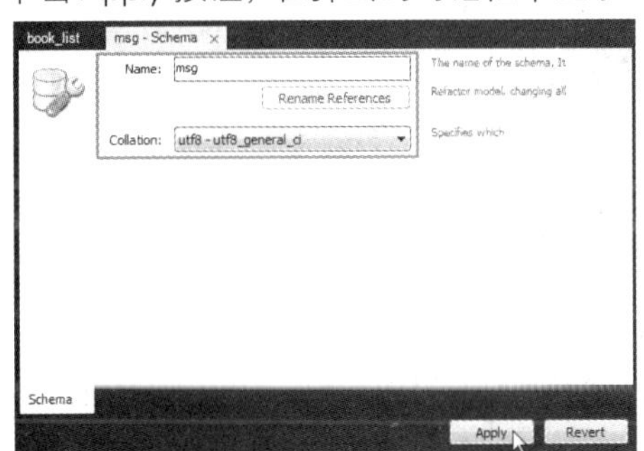

图 8-12

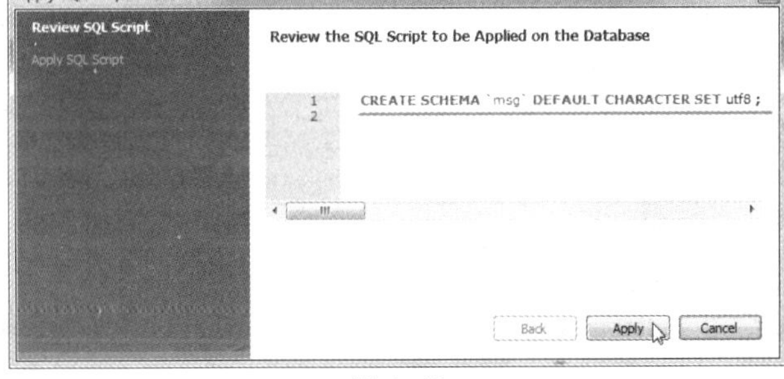

图 8-13

03 单击 Apply 按钮，即可创建所设置的数据库，完成数据库的创建后，显示如图 8-14 所示的对话框。单击 Finish 按钮，关闭对话框，在 MySQL Workbench 工作界面左侧的 SCHEMAS 选项区中可以看到所创建的名为 msg 的数据库，如图 8-15 所示。

图 8-14

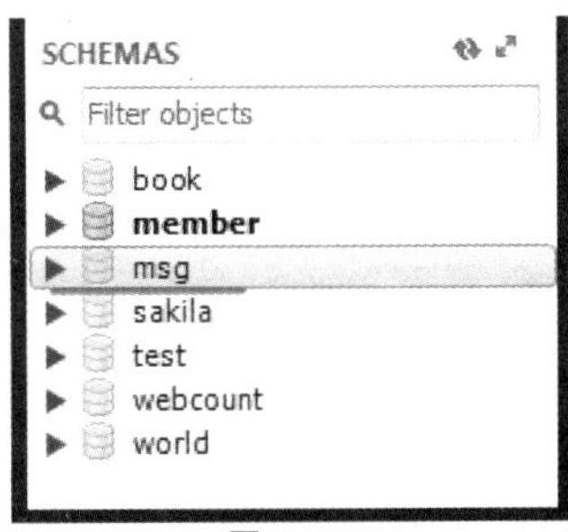

图 8-15

04 双击名为 msg 的数据库，从而选中该数据库。首先创建用于存储管理员账号和密码的 admin_user 数据表，单击工具栏中的“创建一个新的数据表”按钮，弹出“新建数据表”选项卡，在 Table Name 文本框中输入数据表名称 admin_user，在 Collation 下拉列表中选择 utf8-utf8_general_ci 选项，在 Engine 下拉列表中选择存储引擎为 MyISAM，如图 8-16 所示。

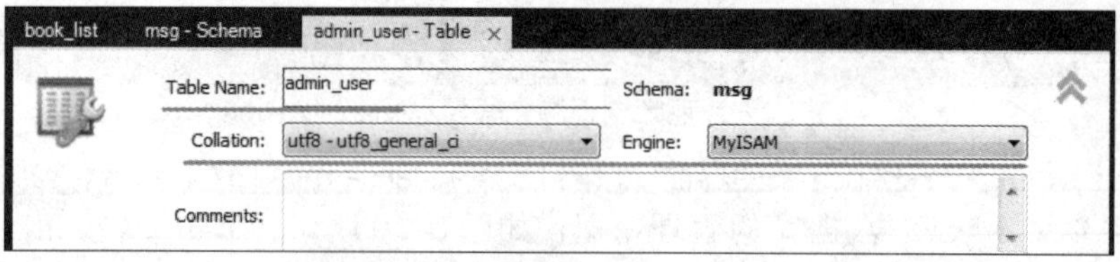

book_list　msg - Schema　admin_user - Table

Table Name: admin_user　Schema: msg

Collation: utf8 - utf8_general_ci　Engine: MyISAM

Comments:

图 8-16

05 在字段列表选项区中为该数据表添加相应的字段，并且分别对各字段进行设置，如图8-17所示。

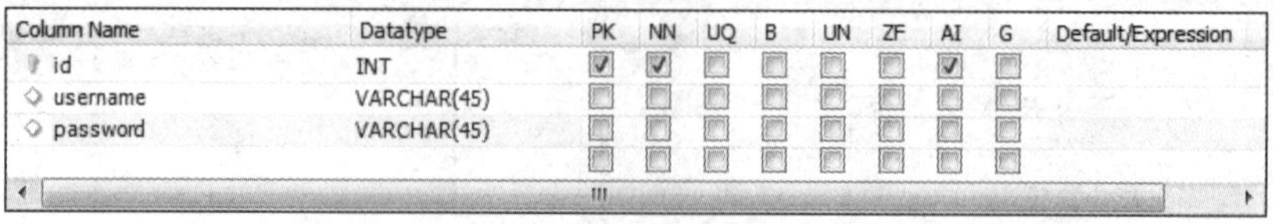

Column Name	Datatype	PK	NN	UQ	B	UN	ZF	AI	G	Default/Expression
id	INT	✓	✓					✓		
username	VARCHAR(45)									
password	VARCHAR(45)									

图 8-17

提示

名称为 admin_user 的数据表非常简单，只包含 3 个字段，其中 id 字段为自动递增的主键，username 字段的类型为 VARCHAR(字符型)，用于存储管理员账号；password 字段的类型为 VARCHAR(字符型)，用于存储管理员密码。

06 完成字段的设置后，单击 Apply 按钮，显示生成的可编辑的创建数据表的 SQL 语句，如图 8-18 所示。单击 Apply 按钮，即可创建所设置的表，完成数据表的创建后，显示如图 8-19 所示的对话框。

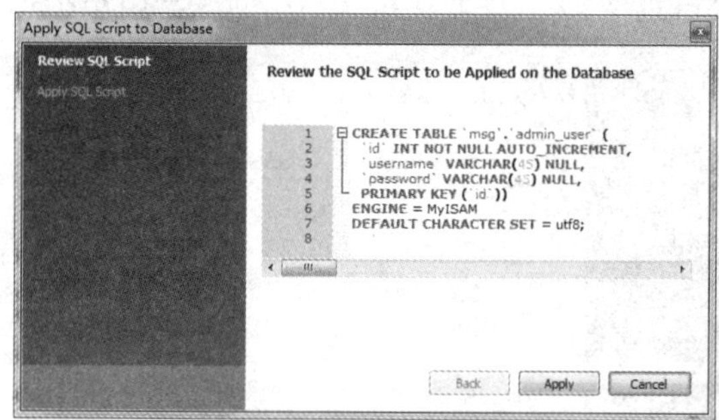

图 8-18

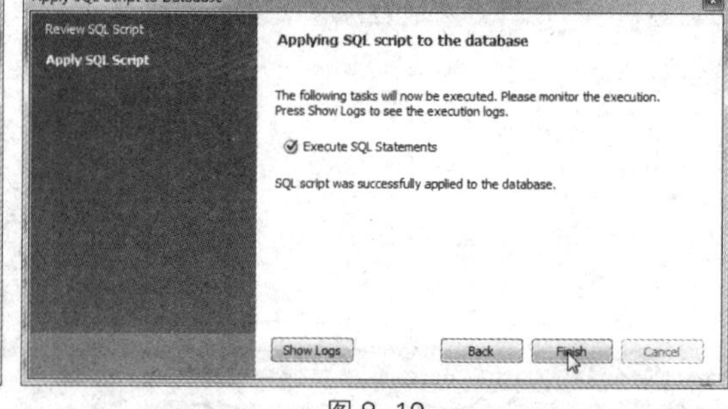

图 8-19

07 单击 Finish 按钮，完成名称为 admin_user 数据表的创建。在界面左侧的 SCHEMAS 选项区中选择刚创建的 admin_user 数据表，在该数据表名称上单击鼠标右键，在弹出的菜单中选择 Select Rows–Limit 1000 命令，如图 8-20 所示。弹出以该数据表名称命名的选项卡，直接在下半部分的数据表格中添加相应的数据，如图 8-21 所示。

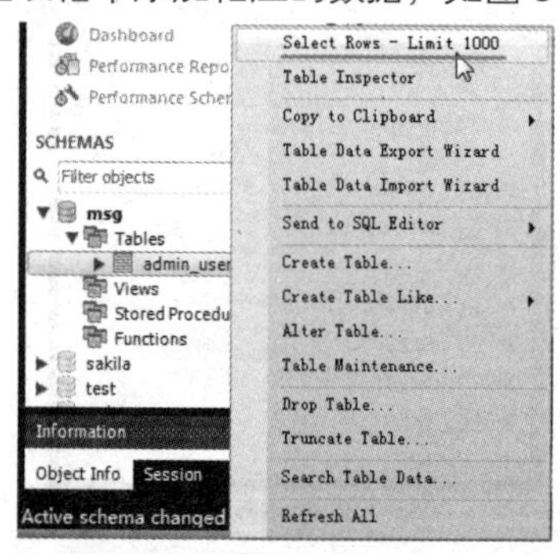

图 8-20

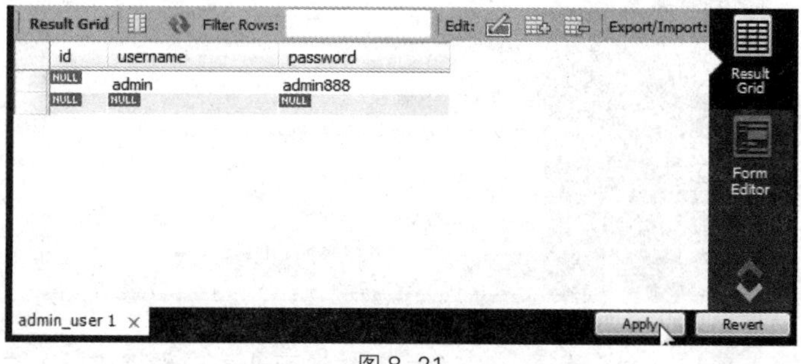

图 8-21

08 单击 Apply 按钮，显示生成的可编辑的添加数据的 SQL 语句，如图 8-22 所示。单击 Apply 按钮，完成管理员账号和密码的添加，显示如图 8-23 所示的对话框。单击 Finish 按钮，关闭对话框，完成数据的添加。

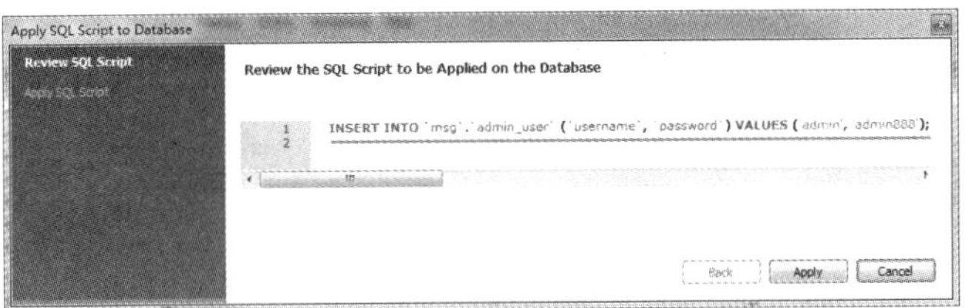

图 8–22

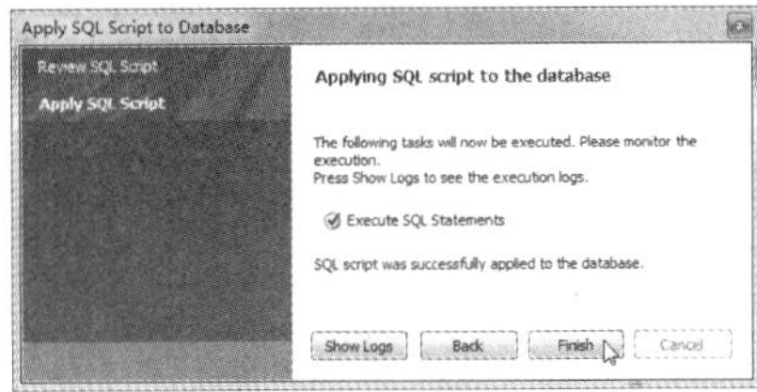

图 8–23

提示

admin_user 数据表用于存储留言板系统的管理员账户和密码，此处直接在该数据表中插入管理员账号和密码数据。

09 接下来创建 post 数据表。单击工具栏中的“创建一个新的数据表”按钮，弹出“新建数据表”选项卡，在 Table Name 文本框中输入数据表名称 post，在 Collation 下拉列表中选择 utf8–utf8_general_ci 选项，在 Engine 下拉列表中选择存储引擎为 MyISAM，如图 8–24 所示。

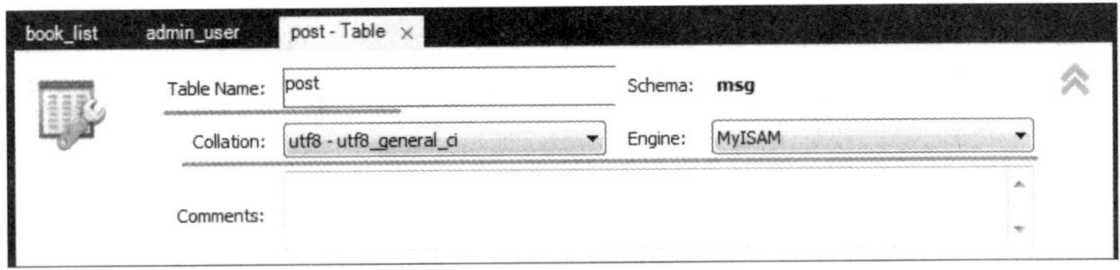

图 8–24

10 在字段列表选项区中为该数据表添加相应的字段，并且分别对各字段进行设置，如图 8–25 所示。

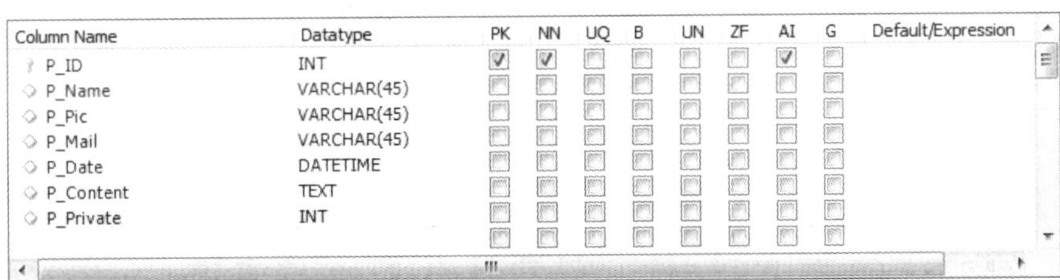

图 8–25

11 完成字段的设置后，单击 Apply 按钮，显示生成的可编辑的创建数据表的 SQL 语句，如图 8–26 所示。单击 Apply 按钮，即可创建所设置的表，完成数据表的创建后，显示如图 8–27 所示的对话框。

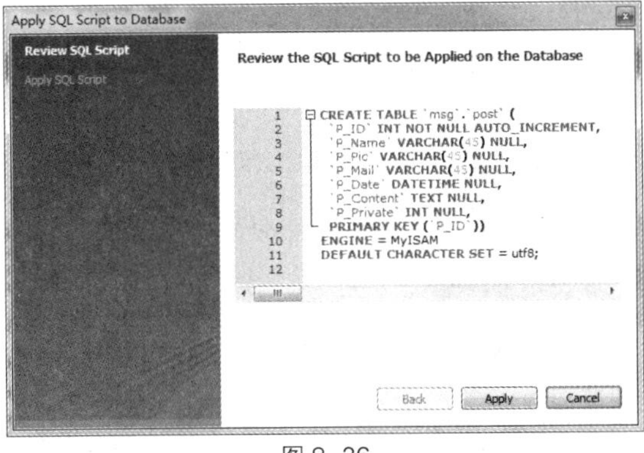

图 8–26

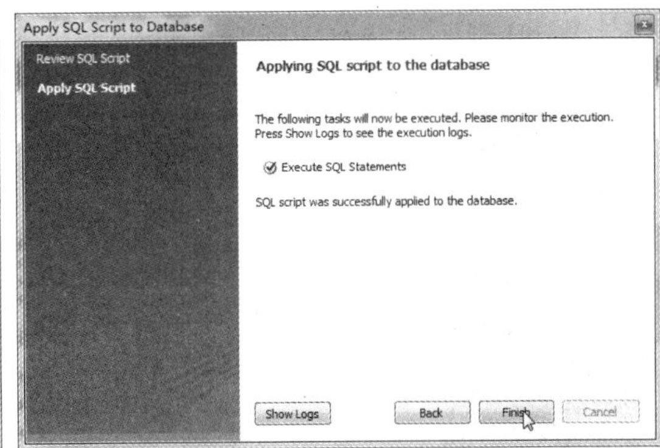

图 8–27

12 单击 Finish 按钮，完成 post 数据表的创建，该数据表主要用于存储用户所发表的留言等相关数据内容。post 数据表中各字段的说明如表 8–2 所示。

表 8-2 post 数据表字段说明

字段名称	字段类型	说明
P_ID	int(整数型)	用于存储记录编号，该字段为主键，并且数值自动递增，不需要用户提交数据
P_Name	varchar(字符型)	用于存储留言用户的昵称
P_Pic	varchar(字符型)	用于存储留言用户的头像图片地址
P_Mail	varchar(字符型)	用于存储留言用户的电子邮箱地址
P_Date	datetime(日期时间型)	用于存储用户提交留言的日期和时间
P_Content	text(字符型)	用户存储用户留言内容
P_Private	int(整数型)	用于判断该条留言是否设置为仅管理员可见，在本章的实例中，该字段值为 0 表示所有浏览者可见，值为 1 表示仅管理员可见

13 接下来创建 reply 数据表。单击工具栏中的“创建一个新的数据表”按钮，弹出“新建数据表”选项卡，在 Table Name 文本框中输入数据表名称 reply，在 Collation 下拉列表中选择 utf8–utf8_general_ci 选项，在 Engine 下拉列表中选择存储引擎为 MyISAM，如图 8–28 所示。

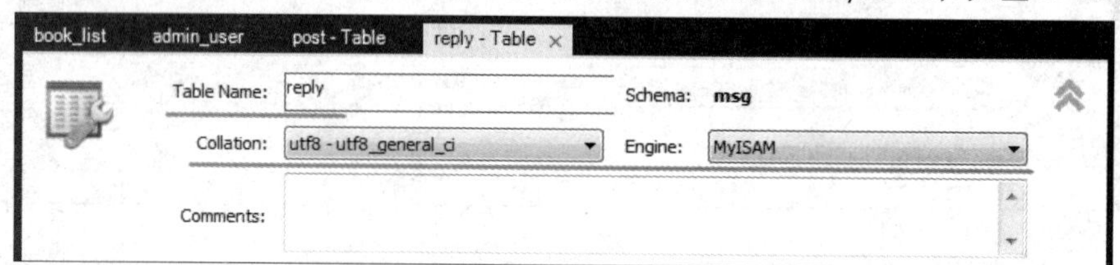

图 8–28

14 在字段列表选项区中为该数据表添加相应的字段，并且分别对各字段进行设置，如图 8–29 所示。

Column Name	Datatype	PK	NN	UQ	B	UN	ZF	AI	G	Default/Expression
R_ID	INT	☑	☑	☐	☐	☐	☐	☑	☐	
R_Post	INT	☐	☐	☐	☐	☐	☐	☐	☐	
R_Name	VARCHAR(45)	☐	☐	☐	☐	☐	☐	☐	☐	
R_Pic	VARCHAR(45)	☐	☐	☐	☐	☐	☐	☐	☐	
R_Mail	VARCHAR(45)	☐	☐	☐	☐	☐	☐	☐	☐	
R_Date	DATETIME	☐	☐	☐	☐	☐	☐	☐	☐	
R_Content	TEXT	☐	☐	☐	☐	☐	☐	☐	☐	

图 8–29

15 完成字段的设置后，单击 Apply 按钮，显示生成的可编辑的创建数据表的 SQL 语句，如图 8–30 所示。单击 Apply 按钮，即可创建所设置的表，完成数据表的创建后，显示如图 8–31 所示的对话框。

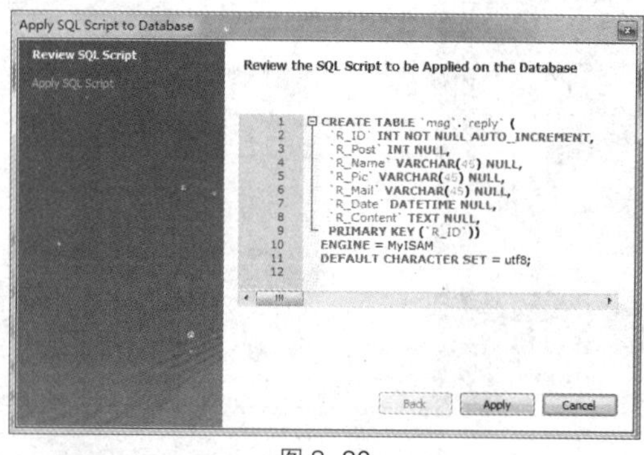

图 8–30

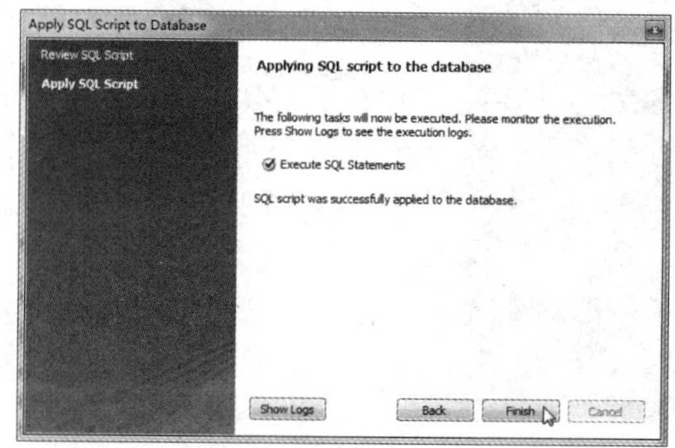

图 8–31

16 单击 Finish 按钮，完成 reply 数据表的创建，该数据表主要用于存储回复留言的相关数据内容。reply 数据表中各字段的说明如表 8–3 所示。

表 8-3　reply 数据表字段说明

字段名称	字段类型	说明
R_ID	int(整数型)	用于存储记录编号，该字段为主键，并且数值自动递增，不需要用户提交数据
R_Post	int(整数型)	用于存储回复留言的 ID 值
R_Name	varchar(字符型)	用于存储回复留言的用户昵称
R_Pic	varchar(字符型)	用于存储回复留言的用户的头像图片地址
R_Mail	varchar(字符型)	用于存储回复留言的用户的电子邮箱地址
R_Date	datetime(日期时间型)	用于存储回复留言的日期和时间
R_Content	text(字符型)	用于存储回复留言的内容

提示

在 reply 数据表中，除了该数据表自身的主键 R_ID 字段外，为了判断该条回复是哪一条留言的，在该数据表中还添加了 R_Post 字段，该字段用于存储回复留言的 id 值，从而使 reply 数据表中的 R_Post 字段与 post 数据表中的 P_ID 字段形成关联字段。

8.2.3 创建 MySQL 数据库连接

完成了网站留言板系统站点的创建，并且完成了该系统 MySQL 数据库的创建后，接下来为网站留言板系统创建 MySQL 数据库连接，只有成功与所创建的 MySQL 数据库连接，才能在 Dreamweaver 中通过程序对 MySQL 数据库进行操作。

实战　创建网站留言板系统数据库连接

最终文件：无　　视频：视频 \ 第 8 章 \8-2-3.mp4

01 执行“文件” > “打开”命令，在 Dreamweaver 中打开站点中任意一个页面。打开“数据库”面板，单击该面板上的加号按钮，在弹出的菜单中选择“MySQL 驱动程序 (MySQL)”选项，如图 8-32 所示。弹出“MySQL 驱动程序 (MySQL)”对话框，对该对话框中的相关选项进行设置，如图 8-33 所示。

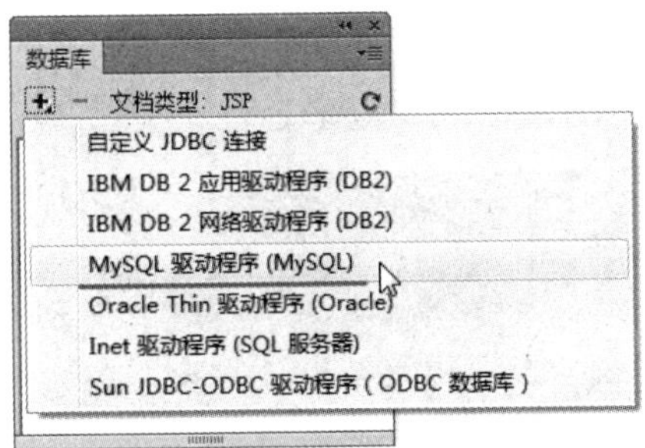

图 8-32

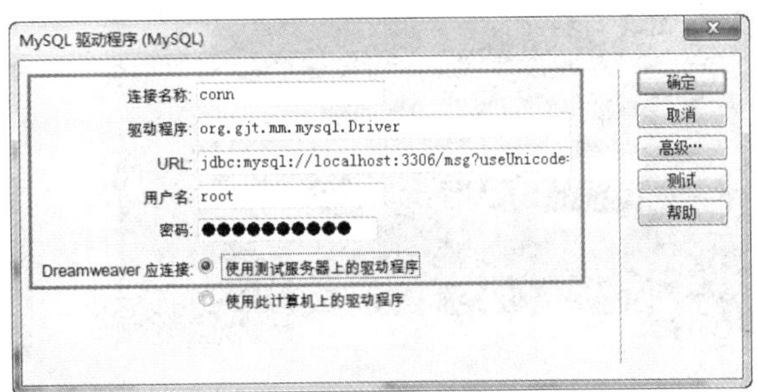

图 8-33

提示

在“MySQL 驱动程序 (MySQL)”对话框中的 URL 选项设置所需要链接的 MySQL 数据库的 URL 地址，本章所制作的网站留言板系统需要连接名称为 msg 的 MySQL 数据库，其完整的 URL 地址是 jdbc:mysql://localhost:3306/msg?useUnicode=true&characterEncoding=utf-8。

02 单击“测试”按钮，测试 Dreamweaver 与 MySQL 数据库的连接是否成功，如果创建连接成功，则弹出“成功创建连接脚本”的提示信息，如图 8-34 所示。单击“确定”按钮，返回“MySQL 驱动程序 (MySQL)”对话框中，单击“确定”按钮，完成“MySQL 驱动程序 (MySQL)”对话框的设置，在“数据库”面板中可以看到所连接的 MySQL 数据库的相关信息，如图 8-35 所示。

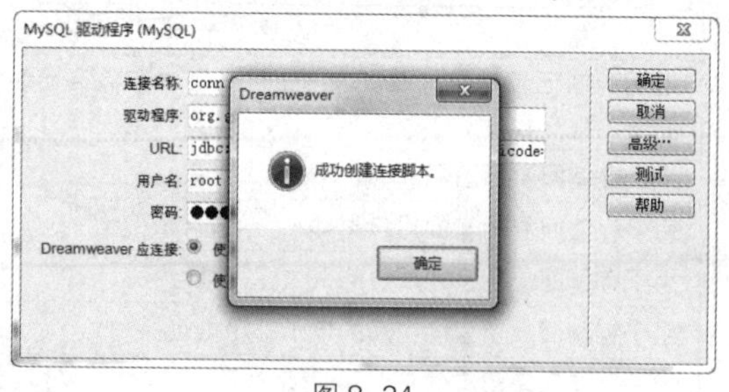

图 8-34

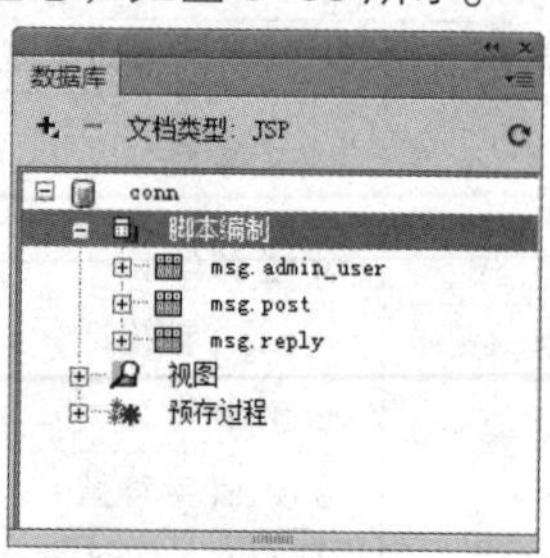

图 8-35

8.3 开发提交留言功能

发表留言页面是一个表单页面，用户可以在该页面中填写留言相关内容，并选择需要使用的头像。在本节中将向读者介绍如何实现在发表留言页面中选择用户头像的功能，并且通过“插入记录”服务器行为将该页面中所填写的内容插入数据表中。

8.3.1 选择用户头像

在发表留言页面 add-msg.jsp 中，用户可以在下拉列表中选择需要使用的头像，此处可以通过一小段 JavaScript 脚本代码来实现该功能，当用户在下拉列表中选择某个选项时，该下拉列表后面的头像图片自动替换为所选择的头像效果，这样能给用户带来更加直观的效果。

实战 实现选择用户头像功能

最终文件：最终文件\第 8 章\chapter8\add-msg.jsp　　视频：视频\第 8 章\8-3-1.mp4

01 执行“文件”>“打开”命令，打开站点中的发表留言页面 add-msg.jsp，可以看到页面的效果，如图 8-36 所示。选中“用户头像：”文字后面的选择表单元素，如图 8-37 所示。

图 8-36

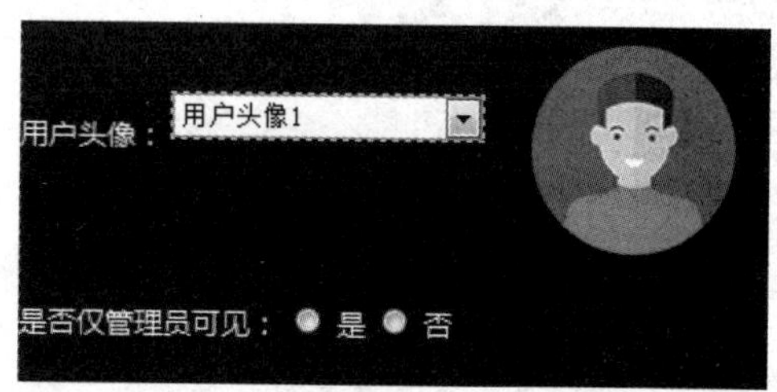

图 8-37

02 单击“属性”面板上的“列表值”按钮，弹出“列表值”对话框，如图 8-38 所示。将各列表选项的值设置为所对应的头像图片的地址，如图 8-39 所示。

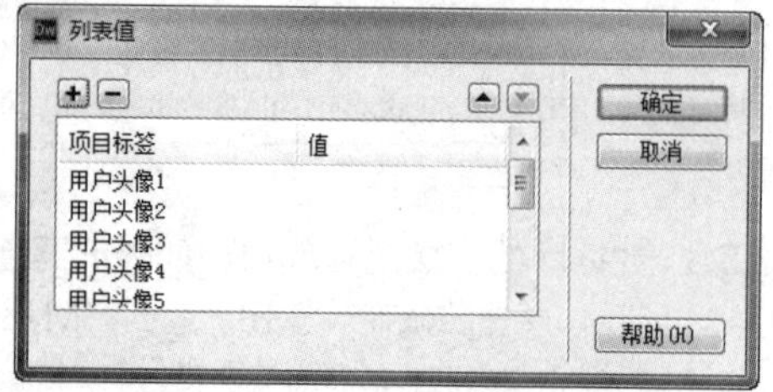

图 8-38

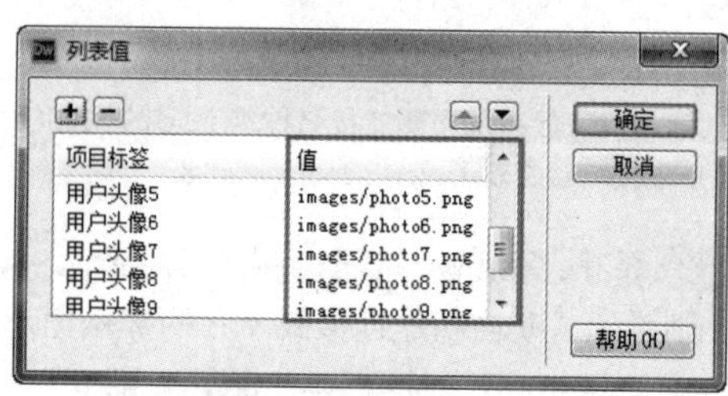

图 8-39

提示

对于这种选择头像的功能而言，一般都是在列表或菜单中设置项目，而这些项目的值就是对应的图片的路径。当这个值写进数据库后，在浏览页面时就可以利用这个路径组合生成显示对应图片文件的程序代码。

03 单击“确定”按钮，完成“列表值”对话框的设置，转换到代码视图中，可以看到该选择表单元素的代码，如图 8-40 所示。返回设计视图中，选择表单元素后面的头像图片，在“属性”面板上设置其 id 属性为 headimg，如图 8-41 所示。

04 转换到代码视图中，在页面头部的 <head> 与 </head> 标签之间添加如下的 JavaScript 脚本代码。

```
<li>用户头像:
  <select name="select1" class="input02" id="select1">
    <option value="images/photo1.png">用户头像1</option>
    <option value="images/photo2.png">用户头像2</option>
    <option value="images/photo3.png">用户头像3</option>
    <option value="images/photo4.png">用户头像4</option>
    <option value="images/photo5.png">用户头像5</option>
    <option value="images/photo6.png">用户头像6</option>
    <option value="images/photo7.png">用户头像7</option>
    <option value="images/photo8.png">用户头像8</option>
    <option value="images/photo9.png">用户头像9</option>
  </select>
```

图 8-40

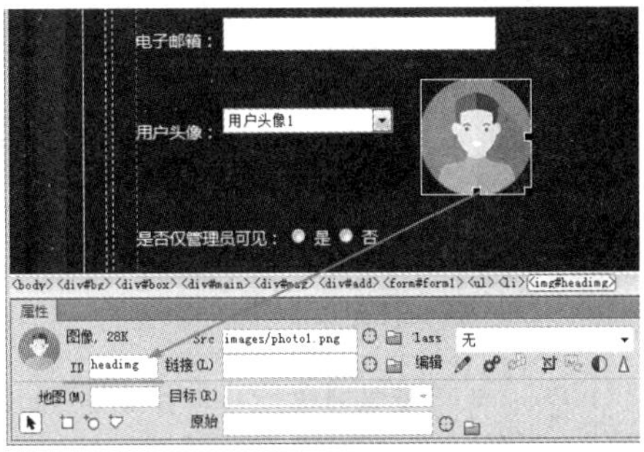

图 8-41

```
<script type="text/javascript">
function show() {
    document.getElementById("headimg").src = document.getElementById("select1").value;
    }
</script>
```

提示

在该 JavaScript 脚本代码中定义名称为 show() 的函数，在该函数中将页面中 id 名称为 select1 的元素的 value 属性值赋予页面中 id 名称为 headimg 的元素的 src 属性。其中，id 名称为 select1 的元素是页面中的选择表单元素，id 名称为 headimg 的元素为选择表单元素后面的头像图片。

05 在页面中选择表单元素的 <select> 标签中添加 onChage 事件来调用所定义的 show() 函数，如图 8-42 所示。在网页所有代码之前添加相应的 JSP 脚本代码，设置页面编码格式，如图 8-43 所示。

```
<li>用户头像:
  <select name="select1" class="input02" id="select1" onChange="show()">
    <option value="images/photo1.png">用户头像1</option>
    <option value="images/photo2.png">用户头像2</option>
    <option value="images/photo3.png">用户头像3</option>
    <option value="images/photo4.png">用户头像4</option>
    <option value="images/photo5.png">用户头像5</option>
    <option value="images/photo6.png">用户头像6</option>
    <option value="images/photo7.png">用户头像7</option>
    <option value="images/photo8.png">用户头像8</option>
    <option value="images/photo9.png">用户头像9</option>
  </select>
  <img src="images/photo1.png" alt="" width="100" height="100" id="headimg"/></li>
```

图 8-42

```
<%@ page language="java" import="java.util.*" pageEncoding="utf-8"%>
<%@ page contentType="text/html;charset=utf-8"%>
<!doctype html>
<html>
<head>
```

图 8-43

06 保存页面，在测试服务器中预览该页面，可以看到页面中头像选择列表的效果，如图 8-44 所示。在“用户头像”后面的下拉列表中选择某一个选项，该下拉列表后面的头像图片会自动替换为所选择的头像效果，如图 8-45 所示。

图 8-44

图 8-45

8.3.2 发表留言

完成了发表留言页面中选择头像功能的实现，接下来通过“插入记录”服务器行为将页面表单中所填写的内容插入 post 数据表中。

实战 制作发表留言页面

最终文件：最终文件 \ 第 8 章 \chapter8\add-msg.jsp　　视频：视频 \ 第 8 章 \8-3-2.mp4

01 继续在发表留言页面 add-msg.jsp 中进行制作。选中页面中“是否仅管理员可见：”文字后面的“是”单选按钮，在“属性”面板中设置其 Value 属性值为 1，如图 8-46 所示。选中“否”单选按钮，在“属性”面板中设置其 Value 属性值为 0，并选中 Checked 复选框，如图 8-47 所示。

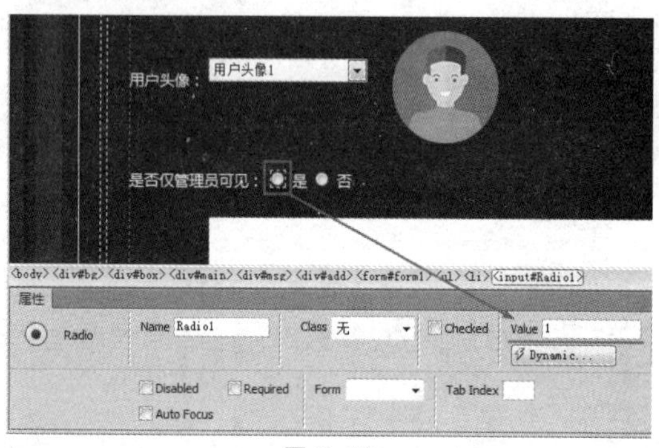

图 8-46

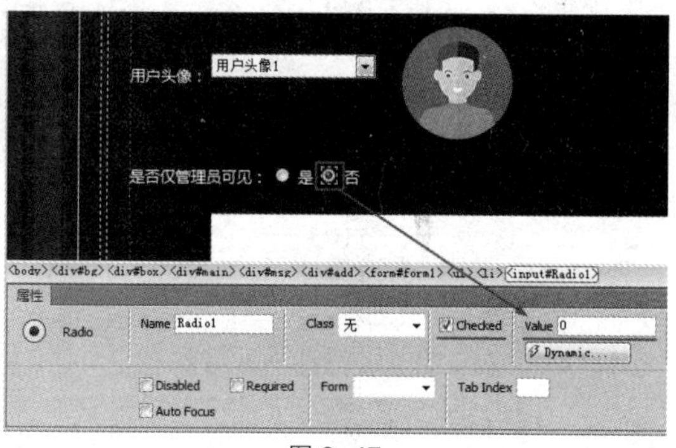

图 8-47

> **提示**
>
> 将单选按钮的值写入 post 数据表中的 P_Private 字段，从而判断该条留言是否仅管理员可见。如果该条记录的 P_Private 字段值为 1，则该条留言仅管理员可见；如果该条记录的 P_ Private 字段值为 0，则该条留言所有浏览者都可见。

02 在页面表单域中的任意位置插入一个隐藏域，设置该隐藏域的 Name 属性为 P_Date，如图 8-48 所示。转换到网页代码中，添加相应的 JSP 代码，获取当前的系统时间，并且将获取的系统时间赋予刚插入的隐藏域的 Value 属性值，如图 8-49 所示。

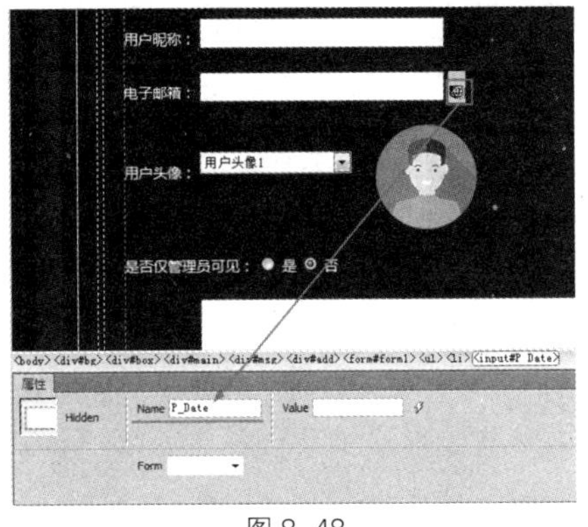

图 8-48

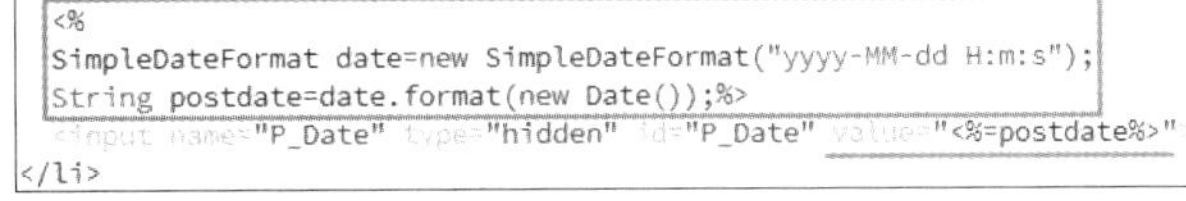

```
<%
SimpleDateFormat date=new SimpleDateFormat("yyyy-MM-dd H:m:s");
String postdate=date.format(new Date());%>
<input name="P_Date" type="hidden" id="P_Date" value="<%=postdate%>"
</li>
```

图 8-49

03 在页面头部添加代码，导入 java.util.Date 时间类和 java.text.SimpleDateFormat 简单时间格式类，如图 8-50 所示。

```
<%@ page language="java" import="java.util.*" pageEncoding="utf-8"%>
<%@ page contentType="text/html;charset=utf-8"%>
<%@ page import="java.util.Date"%>
<%@ page import="java.text.SimpleDateFormat"%>
<!doctype html>
<html>
```

图 8-50

技巧

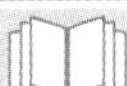

在本实例中使用 Java 中的时间类对象来获取当前的系统时间，并且将获取的系统时间存储在一个隐藏域中，然后通过“插入记录”服务器行为将表单中的数据分别插入数据表中指定的字段，包括隐藏中所存储的当前系统时间。在第 6 章中，我们还介绍过一种直接使用 MySQL 数据库来获取当前系统时间的方法，如果使用第 6 章中的方法，则不需要在页面中通过隐藏域来存储当前系统时间，而是在向数据表中插入内容时，数据库会自动在时间字段时写入当前的系统日期和时间。

04 打开“服务器行为”面板，单击该面板上的加号按钮，在弹出的菜单中选择“插入记录”命令，弹出“插入记录”对话框，设置如图 8-51 所示。单击“确定”按钮，完成“插入记录”对话框的设置，添加“插入记录”服务器行为，页面效果如图 8-52 所示。

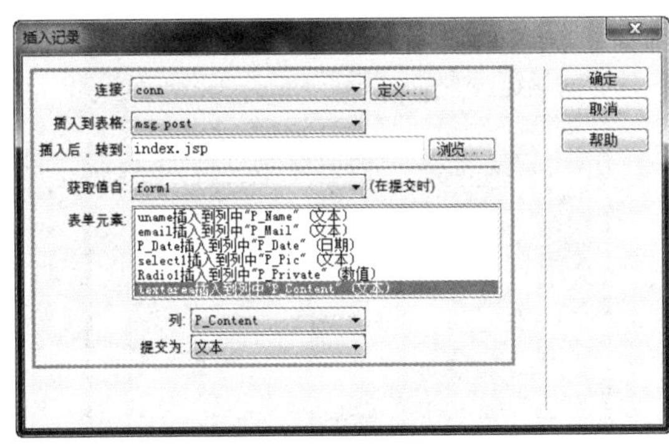

图 8-51

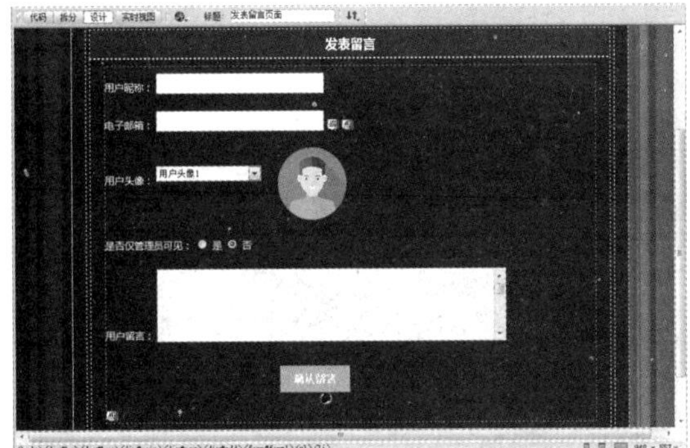

图 8-52

提示

该页面需要将数据内容插入 post 数据表中，其中 P_ID 为 post 数据表中的主键，不需要写入数据，其值会自动递增，其他各字段需要与页面中的表单元素一一对应。

05 转换到网页代码中，在页面所有代码之前添加相应的 JSP 脚本代码，设置页面编码格式以及导入相应的 Java 类，如图 8-53 所示。

```
<%@ page language="java" import="java.util.*" pageEncoding="utf-8"%>
<%@ page contentType="text/html;charset=utf-8"%>
<% request.setCharacterEncoding("utf-8"); %>
<%@ page import="java.sql.*"%>
<%@ page import="java.util.Date"%>
<%@ page import="java.text.SimpleDateFormat"%>
<%@ include file="Connections/conn.jsp" %>
<%
```

图 8-53

提示

我们之前已经在页面头部添加了设置页面编码格式和导入时间类的代码。但是当我们添加“插入记录”服务器行为之后，自动生成的 JSP 代码会放置在页面所有代码之前，这样会导致之前添加的设置页面编码格式和导入时间类的代码排列到“插入记录”服务器行为代码之后，这时需要手动将代码移至“插入记录服务”服务器行为代码之前。

8.4 开发显示留言功能

前面完成了发表留言页面 add-msg.jsp 的制作，在本节中将完成留言显示功能的制作，在留言板首页 index.jsp 中，主要是对数据表进行查询并将查询的留言以及留言回复等相关内容显示在页面。

8.4.1 显示留言

在发表留言页面 add-msg.jsp 中完成留言内容的填写后，单击“确认留言”按钮，将所填充的留言内容插入 post 数据表中，并跳转到留言板首页 index.jsp，在该页面中将读取 post 数据表中的相关数据并将留言内容显示在页面中。

实战 制作在留言板首页显示留言功能

最终文件：最终文件 \ 第 8 章 \chapter8\index.jsp　　视频：视频 \ 第 8 章 \8-4-1.mp4

01 打开站点中的留言板首页面 index.jsp，可以看到页面的效果，如图 8-54 所示。打开“绑定”面板，单击该面板上的加号按钮，在弹出的菜单中选择“记录集(查询)”选项，弹出“记录集”对话框，设置如图 8-55 所示。

图 8-54

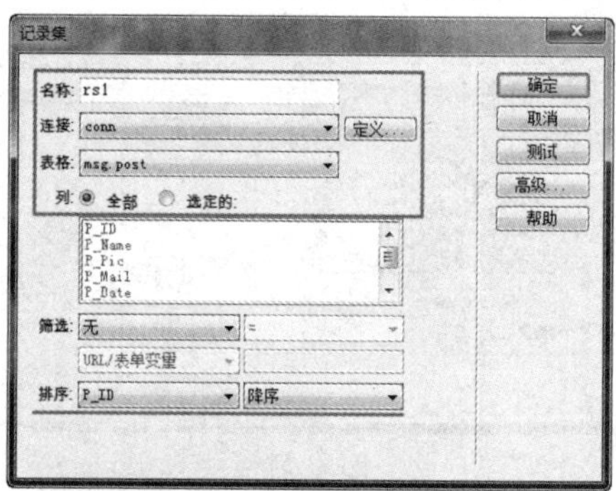

图 8-55

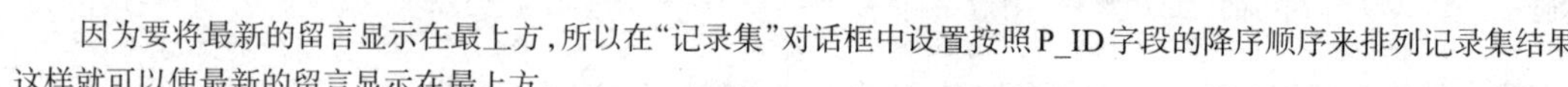

技巧

因为要将最新的留言显示在最上方，所以在“记录集”对话框中设置按照P_ID字段的降序顺序来排列记录集结果，这样就可以使最新的留言显示在最上方。

02 单击“确定”按钮，创建记录集，“绑定”面板上会显示刚创建的记录集，如图 8-56 所示。将页面中的“昵称”文字替换为记录集中的 P_Name 字段，将“电子邮箱”文字替换为记录集中的 P_Mail 字段，如图 8-57 所示。

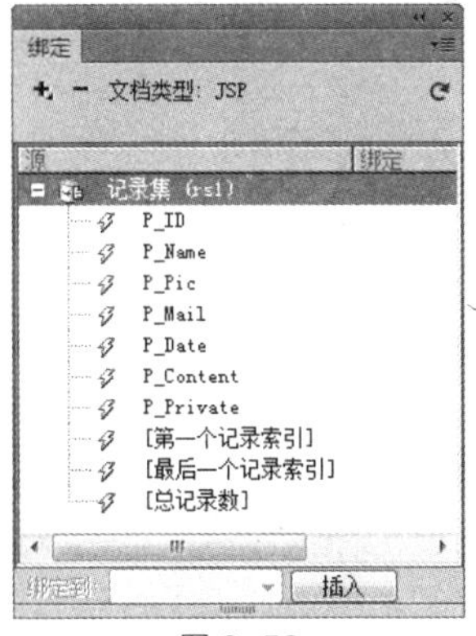

图 8-56

图 8-57

03 选中用户头像图片，在“绑定”面板中选择记录集中的 P_Pic 字段，在“绑定到”下拉列表中选择 img.src，并单击“绑定”按钮，如图 8-58 所示。完成头像图片与 P_Pic 字段的绑定，效果如图 8-59 所示。

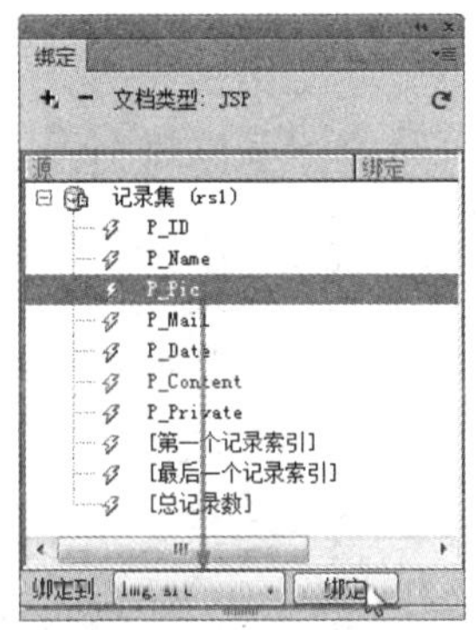

图 8-58

图 8-59

提示

为页面中图片的 src 属性绑定相应的字段后，在 Dreamweaver 中该图片无法获取需要显示的图片，所以没有高度和宽度的显示效果，只显示为一个图片图标，在测试服务器中预览页面时，图片的 src 属性获取指定的图片，才会在页面中显示该图片原始的宽度和高度。

04 将页面中的“时间”文字替换为记录集中的 P_Date 字段，将“这里是留言内容”文字替换为记录集中的 P_Content 字段，如图 8-60 所示。选择页面中的“回复”文字，单击“服务器行为”面板上的加号按钮，在弹出的菜单中选择“转到详细页面”选项，弹出“转到详细页面”对话框，设置如图 8-61 所示。

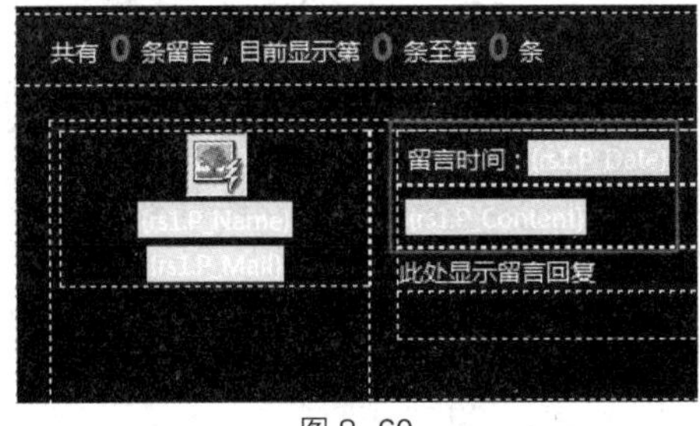

图 8-60

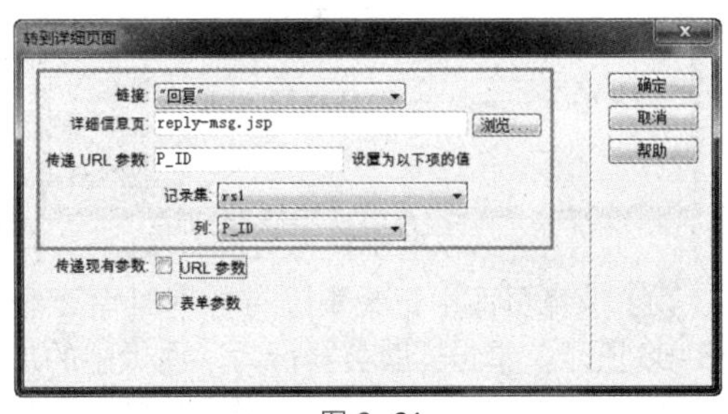

图 8-61

提示

设置“回复”超链接到回复留言表单页面 reply-msg.jsp，并且为该链接设置 URL 传递参数。在 reply 数据表中设计了 R_Post 字段，该字段用于记录所回复留言的 P_ID 字段值，在单击“回复”超链接跳转到回复留言表单页面 reply-msg.jsp 时，将 P_ID 这个参数通过 URL 传递过去。

05 选中页面中设置为重复显示记录的区域，这里选择 id 名称为 msg 的 Div，如图 8-62 所示。单击“服务器行为”面板上的加号按钮，在弹出的菜单中选择“重复区域”命令，弹出“重复区域”对话框，设置如图 8-63 所示。

图 8-62

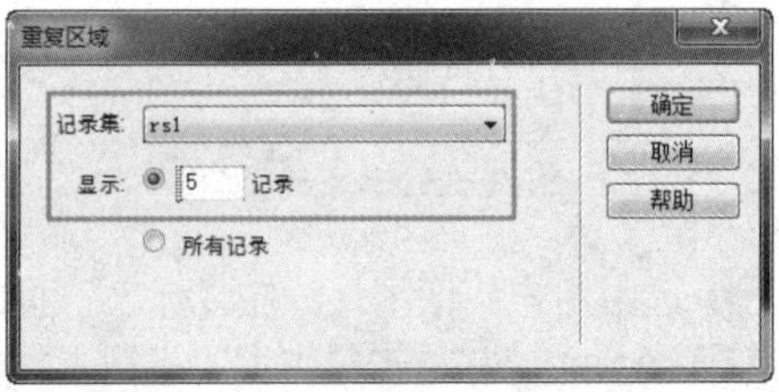

重复区域
记录集: rs1
显示: 5 记录
所有记录
确定
取消
帮助

图 8-63

06 单击“确定”按钮，完成重复区域的创建，效果如图 8-64 所示。单击刚创建的重复区域左上角的“重复”标签，将该区域设置为记录集有数据时显示的内容，如图 8-65 所示。

图 8-64

图 8-65

07 单击“服务器行为”面板上的加号按钮，在弹出的菜单中选择“显示区域 > 如果记录集不为空则显示区域”选项，在弹出的对话框中进行设置，如图 8-66 所示。单击“确定”按钮，完成如果记录集不为空则显示区域的创建，如图 8-67 所示。

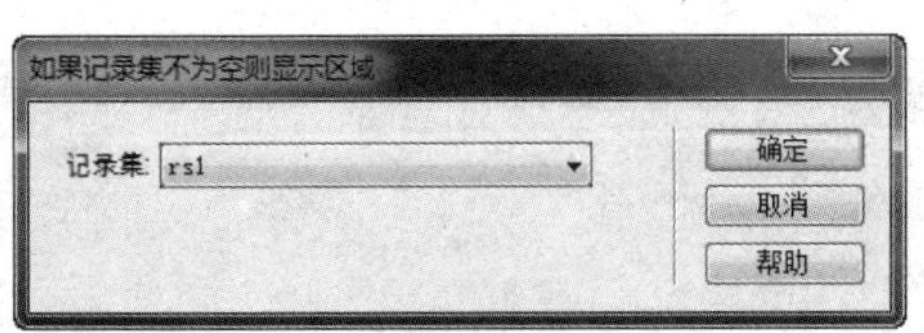

图 8-66

图 8-67

08 选择页面中记录集没有数据时需要显示的区域，这里选择 id 名称为 no-msg 的 Div，如图 8-68 所示。单击“服务器行为”面板中的加号按钮，在弹出的菜单中选择“显示区域 > 如果记录集为空则显示区域”选项，在弹出的对话框中进行设置，如图 8-69 所示。

图 8-68

图 8-69

09 单击“确定”按钮，完成如果记录集为空则显示区域的创建，如图 8-70 所示。将“共有 0 条留言”文字之间的 0 删除，定位光标位置，如图 8-71 所示。

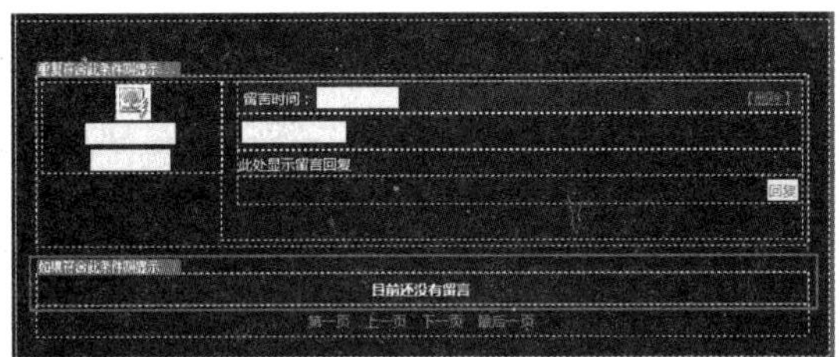

图 8-70

图 8-71

10 在“绑定”面板中，将“总记录数”字段插入当前光标位置，如图 8-72 所示。使用相同的制作方法，在“目前显示第 0 条至第 0 条”文字中将 0 依次替换为“绑定”面板中的“第一个记录索引”和“最后一个记录索引”字段，如图 8-73 所示。

图 8-72

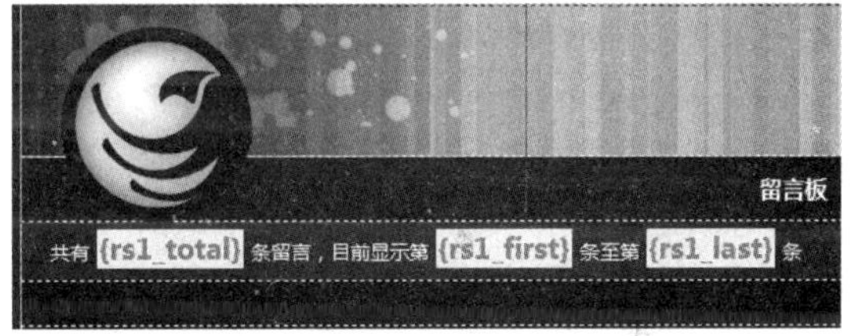

图 8-73

11 选中页面中的“第一页”文字，单击“服务器行为”面板中的加号按钮，在弹出的菜单中选择“记录集分页 > 移至第一条记录”选项，弹出“移至第一条记录”对话框，设置如图 8-74 所示。单击“确定”按钮，为“第一页”文字添加“移至第一条记录”服务器行为，如图 8-75 所示。

图 8-74

图 8-75

12 使用相同的制作方法，为“上一页”“下一页”和“最后一页”文字分别添加“移至前一条记录”“移至下一条记录”和“移至最后一条记录”的服务器行为，如图 8-76 所示。

图 8-76

13 转换到网页代码中，在页面所有代码之前添加相应的 JSP 脚本代码，设置页面编码格式以及导入相应的 Java 类，如图 8-77 所示。

```
<%@ page language="java" import="java.util.*" pageEncoding="utf-8"%>
<%@ page contentType="text/html;charset=utf-8"%>
<% request.setCharacterEncoding("utf-8"); %>
<%@ page import="java.sql.*"%>
<%@ include file="Connections/conn.jsp" %>
<%
```

图 8-77

14 完成留言板首页 index.jsp 中显示留言功能的制作，接下来还需要在该页面中实现显示留言回复的功能。

8.4.2 回复留言

本章中所实现的网站留言板系统不但要实现发表留言的功能，还要对所发表的留言进行回复。在留言板首页 index.jsp 中，已经为每条留言下方的“回复”文字设置了超链接，链接到回复留言表单页面 reply-msg.jsp，并且向该页面传递 URL 参数。

实战 制作回复留言表单页面

最终文件：最终文件 \ 第 8 章 \chapter8\reply-msg.jsp　　视频：视频 \ 第 8 章 \8-4-2.mp4

01 打开站点中的回复留言表单页面 reply-msg.jsp，可以看到页面的效果，如图 8-78 所示。根据发表留言页面 add-msg.jsp 相同的制作方法，完成该页面中选项头像功能的制作，如图 8-79 所示。

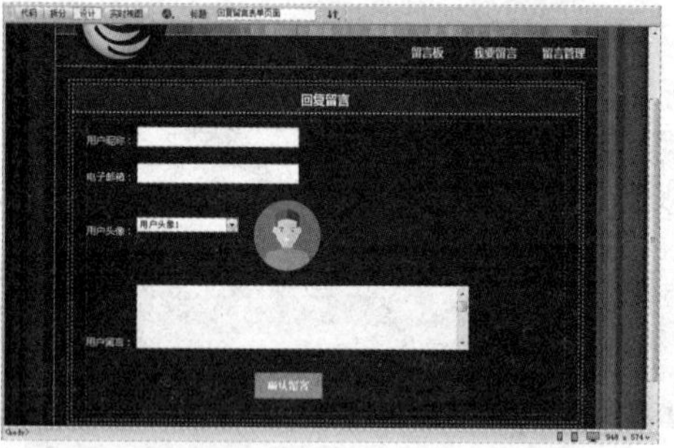

图 8-78

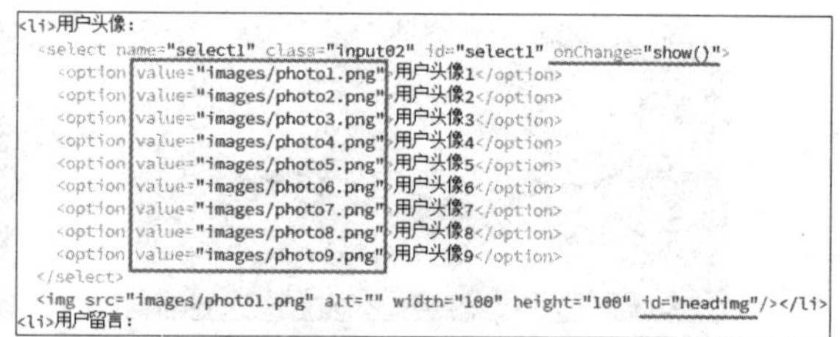

```
<li>用户头像:
<select name="select1" class="input02" id="select1" onChange="show()">
<option value="images/photo1.png">用户头像1</option>
<option value="images/photo2.png">用户头像2</option>
<option value="images/photo3.png">用户头像3</option>
<option value="images/photo4.png">用户头像4</option>
<option value="images/photo5.png">用户头像5</option>
<option value="images/photo6.png">用户头像6</option>
<option value="images/photo7.png">用户头像7</option>
<option value="images/photo8.png">用户头像8</option>
<option value="images/photo9.png">用户头像9</option>
</select>
<img src="images/photo1.png" alt="" width="100" height="100" id="headimg"/></li>
<li>用户留言:
```

图 8-79

02 在页面表单域中的任意位置插入一个隐藏域，设置该隐藏域的 Name 属性为 R_Date，如图 8-80 所示。转换到网页代码中，添加相应的 JSP 代码，获取当前的系统时间，并且将获取的系统时间赋给刚插入的隐藏域的 Value 属性值，如图 8-81 所示。

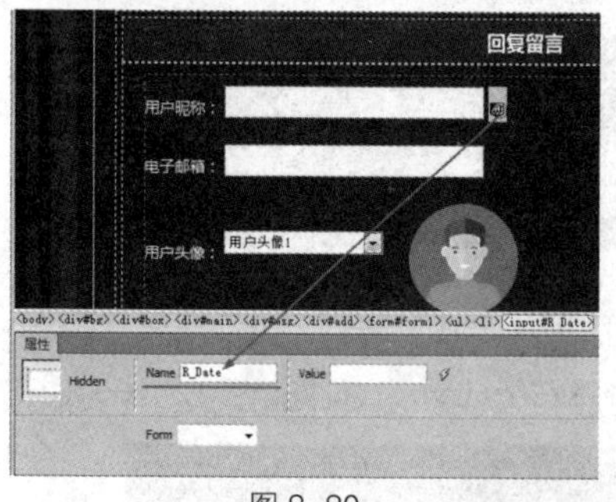

图 8-80

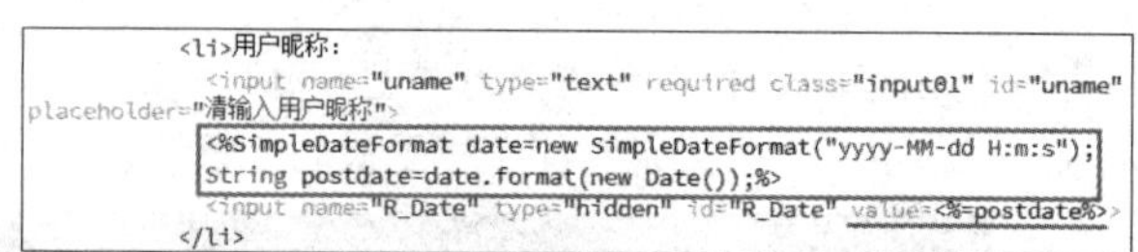

```
<li>用户昵称:
<input name="uname" type="text" required class="input01" id="uname" placeholder="请输入用户昵称">
<%SimpleDateFormat date=new SimpleDateFormat("yyyy-MM-dd H:m:s");
String postdate=date.format(new Date());%>
<input name="R_Date" type="hidden" id="R_Date" value="<%=postdate%>">
</li>
```

图 8-81

03 单击“绑定”面板上的加号按钮，在弹出的菜单中选择“请求变量”命令，弹出“请求变量”对话框，设置名称为 P_ID，如图 8-82 所示。单击“确定”按钮，创建请求变量，在“绑定”面板中可以看到该请求变量，如图 8-83 所示。

图 8-82

图 8-83

04 在页面表单域中的任意位置插入一个隐藏域，设置该隐藏域的 Name 属性为 R_Post，如图 8-84 所示。单击 Value 选项后面的“绑定到动态源”按钮，弹出“动态数据”对话框，绑定刚创建的请求变量 P_ID，如图 8-85 所示，单击“确定”按钮。

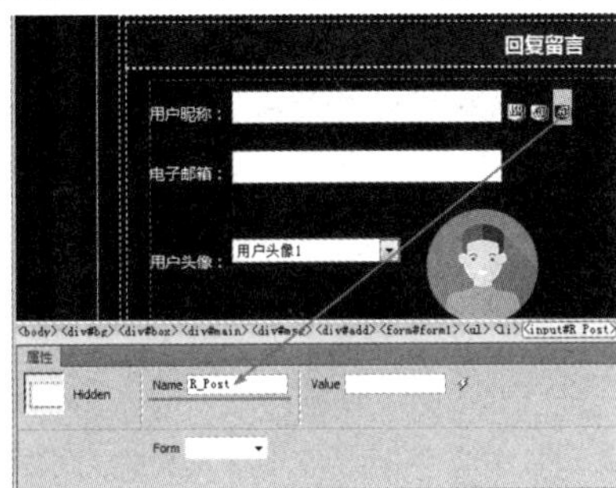

图 8-84

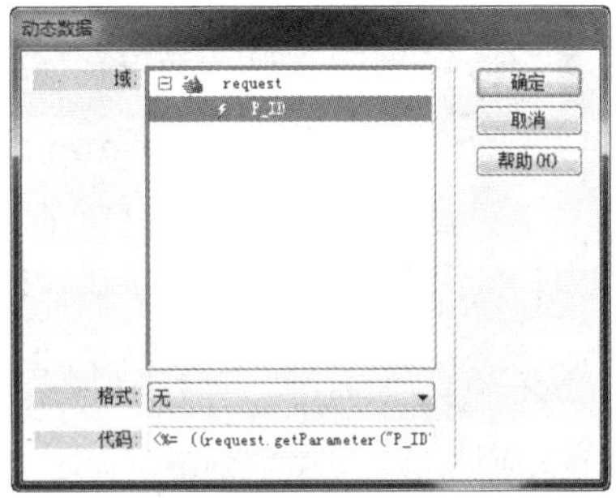

图 8-85

提示

此处创建请求变量是接收从 index.jsp 页面中传递过来的 URL 参数。在页面中插入隐藏域，并将隐藏域的值设置为该 URL 参数，是为了将该 URL 参数值写入 reply 数据表中的 R_Post 字段，从而记录该条回复是属于哪一条留言。

05 打开“服务器行为”面板，单击该面板上的加号按钮，在弹出的菜单中选择“插入记录”命令，弹出“插入记录”对话框，设置如图 8-86 所示。单击“确定”按钮，完成“插入记录”对话框的设置，效果如图 8-87 所示。

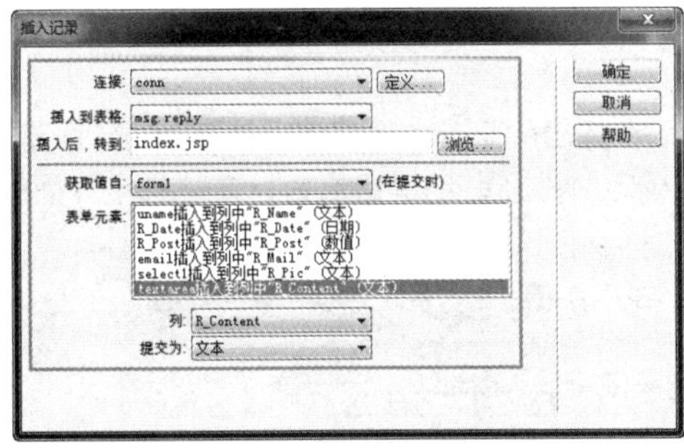

图 8-86

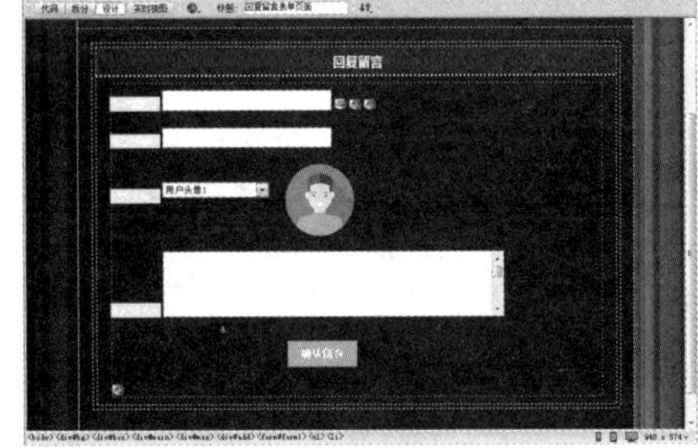

图 8-87

提示

该页面需要将数据内容插入 reply 数据表中，其中 R_ID 为 reply 数据表中的主键，不需要写入数据，其值会自动递增，其他各字段需要与页面中的表单元素一一对应。

06 转换到网页代码中，在页面所有代码之前添加相应的 JSP 脚本代码，设置页面编码格式、导入相应的 Java 类以及导入 java.util.Date 时间类和 java.text.SimpleDateFormat 简单时间格式类，如图 8-88 所示。

```
<%@ page language="java" import="java.util.*" pageEncoding="utf-8"%>
<%@ page contentType="text/html;charset=utf-8"%>
<% request.setCharacterEncoding("utf-8"); %>
<%@ page import="java.sql.*"%>
<%@ page import="java.util.Date"%>
<%@ page import="java.text.SimpleDateFormat"%>
<%@ include file="Connections/conn.jsp" %>
<%
```

图 8-88

07 完成回复留言表单页面 reply-msg.jsp 的制作。

8.4.3 显示留言回复内容

回复内容也可能有多条，但是在 Dreamweaver 中不能创建嵌套循环，所以我们将回复部分独立成一个页面 reply.jsp，在该页面中显示留言回复的内容。在该页面的制作过程中需要注意，因为最终需要将该页面嵌入留言板首页 index.jsp 中，所以对部分 JSP 代码进行手动修改。

实战 制作显示留言回复页面

最终文件：最终文件 \ 第 8 章 \chapter8\reply.jsp　　视频：视频 \ 第 8 章 \8-4-3.mp4

01 打开站点中的显示留言回复页面 reply.jsp，可以看到页面的效果，如图 8-89 所示。转换到代码视图中，只保留 <body> 与 </body> 标签之间的内容，将其他代码删除，如图 8-90 所示。

> **提示**
>
> 因为该页面并不是一个独立的页面，而是嵌入在留言板首页 index.jsp 中需要显示留言回复的位置，所以该页面只要保留回复部分的内容即可，其他多余的代码都不需要。

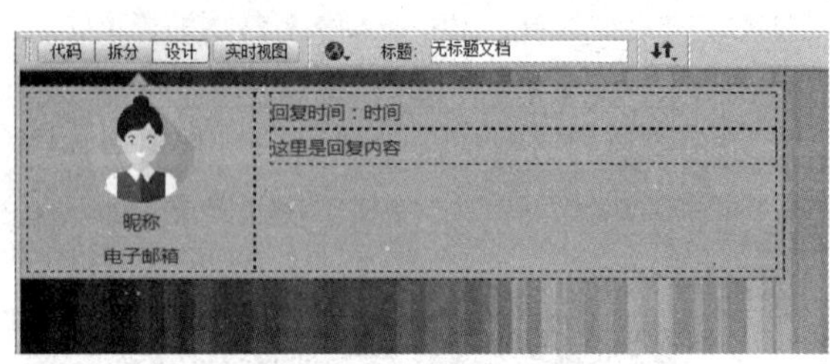

图 8-89

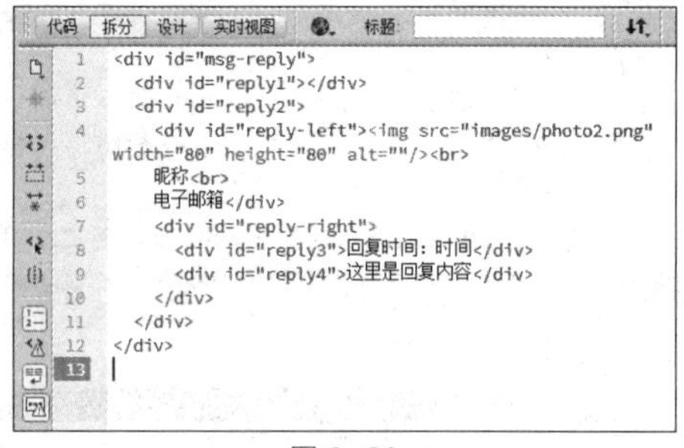

图 8-90

02 打开"绑定"面板，单击该面板上的加号按钮，在弹出的菜单中选择"记录集(查询)"选项，弹出"记录集"对话框，设置如图 8-91 所示。单击"确定"按钮，创建记录集，在"绑定"面板中可以看到刚创建的记录集，如图 8-92 所示。

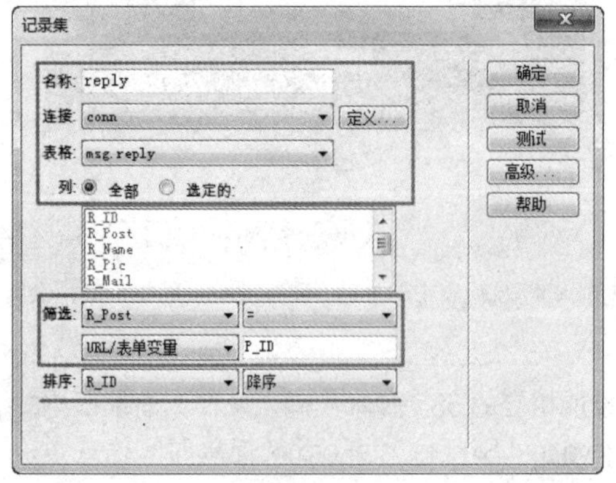

图 8-91

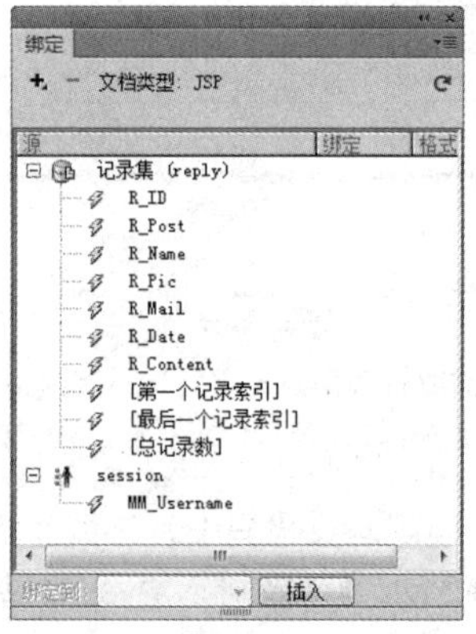

图 8-92

> **提示**
>
> 此处需要查询 reply 数据表，因为该数据表中存储的是回复内容，“筛选”选项设置为 R_Post = URL 参数 P_ID，按照 R_ID 字段降序对记录集结果进行排序。

03 转换到网页的 HTML 代码中，找到所生成的 JSP 代码，如图 8–93 所示。对名称为 reply__MMColParam 的变量值代码进行修改，如图 8–94 所示。

```
<%
String reply__MMColParam = "1";
if (request.getParameter("P_ID") !=null) {reply__MMColParam = (String)request.getParameter("P_ID");}
%>
<%
Driver Driverreply = (Driver)Class.forName(MM_conn_DRIVER).newInstance();
Connection Connreply = DriverManager.getConnection(MM_conn_STRING,MM_conn_USERNAME,MM_conn_PASSWORD);
PreparedStatement Statementreply = Connreply.prepareStatement("SELECT * FROM msg.reply WHERE R_Post = ? ORDER BY R_ID DESC");
Statementreply.setObject(1, reply__MMColParam);
ResultSet reply = Statementreply.executeQuery();
boolean reply_isEmpty = !reply.next();
boolean reply_hasData = !reply_isEmpty;
Object reply_data;
int reply_numRows = 0;
%>
```

图 8–93

```
<%
String reply__MMColParam = "1";
if ((((rs1_data = rs1.getObject("P_ID"))==null || rs1.wasNull())?"":rs1_data) !=null) {
    reply__MMColParam = (((rs1_data = rs1.getObject("P_ID"))==null || rs1.wasNull())?"":rs1_data).toString();
}
%>
<%
Driver Driverreply = (Driver)Class.forName(MM_conn_DRIVER).newInstance();
Connection Connreply = DriverManager.getConnection(MM_conn_STRING,MM_conn_USERNAME,MM_conn_PASSWORD);
PreparedStatement Statementreply = Connreply.prepareStatement("SELECT * FROM msg.reply WHERE R_Post = ? ORDER BY R_ID DESC");
Statementreply.setObject(1, reply__MMColParam);
ResultSet reply = Statementreply.executeQuery();
boolean reply_isEmpty = !reply.next();
boolean reply_hasData = !reply_isEmpty;
Object reply_data;
int reply_numRows = 0;
%>
```

图 8–94

> **提示**
>
> 在该页面中并没有名称为 rs1 的记录集，该记录集是在 index.jsp 页面中创建的，因为后面将该回复页面嵌入 index.jsp 页面中，在这里为变量 reply_MMColParam 所赋予的值就能够顺利获取 rs1 记录集中的 P_ID 字段的值。完整的 JSP 代码如下。
>
> ```
> if (((( rs1_data = rs1.getObject("P_ID"))==null || rs1.wasNull())?"":rs1_data) !=null) {
>         reply__MMColParam = (((rs1_data = rs1.getObject("P_ID"))==null || rs1.wasNull())?"":rs1_data).toString();
> }
> ```

04 根据留言板首页 index.jsp 相同的制作方法，将该页面中相应的文字替换为记录集中相应的字段，如图 8–95 所示。选中页面中设置为重复显示记录的区域，这里选择 id 名称为 msg-reply 的 Div，如图 8–96 所示。

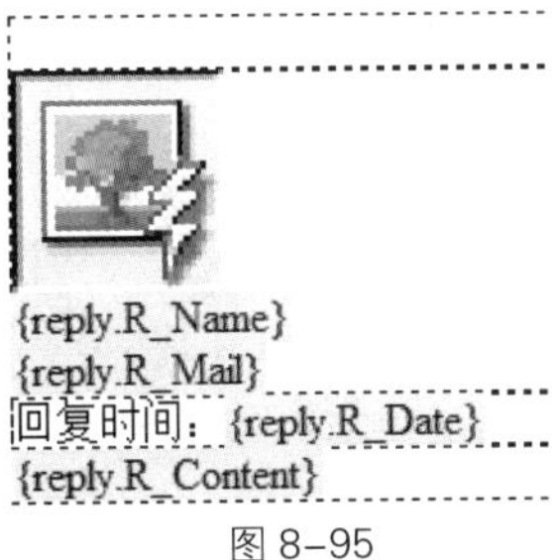

图 8–95

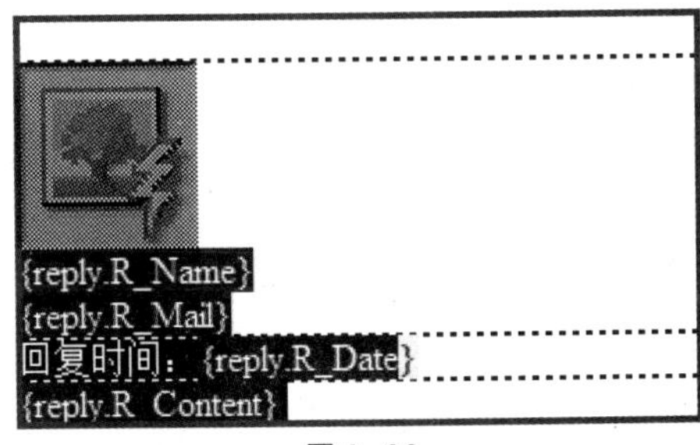

图 8–96

05 单击“服务器行为”面板上的加号按钮，在弹出的菜单中选择“重复区域”命令，弹出“重复区域”对话框，设置如图 8-97 所示。单击“确定”按钮，完成重复区域的创建，效果如图 8-98 所示。

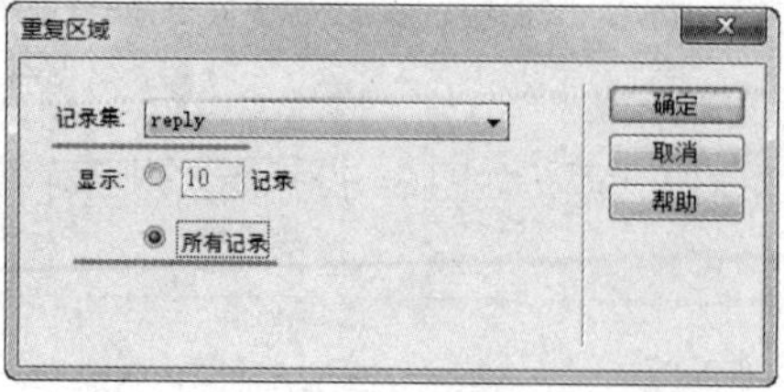

图 8-97

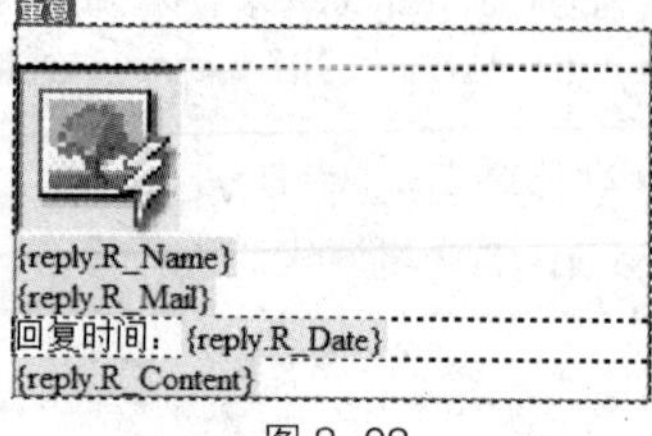

图 8-98

06 转换到网页 HTML 代码中，可以看到创建重复区域后自动生成相应的 JSP 代码，如图 8-99 所示。这里需要手动修改自动生成的 JSP 代码中变量 Repeat1__numRows 和 Repeat1__index 的名称，如图 8-100 所示。

```
<%
int Repeat1__numRows = -1;
int Repeat1__index = 0;
reply_numRows += Repeat1__numRows;
%>
<% while ((reply_hasData)&&(Repeat1__numRows-- != 0)) { %>
  <div id="msg-reply">
    <div id="reply1"></div>
    <div id="reply2">
      <div id="reply-left"><img src="<%=(((reply_data = reply.getObject("R_Pic"))==null || reply.wasNull())?"":
reply_data)%>" width="80" height="80" alt=""/><br>
        <%=(((reply_data = reply.getObject("R_Name"))==null || reply.wasNull())?"":reply_data)%><br>
        <%=(((reply_data = reply.getObject("R_Mail"))==null || reply.wasNull())?"":reply_data)%></div>
      <div id="reply-right">
        <div id="reply3">回复时间: <%=(((reply_data = reply.getObject("R_Date"))==null || reply.wasNull())?"":
reply_data)%></div>
        <div id="reply4"><%=(((reply_data = reply.getObject("R_Content"))==null || reply.wasNull())?"":
reply_data)%></div>
      </div>
    </div>
  </div>
  <%
  Repeat1__index++;
  reply_hasData = reply.next();
}
%>
```

图 8-99

```
<%
int Repeat2__numRows = -1;
int Repeat2__index = 0;
reply_numRows += Repeat2__numRows;
%>
<% while ((reply_hasData)&&(Repeat2__numRows-- != 0)) { %>
  <div id="msg-reply">
    <div id="reply1"></div>
    <div id="reply2">
      <div id="reply-left"><img src="<%=(((reply_data = reply.getObject("R_Pic"))==null || reply.wasNull())?"":
reply_data)%>" width="80" height="80" alt=""/><br>
        <%=(((reply_data = reply.getObject("R_Name"))==null || reply.wasNull())?"":reply_data)%><br>
        <%=(((reply_data = reply.getObject("R_Mail"))==null || reply.wasNull())?"":reply_data)%></div>
      <div id="reply-right">
        <div id="reply3">回复时间: <%=(((reply_data = reply.getObject("R_Date"))==null || reply.wasNull())?"":
reply_data)%></div>
        <div id="reply4"><%=(((reply_data = reply.getObject("R_Content"))==null || reply.wasNull())?"":
reply_data)%></div>
      </div>
    </div>
  </div>
  <%
  Repeat2__index++;
  reply_hasData = reply.next();
}
%>
```

图 8-100

> **提示**
>
> 在 Dreamweaver 中创建重复区域时，在自动生成的 JSP 代码中会自动定义名称为 Repeat1_ _numRows 和 Repeat1_ _index 的变量。此处因为要将该页面嵌入 index.jsp 页面中，而在 index.jsp 页面中也创建有重复区域，同样也生成名称为 Repeat1_ _numRows 和 Repeat1_ _index 的变量，在 index.jsp 页面中嵌入该页面运行时，因为变量名称重复，就会出现错误。所以此处对该页面中自动生成的用于实现重复区域功能的变量名称进行修改。

07 选择页面中设置为如果记录集不为空则显示的区域，这里同样选择 id 名称为 msg-reply 的 Div。单击“服务器行为”面板上的加号按钮，在弹出的菜单中选择“显示区域 > 如果记录集不为空则显示区域”选项，在弹出的对话框中进行设置，如图 8-101 所示。单击“确定”按钮，完成如果记录集不为空则显示区域的创建，如图 8-102 所示。

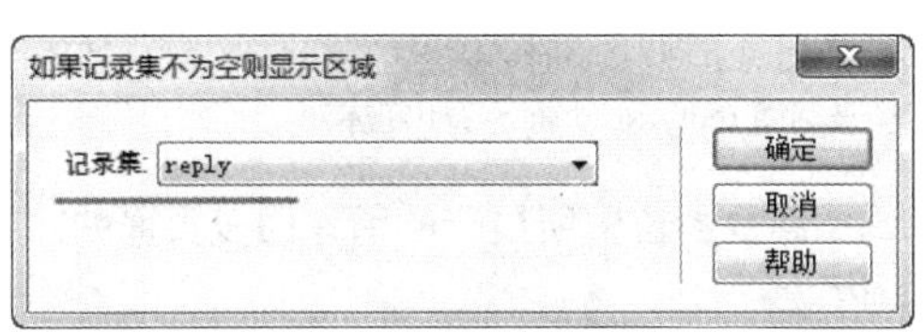

图 8-101

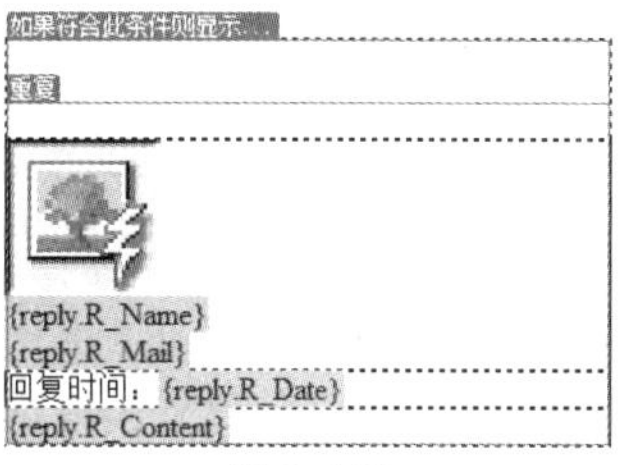

图 8-102

> **技巧** 
>
> 每条留言可能有多条回复内容，此处需要为回复部分创建重复区域，显示该条留言的所有回复内容。当然，也不是每条留言都会有回复，所以还要将该区域创建为如果记录集为不空则显示区域，也就是如果该条留言没有回复时，此处不显示任何内容。

08 转换到网页 HTML 代码中，将页面头部的 <%@ include file="Connections/conn.jsp" %> 代码删除，添加设置页面编码格式的 JSP 脚本代码，如图 8-103 所示。

```
<%@ page language="java" import="java.util.*" pageEncoding="utf-8"%>
<%@ page contentType="text/html;charset=utf-8"%>
<%
String reply__MMColParam = "1";
```

图 8-103

> **提示**
>
> 因为要将当前的 reply.jsp 页面嵌入 index.jsp 页面中，而在 index.jsp 页面的头部已经包含了 <%@ include file="Connections/conn.jsp" %>，调用了外部的 conn.jsp 页面，所以在 reply.jsp 页面中要将该句代码删除，否则会发生重复调用的错误。

09 完成显示留言回复页面 reply.jsp 的制作。

8.4.4 调用显示留言回复页面

至此已经可以回复留言了，但是目前在留言板首页 index.jsp 中只能显示 post 数据表中的主题留言，还不能显示留言回复内容。接下来，在留言板首页 index.jsp 中显示留言回复的位置，使用 include 编译指令将制作好的显示留言回复页面 reply.jsp 调用到该位置显示。

实战　在留言板首页中调用显示留言回复页面 

最终文件：最终文件 \ 第 8 章 \chapter8\index.jsp　　视频：视频 \ 第 8 章 \8-4-4.mp4

01 打开站点中的留言板首页 index.jsp，找到页面中“此处显示留言回复”文字内容，如图 8-104 所示。转换到网页 HTML 代码中，将提示文字替换为调用回复页面的代码 <%@ include file="reply.jsp"%>，如图 8–105 所示。

图 8–104

```
<div id="msg2">
  <%@ include file="reply.jsp"%>
</div>
```

图 8–105

技巧 

因为 reply.jsp 页面不是一个独立运行的页面，而是 index.jsp 页面中的一部分，所以要使用 <%@ include %> 的方法将其嵌入 index.jsp 页面中，使用该调用方法，可以将调用的内容和原来的页面融合到一起，最终编译成为一个文件。使用 <jsp:include> 方法也可以调用页面，这种方法是将所调用的页面单独进行编译，然后将编译执行后的结果显示在所调用的位置。因此，这里如果使用 <jsp:include> 方法来调用 reply.jsp 页面，会出现错误。

02 返回 Dreamweaver 设计视图中，可以看到在调用回复的位置所显示的留言回复页面的效果，如图 8–106 所示，完成显示留言回复页面 reply.jsp 的调用。

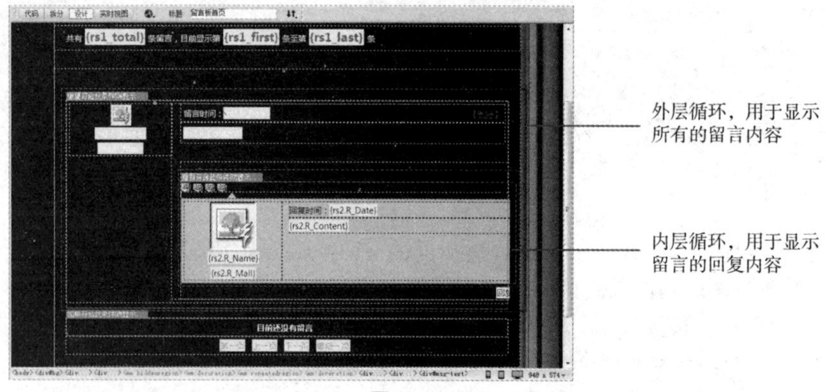

图 8–106

8.5 开发留言管理功能

本章所开发的留言板系统将前台留言显示页面与后台留言管理页面相结合，当管理员通过管理账号和密码登录后，在留言显示页面中即可对留言内容进行管理操作。

8.5.1 管理登录

在管理登录页面中输入管理员账号和密码，通过“登录用户”服务器行为将所输入的账号和密码与数据表中的管理员账号和密码进行比较，如果一致则登录成功跳转到留言显示页面中，并自动在 session 中写入相应的值。

实战 制作管理登录页面

最终文件：最终文件 \ 第 8 章 \chapter8\login.jsp　　视频：视频 \ 第 8 章 \8-5-1.mp4

01 在站点中打开管理登录页面 login.jsp，可以看到页面的效果，如图 8–107 所示。单击“服务器行为”面板上的加号按钮，在弹出的菜单中选择“用户身份验证 > 登录用户”命令，如图 8–108 所示。

图 8-107

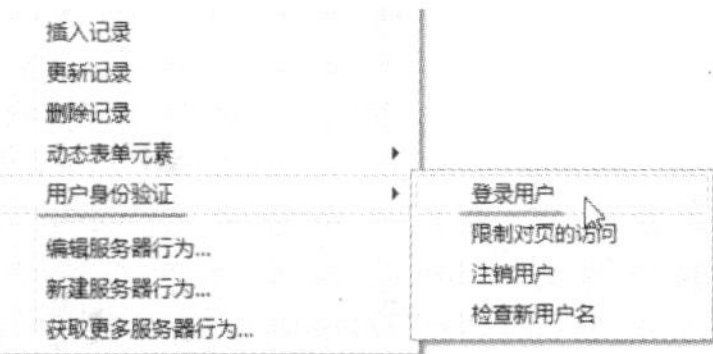

图 8-108

02 弹出“登录用户”对话框，对相关选项进行设置，如图 8-109 所示。单击“确定”按钮，完成“登录用户”对话框的设置，效果如图 8-110 所示。

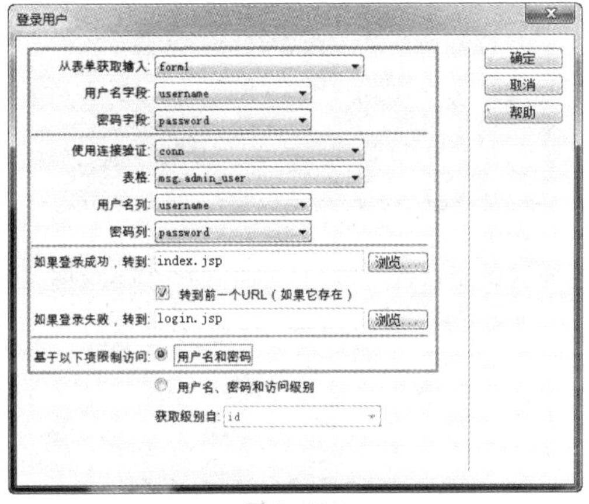

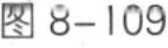
图 8-109

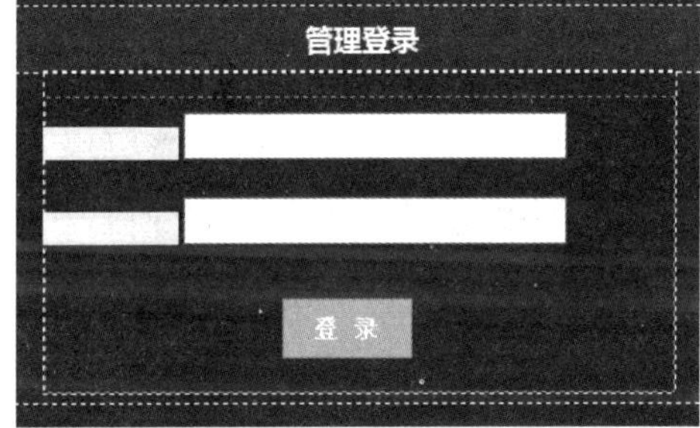

图 8-110

提示

在“登录用户”对话框中将“用户名”和“密码”字段中的值与 admin_user 数据中的 username 和 password 两个字段的值进行比较，判断用户是否登录成功。如果登录成功，将跳转到留言板首页 index.jsp；如果登录失败，则跳转到管理登录页面 login.jsp。

提示

使用 Dreamweaver 中的“登录用户”服务器行为来实现登录功能，当登录成功后，程序会自动注册一个名称为 MM_Username 的 session 变量。

03 转换到网页 HTML 代码中，在页面所有代码之前添加相应的 JSP 脚本代码，设置页面编码格式以及导入相应的 Java 类，如图 8-111 所示。

```
<%@ page language="java" import="java.util.*" pageEncoding="utf-8"%>
<%@ page contentType="text/html;charset=utf-8"%>
<% request.setCharacterEncoding("utf-8"); %>
<%@ page import="java.sql.*"%>
<%@ include file="Connections/conn.jsp" %>
<%
```

图 8-111

04 完成管理登录页面 login.jsp 的制作。

8.5.2 设置“删除”超链接

前面介绍了当管理员登录成功后，程序会自动注册一个名称为 MM_Username 的 session 变量。所以，使用 if 语句判断 session 变量的值是否为空，来决定是否在页面中显示“删除”链接文字。

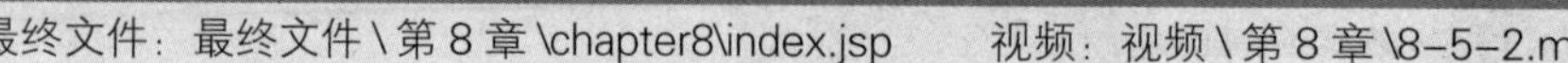

实战 设置页面中的“删除”超链接是否可见

最终文件：最终文件 \ 第 8 章 \chapter8\index.jsp　　视频：视频 \ 第 8 章 \8-5-2.mp4

01 打开站点中的留言板首页 index.jsp，打开“绑定”面板，单击该面板上的加号按钮，在弹出的菜单中选择“阶段变量”选项，如图 8-112 所示。弹出“阶段变量”对话框，设置阶段变量的“名称”为 MM_Username，如图 8-113 所示。

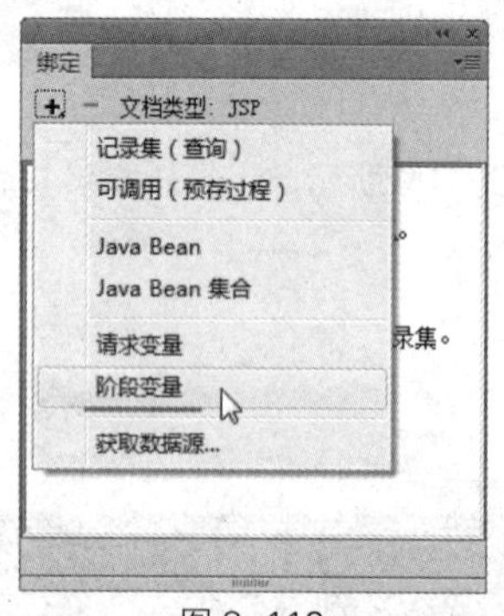

图 8-112

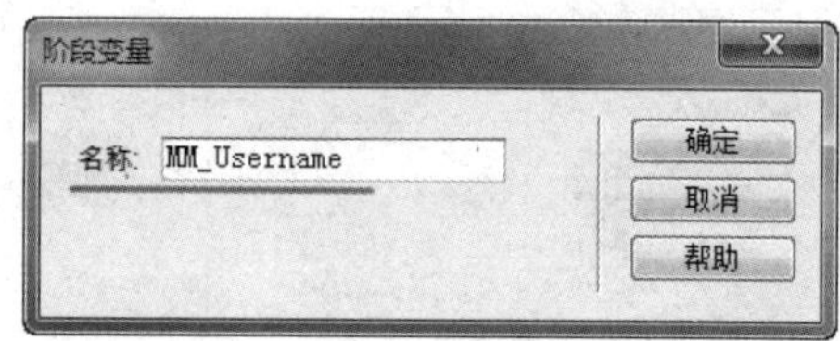

图 8-113

02 单击“确定”按钮，完成“阶段变量”对话框的设置，在“绑定”面板中可以看到刚设置的阶段变量，如图 8-114 所示。在页面中找到删除留言的文字链接，如图 8-115 所示。

图 8-114

图 8-115

03 转换到网页 HTML 代码中，添加程序代码 <%if(session.getValue("MM_Username")!=null){%> 和 <% } %> 来包含需要控制其是否显示的元素，如图 8-116 所示。

```
<div id="msg1">
<%if(session.getValue("MM_Username")!=null){%>
<span class="font01">【<a href="#">删除</a>】</span>
<% } %>
留言时间：<%=(((rs1_data = rs1.getObject("P_Date"))==null || rs1.wasNull())?"":rs1_data)%></div>
```

图 8-116

技巧

session.getValue("MM_Username") 表示获取名称为 MM_Username 的 session 变量的值，通过判断该值是否为空，来决定是否显示“删除”链接文字。当管理员没有登录时，session 变量的值为空，则不显示 if 条件语句中的内容；当管理员成功登录后，会自动创建名称为 MM_Username 的 session 变量，并且在 session 变量存储相应的值，则显示 if 条件语句中的内容。

04 选中页面中的“删除”文字，单击“服务器行为”面板上的加号按钮，在弹出的菜单中选择“转到详细页面”选项，弹出“转到详细页面”对话框，设置如图 8-117 所示。单击“确定”按钮，完成“转到详细页面”对话框的设置，效果如图 8–118 所示。

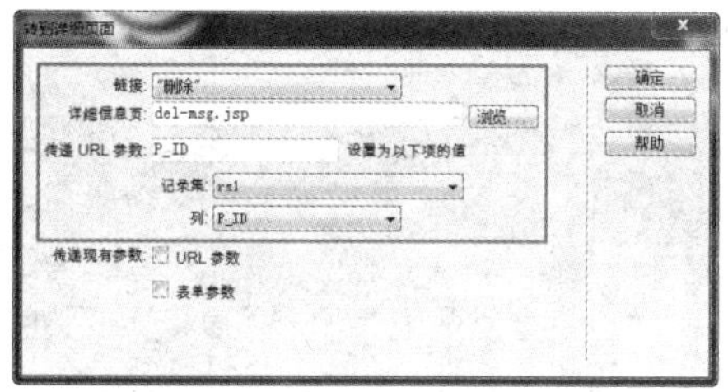

图 8–117

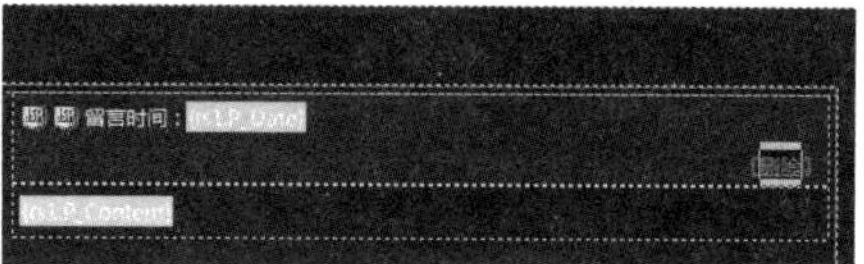

图 8–118

技巧

跟随“删除”超链接一起传递的 URL 参数是 post 数据表中的主键 P_ID 字段的值，该字段在 post 数据表和 reply 数据表中都存在，通过该参数，删除 post 数据表中的留言和 reply 数据中该条留言的所有回复内容。

8.5.3 删除留言

在确认删除留言页面 del-msg.jsp 中接收到 URL 参数 P_ID，根据接收到的 URL 参数查询数据表，并在页面中显示要删除的留言内容，单击“确认删除”按钮，删除 post 数据表中 P_ID 字段值与 P_ID 参数值相同的记录。

实战 制作确认删除留言页面

最终文件：最终文件 \ 第 8 章 \chapter8\del-msg.jsp　　视频：视频 \ 第 8 章 \8-5-3.mp4

01 打开站点中的确认删除留言页面 del-msg.jsp，可以看到页面的效果，如图 8–119 所示。单击“绑定”面板上的加号按钮，在弹出的菜单中选择“记录集（查询）”选项，弹出“记录集”对话框，设置如图 8–120 所示。

图 8–119

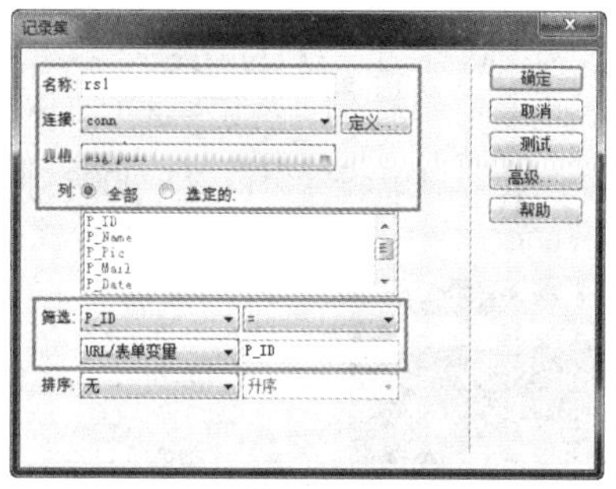

图 8–120

02 单击“确定”按钮，创建记录集。根据留言板首页 index.jsp 相同的制作方法，将页面中相应的文字和图片替换为刚创建的记录集中相应的字段，如图 8–121 所示。单击“服务器行为”面板上的加号按钮，在弹出的菜单中选择“删除记录”选项，弹出“删除记录”对话框，设置如图 8–122 所示。

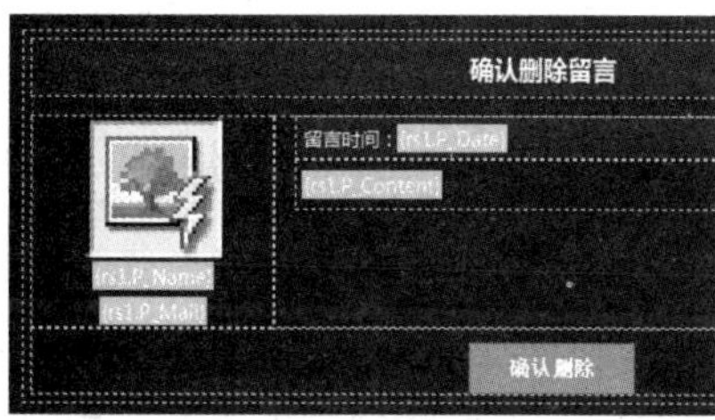

图 8–121

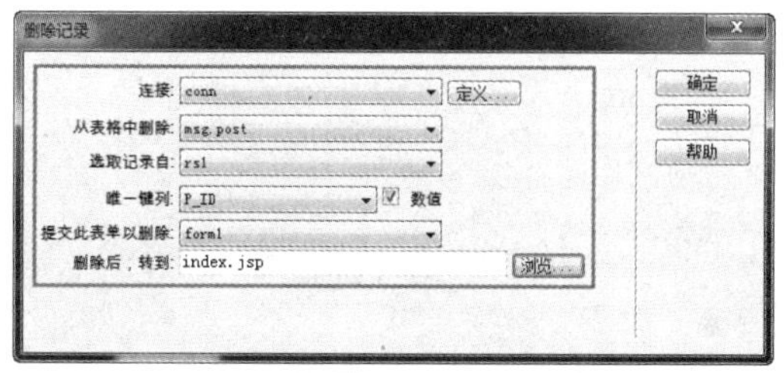

图 8–122

03 单击“确定”按钮，完成“删除记录”对话框的设置，在“服务器行为”面板中可以看到刚添加的“删除记录”服务器行为，如图 8–123 所示，页面效果如图 8–124 所示。

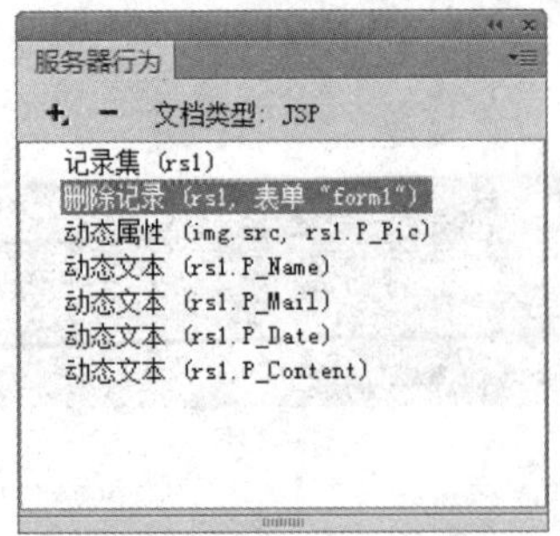

图 8–123

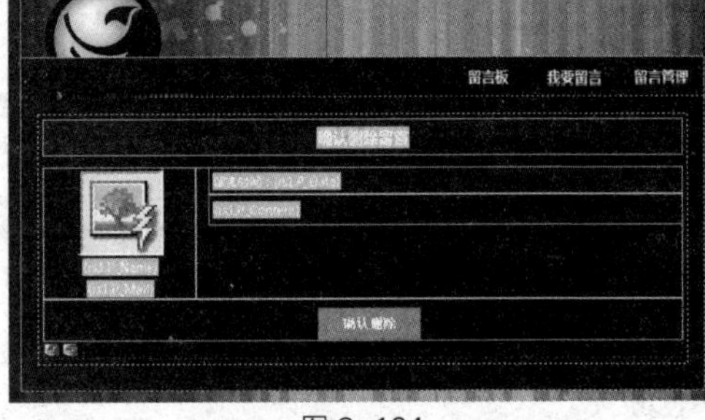
图 8–124

04 转换到网页 HTML 代码中，在页面所有代码之前添加相应的 JSP 脚本代码，设置页面编码格式以及导入相应的 Java 类，如图 8–125 所示。

```
<%@ page language="java" import="java.util.*" pageEncoding="utf-8"%>
<%@ page contentType="text/html;charset=utf-8"%>
<% request.setCharacterEncoding("utf-8"); %>
<%@ page import="java.sql.*"%>
<%@ include file="Connections/conn.jsp" %>
<%
```

图 8–125

05 完成确认删除留言页面 del–msg.jsp 的制作。

8.5.4 仅管理员可见

在 post 数据表中，P_Private 字段用来记录该条留言是否仅管理员可见，如果该字段的值为 0，表示该条留言所有浏览者都可见；如果该字段的值为 1，则表示该条留言仅管理员可见。结合前面管理员登录成功后的 session 变量，就可以实现该功能。

实战 实现仅管理员可见功能

最终文件：最终文件 \ 第 8 章 \chapter8\index.jsp　　视频：视频 \ 第 8 章 \8–5–4.mp4

01 打开站点中的留言板首页 index.jsp，选择页面中的留言内容字段，如图 8–126 所示。转换到网页 HTML 代码中，可以看到该部分代码，如图 8–127 所示。

图 8–126

```
<div id="msg-text">
  <%=(((rs1_data = rs1.getObject("P_Content"))==null || rs1.wasNull())?"":rs1_data)%>
</div>
```

图 8–127

02 修改该部分 JSP 代码如下。

```
    <div id="msg-text">
    <%
        String P_Private=(((rs1_data = rs1.getObject("P_Private"))==null || rs1.
wasNull())?"":rs1_data).toString();     // 定义整体变量并获取 P_Private 字段的值
        int P=0;
        if(P_Private != null && P_Private.length()>0) {
            P=Integer.parseInt(P_Private);     // 将字符变量值转换为整型并赋予变量 P
        }
        if( P == 1){
            if(session.getValue("MM_Username")!=null){
        %>
        <%=(((rs1_data = rs1.getObject("P_Content"))==null || rs1.wasNull())?"":rs1_
data)%>
```

```
        <% }
            else {
                out.print("<b> 该留言内容仅管理员可见 ...</b>");
            }
        }
        else { %>
                            <%=(((rs1_data = rs1.getObject("P_Content"))==null || rs1.
wasNull())?"":rs1_data)%>
        <% } %>
    </div>
```

提示

此处所添加的 JSP 脚本代码首先定义一个名称为 P_Private 的字符型变量，其值为 rs1 记录集中 P_Private 字段的值，然后通过一个 if 判断语句来判断变量 P_Private 的值是否为空，如果不为空，则将 P_Private 变量的值转换为整型并赋予整型变量 P。

接下来通过一个嵌套的条件语句来实现仅管理员可见功能。首先判断整型变量 P 的值是否为 1，如果是，则再判断 session.getValue("MM_Username") 变量的值是否为空；如果不为空，则显示留言内容；如果为空，则显示提示文字。如果整型变量 P 的值不等于 1，则表示该留言所有浏览者可见，直接显示该留言内容。

03 完成仅管理员可见功能的添加。

8.6 系统功能测试

完成了本章中留言板系统所有功能页面开发的制作，接下来对该留言板系统进行全面的测试，从而验证程序和功能的运行是否正常，以便发现问题能够及时解决。

实战 测试网站留言板系统功能

最终文件：无　　视频：视频 \ 第 8 章 \8-6.mp4

01 打开浏览器，在地址栏中输入留言板系统中的留言显示主页面的地址 localhost:8080/chapter8/index.jsp，在测试服务器中测试该页面，数据库中目前没有任何留言内容，效果如图 8-128 所示。单击“我要留言”超链接，跳转到发表留言页面 add-msg.jsp，填写留言内容，如图 8-129 所示。

02 单击“确认留言”按钮后，返回留言板首页中并显示刚提交的留言，如图 8-130 所示。使用相同的操作方法，可以提交多条留言，并为其中部分留言设置“仅管理员可见”，效果如图 8-131 所示。

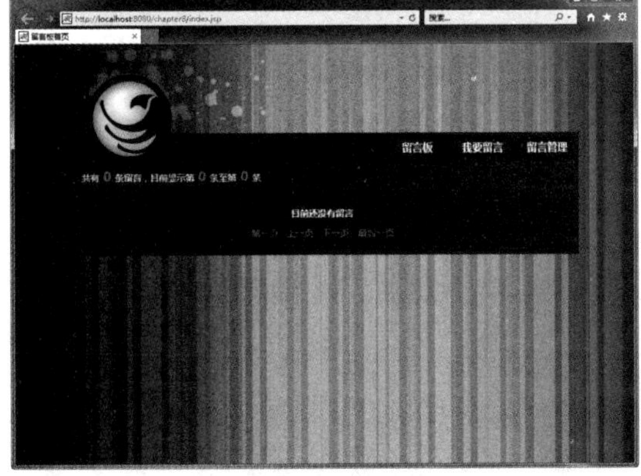

图 8-128

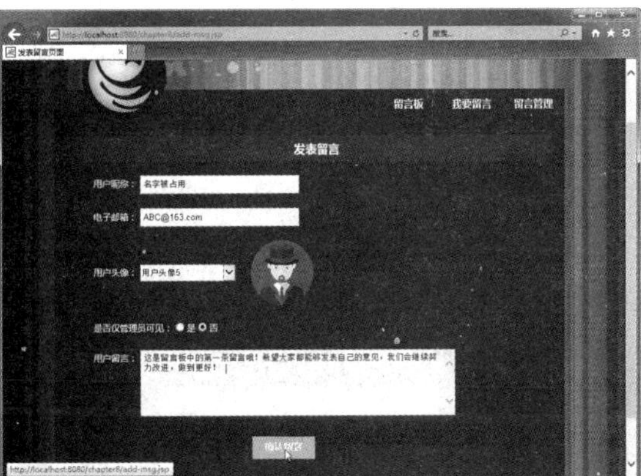

图 8-129

图 8-130

图 8-131

提示

目前还没有使用管理员身份登录，所以每条留言的“删除”超链接都被隐藏了，并且所表示的仅管理员可见的留言，在页面中普通浏览者是无法看到的，只显示提示文字。

03 单击某条留言的“回复”超链接，跳转到回复留言表单页面 reply-msg.jsp，在该页面中填写回复留言表单内容，如图 8-132 所示。单击“确认留言”按钮，提交留言回复内容，返回留言板首页 index.jsp 中，可以看到回复内容，如图 8-133 所示。

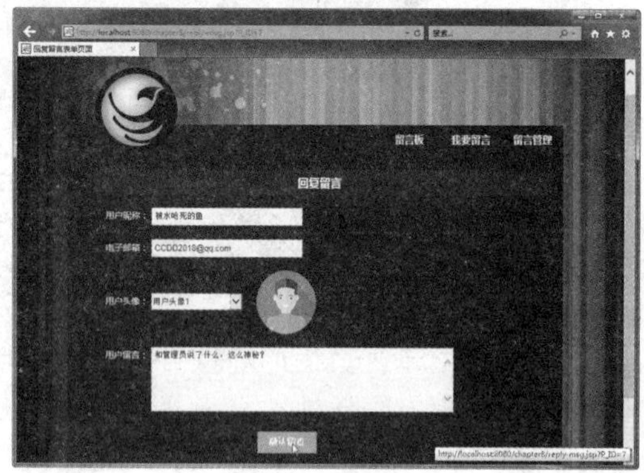
图 8-132

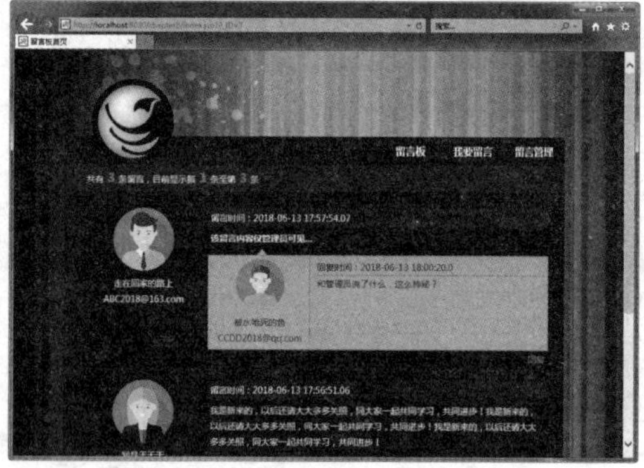
图 8-133

04 单击“留言管理”按钮，跳转到管理登录页面 login.jsp，在该页面中输入管理员账号和密码，如图 8-134 所示。单击“登录”按钮，成功使用管理员身份登录后跳转到留言板首页 index.jsp，可以看到显示出每条留言的“删除”超链接，并且仅管理员可见的留言内容也会显示出来，如图 8-135 所示。

图 8-134

图 8-135

05 如果要删除某条留言，单击该条留言右上角的“删除”超链接，跳转到确认删除留言页面 del-msg.jsp，在该页面中将会显示该条留言内容，如图 8-136 所示。单击“确认删除”按钮，将在数据库中删除该条留言的相关内容并返回留言板首页 index.jsp 中，如图 8-137 所示。

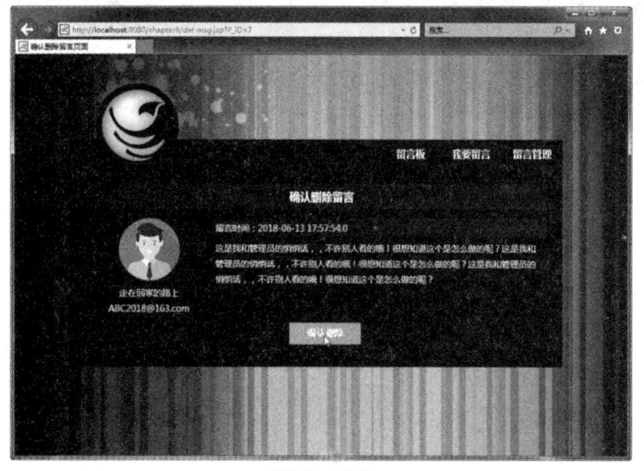

图 8-136

图 8-137

提示

如果要退出管理员的登录状态，将所有浏览器窗口关闭，即可清除 session 变量的值，再重新打开访问该留言板，即以普通浏览者的身份来浏览留言板中的内容。

第9章 新闻发布管理系统

新闻发布管理系统是网站中常见的功能之一，网站管理者通过新闻发布管理系统在网站中快捷地发布新闻内容，并且对新闻内容进行修改和删除等操作，这样能够大大地提高新闻网站的管理效率。在本章中将带领读者使用 Dreamweaver 完成一个 JSP 新闻发布管理系统的开发。

本章知识点：

➢ 理解新闻发布管理系统的规划
➢ 掌握系统动态站点和 MySQL 数据库的创建
➢ 掌握创建 JSP 网站与 MySQL 数据库连接的方法
➢ 掌握前台新闻显示功能的开发制作
➢ 掌握实现新闻搜索的方法
➢ 掌握后台新闻管理的制作方法
➢ 掌握后台新闻分类管理的制作方法

9.1 系统功能分析

新闻发布管理系统是把网站上经常变动的网站新闻进行集中管理，通过新闻发布和管理系统，网站管理员可以方便地对网站进行远程的信息发布和更新，从而能够有效避免频繁地对网站中的新闻页面进行修改。

9.1.1 新闻发布管理系统规划

新闻发布管理系统是网站重要的功能之一，通过该系统发布与网站相关的新闻动态，并且对发布的所有新闻动态进行管理。新闻发布管理系统一般包括新闻分类管理、添加新闻、修改新闻、删除新闻和新闻搜索等功能。

在本章中所开发的新闻发布管理系统主要分为两部分，一部分是新闻显示，该部分是所有访问者都能够看到的，主要是新闻的列表和新闻详情显示；另一部分是新闻管理，该部分只有管理员可以访问，可以对新闻的类别和新闻进行添加、删除和修改等管理操作。

新闻发布和管理系统总体构架如图 9–1 所示。

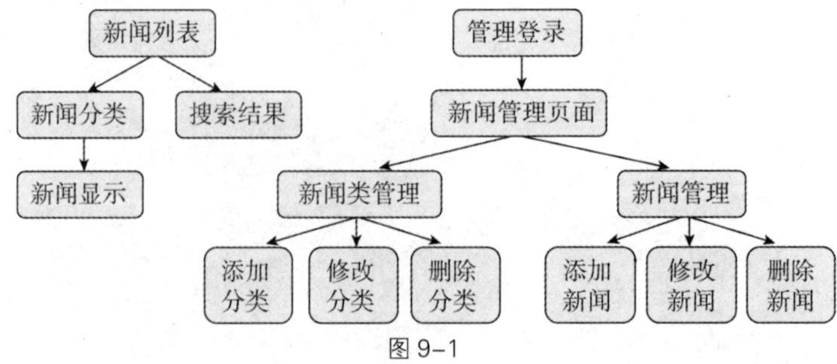

图 9–1

9.1.2 新闻发布管理系统相关页面说明

在上一节中已经对新闻发布管理系统的功能和运行流程进行了分析，在本章所开发的新闻发布管理系统中主要包含 13 个页面，其中前台显示页面 4 个，页面说明如表 9-1 所示，后台新闻管理页面 9 个，各页面说明如表 9-2 所示。

表 9-1 新闻发布管理系统前台新闻显示页面说明

页面	说明
index.jsp	新闻列表页面，在该页面中以列表的形式显示新闻标题、新闻类型等信息，单击某条新闻标题，可以跳转到新闻显示页面 news-show.jsp，显示该条新闻详细内容。单击某种新闻类型，可以跳转到新闻分类列表页面 news-type.jsp，显示该分类中的所有新闻
search.jsp	新闻搜索结果页面，在新闻列表页面的搜索文本框中输入搜索关键字，单击“搜索”按钮，可以跳转到该搜索结果页面，根据关键字查询数据表，并显示包含搜索关键字的相关新闻
news-type.jsp	新闻分类列表页面，在该页面中显示某个新闻分类中的所有新闻，单击某条新闻标题，可以跳转到新闻显示页面 news-show.jsp，显示该条新闻详细内容
news-show.jsp	新闻显示页面，该页面接收 URL 传递的参数，在数据库中查询对应的新闻数据记录，并在该页面中显示该条新闻的详细内容

表 9-2 新闻发布管理系统后台新闻管理页面说明

页面	说明
login.jsp	新闻管理登录页面，在该页面中填写管理员账号和密码，可以登录到新闻管理主页面
admin-news.jsp	新闻管理主页面，在该页面中显示数据库中的所有新闻记录，并在每条新闻标题后提供“修改”和“删除”超链接
admin-type.jsp	新闻分类管理页面，在该页面中显示数据库中所有的新闻分类名称，并在每个新闻分类名称后面提供“修改”和“删除”超链接
type-add.jsp	添加新闻分类页面，在该页面中可以添加新的新闻类别
type-updata.jsp	修改新闻分类页面，该页面接收 URL 传递的参数，在数据库中查询对应的数据记录，在该页面中显示该新闻分类名称，并且可以对其进行修改，修改后可以直接更新数据库中的该条记录
type-del.jsp	删除新闻分类页面，该页面接收 URL 传递的参数，在数据库中查询对应的数据记录，并在数据库中将该条记录删除
news-add.jsp	添加新闻页面，在该页面中可以添加新闻内容
news-updata.jsp	修改新闻页面，该页面接收 URL 传递的参数，在数据库中查询对应的数据记录，在该页面中显示该新闻的相关内容，并且可以对其进行修改，修改后可以直接更新数据库中的该条记录
news-del.jsp	删除新闻页面，该页面接收 URL 传递的参数，在数据库中查询对应的数据记录，并在数据库中将该条记录删除

9.2 创建系统站点和 MySQL 数据库

完成了系统结构的规划分析，基本上了解了该系统中相关的页面和所需要实现的功能，接下来创建该系统的动态站点并根据系统功能规划来创建 MySQL 数据库。

9.2.1 新闻发布管理系统站点

规划站点结构有助于厘清系统结构的脉络。本章所开发的新闻发布管理系统需要用到 MySQL 数据库，是一个 JSP 动态网站功能系统，因此在创建新闻发布和管理系统站点时必须设置本地计算机中测试服务器。

实战 创建新闻发布管理系统站点

最终文件：无　　　　视频：视频 \ 第 9 章 \9-2-1.mp4

01 在“源文件 \ 第 9 章 \chapter9\”文件夹中已经制作好了“新闻发布管理系统”中相关的静

态页面，如图 9–2 所示。直接将 chapter9 文件复制到 Tomcat 服务器默认的网站根目录 (Tomcat 8.0\webapps\ROOT\) 中，如图 9–3 所示。

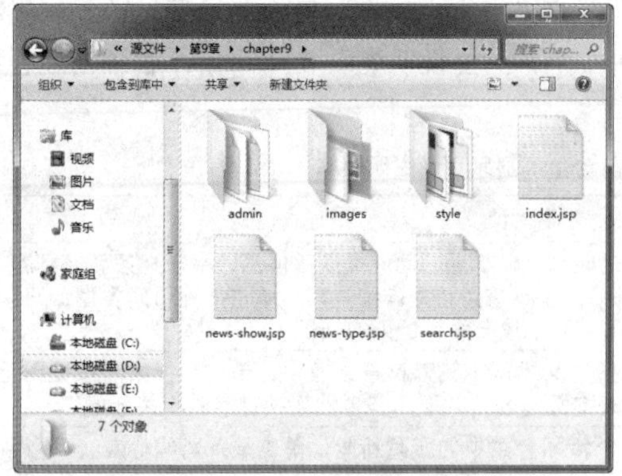

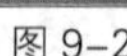
图 9–2

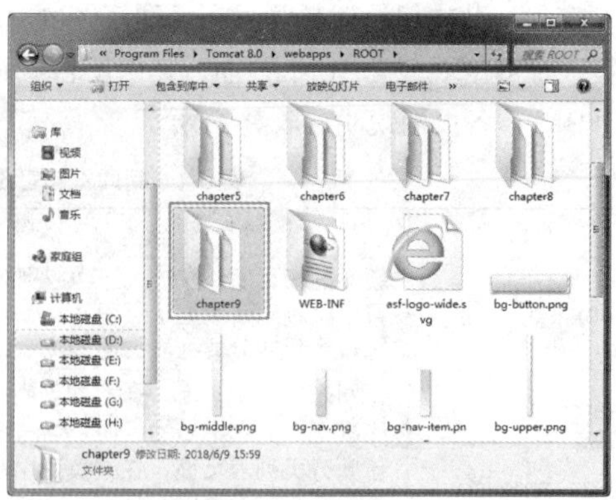

图 9–3

提示

为了能够更好地区分前台显示页面和后台管理页面，这里将后台管理页面都放在 admin 文件夹中。

02 打开 Dreamweaver，执行“站点”>“新建站点”命令，弹出“站点设置对象”对话框，设置“本地站点文件夹”为 D:\Program Files\Tomcat 8.0\webapps\ROOT\chapter9\，如图 9–4 所示。在对话框左侧单击“服务器”选项，切换到服务器选项设置界面，如图 9–5 所示。

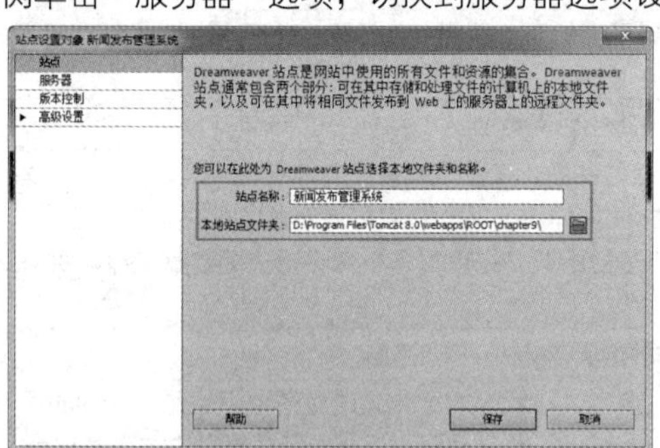

图 9–4

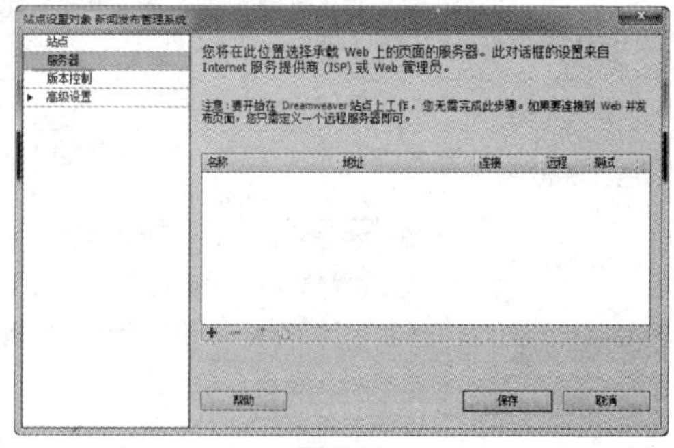

图 9–5

03 单击“添加新服务器”按钮，弹出服务器设置窗口，在“连接方法”下拉列表中选择“本地 / 网络”选项，对相关选项进行设置，如图 9–6 所示。单击“高级”按钮，切换到“高级”选项卡中，在“服务器模型”下拉列表中选择 JSP 选项，如图 9–7 所示。

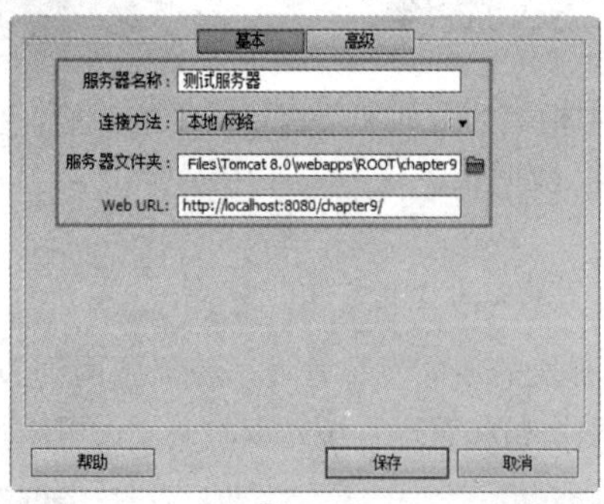

图 9–6

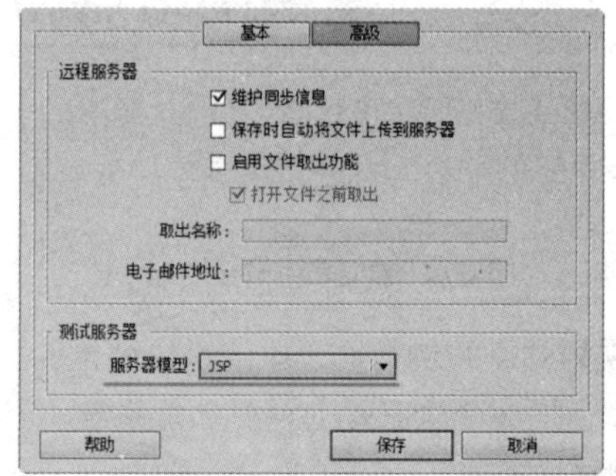

图 9–7

04 单击“保存”按钮，保存服务器选项设置，返回“站点设置对象”对话框，选中“测试”复选框，如图 9–8 所示。单击“保存”按钮，完成系统站点的创建和测试服务器的设置，在“文件”面板中显示当前站点中的相关文件，如图 9–9 所示。

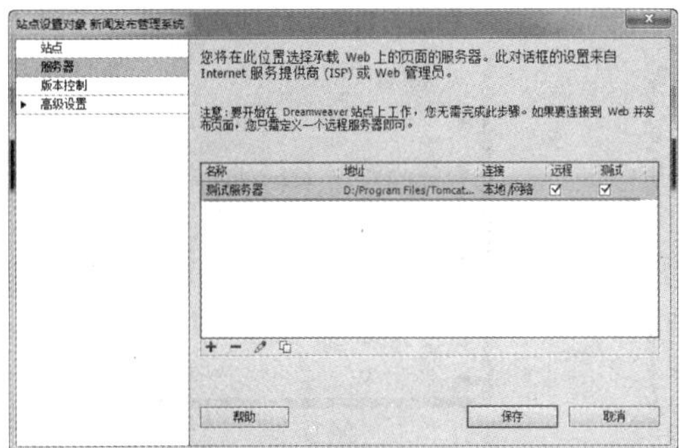

图 9-8

图 9-9

9.2.2　创建 MySQL 数据库

在本章中所开发的新闻发布管理系统和数据库系统用于存储新闻的类型和新闻的主题等相关数据信息，在本系统中需要使用 3 个数据表，分别是用于存储管理员账户和密码的 admin_user 数据表、用于存储新闻分类名称的 news_type 数据表和用于存储新闻信息的 news 数据表。

实战　创建新闻发布管理系统数据库

最终文件：无　　　　视频：视频 \ 第 9 章 \9-2-2.mp4

01 打开 MySQL Workbench 初始界面，单击 Local instance mysql57 超链接，在弹出的对话框中输入 MySQL 数据库的管理密码，如图 9-10 所示。单击 OK 按钮，成功登录到 MySQL 数据库的管理工作界面，如图 9-11 所示。

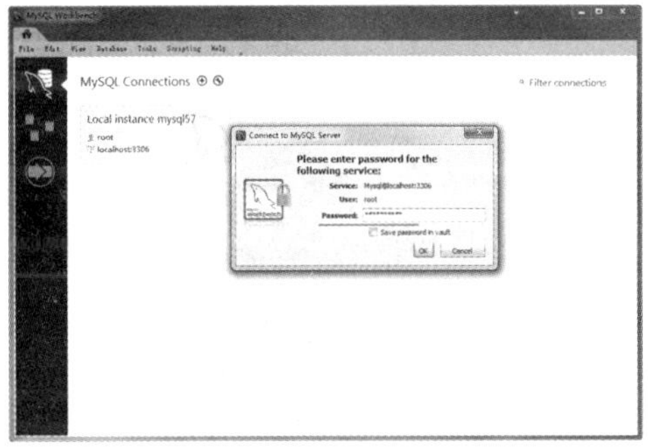

图 9-10

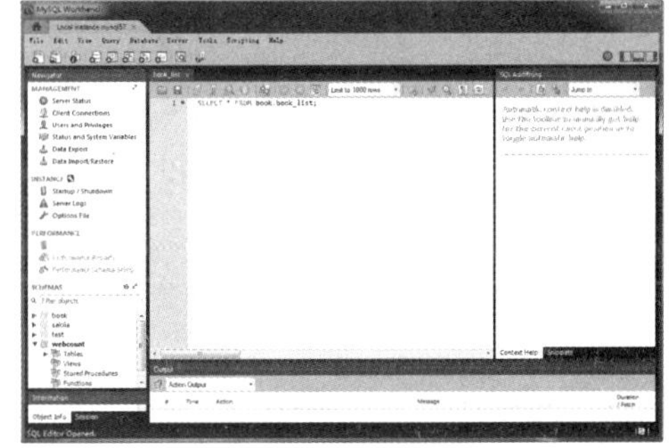
图 9-11

02 单击工具栏中的“创建一个新的数据库”按钮，弹出“新建数据库”选项卡，在 Name 文本框中输入数据库名称 news，在 Collation 下拉列表中选择 utf8-utf8_general_ci 选项，如图 9-12 所示。单击 Apply 按钮，在弹出的对话框中显示生成的可编辑的创建数据库的 SQL 语句，如图 9-13 所示。

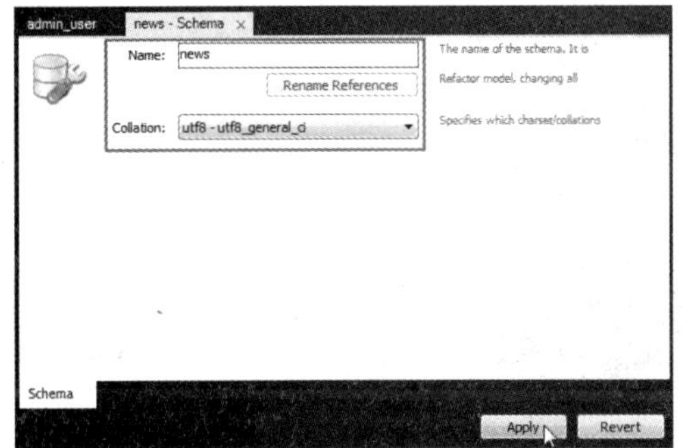

图 9-12

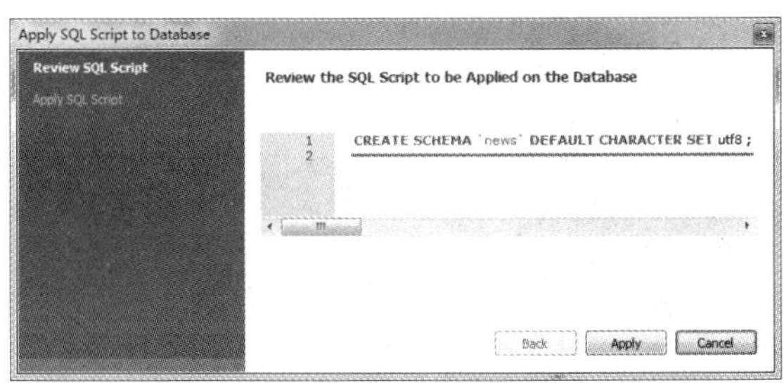

图 9-13

03 单击 Apply 按钮，即可创建所设置的数据库，完成数据库的创建后，显示如图 9-14 所示的对话框。单击 Finish 按钮，关闭对话框，在 MySQL Workbench 工作界面左侧的 SCHEMAS 选项区中可以看到所创建的名为 news 的数据库，如图 9–15 所示。

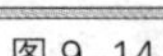
图 9–14

图 9–15

04 双击名为 news 的数据库，从而选中该数据库。首先创建用于存储管理员账号和密码的 admin_user 的数据表，单击工具栏中的“创建一个新的数据表”按钮，弹出“新建数据表”选项卡，在 Table Name 文本框中输入数据表名称 admin_user，在 Collation 下拉列表中选择 utf8–utf8_general_ci 选项，在 Engine 下拉列表中选择存储引擎为 MyISAM，如图 9–16 所示。

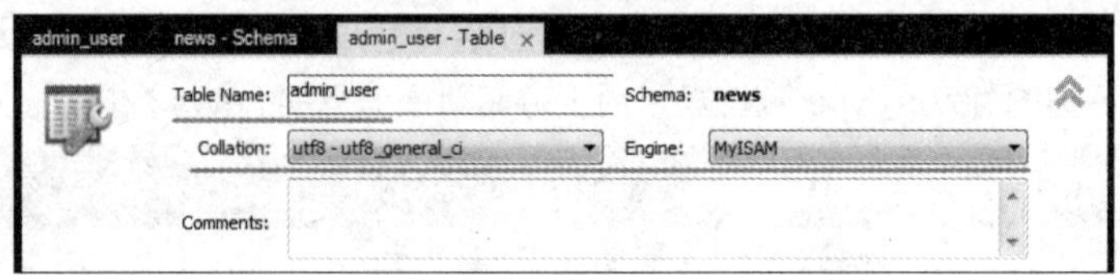

图 9–16

05 在字段列表选项区中为该数据表添加相应的字段，并且分别对各字段进行设置，如图 9–17 所示。

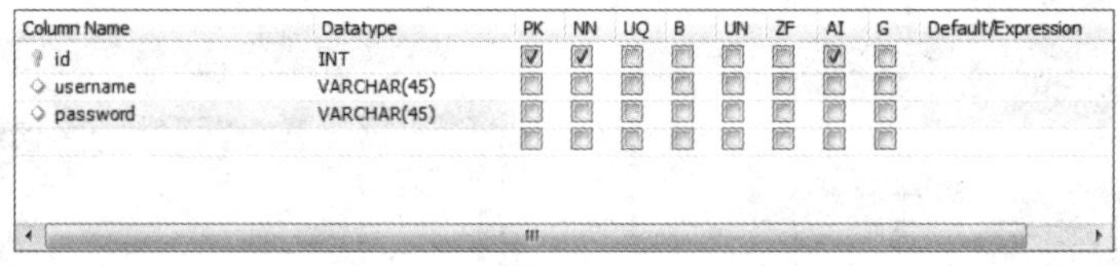

图 9–17

提示

名称为 admin_user 的数据表非常简单，只包含 3 个字段，其中 id 字段为自动递增的主键，username 字段的类型为 VARCHAR(字符型)，用于存储管理员账号；password 字段的类型为 VARCHAR(字符型)，用于存储管理员密码。

06 完成字段的设置后，单击 Apply 按钮，显示生成的可编辑的创建数据表的 SQL 语句，如图 9–18 所示。单击 Apply 按钮，即可创建所设置的表，完成数据表的创建后，显示如图 9–19 所示的对话框。

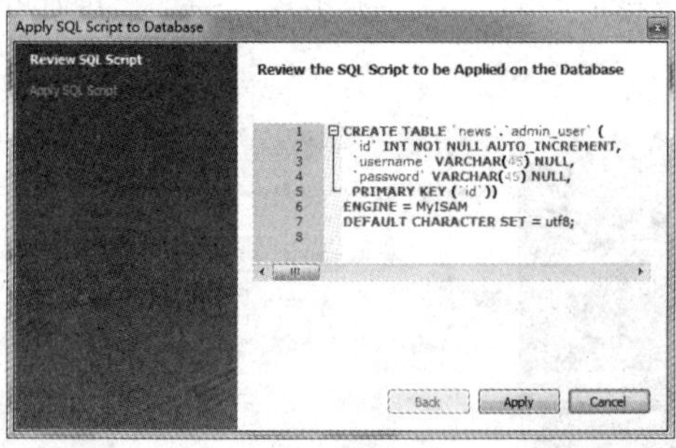

图 9–18

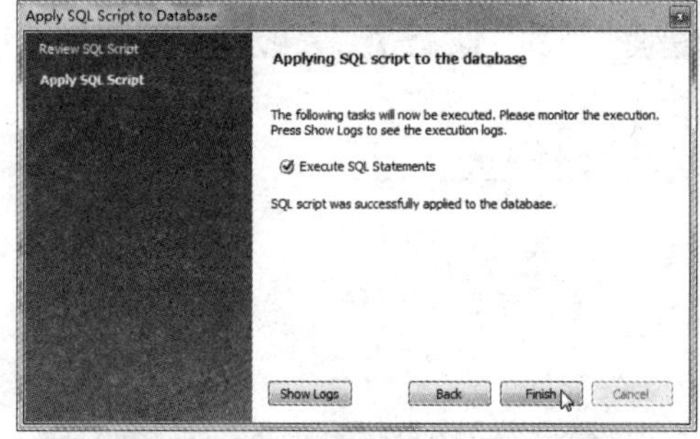

图 9–19

07 单击 Finish 按钮，完成名称为 admin_user 数据表的创建。在界面左侧的 SCHEMAS 选项区中选择刚创建的 admin_user 数据表，在该数据表名称上单击鼠标右键，在弹出的菜单中选择 Select Rows–Limit 1000 命令，如图 9–20 所示。弹出以该数据表名称命名的选项卡，直接在下半部分的数据表格中添加相应的数据，如图 9–21 所示。

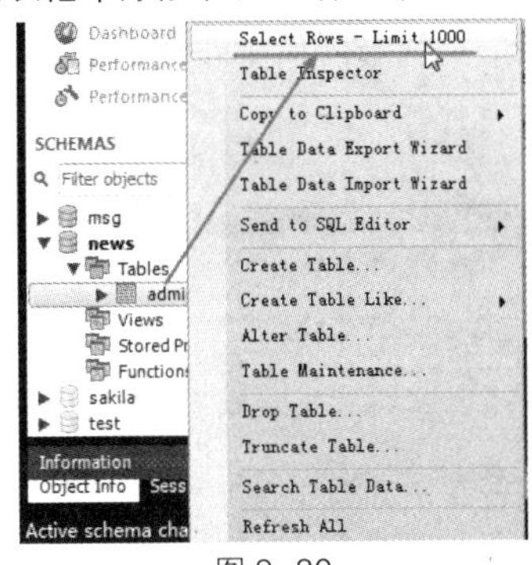

图 9–20

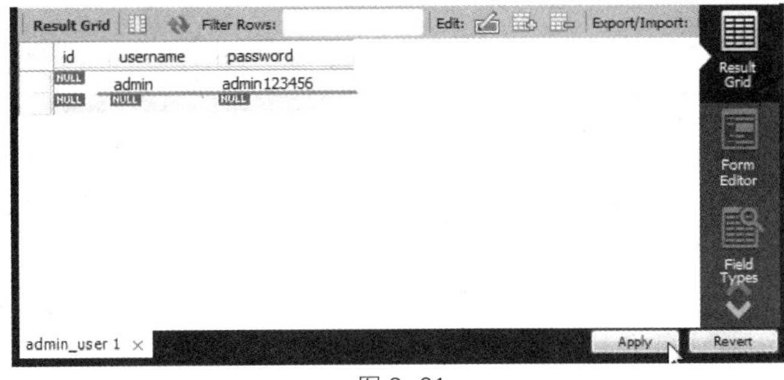

图 9–21

08 单击 Apply 按钮，显示生成的可编辑的添加数据的 SQL 语句，如图 9–22 所示。单击 Apply 按钮，完成管理员账号和密码的添加，显示如图 9–23 所示的对话框。单击 Finish 按钮，关闭对话框，完成数据的添加。

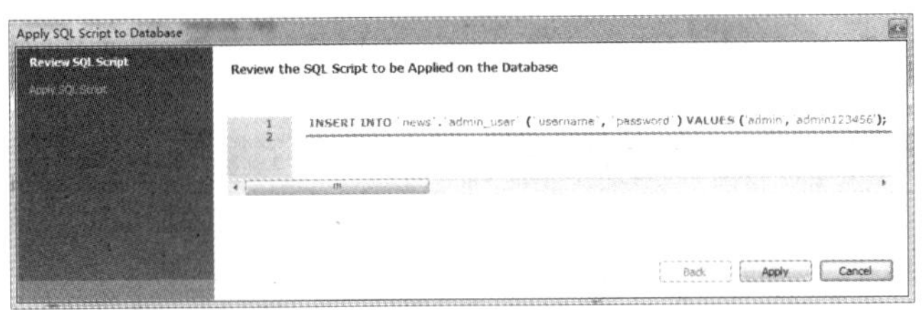

图 9–22

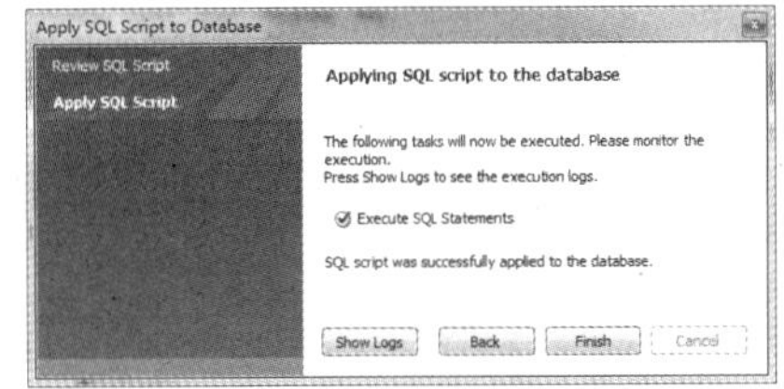

图 9–23

提示

admin_user 数据表用于存储留言板系统的管理员账户和密码，此处直接在该数据表中插入管理员账号和密码数据。

09 接下来创建 news_type 数据表。单击工具栏中的“创建一个新的数据表”按钮，弹出“新建数据表”选项卡，在 Table Name 文本框中输入数据表名称 news_type，在 Collation 下拉列表中选择 utf8–utf8_general_ci 选项，在 Engine 下拉列表中选择存储引擎为 MyISAM，如图 9–24 所示。

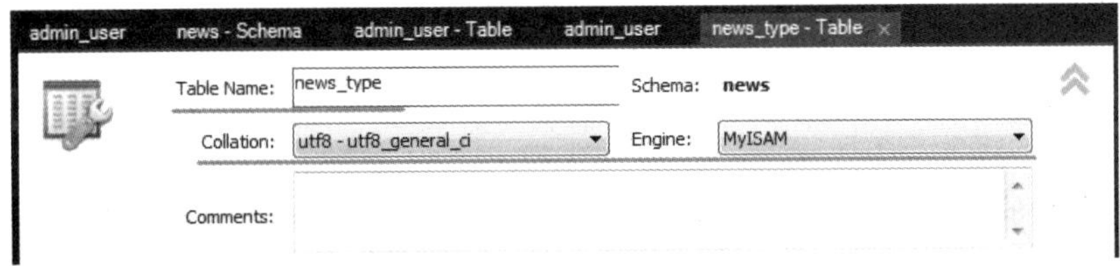

图 9–24

10 在字段列表选项区中为该数据表添加相应的字段，并且分别对各字段进行设置，如图 9–25 所示。

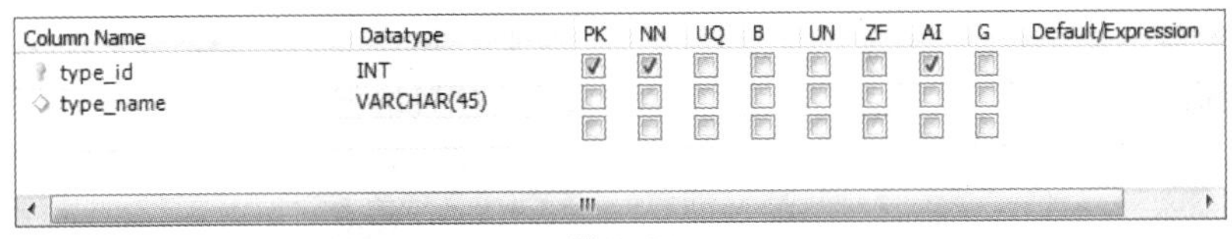

图 9–25

提示

news_type 数据表用于存储新闻分类的名称，数据表中的 type_id 字段类型为 INT(整数型)，设置该字段为主键，并且数值自动递增；type_name 字段的类型为 VARCHAR(字符型)，用于存储新闻分类名称。

11 完成字段的设置后，单击 Apply 按钮，显示生成的可编辑的创建数据表的 SQL 语句，如图 9–26 所示。单击 Apply 按钮，即可创建所设置的表，完成数据表的创建后，显示如图 9–27 所示的对话框。

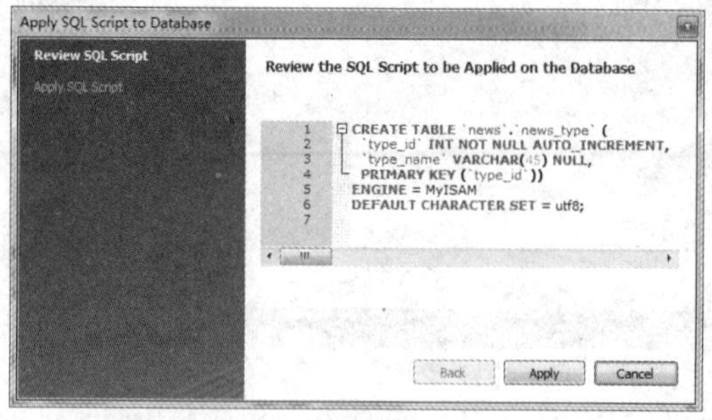

图 9–26

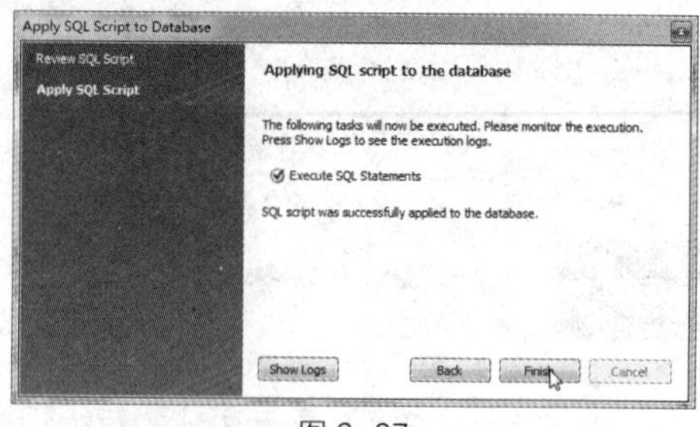

图 9–27

12 单击 Finish 按钮，完成 news_type 数据表的创建，接下来创建 news 数据表。单击工具栏中的“创建一个新的数据表”按钮，弹出“新建数据表”选项卡，在 Table Name 文本框中输入数据表名称 news，在 Collation 下拉列表中选择 utf8–utf8_general_ci 选项，在 Engine 下拉列表中选择存储引擎为 MyISAM，如图 9–28 所示。

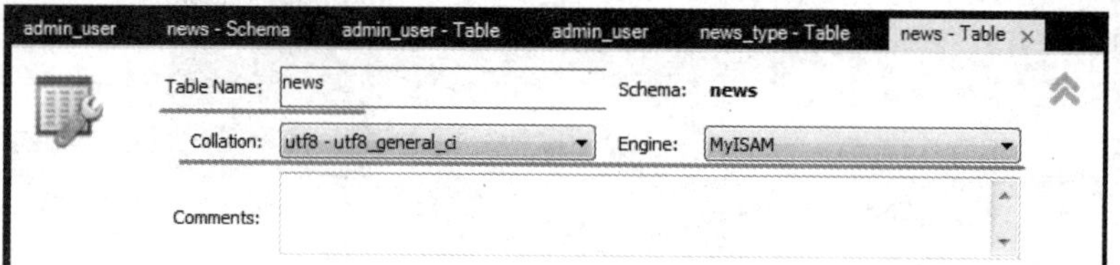

图 9–28

13 在字段列表选项区中为该数据表添加相应的字段，并且分别对各字段进行设置，如图 9–29 所示。

Column Name	Datatype	PK	NN	UQ	B	UN	ZF	AI	G	Default/Expression
news_id	INT(11)	✓	✓					✓		
news_title	VARCHAR(45)									NULL
news_type	INT(11)									NULL
news_author	VARCHAR(45)									NULL
news_date	DATE									NULL
news_content	TEXT									NULL

图 9–29

14 完成字段的设置后，单击 Apply 按钮，显示生成的可编辑的创建数据表的 SQL 语句，如图 9–30 所示。单击 Apply 按钮，即可创建所设置的表，完成数据表的创建后，显示如图 9–31 所示的对话框。

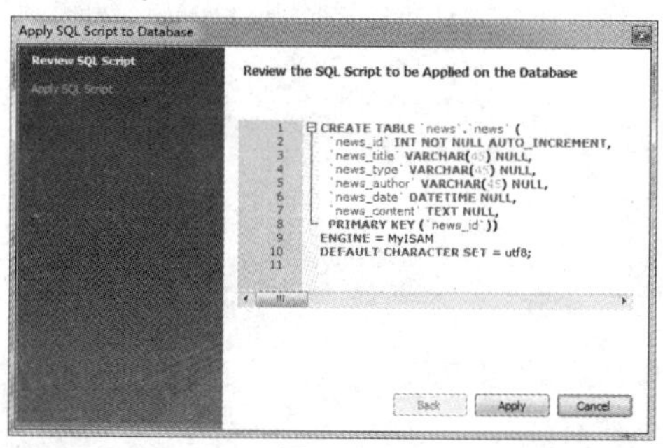

图 9–30

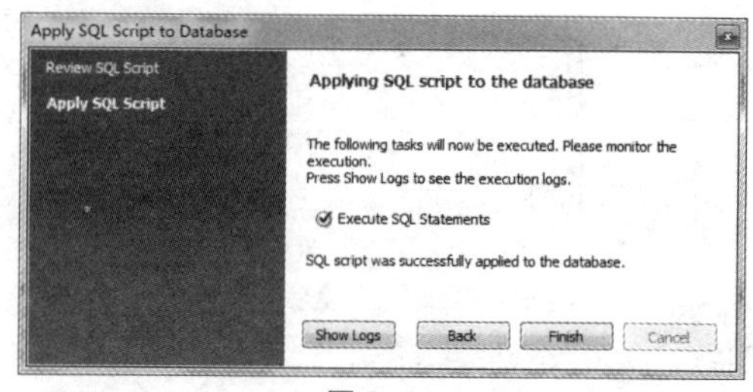

图 9–31

15 单击 Finish 按钮，完成 news 数据表的创建，该数据表主要用于存储新闻的相关数据内容。news 数据表中各字段的说明如表 9–3 所示。

表 9-3　news 数据表字段说明

字段名称	字段类型	说明
news_id	int(整数型)	用于存储记录编号，该字段为主键，并且数值自动递增，不需要用户提交数据
news_title	varchar(字符型)	用于存储新闻标题
news_type	int(整数型)	用于存储新闻类别的 id，该字段与 news_type 数据表中的 type_id 字段为关联字段
news_author	varchar(字符型)	用于存储新闻作者名称
news_date	Date(日期型)	用于存储新闻日期
news_content	text(文本型)	用户存储新闻的正文内容

9.2.3 创建 MySQL 数据库连接

完成了新闻发布管理系统站点的创建，并且完成了该系统 MySQL 数据库的创建后，接下来为新闻发布和管理系统创建 MySQL 数据库连接，只有成功与所创建的 MySQL 数据库连接，才能在 Dreamweaver 中通过程序对 MySQL 数据库进行操作。

实战　创建新闻发布和管理系统数据库连接

最终文件：无　　视频：视频\第 9 章\9-2-3.mp4

01 执行“文件”>“打开”命令，在 Dreamweaver 中打开站点中任意一个页面。打开“数据库”面板，单击该面板上的加号按钮，在弹出的菜单中选择“MySQL 驱动程序 (MySQL)”选项，如图 9-32 所示。弹出“MySQL 驱动程序 (MySQL)”对话框，对该对话框中的相关选项进行设置，如图 9-33 所示。

图 9-32

图 9-33

提示

在“MySQL 驱动程序 (MySQL)”对话框中的 URL 选项设置所需要链接的 MySQL 数据库的 URL 地址，本章所制作的网站用户登录和注册系统需要连接名称为 member 的 MySQL 数据库，其完整的 URL 地址是 jdbc:mysql://localhost:3306/member?useUnicode=true&characterEncoding=utf-8。

02 单击“测试”按钮，测试 Dreamweaver 与 MySQL 数据库的连接是否成功，如果创建连接成功，则弹出“成功创建连接脚本”的提示信息，如图 9-34 所示。单击“确定”按钮，返回“MySQL 驱动程序 (MySQL)”对话框中，单击“确定”按钮，完成“MySQL 驱动程序 (MySQL)”对话框的设置，在“数据库”面板中可以看到所连接的 MySQL 数据库的相关信息，如图 9-35 所示。

图 9-34

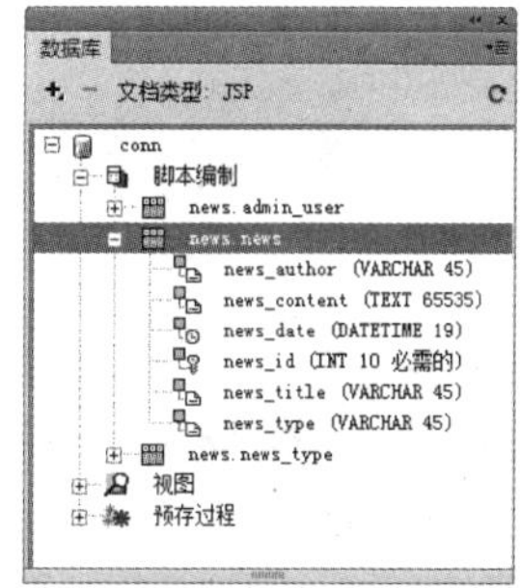

图 9-35

9.3 开发新闻显示功能

前面已经对新闻发布管理系统进行了细致的分析，普通浏览者在该系统中只能对新闻进行浏览，前台包括的新闻显示页面主要有 3 个，分别是新闻列表页面、新闻分类列表页面和新闻详情页面，在本节中将完成这 3 个页面中功能的制作。

9.3.1 新闻列表

在新闻列表页面 index.jsp 中主要用于显示新闻的标题和发布时间，显示新闻分类名称，并且单击某个新闻分类名称后，进入该分类的新闻列表页面中只查看该分类的新闻。单击某条新闻标题，跳转到新闻详情页面，显示该条新闻详细内容，并且在该页面中还需要实现新闻搜索的功能。

实战 制作新闻列表页面

最终文件：最终文件 \ 第 9 章 \chapter9\index.jsp　　视频：视频 \ 第 9 章 \9-3-1.mp4

01 执行“文件”>“打开”命令，打开站点中的新闻列表页面 index.jsp，可以看到页面的效果，如图 9-36 所示。打开“绑定”面板，单击该面板上的加号按钮，在弹出的菜单中选择“记录集(查询)”选项，弹出“记录集”对话框，设置如图 9-37 所示。

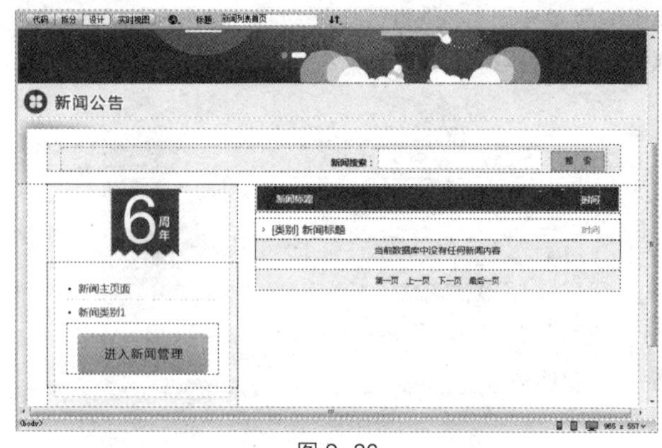

图 9-36

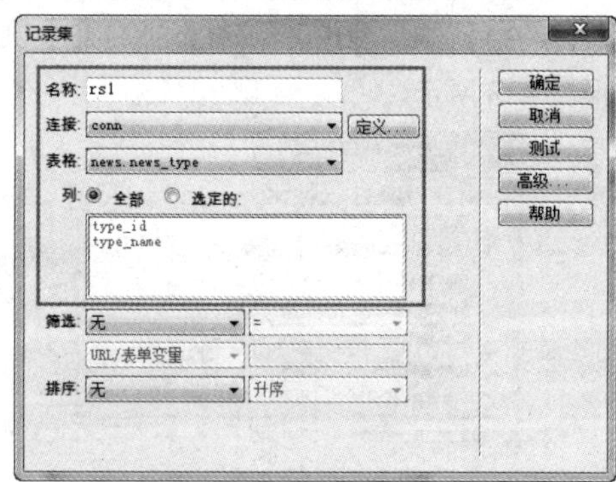

图 9-37

02 单击“确定”按钮，创建记录集，将页面左侧的“新闻类别 1”文字替换为记录集中的 type_name 字段，如图 9-38 所示。单击标签选择器中的 <li> 标签，选中设置为重复显示记录的区域，如图 9-39 所示。

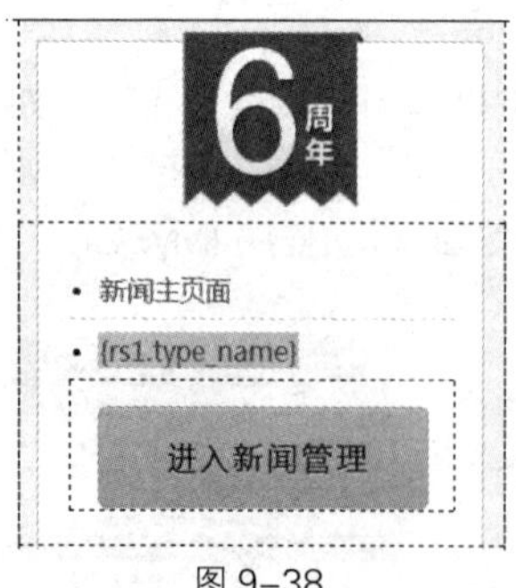

图 9-38

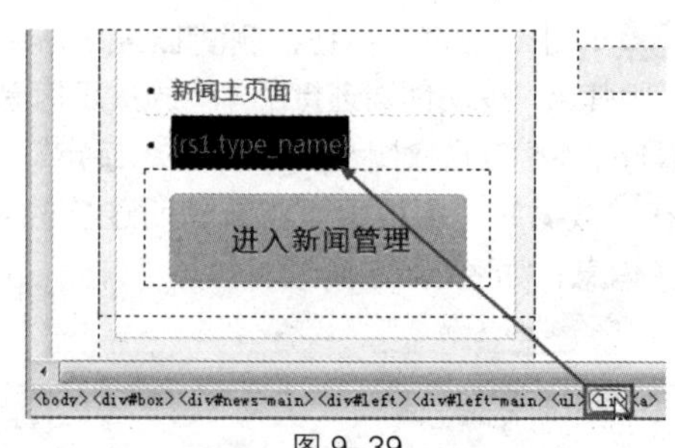

图 9-39

03 打开“服务器行为”面板，单击该面板上的加号按钮，在弹出的菜单中选择“重复区域”选项，弹出“重复区域”对话框，设置如图 9-40 所示。单击“确定”按钮，完成“重复区域”对话框的设置，将页面中被选中的区域设置为重复区域，如图 9-41 所示。

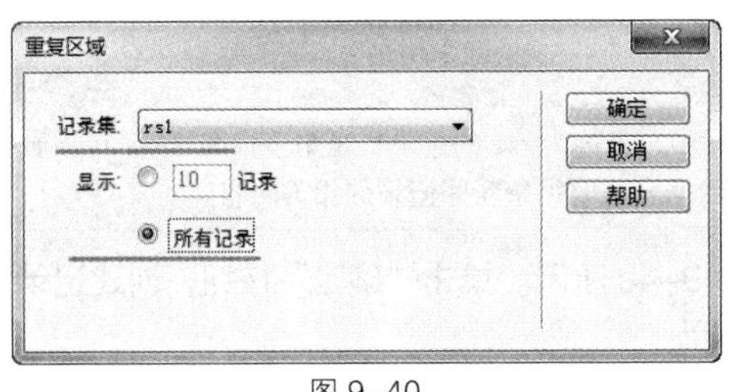

图 9-40

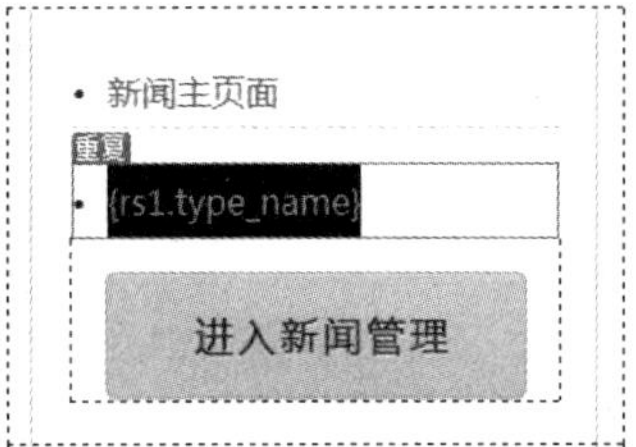

图 9-41

04 选中插入页面中的 type_name 字段，单击“服务器行为”面板上的加号按钮，在弹出的菜单中选择“转到详细页面”选项，如图 9-42 所示。弹出“转到详细页面”对话框，设置如图 9-43 所示。单击“确定”按钮，应用“转到详细页面”服务器行为。

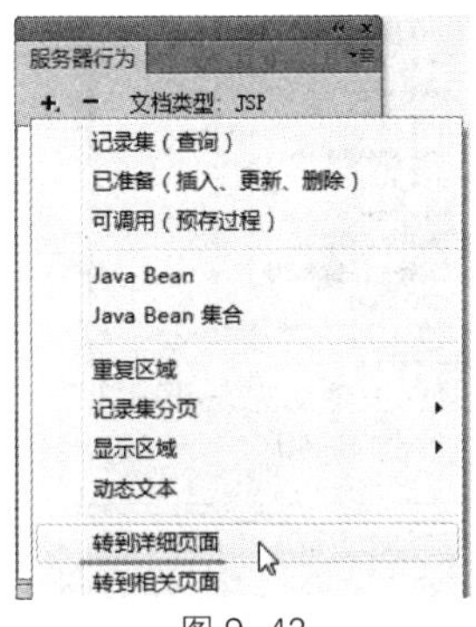

图 9-42

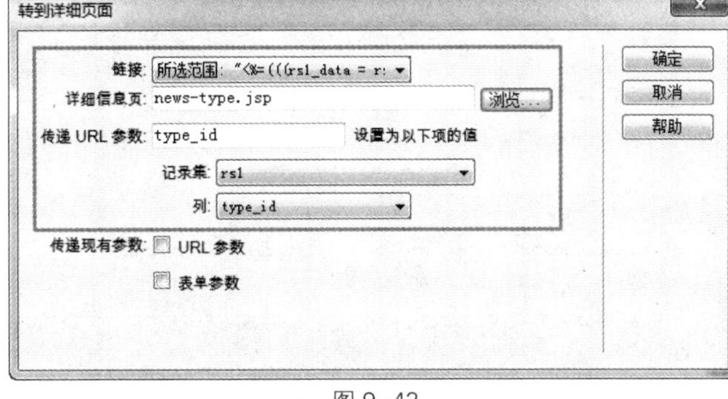

图 9-43

05 单击页面左侧的“新闻主页面”超链接，设置其链接到新闻列表页面 index.jsp，如图 9-44 所示。选择“进入新闻管理”图片，设置其链接到新闻管理登录页面 admin 文件夹中的 login.jsp 页面，如图 9-45 所示。

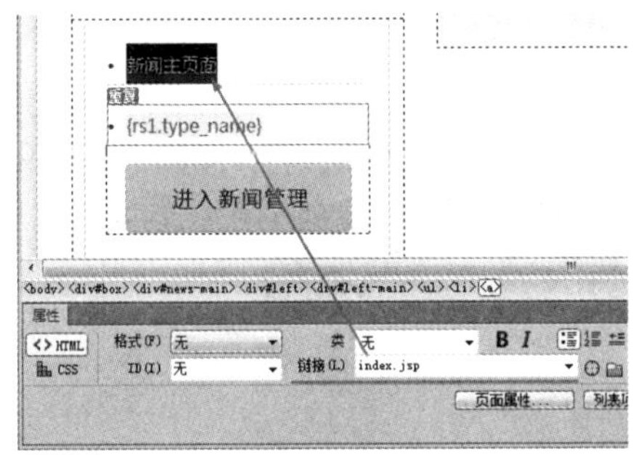

图 9-44

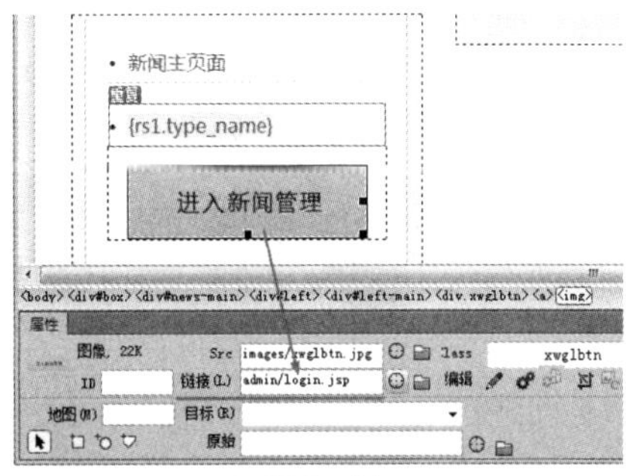

图 9-45

06 单击“绑定”面板上的加号按钮，在弹出的菜单中选择“记录集（查询）”选项，在弹出的“记录集”对话框中进行设置，如图 9-46 所示。单击“高级”按钮，切换到高级设置界面中，如图 9-47 所示。

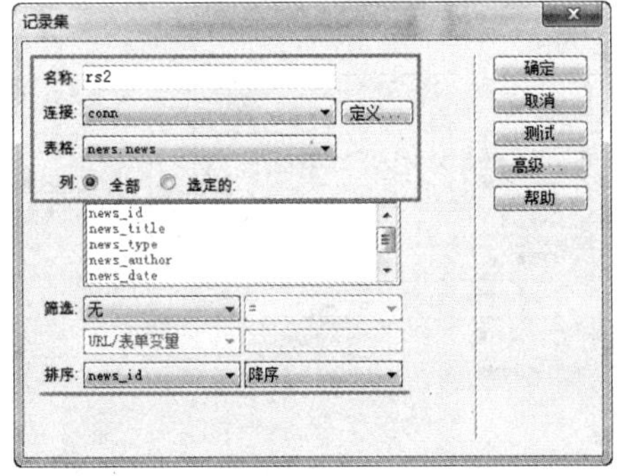

图 9-46

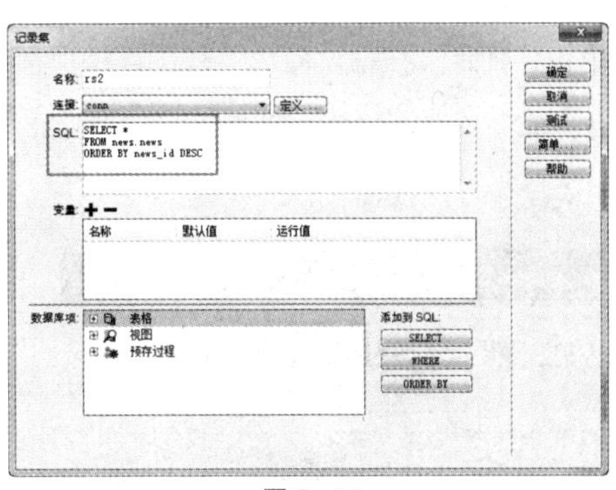

图 9-47

提示

在同一个页面中可以创建多个不同的记录集，例如在该页面中，名称为 rs1 的记录集是用于查询 news_type 数据表获取新闻分类名称，而名称为 rs2 的记录集是用于查询 news 数据表获取每条新闻记录的相关内容。

07 在 SQL 文本框中添加相应的 SQL 代码，如图 9-48 所示。单击“确定”按钮，创建记录集，“绑定”面板上会显示刚创建的记录集，如图 9-49 所示。

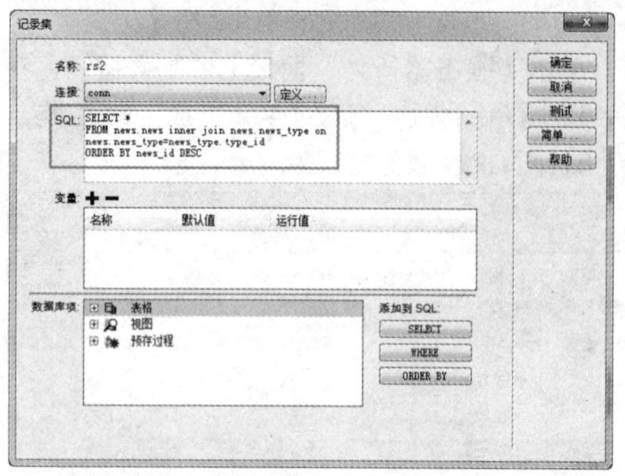

图 9-48

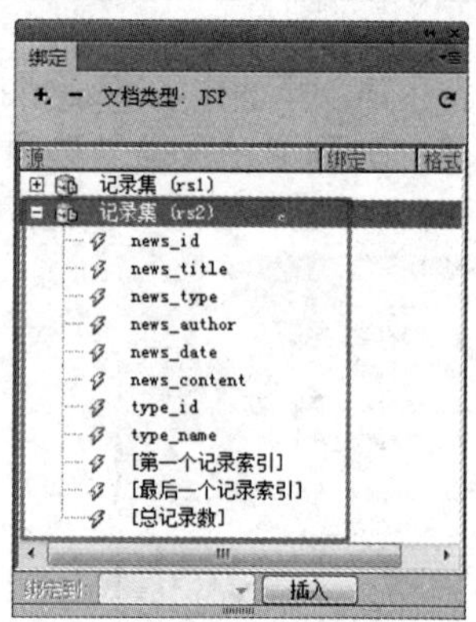

图 9-49

技巧

因为在 news 数据表中的 news_type 字段存储的是新闻分类的 id 值而不是分类名称，但是我们需要在每个新闻标题之前显示该新闻的分类名称，所以此处就需要进行关联查询，同时查询 news 数据表中的 news_type 字段与 news_type 数据表中的 type_id 字段相关联的记录集。修改后的 SQL 语句如下。

```
SELECT *
FROM news.news inner join news.news_type on news.news_type=news_type.type_id
ORDER BY news_id DESC
```

08 在页面中将“类别”文字替换为 rs2 记录集中的 type_name 字段，将“新闻标题”文字替换为 news_title 字段，将“时间”文字替换为 news_date 字段，如图 9-50 所示。

图 9-50

09 选中插入页面中的 news_title 字段，如图 9-51 所示。单击“服务器行为”面板上的加号按钮，在弹出的菜单中选择“转到详细页面”选项，弹出“转到详细页面”对话框，设置如图 9-52 所示。单击“确定”按钮，应用“转到详细页面”服务器行为。

图 9-51

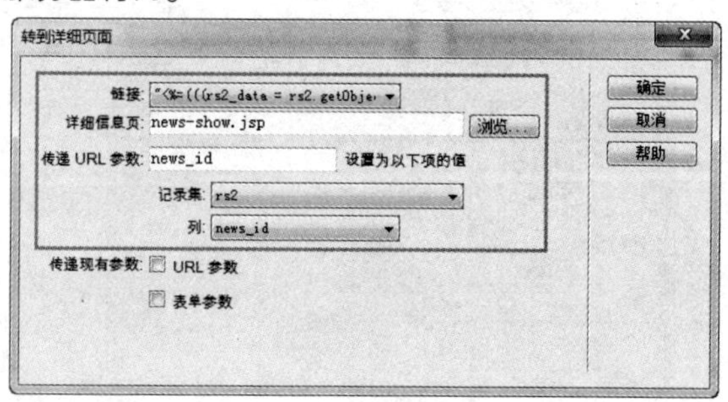

图 9-52

10 选择页面中设置为重复显示记录的区域，这里选择 id 名称为 news-list 的 Div，如图 9-53 所示。单击“服务器行为”面板上的加号按钮，在弹出的菜单中选择“重复区域”命令，弹出“重复区域”对话框，设置“记录集”为 rs2，“显示”为 10 记录，如图 9-54 所示。

图 9-53

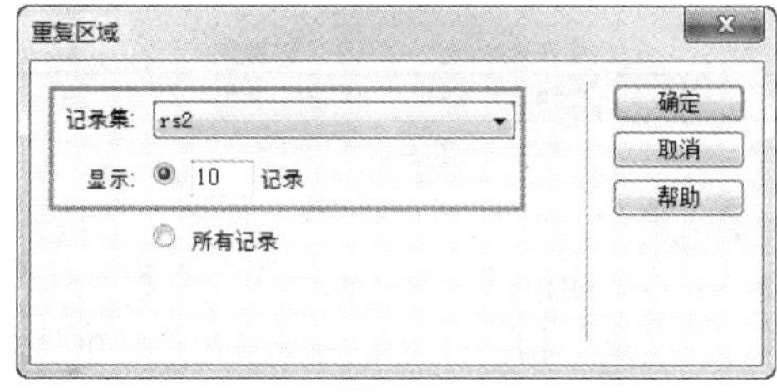

图 9-54

11 单击“确定”按钮，完成重复区域的创建，效果如图 9-55 所示。单击刚创建的重复区域左上角的“重复”标签，将该区域设置为记录集有数据时显示的内容，如图 9-56 所示。

图 9-55

图 9-56

12 单击“服务器行为”面板上的加号按钮，在弹出的菜单中选择“显示区域 > 如果记录集不为空则显示区域”选项，在弹出的对话框中进行设置，如图 9-57 所示。单击“确定”按钮，完成如果记录集不为空则显示区域的创建，如图 9-58 所示。

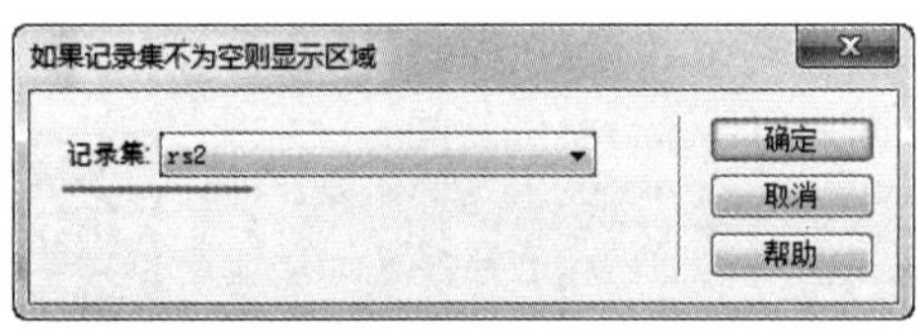

图 9-57

图 9-58

13 选择页面中记录集没有数据时需要显示的区域，这里选择 id 名称为 no-news 的 Div，如图 9-59 所示。单击“服务器行为”面板中的加号按钮，在弹出的菜单中选择“显示区域 > 如果记录集为空则显示区域”选项，在弹出的对话框中进行设置，如图 9-60 所示。

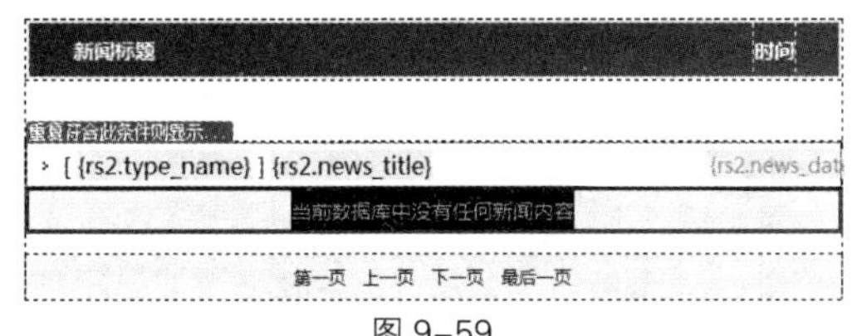

图 9-59

图 9-60

14 单击“确定”按钮，完成如果记录集为空则显示区域的创建，如图 9-61 所示。选中页面中的“第一页”文字，单击“服务器行为”面板中的加号按钮，在弹出的菜单中选择“记录集分页 > 移至第一条记录”选项，在弹出对话框中进行设置，如图 9-62 所示。

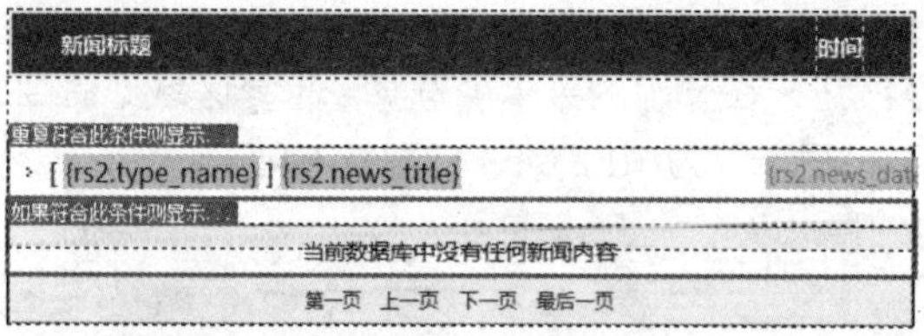

图 9-61

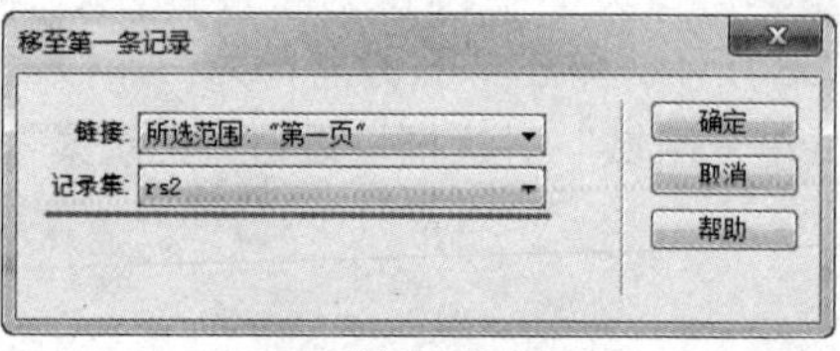

图 9-62

15 单击“确定”按钮，为“第一页”文字添加“移至第一条记录”服务器行为，如图 9-63 所示。使用相同的制作方法，为“上一页”“下一页”和“最后一页”文字分别添加“移至前一条记录”“移至下一条记录”和“移至最后一条记录”的服务器行为，如图 9-64 所示。

图 9-63

图 9-64

16 转换到网页 HTML 代码中，在页面所有代码之前添加相应的 JSP 脚本代码，设置页面编码格式以及导入相应的 Java 类，如图 9-65 所示。

```
<%@ page language="java" import="java.util.*" pageEncoding="utf-8"%>
<%@ page contentType="text/html;charset=utf-8"%>
<% request.setCharacterEncoding("utf-8"); %>
<%@ page import="java.sql.*"%>
<%@ include file="Connections/conn.jsp" %>
<%
String stext=request.getParameter("search-text");
```

图 9-65

17 完成新闻列表页面 index.jsp 中所有功能的制作。

9.3.2 新闻分类列表

为了方便用户的浏览，可以通过新闻分类列表页面只显示某一类型的新闻，这样便于用户进行浏览和查找。在新闻分类列表页面中接收新闻列表页面 index.jsp 传递过来的 URL 参数 type_name，在数据库中查找相对应的数据记录并显示在网页中，从而只显示该分类的新闻。

实战 制作新闻分类列表页面

最终文件：最终文件 \ 第 9 章 \chapter9\news-type.jsp　　视频：视频 \ 第 9 章 \9-3-2.mp4

01 在站点中打开新闻分类列表页面 news-type.jsp，可以看到页面的效果，如图 9-66 所示。打开“绑定”面板，单击该面板上的加号按钮，在弹出的菜单中选择“记录集(查询)”选项，弹出“记录集”对话框，设置如图 9-67 所示。

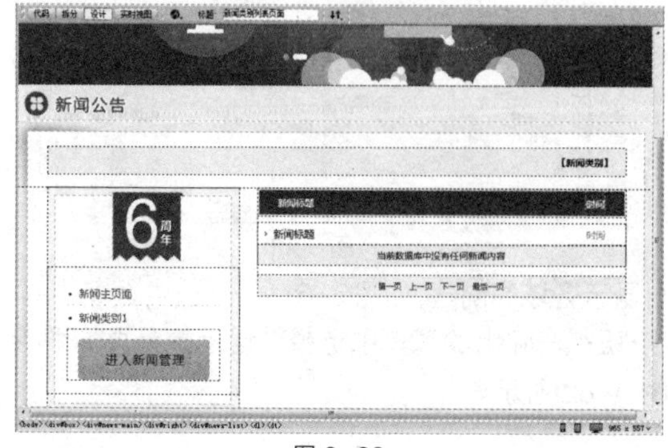

图 9-66

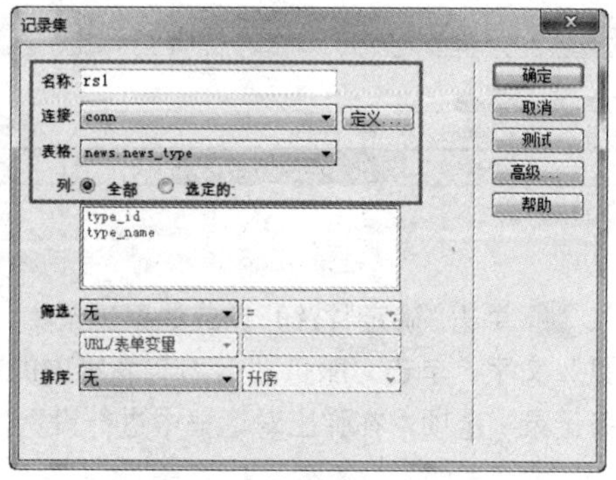

图 9-67

02 将页面左侧的“新闻类别 1”文字替换为记录集中的 type_name 字段，如图 9–68 所示。选中插入页面中的 type_name 字段，单击“服务器行为”面板上的加号按钮，在弹出的菜单中选择“转到详细页面”选项，弹出“转到详细页面”对话框，设置如图 9–69 所示。

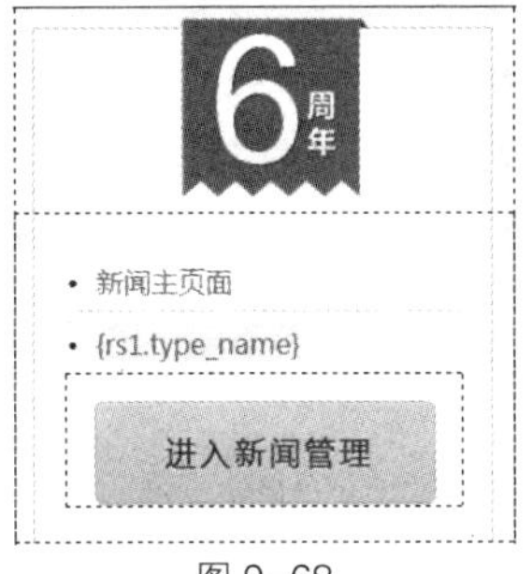

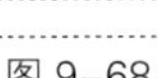
图 9–68

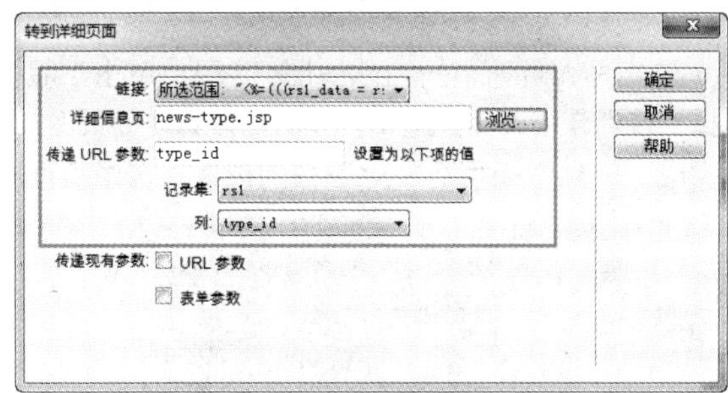

图 9–69

03 单击“确定”按钮，应用“转到详细页面”服务器行为。单击标签选择器中的 <li> 标签，选中设置为重复显示记录的区域，如图 9–70 所示。单击“服务器行为”面板上的加号按钮，在弹出的菜单中选择“重复区域”选项，弹出“重复区域”对话框，设置如图 9–71 所示。

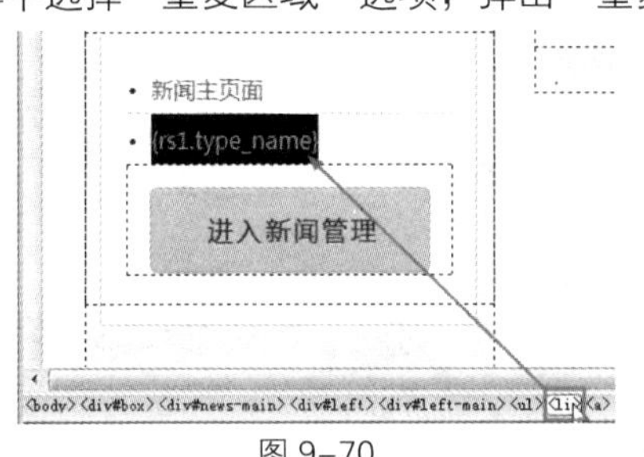

图 9–70

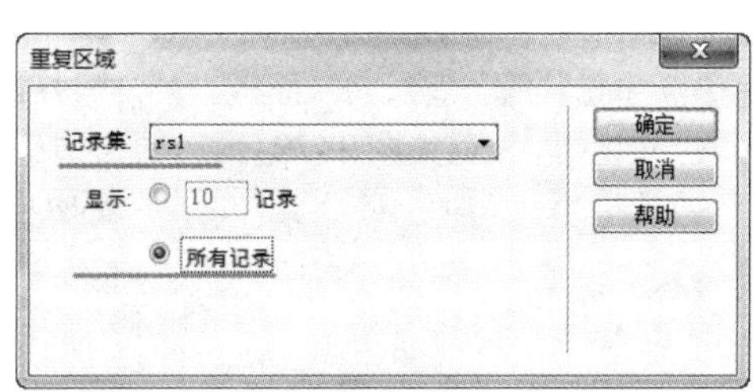

图 9–71

04 单击“确定”按钮，完成“重复区域”对话框的设置，将页面中被选中的区域设置为重复区域，如图 9–72 所示。为页面左侧的“新闻主页面”文字设置链接到 index.jsp 页面，为“进入新闻管理”图片设置链接到 admin 文件夹中的新闻管理登录页面 login.jsp，如图 9–73 所示。

图 9–72

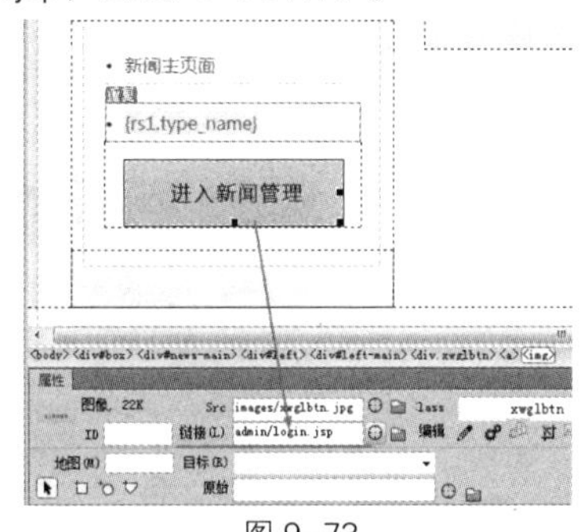

图 9–73

05 单击“绑定”面板上的加号按钮，在弹出的菜单中选择“记录集(查询)”选项，在弹出的“记录集”对话框中进行设置，如图 9–74 所示。单击“确定”按钮，创建记录集，分别将页面中的“新闻标题”和“时间”文字替换为 rs2 记录集中的 news_title 和 news_date 字段，如图 9–75 所示。

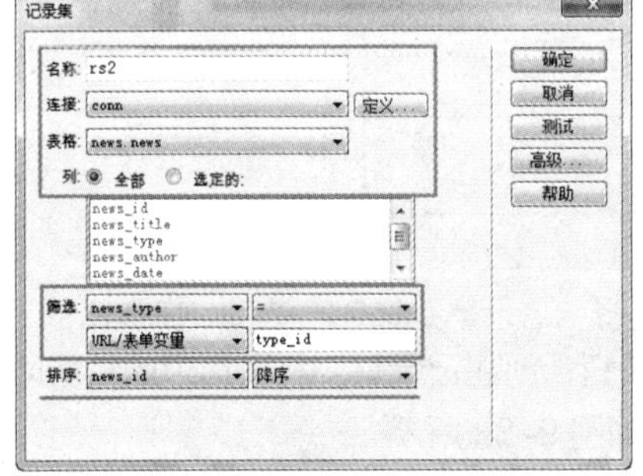

图 9–74

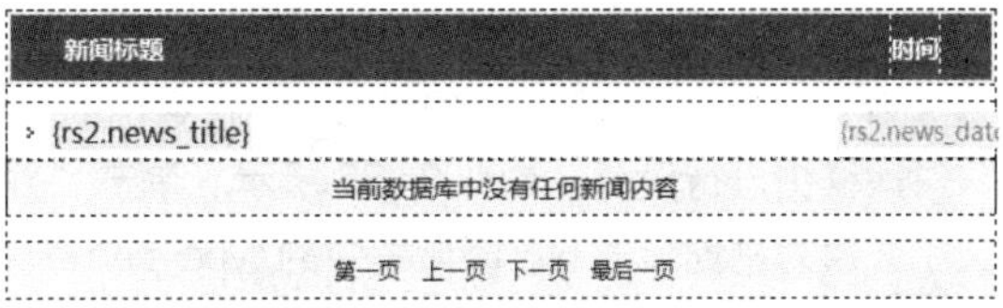

图 9–75

提示

此处所创建的名称为 rs2 的记录集，主要用于查询名称为 news 的数据表，并且其“筛选”选项设置为根据 news 数据表中的 news_type 字段与接收到的 URL 参数 type_id，从而获取同一种类型的新闻。

06 选中插入页面中的 news_title 字段，单击“服务器行为”面板上的加号按钮，在弹出的菜单中选择“转到详细页面”选项，弹出“转到详细页面”对话框，设置如图 9-76 所示。单击“确定”按钮，完成“转到详细页面”对话框的设置。选中页面中需要设置为重复显示记录的区域，这里选择 id 名称为 news-list 的 Div，如图 9-77 所示。

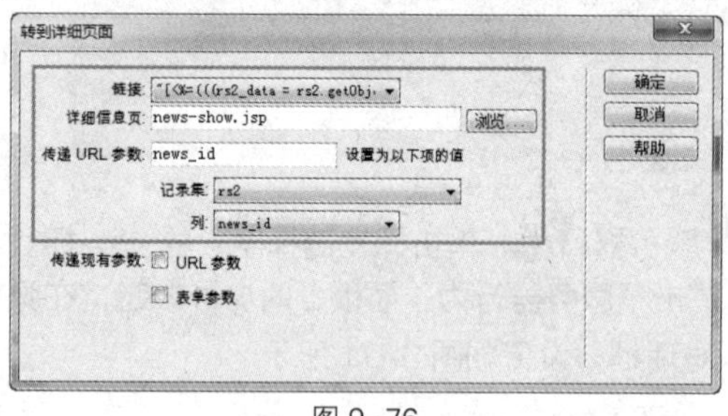

图 9-76

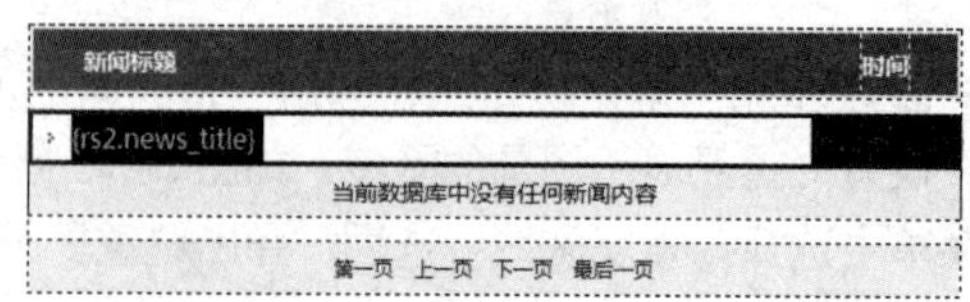

图 9-77

07 单击“服务器行为”面板上的加号按钮，在弹出的菜单中选择“重复区域”命令，弹出“重复区域”对话框，设置如图 9-78 所示。单击“确定”按钮，完成重复区域的创建，效果如图 9-79 所示。

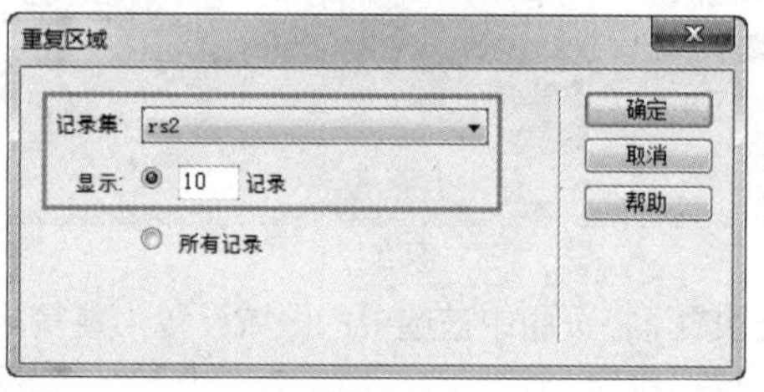

图 9-78

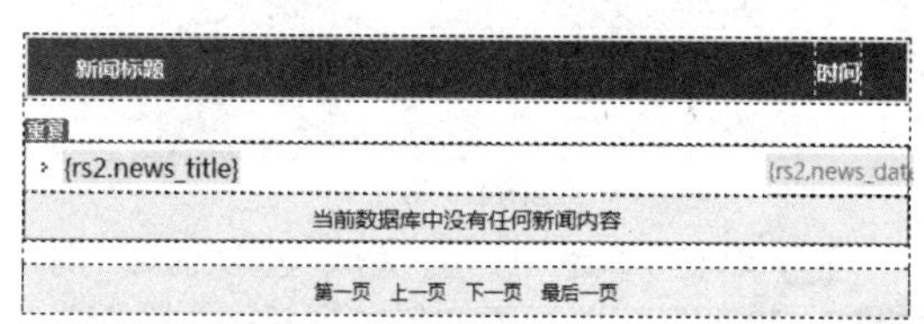

图 9-79

08 根据新闻列表页面 index.jsp 的制作方法，完成页面中记录集不为空显示区域和记录集为空显示区域的创建，效果如图 9-80 所示。分别为页面中“第一页”“上一页”“下一页”和“最后一页”文字添加相应的服务器行为，如图 9-81 所示。

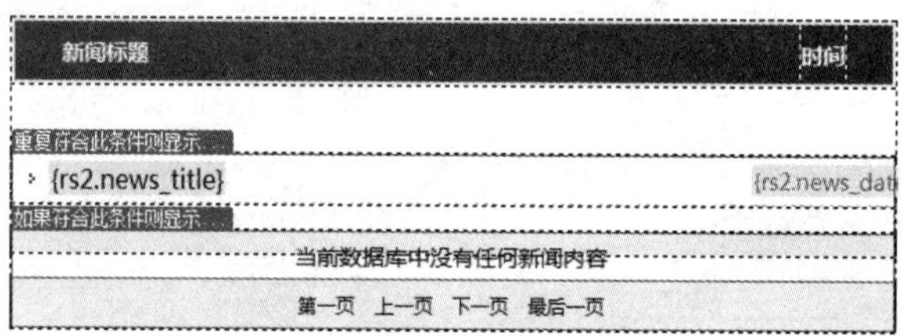

图 9-80

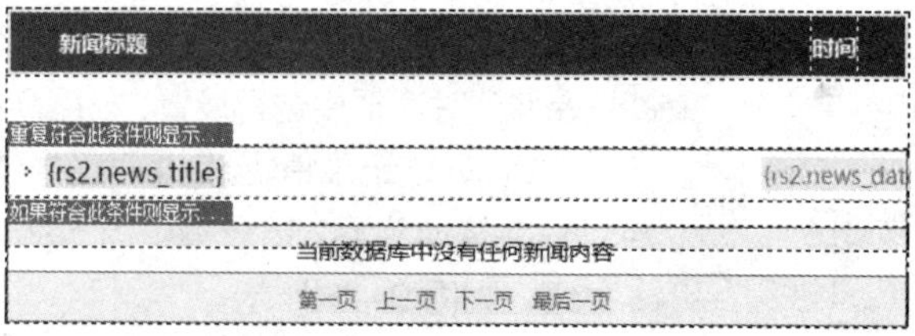

图 9-81

09 单击“绑定”面板上的加号按钮，在弹出的菜单中选择“记录集(查询)”选项，在弹出的“记录集”对话框中进行设置，如图 9-82 所示。单击“确定”按钮，创建记录集。将页面中的“新闻类别”文字替换为刚创建的 rs3 记录集中的 type_name 字段，如图 9-83 所示。

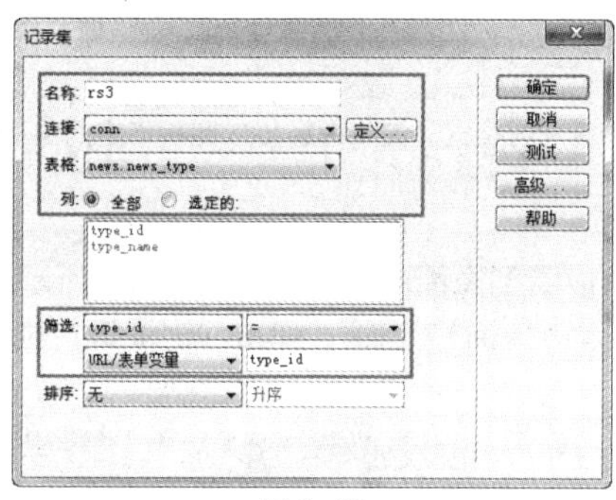

图 9-82

图 9-83

10 转换到网页 HTML 代码中，在页面所有代码之前添加相应的 JSP 脚本代码，设置页面编码格式以及导入相应的 Java 类，如图 9-84 所示。

```
<%@ page language="java" import="java.util.*" pageEncoding="utf-8"%>
<%@ page contentType="text/html;charset=utf-8"%>
<% request.setCharacterEncoding("utf-8"); %>
<%@ page import="java.sql.*"%>
<%@ include file="Connections/conn.jsp" %>
<%
```

图 9-84

11 完成新闻分类列表页面 news-type.jsp 的制作。

9.3.3　新闻搜索

当网站中的新闻内容比较多时，通过搜索功能来快速找到用户感兴趣的内容是一种常用的方式。在本章所制作的新闻发布管理系统中同样设置了新闻搜索功能。在新闻列表页面 index.jsp 的新闻搜索文本框中输入搜索关键字，单击“搜索”按钮，将会把所输入的搜索关键字传递到新闻搜索结果页面 search.jsp，在该页面中查询数据表并显示搜索结果。

实战　实现新闻搜索功能

最终文件：最终文件 \ 第 9 章 \chapter9\search.jsp　　视频：视频 \ 第 9 章 \9-3-3.mp4

01 打开站点中的新闻列表页面 index.jsp，选择实现搜索功能的表单域，在“属性”面板中设置 Action 属性值为 search.jsp，如图 9-85 所示。转换到网页 HTML 代码中，可以看到搜索文本框的 id 名称为 search_text，如图 9-86 所示。

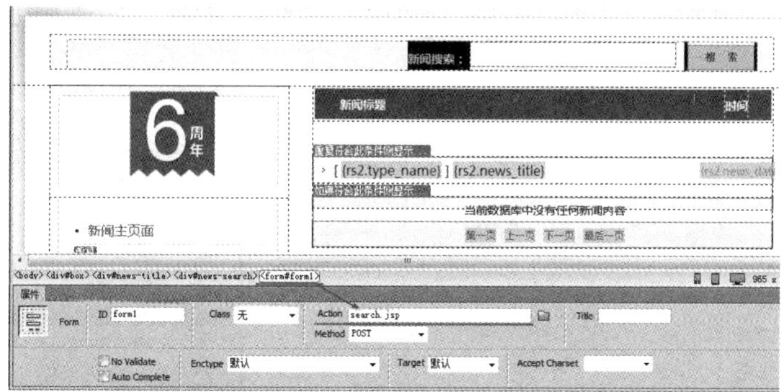

图 9-85

```
<div id="news-search">
  <form action="search.jsp" method="post" name="form1" id="form1">
    新闻搜索：
    <input name="search_text" type="text" id="search_text" placeholder="请输入搜索关键字">
    <input type="submit" name="sbtn" id="sbtn" value="搜　索">
  </form>
</div>
```

图 9-86

提示

在该页面中设置表单域的 Action 属性主要是为了实现将用户输入的搜索关键字内容传递到所指定的 search.jsp 页面中进行处理，在 search.jsp 页面中将会接收表单传递过来的值。

02 打开站点中的新闻搜索结果页面 search.jsp，可以看到页面的效果，如图 9–87 所示。单击“绑定”面板上的加号按钮，在弹出的菜单中选择“记录集(查询)”选项，弹出“记录集”对话框，设置如图 9–88 所示。

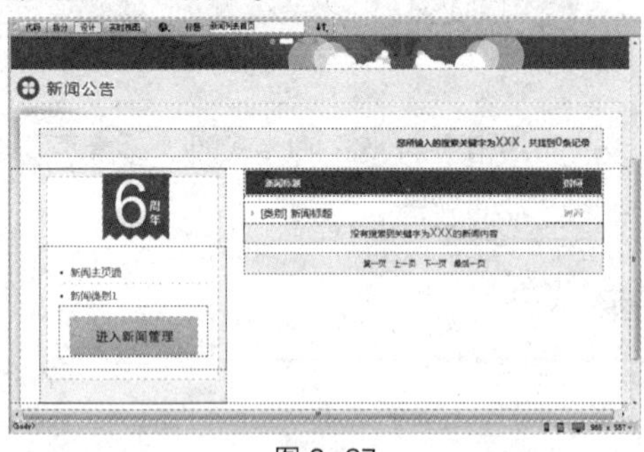
图 9–87

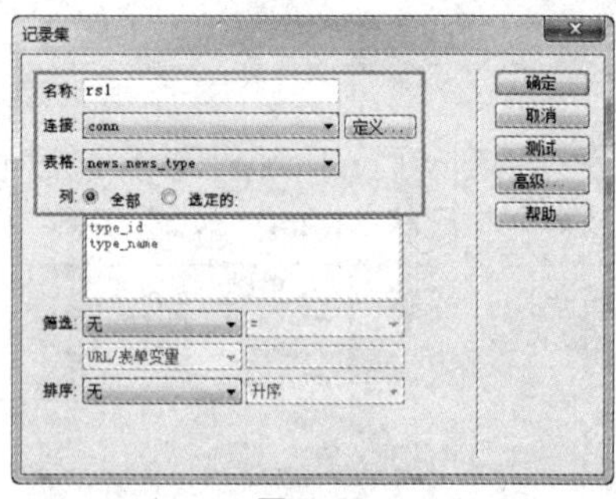
图 9–88

03 页面左侧的“新闻类别 1”文字替换为记录集中的 type_name 字段，如图 9–89 所示。根据前面 index.jsp 和 news–type.jsp 页面相同的制作方法，完成页面左侧部分的制作，效果如图 9–90 所示。

图 9–89

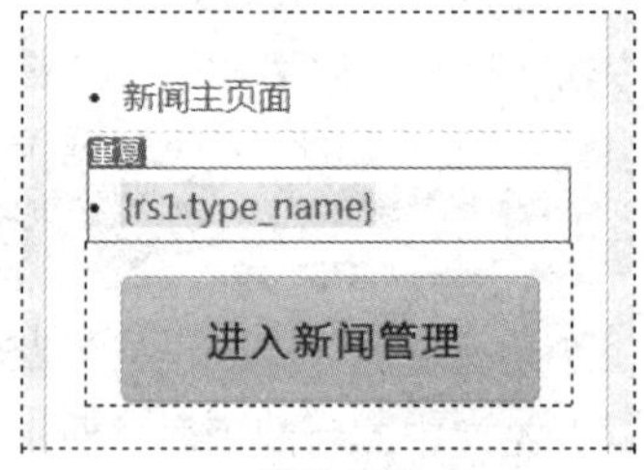

图 9–90

04 单击“绑定”面板上的加号按钮，在弹出的菜单中选择“请求变量”选项，弹出“请求变量”对话框，设置如图 9–91 所示。单击“确定”按钮，在“绑定”面板中可以看到所添加的请求变量，如图 9–92 所示。

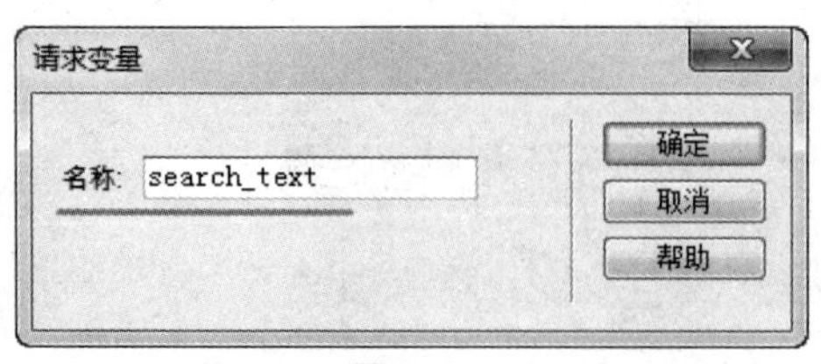

图 9–91

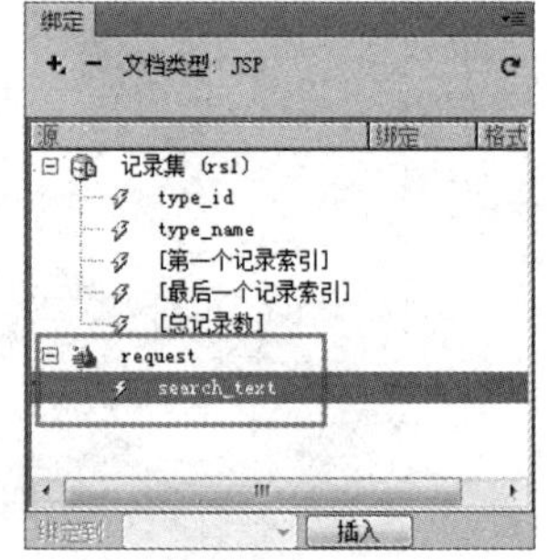

图 9–92

05 将页面中显示搜索关键字的位置绑定请求变量 search_text，如图 9–93 所示。单击“绑定”面板上的加号按钮，在弹出的菜单中选择“记录集(查询)”选项，弹出“记录集”对话框，设置如图 9–94 所示。

图 9-93

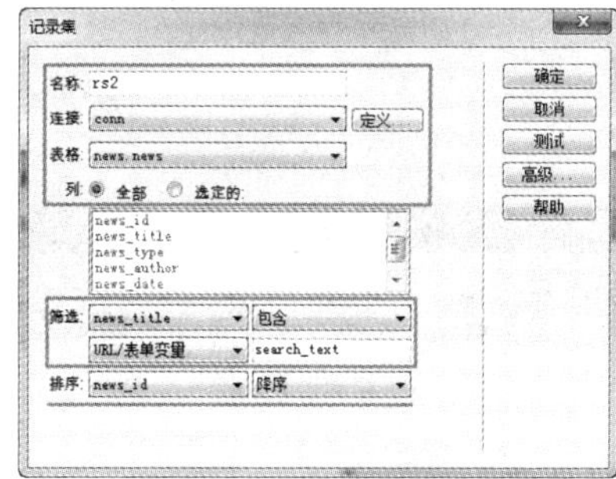

图 9-94

提示

注意此处的“筛选”选项设置，通过从 index.jsp 页面中传递过来的表单变量对记录集结果进行筛选，search_text 为 index.jsp 页面中“新闻搜索”文字后面的文本字段的 id 名称。“筛选”选项设置为 news_title 字段的内容包含表单变量 search_text 中的内容。

06 单击“高级”按钮，切换到高级设置界面中，在 SQL 文本框中添加相应的 SQL 代码，如图 9-95 所示。单击“确定”按钮，创建记录集，“绑定”面板上会显示刚创建的记录集，如图 9-96 所示。

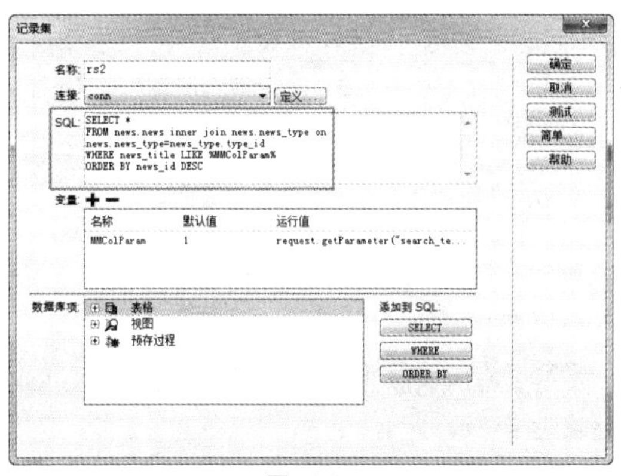

图 9-95

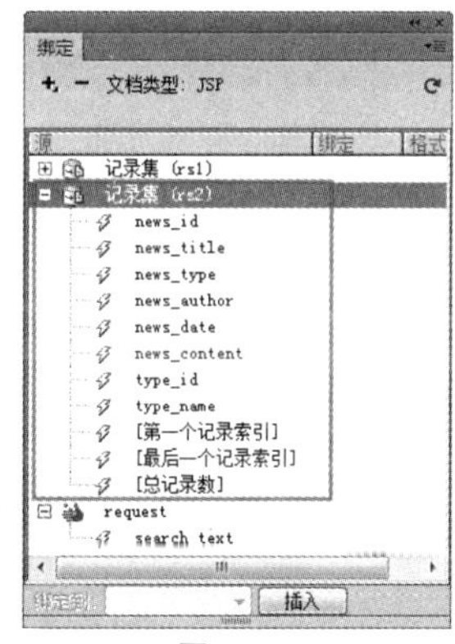

图 9-96

技巧

此处修改 SQL 语句，主要是为了实现 news 数据表与 news_type 数据表的关联查询。修改后的 SQL 语句如下。

```
SELECT *
FROM news.news inner join news.news_type on news.news_type=news_type.type_id
WHERE news_title LIKE %MMColParam%
ORDER BY news_id DESC
```

07 在页面中将“类别”文字替换为 rs2 记录集中的 type_name 字段，将“新闻标题”文字替换为 news_title 字段，将“时间”文字替换为 news_date 字段，如图 9-97 所示。选中插入页面中的 news_title 字段，单击“服务器行为”面板上的加号按钮，在弹出的菜单中选择“转到详细页面”选项，在弹出的对话框中进行设置，如图 9-98 所示。

08 单击“确定”按钮，完成“转到详细页面”对话框的设置。选择页面中设置为重复显示记录的区域，这里选择 id 名称为 news-list 的 Div，如图 9-99 所示。单击“服务器行为”面板上的加号按钮，在弹出的菜单中选择“重复区域”命令，弹出“重复区域”对话框，设置如图 9-100 所示。

图 9-97

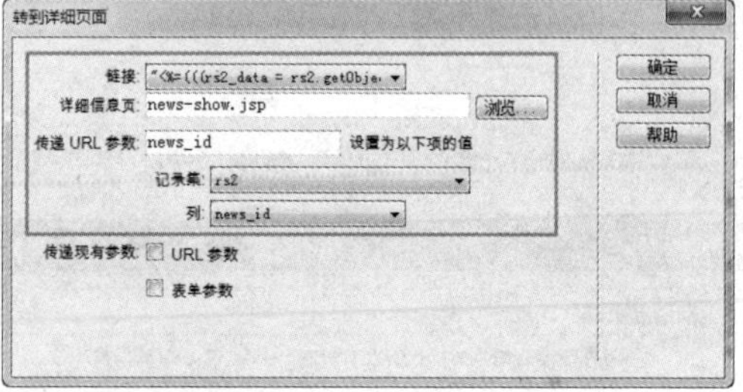
图 9-98

图 9-99

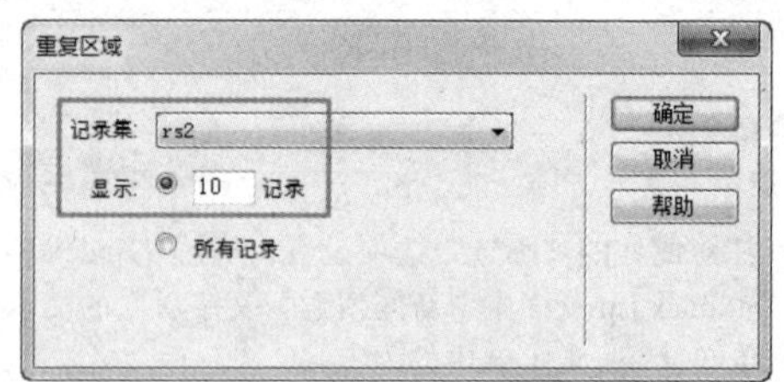
图 9-100

09 单击“确定”按钮，完成重复区域的创建，效果如图 9-101 所示。选择刚创建的重复区域，单击“服务器行为”面板上的加号按钮，在弹出的菜单中选择“显示区域 > 如果记录集不为空则显示区域”选项，在弹出的对话框中进行设置，如图 9-102 所示。

图 9-101

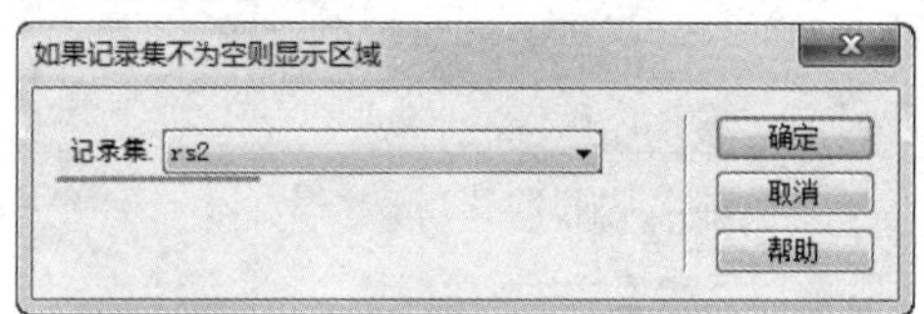
图 9-102

10 单击“确定”按钮，完成如果记录集不为空则显示区域的创建，如图 9-103 所示。选择页面中记录集没有数据时需要显示的区域，这里选择 id 名称为 no-news 的 Div，如图 9-104 所示。

图 9-103

图 9-104

11 单击“服务器行为”面板中的加号按钮，在弹出的菜单中选择“显示区域 > 如果记录集为空则显示区域”选项，在弹出的对话框中进行设置，如图 9-105 所示。单击“确定”按钮，完成如果记录集为空则显示区域的创建，如图 9-106 所示。

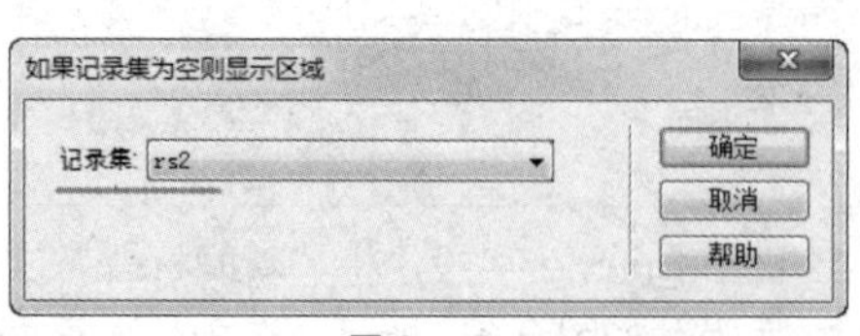
图 9-105

图 9-106

12 为页面中的翻页文字分别添加相应的服务器行为，效果如图 9-107 所示。将“共有 0 条记录”中的 0 替换为 rs2 记录集中的“总记录数”字段，如图 9-108 所示。

13 转换到网页 HTML 代码中，在页面所有代码之前添加相应的 JSP 脚本代码，设置页面编码格式以及导入相应的 Java 类，如图 9-109 所示。

14 完成新闻搜索结果页面 search.jsp 的制作。

图 9-107

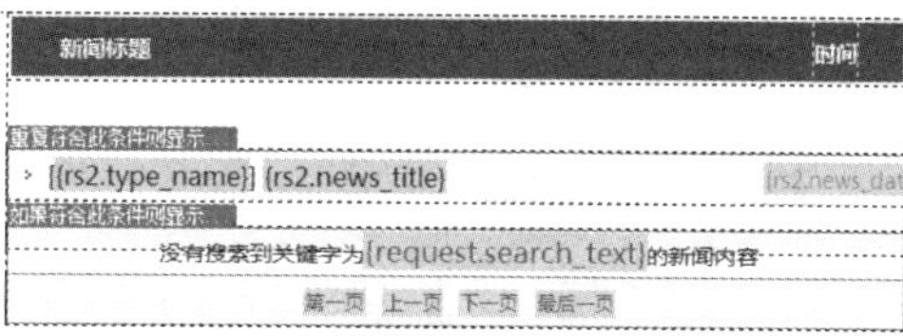

图 9-108

```
<%@ page language="java" import="java.util.*" pageEncoding="utf-8"%>
<%@ page contentType="text/html;charset=utf-8"%>
<% request.setCharacterEncoding("utf-8"); %>
<%@ page import="java.sql.*"%>
<%@ include file="Connections/conn.jsp" %>
<%
String stext=request.getParameter("search-text");
```

图 9-109

9.3.4 新闻显示页面

在新闻列表页面 index.jsp 或新闻分类列表页面 news-type.jsp 中单击新闻标题，即可跳转到新闻显示页面 news-show.jsp，在该页面中接收传递过来的 URL 参数，通过该 URL 参数在数据库中查找所对应的数据记录，并将相应的数据内容显示在页面中。

实战 制作新闻显示页面

最终文件：最终文件 \ 第 9 章 \chapter9\news-show.jsp　视频：视频 \ 第 9 章 \9-3-4.mp4

01 打开站点中的新闻显示页面 news-show.jsp，可以看到页面的效果，如图 9-110 所示。打开“绑定”面板，单击该面板上的加号按钮，在弹出的菜单中选择“记录集 (查询)”选项，弹出“记录集”对话框，设置如图 9-111 所示。

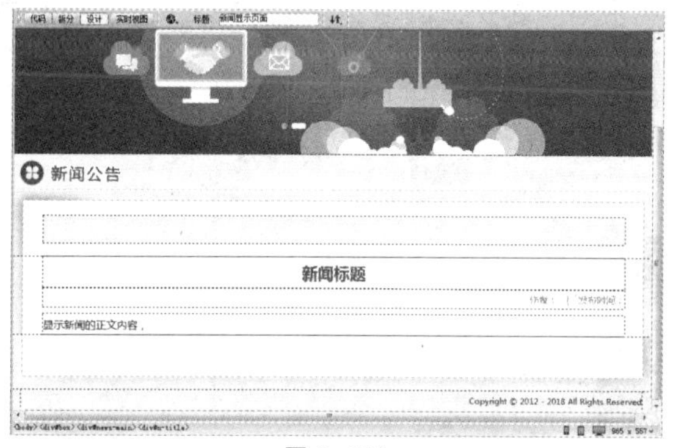

图 9-110

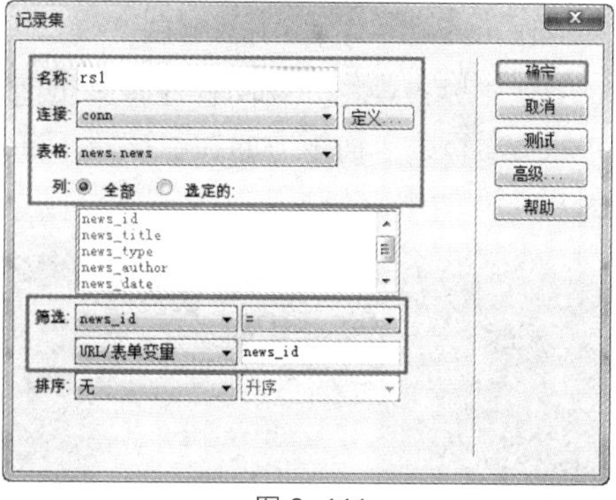

图 9-111

> **提示**
>
> 此处“记录集”对话框中设置“筛选”选项使用所传递的 URL 参数 news_id 对数据表中的记录进行筛选项，找到名称为 news 的数据表中 news_id 字段与 URL 参数 news_id 相同的记录。

02 单击“确定”按钮，创建记录集，“绑定”面板上会显示刚创建的记录集，如图 9-112 所示。分别将 rs1 记录集中 news_title、news_date、news_author 和 news_content 字段拖入页面中相应的位置，如图 9-113 所示。

03 转换到网页 HTML 代码中，在页面所有代码之前添加相应的 JSP 脚本代码，设置页面编码格式以及导入相应的 Java 类，如图 9-114 所示。

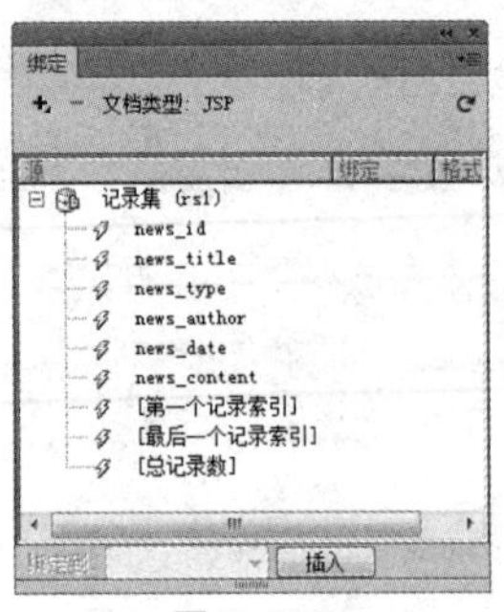

图 9–112

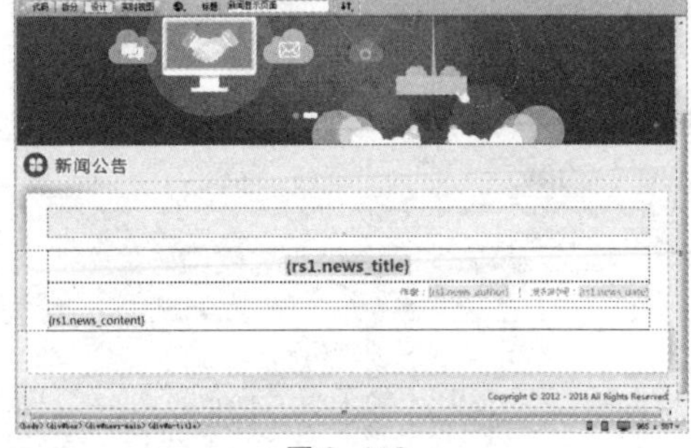

图 9–113

```
<%@ page language="java" import="java.util.*" pageEncoding="utf-8"%>
<%@ page contentType="text/html;charset=utf-8"%>
<% request.setCharacterEncoding("utf-8"); %>
<%@ page import="java.sql.*"%>
<%@ include file="Connections/conn.jsp" %>
<%
```

图 9–114

04 完成该新闻显示页面 news-show.jsp 的制作。

9.4 开发管理登录页面

通常网站的后台管理系统只有管理员才有权进行操作，这就需要对后台管理页面进行访问控制。常见的是使用后台管理登录页面，只有通过后台登录页面才能登录后台管理。

在管理登录页面中用户输入管理用户名和密码进行验证，只有输入的用户名和密码与 admin_user 数据表中的用户名和密码完全相同时，才能登录成功。

实战 制作新闻管理登录页面

最终文件：最终文件 \ 第 9 章 \chapter9\admin\login.jsp　视频：视频 \ 第 9 章 \9-4.mp4

01 在站点中打开新闻管理登录页面 login.jsp，可以看到页面的效果，如图 9–115 所示。单击“服务器行为”面板上的加号按钮，在弹出的菜单中选择“用户身份验证 > 登录用户”命令，如图 9–116 所示。

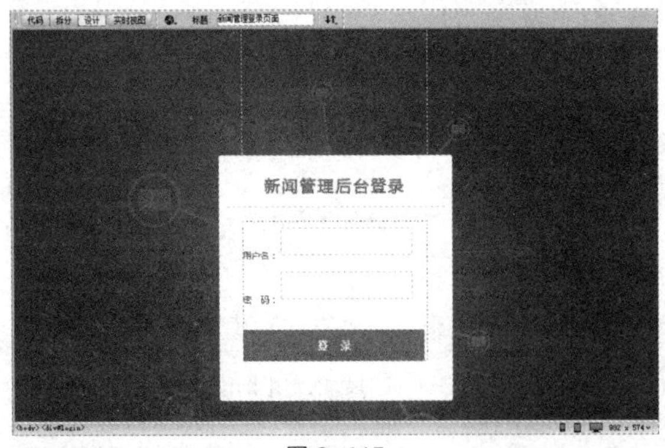

图 9–115

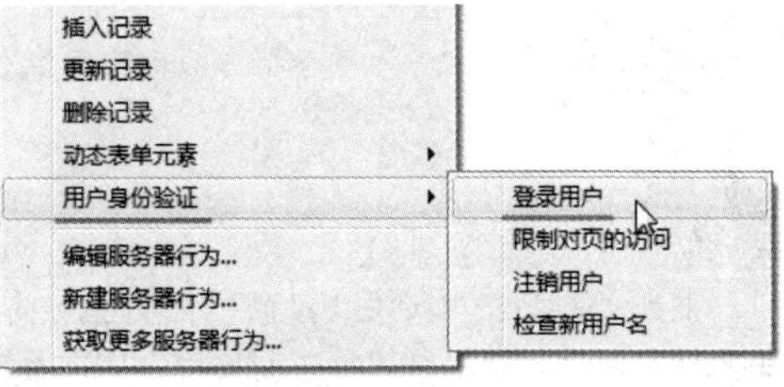

图 9–116

02 弹出“登录用户”对话框，设置如图 9–117 所示。单击“确定”按钮，完成“登录用户”对话框的设置，效果如图 9–118 所示。

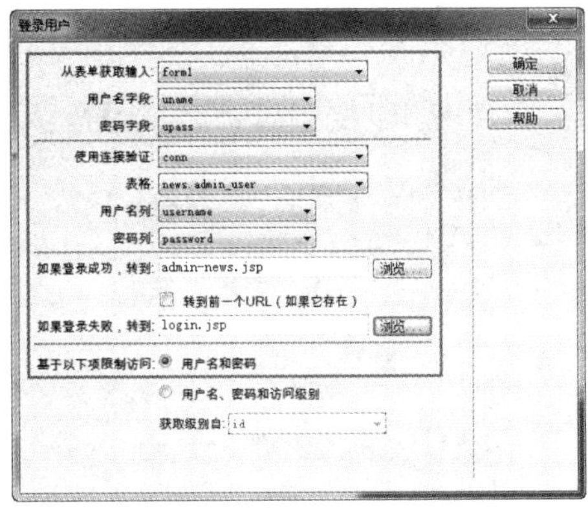

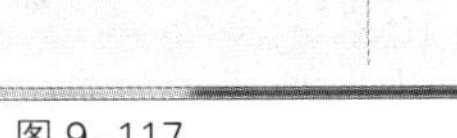

图 9-117

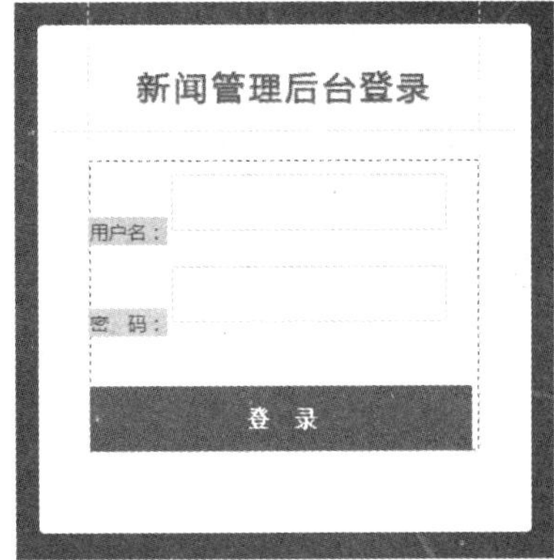

图 9-118

提示

在“登录用户”对话框中将“用户名”和“密码”字段中的值与 admin_user 数据中的 username 和 password 两个字段的值进行比较，判断用户是否登录成功。如果登录成功，则页面跳转到新闻管理主页面 news-admin.jsp；如果登录失败，则页面跳转到管理登录页面 login.jsp。

03 转换到网页 HTML 代码中，在页面所有代码之前添加相应的 JSP 脚本代码，设置页面编码格式以及导入相应的 Java 类，如图 9-119 所示。

```
<%@ page language="java" import="java.util.*" pageEncoding="utf-8"%>
<%@ page contentType="text/html;charset=utf-8"%>
<% request.setCharacterEncoding("utf-8"); %>
<%@ page import="java.sql.*"%>
<%@ include file="../Connections/conn.jsp" %>
<%
```

图 9-119

04 完成该新闻管理登录页面 login.jsp 的制作。

9.5 开发新闻显示功能

新闻管理功能主要包括新闻的添加、修改和删除，分别使用“插入记录”“更新记录”和“删除记录”服务器行为即可实现相应的功能。注意，修改新闻和删除新闻需要向修改新闻页面和删除新闻页面传递 URL 参数，从而修改或删除指定的数据记录。

9.5.1 新闻管理主页面

从新闻管理登录页面 login.jsp 登录成功后，即可进入新闻管理主页面 admin-news.jsp 中，该页面以列表的形式显示数据库中的新闻标题，并且在每条新闻标题都有相应的“修改”和“删除”超链接，单击相应的超链接，跳转到相应的页面中对该条新闻进行处理。

实战　制作新闻管理主页面

最终文件：最终文件 \ 第 9 章 \chapter9\admin\admin-news.jsp
视频：视频 \ 第 9 章 \9-5-1.mp4

01 在站点中打开新闻管理主页面 admin-news.jsp，可以看到页面的效果，如图 9-120 所示。单击“绑定”面板上的加号按钮，在弹出的菜单中选择“记录集（查询）”选项，在弹出的“记录集”对话框中进行设置，如图 9-121 所示。

02 单击“高级”按钮，切换到高级设置界面中，在 SQL 文本框中添加相应的 SQL 代码，如图 9-122 所示。单击“确定”按钮，创建记录集，“绑定”面板上会显示刚创建的记录集，

如图 9-123 所示。

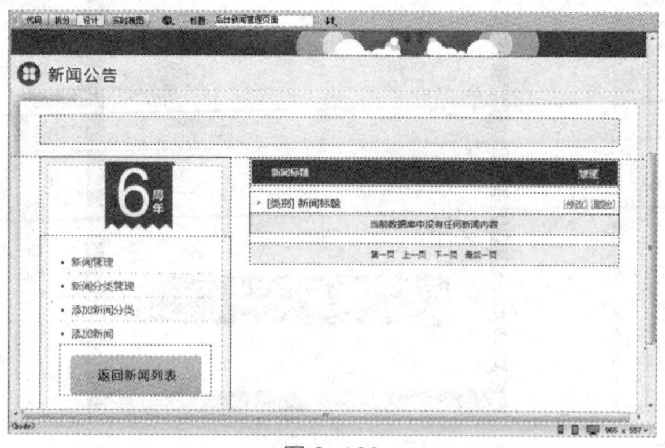

图 9-120

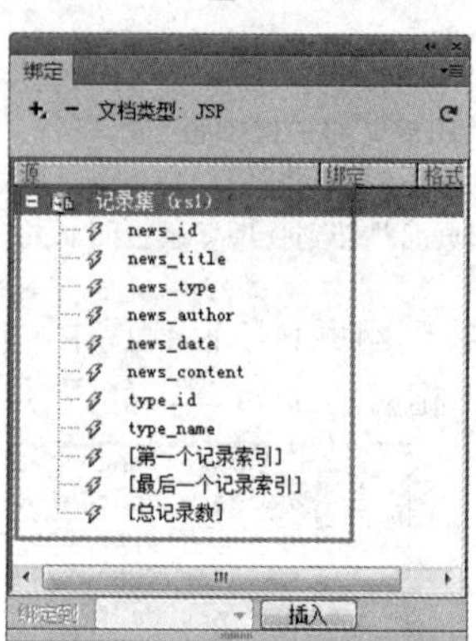

图 9-121

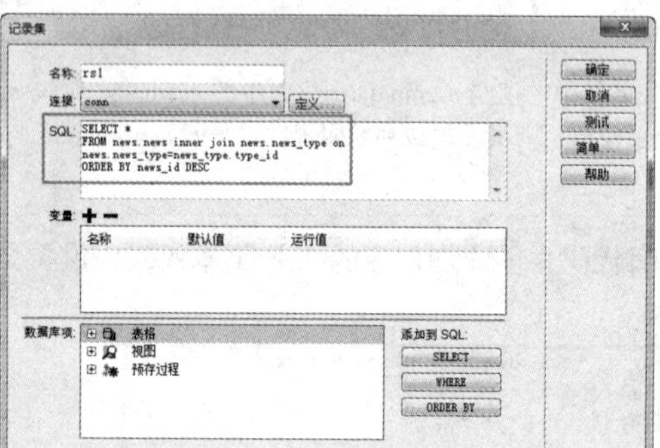

图 9-122

图 9-123

技巧

该页面与新闻列表页面 index.jsp 相似，这里同样将 news 数据表与 news_type 数据表进行关联查询。修改后的 SQL 语句如下。

```
SELECT *
FROM news.news inner join news.news_type on news.news_type=news_type.type_id
ORDER BY news_id DESC
```

03 单击“确定”按钮，创建记录集。将页面中的“类别”和“新闻标题”文字分别替换为记录集中的 type_name 和 news_title 字段，如图 9-124 所示。选择“修改”文字，单击“服务器行为”面板上的加号按钮，在弹出的菜单中选择“转到详细页面”选项，弹出“转到详细页面”对话框，设置如图 9-125 所示。

图 9-124

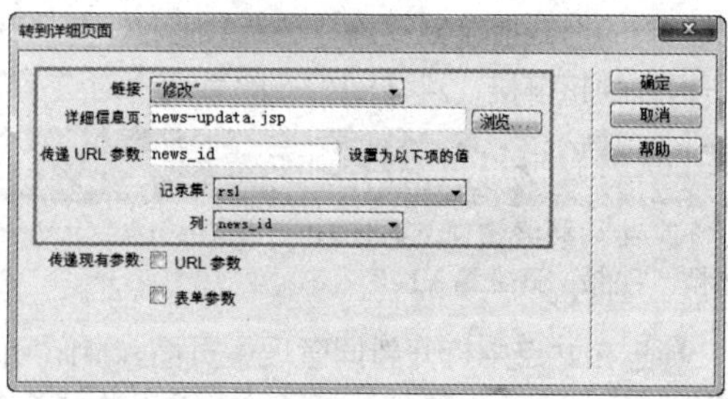

图 9-125

04 单击“确定”按钮，完成“转到详细页面”对话框的设置。选择“删除”文字，单击“服务器行为”面板上的加号按钮，在弹出的菜单中选择“转到详细页面”选项，弹出“转到详细页面”对话框，设置如图 9-126 所示。单击“确定”按钮，完成“转到详细页面”对话框的设置，效果如图 9-127 所示。

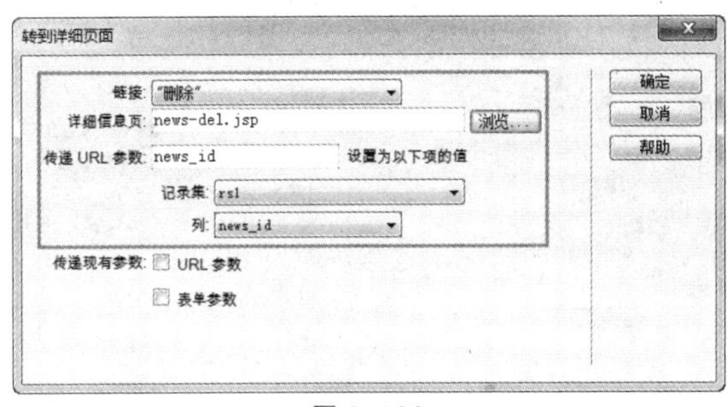

图 9-126

图 9-127

提示

分别为“修改”和“删除”文字添加“转到详细页面”服务器行为，其中，“修改”文字链接到修改新闻页面 news-updata.jsp，“删除”文字链接到删除新闻页面 news-del.jsp，并且这两个链接都需要传递相应的 URL 参数。

05 选中页面中设置为重复显示记录的区域，这里选择 id 名称为 news-list 的 Div，如图 9-128 所示。单击“服务器行为”面板上的加号按钮，在弹出的菜单中选择“重复区域”命令，弹出“重复区域”对话框，设置“记录集”为 rs1，“显示”为 10 记录，如图 9-129 所示。

图 9-128

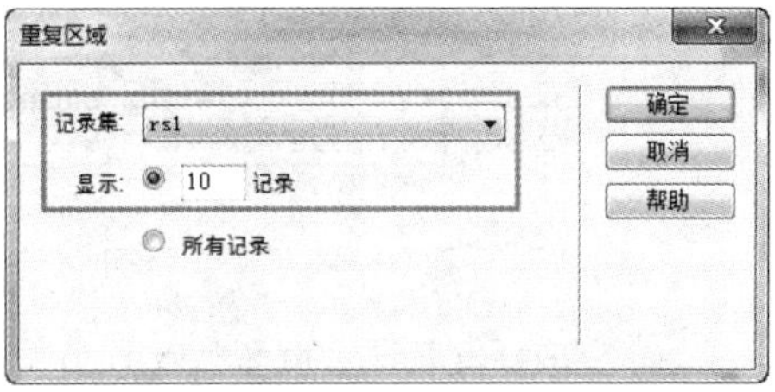

图 9-129

06 单击“确定”按钮，完成重复区域的创建，效果如图 9-130 所示。根据新闻列表页面 index.jsp 的制作方法，完成页面中记录集不为空显示区域和记录集为空显示区域的创建，效果如图 9-131 所示。

图 9-130

图 9-131

07 分别为页面中“第一页”“上一页”“下一页”和“最后一页”文字添加相应的服务器行为，如图 9-132 所示。为页面左侧的相关文字分别设置超链接，链接到相应的页面，如图 9-133 所示。

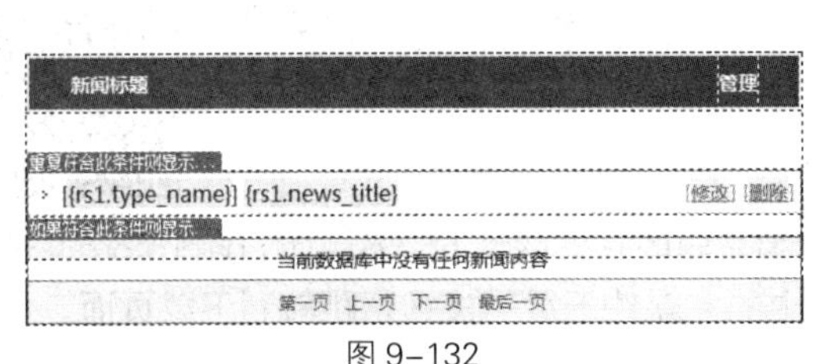

图 9-132

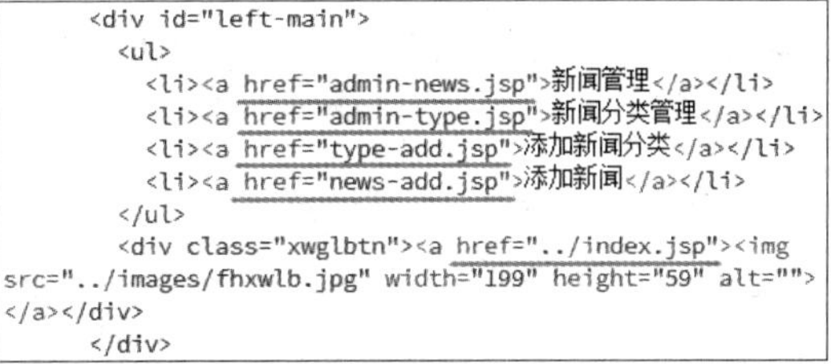

```
<div id="left-main">
  <ul>
    <li><a href="admin-news.jsp">新闻管理</a></li>
    <li><a href="admin-type.jsp">新闻分类管理</a></li>
    <li><a href="type-add.jsp">添加新闻分类</a></li>
    <li><a href="news-add.jsp">添加新闻</a></li>
  </ul>
  <div class="xwglbtn"><a href="../index.jsp"><img
src="../images/fhxwlb.jpg" width="199" height="59" alt="">
</a></div>
</div>
```

图 9-133

08 单击“服务器行为”面板上的加号按钮，在弹出的菜单中选择“用户身份验证 > 限制对页的访问”命令，如图 9-134 所示。弹出“限制对页的访问”对话框，设置如图 9-135 所示。

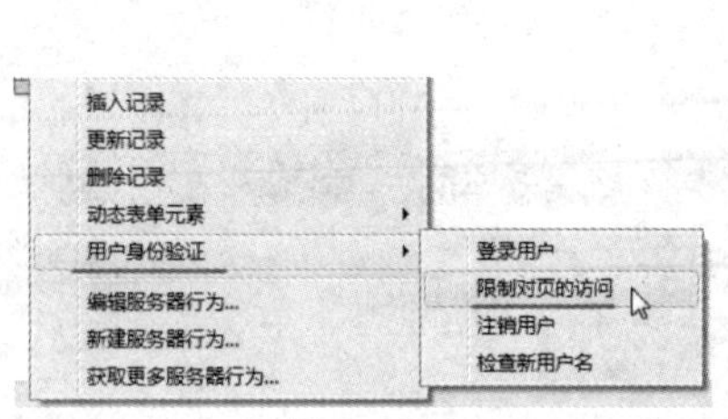

图 9-134

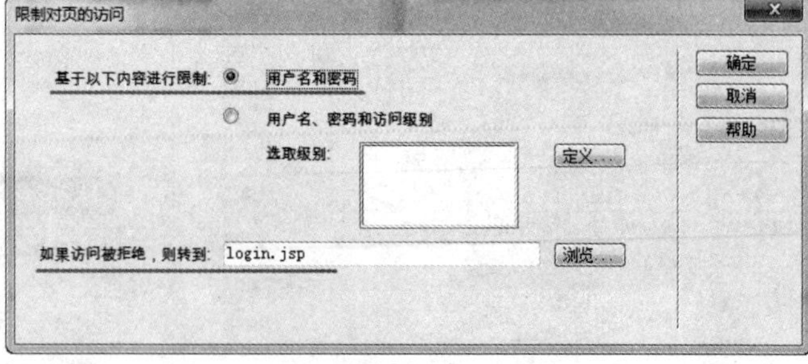

图 9-135

技巧 

为该页面添加“限制对页的访问”服务器行为是为了防止在没有登录的情况下直接输入该页面的地址对该页面进行访问。通过添加该服务器行为，强制要求必须通过管理登录页面输入管理用户名和密码，成功登录后才可以访问该页面。

09 单击“确定”按钮，应用“限制对页的访问”服务器行为。转换到网页 HTML 代码中，在页面所有代码之前添加相应的 JSP 脚本代码，设置页面编码格式以及导入相应的 Java 类，如图 9-136 所示。

```
<%@ page language="java" import="java.util.*" pageEncoding="utf-8"%>
<%@ page contentType="text/html;charset=utf-8"%>
<% request.setCharacterEncoding("utf-8"); %>
<%@ page import="java.sql.*"%>
<%@ include file="../Connections/conn.jsp" %>
<%
```

图 9-136

10 完成新闻管理主页面 admin-news.jsp 的制作。

9.5.2 使用富文本编辑器

HTML 页面中的文本区域表单元素在网页中的表现形式比较单一，并且无法对所输入文本内容的格式和效果进行处理。如果需要在网页中实现功能强大的文本区域，可以在网页中使用富文本编辑器。

实际上，很多动态网站应用程序中都使用了富文本编辑器，因为其功能强大，能够对所输入文本的格式效果进行设置，而且使用起来也非常方便。本节将向读者介绍如何使用 UEditor 富文本编辑器来替换网页中的传统文本区域，从而在网页中实现功能强大的文本编辑器。

提示

UEditor 是由百度 Web 前端研发部开发所见即所得富文本 web 编辑器，具有轻量、可定制、注重用户体验等特点，开源基于 MIT 协议，允许自由使用和修改代码。

实战 在 JSP 页面中使用 UEditor 编辑器

最终文件：最终文件 \ 第 9 章 \chapter9\admin\news-add.jsp
视频：视频 \ 第 9 章 \9-5-2.mp4

01 打开浏览器窗口，在地址栏中输入 UEditor 编辑器的官方网址 http://ueditor.baidu.com，进入官方网站，如图 9-137 所示。单击顶部导航菜单中的“软件下载”按钮，跳转到下载页面，如图 9-138 所示。

02 在下载页面中为用户提供了针对不同开发语言的版本，在这里选择下载“1.4.3.3 Jsp 版本”中的“UTF-8 版”，如图 9-139 所示。将所下载的压缩包文件解压得到 utf8-jsp 文件夹，将其重命名为 ueditor，并将该文件夹放置在站点中的 admin 文件夹中，如图 9-140 所示。

图 9-137

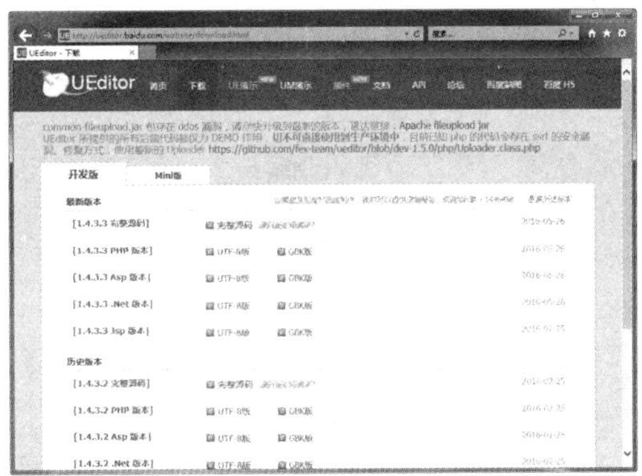

图 9-138

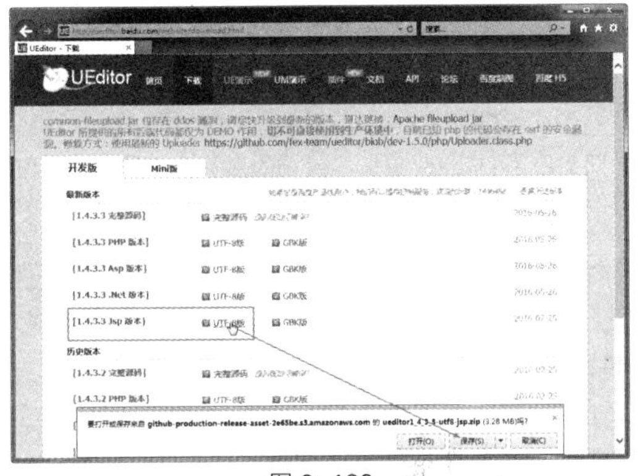

图 9-139

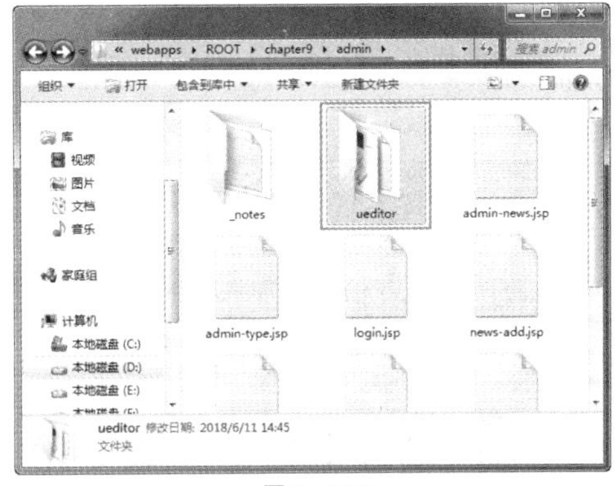

图 9-140

03 打开站点中的添加新闻页面 news-add.jsp，可以看到页面的效果，如图 9-141 所示。转换到网页 HTML 代码中，在页面所有代码之前添加相应的 JSP 脚本代码，设置页面编码格式，如图 9-142 所示。

图 9-141

```
<%@ page language="java" import="java.util.*" pageEncoding="utf-8"%>
<%@ page contentType="text/html;charset=utf-8"%>
<!doctype html>
<html>
<head>
<meta charset="utf-8">
<title>添加新闻</title>
<link href="../style/style.css" rel="stylesheet" type="text/css">
</head>
```

图 9-142

04 在测试服务器中预览该页面，可以看到“新闻内容”文字后面的多行文本域的默认显示效果，如图 9-143 所示。返回 Dreamweaver 代码视图中，在页面头部的 <head> 与 </head> 标签之间，添加相应的脚本代码，链接刚下载的 UEditor 编辑器的相关 JavaScript 脚本文件，如图 9-144 所示。

图 9-143

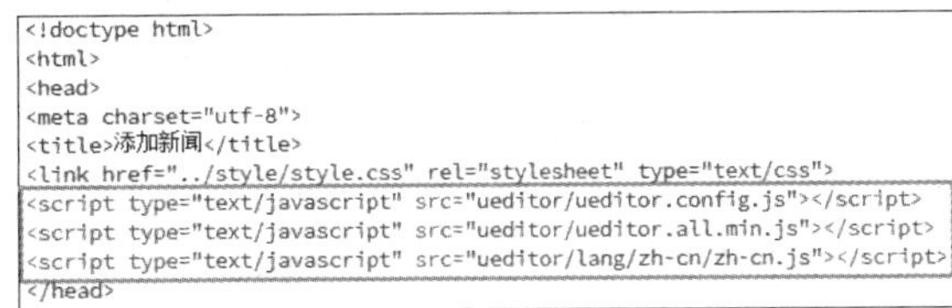

```
<!doctype html>
<html>
<head>
<meta charset="utf-8">
<title>添加新闻</title>
<link href="../style/style.css" rel="stylesheet" type="text/css">
<script type="text/javascript" src="ueditor/ueditor.config.js"></script>
<script type="text/javascript" src="ueditor/ueditor.all.min.js"></script>
<script type="text/javascript" src="ueditor/lang/zh-cn/zh-cn.js"></script>
</head>
```

图 9-144

05 选中页面所插入的多行文本区域，在代码视图中可以看到该多行文本区域的 id 名称，如图 9–145 所示。在页面代码的结束位置添加获取的 UEditor 编辑器的 JavaScript 脚本代码，如图 9–146 所示。

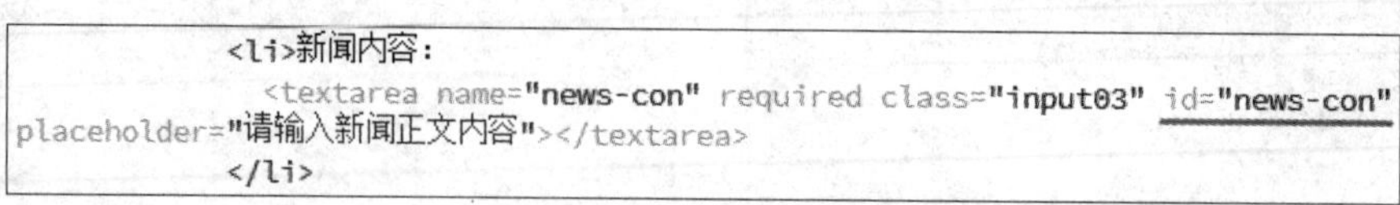

```
                <li>新闻内容：
                    <textarea name="news-con" required class="input03" id="news-con"
placeholder="请输入新闻正文内容"></textarea>
                </li>
```

图 9–145

```
</body>
</html>
<script type="text/javascript">
    UE.getEditor('news-con',{initialFrameWidth:545,initialFrameHeight:200})
</script>
```

图 9–146

提示

在添加的 JavaScript 脚本代码中，所指定的元素 id 名称必须与使用 UEditor 编辑器效果的多行文本域表单元素的 id 名称相同。

06 保存该页面，按快捷键 F12，在测试服务器中预览该页面，可以看到页面中文本区域已经替换为 UEditor 编辑器的效果，如图 9–147 所示。单击 UEditor 编辑器右上角的“全屏”按钮，将该编辑器切换到全屏的显示状态，方便用户对内容进行编辑，如图 9–148 所示。再次单击右上角的“全屏”按钮，可以返回正常状态。

图 9–147

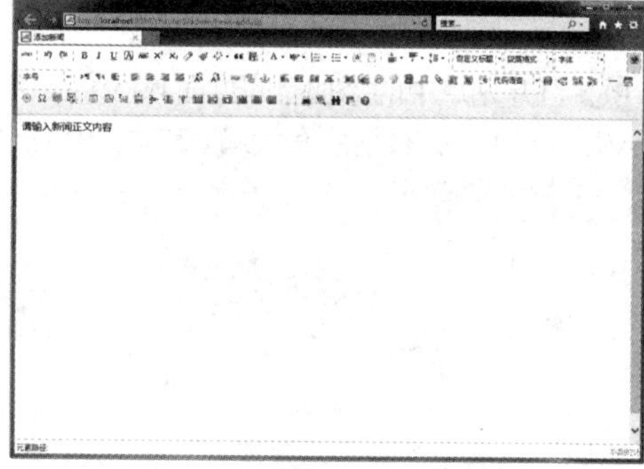

图 9–148

提示

UEditor 编辑器还有其他许多效果可供设置，感兴趣的用户可以在 UEditor 官方网站中查看相关说明。在网页中除了可以使用 UEditor 编辑器，还有其他的多功能编辑器可供选择。

9.5.3 添加新闻

在添加新闻页面 news-add.jsp 中，在各表单项中输入相应的内容，单击“确定”按钮，提交表单数据，通过“插入记录”服务器行为将表单中的数据插入 news 数据表中。

实战 制作添加新闻页面

最终文件：最终文件 \ 第 9 章 \chapter9\admin\news-add.jsp
视频：视频 \ 第 9 章 \9-5-3.mp4

01 打开站点中的添加新闻页面 news-add.php，可以看到页面的效果，如图 9–149 所示。单击“绑定”面板上的加号按钮，在弹出的菜单中选择“记录集（查询）”选项，在弹出的“记录集”对话框中进行设置，如图 9–150 所示。

图 9-149

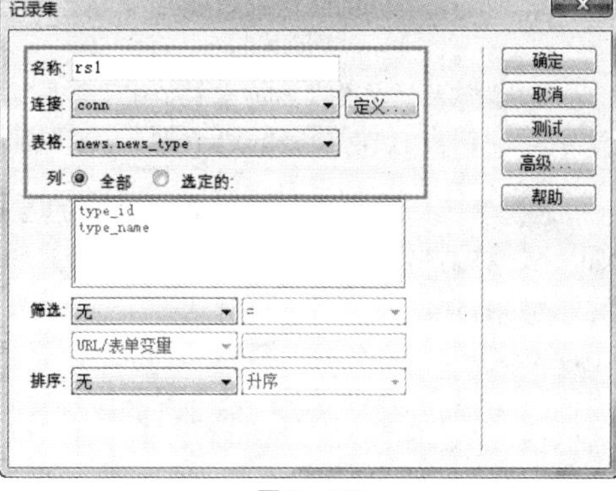

图 9-150

02 选中“新闻分类”文字后面的下拉列表元素，单击“服务器行为”面板上的加号按钮，在弹出的菜单中选择“动态表单元素 > 动态列表 / 菜单”命令，如图 9-151 所示。弹出“动态列表 / 菜单”对话框，单击“选取值等于”选项后面的“绑定到动态源”按钮，在弹出的“动态数据”对话框中选择记录集中的 type_id 字段，如图 9-152 所示。

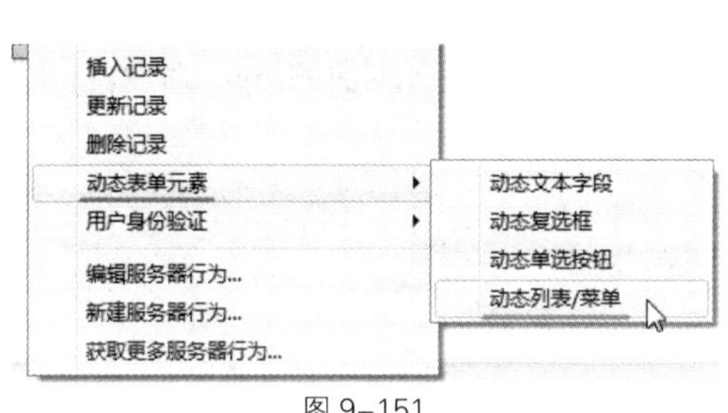

图 9-151

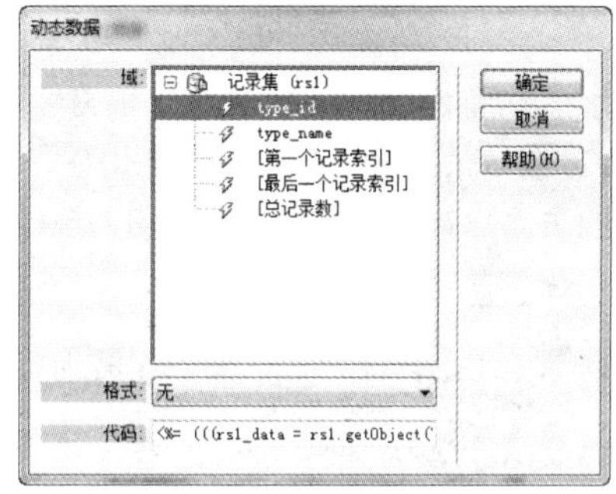

图 9-152

03 单击“确定”按钮，返回“动态列表 / 菜单”对话框中，对相关选项进行设置，如图 9-153 所示。单击“确定”按钮，完成“动态列表 / 菜单”对话框的设置。在表单域中任意位置插入一个隐藏域，设置该隐藏域的 Name 属性为 news_date，如图 9-154 所示。

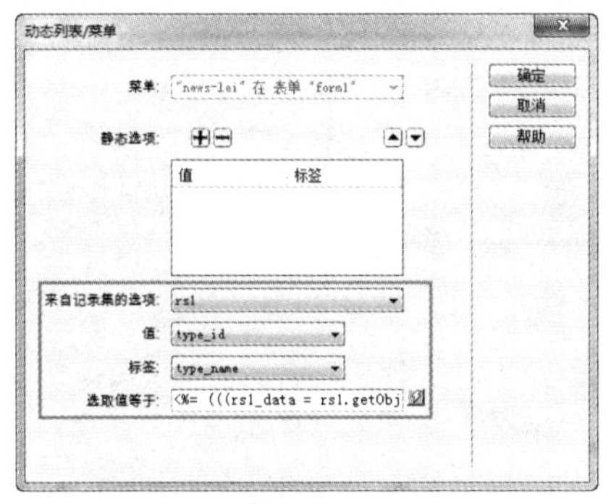

图 9-153

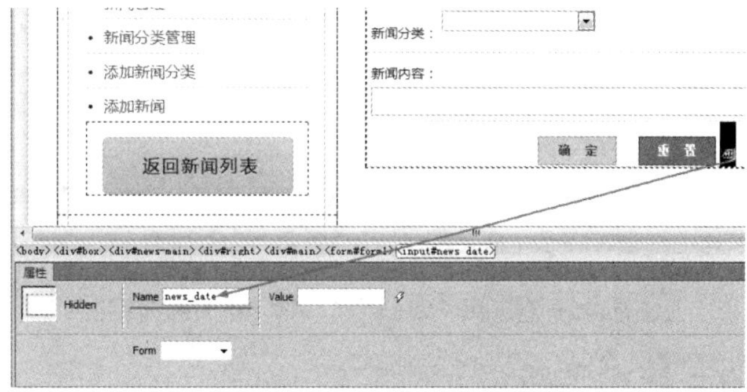

图 9-154

04 转换到代码视图中，添加 JSP 代码来获取当前的系统日期，并设置隐藏域的 Value 属性值为获取的系统日期，如图 9-155 所示。

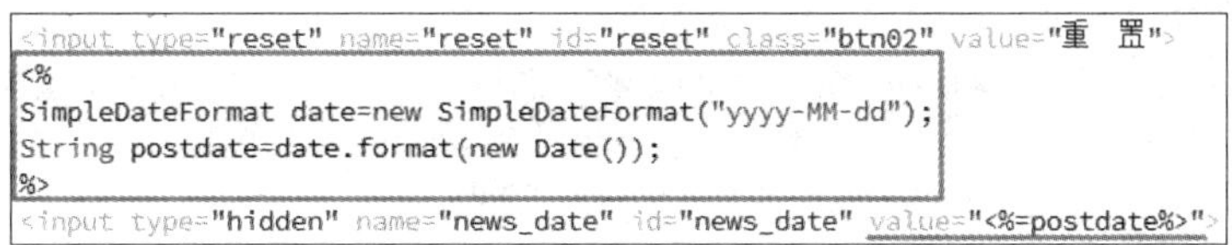

```
<input type="reset" name="reset" id="reset" class="btn02" value="重  置">
<%
SimpleDateFormat date=new SimpleDateFormat("yyyy-MM-dd");
String postdate=date.format(new Date());
%>
<input type="hidden" name="news_date" id="news_date" value="<%=postdate%>">
```

图 9-155

技巧 

此处为隐藏域设置的 value 属性值用于获取当提交表单数据时的系统日期，这里是通过 Java 的内置对象来获取当前系统日期的，所以最终还需要在网页中添加加载 Java 日期和时间类的代码。

05 单击“服务器行为”面板上的加号按钮，在弹出的菜单中选择“插入记录”命令，弹出“插入记录”对话框，设置如图 9-156 所示。单击“确定”按钮，完成“插入记录”对话框的设置，页面效果如图 9-157 所示。

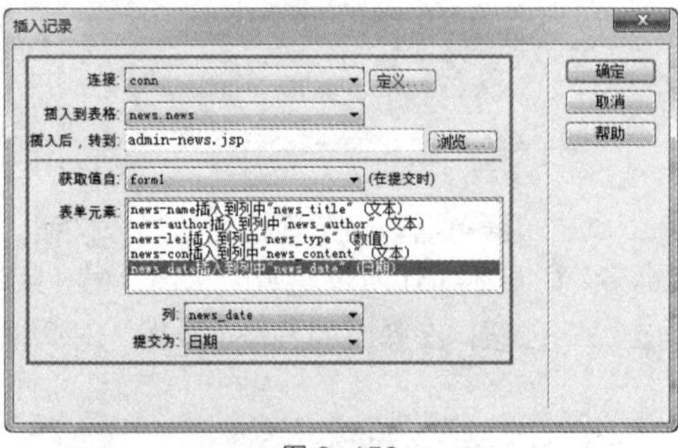

图 9-156

图 9-157

06 为页面左侧的相关文字分别设置超链接，链接到相应的页面，如图 9-158 所示。单击“服务器行为”面板上的加号按钮，在弹出的菜单中选择“用户身份验证 > 限制对页的访问”命令，弹出“限制对页的访问”对话框，设置如图 9-159 所示。

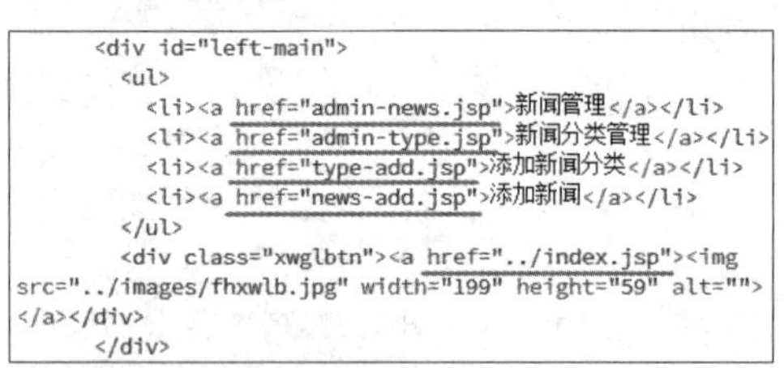

```
<div id="left-main">
  <ul>
    <li><a href="admin-news.jsp">新闻管理</a></li>
    <li><a href="admin-type.jsp">新闻分类管理</a></li>
    <li><a href="type-add.jsp">添加新闻分类</a></li>
    <li><a href="news-add.jsp">添加新闻</a></li>
  </ul>
  <div class="xwglbtn"><a href="../index.jsp"><img
src="../images/fhxwlb.jpg" width="199" height="59" alt="">
</a></div>
</div>
```

图 9-158

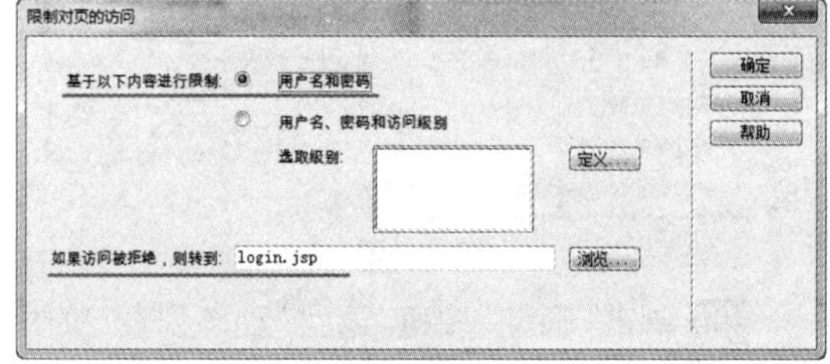

图 9-159

07 单击“确定”按钮，应用“限制对页的访问”服务器行为。转换到网页 HTML 代码中，在页面所有代码之前添加相应的 JSP 脚本代码，设置页面编码格式以及导入相应的 Java 类，如图 9-160 所示。

```
<%@ page language="java" import="java.util.*" pageEncoding="utf-8"%>
<%@ page contentType="text/html;charset=utf-8"%>
<% request.setCharacterEncoding("utf-8"); %>
<%@ page import="java.sql.*"%>
<%@ page import="java.util.Date"%>
<%@ page import="java.text.SimpleDateFormat"%>
<%@ include file="../Connections/conn.jsp" %>
<%
```

图 9-160

08 完成添加新闻页面 news-add.jsp 的制作。

9.5.4 修改新闻

修改新闻页面与添加新闻页面非常相似，在修改新闻页面中接收 URL 参数，并通过该参数查询 news 数据表，找到相应的新闻记录，并将其相关信息显示在页面的表单元素中，通过“更新记录”服务器行为实现将修改后的新闻内容提交到数据表中。

实战 制作修改新闻页面

最终文件：最终文件 \ 第 9 章 \chapter9\admin\news-updata.jsp
视频：视频 \ 第 9 章 \9-5-4.mp4

01 在站点中打开修改新闻页面 news-updata.jsp，可以看到页面的效果，如图 9-161 所示。

根据前面介绍的方法，可以将页面中的多行文本域替换为 UEditor 编辑器，按快捷键 F12，在测试服务器中预览页面，如图 9-162 所示。

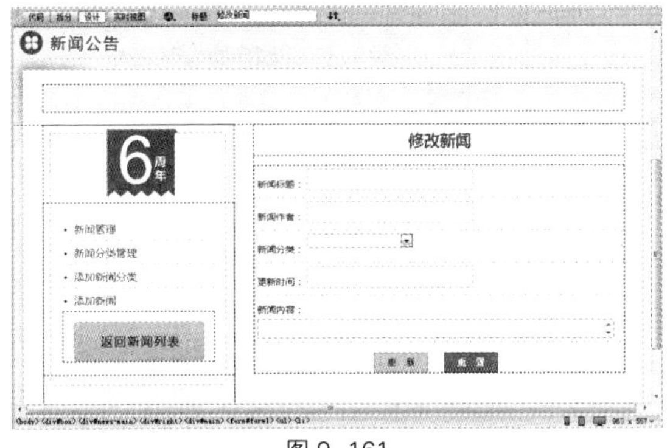

图 9-161

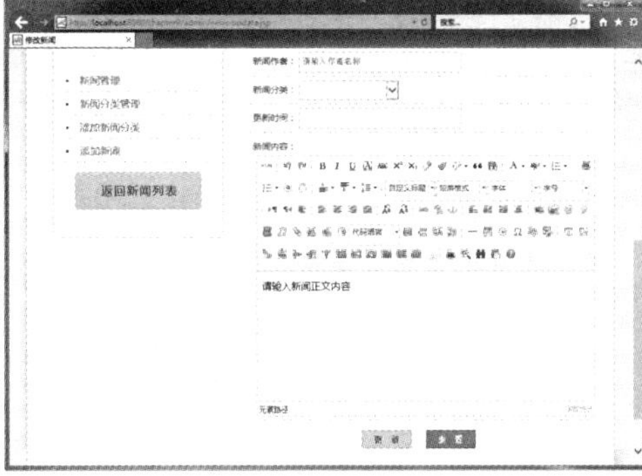

图 9-162

02 单击“绑定”面板上的加号按钮，在弹出的菜单中选择“记录集(查询)”选项，然后在弹出的“记录集”对话框中进行设置，如图 9-163 所示。将记录集中的各字段与页面中相对应的表单元素绑定，如图 9-164 所示。

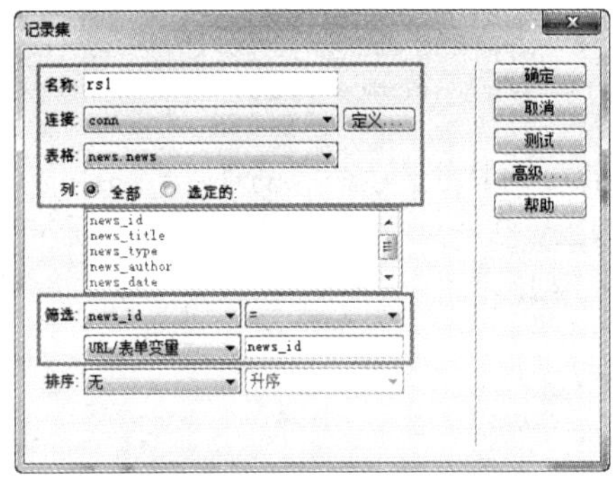

图 9-163

图 9-164

技巧

将页面中的文本域与记录集中的字段绑定有 3 种方法，第 1 种是直接在“绑定”面板中拖动记录集字段到页面中需要绑定的文本域上；第 2 种是在网页中选中文本域，在“属性”面板上单击 value 选项后面的“绑定到动态源”按钮，在弹出的“动态数据”对话框中选择相应的记录集字段；第 3 种是在网页中选中文本域，在“绑定”面板中选择需要绑定的记录集字段，单击“绑定”按钮。

03 选中“更新时间”文字后面的表单元素，转换到代码视图中，添加 JSP 代码来获取当前的系统日期，并设置隐藏域的 Value 属性值为获取的系统日期，如图 9-165 所示。

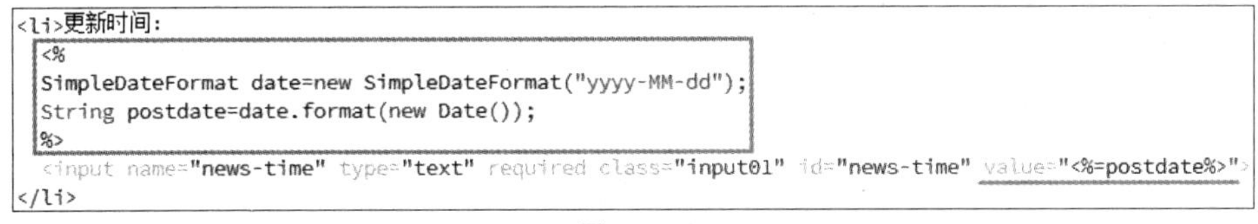

图 9-165

04 单击“绑定”面板上的加号按钮，在弹出的菜单中选择“记录集(查询)”选项，在弹出的“记录集”对话框中进行设置，如图 9-166 所示。单击“确定”按钮，创建记录集，“绑定”面板上会显示刚创建的记录集，如图 9-167 所示。

05 选中“新闻分类”文字后面的下拉列表元素，单击“服务器行为”面板上的加号按钮，在弹出的菜单中选择“动态表单元素 > 动态列表/菜单”命令，如图 9-168 所示。弹出“动态列表/菜单”对话框，单击“选取值等于”选项后面的“绑定到动态源”按钮，在弹出的“动态数据”对话框中选择 rs1 记录集中的 news_type 字段，如图 9-169 所示。

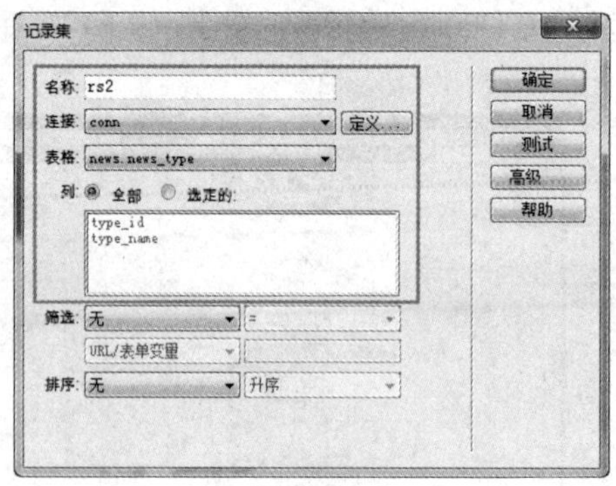

图 9-166

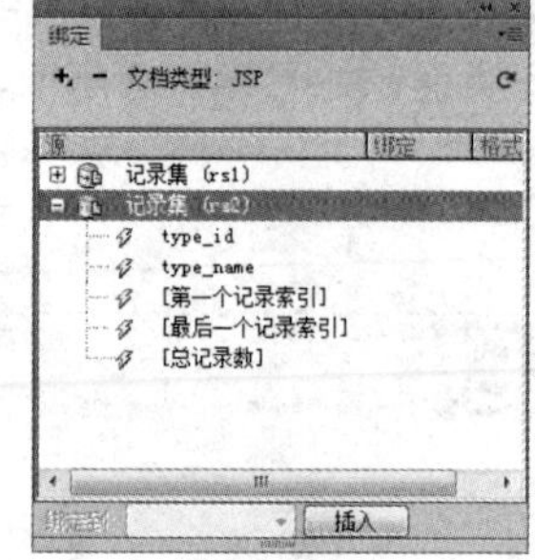

图 9-167

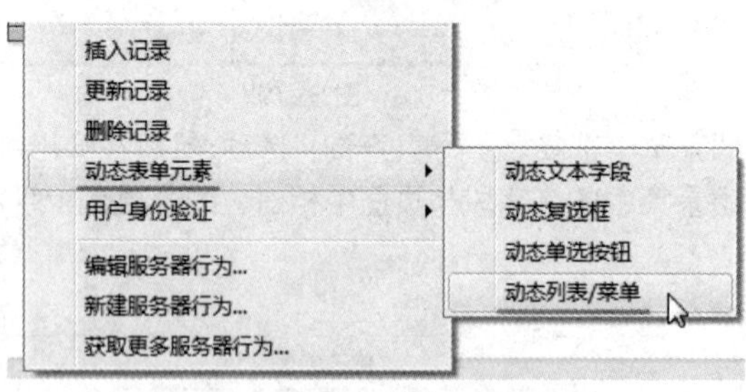

图 9-168

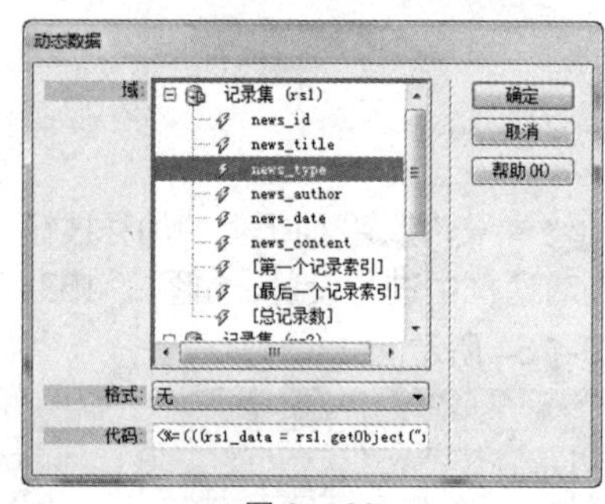

图 9-169

06 单击“确定”按钮，返回“动态列表 / 菜单”对话框，对其他选项进行设置，如图 9-170 所示。单击“确定”按钮，完成“动态列表 / 菜单”对话框的设置。在网页中表单域的任意位置插入一个隐藏域，设置该隐藏域的 Name 属性为 news_id，如图 9-171 所示。

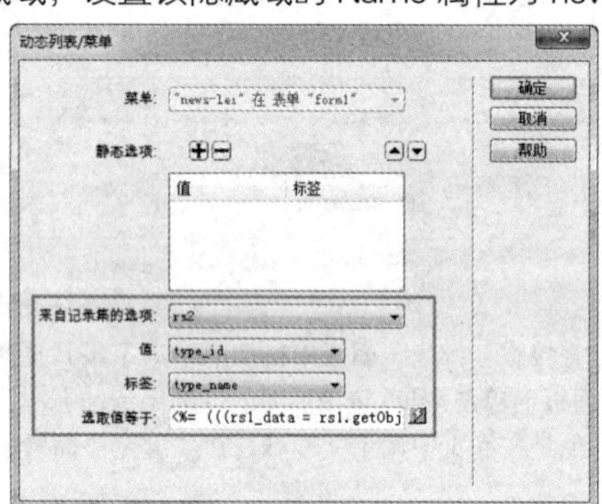

图 9-170

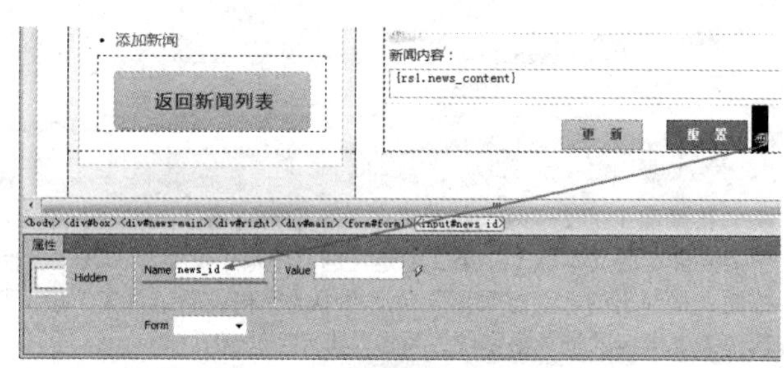

图 9-171

07 选中刚插入的隐藏域，单击“属性”面板上的 value 选项后面的“绑定到动态源”按钮，在弹出的对话框中选择相应的字段，单击“确定”按钮，如图 9-172 所示。单击“服务器行为”面板上的加号按钮，在弹出的菜单中选择“更新记录”选项，弹出“更新记录”对话框，对相关选项进行设置，如图 9-173 所示。

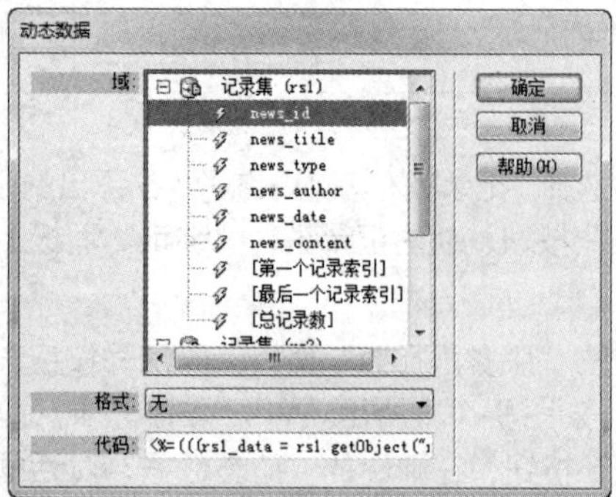

图 9-172

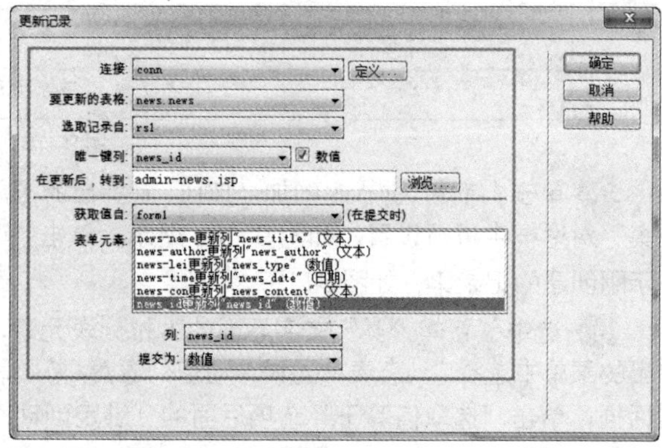

图 9-173

08 单击“确定”按钮，完成“更新记录”对话框的设置。为页面左侧的相关文字分别设置超链接，链接到相应的页面，如图 9-174 所示。单击“服务器行为”面板上的加号按钮，在弹出的菜单中选择“用户身份验证 > 限制对页的访问”命令，弹出“限制对页的访问”对话框，设置如图 9-175 所示。

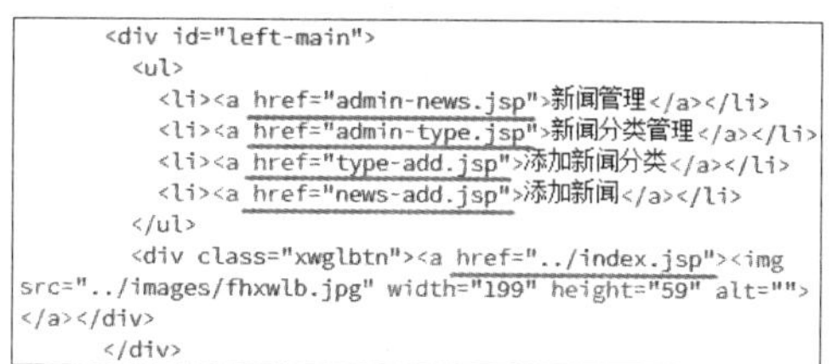

```
<div id="left-main">
  <ul>
    <li><a href="admin-news.jsp">新闻管理</a></li>
    <li><a href="admin-type.jsp">新闻分类管理</a></li>
    <li><a href="type-add.jsp">添加新闻分类</a></li>
    <li><a href="news-add.jsp">添加新闻</a></li>
  </ul>
  <div class="xwglbtn"><a href="../index.jsp"><img
src="../images/fhxwlb.jpg" width="199" height="59" alt="">
</a></div>
</div>
```

图 9-174

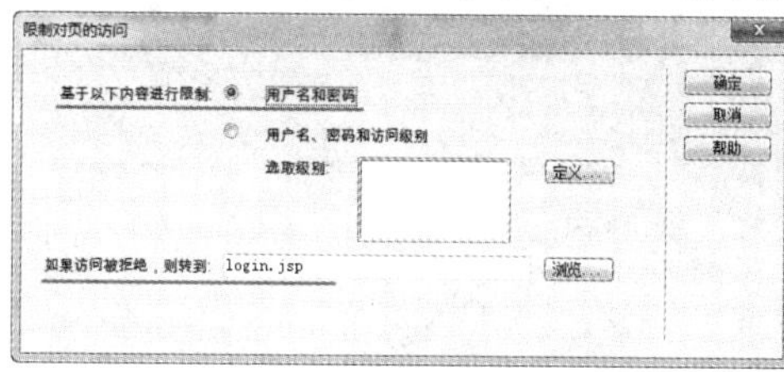

图 9-175

09 单击“确定”按钮，应用“限制对页的访问”服务器行为。转换到网页 HTML 代码中，在页面所有代码之前添加相应的 JSP 脚本代码，设置页面编码格式以及导入相应的 Java 类，如图 9-176 所示。

```
<%@ page language="java" import="java.util.*" pageEncoding="utf-8"%>
<%@ page contentType="text/html;charset=utf-8"%>
<% request.setCharacterEncoding("utf-8"); %>
<%@ page import="java.sql.*"%>
<%@ page import="java.util.Date"%>
<%@ page import="java.text.SimpleDateFormat"%>
<%@ include file="../Connections/conn.jsp" %>
<%
```

图 9-176

10 完成修改新闻页面 news-updata.jsp 的制作。

9.5.5 删除新闻

在新闻管理页面中单击某条新闻后面的“删除”超链接，即可跳转到删除新闻页面，并将 URL 参数随链接一起传递到该页面中，删除新闻页面接收到传递过来的 URL 参数，在数据表中查询指定的数据记录，在该页面中执行“删除记录”服务器行为，在数据库中删除相应记录，删除成功后返回新闻管理页面。

实战　制作删除新闻页面

最终文件：最终文件 \ 第 9 章 \chapter9\admin\news-del.jsp
视频：视频 \ 第 9 章 \9-5-5.mp4

01 打开站点中的删除新闻页面 news-del.jsp，可以看到页面的效果，如图 9-177 所示。根据前面介绍的方法，可以将页面中的多行文本域替换为 UEditor 编辑器，在测试服务器中预览页面，如图 9-178 所示。

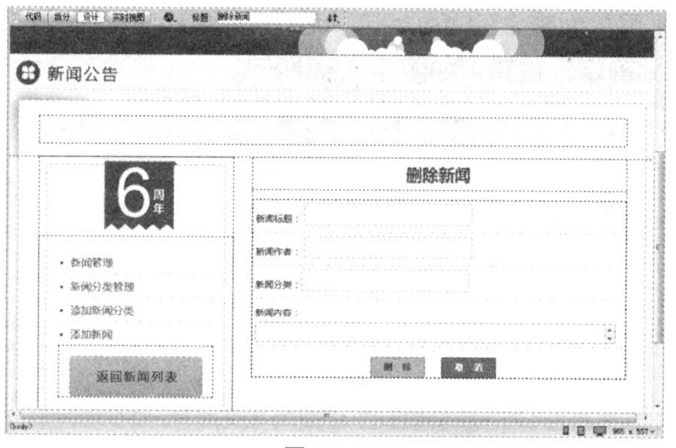

图 9-177

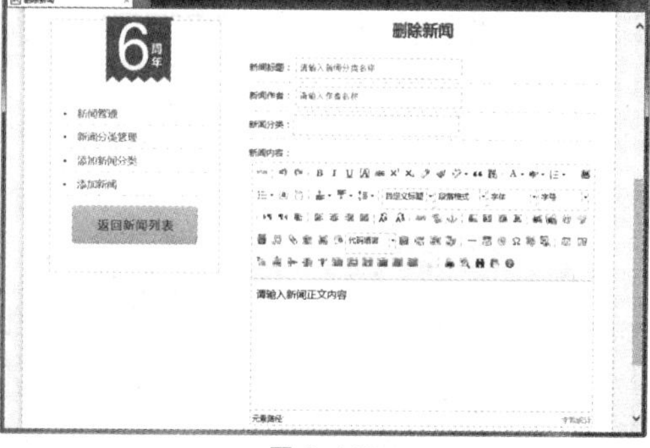

图 9-178

02 单击“绑定”面板上的加号按钮，在弹出的菜单中选择“记录集(查询)”选项，在弹出的“记录集”对话框中进行设置，如图 9-179 所示。单击“高级”按钮，切换到高级设置界面中，在 SQL 文本框中添加相应的 SQL 代码，如图 9-180 所示。

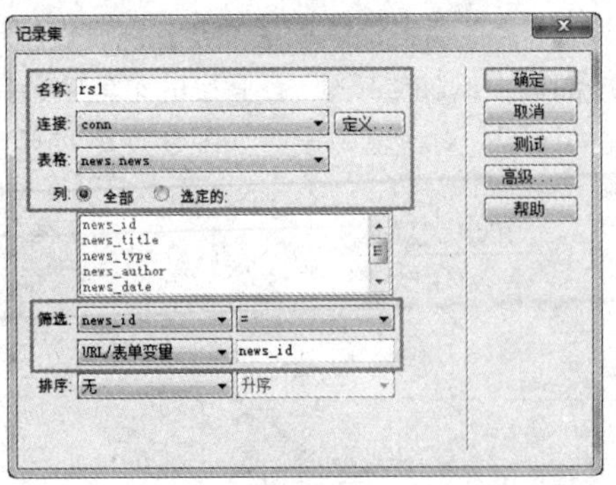

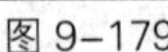
图 9-179

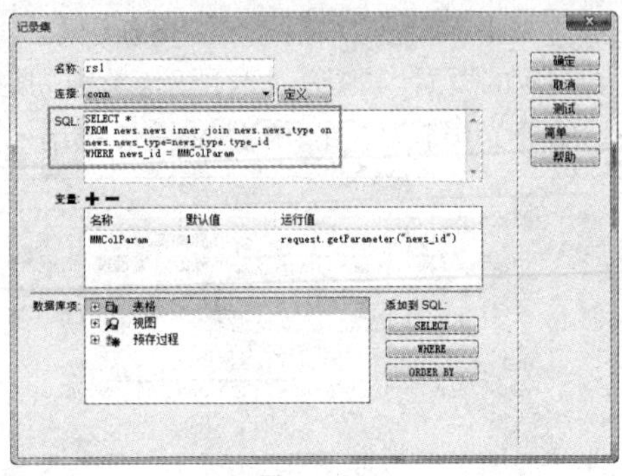

图 9-180

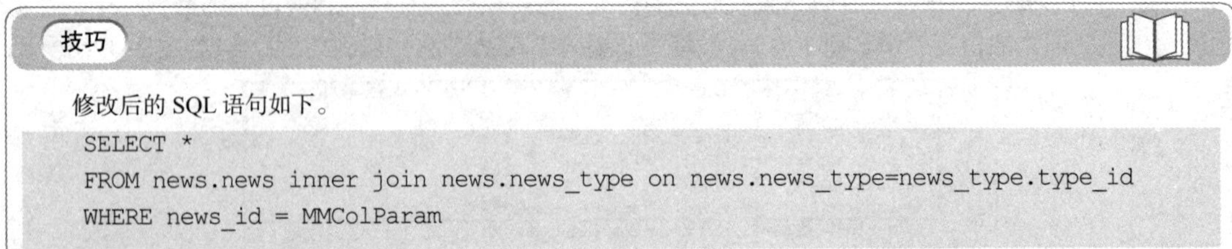

技巧

修改后的 SQL 语句如下。

```
SELECT *
FROM news.news inner join news.news_type on news.news_type=news_type.type_id
WHERE news_id = MMColParam
```

03 单击“确定”按钮，创建记录集，“绑定”面板上会显示刚创建的记录集，如图 9-181 所示。将记录集中的各字段与页面中相对应的表单元素绑定，如图 9-182 所示。

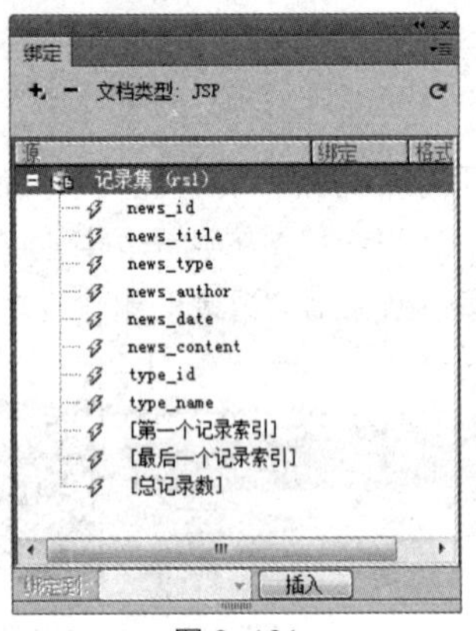

图 9-181

图 9-182

04 在网页中表单域的任意位置插入一个隐藏域，设置该隐藏域的 Name 属性为 news_id，如图 9-183 所示。选中刚插入的隐藏域，单击“属性”面板上的 Value 选项后面的“绑定到动态源”按钮，在弹出的对话框中选择相应的字段，单击“确定”按钮，如图 9-184 所示。

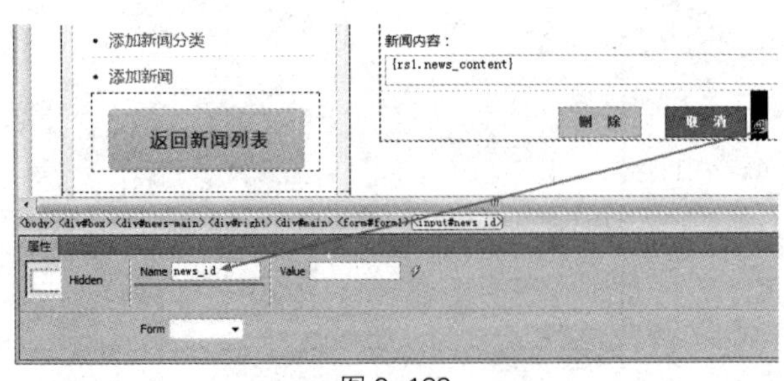

图 9-183

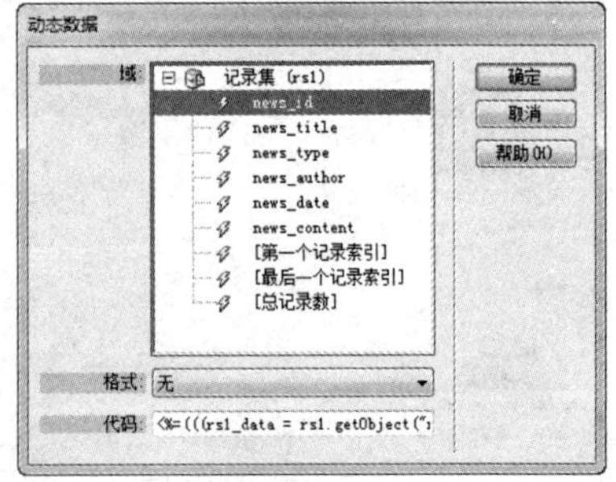

图 9-184

05 单击“服务器行为”面板上的加号按钮，在弹出的菜单中选择“删除记录”选项，弹出“删除记录”对话框，对相关选项进行设置，如图 9-185 所示。单击“确定”按钮，完成“删除记录”对话框的设置，页面效果如图 9-186 所示。

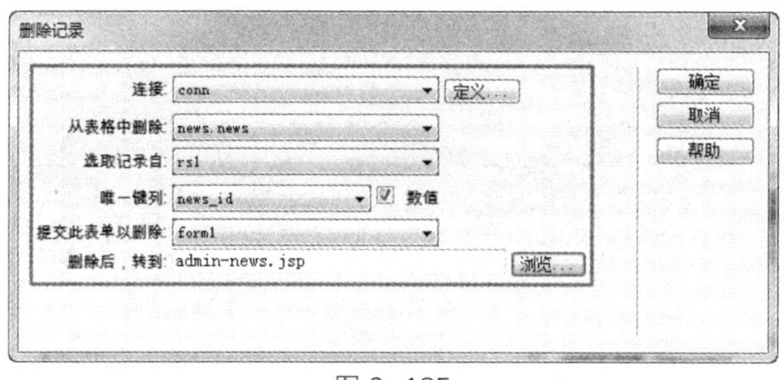

图 9-185

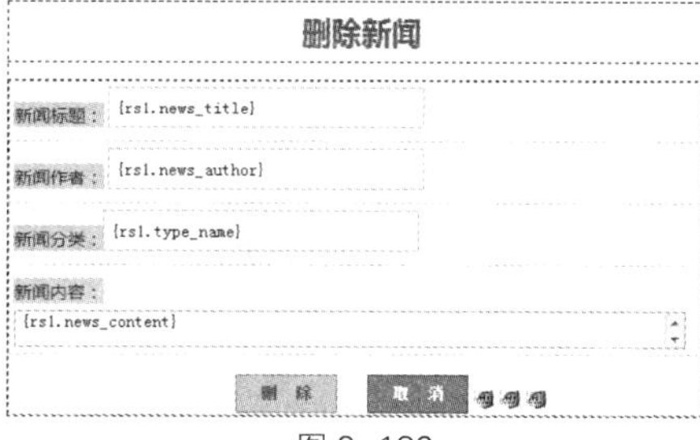

图 9-186

06 为页面左侧的相关文字分别设置超链接，链接到相应的页面，如图 9-187 所示。单击“服务器行为”面板上的加号按钮，在弹出的菜单中选择“用户身份验证 > 限制对页的访问”命令，弹出“限制对页的访问”对话框，设置如图 9-188 所示。

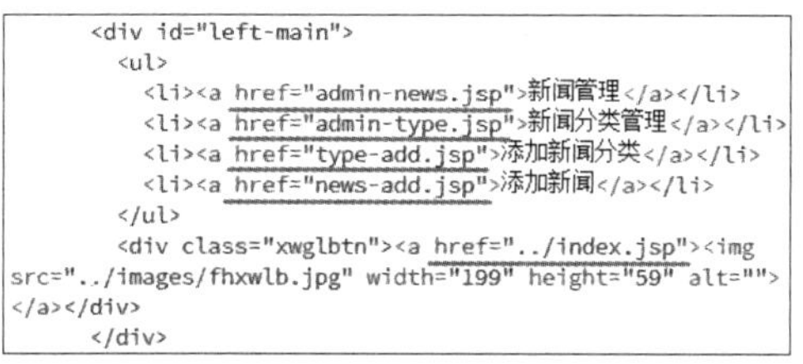

```
<div id="left-main">
  <ul>
    <li><a href="admin-news.jsp">新闻管理</a></li>
    <li><a href="admin-type.jsp">新闻分类管理</a></li>
    <li><a href="type-add.jsp">添加新闻分类</a></li>
    <li><a href="news-add.jsp">添加新闻</a></li>
  </ul>
  <div class="xwglbtn"><a href="../index.jsp"><img
src="../images/fhxwlb.jpg" width="199" height="59" alt="">
</a></div>
</div>
```

图 9-187

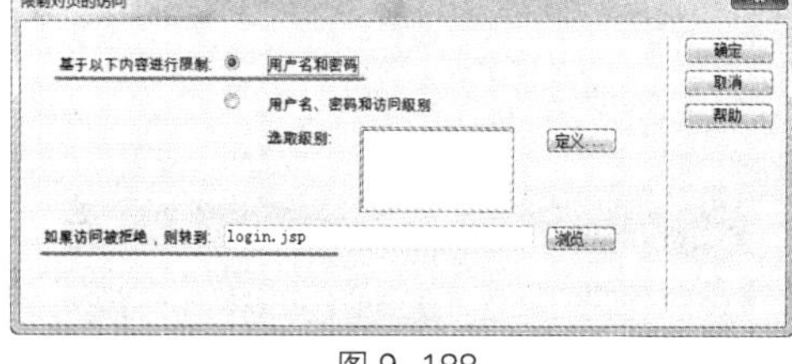

图 9-188

07 单击“确定”按钮，应用“限制对页的访问”服务器行为。转换到网页 HTML 代码中，在页面所有代码之前添加相应的 JSP 脚本代码，设置页面编码格式以及导入相应的 Java 类，如图 9-189 所示。

```
<%@ page language="java" import="java.util.*" pageEncoding="utf-8"%>
<%@ page contentType="text/html;charset=utf-8"%>
<% request.setCharacterEncoding("utf-8"); %>
<%@ page import="java.sql.*"%>
<%@ include file="../Connections/conn.jsp" %>
<%
```

图 9-189

08 完成删除新闻页面 news-del.jsp 的制作。

9.6 开发新闻分类管理功能

新闻分类管理功能与新闻管理功能非常相似，主要是对新闻分类实现添加、修改和删除的操作，本节中将继续开发制作新闻分类管理功能。

9.6.1 新闻分类管理

新闻分类管理页面与新闻管理页面非常相似，只不过在新闻分类管理页面中读取的是 news_type 数据表中的记录，显示所有新闻分类的名称，可以对新闻分类的名称进行修改和删除操作。

实战 制作新闻分类管理页面

最终文件：最终文件\第 9 章\chapter9\admin\admin-type.jsp　视频：视频\第 9 章\9-6-1.mp4

01 打开站点中的新闻分类管理页面 admin-type.jsp，可以看到页面的效果，如图 9-190 所示。单击“绑定”面板上的加号按钮，在弹出的菜单中选择“记录集 (查询)”选项，在弹出的“记录集”对话框中进行设置，如图 9-191 所示。

02 单击“确定”按钮，创建记录集。将页面中的“新闻分类 1”文字替换为记录集的 type_name 字段，如图 9-192 所示。选择“修改”文字，单击“服务器行为”面板上的加号按钮，在弹出的菜单中选择“转到详细页面”选项，弹出“转到详细页面”对话框，设置如图 9-193 所示。

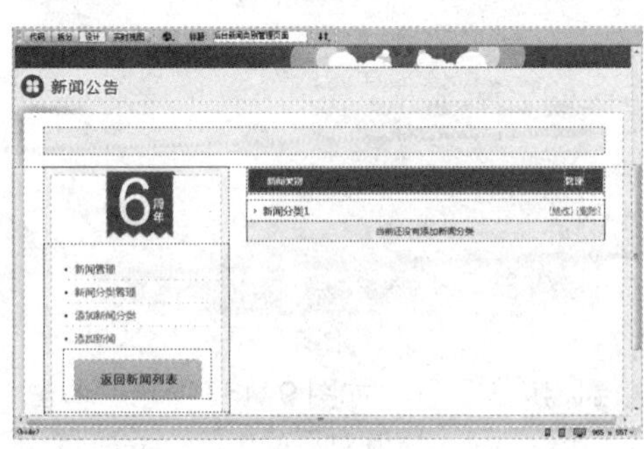
图 9-190

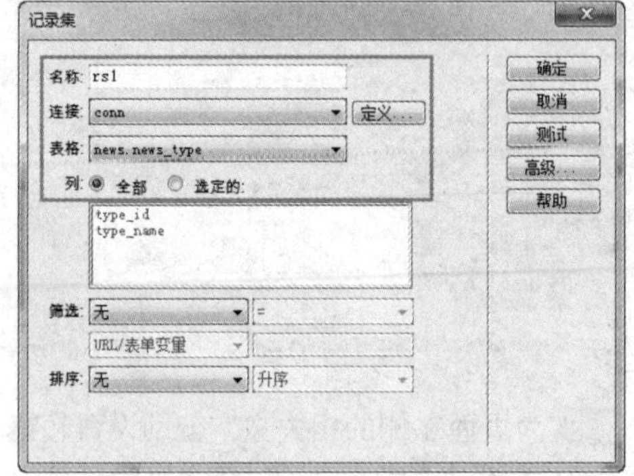
图 9-191

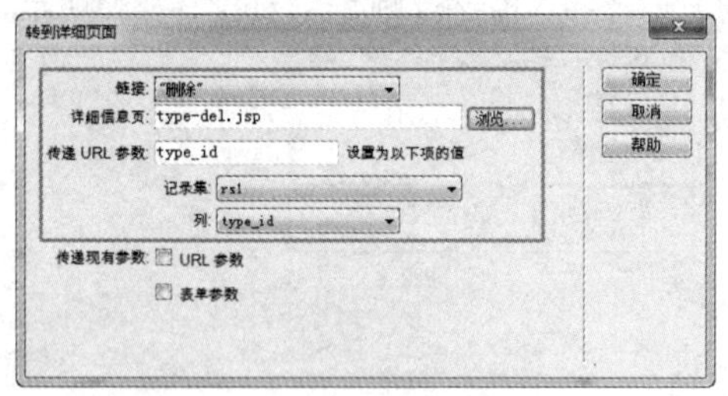
图 9-192

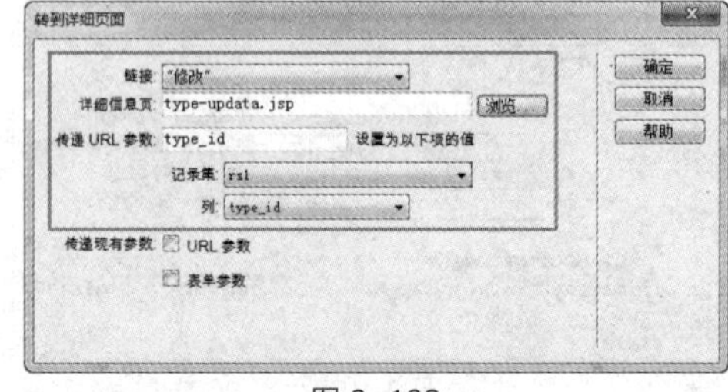
图 9-193

03 单击“确定”按钮，完成“转到详细页面”对话框的设置。选择“删除”文字，单击“服务器行为”面板上的加号按钮，在弹出的菜单中选择“转到详细页面”选项，弹出“转到详细页面”对话框，设置如图 9-194 所示。单击“确定”按钮，完成“转到详细页面”对话框的设置，效果如图 9-195 所示。

图 9-194

图 9-195

提示

分别为“修改”和“删除”文字添加“转到详细页面”服务器行为，其中，“修改”文字链接到修改新闻分类页面 type-updata.jsp，“删除”文字链接到删除新闻分类页面 type-del.jsp，并且这两个链接都需要传递相应的 URL 参数。

04 选中页面中设置为重复显示记录的区域，这里选择 id 名称为 news-list 的 Div，如图 9-196 所示。单击“服务器行为”面板上的加号按钮，在弹出的菜单中选择“重复区域”命令，弹出“重复区域”对话框，设置如图 9-197 所示。

图 9-196

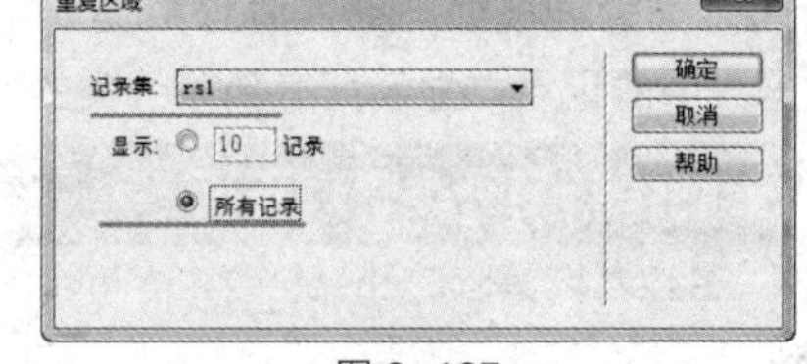
图 9-197

05 单击“确定”按钮，完成重复区域的创建，效果如图 9-198 所示。根据新闻列表页面 index.jsp 的制作方法，完成页面中记录集不为空显示区域和记录集为空显示区域的创建，效果如图 9-199 所示。

06 为页面左侧的相关文字分别设置超链接，链接到相应的页面，如图 9-200 所示。单击“服务器行为”面板上的加号按钮，在弹出的菜单中选择“用户身份验证 > 限制对页的访问”命令，弹出“限制对页的访问”对话框，设置如图 9-201 所示。

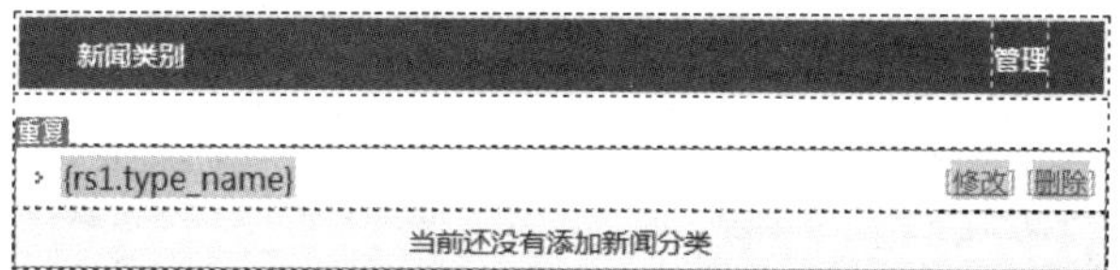

图 9-198

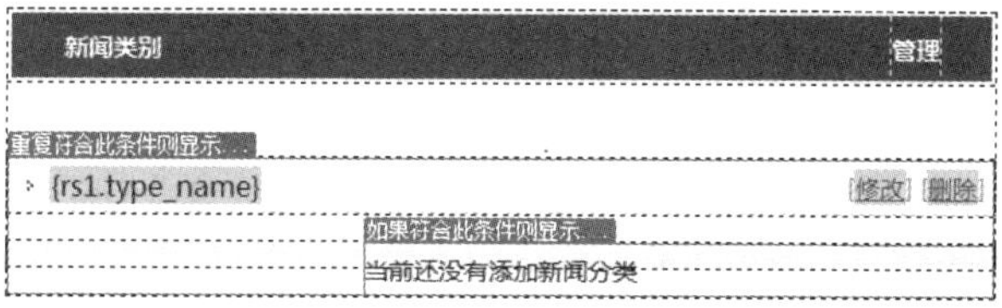

新闻类别　管理

重复符合此条件则显示...

{rs1.type_name}　修改　删除

如果符合此条件则显示...

当前还没有添加新闻分类

图 9-199

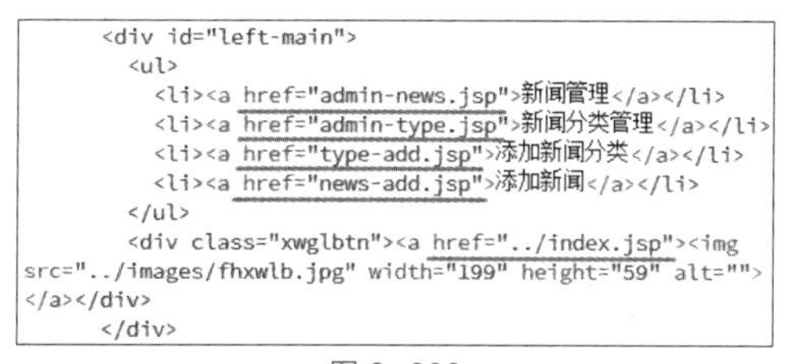

```
<div id="left-main">
  <ul>
    <li><a href="admin-news.jsp">新闻管理</a></li>
    <li><a href="admin-type.jsp">新闻分类管理</a></li>
    <li><a href="type-add.jsp">添加新闻分类</a></li>
    <li><a href="news-add.jsp">添加新闻</a></li>
  </ul>
  <div class="xwglbtn"><a href="../index.jsp"><img
src="../images/fhxwlb.jpg" width="199" height="59" alt="">
</a></div>
</div>
```

图 9-200

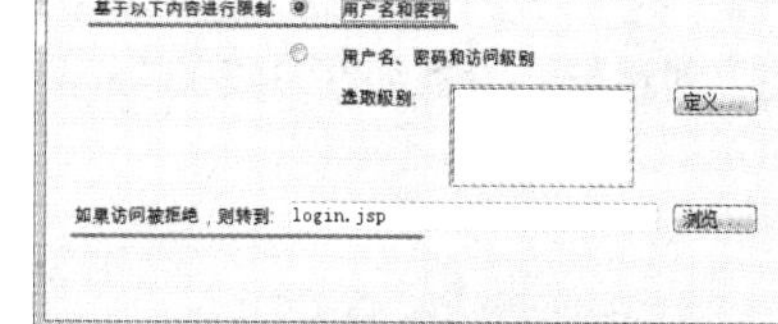

图 9-201

07 单击“确定”按钮，应用“限制对页的访问”服务器行为。转换到网页 HTML 代码中，在页面所有代码之前添加相应的 JSP 脚本代码，设置页面编码格式以及导入相应的 Java 类，如图 9-202 所示。

```
<%@ page language="java" import="java.util.*" pageEncoding="utf-8"%>
<%@ page contentType="text/html;charset=utf-8"%>
<% request.setCharacterEncoding("utf-8"); %>
<%@ page import="java.sql.*"%>
<%@ include file="../Connections/conn.jsp" %>
<%
```

图 9-202

08 完成新闻分类管理页面 admin-type.jsp 的制作。

9.6.2　添加新闻分类

添加新闻分类页面与添加新闻页面 news-add.jsp 相似，为该页面添加“插入记录”服务器行为，将页面表单中所填写的内容插入 news_type 数据表中。

实战　制作添加新闻分类页面

最终文件：最终文件\第 9 章\chapter9\admin\type-add.jsp　　视频：视频\第 9 章\9-6-2.mp4

01 在站点中打开添加新闻分类页面 type-add.jsp，可以看到页面的效果，如图 9-203 所示。单击“服务器行为”面板上的加号按钮，在弹出的菜单中选择“插入记录”选项，弹出“插入记录”对话框，设置如图 9-204 所示。

图 9-203

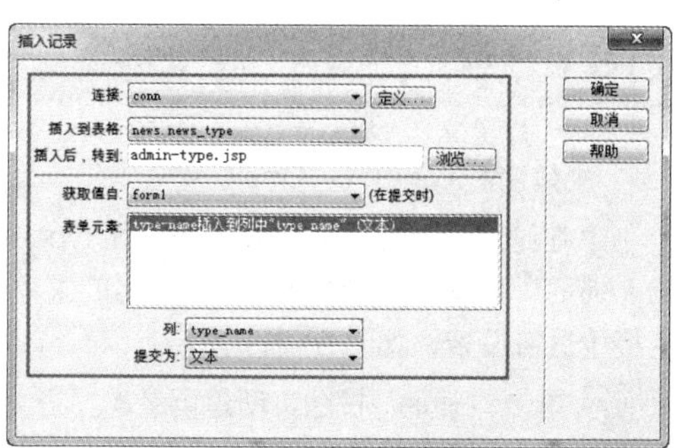

图 9-204

02 单击“确定”按钮，完成“插入记录”对话框的设置，效果如图 9-205 所示。在“服务器行为”面板中可以看到刚添加的“插入记录”服务器行为，如图 9-206 所示。

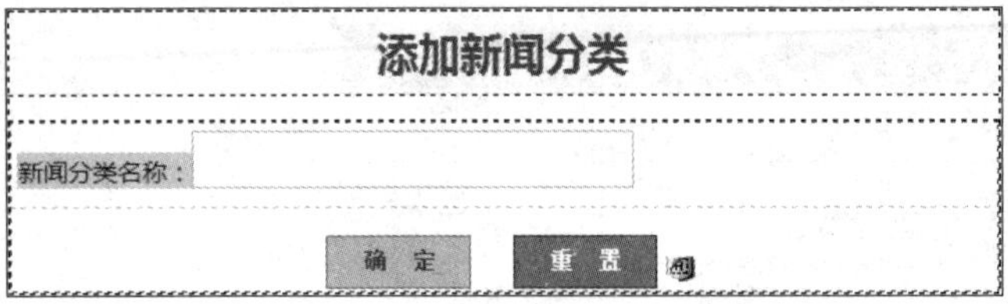

图 9-205

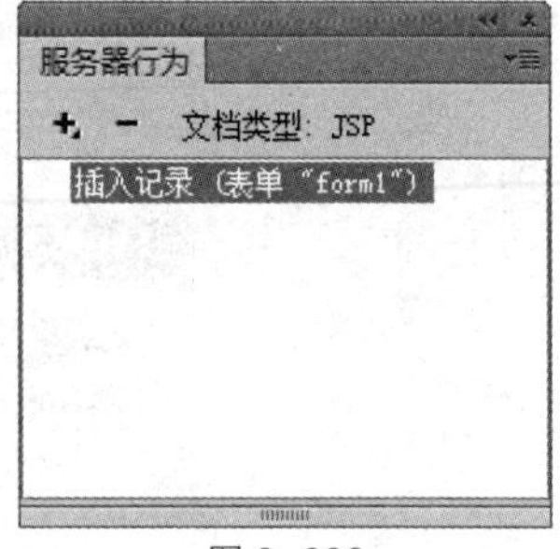

图 9-206

03 为页面左侧的相关文字分别设置超链接，链接到相应的页面，如图 9-207 所示。单击“服务器行为”面板上的加号按钮，在弹出的菜单中选择“用户身份验证 > 限制对页的访问”命令，弹出“限制对页的访问”对话框，设置如图 9-208 所示。

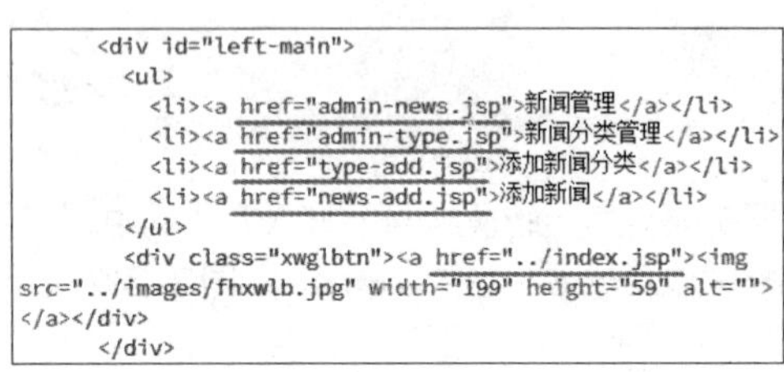

```
<div id="left-main">
  <ul>
    <li><a href="admin-news.jsp">新闻管理</a></li>
    <li><a href="admin-type.jsp">新闻分类管理</a></li>
    <li><a href="type-add.jsp">添加新闻分类</a></li>
    <li><a href="news-add.jsp">添加新闻</a></li>
  </ul>
  <div class="xwglbtn"><a href="../index.jsp"><img
src="../images/fhxwlb.jpg" width="199" height="59" alt="">
</a></div>
</div>
```

图 9-207

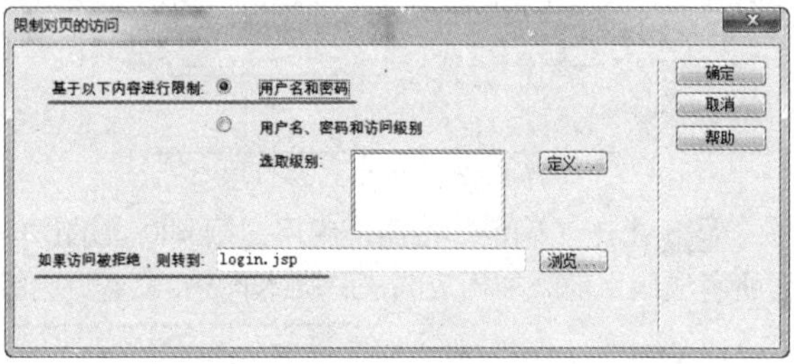

图 9-208

04 单击“确定”按钮，应用“限制对页的访问”服务器行为。转换到网页 HTML 代码中，在页面所有代码之前添加相应的 JSP 脚本代码，设置页面编码格式以及导入相应的 Java 类，如图 9-209 所示。

```
<%@ page language="java" import="java.util.*" pageEncoding="utf-8"%>
<%@ page contentType="text/html;charset=utf-8"%>
<% request.setCharacterEncoding("utf-8"); %>
<%@ page import="java.sql.*"%>
<%@ include file="../Connections/conn.jsp" %>
<%
```

图 9-209

05 完成添加新闻分类页面 type-add.jsp 的制作。

9.6.3 修改新闻分类

在修改新闻分类页面中接收从新闻分类页面 admin-type.jsp 传递过来的 URL 参数，并通过该参数查询数据表，找到相应的新闻分类记录，并将其新闻分类名称显示在页面的文本域中，管理者可以对新闻分类名称进行修改。通过“更新记录”服务器行为可以将修改后的新闻分类名称插入数据表中。

实战 制作修改新闻分类页面

最终文件：最终文件 \ 第 9 章 \chapter9\admin\type-updata.jsp
视频：视频 \ 第 9 章 \9-6-3.mp4

01 在站点中打开修改新闻分类页面 type-updata.jsp，可以看到页面的效果，如图 9-210 所示。单击“绑定”面板上的加号按钮，在弹出的菜单中选择“记录集 (查询)”选项，在弹出的“记录集”对话框中进行设置，如图 9-211 所示。

02 单击“确定”按钮，创建记录集。将页面中的文本域与记录集中的 type_name 字段绑定，如图 9-212 所示。在表单域中插入一个隐藏域，设置该隐藏域的 name 属性为 type_id，如图 9-213 所示。

图 9-210

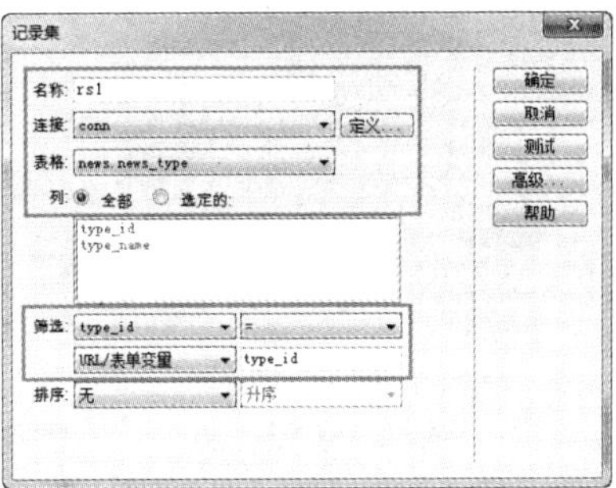

图 9-211

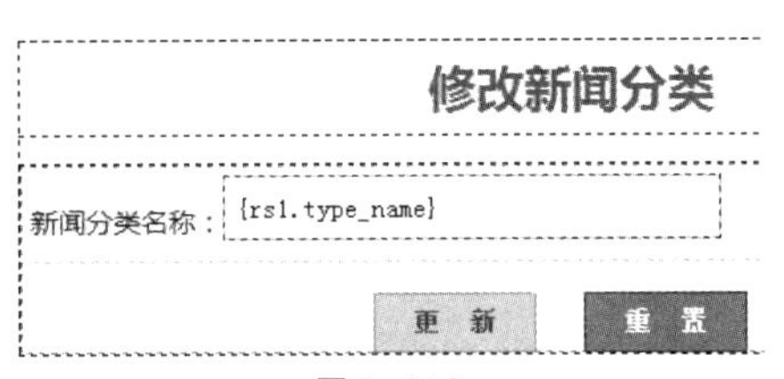

图 9-212

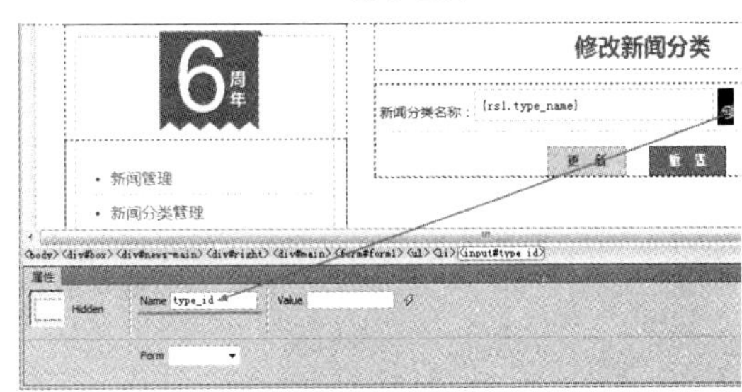

图 9-213

03 选中刚插入的隐藏域，单击“属性”面板上的 Value 选项后面的“绑定到动态源”按钮，在弹出的对话框中选择相应的字段，单击“确定”按钮，如图 9-214 所示。单击“服务器行为”面板上的加号按钮，在弹出的菜单中选择“更新记录”选项，弹出“更新记录”对话框，对相关选项进行设置，如图 9-215 所示。

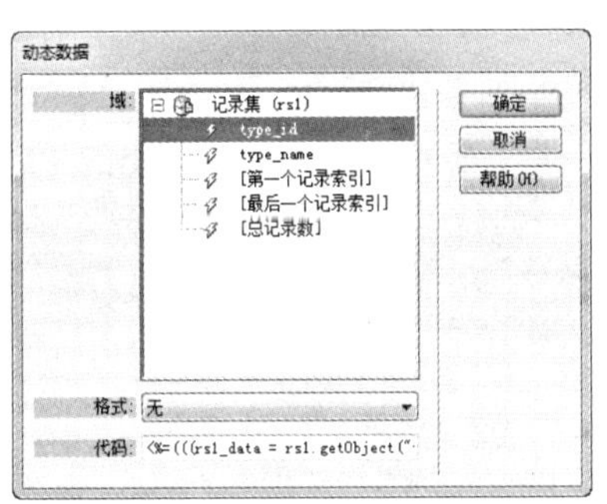

图 9-214

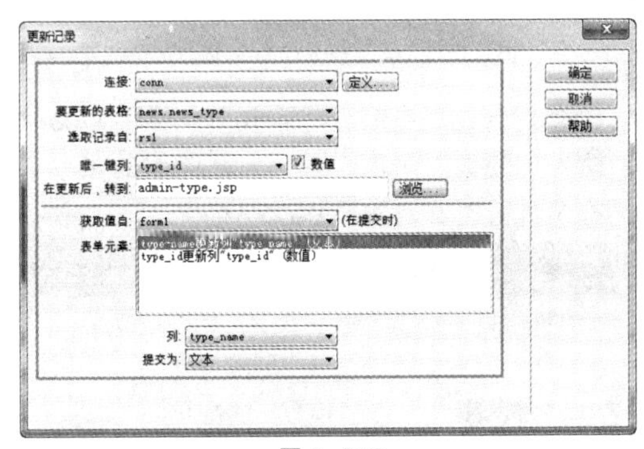

图 9-215

04 单击“确定”按钮，完成“更新记录”对话框的设置，效果如图 9-216 所示。在“服务器行为”面板中可以看到刚添加的“更新记录”服务器行为，如图 9-217 所示。

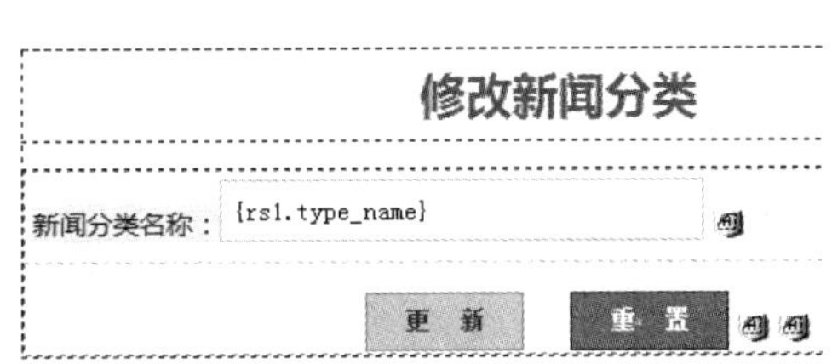

图 9-216

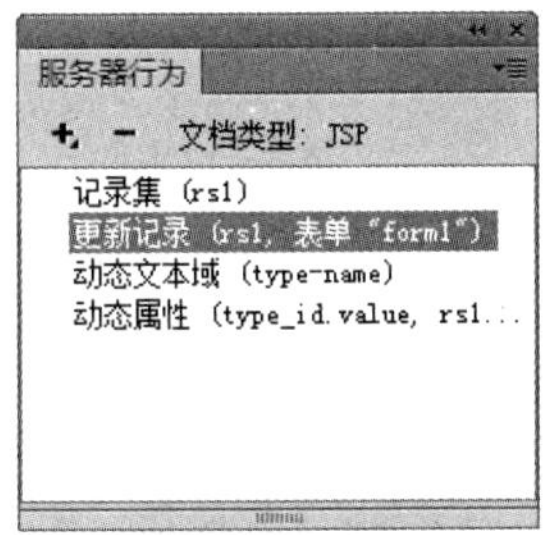

图 9-217

05 为页面左侧的相关文字分别设置超链接，链接到相应的页面，如图 9-218 所示。单击“服务器行为”面板上的加号按钮，在弹出的菜单中选择“用户身份验证 > 限制对页的访问”命令，弹出“限制对页的访问”对话框，设置如图 9-219 所示。

```
<div id="left-main">
  <ul>
    <li><a href="admin-news.jsp">新闻管理</a></li>
    <li><a href="admin-type.jsp">新闻分类管理</a></li>
    <li><a href="type-add.jsp">添加新闻分类</a></li>
    <li><a href="news-add.jsp">添加新闻</a></li>
  </ul>
  <div class="xwglbtn"><a href="../index.jsp"><img
src="../images/fhxwlb.jpg" width="199" height="59" alt="">
</a></div>
  </div>
```

图 9-218

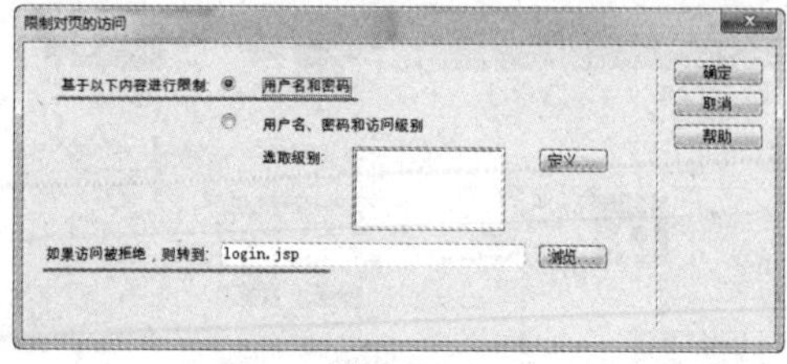

图 9-219

06 单击“确定”按钮，应用“限制对页的访问”服务器行为。转换到网页 HTML 代码中，在页面所有代码之前添加相应的JSP脚本代码，设置页面编码格式以及导入相应的Java类，如图9-220所示。

```
<%@ page language="java" import="java.util.*" pageEncoding="utf-8"%>
<%@ page contentType="text/html;charset=utf-8"%>
<% request.setCharacterEncoding("utf-8"); %>
<%@ page import="java.sql.*"%>
<%@ include file="../Connections/conn.jsp" %>
<%
```

图 9-220

07 完成修改新闻分类页面 type-updata.jsp 的制作。

9.6.4 删除新闻分类

在删除新闻分类页面中接收从新闻分类管理页面 admin-type.jsp 传递过来的 URL 参数，并通过该参数查询数据表，找到相应的新闻分类记录，并将其新闻分类名称显示在页面的文本域中，当管理者单击“删除”按钮时，可以通过“删除记录”服务器行为在数据表中将该条记录删除。

实战 制作删除新闻分类页面

最终文件：最终文件\第9章\chapter9\admin\type-del.jsp　　视频：视频\第9章\9-6-4.mp4

01 打开站点中的删除新闻分类页面 type-del.jsp，可以看到页面的效果，如图 9-221 所示。单击“绑定”面板上的加号按钮，在弹出的菜单中选择“记录集（查询）”选项，在弹出的“记录集”对话框中进行设置，如图 9-222 所示。

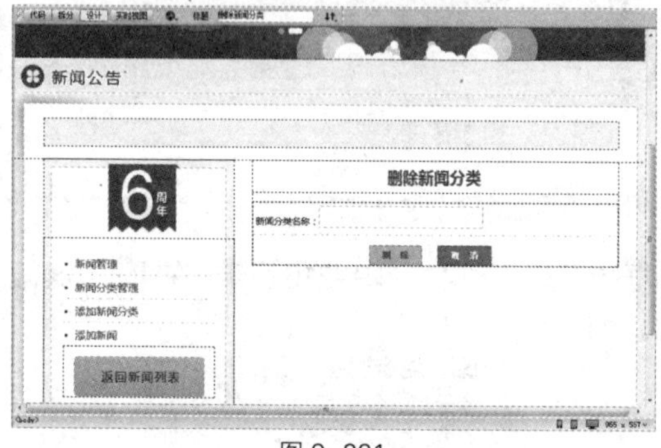

图 9-221

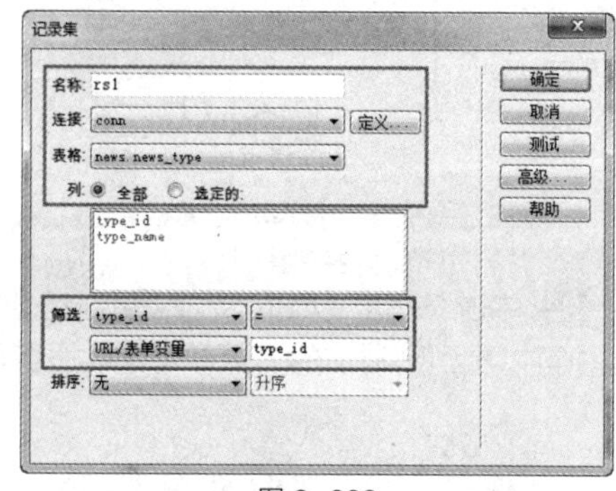

图 9-222

02 单击“确定”按钮，创建记录集。将页面中的文本域与记录集中的 type_name 字段绑定，如图 9-223 所示。在表单域中插入一个隐藏域，设置该隐藏域的 name 属性为 type_id，如图 9-224 所示。

删除新闻分类

新闻分类名称：{rs1.type_name}

删 除　取 消

图 9-223

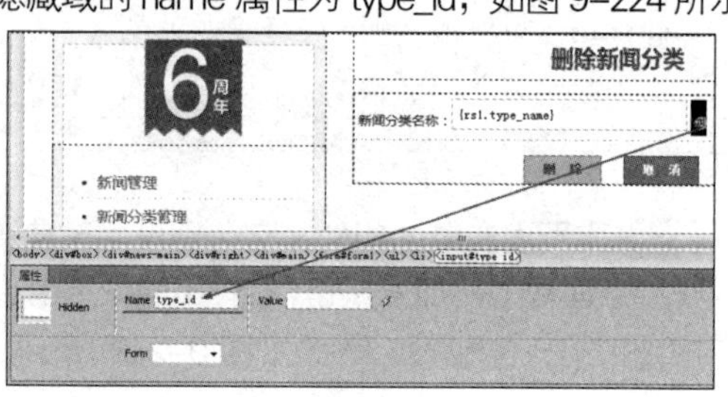

图 9-224

03 选中刚插入的隐藏域，单击“属性”面板上的 Value 选项后面的“绑定到动态源”按钮，在弹出的对话框中选择相应的字段，单击“确定”按钮，如图 9-225 所示。单击“服务器行为”面板上的加号按钮，在弹出的菜单中选择“删除记录”选项，弹出“删除记录”对话框，对相关选项进行设置，如图 9-226 所示。

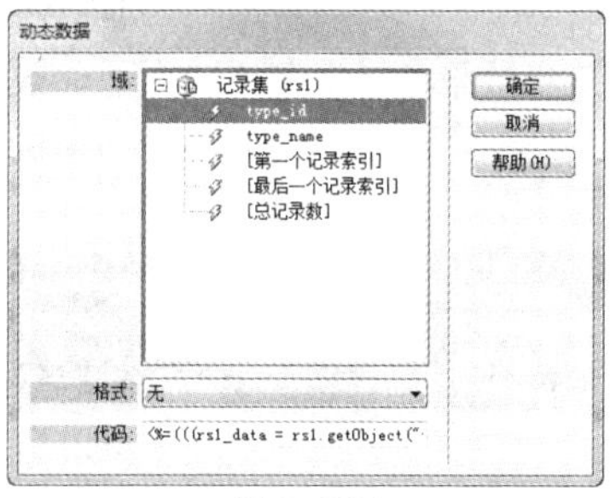

图 9-225

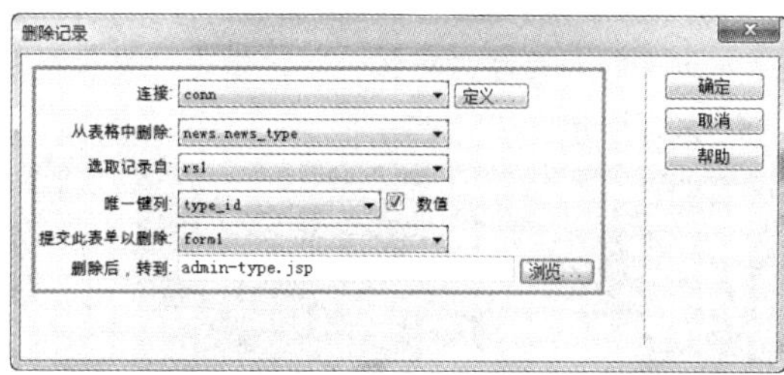

图 9-226

04 单击“确定”按钮，完成“删除记录”对话框的设置，效果如图 9-227 所示。在“服务器行为”面板中可以看到刚添加的“删除记录”服务器行为，如图 9-228 所示。

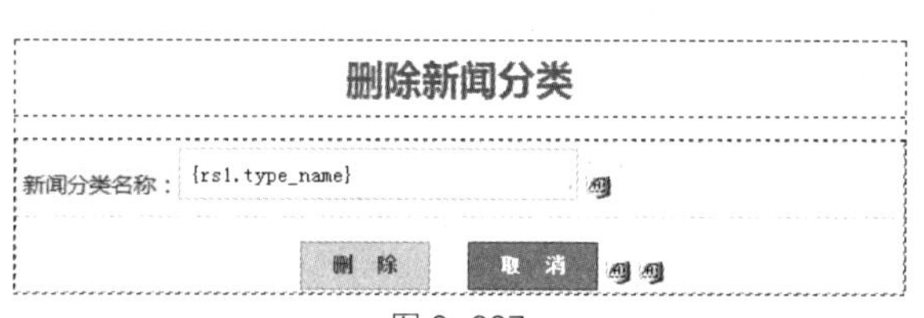

图 9-227

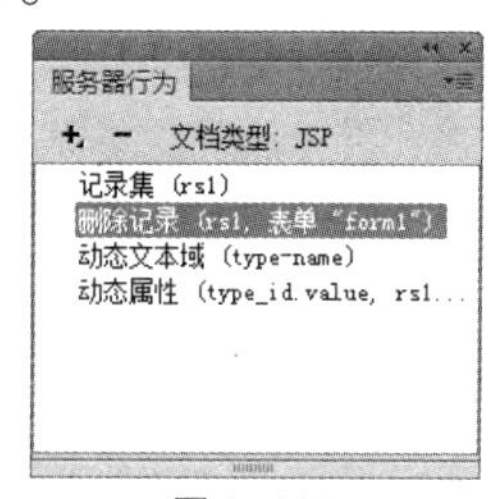

图 9-228

05 为页面左侧的相关文字分别设置超链接，链接到相应的页面，如图 9-229 所示。单击“服务器行为”面板上的加号按钮，在弹出的菜单中选择“用户身份验证 > 限制对页的访问”命令，弹出“限制对页的访问”对话框，设置如图 9-230 所示。

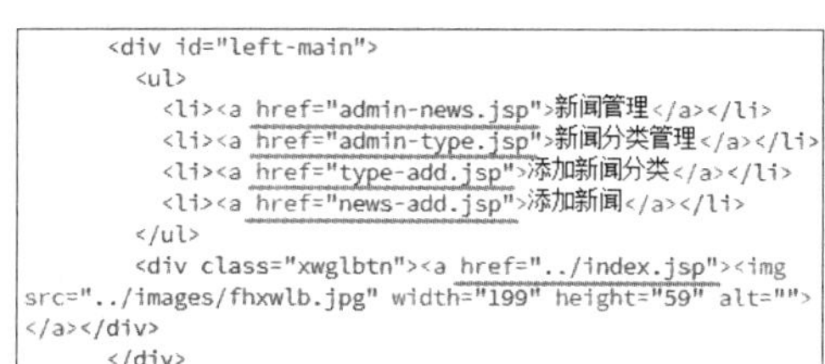

```
<div id="left-main">
  <ul>
    <li><a href="admin-news.jsp">新闻管理</a></li>
    <li><a href="admin-type.jsp">新闻分类管理</a></li>
    <li><a href="type-add.jsp">添加新闻分类</a></li>
    <li><a href="news-add.jsp">添加新闻</a></li>
  </ul>
  <div class="xwglbtn"><a href="../index.jsp"><img
src="../images/fhxwlb.jpg" width="199" height="59" alt="">
</a></div>
</div>
```

图 9-229

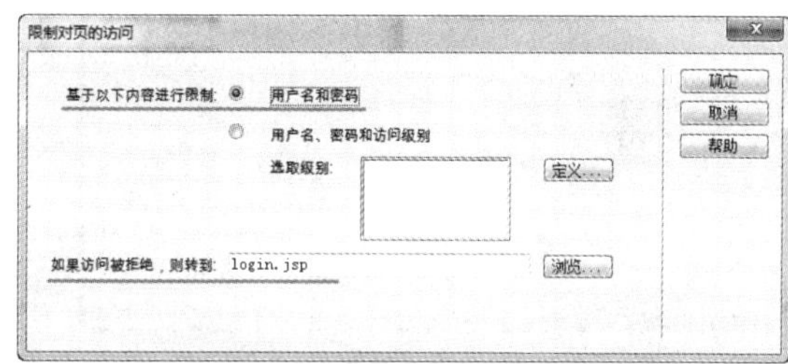

图 9-230

06 单击“确定”按钮，应用“限制对页的访问”服务器行为。转换到网页 HTML 代码中，在页面所有代码之前添加相应的JSP脚本代码，设置页面编码格式以及导入相应的Java类，如图9-231 所示。

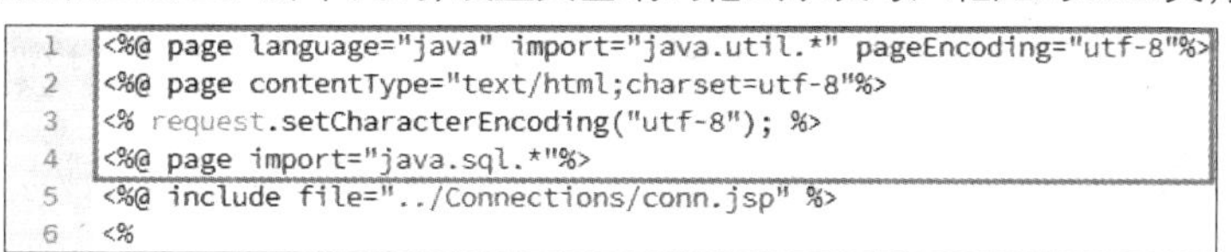

```
<%@ page language="java" import="java.util.*" pageEncoding="utf-8"%>
<%@ page contentType="text/html;charset=utf-8"%>
<% request.setCharacterEncoding("utf-8"); %>
<%@ page import="java.sql.*"%>
<%@ include file="../Connections/conn.jsp" %>
<%
```

图 9-231

07 完成删除新闻分类页面 type-del.jsp 的制作。

9.7 系统功能测试

完成新闻发布和管理系统中所有功能的开发，接下来对该系统功能进行测试。因为当前数据库

中并没有任何数据，所以首先通过管理登录页面登录到新闻管理页面，添加新闻类别和新闻，然后对系统中的其他功能分别进行测试。

实战 测试网站新闻发布管理系统功能

最终文件：无　　视频：视频\第 9 章\9-7.mp4

01 在 Dreamweaver 中打开新闻管理登录页面 login.jsp，在测试服务器中测试该页面，效果如图 9-232 所示。输入管理账号和密码，单击“登录”按钮，进入新闻管理主页面 admin-news.jsp，效果如图 9-233 所示。

图 9-232

图 9-233

02 单击页面左侧的“添加新闻分类”超链接，跳转到添加新闻分类页面 type-add.jsp，在表单中输入新闻分类名称，如图 9-234 所示。单击“确定”按钮，添加新闻分类，返回新闻分类管理页面 admin-type.jsp，可以看到刚添加的新闻分类，如图 9-235 所示。

图 9-234

图 9-235

03 使用相同的操作方法，添加多个新闻分类，如图 9-236 所示。单击页面左侧的“添加新闻”超链接，跳转到添加新闻页面 news-add.jsp，在页面中的各表单项中输入相应的新闻内容，如图 9-237 所示。

图 9-236

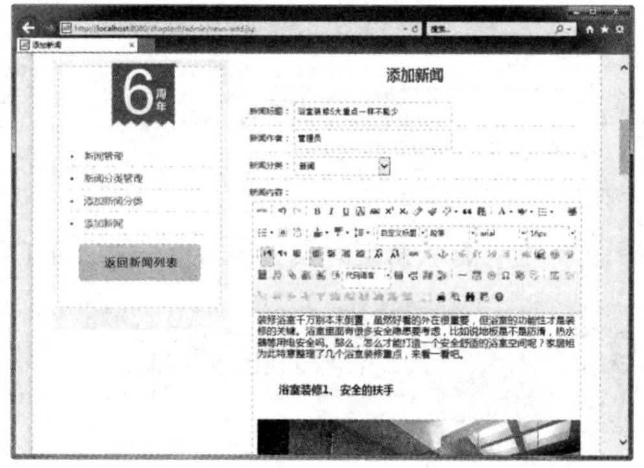

图 9-237

04 单击“确定”按钮，添加新闻，返回新闻管理主页面 admin-news.jsp，可以看到刚添加的新闻，如图 9-238 所示。使用相同的操作方法，添加多条新闻内容，如图 9-239 所示。

图 9-238

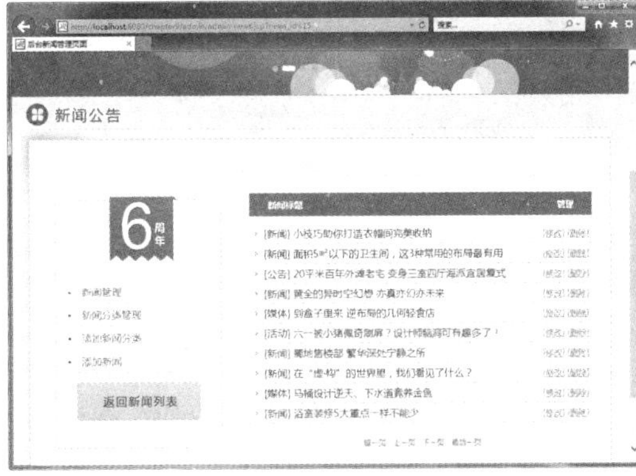

图 9-239

05 在页面中单击“返回新闻列表”按钮，进入新闻列表页面 index.jsp，效果如图 9-240 所示。单击页面左侧的某种新闻分类名称，即可跳转到新闻分类列表页面 news-type.jsp，在该页面中只显示该类型的新闻列表，如图 9-241 所示。

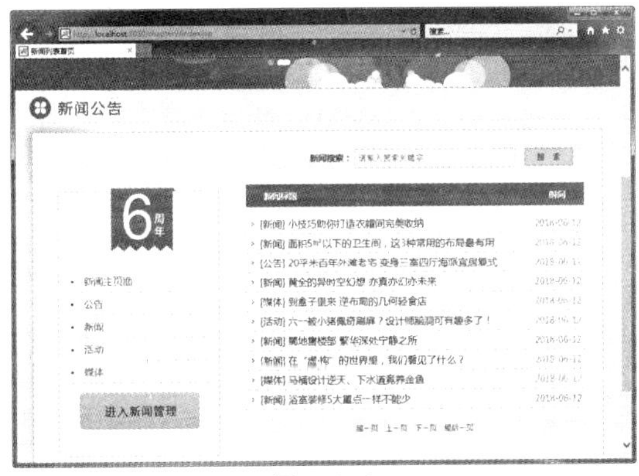

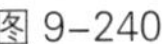

图 9-240

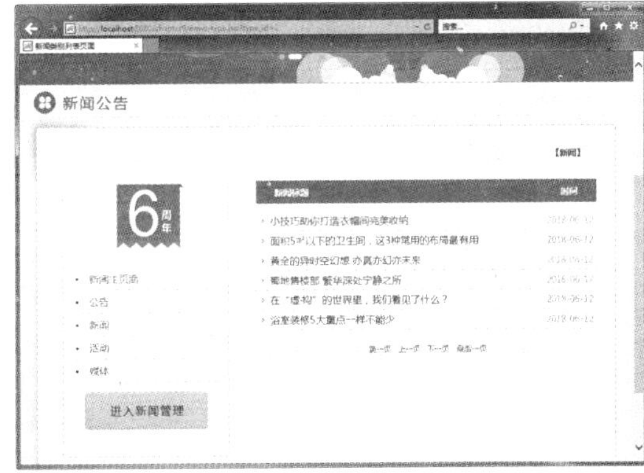

图 9-241

06 在新闻列表中单击某条新闻标题，即可跳转到该新闻显示页面 news-show.jsp，显示该条新闻的详细内容，如图 9-242 所示。在新闻列表页面 index.jsp 中的“新闻搜索”文字后面的文本框中输入关键字，单击“搜索”按钮，如图 9-243 所示。

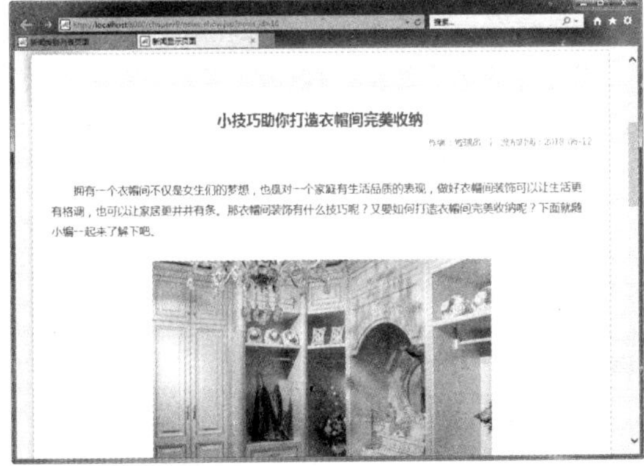

图 9-242

图 9-243

07 此时可以跳转到新闻搜索结果页面 search.jsp，在该页面中将只显示包含该关键字的新闻，如图 9-244 所示。如果所输入的搜索关键字并没有找到相应的结果，则会显示相应的提示内容，如图 9-245 所示。

图 9-244

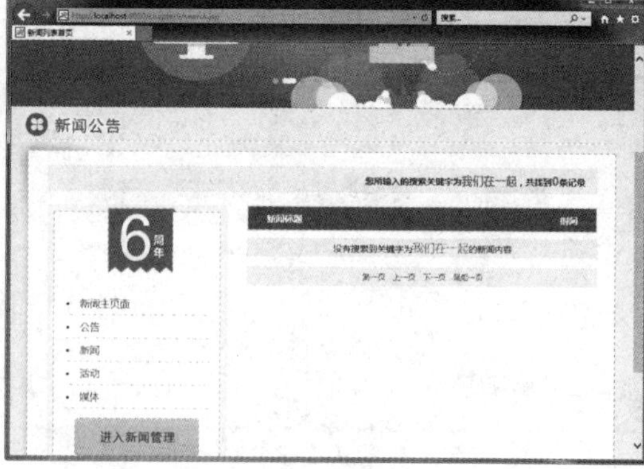

图 9-245

第10章 网站图片管理系统

在动态网站中不但要能够对文字内容进行后台管理和编辑，还能在网站中进行图片的上传和管理操作，这样才算是一个功能完整的动态网站。在本章中将通过一个图片作品管理系统的制作，向读者介绍网站中图片的上传与管理功能的开发和应用。

本章知识点：

- 理解网站图片管理系统的规划
- 掌握系统动态站点和 MySQL 数据库的创建
- 掌握创建 JSP 网站与 MySQL 数据库连接的方法
- 掌握图片列表和浏览图片功能的实现方法
- 掌握使用 UploadBean 组件实现图片上传的方法
- 掌握图片管理功能的实现方法

10.1 系统功能分析

一个简单的图片管理系统实际上只要实现图片的上传即可，本章制作的网站图片管理系统功能相对来说更加强大一些，也稍复杂一些，包括作品分类、分类管理、上传作品、作品管理等功能。

10.1.1 网站图片管理系统规划

本章所开发的网站图片管理系统主要包括前台作品图片的分类显示功能和后台作品图片的上传管理功能。其中，前台作品图片显示部分主要包括作品首页面、作品分类列表页面、全部作品列表页面和作品详情页面，普通浏览者都可以对该部分内容进行浏览。而在后台作品图片上传管理部分，则只有网站管理员通过管理账号和密码成功登录后才能进行操作，在后台管理部分可以添加作品分类、修改和删除作品分类，添加作品、修改和删除作用等操作。本章所开发的网站图片管理系统基本上能满足大多数网站对图片上传和管理功能的需求。

网站图片管理系统总体构架如图 10-1 所示。

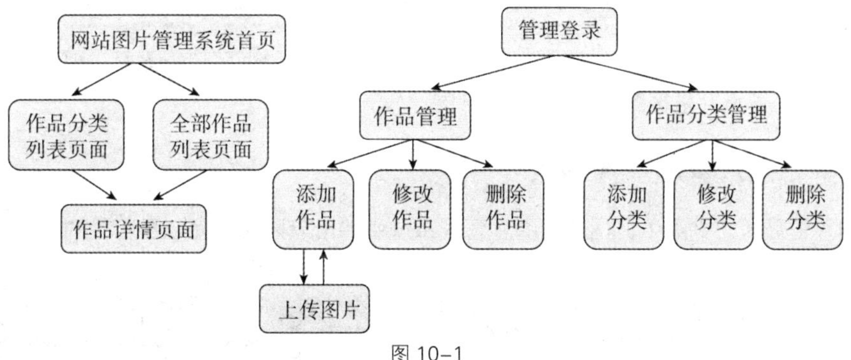

图 10-1

10.1.2 网站图片管理系统相关页面说明

在上一节中已经对网站图片管理系统的功能和运行流程进行了分析，在本章所开发的网站图片管理系统中主要包含 15 个页面，其中前台作品图片显示功能页面 5 个，页面说明如表 10–1 所示，后台图片上传管理功能页面 10 个，页面说明如表 10–2 所示。

表 10-1 网站图片管理系统前台作品图片显示页面说明

页面	说明
index.jsp	网站图片管理系统首页，在该页面中显示所有作品分类，并且在每个作品分类中显示 4 个最新添加的作品
list.jsp	作品显示模板页面，在该页面中读取作品的图片、标题、分类名称等信息，创建为重复区域。并且将该页面嵌入作品主页面 index.jsp 中显示作品的位置
work–all.jsp	全部作品列表页面，在该页面中读取数据库中所有的作品，并按照上传时间进行排序，将最新上传的作品显示在前面，以列表的形式显示所有作品
work–type.jsp	作品分类列表页面，该页面接收 URL 参数，并通过 URL 参数对数据库中的数据进行筛选，查找指定类型的作品，并以列表的形式显示在页面中
work–show.jsp	查看作品页面，该页面接收 URL 参数，并通过 URL 参数在数据库中找到指定的数据记录，将作品的相关信息显示在页面中

表 10-2 网站图片管理系统后台图片上传管理页面说明

页面	说明
login.jsp	后台管理登录页面，在该页面中填写管理员账号和密码，登录成功跳转到作品管理页面中
admin–work.jsp	作品管理页面，在该页面中显示数据库中所有的作品，并且在每个作品的下方都提供“修改”和“删除”超链接
add–work.jsp	添加作品页面，在该页面的表单元素中添加相应的作品信息，单击“上传图片”按钮，打开上传图片页面
upload.jsp	上传图片页面，在该页面中选择需要上传的图片，单击“上传”按钮，将选择的图片上传至服务器指定的文件夹中。单击“确定”按钮，向添加作品页面 add–work.jsp 中传递上传图片的参数
updata–work.jsp	修改作品页面，该页面接收 URL 传递的参数，在数据库中查询对应的数据记录，在该页面中显示该作品的相关内容，并且对其进行修改，修改后直接更新数据库中的该条记录
del–work.jsp	删除作品页面，该页面接收 URL 传递的参数，在数据库中查询对应的数据记录，并在数据库中将该条记录删除
admin–type.jsp	作品分类管理页面，在该页面中显示数据库中所有的作品分类名称，并在每个作品分类名称后面提供“修改”和“删除”超链接
add–type.jsp	添加作品分类页面，在该页面中可以添加新的作品类别
updata–type.jsp	修改作品分类页面，该页面接收 URL 传递的参数，在数据库中查询对应的数据记录，在该页面中显示该作品分类名称，并且对其进行修改，修改后直接更新数据库中的该条记录
del–type.jsp	删除作品分类页面，该页面接收 URL 传递的参数，在数据库中查询对应的数据记录，并在数据库中将该条记录删除

10.2 创建系统站点和 MySQL 数据库

完成了系统结构的规划分析，基本上了解了该系统中相关的页面和所需要实现的功能，接下来创建该系统的动态站点并根据系统功能规划来创建 MySQL 数据库。

10.2.1 网站图片管理系统站点

网站图片管理系统站点中包括网站图片管理系统中的所有网站页面以及相关的文件和素材，从全局上控制站点结构，管理站点中的各种文档，并完成文档的编辑和制作。

实战 创建网站图片管理系统站点

最终文件：无　　视频：视频\第 10 章\10–2–1.mp4

01 在“源文件 \ 第 10 章 \chapter10\”文件夹中已经制作好了网站图片管理系统中相关的静态页面，如图 10-2 所示。直接将 chapter10 文件复制到 Tomcat 服务器默认的网站根目录 (Tomcat 8.0\webapps\ROOT\) 中，如图 10-3 所示。

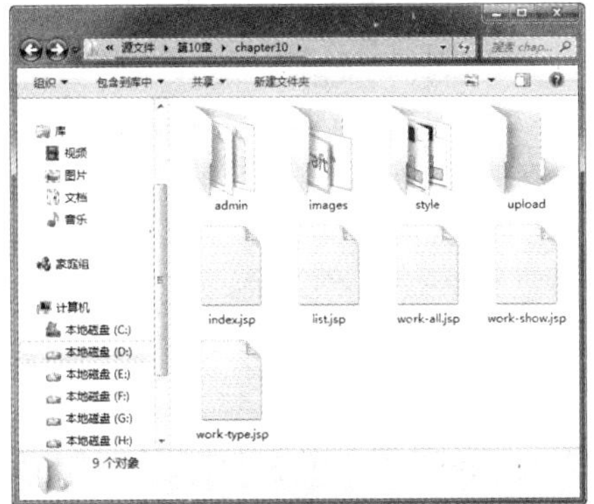
图 10-2

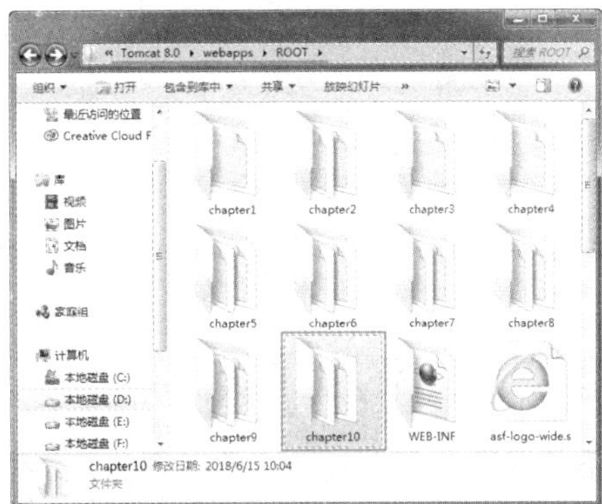
图 10-3

提示

为了更好地区分前台显示页面和后台管理页面，这里将后台管理页面都放在 admin 文件夹中，并且在站点的根目录中新建了一个名为 upload 的文件夹，该文件夹用于存储通过程序上传的图片，目前该文件为空文件夹。

02 打开 Dreamweaver，执行“站点” > “新建站点”命令，弹出“站点设置对象”对话框，设置“本地站点文件夹”为 D:\Program Files\Tomcat 8.0\webapps\ROOT\chapter10\，如图 10-4 所示。在对话框左侧单击“服务器”选项，切换到服务器选项设置界面，如图 10-5 所示。

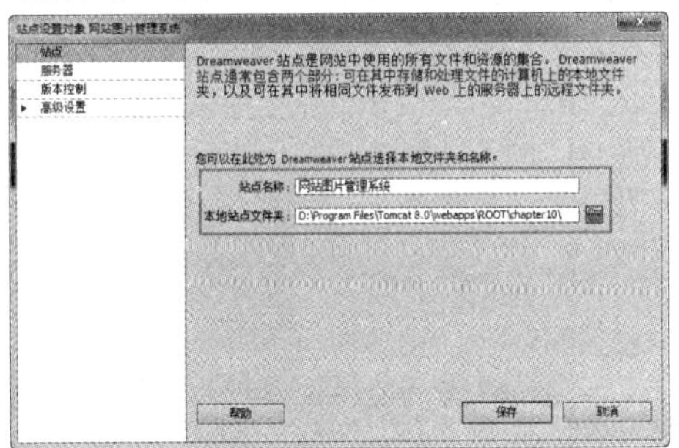
图 10-4

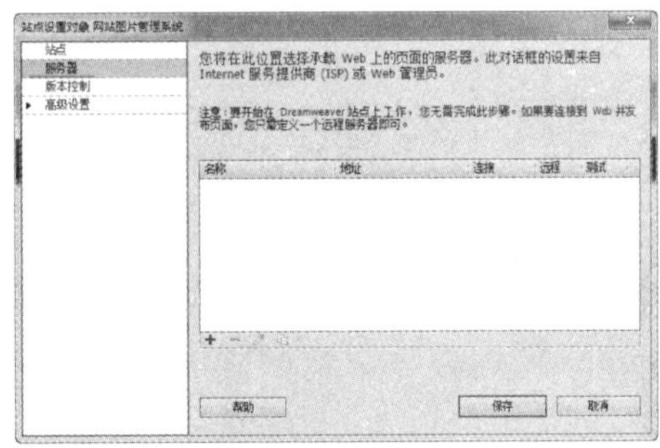
图 10-5

03 单击“添加新服务器”按钮 + ，弹出服务器设置窗口，在“连接方法”下拉列表中选择“本地 / 网络”选项，对相关选项进行设置，如图 10-6 所示。单击“高级”按钮，切换到“高级”选项卡中，在“服务器模型”下拉列表中选择 JSP 选项，如图 10-7 所示。

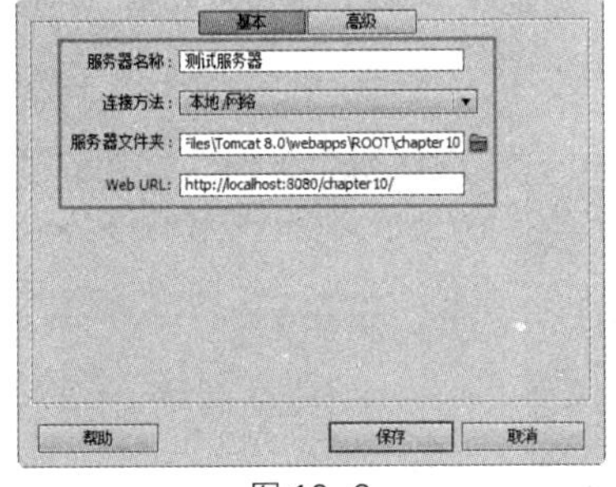

图 10-6

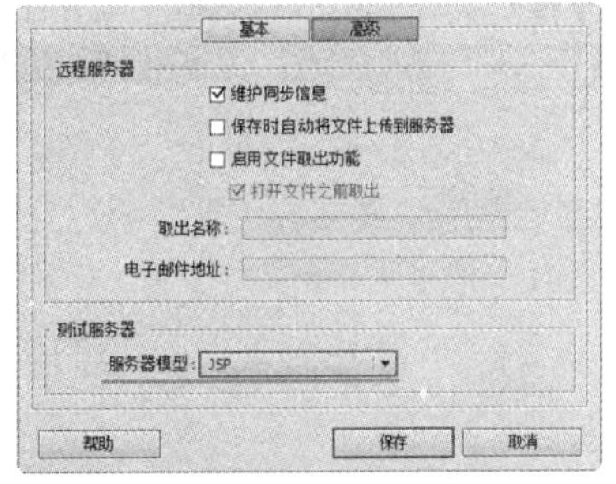

图 10-7

04 单击“保存”按钮，保存服务器选项设置，返回“站点设置对象”对话框，选中“测试”复选框，如图 10-8 所示。单击“保存”按钮，完成系统站点的创建和测试服务器的设置，在“文件”面板中显示当前站点中的相关文件，如图 10-9 所示。

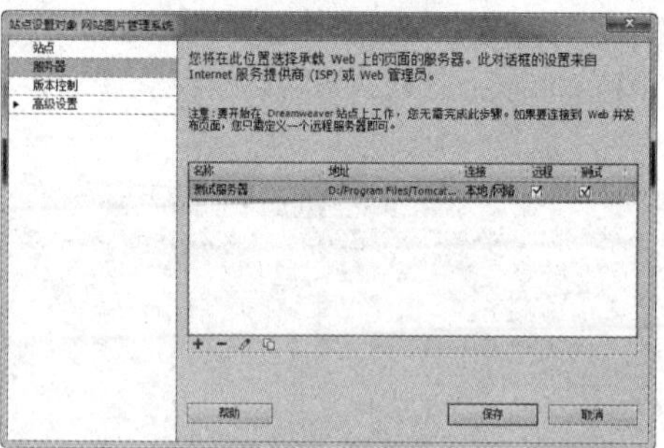

图 10-8

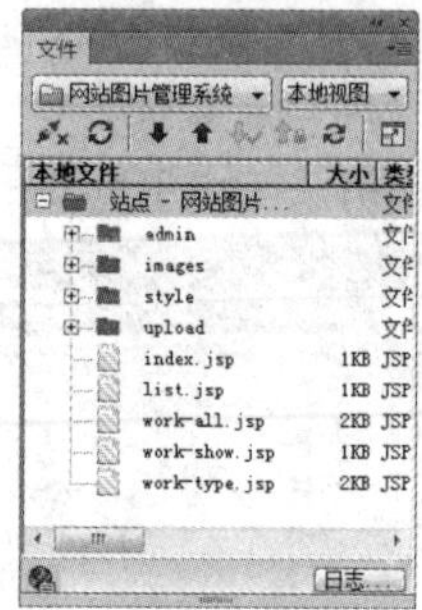

图 10-9

10.2.2 创建 MySQL 数据库 

在本章开发的网站图片管理系统中，数据库用于存储作品标题名称、图片文件名称等数据内容，在本系统中需要使用 3 个数据表，分别是用于存储管理员账号和密码的 admin_user 数据表、用于存储作品分类的 work_type 数据表和用于存储作品图片信息的 work_pic 数据表。

实战 创建网站图片管理系统数据库

最终文件：无　　视频：视频 \ 第 10 章 \10-2-2.mp4

01 打开 MySQL Workbench 初始界面，单击 Local instance mysql57 超链接，在弹出的对话框中输入 MySQL 数据库的管理密码，如图 10-10 所示。单击 OK 按钮，成功登录到 MySQL 数据库的管理工作界面，如图 10-11 所示。

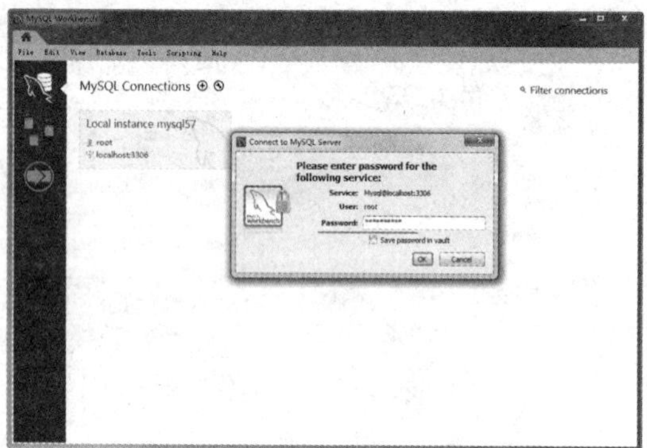

图 10-10　　图 10-11

02 单击工具栏中的“创建一个新的数据库”按钮，弹出“新建数据库”选项卡，在 Name 文本框中输入数据库名称 work，在 Collation 下拉列表中选择 utf8-utf8_general_ci 选项，如图 10-12 所示。单击 Apply 按钮，在弹出的对话框中显示生成的可编辑的创建数据库的 SQL 语句，如图 10-13 所示。

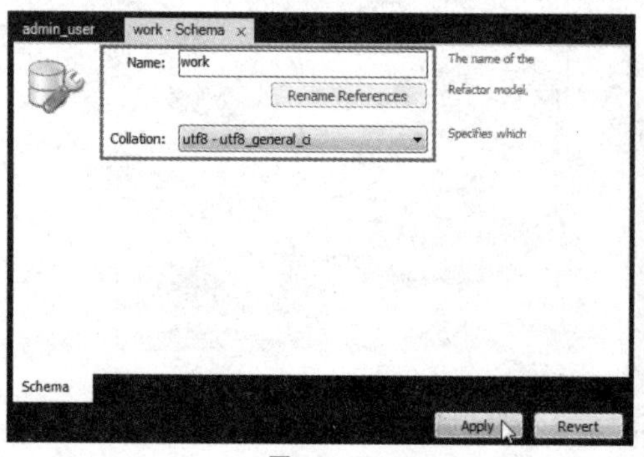

图 10-12

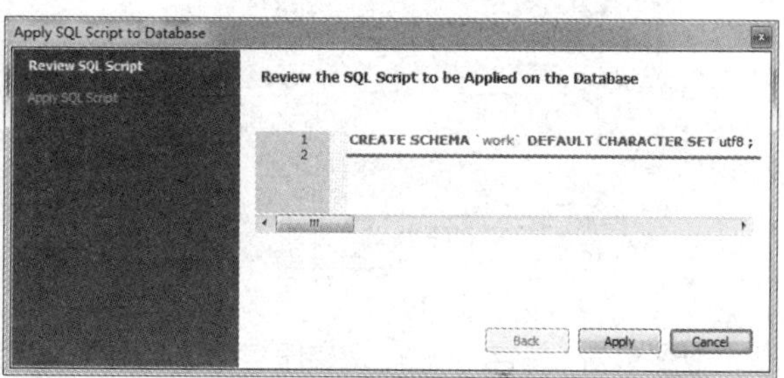

图 10-13

03 单击 Apply 按钮，即可创建所设置的数据库，完成数据库的创建后，显示如图 10-14 所示的对话框。单击 Finish 按钮，关闭对话框，在 MySQL Workbench 工作界面左侧的 SCHEMAS 选项区中可以看到刚创建的名为 work 的数据库，如图 10–15 所示。

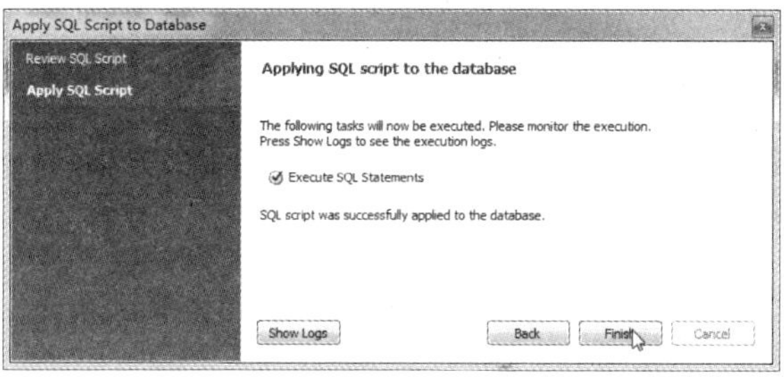

图 10–14

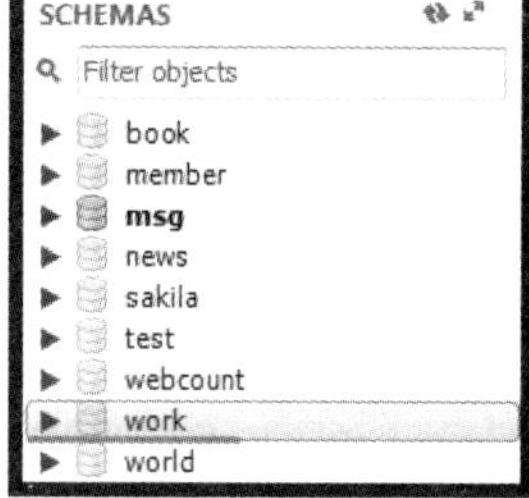

图 10–15

04 双击名为 work 的数据库，从而选中该数据库。首先创建用于存储管理员账号和密码的 admin_user 的数据表，单击工具栏中的“创建一个新的数据表”按钮，弹出“新建数据表”选项卡，在 Table Name 文本框中输入数据表名称 admin_user，在 Collation 下拉列表中选择 utf8–utf8_general_ci 选项，在 Engine 下拉列表中选择存储引擎为 MyISAM，如图 10–16 所示。

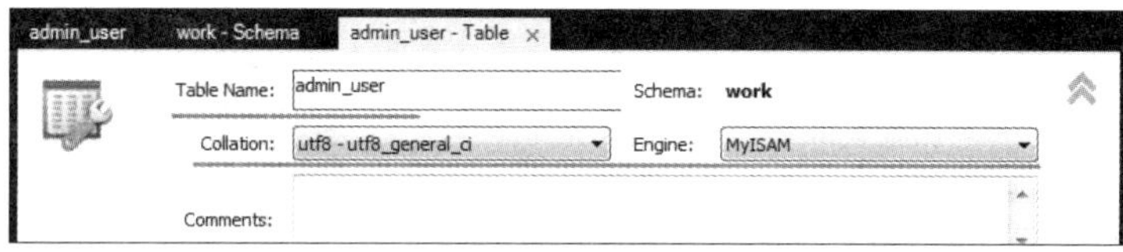

图 10–16

05 在字段列表选项区中为该数据表添加相应的字段，并且分别对各字段进行设置，如图 10–17 所示。

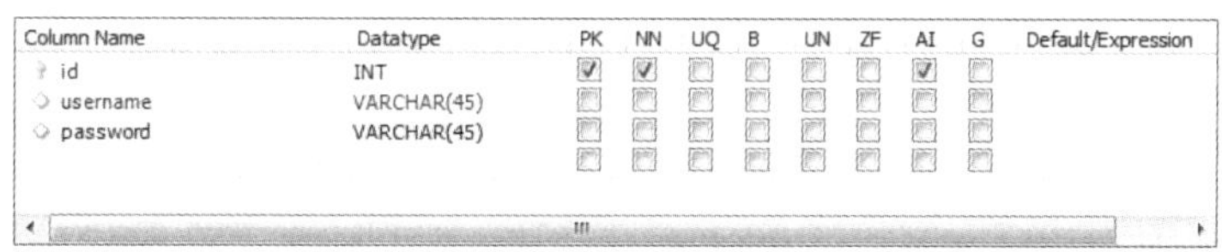

Column Name	Datatype	PK	NN	UQ	B	UN	ZF	AI	G	Default/Expression
id	INT	☑	☑	☐	☐	☐	☐	☑	☐	
username	VARCHAR(45)	☐	☐	☐	☐	☐	☐	☐	☐	
password	VARCHAR(45)	☐	☐	☐	☐	☐	☐	☐	☐	

图 10–17

提示

名称为 admin_user 的数据表非常简单，只包含 3 个字段，其中 id 字段为自动递增的主键，username 字段的类型为 VARCHAR(字符型)，用于存储管理员账号；password 字段的类型为 VARCHAR(字符型)，用于存储管理员密码。

06 完成字段的设置后，单击 Apply 按钮，显示生成的可编辑的创建数据表的 SQL 语句，如图 10–18 所示。单击 Apply 按钮，即可创建所设置的表，完成数据表的创建后，显示如图 10–19 所示的对话框。

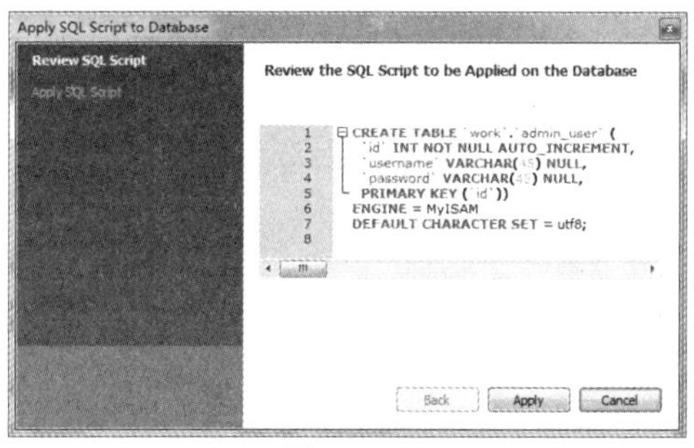

图 10–18

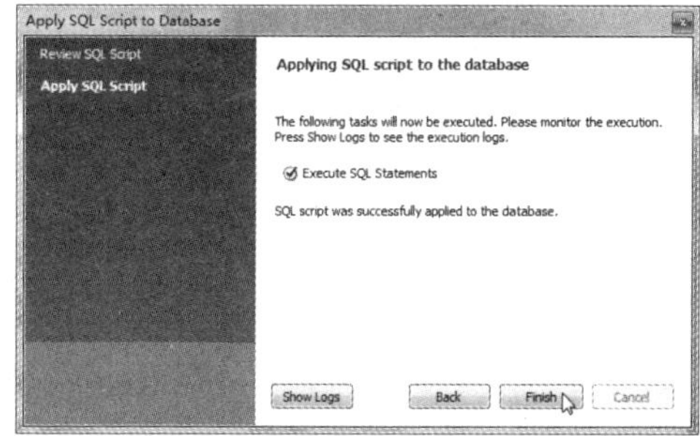

图 10–19

07 单击 Finish 按钮，完成名称为 admin_user 数据表的创建。在界面左侧的 SCHEMAS 选项区中选择刚创建的 admin_user 数据表，在该数据表名称上单击鼠标右键，在弹出的菜单中选择 Select Rows–Limit 1000 命令，如图 10–20 所示。弹出以该数据表名称命名的选项卡，直接在下半部分的数据表格中添加相应的数据，如图 10–21 所示。

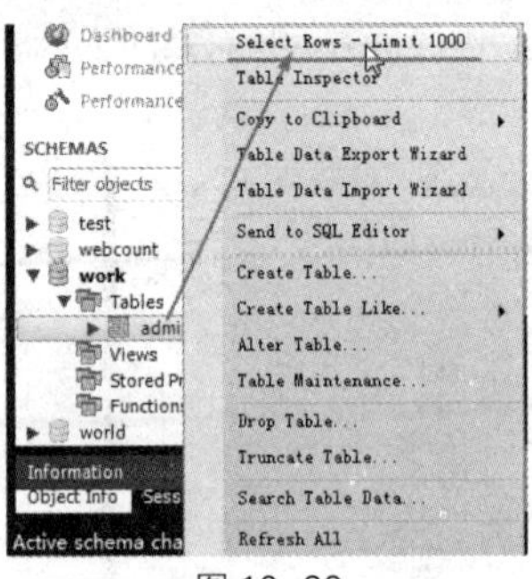

图 10-20

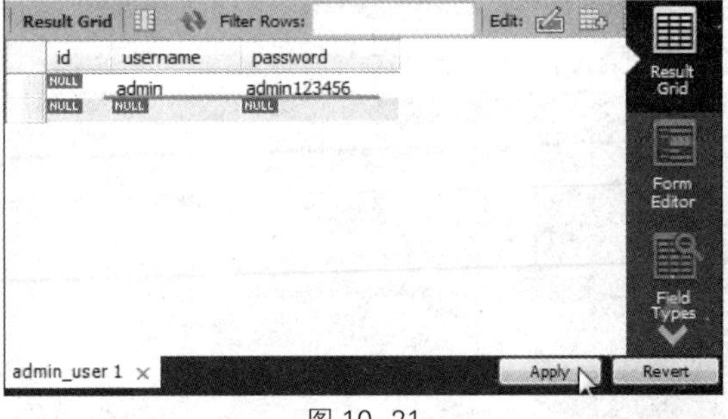

图 10-21

08 单击 Apply 按钮，显示生成的可编辑的添加数据的 SQL 语句，如图 10-22 所示。单击 Apply 按钮，完成管理员账号和密码的添加，显示如图 10-23 所示的对话框。单击 Finish 按钮，关闭对话框，完成数据的添加。

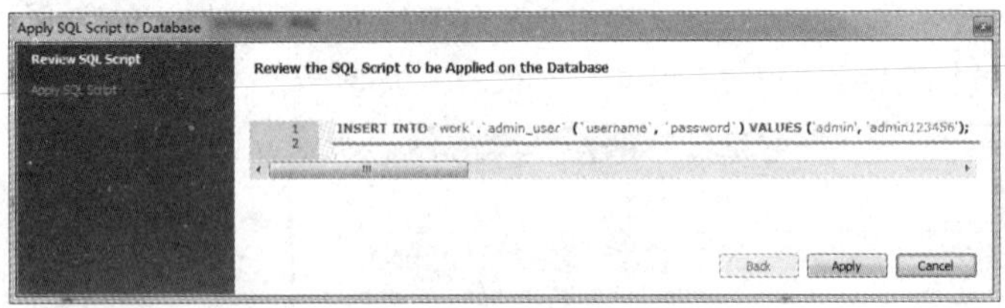

图 10-22

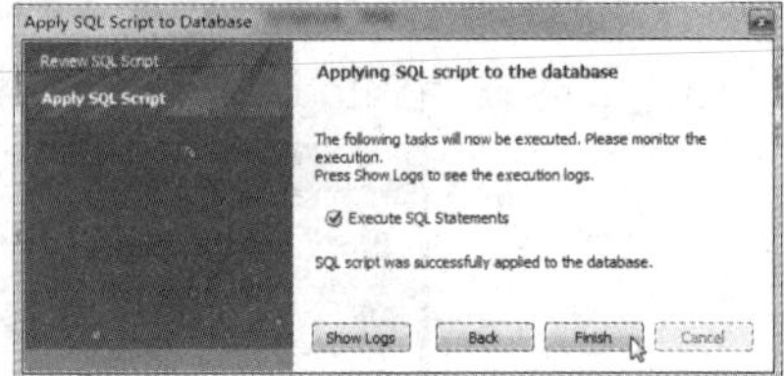

图 10-23

提示

admin_user 数据表用于网站图片管理系统的管理员账户和密码，此处直接在该数据表中插入管理员账号和密码数据。

09 接下来创建用于存储作品分类的 work_type 数据表。单击工具栏中的“创建一个新的数据表”按钮，弹出“新建数据表”选项卡，在 Table Name 文本框中输入数据表名称 work_type，在 Collation 下拉列表中选择 utf8-utf8_general_ci 选项，在 Engine 下拉列表中选择存储引擎为 MyISAM，如图 10-24 所示。

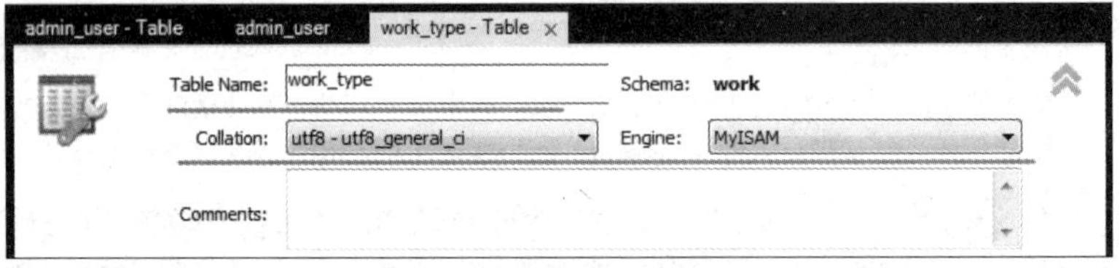

图 10-24

10 在字段列表选项区中为该数据表添加相应的字段，并且分别对各字段进行设置，如图 10-25 所示。

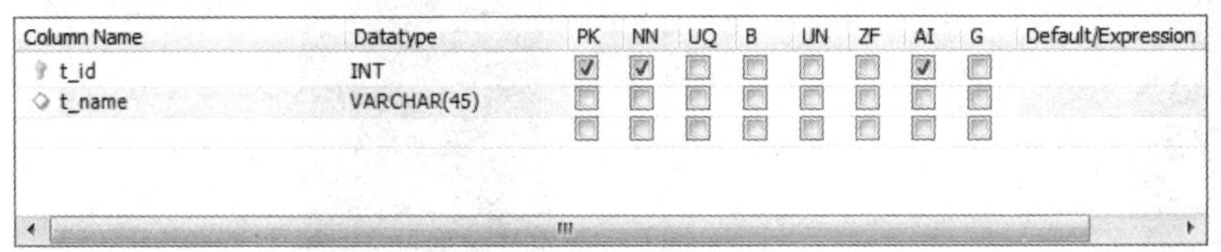

图 10-25

提示

work_type 数据表用于存储作品分类的名称，数据表中的 t_id 字段类型为 INT(整数型)，设置该字段为主键并且数值自动递增；t_name 字段的类型为 VARCHAR(字符型)，用于存储作品分类名称。

11 完成字段的设置后，单击 Apply 按钮，显示生成的可编辑的创建数据表的 SQL 语句，如

图 10-26 所示。单击 Apply 按钮，即可创建所设置的表，完成数据表的创建后，显示如图 10-27 所示的对话框。

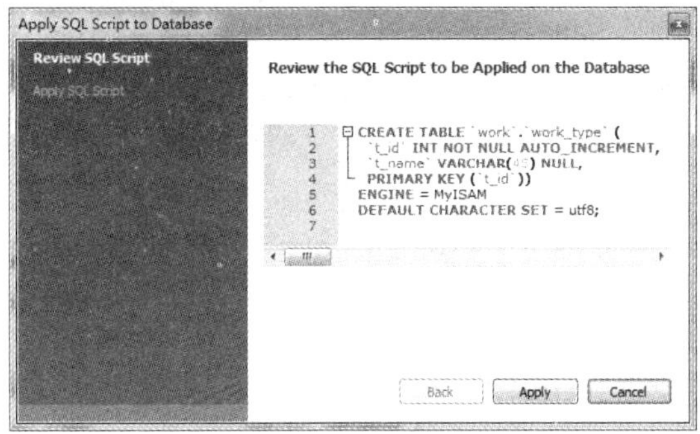

图 10-26

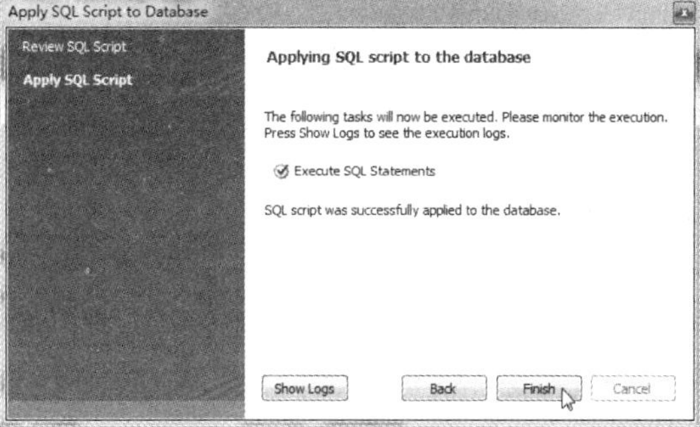

图 10-27

12 单击 Finish 按钮，完成 work_type 数据表的创建，接下来创建用于存储作品图片信息的 work_pic 数据表。单击工具栏中的“创建一个新的数据表”按钮，弹出“新建数据表”选项卡，在 Table Name 文本框中输入数据表名称 work_pic，在 Collation 下拉列表中选择 utf8-utf8_general_ci，在 Engine 下拉列表中选择存储引擎为 MyISAM，如图 10-28 所示。

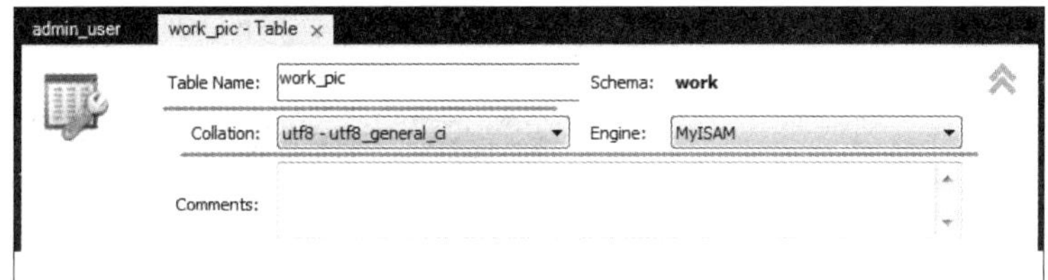

图 10-28

13 在字段列表选项区中为该数据表添加相应的字段，并且分别对各字段进行设置，如图 10-29 所示。

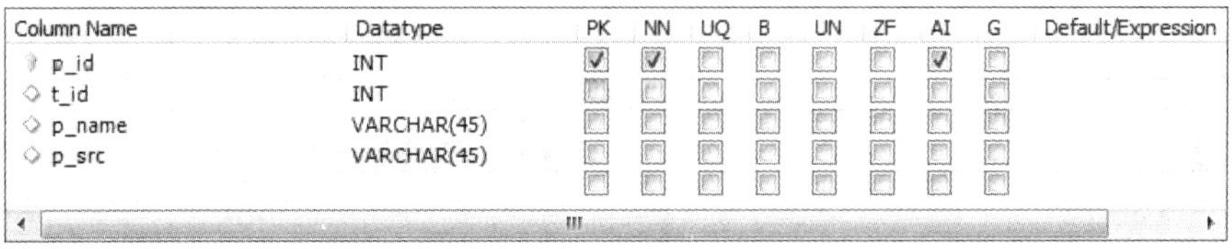

Column Name	Datatype	PK	NN	UQ	B	UN	ZF	AI	G	Default/Expression
p_id	INT	☑	☑	☐	☐	☐	☐	☑	☐	
t_id	INT	☐	☐	☐	☐	☐	☐	☐	☐	
p_name	VARCHAR(45)	☐	☐	☐	☐	☐	☐	☐	☐	
p_src	VARCHAR(45)	☐	☐	☐	☐	☐	☐	☐	☐	

图 10-29

14 完成字段的设置后，单击 Apply 按钮，显示生成的可编辑的创建数据表的 SQL 语句，如图 10-30 所示。单击 Apply 按钮，即可创建所设置的表，完成数据表的创建后，显示如图 10-31 所示的对话框。

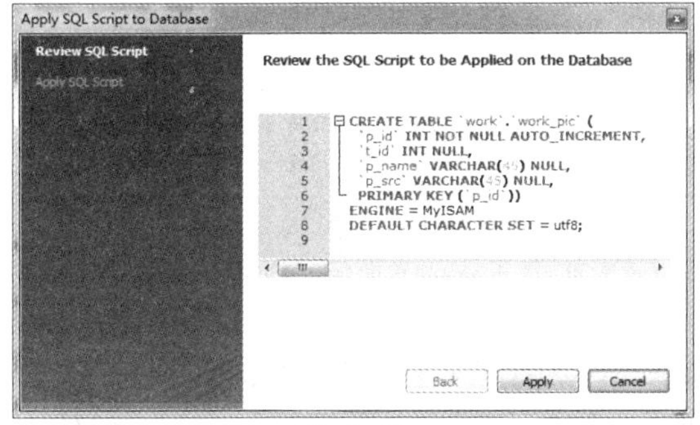

图 10-30

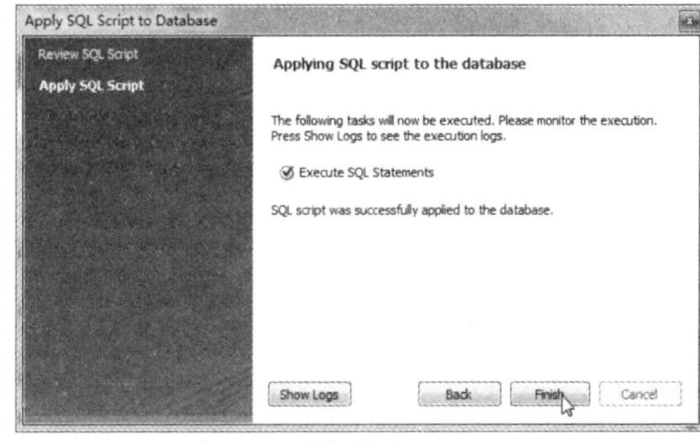

图 10-31

15 单击 Finish 按钮，完成 work_pic 数据表的创建，该数据表主要用于存储作品图片的信息。Work_pic 数据表中各字段的说明如表 10-3 所示。

表 10-3　work_pic 数据表字段说明

字段名称	字段类型	说明
p_id	int(整数型)	用于存储记录编号，该字段为主键，并且数值自动递增，不需要用户提交数据
t_id	int(整数型)	用于存储该图片分类的 id，该字段与 work_type 数据表中的 t_id 字段为关联字段
p_name	varchar(字符型)	用于存储图片作品的标题名称
p_src	varchar(字符型)	用于存储上传图片的文件名称

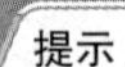

提示

在 work_pic 数据表中，除了该数据表自身的主键 p_id 字段外，为了判断该图片属于哪个分类，在该数据表中还添加了 t_id 字段，该字段用于存储图片所属分类的 id 值，从而使 work_pic 数据表中的 t_id 字段与 work_pic 数据表中的 t_id 字段形成关联字段。

10.2.3 创建 MySQL 数据库连接

完成了网站图片管理系统站点的创建，并且完成了该系统 MySQL 数据库的创建后，接下来为网站图片管理系统创建 MySQL 数据库连接，只有成功与所创建的 MySQL 数据库连接，才能在 Dreamweaver 中通过程序对 MySQL 数据库进行操作。

实战　创建网站图片管理系统数据库连接

最终文件：无　　　　视频：视频 \ 第 10 章 \10-2-3.mp4

01 执行“文件” > “打开”命令，在 Dreamweaver 中打开站点中任意一个页面。打开“数据库”面板，单击该面板上的加号按钮，在弹出的菜单中选择“MySQL 驱动程序 (MySQL)”选项，如图 10-32 所示。弹出“MySQL 驱动程序 (MySQL)”对话框，对该对话框中的相关选项进行设置，如图 10-33 所示。

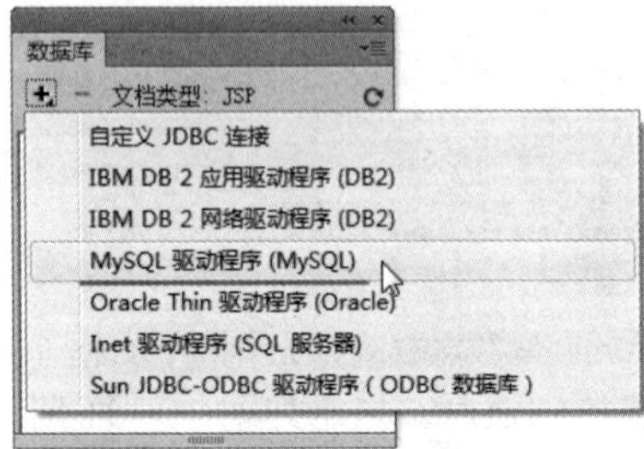

图 10-32

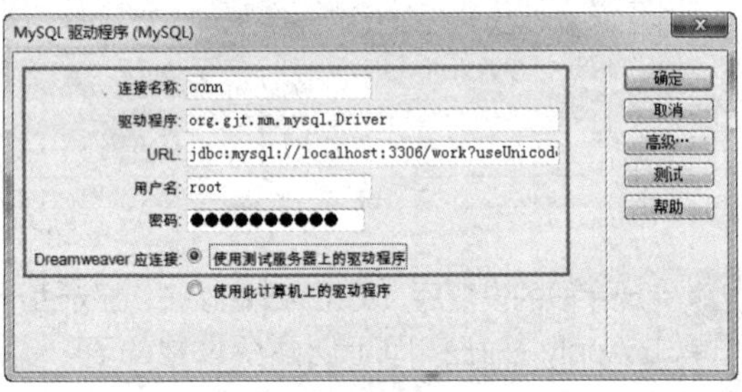

图 10-33

提示

在“MySQL 驱动程序 (MySQL)”对话框中的 URL 选项设置所需要链接的 MySQL 数据库的 URL 地址，本章所制作的网站图片管理系统需要连接名称为 work 的 MySQL 数据库，其完整的 URL 地址是 jdbc:mysql://localhost:3306/work?useUnicode=true&characterEncoding=utf-8。

02 单击“测试”按钮，测试 Dreamweaver 与 MySQL 数据库的连接是否成功，如果创建连接成功，则弹出“成功创建连接脚本”的提示信息，如图 10-34 所示。单击“确定”按钮，返回“MySQL 驱动程序 (MySQL)”对话框，单击“确定”按钮，完成“MySQL 驱动程序 (MySQL)”对话框的设置，在“数据库”面板中可以看到刚连接的 MySQL 数据库的相关信息，如图 10-35 所示。

图 10-34

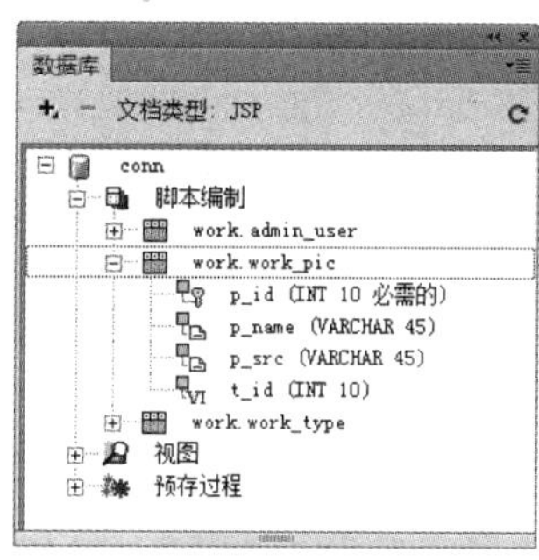

图 10-35

10.3 开发浏览作品图片功能

前台作品图片显示功能主要是对数据库中的数据进行读取和显示，所有的浏览者都能够对作品图片进行浏览和查看，在该部分中主要包括作品首页面、全部作品列表页面、作品分类列表页面和作品详情页面。

10.3.1 网站图片管理系统首页

在网站图片管理系统首页中将读取 work_type 数据表中的作品分类，在页面中显示所有作品分类，并且在每个作品分类中显示该分类中最新添加的 4 个作品信息，作品信息将通过调用外部页面的方式来实现。

实战 制作网站图片管理系统首页

最终文件：最终文件 \ 第 10 章 \chapter10\index.jsp　　视频：视频 \ 第 10 章 \10-3-1.mp4

01 打开站点中的网站图片管理系统首页 index.jsp，可以看到页面的效果，如图 10-36 所示。打开“绑定”面板，单击该面板上的加号按钮，在弹出的菜单中选择“记录集 (查询)”选项，弹出“记录集”对话框，设置如图 10-37 所示。

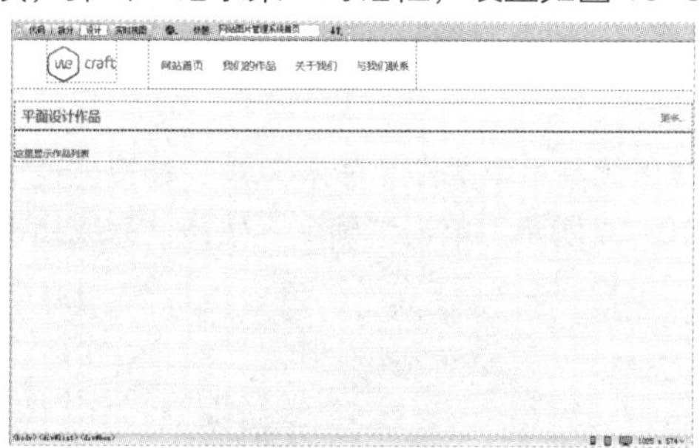

图 10-36

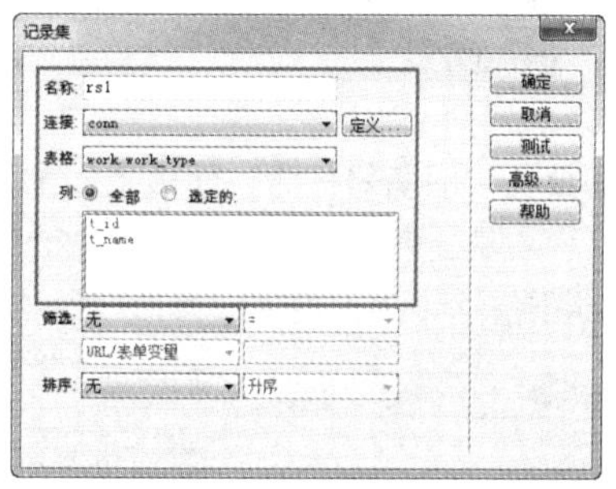

图 10-37

02 单击“确定”按钮，创建记录集，将页面中的“平面设计”文字替换为记录集中的 t_name 字段，如图 10-38 所示。选择页面中的“更多……”文字，单击“服务器行为”面板上的加号按钮，在弹出的菜单中选择“转到详细页面”选项，弹出“转到详细页面”对话框，设置如图 10-39 所示。

图 10-38

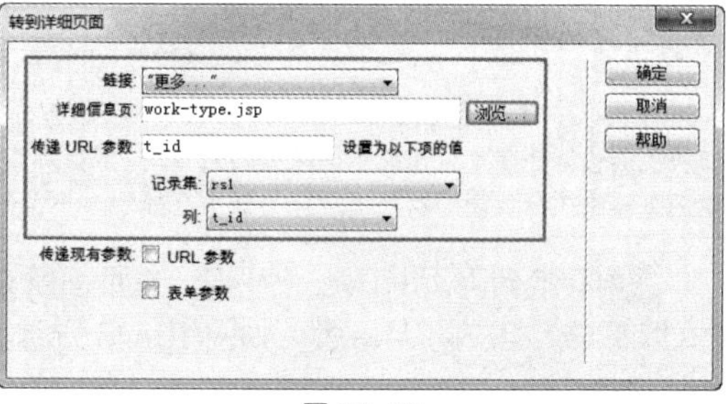

图 10-39

提示

“更多”文字需要链接到作品分类列表页面 work-type.jsp，并且向 work-type.jsp 页面传递名称为 t_id 的 URL 参数，该 URL 参数的值等于 rs1 记录集中 t_id 字段的值。

03 单击“确定”按钮，添加“转到详细页面”服务器行为。因为可能有多种不同类型的作品，所以需要为该部分创建重复区域。选中页面中设置为重复显示记录的区域，这里选择 id 名称为 list 的 Div，如图 10-40 所示。单击“服务器行为”面板上的加号按钮，在弹出的菜单中选择“重复区域”命令，弹出“重复区域”对话框，设置如图 10-41 所示。

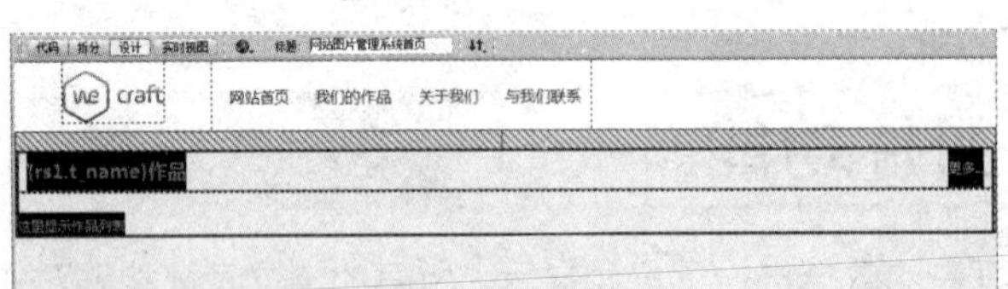

图 10-40

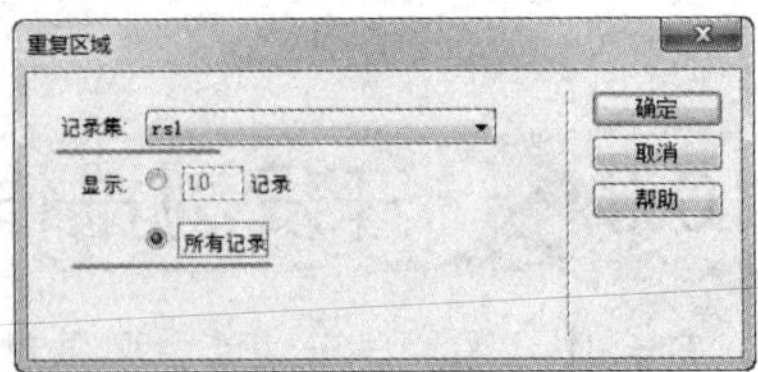

图 10-41

04 单击“确定”按钮，完成重复区域的创建，效果如图 10-42 所示。单击刚创建的重复区域左上角的“重复”标签，将该区域设置为记录集有数据时显示的内容，如图 10-43 所示。

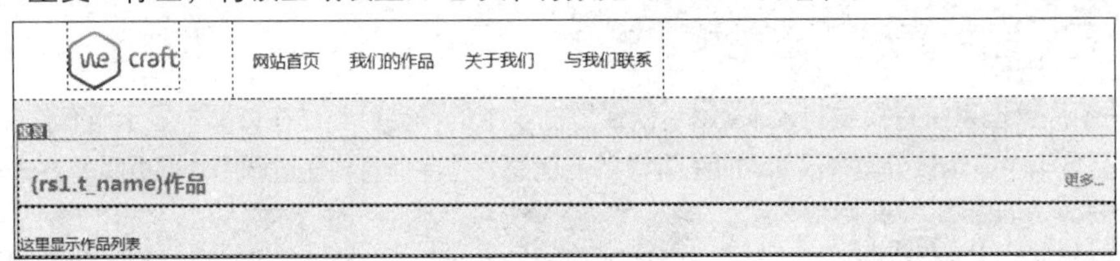

图 10-42

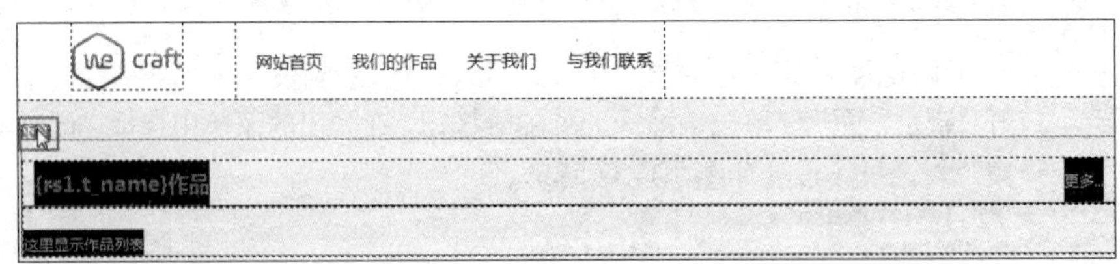

图 10-43

05 单击“服务器行为”面板上的加号按钮，在弹出的菜单中选择“显示区域 > 如果记录集不为空则显示区域”选项，在弹出的对话框中设置如图 10-44 所示。单击“确定”按钮，完成如果记录集不为空则显示区域的创建，如图 10-45 所示。

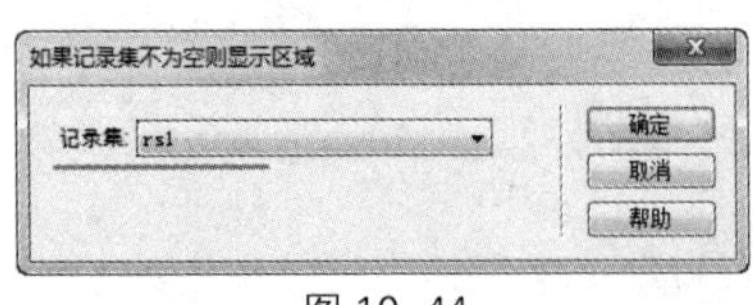

图 10-44

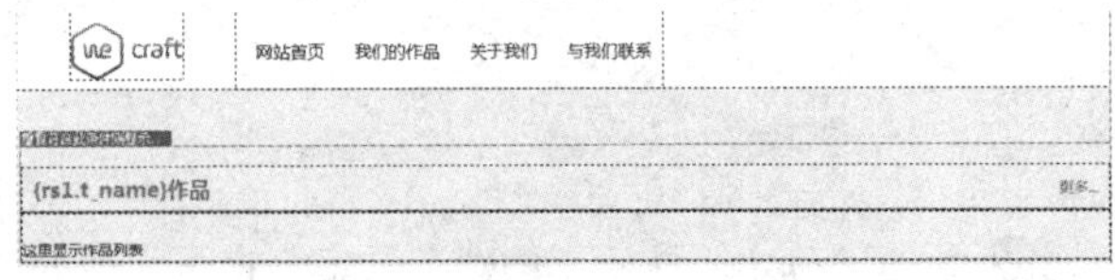

图 10-45

提示

在页面中创建重复区域或如果记录集不为空则显示区域等，Dreamweaver 在页面的设计视图中为选择的区域添加灰色的边框并在左上角显示该区域的名称，这样会导致页面在 Dreamweaver 设计视图中看起来有些变形，不用在意，在浏览器中执行页面时这些提示标签并不会显示，不会破坏页面的显示效果。

06 转换到网页 HTML 代码中，在页面所有代码之前添加相应的 JSP 脚本代码，设置页面编码格式以及导入相应的 Java 类，如图 10-46 所示。

```
<%@ page language="java" import="java.util.*" pageEncoding="utf-8"%>
<%@ page contentType="text/html;charset=utf-8"%>
<% request.setCharacterEncoding("utf-8"); %>
<%@ page import="java.sql.*"%>
<%@ include file="Connections/conn.jsp" %>
<%
```

图 10-46

10.3.2　作品显示模板

接下来制作作品显示模板，并将制作好的模板嵌入该页面中合适的位置。

因为在 Dreamweaver 中无法实现重复区域的嵌套，所以将网站图片管理系统首页 index.jsp 中的作品显示部分独立成为一个单独的页面模板进行制作，制作完成后再在 index.jsp 页面中显示作品的位置通过使用 include 编译指令来调用作品显示模板页面 list.jsp，从而实现在 index.jsp 页面中既能循环显示作品分类，又能在各作品分类中循环显示作品信息。

实战　制作作品显示模板

最终文件：最终文件 \ 第 10 章 \chapter10\list.jsp　　视频：视频 \ 第 10 章 \10-3-2.mp4

01 打开站点中的作品显示模板页面 list.jsp，可以看到页面的效果，如图 10-47 所示。转换到代码视图中，只保留 <body> 与 </body> 标签之间的内容，将其他代码删除，如图 10-48 所示。

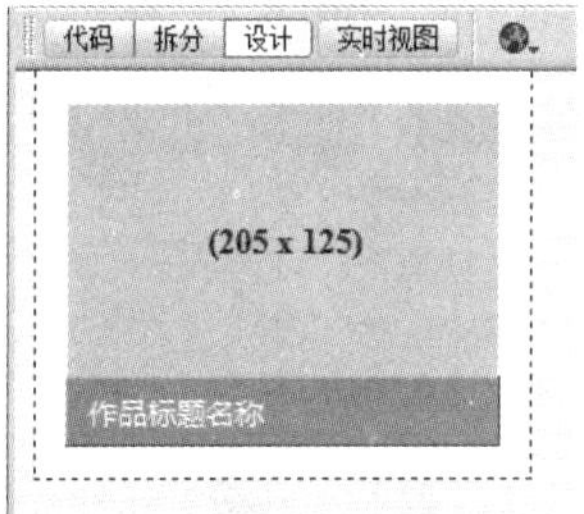

图 10-47

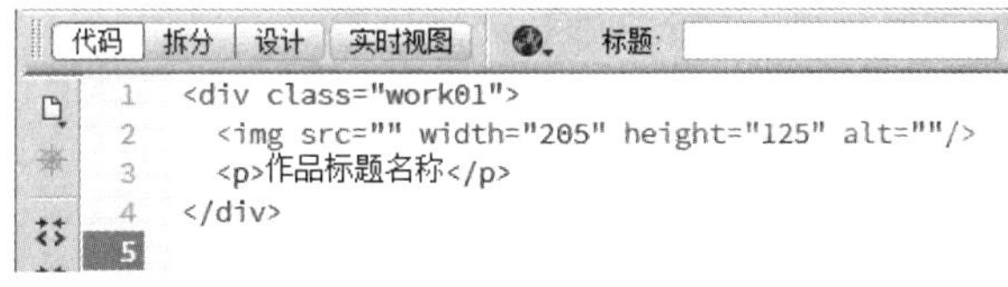

图 10-48

> **提示**
>
> 因为该页面并不是一个独立的页面，而是嵌入在网站图片管理系统首页 index.jsp 中需要显示作品列表的位置，所以该页面只要保留作品显示部分的内容即可，其他多余的代码都不需要。

02 打开“绑定”面板，单击该面板上的加号按钮，在弹出的菜单中选择“记录集（查询）”选项，弹出“记录集”对话框，设置如图 10-49 所示。单击“确定”按钮，创建记录集，在“绑定”面板中可以看到刚创建的记录集，如图 10-50 所示。

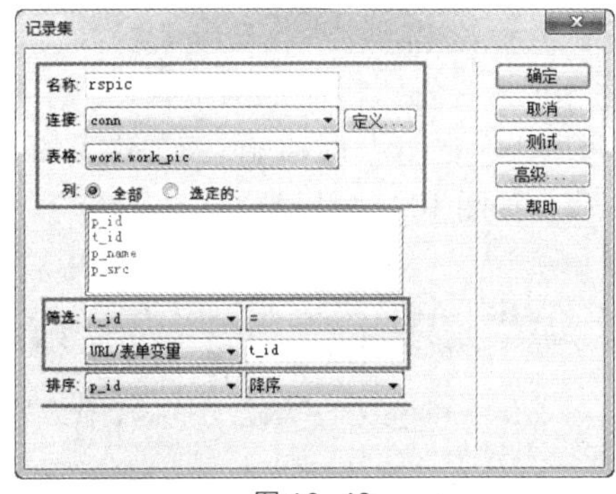

图 10-49

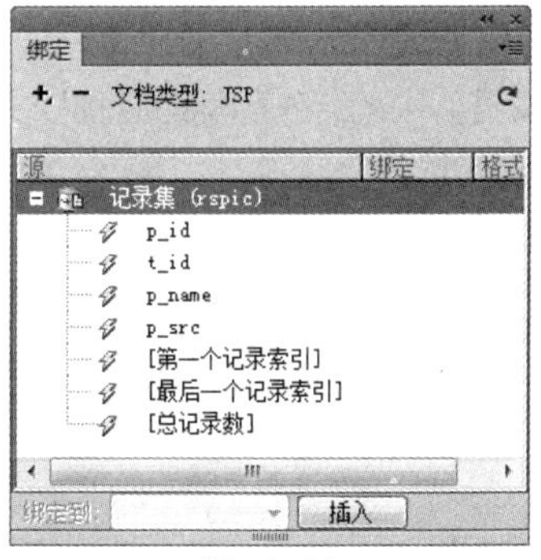

图 10-50

提示

此处需要查询 work_pic 数据表，该数据表中存储的是图片相关信息，“筛选”选项设置为 t_id = URL 参数 t_id，按照 p_id 字段降序对记录集结果进行排序，从而使最近添加的图片显示在前面。

03 转换到网页的 HTML 代码中，找到所生成的 JSP 代码，如图 10-51 所示。对名称为 rspic__MMColParam 的变量值代码进行修改，如图 10-52 所示。

```
<%
String rspic__MMColParam = "1";
if (request.getParameter("t_id") !=null) {rspic__MMColParam = (String)request.getParameter("t_id");}
%>
<%
Driver Driverrspic = (Driver)Class.forName(MM_conn_DRIVER).newInstance();
Connection Connrspic = DriverManager.getConnection(MM_conn_STRING,MM_conn_USERNAME,MM_conn_PASSWORD);
PreparedStatement Statementrspic = Connrspic.prepareStatement("SELECT * FROM `work`.work_pic WHERE t_id = ? ORDER BY p_id DESC");
Statementrspic.setObject(1, rspic__MMColParam);
ResultSet rspic = Statementrspic.executeQuery();
boolean rspic_isEmpty = !rspic.next();
boolean rspic_hasData = !rspic_isEmpty;
Object rspic_data;
int rspic_numRows = 0;
%>
```

图 10-51

```
<%
String rspic__MMColParam = "1";
if ((((rs1_data = rs1.getObject("t_id"))==null || rs1.wasNull())?"":rs1_data) !=null) {
   rspic__MMColParam = (((rs1_data = rs1.getObject("t_id"))==null || rs1.wasNull())?"":rs1_data).toString();
}
%>
<%
Driver Driverrspic = (Driver)Class.forName(MM_conn_DRIVER).newInstance();
Connection Connrspic = DriverManager.getConnection(MM_conn_STRING,MM_conn_USERNAME,MM_conn_PASSWORD);
PreparedStatement Statementrspic = Connrspic.prepareStatement("SELECT * FROM `work`.work_pic WHERE t_id = ? ORDER BY p_id DESC");
Statementrspic.setObject(1, rspic__MMColParam);
ResultSet rspic = Statementrspic.executeQuery();
boolean rspic_isEmpty = !rspic.next();
boolean rspic_hasData = !rspic_isEmpty;
Object rspic_data;
int rspic_numRows = 0;
%>
```

图 10-52

提示

在该页面中没有名称为 rs1 的记录集，该记录集是在 index.jsp 页面中创建的，因为后面将该回复页面嵌入 index.jsp 页面中，在这里为变量 rspic_MMColParam 所赋予的值就能顺利获取 rs1 记录集中的 t_id 字段的值。完整的 JSP 代码如下。

```
if (((rs1_data = rs1.getObject("t_id"))==null || rs1.wasNull())?"":rs1_data)
!=null) {
    rspic__MMColParam = (((rs1_data = rs1.getObject("t_id"))==null || rs1.
wasNull())?"":rs1_data).toString();
}
```

04 将页面中的“作品标题名称”文字替换为记录集中的 p_name 字段，将图片的 src 属性绑定到记录集的 p_src 字段，如图 10-53 所示。转换到代码视图中，在图片的 <img> 标签中添加 width 和 height 属性设置代码，并且在 src 属性中为图片添加路径，如图 10-54 所示。

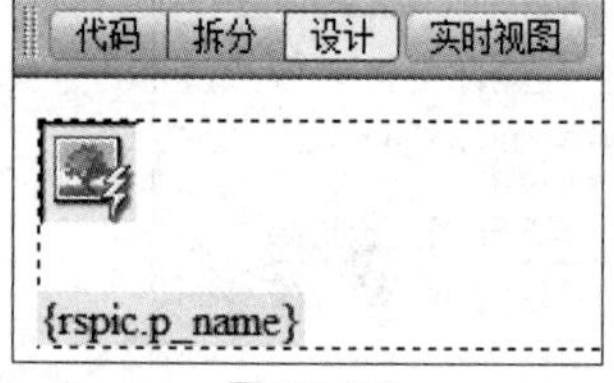

图 10-53

```
<div class="work01">
  <img src="upload/<%=(((rspic_data = rspic.getObject("p_src"))
==null || rspic.wasNull())?"":rspic_data)%>" width="205" height=
"125" alt=""/>
  <p><%=(((rspic_data = rspic.getObject("p_name"))==null ||
rspic.wasNull())?"":rspic_data)%></p>
</div>
```

图 10-54

提示

之所以要在 src 属性值前面添加图片路径，主要是因为在实现图片上传时，只是将所上传图片的名称写入数据表中，而并没有所上传图片的路径，所以这里就要在图片名称的字段值之前添加图片的路径，从而使所上传的图片能够正常在页面中显示。

05 选中页面中设置为重复显示记录的区域，这里选择 class 名称为 work1 的 Div，如图 10-55 所示。单击“服务器行为”面板上的加号按钮，在弹出的菜单中选择“重复区域”命令，如图 10-56 所示。

图 10-55

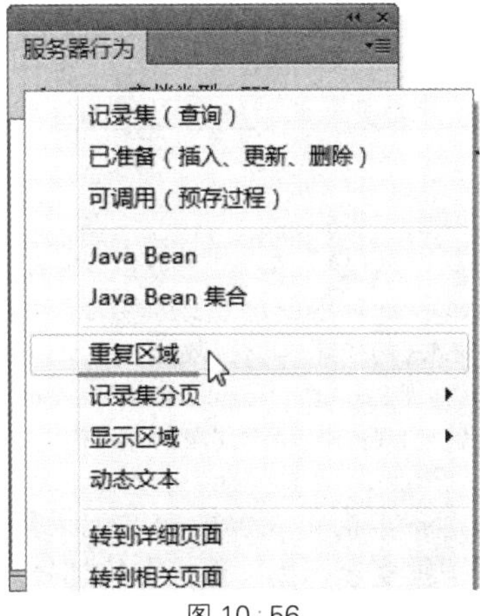

图 10-56

06 弹出“重复区域”对话框，设置如图 10-57 所示。单击“确定”按钮，完成重复区域的创建，效果如图 10-58 所示。

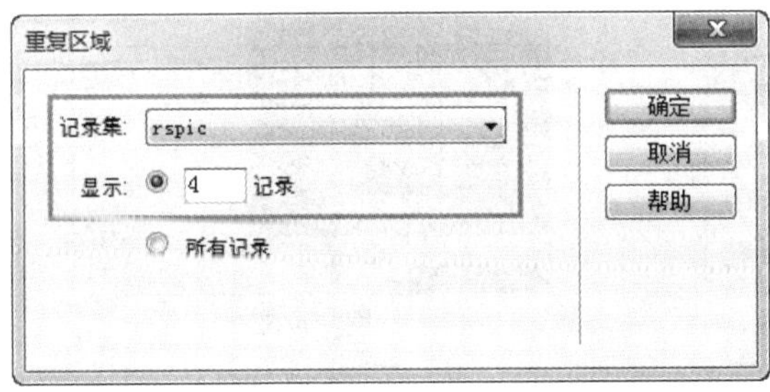

图 10-57

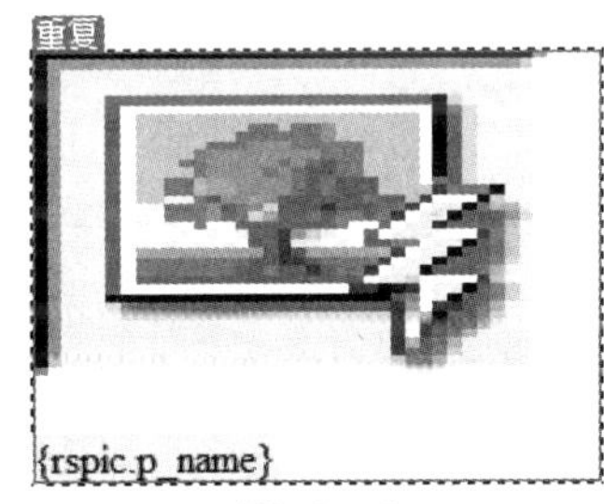

图 10-58

07 转换到网页的 HTML 代码中，可以看到创建重复区域后自动生成相应的 JSP 代码，如图 10-59 所示。这里要手动修改自动生成的 JSP 代码中变量 Repeat1_ _numRows 和 Repeat1_ _index 的名称，如图 10-60 所示。

```
<%
int Repeat1__numRows = 4;
int Repeat1__index = 0;
rspic_numRows += Repeat1__numRows;
%>
<% while ((rspic_hasData)&&(Repeat1__numRows-- != 0)) { %>
  <div class="work01"> <img src="upload/<%=(((rspic_data = rspic.getObject("p_src"))==null || rspic.
wasNull())?"":rspic_data)%>" width="205" height="125" alt=""/>
    <p><%=(((rspic_data = rspic.getObject("p_name"))==null || rspic.wasNull())?"":rspic_data)%></p>
  </div>
  <%
  Repeat1__index++;
  rspic_hasData = rspic.next();
}
%>
```

图 10-59

```
<%
int Repeat2__numRows = 4;
int Repeat2__index = 0;
rspic_numRows += Repeat2__numRows;
%>
<% while ((rspic_hasData)&&(Repeat2__numRows-- != 0)) { %>
  <div class="work01"> <img src="upload/<%=(((rspic_data = rspic.getObject("p_src"))==null || rspic.
wasNull())?"":rspic_data)%>" width="205" height="125" alt=""/>
    <p><%=(((rspic_data = rspic.getObject("p_name"))==null || rspic.wasNull())?"":rspic_data)%></p>
  </div>
  <%
  Repeat2__index++;
  rspic_hasData = rspic.next();
}
%>
```

图 10-60

> **提示**
>
> 在 Dreamweaver 中创建重复区域时，在自动生成的 JSP 代码中会自动定义名称为 Repeat1_ _numRows 和 Repeat1_ _index 的变量。此处因为要将该页面嵌入 index.jsp 页面中，而在 index.jsp 页面中也创建有重复区域，同样也生成有名称为 Repeat1_ _numRows 和 Repeat1_ _index 的变量，在 index.jsp 页面中嵌入该页面运行时，因为变量名称重复，就会出现错误。所以此处对该页面中自动生成的用于实现重复区域功能的变量名称进行修改。

08 选择页面中设置为如果记录集不为空则显示区域，这里同样选择 class 名称为 work1 的 Div。单击“服务器行为”面板上的加号按钮，在弹出的菜单中选择“显示区域 > 如果记录集不为空则显示区域”选项，在弹出的对话框中进行设置，如图 10-61 所示。单击“确定”按钮，完成如果记录集不为空则显示区域的创建，如图 10-62 所示。

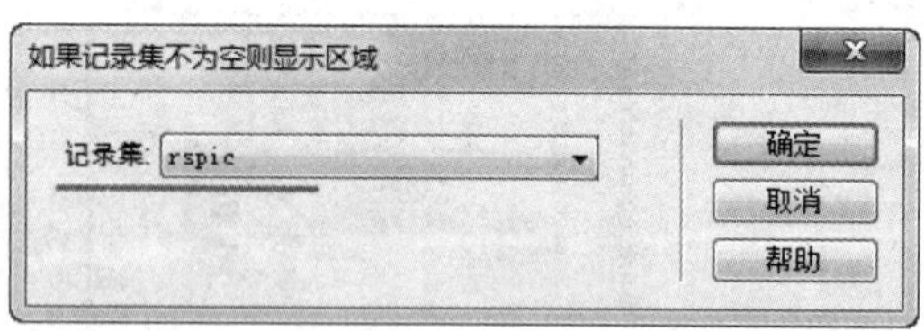

图 10-61

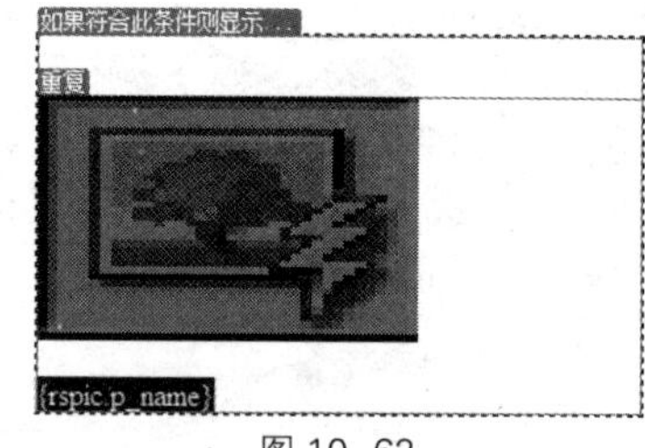

图 10-62

09 转换到网页 HTML 代码中，将页面头部的 <%@ include file="Connections/conn.jsp" %> 代码删除，添加设置页面编码格式的 JSP 脚本代码，如图 10-63 所示。

```
<%@ page language="java" import="java.util.*" pageEncoding="utf-8"%>
<%@ page contentType="text/html;charset=utf-8"%>
<%
String rspic__MMColParam = "1";
```

图 10-63

10 完成作品显示模板页面 list.jsp 的制作。

10.3.3 将作品显示模板嵌入网站图片管理系统首页

目前在网站图片管理系统首页 index.jsp 中已经通过循环的方式显示所有的作品分类，但是每个作品分类中并没有任何作品。接下来在 index.jsp 页面中显示作品的位置使用 include 编译指令将制作好的作品显示模板页面 list.jsp 调用到该位置显示。

实战 将作品显示模板嵌入网站图片管理系统首页

最终文件：最终文件 \ 第 10 章 \chapter10\index.jsp　　视频：视频 \ 第 10 章 \10-3-3.mp4

01 打开站点中的网站图片管理系统首页 index.jsp，找到页面中“这里显示作品列表”文字

内容，如图 10–64 所示。转换到网页 HTML 代码中，将提示文字替换为调用回复页面的代码 <%@ include file="list.jsp"%>，如图 10–65 所示。

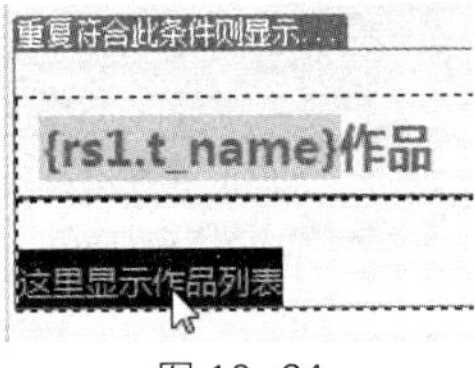

图 10–64

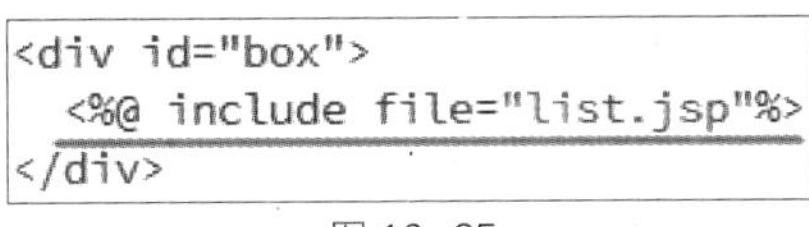

```
<div id="box">
  <%@ include file="list.jsp"%>
</div>
```

图 10–65

02 返回 Dreamweaver 设计视图中，可以看到在调用作品的位置所显示的作品显示页面的效果，如图 10–66 所示，完成作品显示模板的调用。

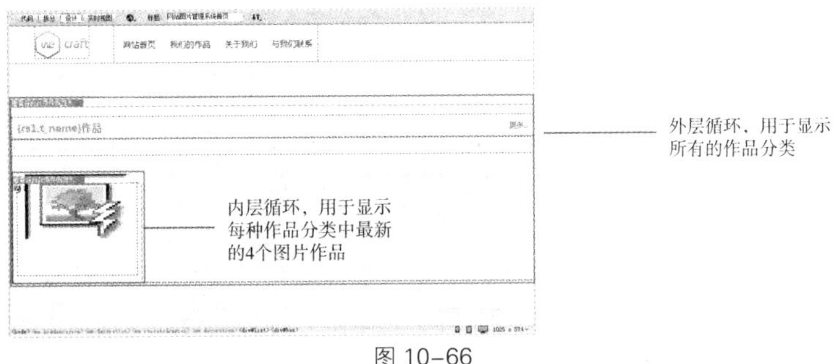

图 10–66

提示

因为该页面并不是一个独立的页面，而是嵌入在作品首页面 index.jsp 中需要显示作品列表的位置，所以该页面只要保留作品显示部分的内容即可，其他多余的代码都不需要。

10.3.4 全部作品列表页面

在全部作品列表页面中主要通过查询 work_pic 数据表，并将该数据表中的每条记录信息都显示在页面中。需要注意的是，在 work_pic 数据表中并没有存储作品的分类名称，而只有作品分类的 id 值，所以需要通过修改 SQL 语句的方法来实现关联数据的查询和读取。

实战　制作全部作品列表页面

最终文件：最终文件 \ 第 10 章 \chapter10\work–all.jsp　　视频：视频 \ 第 10 章 \10–3–4.mp4

01 打开站点中的全部作品列表页面 work–all.jsp，可以看到页面的效果，如图 10–67 所示。打开“绑定”面板，单击该面板上的加号按钮，在弹出的菜单中选择“记录集 (查询)”选项，弹出“记录集”对话框，设置如图 10–68 所示。

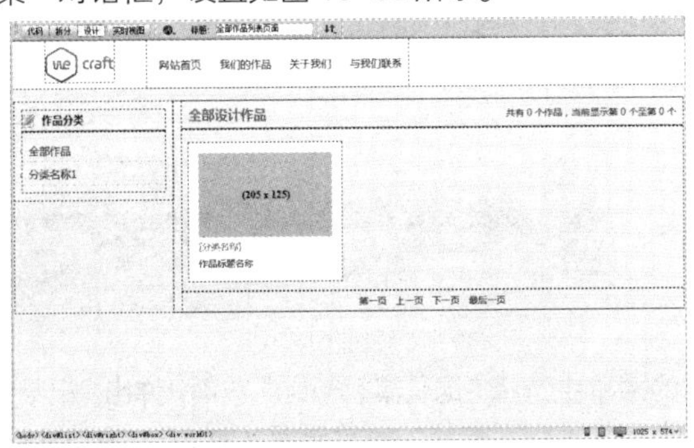

图 10–67

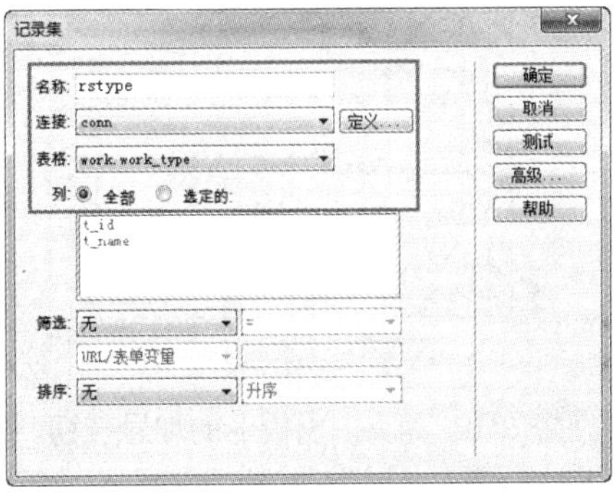

图 10–68

02 单击“确定”按钮，创建记录集，将页面左侧的“分类名称 1”文字替换为记录集中的 t_

name 字段，如图 10–69 所示。选中插入页面中的 t_name 字段，单击“服务器行为”面板上的加号按钮，在弹出的菜单中选择“转到详细页面”选项，弹出“转到详细页面”对话框，设置如图 10–70 所示。

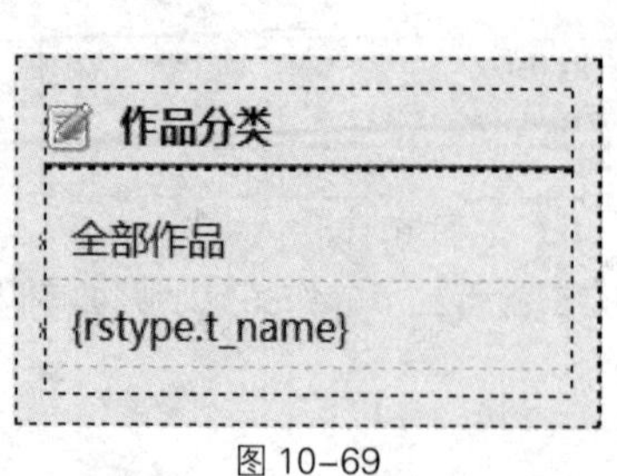

图 10–69

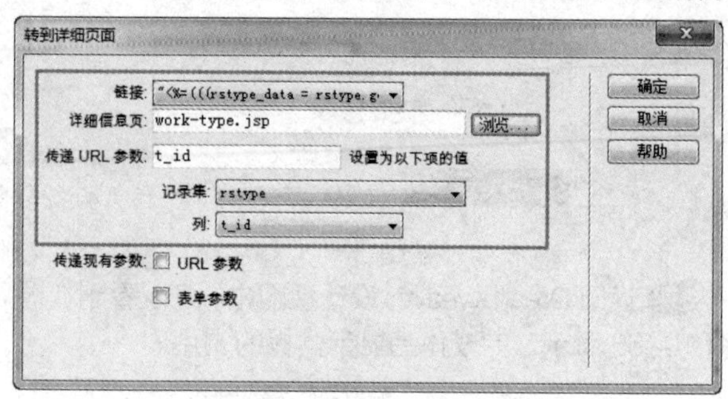

图 10–70

提示

作品分类名称文字需要链接到作品分类列表页面 work-type.jsp，并且向 work-type.jsp 页面传递名称为 t_id 的 URL 参数，该 URL 参数的值等于 rstype 记录集中 t_id 字段的值。

03 单击“确定”按钮，添加“转到详细页面”服务器行为。单击标签选择器中的 <li> 标签，选中设置为重复显示记录的区域，如图 10–71 所示。单击“服务器行为”面板上的加号按钮，在弹出的菜单中选择“重复区域”选项，弹出“重复区域”对话框，设置如图 10–72 所示。

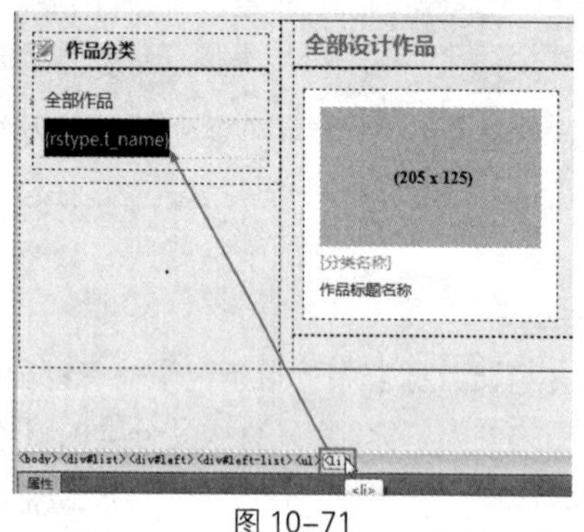

图 10–71

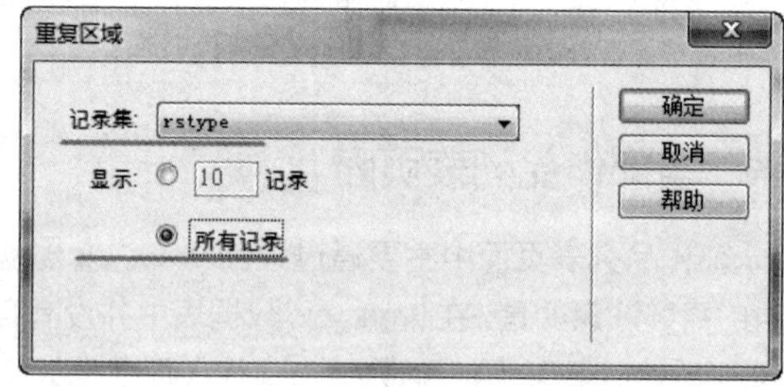

图 10–72

04 单击“确定”按钮，将页面中被选中的区域设置为重复区域，如图 10–73 所示。选中页面中的“全部作品”文字，设置其链接到全部作品列表页面 work–all.jsp，如图 10–74 所示。

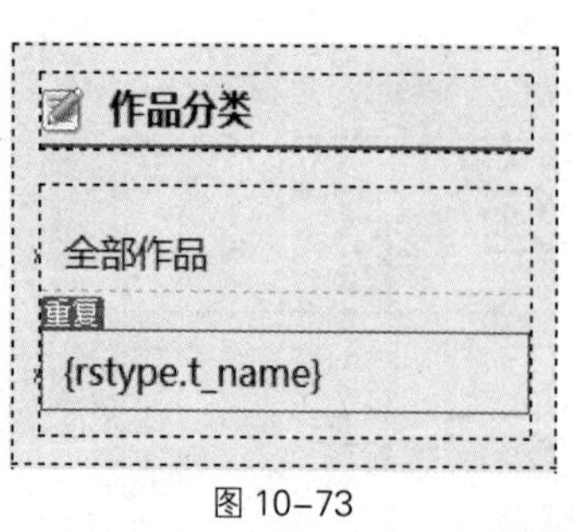

图 10–73

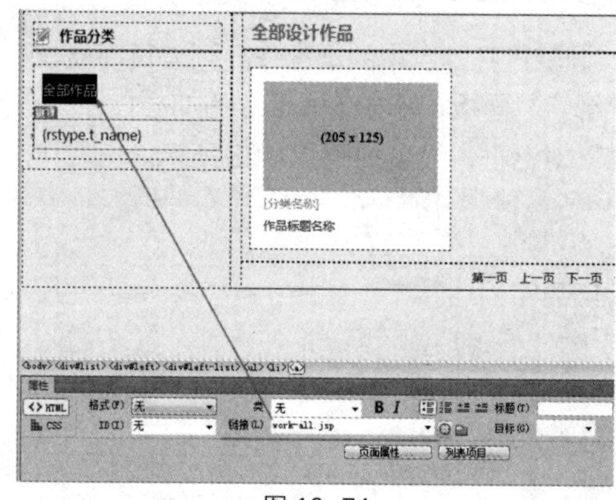

图 10–74

05 单击“绑定”面板上的加号按钮，在弹出的菜单中选择“记录集(查询)”选项，弹出“记录集”对话框，设置如图 10–75 所示。单击“高级”按钮，切换到“高级”设置界面，对 SQL 语句进行修改，如图 10–76 所示。

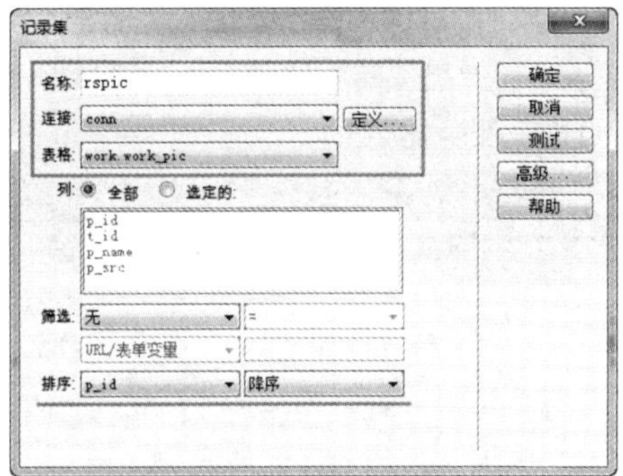

图 10-75

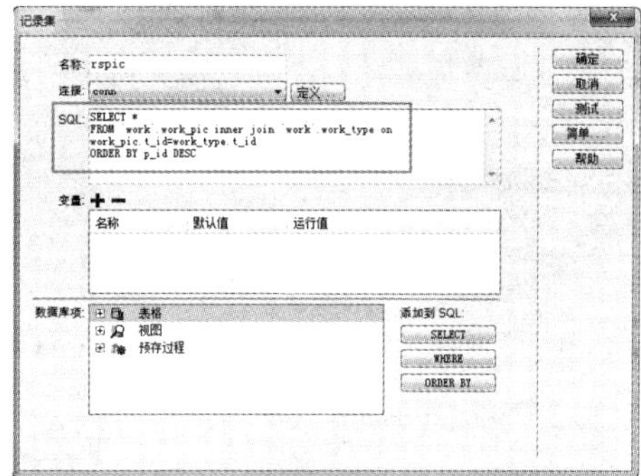

图 10-76

技巧

因为在该页面中需要显示每个作品的分类名称，而在 work_pic 数据表中只存储了作品分类名称的 ID，而没有作品分类的名称，所以此处需要两个数据表中相关联的记录集。对 SQL 语句进行修改，修改后的 SQL 语句如下。

```
SELECT *
FROM 'work'.work_pic inner join 'work'.work_type on work_pic.t_id=work_type.t_id
ORDER BY p_id DESC
```

06 单击“确定”按钮，创建记录集，在“绑定”面板中可以看到刚创建的记录集，如图 10-77 所示。将页面中的“分类名称”和“作品标题名称”文字分别替换为 rspic 记录集中的 t_name 和 p_name 字段，如图 10-78 所示。

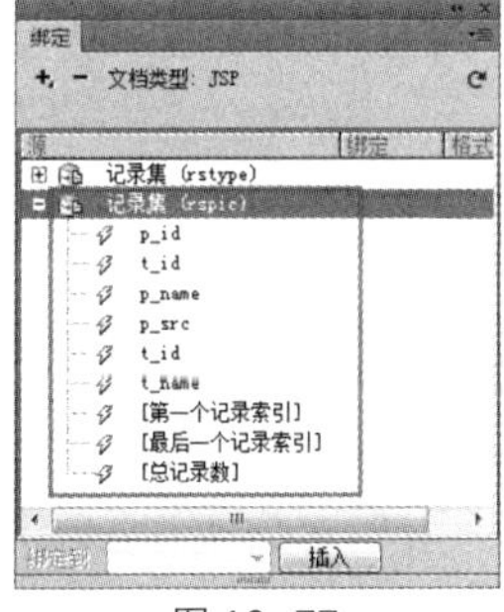

图 10-77

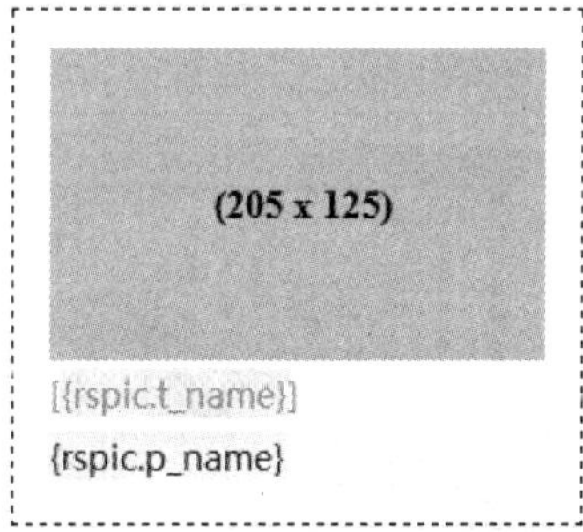

图 10-78

提示

此处要特别注意，将“分类名称”文字替换为 rspic 记录集中的 t_name 字段。因为该页面中创建的两个记录集中都有 t_name 字段，其中，rstype 记录集中的 t_name 字段是为了制作左侧的作品分类列表的，而 rspic 记录集中的 t_name 字段才是该作品的分类名称。

07 将图片的 src 属性绑定到 rspic 记录集的 p_src 字段，如图 10-79 所示。转换到代码视图中，在图片的 <img> 标签中添加 width 和 height 属性设置代码，并且在 src 属性中为图片添加路径，如图 10-80 所示。

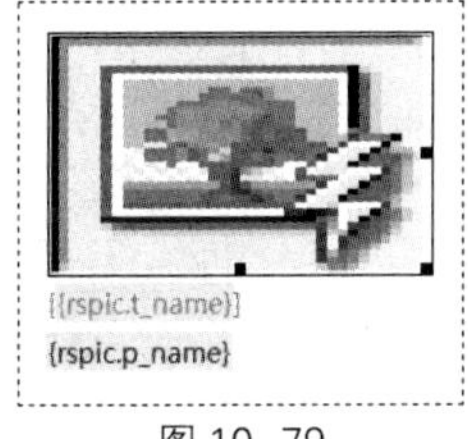

图 10-79

```
    <div id="box">
      <div class="work01"><img src="upload/<%=(((rspic_data = rspic.getObject("p_src"))
==null || rspic.wasNull())?"":rspic_data)%>" width="205" height="125" alt=""/><span
class="font01">[<%=(((rspic_data = rspic.getObject("t_name"))==null || rspic.wasNull())
?"":rspic_data)%>]</span><br>
        <%=(((rspic_data = rspic.getObject("p_name"))==null || rspic.wasNull())?"":
rspic_data)%></div>
    </div>
```

图 10-80

08 返回 Dreamweaver 设计视图，选择作品图片，单击“服务器行为”面板上的加号按钮，在弹出的菜单中选择“转到详细页面”选项，如图 10–81 所示。弹出“转到详细页面”对话框，设置如图 10–82 所示。单击“确定”按钮，添加“转到详细页面”服务器行为。

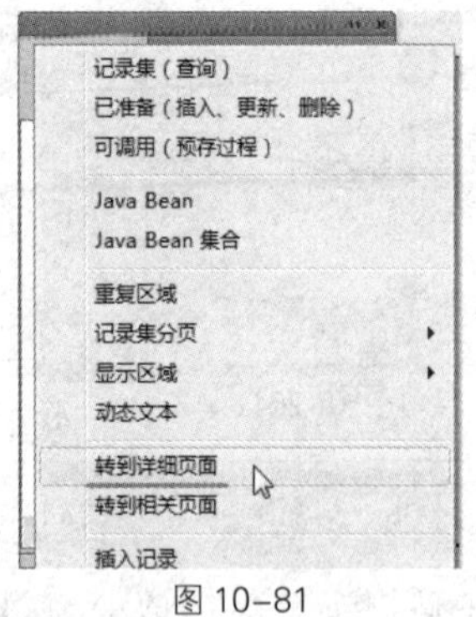

图 10–81

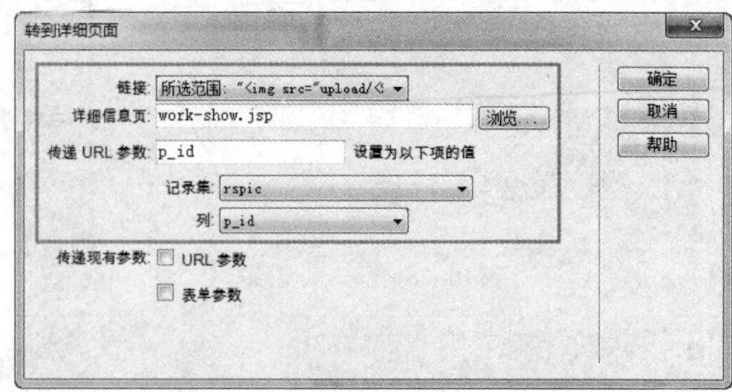

图 10–82

提示

作品图片需要链接到查看作品详情页面 work-show.jsp，并且向 work-show.jsp 页面传递名称为 p_id 的 URL 参数，该 URL 参数的值等于 rspic 记录集中 p_id 字段的值。

09 选中页面中设置为重复显示记录的区域，这里选择 class 名称为 work1 的 Div，如图 10–83 所示。单击“服务器行为”面板上的加号按钮，在弹出的菜单中选择“重复区域”命令，弹出“重复区域”对话框，设置“记录集”为 rspic，“显示”为 9 记录，如图 10–84 所示。

图 10–83

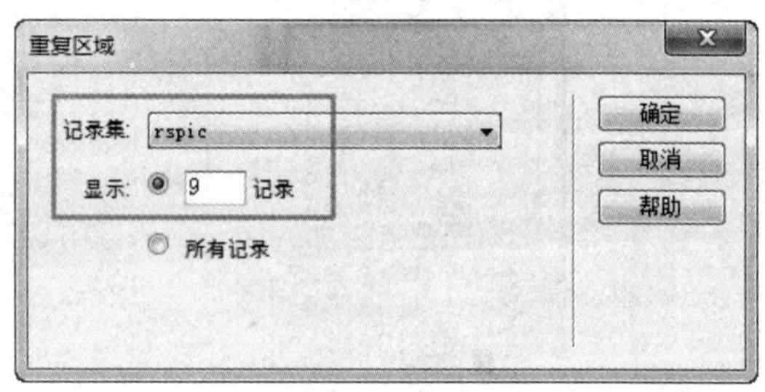

图 10–84

10 单击“确定”按钮，完成重复区域的创建，效果如图 10–85 所示。单击刚创建的重复区域左上角的“重复”标签，将该区域设置为记录集有数据时显示的内容。单击“服务器行为”面板上的加号按钮，在弹出的菜单中选择“显示区域 > 如果记录集不为空则显示区域”选项，在弹出的对话框中进行设置，如图 10–86 所示。

图 10–85

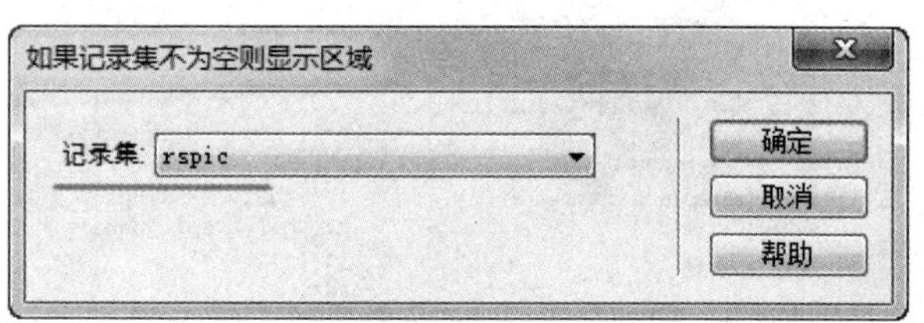

图 10–86

11 单击“确定”按钮，完成如果记录集不为空则显示区域的创建，如图 10-87 所示。将“共有 0 个作品”文字之间的 0 删除，定位光标位置，如图 10-88 所示。

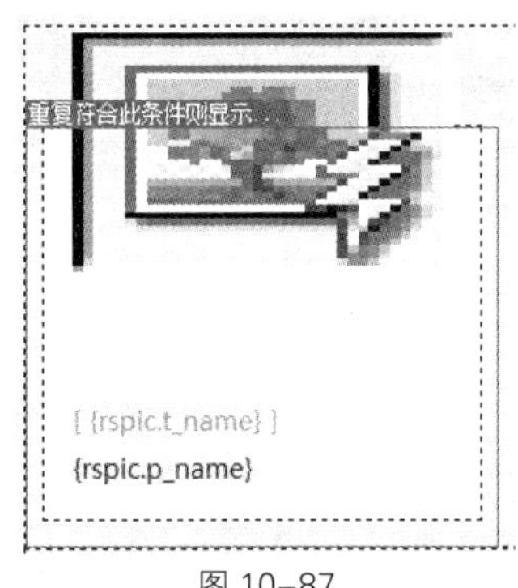

图 10-87

共有 个作品，当前显示第 0 个至第 0 个

图 10-88

12 将 rspic 记录集中的“总记录数”字段插入当前光标所在位置，如图 10-89 所示。将“当前显示第 0 个至第 0 个”文字中的 0 依次替换为 rspic 记录集中的“第一个记录索引”和“最后一个记录索引”字段，如图 10-90 所示。

共有 {rspic_total} 个作品，当前显示第 0 个至第 0 个

图 10-89

共有 {rspic_total} 个作品，当前显示第 {rspic_first} 个至第 {rspic_last} 个

图 10-90

13 选择页面中的“第一页”文字，单击“服务器行为”面板上的加号按钮，在弹出的菜单中选择“记录集分页 > 移至第一条记录”选项，弹出“移至第一条记录”对话框，设置如图 10-91 所示。单击“确定”按钮，为“第一页”文字添加“移至第一条记录”服务器行为，如图 10-92 所示。

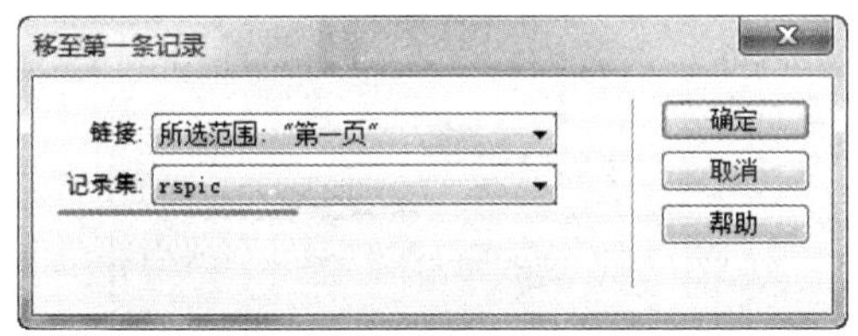

图 10-91

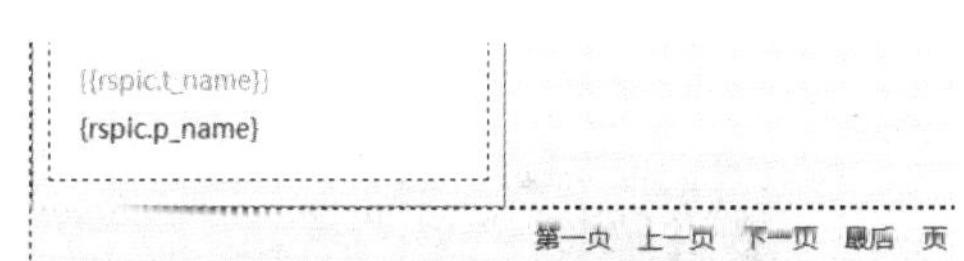

图 10-92

14 使用相同的制作方法，为“上一页”“下一页”和“最后一页”文字分别添加“移至前一条记录”“移至下一条记录”和“移动到最后一条记录”的服务器行为，如图 10-93 所示。在“服务器行为”面板中可以看到相关的服务器行为，如图 10-94 所示。

15 转换到网页 HTML 代码中，在页面所有代码之前添加相应的 JSP 脚本代码，设置页面编码格式以及导入相应的 Java 类，如图 10-95 所示。

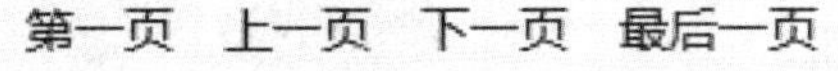
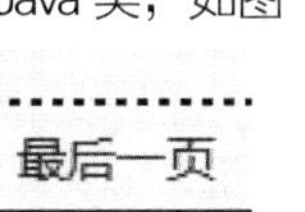

图 10-93

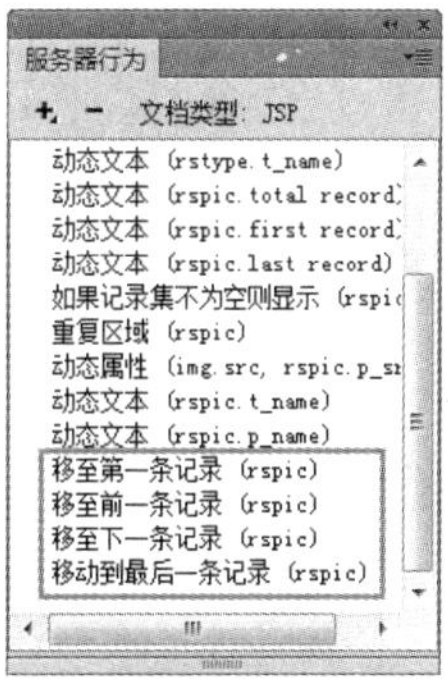

服务器行为
文档类型：JSP
动态文本 (rstype.t_name)
动态文本 (rspic.total record)
动态文本 (rspic.first record)
动态文本 (rspic.last record)
如果记录集不为空则显示 (rspic
重复区域 (rspic)
动态属性 (img.src, rspic.p_s
动态文本 (rspic.t_name)
动态文本 (rspic.p_name)
移至第一条记录 (rspic)
移至前一条记录 (rspic)
移至下一条记录 (rspic)
移动到最后一条记录 (rspic)

图 10-94

```
<%@ page language="java" import="java.util.*" pageEncoding="utf-8"%>
<%@ page contentType="text/html;charset=utf-8"%>
<% request.setCharacterEncoding("utf-8"); %>
<%@ page import="java.sql.*"%>
<%@ include file="Connections/conn.jsp" %>
<%
```

图 10-95

16 完成全部作品列表页面 work-all.jsp 的制作。

10.3.5 作品分类列表页面

在作品分类列表页面中接收 URL 参数，通过 URL 参数对查询的记录集结果进行筛选，筛选出与该参数相同的数据记录，从而实现在网页中只显示某一种类型的作品。

实战 制作作品分类列表页面

最终文件：最终文件\第 10 章\chapter10\work-type.jsp　　视频：视频\第 10 章\10-3-5.mp4

01 打开站点中的作品分类列表页面 work-type.jsp，可以看到页面的效果，如图 10-96 所示。打开“绑定”面板，单击该面板上的加号按钮，在弹出的菜单中选择“记录集(查询)”选项，弹出“记录集”对话框，设置如图 10-97 所示。

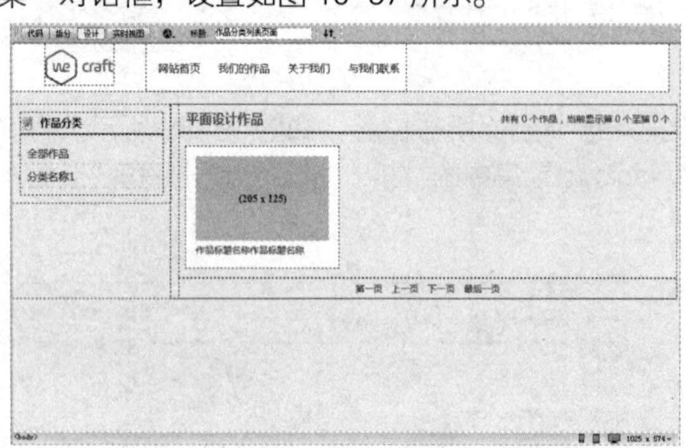

图 10-96

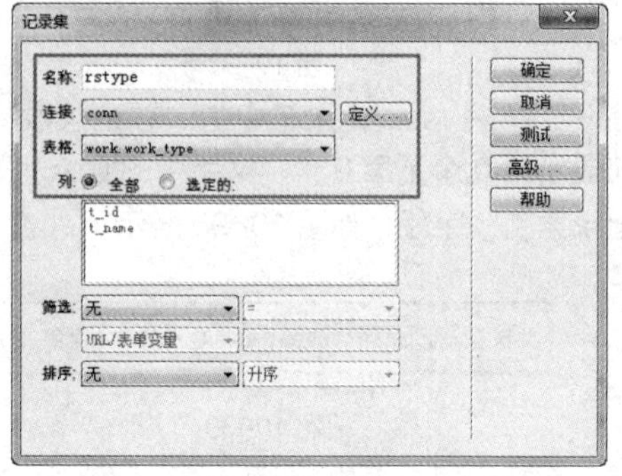

图 10-97

02 单击“确定”按钮，创建记录集。将页面左侧的“分类名称 1”文字替换为记录集中的 t_name 字段，如图 10-98 所示。根据全部作品页面 work-all.jsp 左侧“作品分类”栏相同的制作方法，完成该页面中左侧“作品分类”栏的制作，如图 10-99 所示。

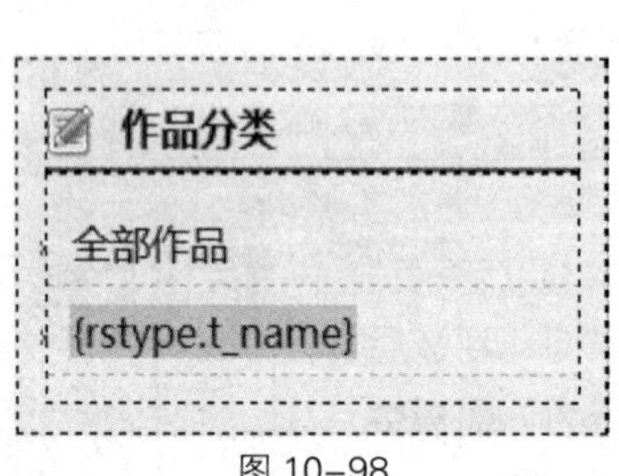

图 10-98

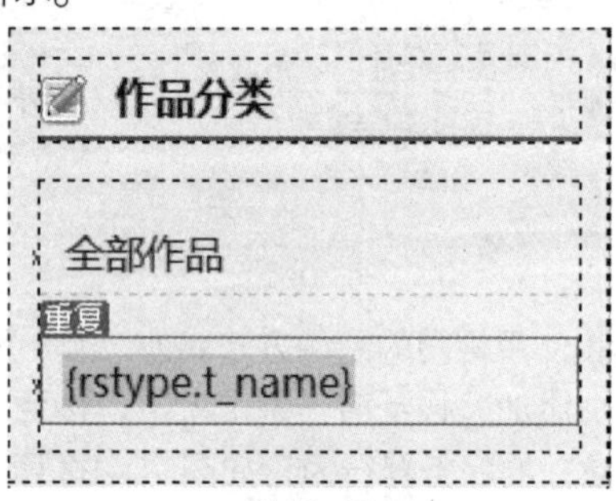

图 10-99

03 单击“绑定”面板上的加号按钮，在弹出的菜单中选择“记录集(查询)”选项，弹出“记录集”对话框，设置如图 10-100 所示。单击“确定”按钮，创建记录集，在“绑定”面板中可以看到刚创建的记录集，如图 10-101 所示。

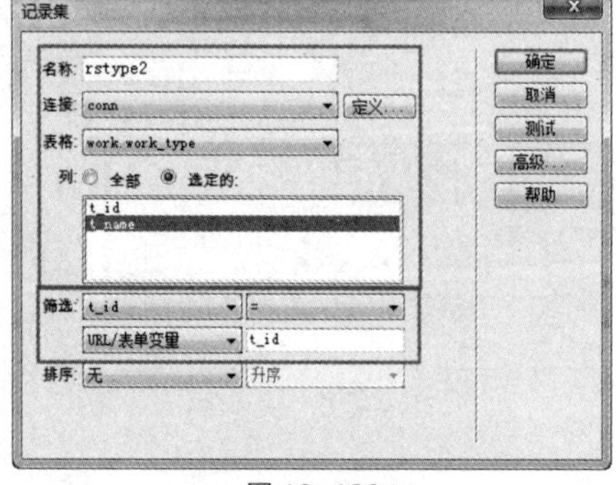

图 10-100

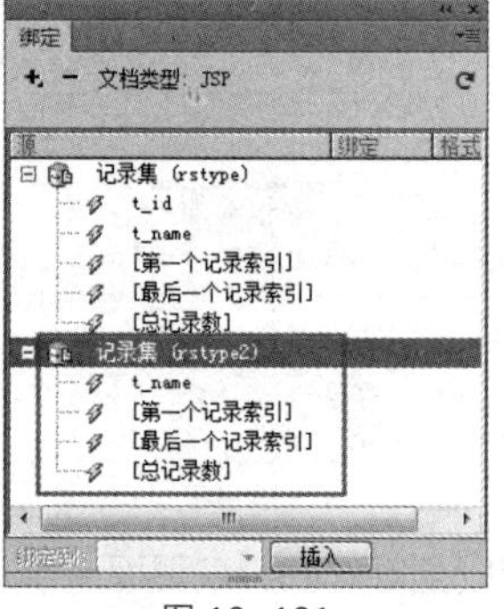

图 10-101

技巧

此处创建名为 rstype2 的记录集，通过接收的 URL 参数查询名为 work_type 的数据表，确定当前页面中显示的是哪种作品类型。

04 将页面中的“平面设计”文字替换为 rstype2 记录集中的 t_name 字段，如图 10–102 所示。单击“绑定”面板上的加号按钮，在弹出的菜单中选择“记录集(查询)”选项，弹出“记录集”对话框，设置如图 10–103 所示。

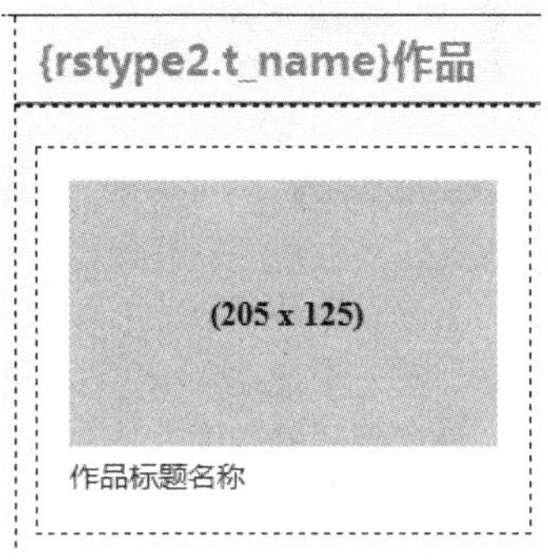

图 10–102

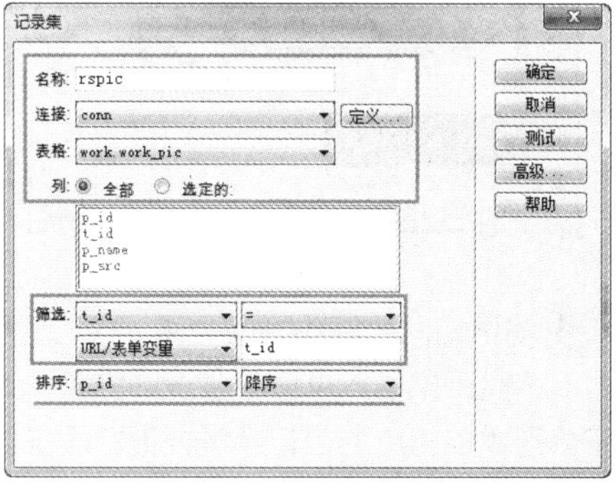

图 10–103

提示

此处创建名为 rspic 的记录集，通过接收的 URL 参数查询名为 work_pic 的数据表，查询指定类型的作品，并且设置排序按 p_id 字段的降序进行排列，使得最新添加的该类型作品显示在前面。

05 单击“确定”按钮，创建记录集，在“绑定”面板中可以看到刚创建的记录集，如图 10–104 所示。将页面中“作品标题名称”文字替换为 rspic 记录集中的 p_name 字段，将图片的 src 属性与 rspic 记录集中的 p_src 字段绑定，如图 10–105 所示。

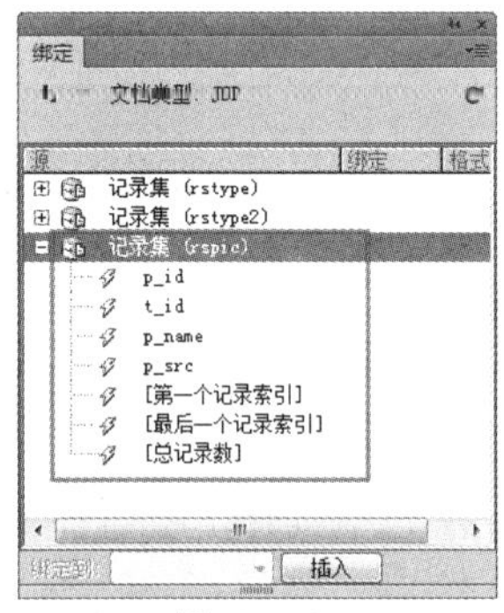

图 10–104

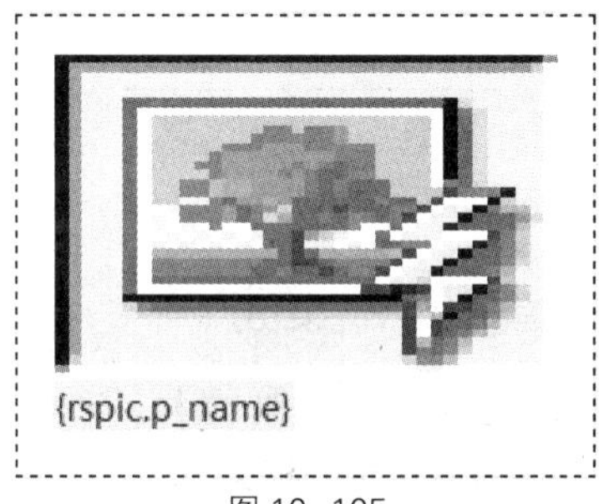

图 10–105

06 转换到代码视图中，在图片的 <img> 标签中添加 width 和 height 属性设置代码，并且在 src 属性中为图片添加路径，如图 10–106 所示。选择作品图片，单击“服务器行为”面板上的加号按钮，在弹出的菜单中选择“转到详细页面”选项，弹出“转到详细页面”对话框，设置如图 10–107 所示。

```
    <div id="box">
      <div class="work01"><img src="upload/<%=(((rspic_data =
rspic.getObject("p_src"))==null || rspic.wasNull())?"":
rspic_data)%>" width="205" height="125" alt=""/><%=(((rspic_data
 = rspic.getObject("p_name"))==null || rspic.wasNull())?"":
rspic_data)%></div>
    </div>
```

图 10–106

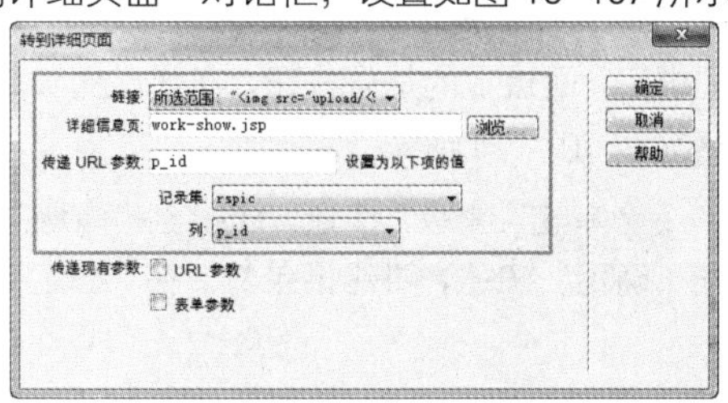

图 10–107

07 单击“确定”按钮，应用“转到详细页面”服务器行为。根据全部作品页面 work-all.jsp 中作品列表相同的制作方法，完成该页面中重复区域的创建，效果如图 10-108 所示。使用相同的制作方法，完成如果记录集不空则显示区域的创建，效果如图 10-109 所示。

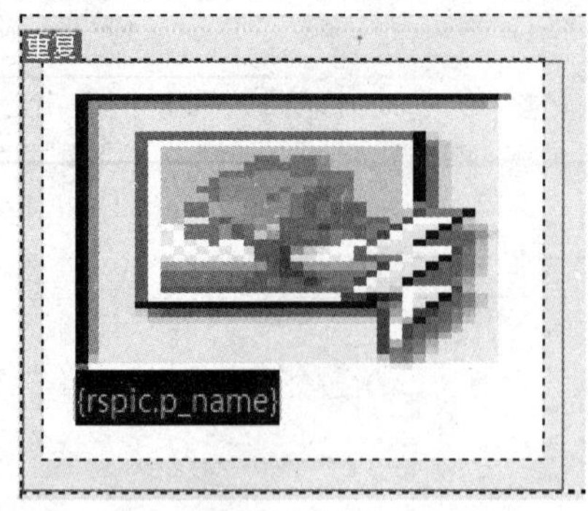

图 10-108

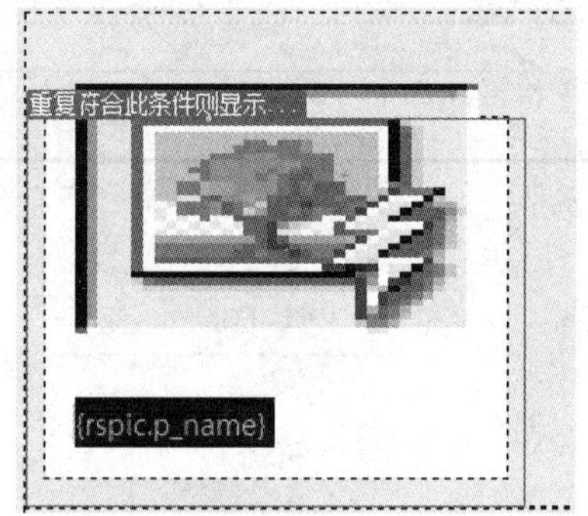

图 10-109

08 使用相同的制作方法，将 rspic 记录集中“总记录数” “第一个记录索引”和“最后一个记录索引”字段分别插入页面中合适的位置，如图 10-110 所示。使用相同的制作方法，为页面中的翻页文字分别添加相应的“记录集分页”服务器行为，如图 10-111 所示。

共有 {rspic_total} 个作品，当前显示第 {rspic_first} 个至第 {rspic_last} 个

图 10-110

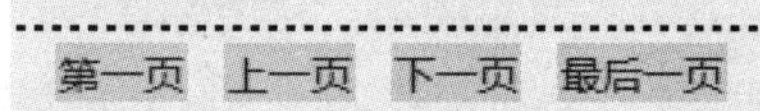

图 10-111

09 转换到网页 HTML 代码中，在页面所有代码之前添加相应的 JSP 脚本代码，设置页面编码格式以及导入相应的 Java 类，如图 10-112 所示。

```
<%@ page language="java" import="java.util.*" pageEncoding="utf-8"%>
<%@ page contentType="text/html;charset=utf-8"%>
<% request.setCharacterEncoding("utf-8"); %>
<%@ page import="java.sql.*"%>
<%@ include file="Connections/conn.jsp" %>
<%
```

图 10-112

10 完成作品分类列表页面 work-type.jsp 的制作。

10.3.6 查看作品页面

查看作品页面接收 URL 参数，通过该 URL 参数可以在 work_pic 数据表中查找到指定的唯一数据记录，将该数据记录的相关内容显示在页面中。

实战 制作查看作品页面

最终文件：最终文件 \ 第 10 章 \chapter10\work-show.jsp　　视频：视频 \ 第 10 章 \10-3-6.mp4

01 打开站点中的查看作品页面 work-show.jsp，可以看到页面的效果，如图 10-113 所示。单击“绑定”面板上的加号按钮，在弹出的菜单中选择“记录集 (查询)”选项，弹出“记录集”对话框，设置如图 10-114 所示。

02 单击“高级”按钮，切换到“高级”设置界面，对 SQL 语句进行修改，如图 10-115 所示。单击“确定”按钮，创建记录集，在“绑定”面板中可以看到刚创建的记录集，如图 10-116 所示。

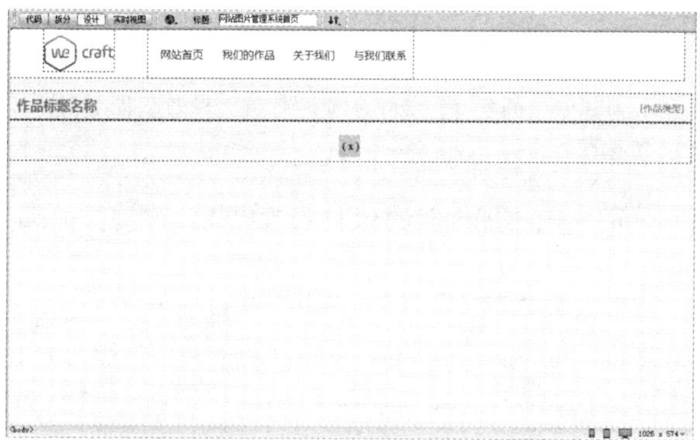

图 10-113

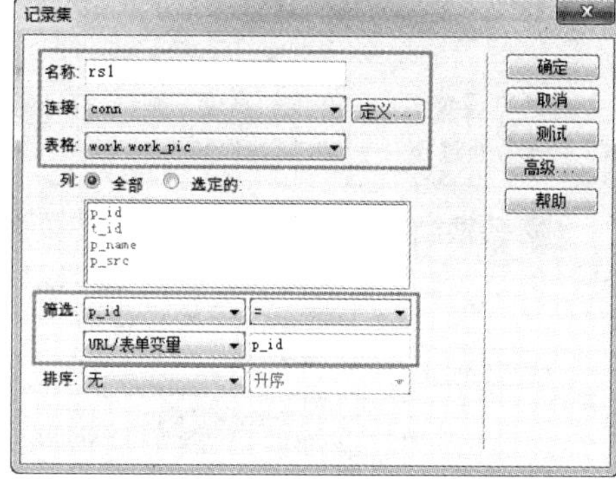

图 10-114

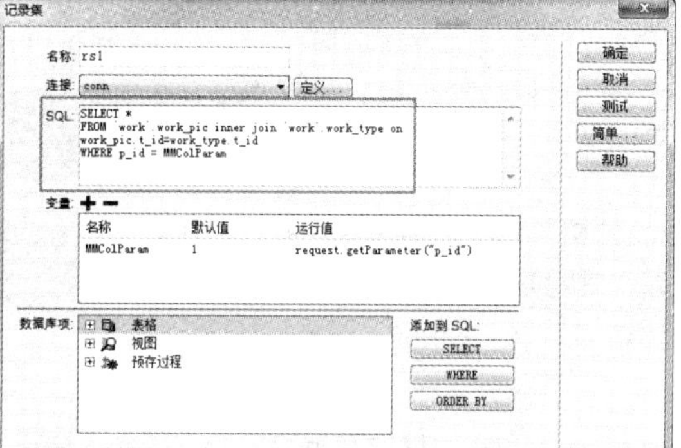

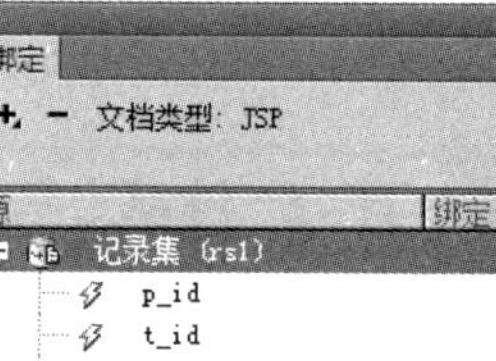
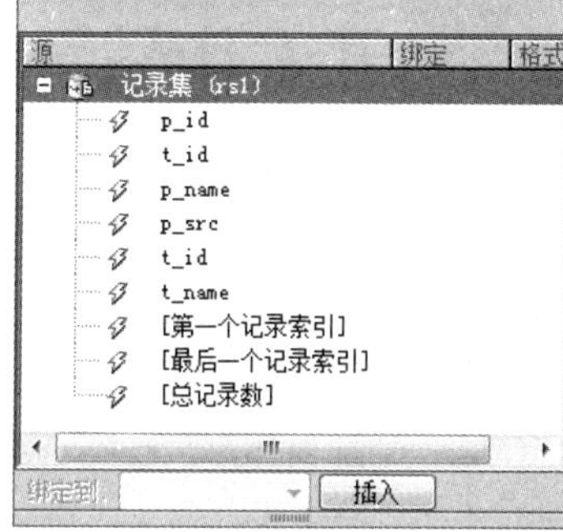

图 10-115

图 10-116

技巧

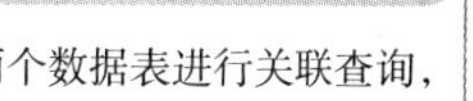

因为在该页面中显示当前作品图片的分类名称，所以此处将 work_pic 与 work_type 这两个数据表进行关联查询，修改后的 SQL 语句如下。

```
SELECT *
FROM 'work'.work_pic inner join 'work'.work_type on work_pic.t_id=work_type.t_id
WHERE p_id = MMColParam
```

03 单击“确定”按钮，创建记录集。将页面中的“作品标题名称”文字替换为记录集中的 p_name 字段，如图 10-117 所示。在页面中“作品类型”文字后面插入记录集中的 t_name 字段，如图 10-118 所示。

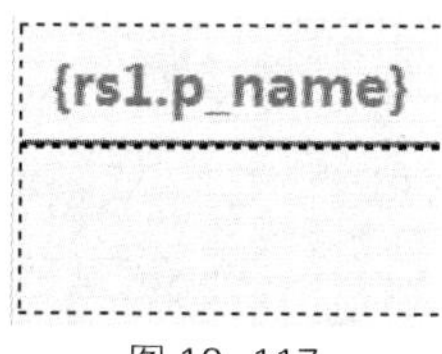

图 10-117

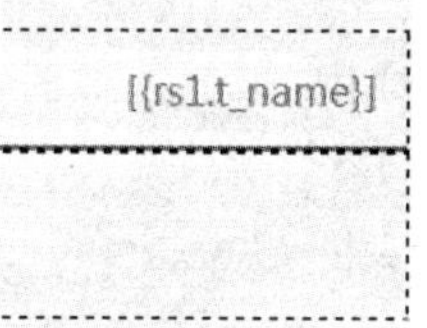

图 10-118

04 将图片的 src 属性与记录集中的 p_src 字段绑定，如图 10-119 所示。转换到代码视图中，在图片的 <img> 标签中为 src 属性中为图片添加路径，如图 10-120 所示。

图 10-119

```
<div id="work-show">
  <img src="upload/<%=(((rs1_data = rs1.getObject("p_src"))==null ||
rs1.wasNull())?"":rs1_data)%>" alt="" />
</div>
```

图 10-120

技巧

此处不设置图片的宽度和高度，则图片在网页中显示为其原始的尺寸。为了不使图片过大导致页面变形，在 CSS 样式中通过 max-width 属性控制了该图片的最大显示宽度值。

05 转换到网页 HTML 代码中，在页面所有代码之前添加相应的 JSP 脚本代码，设置页面编码格式以及导入相应的 Java 类，如图 10-121 所示。

```
<%@ page language="java" import="java.util.*" pageEncoding="utf-8"%>
<%@ page contentType="text/html;charset=utf-8"%>
<% request.setCharacterEncoding("utf-8"); %>
<%@ page import="java.sql.*"%>
<%@ include file="Connections/conn.jsp" %>
<%
```

图 10-121

06 完成查看作品页面 work-show.jsp 的制作。

10.4 开发作品管理功能

在网站图片管理系统中，浏览者可以浏览作品的相关内容，网站管理者可以登录到系统的后台管理，在后台管理系统中添加、修改和删除作品等，使网站的信息能随时保持更新。

10.4.1 后台管理登录

在网站图片管理系统中，管理员对系统中的作品进行添加、修改和删除等管理操作，由于管理页面不允许普通浏览者进入，所以必须受到限权管理。可以使用登录账号与密码来判断是否有适当的权限进入管理页面。

实战 制作后台管理登录页面

最终文件：最终文件\第 10 章\chapter10\admin\login.jsp　　视频：视频\第 10 章\10-4-1.mp4

01 在站点中打开后台管理登录页面 login.jsp，可以看到页面的效果，如图 10-122 所示。单击“服务器行为”面板上的加号按钮，在弹出的菜单中选择“用户身份验证 > 登录用户”命令，弹出“登录用户”对话框，设置如图 10-123 所示。

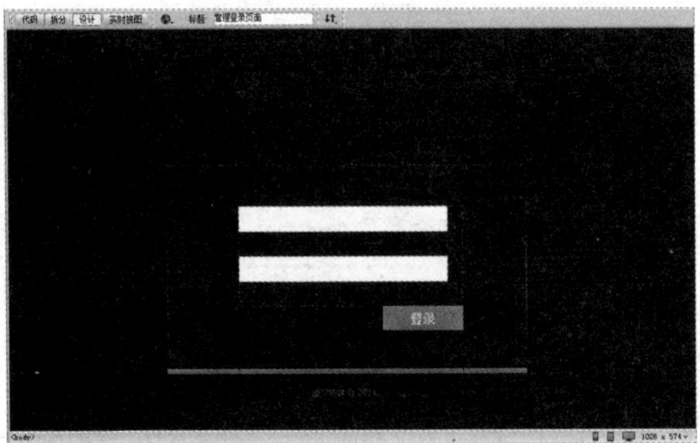

图 10-122

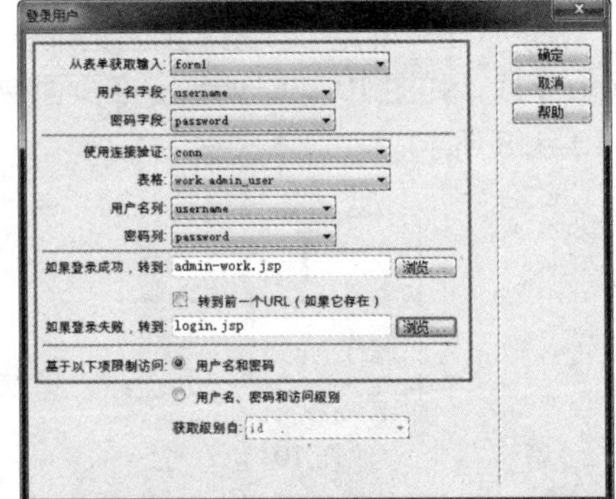

图 10-123

提示

在“登录用户”对话框中将页面中“用户名”字段和“密码”中的值与 admin_user 数据中的 username 和 password 两个字段的值进行比较，判断用户是否登录成功。如果登录成功，则跳转到作品管理页面 admin-work.jsp；如果登录失败，则跳转到后台管理登录页面 login.jsp。

02 单击“确定”按钮，应用“登录用户”服务器行为。转换到网页 HTML 代码中，在页面所有代码之前添加相应的 JSP 脚本代码，设置页面编码格式以及导入相应的 Java 类，如图 10-124 所示。

```
<%@ page language="java" import="java.util.*" pageEncoding="utf-8"%>
<%@ page contentType="text/html;charset=utf-8"%>
<% request.setCharacterEncoding("utf-8"); %>
<%@ page import="java.sql.*"%>
<%@ include file="../Connections/conn.jsp" %>
<%
```

图 10-124

03 完成后台管理登录页面 login.jsp 的制作。

10.4.2 作品管理页面

作品管理页面与前台的全部作品列表页面非常相似，不同的是在作品管理页面中，每个作品的下方都提供了“修改”和“删除”超链接，通过这两个超链接对该作品进行修改和删除操作。

实战　制作注册成功和注册失败页面

最终文件：最终文件 \ 第 10 章 \chapter10\admin-work.jsp
视频：视频 \ 第 10 章 \10-4-2.mp4

01 在站点中打开作品管理页面 admin-work.jsp，可以看到页面的效果，如图 10-125 所示。单击“绑定”面板上的加号按钮，在弹出的菜单中选择“记录集（查询）”选项，在弹出的“记录集”对话框中进行设置，如图 10-126 所示。

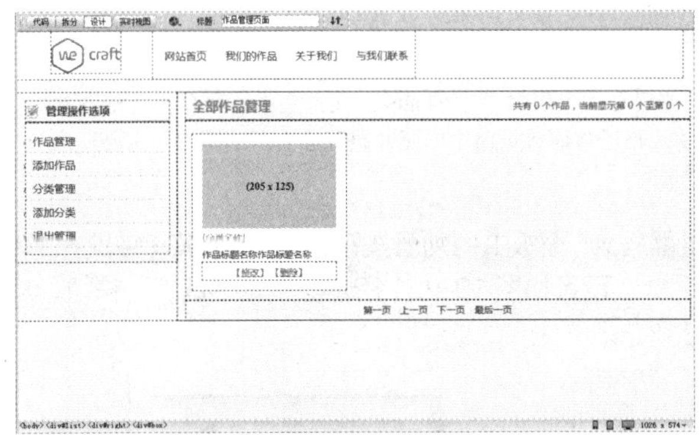

图 10-125

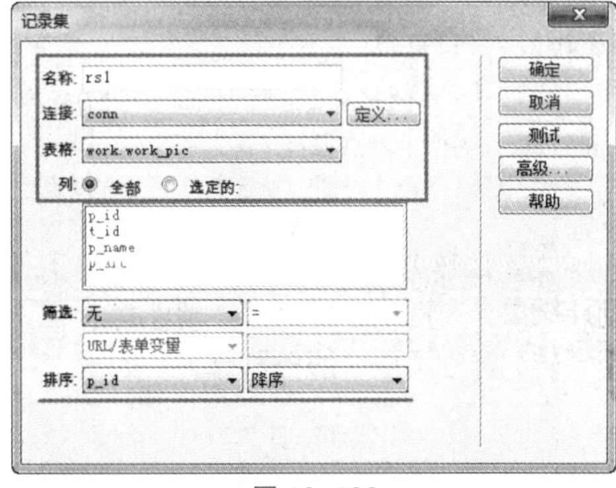

图 10-126

02 单击“高级”按钮，切换到“高级”设置界面，对 SQL 语句进行修改，如图 10-127 所示。单击“确定”按钮，创建记录集，在“绑定”面板中可以看到刚创建的记录集，如图 10-128 所示。

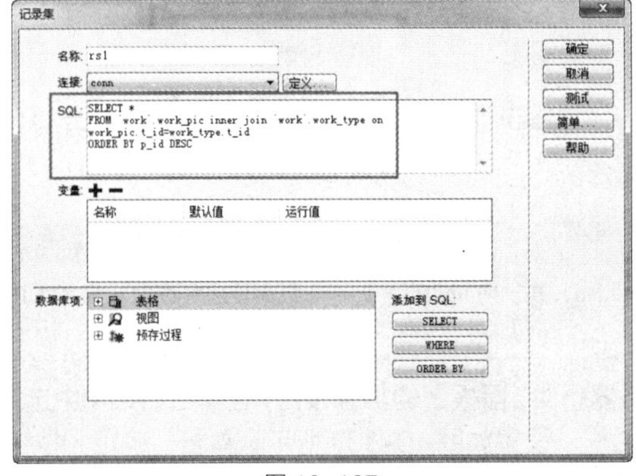

图 10-127

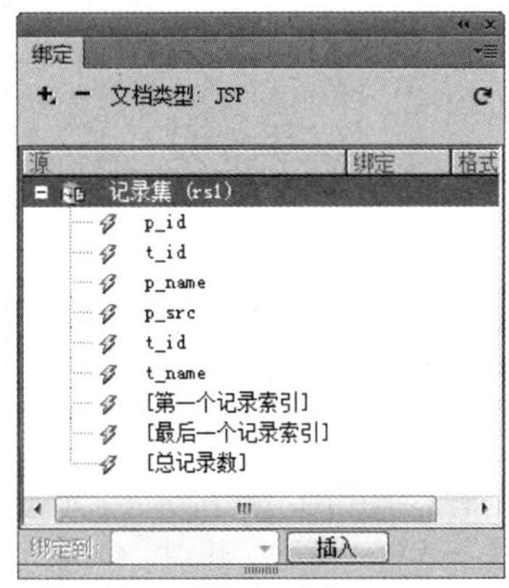

图 10-128

技巧

因为在该页面中显示当前作品图片的分类名称，所以此处将 work_pic 与 work_type 这两个数据表进行关联查询，修改后的 SQL 语句如下。

```
SELECT *
FROM 'work'.work_pic inner join 'work'.work_type on work_pic.t_id=work_type.t_id
ORDER BY p_id DESC
```

03 将页面中的“分类名称”替换为记录集中的 t_name 字段，“作品标题名称”文字替换为记录集中的 p_name 字段，将图片的 src 属性与记录集中的 p_src 字段绑定，如图 10-129 所示。转换到代码视图中，在图片的 <img> 标签中添加 width 和 height 属性设置代码，并且在 src 属性中为图片添加路径，如图 10-130 所示。

图 10-129

```
<div class="work01">
<img src="../upload/<%=(((rs1_data = rs1.getObject("p_src"))
==null || rs1.wasNull())?"":rs1_data)%>" width="205" height="125"
alt=""/>
<span class="font01">[<%=(((rs1_data = rs1.getObject("t_name"
))==null || rs1.wasNull())?"":rs1_data)%>]</span>
<br>
<%=(((rs1_data = rs1.getObject("p_name"))==null || rs1.
wasNull())?"":rs1_data)%>
<div class="manage">【<a href="#">修改</a>】 【<a href="#">删除
</a>】</div>
</div>
```

图 10-130

提示

在设置图片路径时需要特别注意，因为管理页面放置在站点根目录中的 admin 文件夹中，而存放上传图片的 upload 文件夹位于站点根目录中，所以管理页面中的图片路径与前台页面中的图片路径会有所不同，一定要注意填写正确的相对路径，否则会导致上传图片在网页中无法显示。

04 选择页面中的“修改”文字，单击“服务器行为”面板上的加号按钮，在弹出的菜单中选择“转到详细页面”选项，弹出“转到详细页面”对话框，设置如图 10-131 所示。单击“确定”按钮，应用“转到详细页面”服务器行为，如图 10-132 所示。

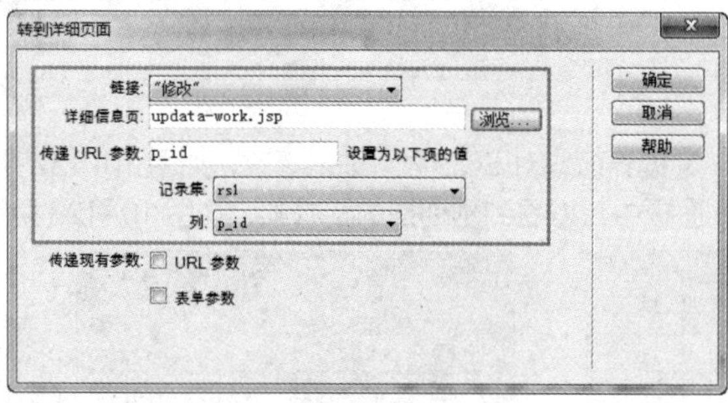

图 10-131

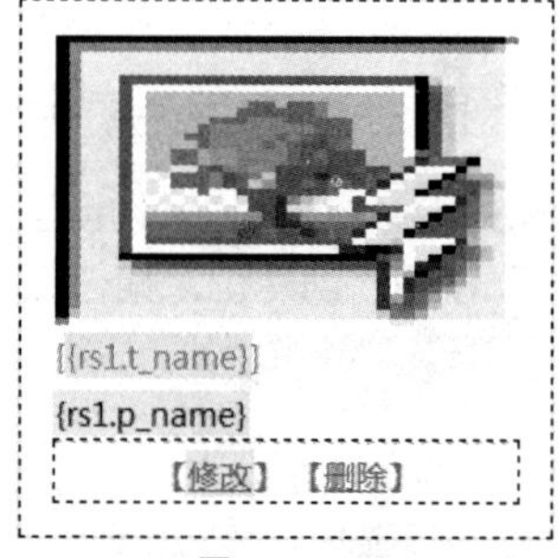

图 10-132

提示

“修改”文字需要链接到修改作品页面 updata-work.jsp，并且向 updata-work.jsp 页面传递名称为 p_id 的 URL 参数，该 URL 参数的值等于 rs1 记录集中 p_id 字段的值。

05 选择页面中的“删除”文字，单击“服务器行为”面板上的加号按钮，在弹出的菜单中选择“转到详细页面”选项，弹出“转到详细页面”对话框，设置如图 10-133 所示。单击“确定”按钮，应用“转到详细页面”服务器行为，如图 10-134 所示。

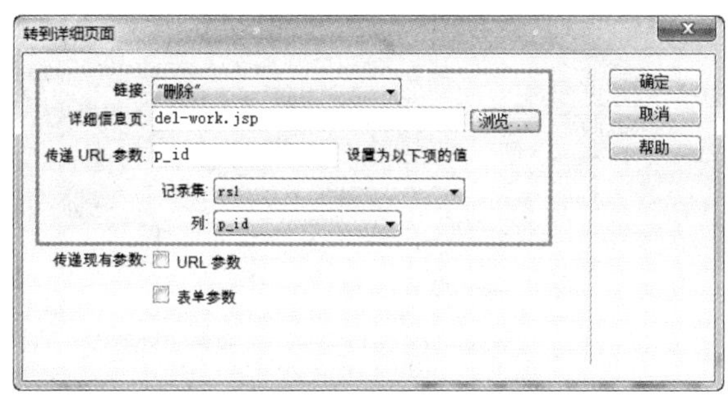

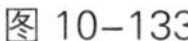
图 10-133

图 10-134

提示

“删除”文字需要链接到删除作品页面 del-work.jsp，并且向 del-work.jsp 页面传递名称为 p_id 的 URL 参数，该 URL 参数的值等于 rs1 记录集中 p_id 字段的值。

06 根据全部作品列表页面 work-all.jsp 中作品列表相同的制作方法，完成该页面中重复区域的创建和如果记录集不为空则显示区域的创建，如图 10-135 所示。使用相同的制作方法，在页面中相应的位置插入记录集中的记录数统计字段，并且为相应的翻页文字添加“记录集分页”服务器行为，如图 10-136 所示。

图 10-135

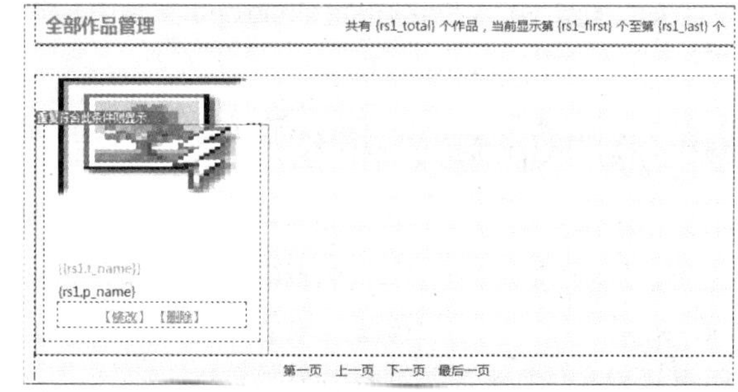

图 10-136

07 为页面左侧的“作品管理”“添加作品”“分类管理”和“添加分类”文字分别设置超链接，如图 10-137 所示。选择“退出管理”文字，单击“服务器行为”面板上的加号按钮，在弹出的菜单中选择“用户身份验证 > 注销用户”选项，弹出“注销用户”对话框，设置如图 10-138 所示。

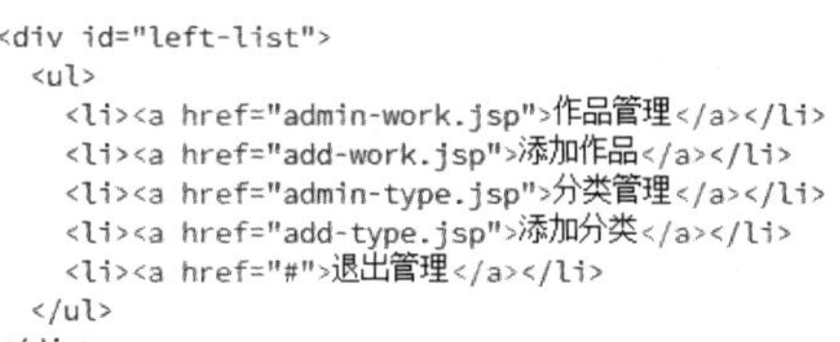

```
<div id="left-list">
  <ul>
    <li><a href="admin-work.jsp">作品管理</a></li>
    <li><a href="add-work.jsp">添加作品</a></li>
    <li><a href="admin-type.jsp">分类管理</a></li>
    <li><a href="add-type.jsp">添加分类</a></li>
    <li><a href="#">退出管理</a></li>
  </ul>
</div>
```

图 10-137

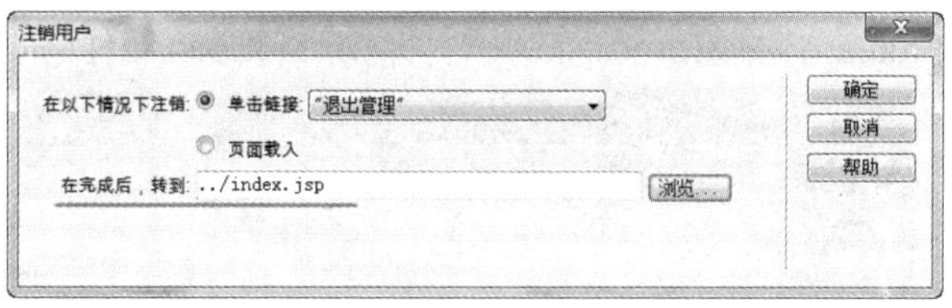

图 10-138

08 单击“确定”按钮，添加“注销用户”服务器行为，如图 10-139 所示。单击“服务器行为”面板上的加号按钮，在弹出的菜单中选择“用户身份验证 > 限制对页的访问”选项，弹出“限制对页的访问”对话框，设置如图 10-140 所示。单击“确定”按钮，添加“限制对页的访问”服务器行为。

09 转换到网页 HTML 代码中，在页面所有代码之前添加相应的 JSP 脚本代码，设置页面编码格式以及导入相应的 Java 类，如图 10-141 所示。

10 完成作品管理主页面 admin-work.jsp 的制作。

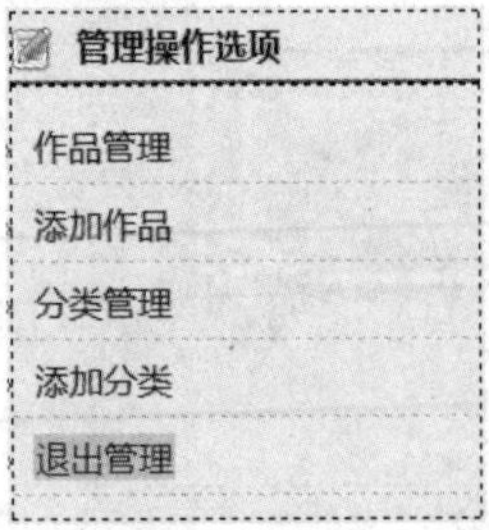

管理操作选项
作品管理
添加作品
分类管理
添加分类
退出管理

图 10-139

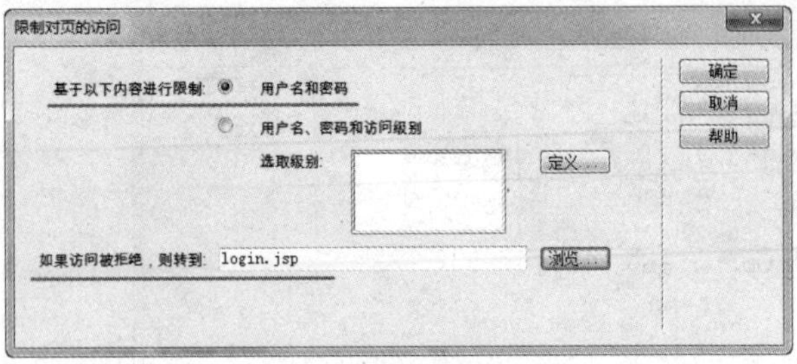

限制对页的访问
基于以下内容进行限制：
用户名和密码
用户名、密码和访问级别
选取级别：
定义...
如果访问被拒绝，则转到：
login.jsp
浏览...
确定
取消
帮助

图 10-140

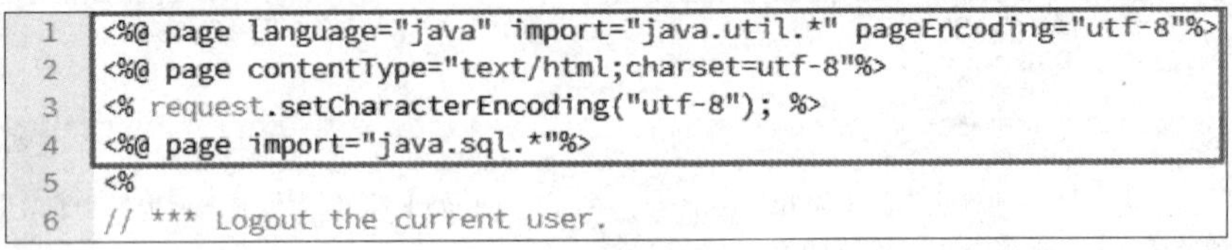

```
<%@ page language="java" import="java.util.*" pageEncoding="utf-8"%>
<%@ page contentType="text/html;charset=utf-8"%>
<% request.setCharacterEncoding("utf-8"); %>
<%@ page import="java.sql.*"%>
<%
// *** Logout the current user.
```

图 10-141

10.5 开发作品图片上传功能

在添加作品页面中能够实现作品图片的上传功能，就是该页面必须能够在添加作品基本信息的同时将相关的图片上传到网站指定的 upload 文件中。本节将重点介绍如何通过 UploadBean 组件来实现 JSP 网站中的图片上传功能。

10.5.1 添加 UploadBean 组件

在第 3 章中已经介绍了使用 jspSmartUpload 组件在 JSP 网页中实现文件上传的方法，在本章所开发的网站图片管理系统中，将介绍另一个能够实现文件上传功能的组件——UploadBean 组件。UploadBean 组件是一个可以与任何一个 JSP 应用程序整合的技术组件，它提供了简单的应用程序接口 (API) 来读取和保存通过浏览器上传的文件。

读者可以在互联网中搜索并下载 UploadBean 组件，在本书附赠资源中也为读者提供了 UploadBean 组件。

打开“源文件 \ 第 10 章 \uploadbean\”文件夹，可以看到 UploadBean 组件所提供的 4 个文件，如图 10-142 所示。打开 Tomcat 测试服务器的安装根目录中的 lib 文件夹 (本书的安装目录是 D:\Program Files\Tomcat 8.0\lib\)，将 UploadBean 组件的 4 个文件复制到该文件夹中，如图 10-143 所示。

« 第10章 › uploadbean
组织
包含到库中
共享
收藏夹
下载
桌面
最近访问的位置
Creative Cloud F
库
视频
图片
文档
cos.jar
fileupload.jar
struts.jar
uploadbean.jar
4 个对象

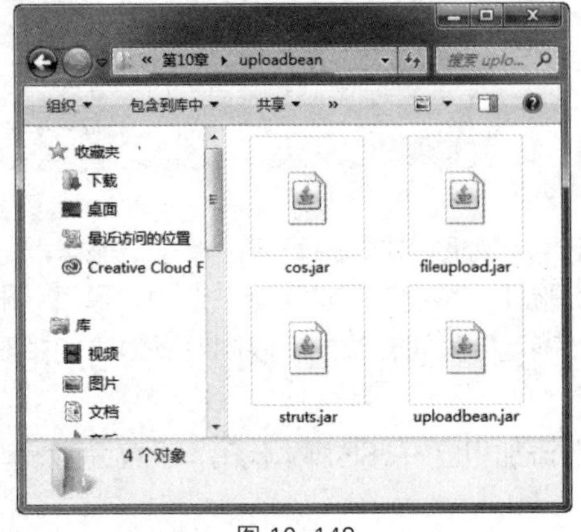

图 10-142

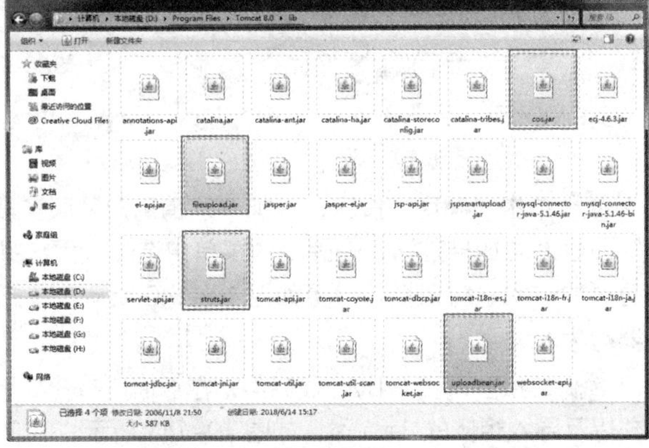

图 10-143

完成 UploadBean 组件的添加后，必须重启 Tomcat 服务器才能使 UploadBean 组件所实现的文件上传服务生效。

10.5.2 上传图片

完成了 UploadBean 组件的添加之后，在网站中就可以使用 UploadBean 组件提供的文件上传服务来实现网页中文件的上传功能。在图片上传页面中，不仅实现将浏览的图片上传到指定的文件夹中，并且还要传回所上传图片的名称，并且在页面中显示所上传图片的缩览图。

实战　制作上传图片页面

最终文件：最终文件 \ 第 10 章 \chapter10\admin\upload.jsp
视频：视频 \ 第 10 章 \10-5-2.mp4

01 在站点中打开上传图片页面 upload.jsp，可以看到页面的效果，如图 10-144 所示。转换到网页代码中，在页面所有代码之前添加导入上传文件类的 JSP 代码，如图 10-145 所示。

图 10-144

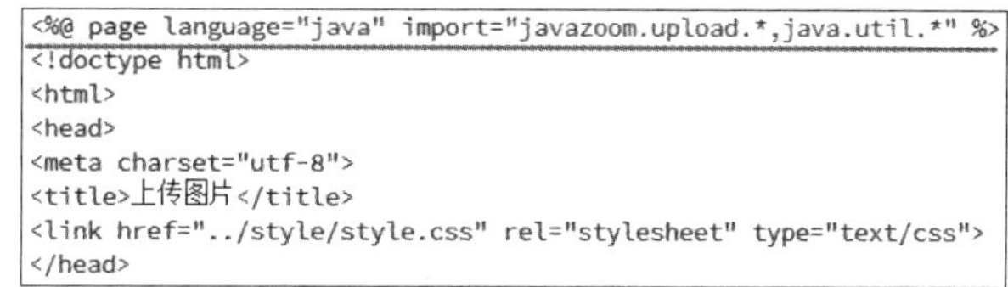

```
<%@ page language="java" import="javazoom.upload.*,java.util.*" %>
<!doctype html>
<html>
<head>
<meta charset="utf-8">
<title>上传图片</title>
<link href="../style/style.css" rel="stylesheet" type="text/css">
</head>
```

图 10-145

> **提示**
>
> 因为 UploadBean 组件的定义位于 Javazoom.upload 包中，因此将该 Java 包中的所有类导入当前页面中。

02 在刚添加的导入上传文件类的 JSP 代码之后手动编写 JSP 代码，创建文件上传的实例。编写的 JSP 代码如下。

```
    <jsp:useBean id="upBean" scope="page" class="javazoom.upload.UploadBean" >
      <jsp:setProperty name="upBean" property="folderstore" value="D:/Program Files/
Tomcat 8.0/webapps/ROOT/chapter10/upload/" />
    </jsp:useBean>
```

此处所添加的 JSP 代码，创建了一个 id 名称为 upBean 的上传文件实例，其作用范围为 page，并且设置 property 属性为 folderstore，其值为 D:/Program Files/Tomcat 8.0/webapps/ROOT/chapter10/upload/，表示文件上传的位置。

> **提示**
>
> 该段所添加的 JSP 代码主要用于创建文件上传实例并设置文件的上传位置，直接关系到用户上传的图片能否正确地存储到指定的文件夹中。需要注意的是，文件夹的分隔符必须写为“/”，不能写为“\”，并且在最后的文件夹名称的结尾也需要加上一个“/”。

03 选中页面中的“上传预览”图片，在“属性”面板中设置其 id 名称为 picname，如图 10-146 所示。转换到网页 HTML 代码中，修改该图片的 src 属性值，使用代码 <%=picname%> 来代替图片名称，并且将图片路径修改为存放上传文件的文件夹，如图 10-147 所示。

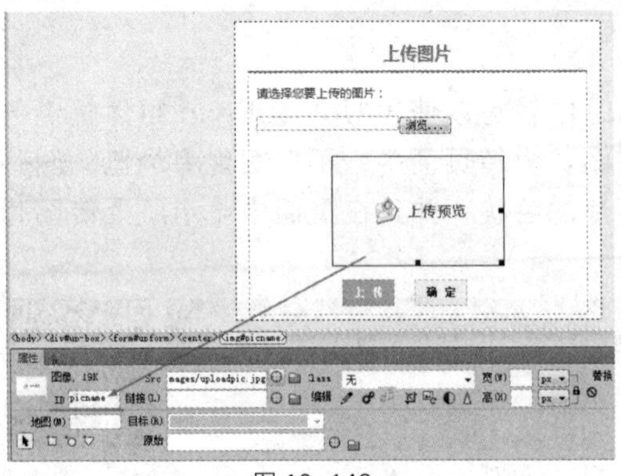

图 10-146

```
<input type="file" name="uploadfile" id=
"uploadfile"><br>
    <center><img src="../upload/<%=picname%>"
alt="" id="picname"/></center>
    <input type="submit" name="scbtn" id="scbtn"
value="上 传">
    <input type="button" name="qdbtn" id="qdbtn"
value="确 定">
```

图 10-147

提示

代码 <%=picname%> 中输出变量 picname 的值，这个 picname 变量来自用户单击页面中的“上传”按钮，将文件上传到指定的文件夹中所生成的变量，该变量获取所上传文件的文件名称。在后面的实现文件上传功能的 JSP 代码中会为该量赋值。

04 在网页中创建文件上传实例的代码结束位置添加定义 pinname 变量的代码，并且为该变量赋予默认的初始值，如图 10-148 所示。

```
<%@ page language="java" import="javazoom.upload.*,java.util.*" %>
<jsp:useBean id="upBean" scope="page" class="javazoom.upload.UploadBean" >
  <jsp:setProperty name="upBean" property="folderstore" value="D:/Program Files/Tomcat
8.0/webapps/ROOT/chapter10/upload/" />
</jsp:useBean>
<%String picname="../images/uploadpic.jpg";%>
<!doctype html>
<html>
```

图 10-148

技巧 

在刚打开上传图片页面 upload.jsp 时，在上传图片预览的位置必须有一个默认的显示图片，这样才不会出现无法显示图片的错误。也就是说，要为名称为 picname 的变量设置一个默认的值，在该页面中选择上传的图片，并单击“上传”按钮，正确将所选择的图片上传至指定的文件夹中后，picname 变量的值就会被赋予上传图片的名称，从而在页面中显示上传的图片缩览图。

05 设置实现上传文件的表单域的 id 名称为 upform，设置选择上传文件的文件域的 id 名称为 uploadfile，如图 10-149 所示。

```
<form method="post" enctype="multipart/form-data" name="upform" id="upform">
  请选择您要上传的图片：<br>
  <input type="file" name="uploadfile" id="uploadfile"><br>
  <center><img src="../upload/<%=picname%>" alt="" id="picname"/></center>
  <input type="submit" name="scbtn" id="scbtn" value="上 传">
  <input type="button" name="qdbtn" id="qdbtn" value="确 定">
</form>
```

图 10-149

提示

如果要实现文件的上传功能，表单域 <form> 标签中的 enctype 属性值必须设置为 multipart/form-data，否则只能上传文件名称，而无法将选择的文件上传至指定的文件夹中；另外，method 属性必须设置为 post。

06 在表单域中的任意位置插入一个隐藏域，设置其 Name 属性为 todo，Value 属性为

upload，如图 10–150 所示，页面效果如图 10–151 所示。

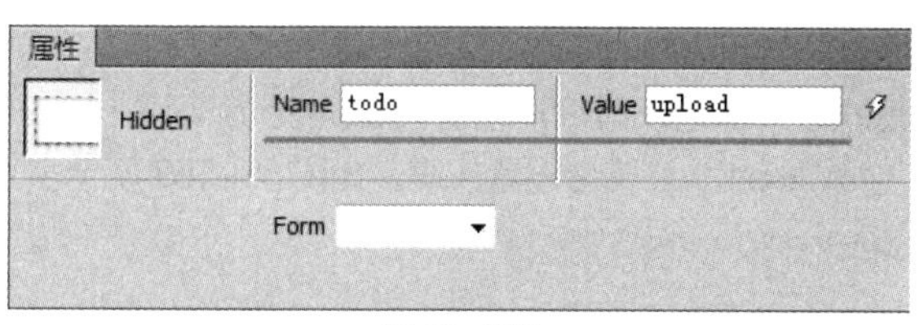

图 10–150

图 10–151

07 接下来在 <body> 标签的开始位置添加如下实现文件上传的 JSP 代码。

```
<%
    if (MultipartFormDataRequest.isMultipartFormData(request))
    {
      // 使用 MultipartFormDataRequest 对象来处理 HTTP 请求
      MultipartFormDataRequest mrequest = new MultipartFormDataRequest(request);
      String todo = null;
      if (mrequest != null) todo = mrequest.getParameter("todo");
      if ( (todo != null) && (todo.equalsIgnoreCase("upload")) )
      {
        Hashtable files = mrequest.getFiles();
        if ( (files != null) && (!files.isEmpty()) )
        {
           UploadFile file = (UploadFile) files.get("uploadfile");
           if (file != null)
           // 使用 upBean 实例的存储方法将文件上传并存储在网站的上传文件夹中
           upBean.store(mrequest, "uploadfile");
           picname=file.getFileName();// 获取文件名称并赋值给 picname 变量
        }
        else
        {
          out.println("<li>No uploaded files");
        }
      }
      else out.println("<br> todo="+todo);
    }
%>
```

以上实现文件上传的 JSP 代码解释如下。

mrequest 表示上传的文件数据。

变量 todo 用来接收上传表单中隐藏域 todo 的提交值 upload，设置上传隐藏域验证是为了上传的安全性。

if(mrequest != null) todo=mrequest.getParameter("todo"); 表示如果表单中提交了文件信息，则使用变量 todo 接收隐藏域 todo 中的提交值。

if((todo != null)&&(todo.equalsIgnoreCase("upload"))) 表示如果变量 todo 非空并且值等于上传隐藏域 todo 中的提交值 upload，那么 if 循环语句中的代码将允许获取文件信息。

files=mrequest.getFiles(); 表示获取上传文件集合。

UploadFile file = (UploadFile) files.get("uploadfile"); 表示获取单个上传文件的信息，get("uploadfile"); 中的 uploadfile 是上传文域的名称。

upBean.store(mrequest,"uploadfile"); 表示如果获取了上传文件，则把该文件存储到 upBean 指定

的文件夹中（本实例的指定文件夹是 D:/Program Files/Tomcat 8.0/webapps/ROOT/chapter10/upload/）。

picname=file.getFileName(); 表示只获取文件名称（不包含路径）的信息并赋值给变量 picname。

08 通过上面的操作步骤，已经能够在该页面中实现图片的上传操作，页面中的“确定”按钮主要用于实现将所上传的图片参数传递到添加作品页面 add-work.jsp 中。

09 转换到网页 HTML 代码中，在 <body> 标签的结束标签之前添加相应的 JavaScript 脚本代码，如图 10-152 所示。在“确定”按钮的 <input> 标签中添加 onClick 属性设置代码，如图 10-153 所示。

```
<script language="JavaScript" type="text/JavaScript">
function jump(){
    window.location.href="add-work.jsp?picname=<%=picname%>";
}
</script>
</body>
```

图 10-152

```
<input type="submit" name="scbtn" id="scbtn" value="上 传">
<input type="button" name="qdbtn" id="qdbtn" value="确 定" onClick="javascript:jump()">
```

图 10-153

提示

在添加的 JavaScript 脚本代码中，自定义名称为 jump() 的函数，在该自定义函数中通过 window.location.href 方法，指定跳转到 add-work.jsp 页面中，并且传递名称为 picname 的 URL 参数。为“确定”按钮添加 onClick="javascript:jump()" 代码，是指当单击“确定”按钮时，调用所定义的 jump() 自定义函数，从而实现跳转到 add-work.jsp 页面，并向该页面传递 URL 参数。

10 转换到网页 HTML 代码中，在页面所有代码之前添加相应的 JSP 脚本代码，设置页面编码格式以及导入相应的 Java 类，如图 10-154 所示。

```
<%@ page language="java" import="java.util.*" pageEncoding="utf-8"%>
<%@ page contentType="text/html;charset=utf-8"%>
<% request.setCharacterEncoding("utf-8"); %>
<%@ page import="java.sql.*"%>
<%@ page language="java" import="javazoom.upload.*,java.util.*" %>
```

图 10-154

11 完成上传图片页面 upload.jsp 的制作。

提示

当我们完成上传图片页面 upload.jsp 的制作时，只是完成了图片上传的功能，将选择的图片上传至服务器指定的文件夹中，但是选择上传的文件的名称并没有写入指定的数据库中。用户只有在添加作品页面 add-work.jsp 中单击“确认添加”按钮后，才能将作品相关的信息，包括上传图片的名称写入指定的数据库中。

10.5.3 添加作品

添加作品页面是一个表单页面，在该页面中填写上传作品的相关信息内容，单击“上传图片”按钮，打开上一节制作的上传图片页面 upload.jsp，图片上传成功后返回该页面中，单击“确认添加”按钮，将通过“插入记录”服务器行为将所填写的表单内容插入表 work_pic 数据表中。

实战 制作注册成功和注册失败页面

最终文件：最终文件 \ 第 10 章 \chapter10\admin\add-work.jsp
视频：视频 \ 第 10 章 \10-5-3.mp4

01 在站点中打开添加作品页面 add-work.jsp，可以看到页面的效果，如图 10-155 所示。选择页面中的“上传图片”按钮，如图 10-156 所示。设置当单击该按钮时弹出上一节制作的上传图片页面 upload.jsp。

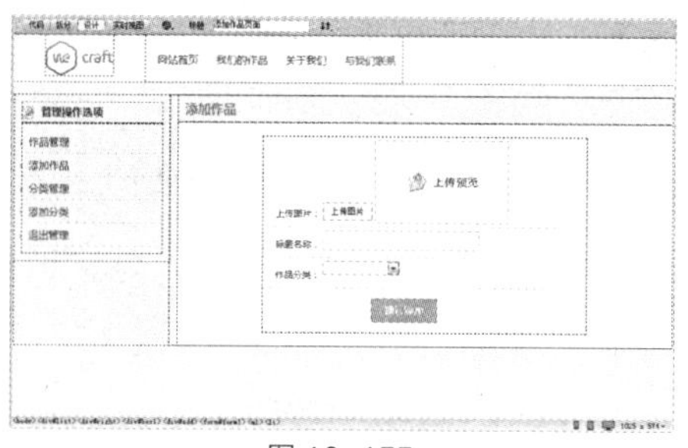

图 10-155

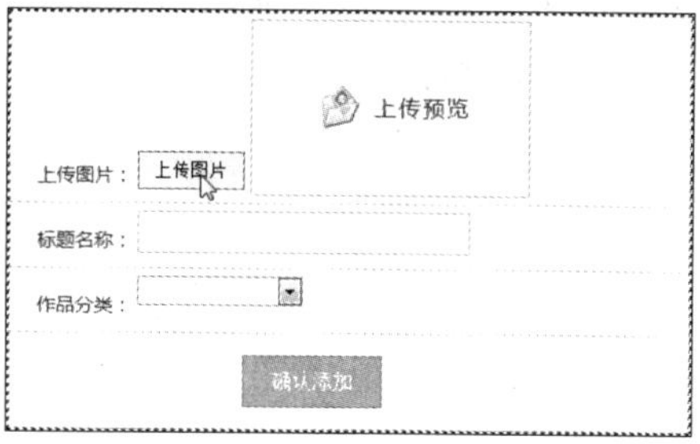

图 10-156

02 转换到网页 HTML 代码中，在该按钮的 <input> 标签中添加 onClick 属性设置代码，如图 10-157 所示。

```
<li>上传图片：
  <input type="button" name="button1" id="button1" value="上传图片" onClick="window.open('upload.jsp')">
  <img src="../images/uploadpic.jpg" alt="这是显示上传预览图片的位置" id="picname"/></li>
<li>
```

图 10-157

03 单击“绑定”面板上的加号按钮，在弹出的菜单中选择“请求变量”选项，弹出“请求变量”对话框，设置如图 10-158 所示。单击“确定”按钮，在“绑定”面板中可以看到生成的请求变量，如图 10-159 所示。

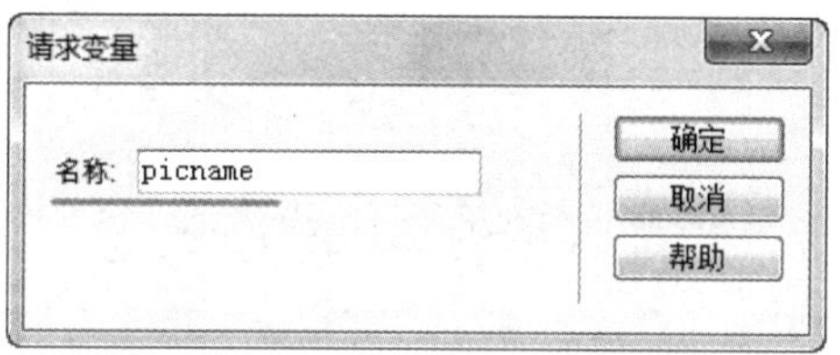

图 10-158

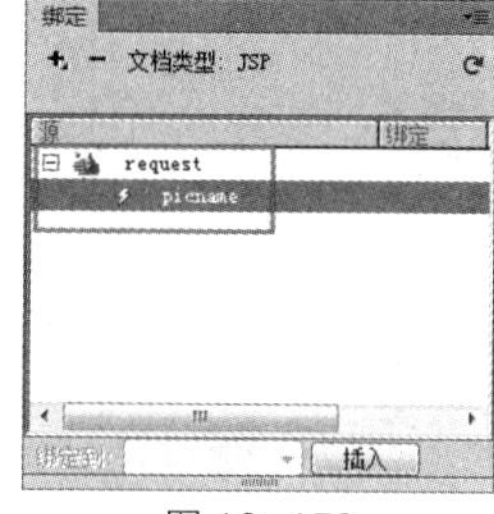

图 10-159

04 在页面表单域中的任意位置插入一个隐藏域，设置该隐藏域的 Name 属性值为 p_src，如图 10-160 所示。单击 Value 属性后面的“绑定到动态源”按钮，在弹出的“动态数据”对话框中选择刚创建的请求变量 picname，如图 10-161 所示。单击“确定”按钮，完成“动态数据”对话框的设置。

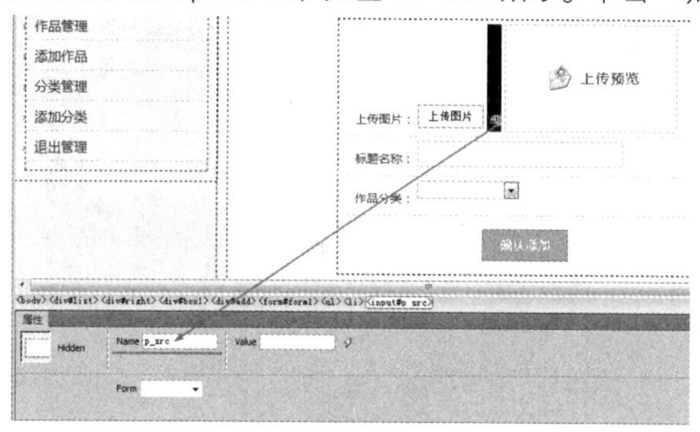

图 10-160

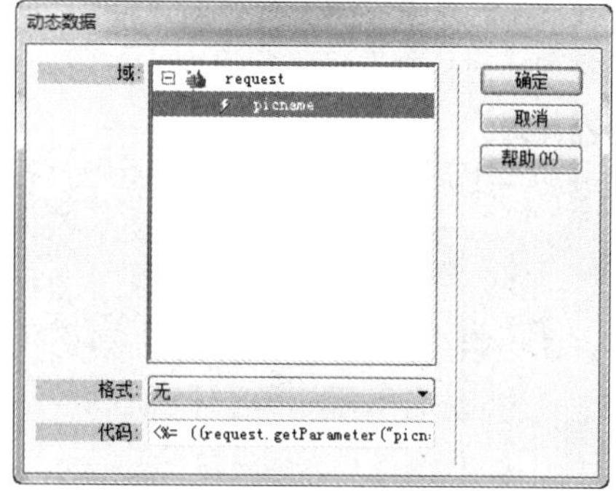

图 10-161

05 选择“上传图片”按钮元素后面的“上传预览”图片，设置其 id 名称为 picname，转换到网页 HTML 代码中，修改该图片的 src 属性值，使用代码 <%=picname%> 来代替图片名称，并且将图片路径修改为存放上传文件的文件夹，如图 10-162 所示。

```
        <li>上传图片：
          <input type="button" name="button1" id="button1" value="上传图片" onClick=
"window.open('upload.jsp')">
          <input name="p_src" type="hidden" id="p_src" value="<%= ((request.getParameter("picname")!=null)
?request.getParameter("picname"):"") %>">
          <img src="../upload/<%=picname%>" alt="这是显示上传预览图片的位置" width="205" height="125" id=
"picname"/></li>
```

图 10-162

06 名称为 picname 的变量在该页面中并没有定义，所以在页面所有代码之前添加定义 picname 变量的代码，并为该变量赋值，如图 10-163 所示。

```
<%
String picname=(request.getParameter("picname")!=null)?request.getParameter("picname"):"../images/uploadpic.jpg";
%>
<!doctype html>
<html>
```

图 10-163

提示

此处通过条件运算符来为名称为 picname 的变量进行赋值，当接收到的变量 picname 的值不为空时，则将接收到的值赋给名称为 picname 的变量；如果接收到的值为空，则将默认需要显示的图片的地址赋给名称为 picname 的变量。

07 单击“绑定”面板上的加号按钮，在弹出的菜单中选择“记录集(查询)”选项，在弹出的“记录集”对话框中进行设置，如图 10-164 所示。单击“确定”按钮，创建记录集。选择“作品分类：”文字后面的下拉列表，单击“服务器行为”面板上的加号按钮，在弹出的菜单中选择“动态表单元素 > 动态列表 / 菜单”选项，弹出“动态列表 / 菜单”对话框，如图 10-165 所示。

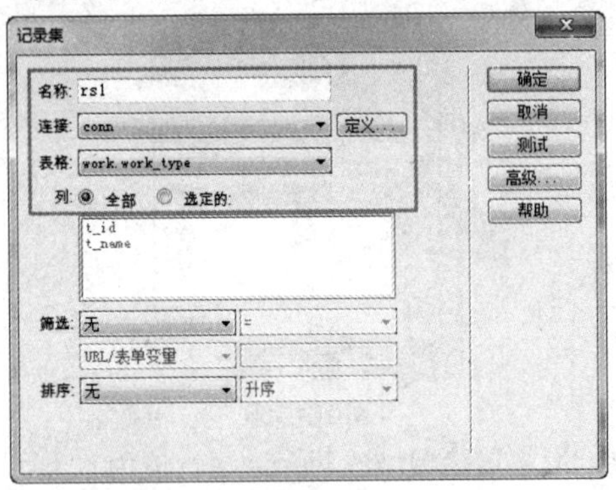

图 10-164

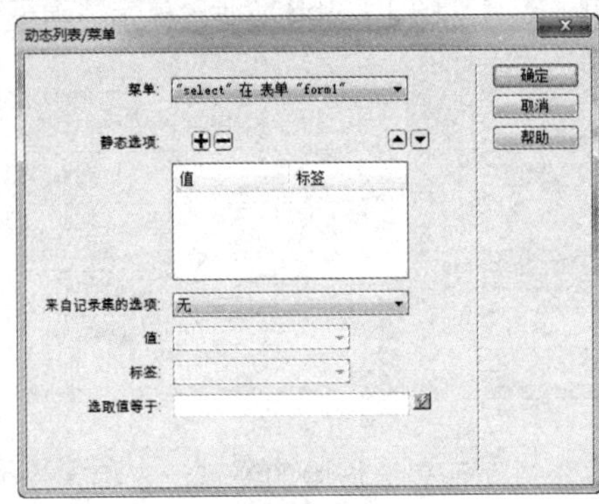

图 10-165

08 单击“选取值等于”选项后面的“绑定动态源”按钮，在弹出的“动态数据”对话框中选择绑定 rs1 记录集中的 t_id 字段，如图 10-166 所示。单击“确定”按钮，返回“动态列表 / 菜单”对话框中，对相关选项进行设置，如图 10-167 所示。单击“确定”按钮，添加“动态列表 / 菜单”服务器行为。

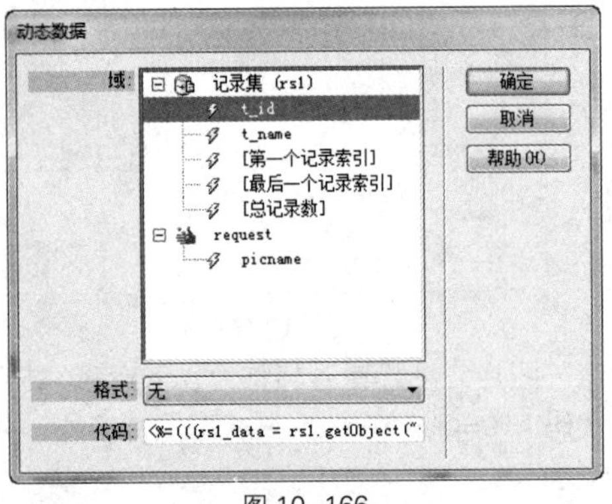

图 10-166

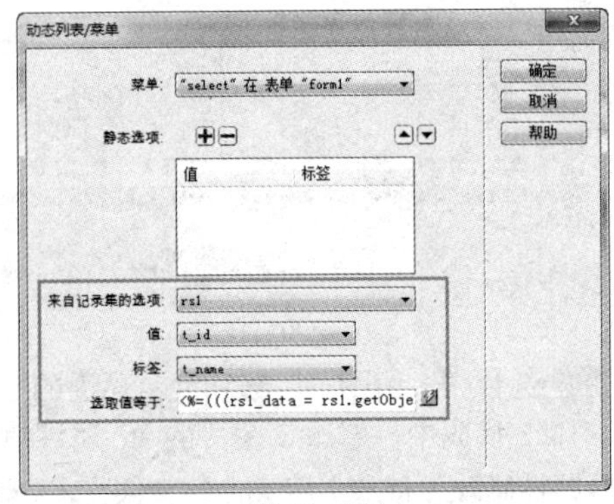

图 10-167

09 单击“服务器行为”面板上的加号按钮，在弹出的菜单中选择“插入记录”选项，弹出“插入记录”对话框，设置如图 10-168 所示。单击“确定”按钮，完成“插入记录”对话框的设置，效果如图 10-169 所示。

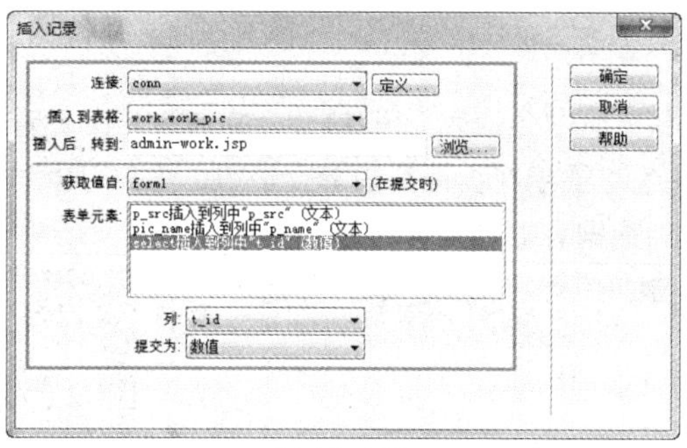

图 10-168

图 10-169

10 为页面左侧的“作品管理”“添加作品”“分类管理”和“添加分类”文字分别设置超链接，如图 10-170 所示。选择“退出管理”文字，单击“服务器行为”面板上的加号按钮，在弹出的菜单中选择“用户身份验证 > 注销用户”选项，弹出“注销用户”对话框，设置如图 10-171 所示。

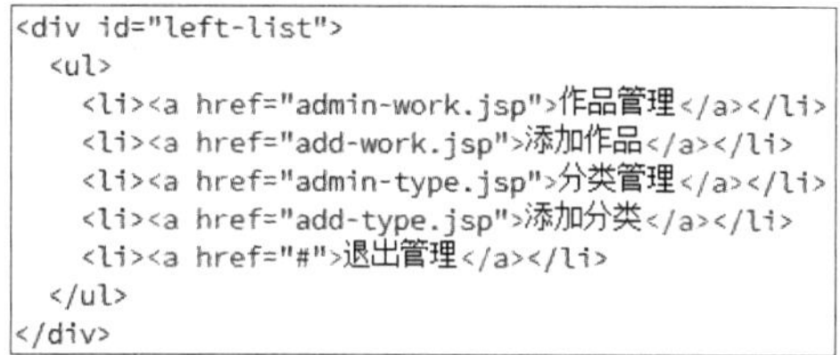

```
<div id="left-list">
  <ul>
    <li><a href="admin-work.jsp">作品管理</a></li>
    <li><a href="add-work.jsp">添加作品</a></li>
    <li><a href="admin-type.jsp">分类管理</a></li>
    <li><a href="add-type.jsp">添加分类</a></li>
    <li><a href="#">退出管理</a></li>
  </ul>
</div>
```

图 10-170

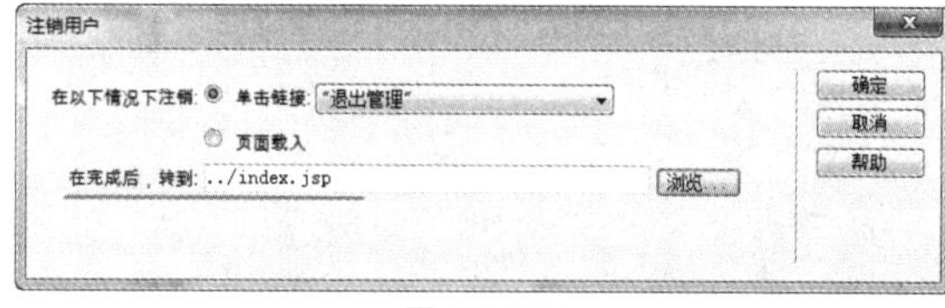

图 10-171

11 单击“确定”按钮，添加“注销用户”服务器行为，如图 10-172 所示。单击“服务器行为”面板上的加号按钮，在弹出的菜单中选择“用户身份验证 > 限制对页的访问”选项，弹出“限制对页的访问”对话框，设置如图 10-173 所示。

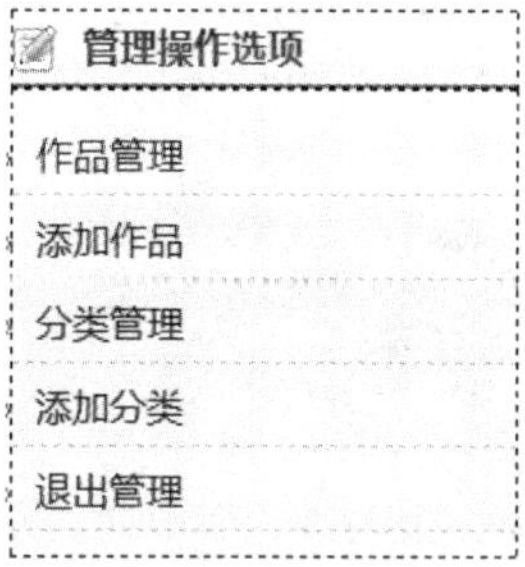

管理操作选项

作品管理

添加作品

分类管理

添加分类

退出管理

图 10-172

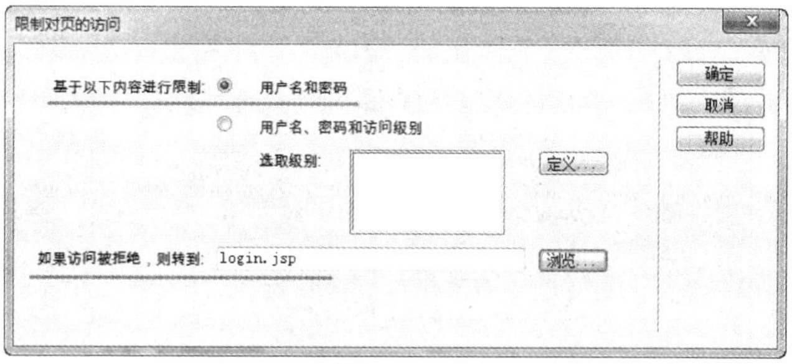

限制对页的访问

基于以下内容进行限制: 用户名和密码

用户名、密码和访问级别

选取级别:　定义...

如果访问被拒绝，则转到: login.jsp　浏览...

确定　取消　帮助

图 10-173

12 转换到网页 HTML 代码中，在页面所有代码之前添加相应的 JSP 脚本代码，设置页面编码格式以及导入相应的 Java 类，如图 10-174 所示。

```
<%@ page language="java" import="java.util.*" pageEncoding="utf-8"%>
<%@ page contentType="text/html;charset=utf-8"%>
<% request.setCharacterEncoding("utf-8"); %>
<%@ page import="java.sql.*"%>
<%
// *** Logout the current user.
```

图 10-174

13 完成添加作品页面 add-work.jsp 的制作。

10.6 开发修改和删除作品功能

除了实现添加作品的功能之外，也可以对所添加的作品进行修改和删除操作，接下来继续制作作品管理中的修改作品和删除作品的功能。

10.6.1 修改作品

修改作品页面与添加作品页面相似，在修改作品页面中会接收 URL 参数，并通过该参数查询 work_pic 数据表，找到相应的数据记录，并将其相关信息显示在页面的表单元素中，用户可以对该作品的相关内容进行修改，通过“更新记录”行为更新数据表中的该条数据记录内容。

实战 制作注册成功和注册失败页面

最终文件：最终文件 \ 第 10 章 \chapter10\admin\updata-work.jsp
视频：视频 \ 第 10 章 \10-6-1.mp4

01 在站点中打开修改作品页面 updata-work.jsp，可以看到页面的效果，如图 10-175 所示。单击“绑定”面板上的加号按钮，在弹出的菜单中选择“记录集 (查询)”选项，在弹出的“记录集”对话框中进行设置，如图 10-176 所示。

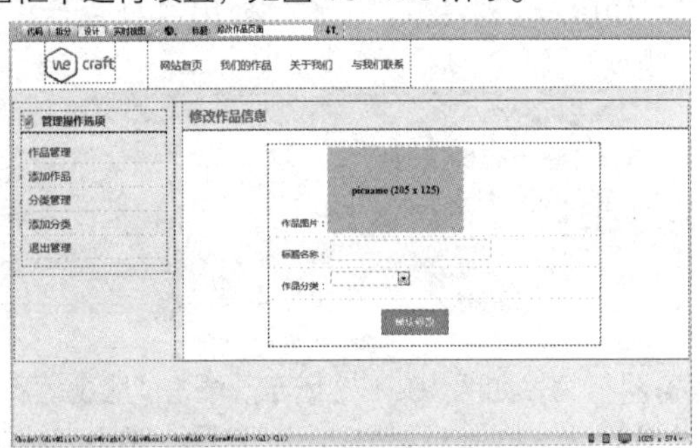

图 10-175

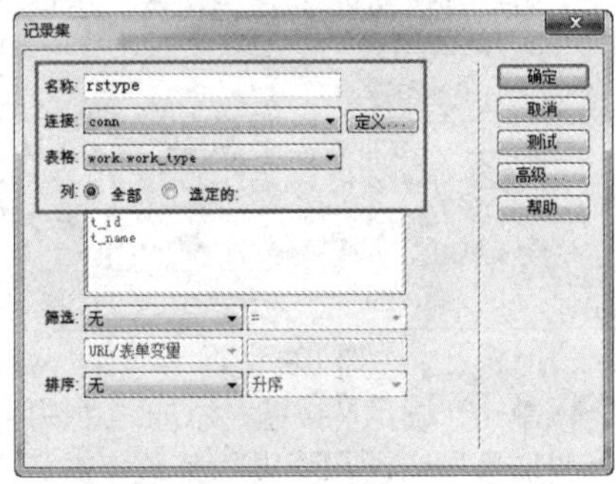

图 10-176

02 单击“确定”按钮，创建记录集。单击“绑定”面板上的加号按钮，在弹出的菜单中选择“记录集 (查询)”选项，在弹出的“记录集”对话框中进行设置，如图 10-177 所示。单击“高级”按钮，切换到“高级”设置界面，对 SQL 语句进行修改，如图 10-178 所示。

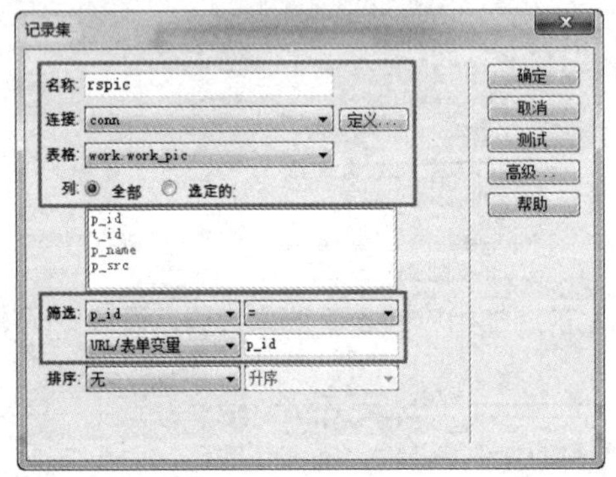

图 10-177

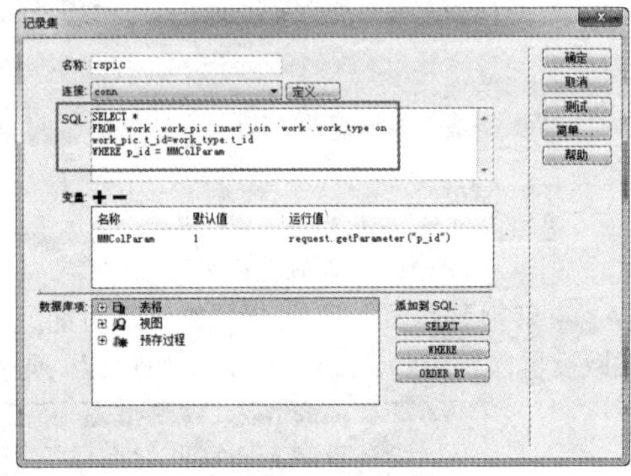

图 10-178

提示

此处要创建两个记录集，名称为 rstype 的记录集查询 work_type 数据表，用于在“作品分类”选项的下拉列表中显示所有作品分类名称。名称为 rspic 的记录集根据接收到的 URL 参数查询 work_pic 数据表，找到指定的数据记录。

技巧

修改后的 SQL 语句如下。

```
SELECT *
FROM 'work'.work_pic inner join 'work'.work_type on work_pic.t_id=work_type.t_id
WHERE p_id = MMColParam
```

03 单击“确定”按钮，创建记录集，在“绑定”面板中显示刚创建的两个记录集，如图 10–179 所示。将 p_name 拖入页面中“标题名称”文字后面的文本域中，如图 10–180 所示。

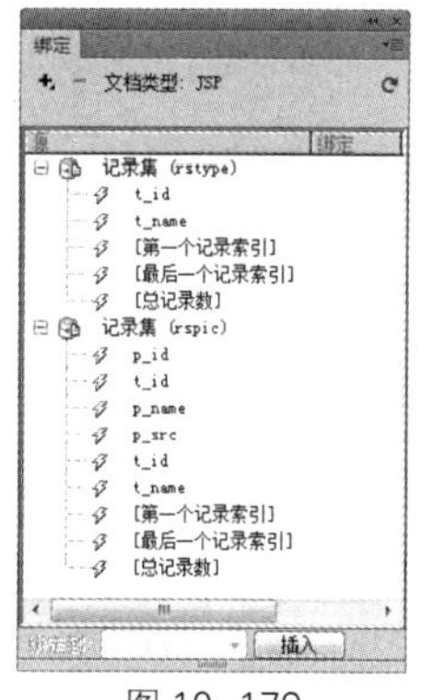

图 10–179

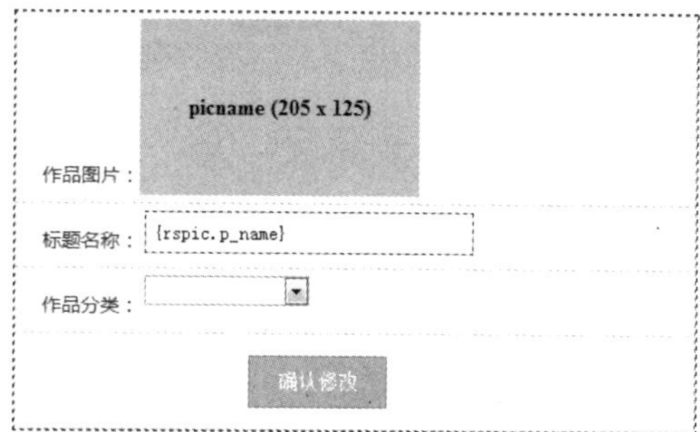

图 10–180

04 选择“作品分类”下拉列表元素，单击“服务器行为”面板上的加号按钮，在弹出的菜单中选择“动态表单元素 > 动态列表 / 菜单”选项，弹出“动态列表 / 菜单”对话框，单击“选取值等于”选项后面的“绑定到动态源”按钮，在弹出的“动态数据”对话框中选择绑定 rspic 记录集中的 t_name 字段，如图 10–181 所示。单击“确定”按钮，返回“动态列表 / 菜单”对话框中，对相关选项进行设置，如图 10–182 所示。

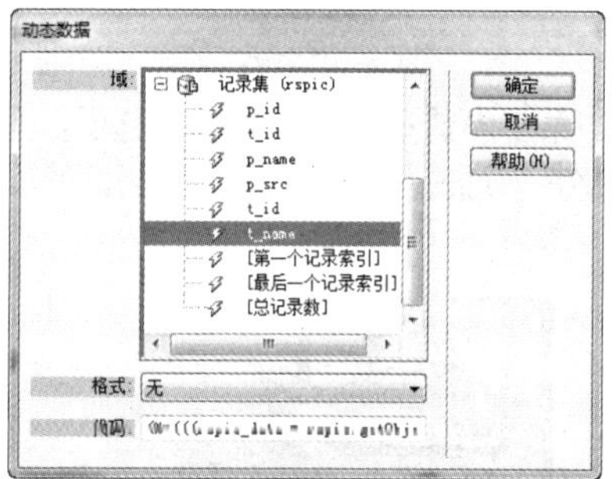

图 10–181

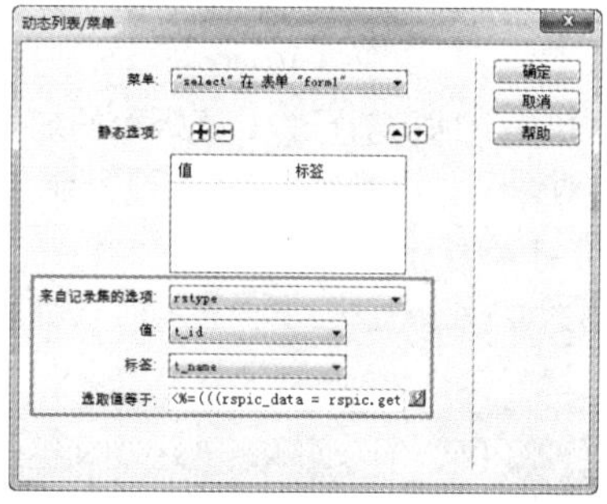

图 10–182

提示

因为在添加作品时已经设置了该作品的分类，所以此处设置“选取值等于”选项的值为 rspic 记录集中的 t_name 字段。但是在该下拉列表中需要列出所有分类，便于用户修改该作品的分类，所以在“来自记录集的选项”下拉列表中选择 rstype 记录集。

05 选择“作品图片”文字后面的图片，将 rspic 记录集中的 p_src 字段与图片的 src 属性绑定，如图 10–183 所示。转换到网页代码中，为图片添加路径，并且添加宽度和高度设置代码，如图 10–184 所示。

图 10–183

```
<li>作品图片：<img src="../upload/<%=(((rspic_data = rspic.getObject("p_src"))==null || rspic.wasNull())?"":rspic_data)%>" alt="这是显示上传预览图片的位置" width="205" height="125" id="picname"/></li>
<li>标题名称：
```

图 10–184

06 在作品图片之后插入隐藏域，设置其 Name 属性为 p_src，如图 10–185 所示。单击 Value 选项后面的“绑定到动态源”按钮，弹出“动态数据”对话框，设置如图 10–186 所示，单击“确定”按钮。

07 在表单域中的任意位置插入一个隐藏域，设置其 Name 属性为 p_id，如图 10–187 所示。单击 Value 选项后面的“绑定到动态源”按钮，弹出“动态数据”对话框，设置如图 10–188 所示，单击“确定”按钮。

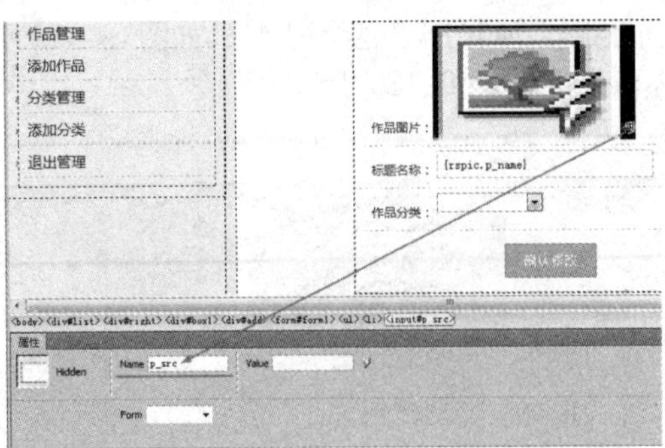

图 10-185

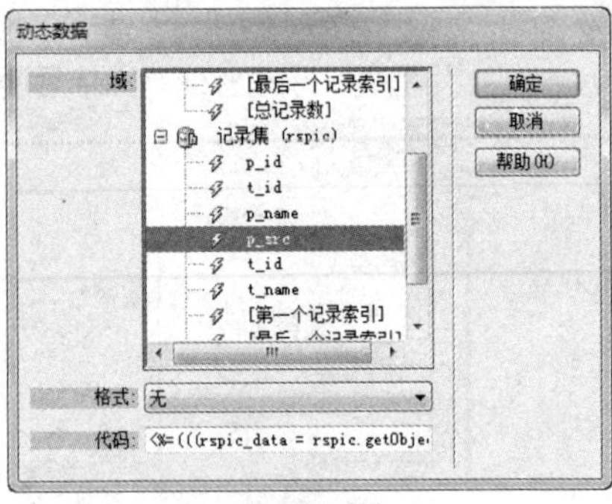

图 10-186

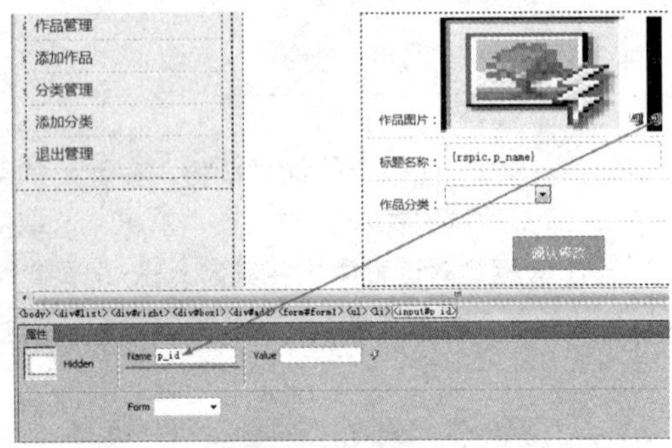

图 10-187

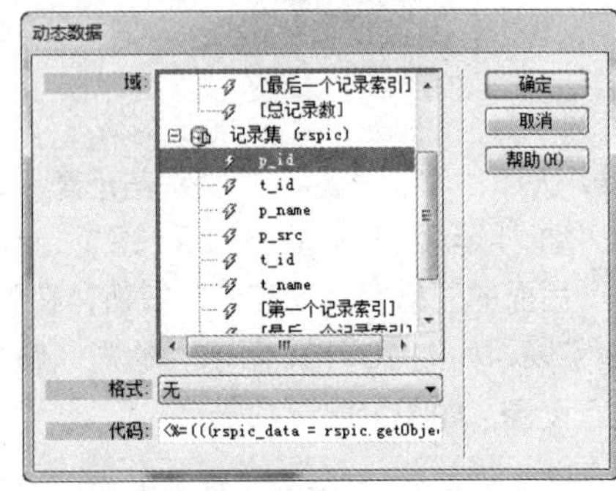

图 10-188

08 单击“服务器行为”面板上的加号按钮，在弹出的菜单中选择“更新记录”选项，弹出“更新记录”对话框，设置如图 10-189 所示。单击“确定”按钮，完成“更新记录”对话框的设置，效果如图 10-190 所示。

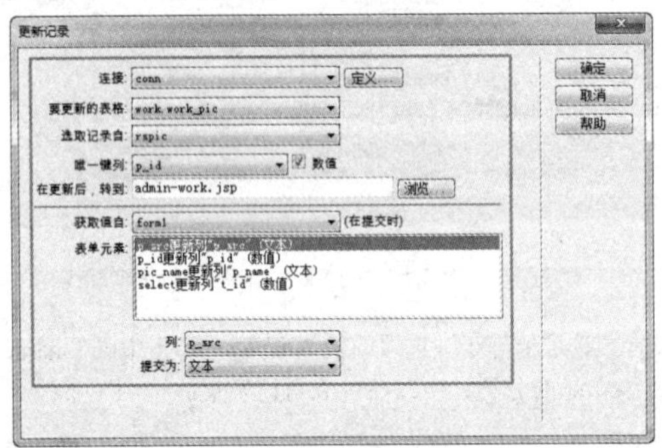

图 10-189

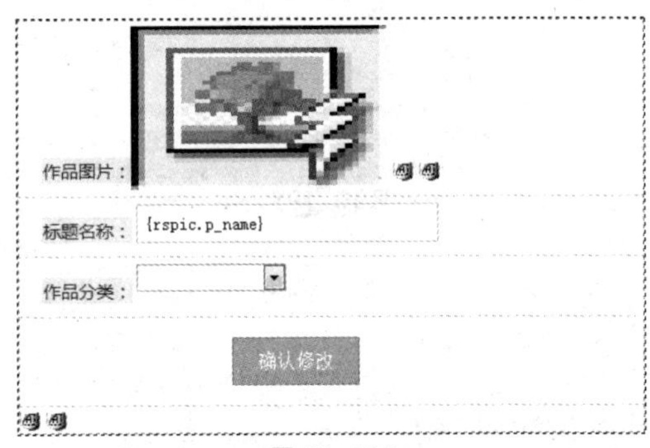

图 10-190

09 为页面左侧的“作品管理”“添加作品”“分类管理”和“添加分类”文字分别设置超链接，如图 10-191 所示。选择“退出管理”文字，单击“服务器行为”面板上的加号按钮，在弹出的菜单中选择“用户身份验证 > 注销用户”选项，弹出“注销用户”对话框，设置如图 10-192 所示。

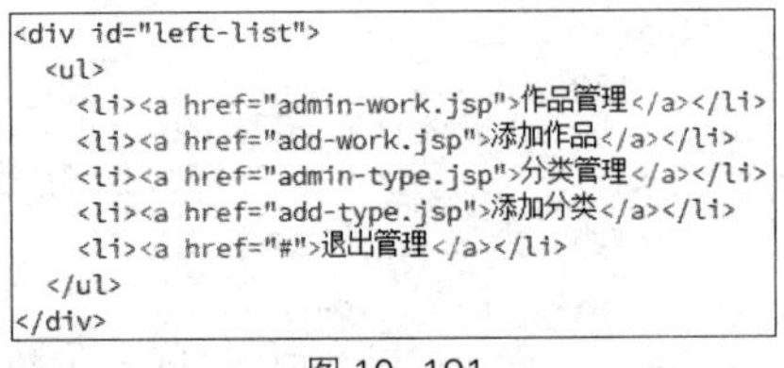

```
<div id="left-list">
  <ul>
    <li><a href="admin-work.jsp">作品管理</a></li>
    <li><a href="add-work.jsp">添加作品</a></li>
    <li><a href="admin-type.jsp">分类管理</a></li>
    <li><a href="add-type.jsp">添加分类</a></li>
    <li><a href="#">退出管理</a></li>
  </ul>
</div>
```

图 10-191

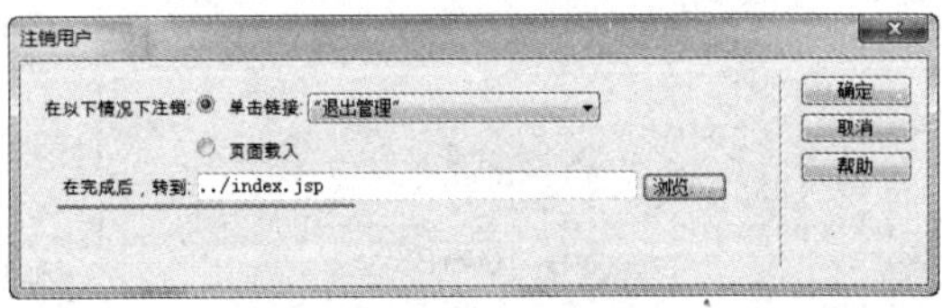

图 10-192

10 单击“确定”按钮，添加“注销用户”服务器行为，如图 10-193 所示。单击“服务器行为”面板上的加号按钮，在弹出的菜单中选择“用户身份验证 > 限制对页的访问”选项，弹出“限制对页的访问”对话框，设置如图 10-194 所示。

11 转换到网页 HTML 代码中，在页面所有代码之前添加相应的 JSP 脚本代码，设置页面编码格式以及导入相应的 Java 类，如图 10–195 所示。

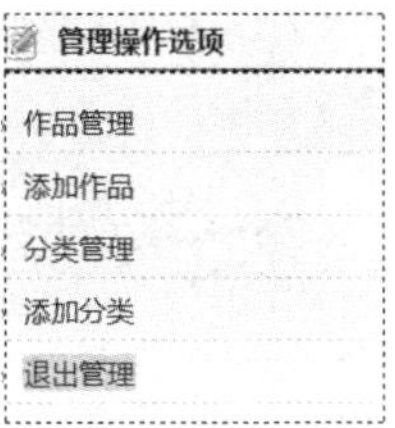

图 10–193

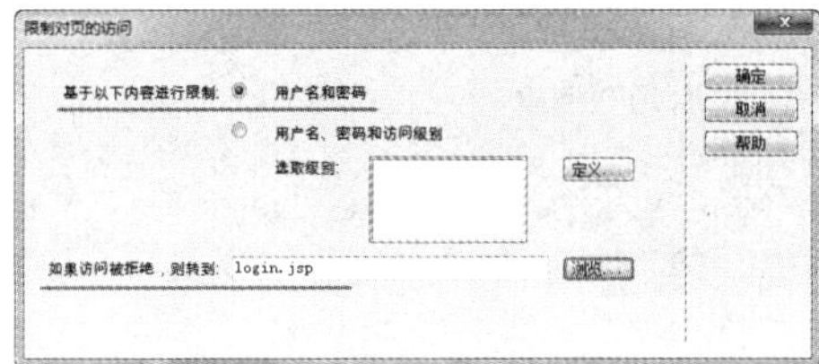

图 10–194

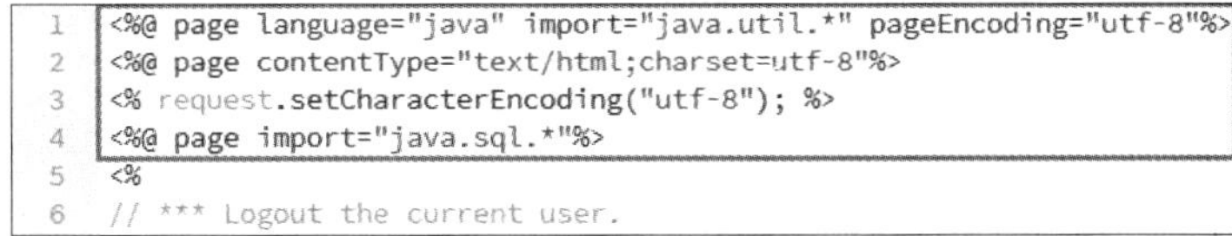

图 10–195

 完成修改作品页面 updata–work.jsp 的制作。

10.6.2 删除作品

删除作品页面接收 URL 参数，在 work_pic 数据表中查询指定的数据记录，并将记录的相关内容显示在页面中，单击“确认删除”按钮，通过“删除记录”服务器行为将数据表中指定的数据记录删除并返回作品管理页面中。

实战 制作删除作品页面

最终文件：最终文件 \ 第 10 章 \chapter10\del–work.jsp

视频：视频 \ 第 10 章 \10–6–2.mp4

01 在站点中打开删除作品页面 del–work.jsp，可以看到页面的效果，如图 10–196 所示。单击“绑定”面板上的加号按钮，在弹出的菜单中选择“记录集（查询）”选项，在弹出的“记录集”对话框中进行设置，如图 10–197 所示。

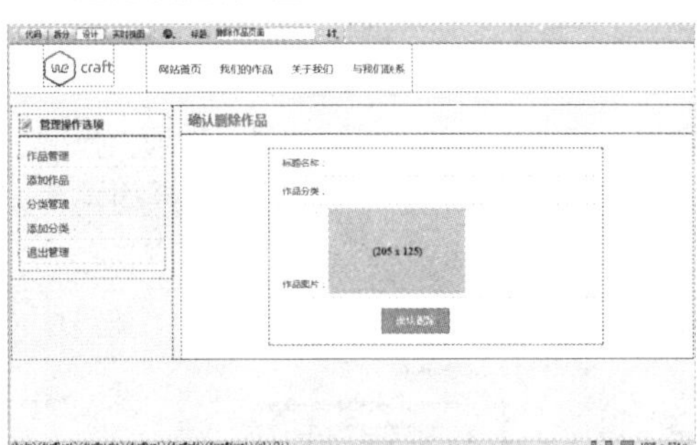

图 10–196

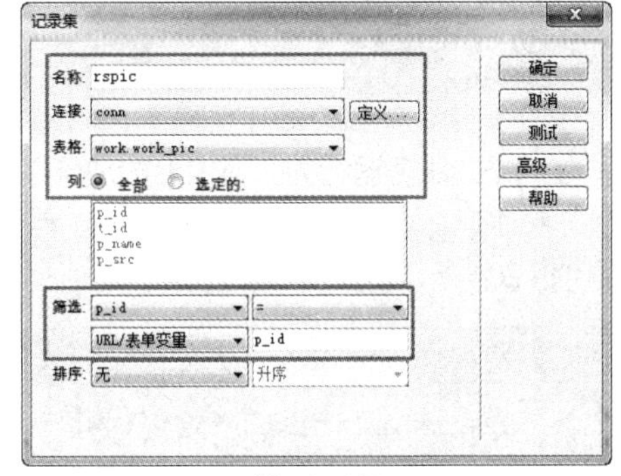

图 10–197

02 单击“高级”按钮，切换到“高级”设置界面，对 SQL 语句进行修改，如图 10–198 所示。将记录集中相应的字段拖入页面中合适的位置，将图片与记录集中的 p_src 字段绑定，如图 10–199 所示。

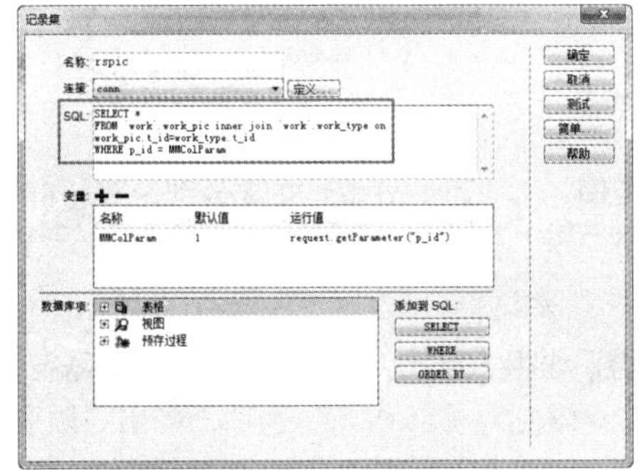

图 10–198

标题名称：{rspic.p_name}

作品分类：{rspic.t_name}

作品图片：

确认删除

图 10–199

技巧

修改后的 SQL 语句如下。

```
SELECT *
FROM 'work'.work_pic inner join 'work'.work_type on work_pic.t_id=work_type.t_id
WHERE p_id = MMColParam
```

03 转换到网页 HTML 代码中，为图片添加路径，并且添加宽度和高度设置代码，如图 10-200 所示。

```
<form id="form1" name="form1" method="post">
  <ul>
    <li>标题名称: <%=(((rspic_data = rspic.getObject("p_name"))==null || rspic.wasNull())?"":rspic_data)%></li>
    <li>作品分类: <%=(((rspic_data = rspic.getObject("t_name"))==null || rspic.wasNull())?"":rspic_data)%></li>
    <li>作品图片: <img src="../upload/<%=(((rspic_data = rspic.getObject("p_src"))==null || rspic.wasNull())?"":
rspic_data)%>" width="205" height="125" alt="" /></li>
    <li>
      <input name="submit" type="submit" class="qrtj" id="submit" value="确认删除">
    </li>
  </ul>
</form>
```

图 10-200

04 在表单域中的任意位置插入一个隐藏域，设置其 Name 属性为 p_id，如图 10-201 所示。单击 Value 选项后面的“绑定到动态源”按钮，弹出“动态数据”对话框，设置如图 10-202 所示，单击“确定”按钮。

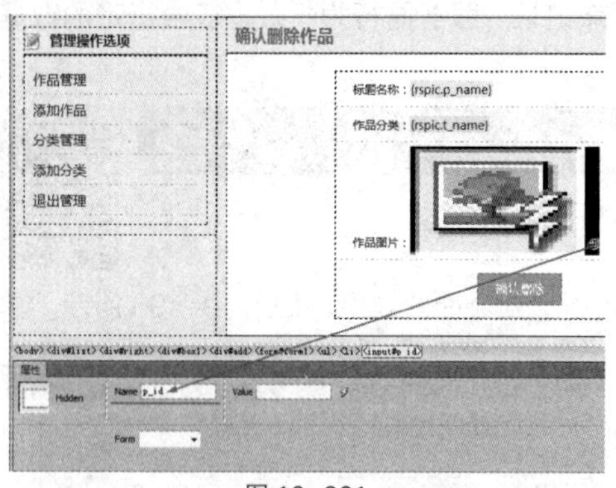

图 10-201

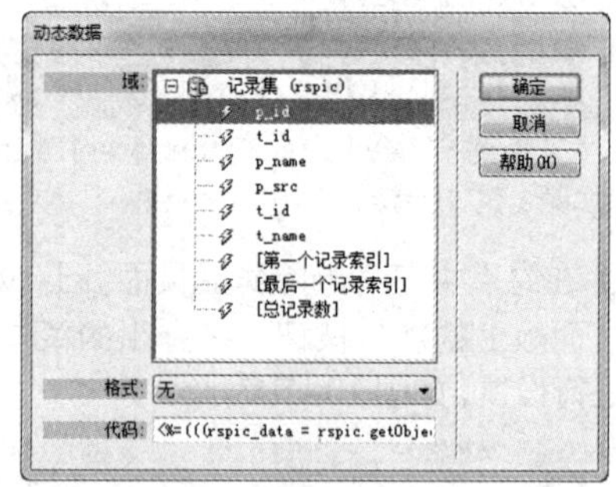

图 10-202

05 单击“服务器行为”面板上的加号按钮，在弹出的菜单中选择“删除记录”选项，弹出“删除记录”对话框，设置如图 10-203 所示。单击“确定”按钮，完成“删除记录”对话框的设置，效果如图 10-204 所示。

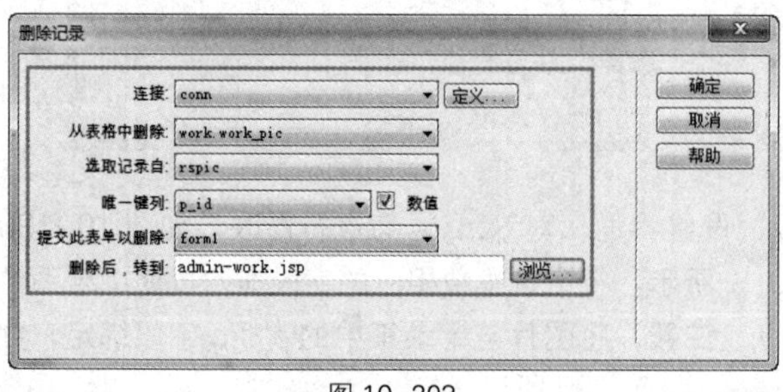

图 10-203

图 10-204

06 为页面左侧的“作品管理”“添加作品”“分类管理”和“添加分类”文字分别设置超链接，如图 10-205 所示。选择“退出管理”文字，单击“服务器行为”面板上的加号按钮，在弹出的菜单中选择“用户身份验证 > 注销用户”选项，弹出“注销用户”对话框，设置如图 10-206 所示。

07 单击“确定”按钮，添加“注销用户”服务器行为，如图 10-207 所示。单击“服务器行为”面板上的加号按钮，在弹出的菜单中选择“用户身份验证 > 限制对页的访问”选项，弹出“限制对页的访问”对话框，设置如图 10-208 所示。

```
<div id="left-list">
  <ul>
    <li><a href="admin-work.jsp">作品管理</a></li>
    <li><a href="add-work.jsp">添加作品</a></li>
    <li><a href="admin-type.jsp">分类管理</a></li>
    <li><a href="add-type.jsp">添加分类</a></li>
    <li><a href="#">退出管理</a></li>
  </ul>
</div>
```

图 10-205

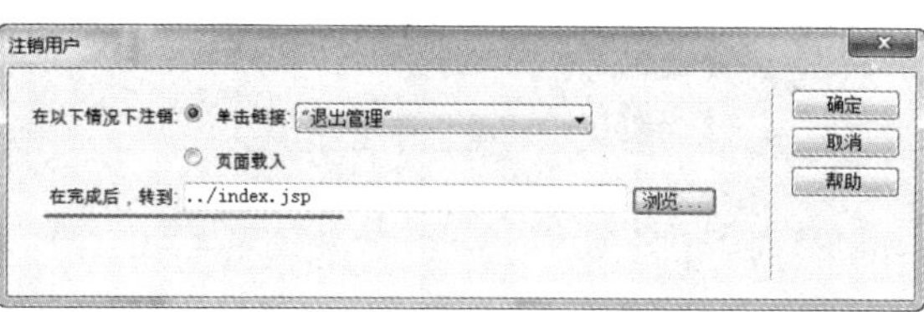

图 10-206

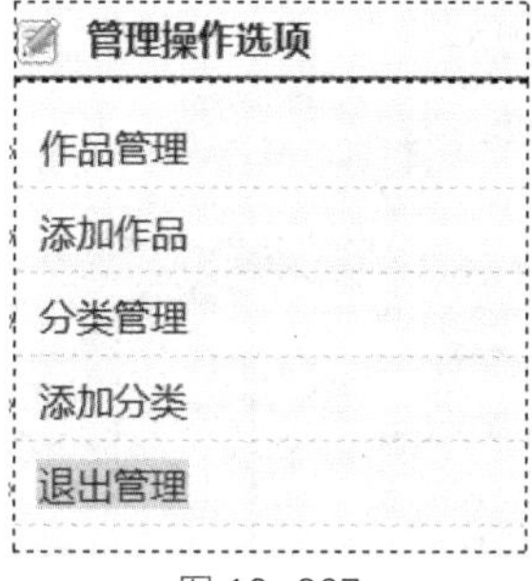

图 10-207

限制对页的访问

基于以下内容进行限制：用户名和密码

用户名、密码和访问级别

选取级别：　定义...

如果访问被拒绝，则转到：login.jsp　浏览...

确定　取消　帮助

图 10-208

08 转换到网页 HTML 代码中，在页面所有代码之前添加相应的 JSP 脚本代码，设置页面编码格式以及导入相应的 Java 类，如图 10-209 所示。

```
<%@ page language="java" import="java.util.*" pageEncoding="utf-8"%>
<%@ page contentType="text/html;charset=utf-8"%>
<% request.setCharacterEncoding("utf-8"); %>
<%@ page import="java.sql.*"%>
<%
// *** Logout the current user.
```

图 10-209

09 完成删除作品页面 del-work.jsp 的制作。

10.7 开发作品分类管理功能

完成了作品管理功能的开发后，作品分类管理相对比较简单，主要是对作品的分类进行添加、修改和删除操作。

10.7.1 作品分类管理

在作品分类管理页面中将查询 work_type 数据表中的所有记录内容，将其显示在页面中，并且每个作品分类名称的右侧都提供了“修改”和“删除”超链接，用于链接到修改分类和删除分类页面，并传递 URL 参数。

实战　制作作品分类管理页面

最终文件：最终文件 \ 第 10 章 \chapter10\admin\admin-type.jsp
视频：视频 \ 第 10 章 \10-7-1.mp4

01 在站点中打开作品分类管理页面 admin-type.jsp，可以看到页面的效果，如图 10-210 所示。单击“绑定”面板上的加号按钮，在弹出的菜单中选择“记录集（查询）”选项，在弹出的“记录集”对话框中进行设置，如图 10-211 所示。

02 单击“确定”按钮，创建记录集，将页面中的“分类名称”文字替换为记录集中的 t_name 字段，如图 10-212 所示。选择“修改”文字，单击“服务器行为”面板上的加号按钮，在弹出的菜单中选择“转到详细页面”选项，弹出“转到详细页面”对话框，设置如图 10-213 所示。

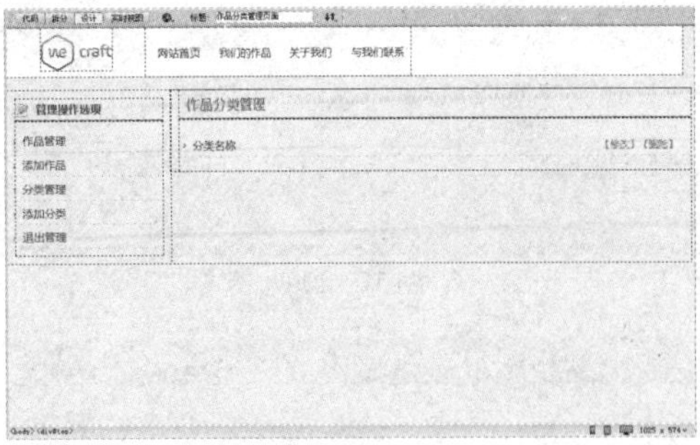

图 10-210

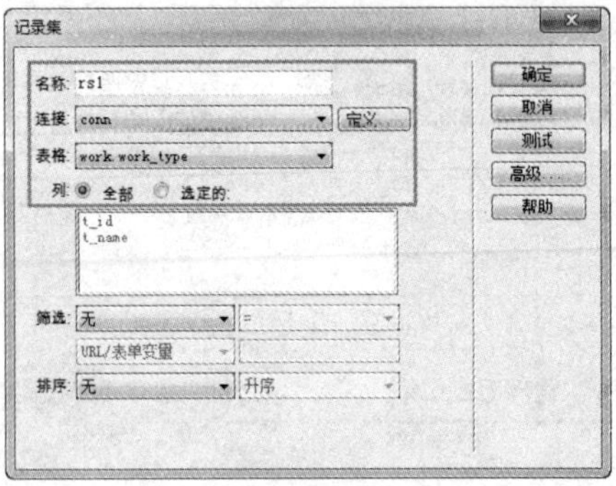

图 10-211

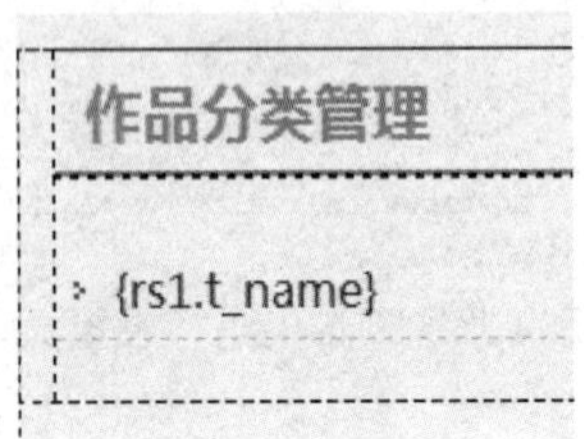

图 10-212

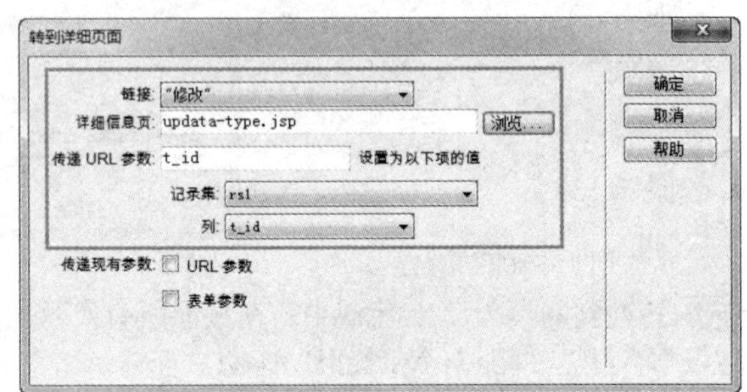

图 10-213

提示

“修改”文字需要链接到修改作品分类页面 updata-type.jsp 中，并且向 updata-type.jsp 页面传递名称为 t_id 的 URL 参数，该 URL 参数的值等于 rs1 记录集中 t_id 字段的值。

03 单击“确定”按钮，应用“转到详细页面”服务器行为。选择“删除”文字，单击“服务器行为”面板上的加号按钮，在弹出的菜单中选择“转到详细页面”选项，弹出“转到详细页面”对话框，设置如图 10-214 所示。单击“确定”按钮，应用“转到详细页面”服务器行为，页面效果如图 10-215 所示。

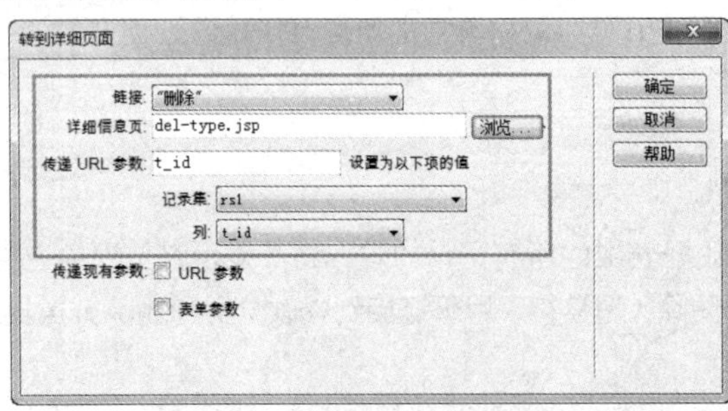

图 10-214

图 10-215

提示

“删除”文字需要链接到删除作品分类页面 del-type.jsp 中，并且向 del-type.jsp 页面传递名称为 t_id 的 URL 参数，该 URL 参数的值等于 rs1 记录集中 t_id 字段的值。

04 单击标签选择器中的 <dl> 标签，选中设置为重复显示记录的区域，如图 10-216 所示。单击“服务器行为”面板上的加号按钮，在弹出的菜单中选择“重复区域”选项，弹出“重复区域”对话框，设置如图 10-217 所示。

05 单击“确定”按钮，完成重复区域的创建，效果如图 10-218 所示。选中页面中 id 名为 box2 的 Div，将该区域设置为记录集有数据时显示的内容，如图 10-219 所示。

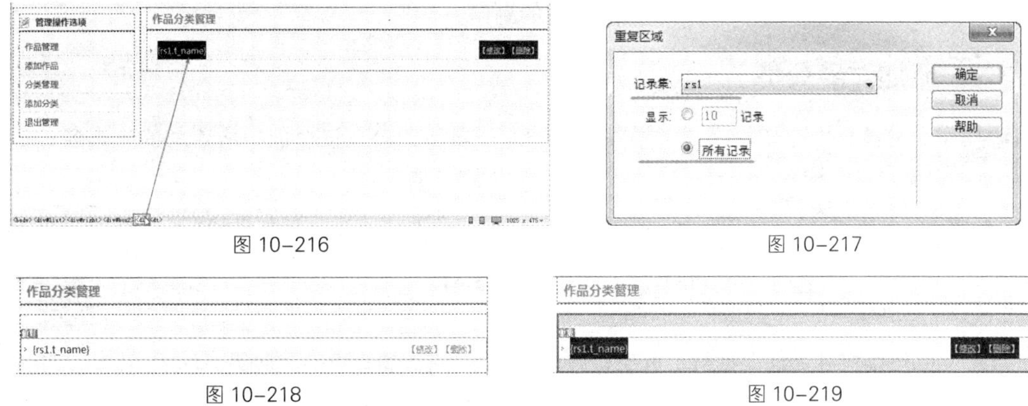

图 10-216　　图 10-217

图 10-218　　图 10-219

06 单击“服务器行为”面板上的加号按钮，在弹出的菜单中选择“显示区域 > 如果记录集不为空则显示区域”选项，在弹出的对话框中进行设置，如图 10-220 所示。单击“确定”按钮，完成如果记录集不为空则显示区域的创建，如图 10-221 所示。

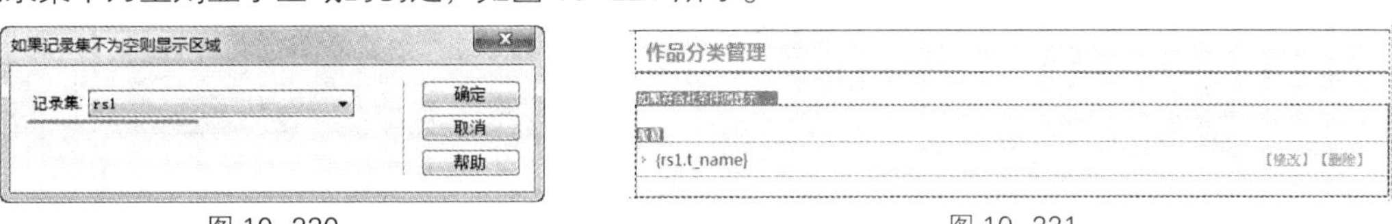

图 10-220　　图 10-221

07 为页面左侧的“作品管理”“添加作品”“分类管理”和“添加分类”文字分别设置超链接，如图 10-222 所示。选择“退出管理”文字，单击“服务器行为”面板上的加号按钮，在弹出的菜单中选择“用户身份验证 > 注销用户”选项，弹出“注销用户”对话框，设置如图 10-223 所示。

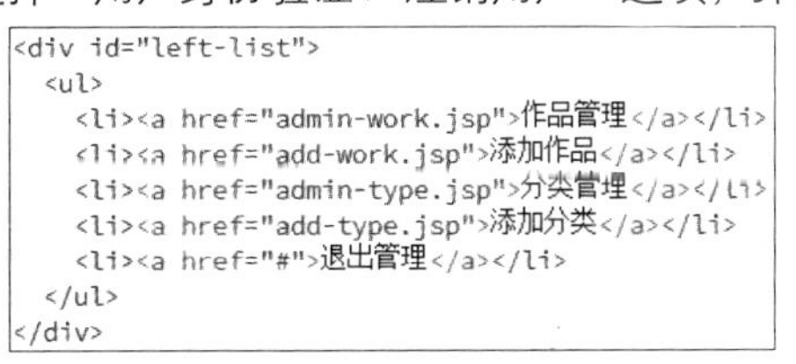

```
<div id="left-list">
  <ul>
    <li><a href="admin-work.jsp">作品管理</a></li>
    <li><a href="add-work.jsp">添加作品</a></li>
    <li><a href="admin-type.jsp">分类管理</a></li>
    <li><a href="add-type.jsp">添加分类</a></li>
    <li><a href="#">退出管理</a></li>
  </ul>
</div>
```

图 10-222

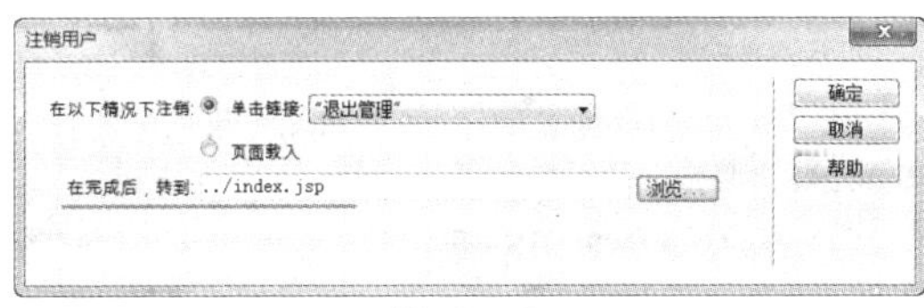

图 10-223

08 单击“确定”按钮，添加“注销用户”服务器行为，如图 10-224 所示。单击“服务器行为”面板上的加号按钮，在弹出的菜单中选择“用户身份验证 > 限制对页的访问”选项，弹出“限制对页的访问”对话框，设置如图 10-225 所示。

图 10-224

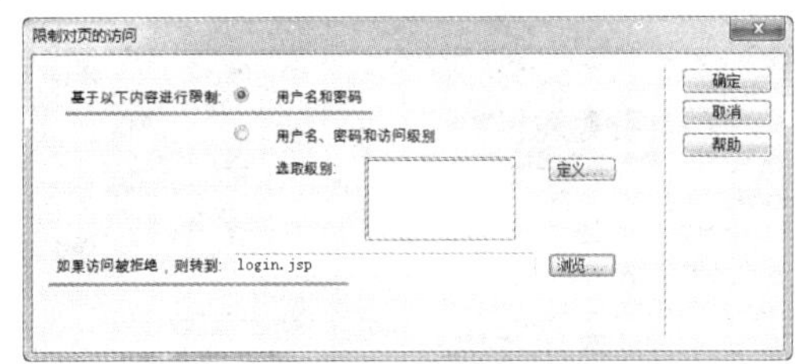

图 10-225

09 转换到网页 HTML 代码中，在页面所有代码之前添加相应的 JSP 脚本代码，设置页面编码格式以及导入相应的 Java 类，如图 10-226 所示。

```
<%@ page language="java" import="java.util.*" pageEncoding="utf-8"%>
<%@ page contentType="text/html;charset=utf-8"%>
<% request.setCharacterEncoding("utf-8"); %>
<%@ page import="java.sql.*"%>
<%
// *** Logout the current user.
```

图 10-226

10 完成作品分类管理页面 admin-type.jsp 的制作。

10.7.2 添加作品分类

添加作品分类页面主要是通过“插入记录”服务器行为将在该页面中所填写的分类名称插入 work_type 数据表中，插入完成后将跳转到作品分类管理页面中。

实战 制作注册成功和注册失败页面

最终文件：最终文件\第 10 章\chapter10\admin\add-type.jsp
视频：视频\第 10 章\10-7-2.mp4

01 在站点中打开添加作品分类页面 add-type.jsp，可以看到页面的效果，如图 10-227 所示。单击“服务器行为”面板上的加号按钮，在弹出的菜单中选择“插入记录”选项，弹出“插入记录”对话框，设置如图 10-228 所示。

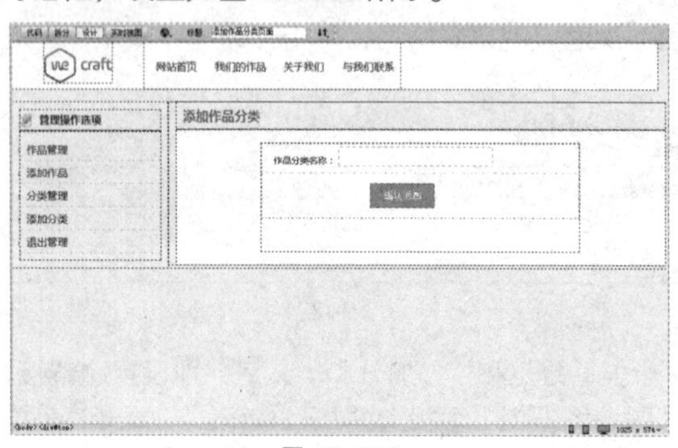

图 10-227

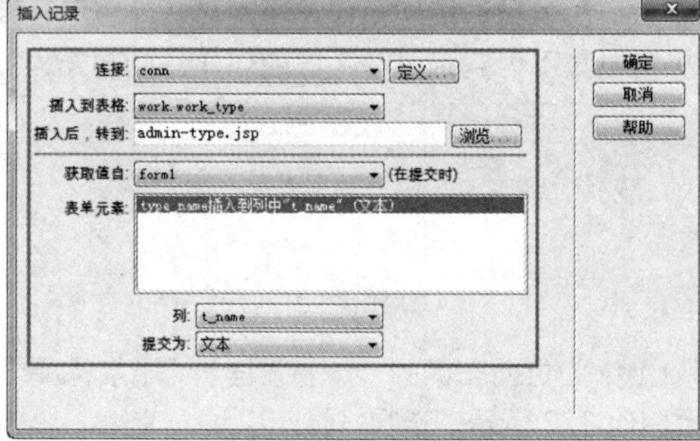

图 10-228

提示

在“插入记录”对话框中设置将数据内容插入 work_type 数据表中，其中 t_id 字段为 work_type 数据表中的主键，其值为自动增加，并不需要写入，t_name 字段从 id 名称为 type_name 的文本域中获取值，插入数据成功后跳转到作品分类管理页面 admin-type.jsp。

02 单击“确定”按钮，完成“插入记录”对话框的设置，效果如图 10-229 所示。为页面左侧的“作品管理”“添加作品”“分类管理”和“添加分类”文字分别设置超链接，如图 10-230 所示。

图 10-229

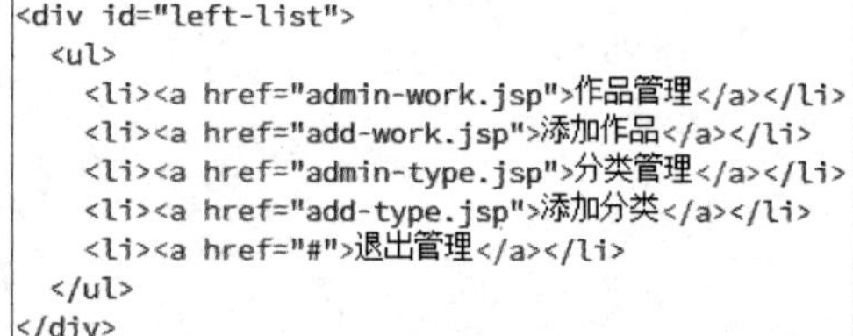

```
<div id="left-list">
  <ul>
    <li><a href="admin-work.jsp">作品管理</a></li>
    <li><a href="add-work.jsp">添加作品</a></li>
    <li><a href="admin-type.jsp">分类管理</a></li>
    <li><a href="add-type.jsp">添加分类</a></li>
    <li><a href="#">退出管理</a></li>
  </ul>
</div>
```

图 10-230

03 选择“退出管理”文字，单击“服务器行为”面板上的加号按钮，在弹出的菜单中选择“用户身份验证 > 注销用户”选项，弹出“注销用户”对话框，设置如图 10-231 所示，单击“确定”按钮。单击“服务器行为”面板上的加号按钮，在弹出的菜单中选择“用户身份验证 > 限制对页的访问”选项，弹出“限制对页的访问”对话框，设置如图 10-232 所示，单击“确定”按钮。

04 转换到网页 HTML 代码中，在页面所有代码之前添加相应的 JSP 脚本代码，设置页面编码格式以及导入相应的 Java 类，如图 10-233 所示。

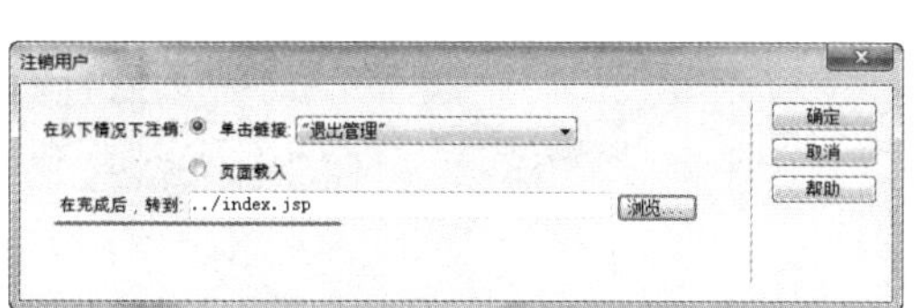

图 10-231

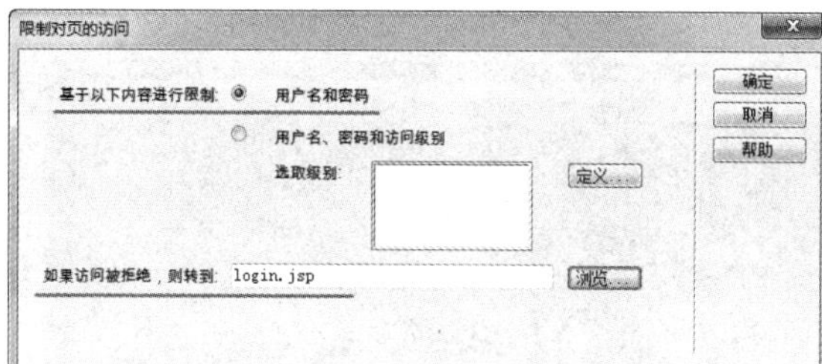

图 10-232

```
<%@ page language="java" import="java.util.*" pageEncoding="utf-8"%>
<%@ page contentType="text/html;charset=utf-8"%>
<% request.setCharacterEncoding("utf-8"); %>
<%@ page import="java.sql.*"%>
<%
// *** Logout the current user.
```

图 10-233

05 完成添加作品分类页面 add-type.jsp 的制作。

10.7.3 修改作品分类和删除作品分类

修改和删除分类页面与修改和删除作品页面相似，修改分类页面，通过接收到的 URL 参数查询数据库，添加“更新记录”服务器行为对数据记录进行更新操作。删除分类页面，通过接收 URL 参数查询数据库，添加“删除记录”行为删除数据库中对应的记录。

根据前面页面相同的制作方法，完成修改作品分类页面 updata-type.jsp 和删除作品分类页面 del-type.jsp 的制作，效果如图 10-234 所示。

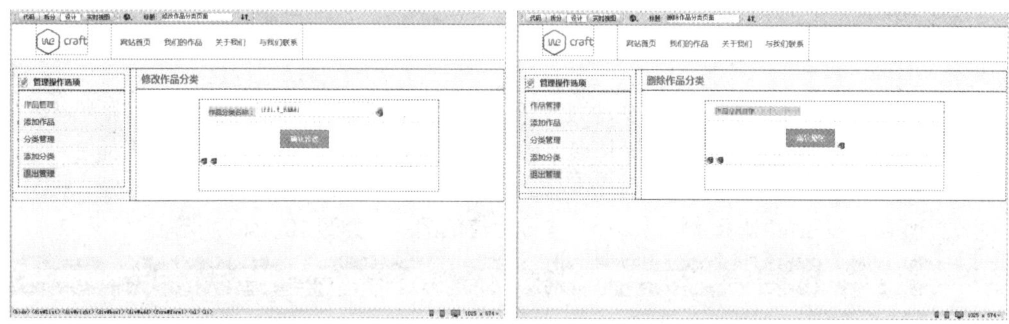

图 10-234

10.8 系统功能测试

通过前面几节的操作，已经完成了网站图片管理系统的开发，接下来对该系统的所有功能和页面进行测试。目前数据库中没有任何的数据内容，所以测试将从后台管理开始，先向数据库中添加数据再对其他功能进行测试。

实战　测试网站图片管理系统功能

最终文件：无　　　　视频：视频\第 10 章\10-8.mp4

01 打开浏览器，在地址栏中输入图片管理系统后台管理登录页面的地址 localhost:8080/chapter10/admin/login.jsp，在测试服务器中测试该页面，效果如图 10-235 所示。输入管理账号和密码，单击“登录”按钮，进入作品管理页面 admin-work.jsp，因为目前数据库中还没有任何数据内容，所以该页面中无显示内容，效果如图 10-236 所示。

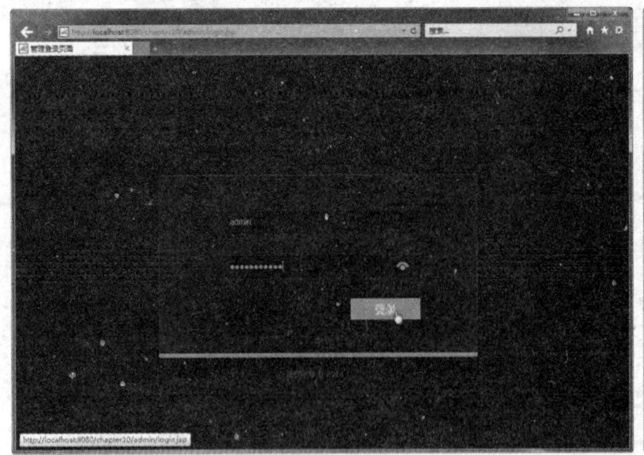

图 10-235

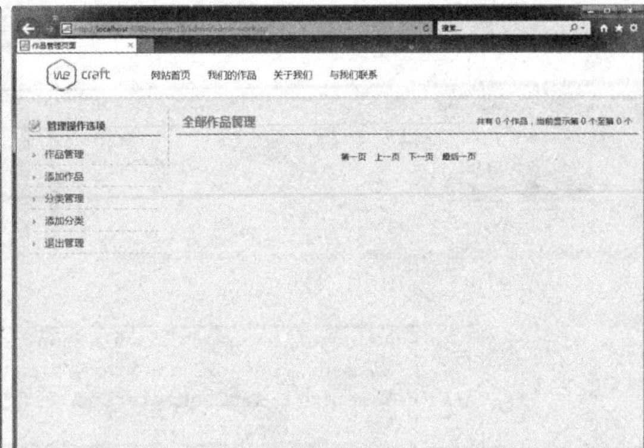

图 10-236

02 单击页面左侧的“添加分类”超链接，跳转到添加作品分类页面 add-type.jsp，在表单中输入分类名称，如图 10-237 所示。单击“确认添加”按钮，添加作品分类，返回作品分类管理页面 admin-type.jsp，可以看到刚添加的作品分类，如图 10-238 所示。

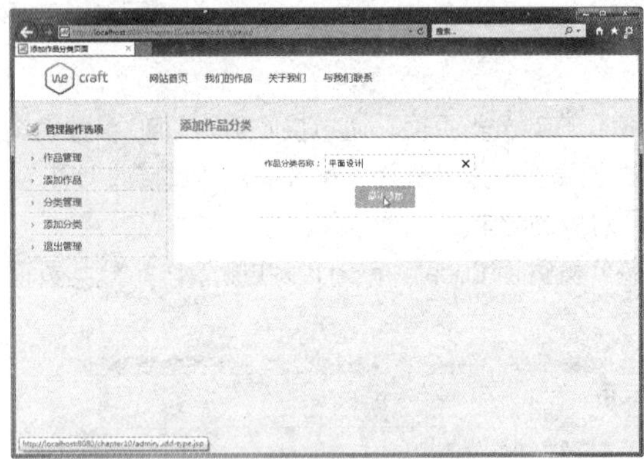

图 10-237

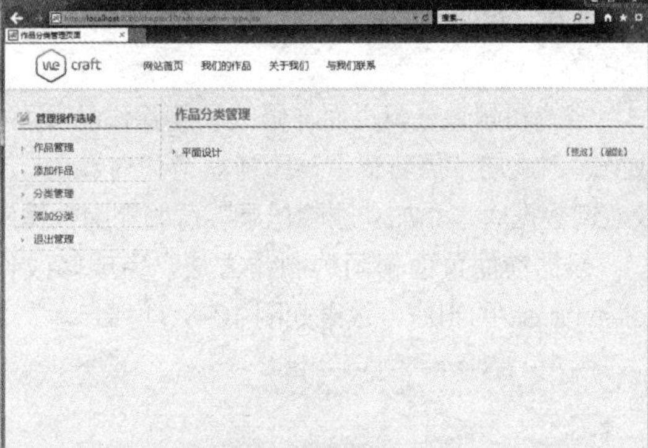

图 10-238

03 使用相同的操作方法，可以添加多个作品分类，如图 10-239 所示。单击页面左侧的“添加作品”超链接，跳转到添加作品页面 add-work.jsp，单击页面中的“上传图片”按钮，在打开的上传图片页面 upload.jsp 中选择本地计算机中需要上传的图片，如图 10-240 所示。

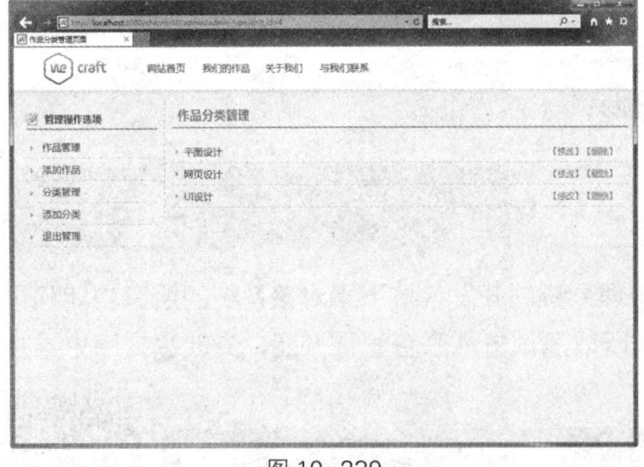

图 10-239

图 10-240

提示

在上传图片时，选择上传的图片名称不要使用中文名称，因为中文名称的图片文件在上传后会出现中文显示为乱码的情况，需要使用英文和数字作为图片的名称。

04 单击“上传”按钮，即可将所选择的图片上传至服务器指定的文件夹中，并且在图片上传页面中显示所上传图片的缩览图，如图 10–241 所示。单击“确定”按钮，返回添加作品页面 add-work.jsp，并在该页面中显示上传图片的缩览图，如图 10–242 所示。

图 10–241

图 10–242

05 在添加作品页面 add-work.jsp 中填写作品的相关信息，如图 10–243 所示。单击“确认添加”按，即可将内容插入数据表中并返回作品管理页面 admin-work.jsp，可以看到刚上传的作品，如图 10–244 所示。

图 10–243

图 10–244

06 使用相同的制作方法，在后台添加不同类型的作品，如图 10–245 所示。单击左侧的“退出管理”超链接，跳转到网站图片管理系统首页 index.jsp，如图 10–246 所示。

图 10–245

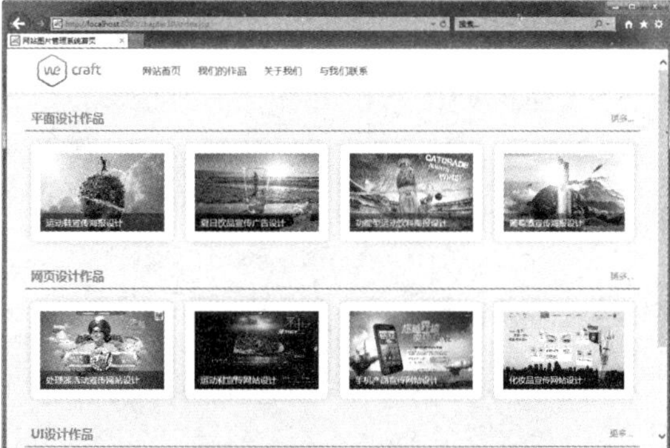

图 10–246

07 单击某个分类栏目标题右侧的“更多”超链接，跳转到作品分类列表页面 work-type.jsp，只显示该分类中的作品，如图 10–247 所示。单击左侧的“全部作品”超链接，跳转到全部作品列表页面 work-all.jsp，显示所有作品列表，如图 10–248 所示。

图 10-247

图 10-248

08 无论是在作品分类列表页面 work-type.jsp 还是全部作品列表页面 work-all.jsp 中单击某个作品的缩略图，即可打开查看作品页面 work-show.jsp，显示该作品详情，如图 10-249 所示。

图 10-249